高等职业教育理实一体化教材

CAD 与工程识图

主　编　李宣敏

副主编　王　志　朱宏伟

西南交通大学出版社

·成　都·

图书在版编目（CIP）数据

CAD 与工程识图 / 李宣敏主编. —成都：西南交通大学出版社，2021.1（2023.1 重印）
ISBN 978-7-5643-7930-8

Ⅰ. ①C… Ⅱ. ①李… Ⅲ. ①工程制图 – AutoCAD 软件 – 高等职业教育 – 教材②工程制图 – 识别 – 高等职业教育 – 教材 Ⅳ. ①TB23

中国版本图书馆 CIP 数据核字（2020）第 270955 号

CAD yu Gongcheng Shitu

CAD 与工程识图

主　编 / 李宣敏	责任编辑 / 姜锡伟
	封面设计 / 何东琳设计工作室

西南交通大学出版社出版发行
（四川省成都市金牛区二环路北一段 111 号西南交通大学创新大厦 21 楼　610031）
发行部电话：028-87600564　028-87600533
网址：http://www.xnjdcbs.com
印刷：四川森林印务有限责任公司

成品尺寸　210 mm×285 mm
印张　26.25　　字数　795 千
版次　2021 年 1 月第 1 版　　印次　2023 年 1 月第 2 次

书号　ISBN 978-7-5643-7930-8
定价　58.00 元

课件咨询电话：028-81435775
图书如有印装质量问题　本社负责退换
版权所有　盗版必究　举报电话：028-87600562

前 言

本书是以 AutoCAD 2019 中文版为对象进行软件基本操作技能训练，并以工程图形进行 CAD 高阶技能训练的土木工程类教材。编者依据工程类施工专业人才培养目标，结合土木工程类专业各相关岗位职业标准对工程制图与识图技能的基本要求、职业技能鉴定标准和当前职业教育的学生特点，总结多年教学经验，编写了本书。

在内容组织编排上，本书设计了 9 个项目，包括 CAD 基础知识、CAD 基本操作技能、绘制房屋建筑工程图、绘制桥梁工程图、绘制隧道工程图等绘图内容，并对所绘图形辅以相应的识图基本知识，可作为建筑、道路和桥梁以及其他土木工程相关专业在校学生的课堂教学用书，还可作为课后学生自学的参考用书。

在教材编写理念上，本书遵循基于工作过程的原则，采用项目任务形式，突出教学内容项目化、任务化，便于老师运用任务驱动方式组织教学，做到"教、学、做"合一。本书的编写遵循循序渐进、由易到难、从单一到综合的特点，突出了"绘图"与"识图"相结合、理实一体化教学。项目一到项目六主要训练 CAD 的基本操作技能，项目七到项目九主要训练房建、桥梁、隧道方向的专业绘图与识图技能。考虑到篇幅限制，本书略去了三维实体建模技术及 CAD 二次开发的内容。

本书由武汉铁路桥梁职业学院李宣敏主编并统稿，武汉铁路桥梁职业学院王志、朱宏伟任副主编。全书共有 9 个项目，具体编写分工如下：武汉铁路桥梁职业学院孙敏编写项目一；李宣敏编写项目二和项目八；武汉铁路桥梁职业学院李金星编写项目三；王志编写项目四；武汉铁路桥梁职业学院杨承昱编写项目五和项目九；武汉铁路桥梁职业学院张帆编写项目六；朱宏伟编写项目七。

本书在编写过程中得到了很多同人的帮助，原中国铁路总公司高级工程师李宣高、中铁大桥局高级工程师路灵伟和中铁大桥勘测设计院教授级高级工程师黄小军提供了很多路、桥、隧方面的工程项目图形素材及施工一线的识图绘图经验，并对本书的编写提出了很多中肯的指导意见，在此一并表示衷心的感谢！

由于计算机绘图技术日新月异，软件更新频繁，加之编者水平有限，书中难免存在不妥与疏漏之处；同时因 CAD 软件功能强大，作图方法多样，步骤顺序可变，读者可能有比书中介绍的更好的方法，敬请读者和同人批评指正并提出宝贵意见！

编 者
2021 年 1 月

目 录

项目一　使用 AutoCAD 2019 ·· 1
　　任务　认识 AutoCAD 2019 ·· 1

项目二　绘制简单形体图样 ·· 13
　　任务一　用坐标与极轴方式绘制简单图形 ·· 13
　　任务二　绘制管涵一字墙护坡洞口断面图 ·· 28
　　任务三　绘制桥台三视图 ·· 40
　　任务四　绘制卵圆形涵洞断面示意图 ·· 57
　　任务五　绘制对称及均布平面图形 ·· 71
　　任务六　绘制矩形、正多边形和椭圆构成的平面图形 ······························ 86
　　任务七　编辑修改复杂平面图形 ·· 100
　　任务八　绘制基础大样图 ·· 122

项目三　CAD 高级应用 ·· 143
　　任务一　创建、编辑块 ·· 143
　　任务二　使用多线绘制墙体 ·· 151
　　任务三　利用面域造型 ·· 158

项目四　注写文字 ·· 163
　　任务　注写"桥墩一般构造图"中文字 ·· 163

项目五　尺寸标注 ·· 181
　　任务　标注隧道衬砌断面图 ·· 181

项目六　打印输出工程图形 ·· 201
　　任务　打印输出"边跨 10 m 空心板构造图"图纸 ·································· 201

项目七　绘制建筑工程图 ·· 217
　　任务一　绘制建筑总平面图 ·· 217
　　任务二　绘制建筑平面图 ·· 232
　　任务三　绘制建筑立面图 ·· 247
　　任务四　绘制建筑剖面图 ·· 258

任务五　绘制建筑详图 ··· 269

项目八　绘制桥梁工程图 ··· 275
　　任务一　绘制桥梁总体布置图 ··· 275
　　任务二　绘制边跨 10 m 空心板构造图 ··· 304
　　任务三　绘制桥墩构造图 ·· 323
　　任务四　绘制桥台构造图 ·· 338
　　任务五　绘制 T 形梁钢筋结构图 ··· 354
　　任务六　绘制桥墩基桩钢筋构造图 ·· 366
　　任务七　绘制桥墩支座布置图 ·· 378

项目九　绘制隧道洞门图、洞身衬砌图 ··· 385
　　任务一　绘制翼墙式隧道洞门图 ··· 385
　　任务二　绘制直墙式隧道衬砌断面图 ··· 405

参考文献 ··· 414

项目一　使用 AutoCAD 2019

AutoCAD 是一款专门用于计算机辅助设计的软件，目前，因其功能强大、操作方便，已广泛应用于建筑、机械、电子、航天和水利等工程领域。软件具有集平面制图、三维造型、数据库管理、渲染着色和互联网等功能于一体的强大功能。我们通过以下任务来学习本项目。

项目一检测评价

【学习任务】

- 任务　认识 AutoCAD2019

【项目目标】

- 了解 AutoCAD2019 工作界面的组成。
- 掌握 Auto CAD2019 窗口、菜单、工具栏、对话框等基本要素的组成与操作。
- 熟悉 AutoCAD 基本操作。
- 培养规范操作、耐心细致、严谨求实、互助协作的职业素质。

任务　认识 AutoCAD 2019

任务目标

- 会启动、退出 AutoCAD2019。
- 了解 AutoCAD2019 工作界面的组成。
- 掌握 AutoCAD2019 窗口、菜单、工具栏、对话框等基本要素的组成与操作。
- 能够调用工具栏并使用绘图命令。
- 能够用命令绘制简单图形。
- 熟悉选定、捕捉、平移、缩放、删除等基本操作。
- 能够打开、新建、保存、关闭图形文件。
- 培养规范操作、耐心细致、严谨求实、互助协作的职业素质。

任务内容

在 AutoCAD 中打形图 1-1 所示的建筑施工图，并在其中完成以下操作：
（1）打开图形文件。
（2）平移图形文件到绘图区中央。
（3）使用鼠标放大或缩小图形。
（4）把"平面图"放大至布满整个屏幕。
（5）选中"台阶大样图"并删除；恢复刚删除的台阶大样图。
（6）新建图形文件，复制"南立面图"到新建的文件中。
（7）保存已复制图形的文件，文件命名为"南立面图.dwg"。

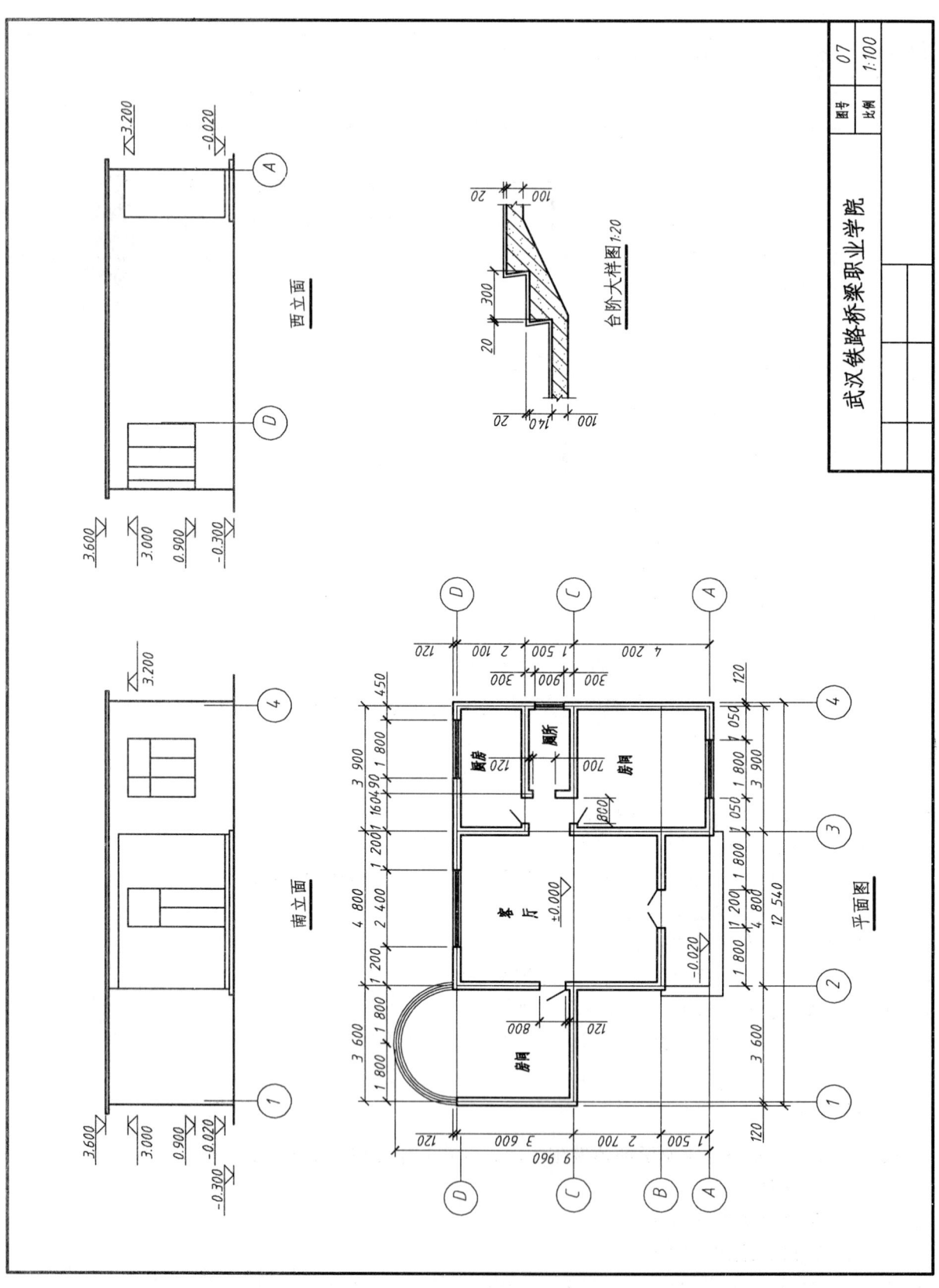

图 1-1 建筑施工图

任务分析

AutoCAD 的基本操作包含新建、打开、保存图形文件，另外要对图形文件进行操作，还需要缩放图形、平移图形、选择图形对象等操作。要完成以上任务内容，需先打开图形文件，对 AutoCAD 的工作界面有一个初步的认识，然后根据菜单栏、工具栏命令或功能区命令进行相应的操作。操作思路如下：

（1）打开 AutoCAD2019，了解 AutoCAD 的界面组成。
（2）在 AutoCAD 文件菜单中利用打开命令，打开图形文件"任务1建筑施工图.dwg"。
（3）调用菜单栏或工具栏中的命令，放大或缩小图形至可见，并用平移命令把图形移动至绘图窗口内。
（4）利用窗口缩放操作，选定平面图，并放大至整个屏幕。
（5）选中"台阶大样图"并删除。通过撤销命令恢复刚刚删除的"台阶大样图"。
（6）新建图形文件。
（7）用拷贝命令复制"南立面"图形到新建的文件中。
（8）保存图形文件并退出。

任务实施

步骤一 启动 AutoCAD 软件，打开图形素材文件

（1）启动 AutoCAD。
（2）打开图形素材文件。

单击"快速访问工具栏"→"打开"按钮或单击"文件"菜单→"打开"或单击"应用程序"按钮→"打开"命令弹出"选择文件"对话框，如图 1-2 所示。在"查找范围"列表中选择相应的目录，并选中相应的图形文件"任务1建筑施工图.dwg"，然后单击"打开"按钮，打开图形文件。

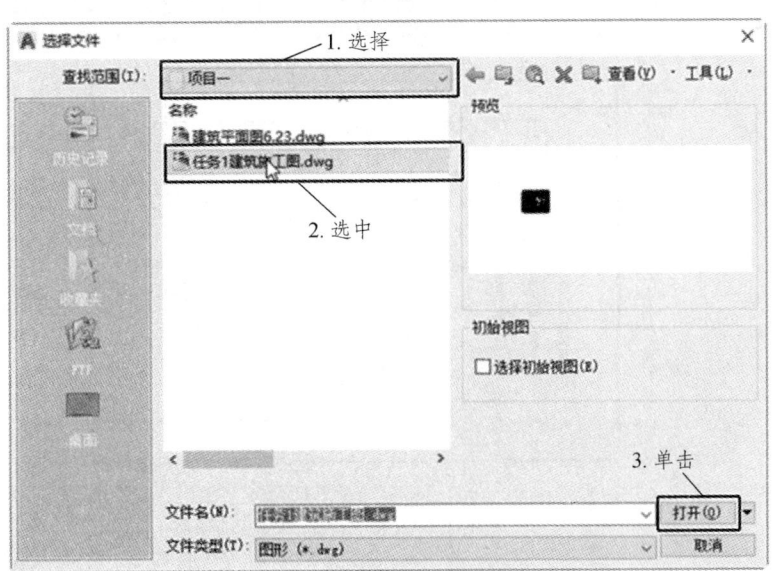

图 1-2 "选择文件"对话框

步骤二 设置常用工具栏和状态栏

（1）点击"工具"菜单→"工具栏"→"AutoCAD"→选择工具栏名称，打开工具栏，并将其放在适当的位置。该菜单列出了所有工具栏的名称。如果名称前带有"√"标记，则表示该工具栏已打开。选取菜单中的某一选项，就可以打开或关闭相应的工具栏。

（2）如勾选"标准"项，将在屏幕上出现如图 1-3 所示的"标准"工具栏，其中框内的工具按钮包括平移、缩放等按钮。

图 1-3 "标准"工具栏

（3）屏幕下方有状态栏，与绘图有关的状态信息会显示在状态栏（图1-4）上，也可以在状态栏设置绘图的状态或环境，如对象捕捉、正交、极轴、线宽等。

图 1-4 状态栏按钮

步骤三　缩放图形，并移动图形至绘图区

（1）缩放图形。

单击"标准"工具栏→"实时缩放"按钮 或单击"视图"菜单→"缩放"→"实时"命令，此时按住鼠标左键向上或向下拖动，会看见图形放大或缩小。

（2）平移图形对象。

单击"标准"工具栏→"实时平移"按钮 或单击"视图"菜单→"平移"→"实时"命令，此时将鼠标指向图形，按住鼠标左键即可拖动图形到屏幕合适位置。按下 Esc 键可退出实时平移操作。

（3）放大平面图，布满整个绘图区。

单击"标准"工具栏→"窗口缩放"按钮 或单击"视图"菜单→"缩放"→"窗口"命令，此时在平面图形的左上角单击鼠标左键，并向下移动鼠标至平面图形右下角（图 1-5），单击鼠标左键，可以看到平面图形占满了整个绘图区。

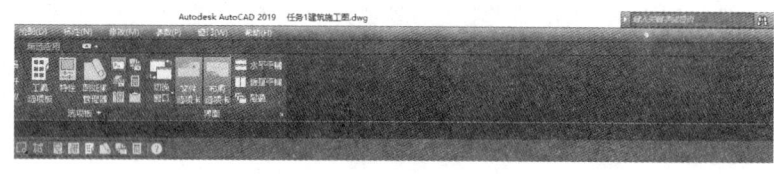

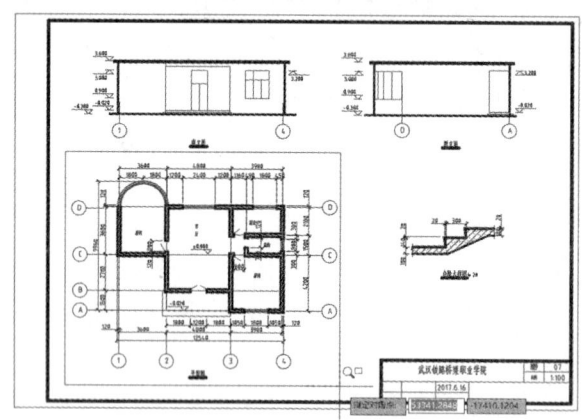

图 1-5　窗口缩放平面图形

步骤四　删除"台阶大样图"图形

用窗口选择或交叉窗口选择方式选中"台阶大样图"，按 Delete 键可删除"台阶大样图"。

单击"标准"工具栏→"放弃"按钮 或单击"快速访问工具栏"→"放弃" 按钮，此时被删除的图形又显示在屏幕上了。

步骤五　利用模板文件"acadiso.dwt"新建图形文件

单击"快速访问工具栏"→"新建"按钮或"文件"菜单→"新建"或"应用程序"按钮→"新建"命令弹出"选择样板"对话框，如图 1-6 所示。在样板列表框中选择 acadiso.dwt 模板文件，然后单击"打开"按钮，创建新图形文件。

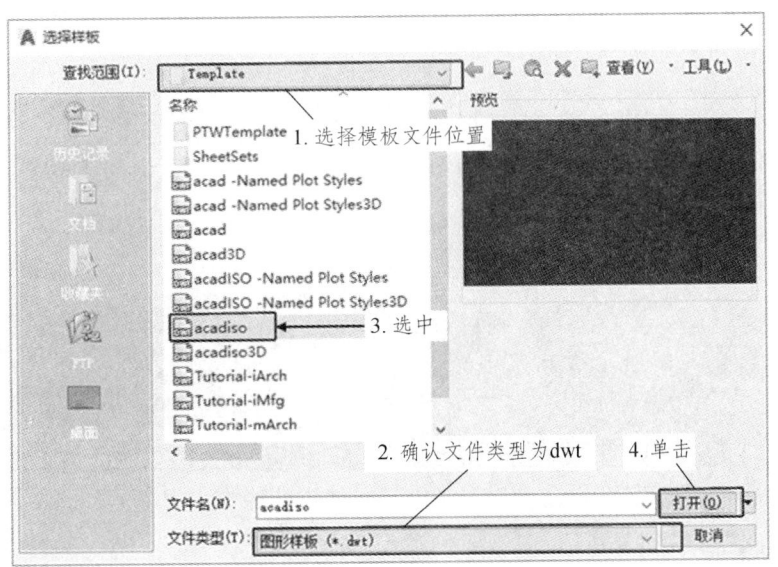

图 1-6 "选择样板"对话框

步骤六　复制"南立面"图形到新建文件中

单击"任务 1 建筑施工图"图形文件窗口，选中南立面图，按下 Ctrl+C 键，再单击新建图形文件窗口，按下 Ctrl+V 键。此时，南立面图被复制到新建图形文件中。

步骤七　保存新建文件

单击"文件"菜单中的"另存为"命令，打开"图形另存为"对话框，选择正确的图形文件保存位置（如 E 盘），在"文件类型"列表框中，选择正确的文件类型（*.dwg），再在"文件名"文本框中输入文件名称"南立面.dwg"，单击"保存"按钮，完成图形文件的保存。

知识链接

一、启动和退出 AutoCAD 2019

（一）启　动

AutoCAD 2019 的启动有以下 3 种方法：
- 单击桌面"开始"菜单 →"程序"→"Autodesk"→"AutoCAD 2019"。
- 双击桌面上的快捷方式图标。
- 双击已存在的图形文件图标。

（二）退　出

AutoCAD 2019 的退出有以下几种方法：
- 单击"文件"菜单 →"退出"。
- 使用快捷键"Alt+F4"。
- 单击标题栏按钮。

二、AutoCAD 2019 工作界面

启动 AutoCAD 2019 应用程序之后就进入该软件的用户界面，它由一个应用程序窗口和一个图形窗口组成。每个窗口都有一个关闭按钮，图形窗口的关闭按钮只关闭当前图形文件窗口，不会关闭应用程序窗口。而应用程序窗口的关闭按钮不仅可以关闭所有的图形文件窗口，还同时关闭应用程序，并退出 AutoCAD。

（一）工作界面

AutoCAD 2019 工作界面由标题栏、应用程序按钮、菜单栏、快速访问工具栏、绘图区、十字光标、命令窗口、状态栏等元素组成，如图 1-7 所示。

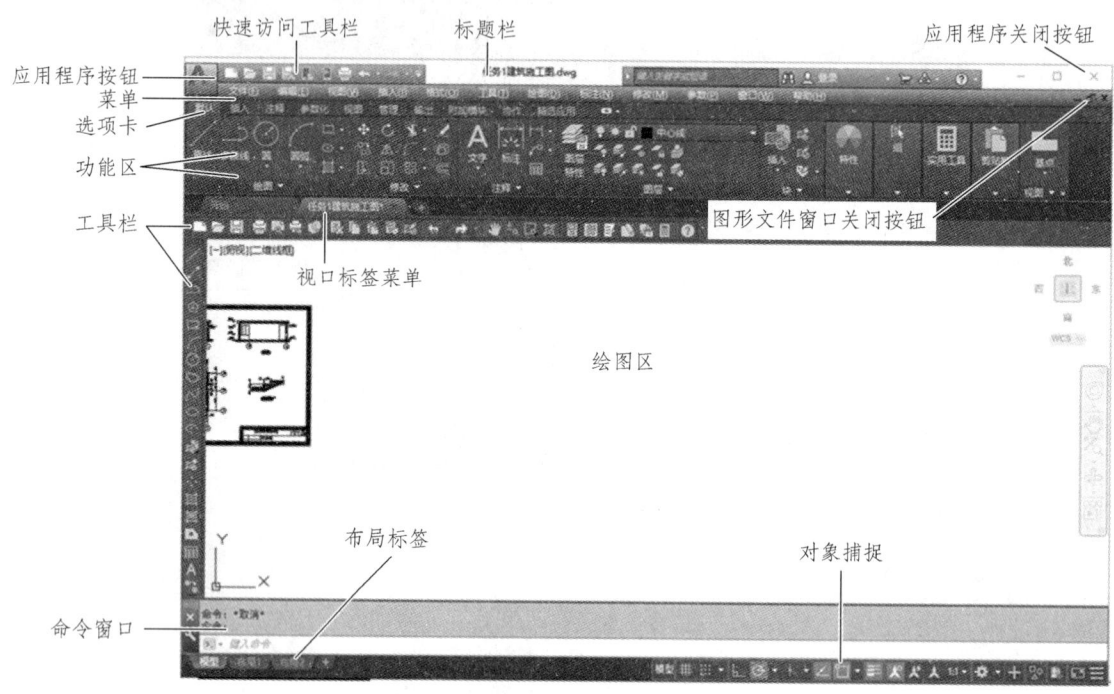

图 1-7　AutoCAD 2019 工作界面

（二）工作界面中各元素的功能及基本操作

1. 标题栏

标题栏在 AutoCAD 工作界面最上端，标题栏中显示了应用程序按钮、快速访问工具栏、当前工作区中图形文件的路径和名称、网络访问、帮助、最小化、最大化等系统按钮。刚打开程序文件时，应用程序标题栏中显示默认图形文件名 Drawing1.dwg、Drawing2.dwg 等。标题栏如图 1-8 所示。

图 1-8　标题栏

2. 应用程序按钮

工作界面左上角为应用程序按钮 A，单击该按钮，通过弹出菜单可以进行文件的新建、打开、保存、打印、发布、输出等操作。此外，通过该菜单"最近使用的文档"功能，还可以对之前打开的图形文件进行快速预览，功能十分强大。

3. 快速访问工具栏

AutoCAD 2019 的快速访问工具栏默认位于应用程序按钮的右侧，包含了新建、打开、保存、打印等最常用的快捷工具按钮，如图 1-9 所示。

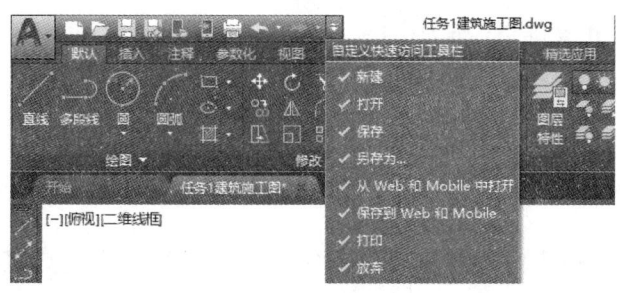

图 1-9 快速访问工具栏及其下拉菜单

4. 菜单及其下拉子菜单

菜单栏位于标题栏的下方，由如图 1-10 所示的菜单项所组成。

图 1-10 菜单栏

在菜单栏中，每个主菜单又包含数目不等的子菜单，有些子菜单下还包含下一级子菜单，如图 1-11 所示。这些菜单中包含了 AutoCAD 绝大多数的功能和命令。下级菜单中，含有…号的，如图 1-11 所示的"渐变色…"，单击此命令会弹出一个对话框；下级菜单中，含有▶号的，就包含有下级子菜单，如"圆弧""圆"命令等。

图 1-11 主菜单下的子菜单

5. 工具栏

使用工具栏（图 1-12）可以快速地执行 AutoCAD 中的各种命令。工具栏上的每一个图标都代表一个命令按钮，单击相应的按钮，即可执行相应的命令。工具栏的位置是可以随意移动的。单击工具栏右边的 ✖ 按钮，可以关闭此工具栏。

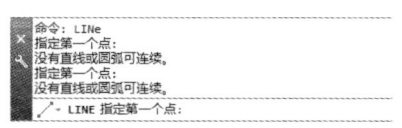

图 1-12 "绘图"工具栏

6. 命令行窗口

命令行窗口位于绘图窗口的下方，用于显示用户输入的命令，并显示 AutoCAD 的提示信息，如图 1-13 所示。

图 1-13 命令行窗口

使用命令行来启动命令并提供当前命令的输入值。在键入命令名和输入值后，按 Enter 键，动态输入功能默认为启用状态，它会在光标旁边显示命令提示和输入值。

7. 状态栏

状态栏位于绘图窗口的最下边，用于显示当前 AutoCAD 的工作状态，如图 1-14 所示。

图 1-14　状态栏

三、图形文件的基本操作

图形文件的基本操作包括新建、打开、保存、输出、加密和关闭图形文件等。

（一）新建图形文件

启动 AutoCAD 2019 后，系统会自动创建一个名为"Drawing1.dwg"的文档，还可以采用以下 5 种方法新建图形文件：

- 工具栏：单击快速访问工具栏上的"新建"按钮。
- 命令行：QNEW。
- 快捷键：Ctrl+N。
- 程序按钮：单击"应用程序"按钮，弹出菜单中的"新建"命令。
- 菜单：单击"文件"菜单→"新建"命令。

通过上述几种方式均可打开"选择样板"对话框，如图 1-6 所示。此时在"选择样板"对话框中，若要创建默认样板"acad.dwt"的图形文件，单击"打开"按钮即可。也可在样板列表框中选择其他样板图形文件（如 acadiso.dwt），在该对话框右侧的"预览"栏中可预览到所选样板的样式，选择合适的样板后单击"打开"按钮，即可创建新图形。

在选择模板文件时，首先一定要在"查找范围"下拉列表中确定模板文件所在的路径，然后在"文件类型"下拉列表中确认文件类型为 dwt，再找到相应的模板文件（建议初学者选择"acadiso.dwt"），最后单击"打开"按钮。

（二）打开图形文件

打开图形文件有以下几种方法：

- 工具栏：单击快速访问工具栏上的"打开"按钮。
- 命令行：OPEN。
- 快捷键：Ctrl+O。
- 程序按钮：单击"应用程序"按钮，弹出菜单中的"打开"命令。
- 菜单：单击"文件"菜单→"打开"命令。

通过上述几种方式均可打开"选择文件"对话框，如图 1-2 所示。此时选择要打开文件所在的路径，并选择相应的文件，单击"打开"按钮即可。

（三）保存图形文件

新建或修改后的图形文件一定要及时保存，以免误操作或突然停电造成图形文件丢失。常用的保存文件的方法有以下几种：

- 工具栏：单击"快速访问"工具栏或"标准"工具栏上的"保存"按钮。
- 命令行：SAVE。

- 快捷键：Ctrl+S。
- 程序按钮：单击"应用程序"按钮 A，弹出菜单中的"保存"命令。
- 菜单：单击"文件"菜单→"保存"命令。

首次保存文件时，可采用上述方法中的任意一种进行保存，并且都会打开"图形另存为"对话框，在对话框中的"保存于"下拉列表中选择保存文件的位置，在"文件名"下拉列表中输入图形文件的名称，在"保存类型"下拉列表中选择要保存文件的类型及版本，然后单击"保存"按钮即可。

（四）关闭图形文件

关闭图形文件只是关闭绘图窗口，不一定会退出程序文件窗口。在 AutoCAD 2019 中，可以使用多种方式关闭图形文件，常用的几种关闭方法如下：

- 系统按钮：单击菜单栏最右侧的 ✕ 按钮。
- 命令行：QUIT。
- 快捷键：Ctrl+Q。
- 程序按钮：单击"应用程序"按钮 A，弹出菜单中的"关闭"命令。
- 菜单：单击"文件"菜单→"关闭"命令。

四、图形显示的控制

在 AutoCAD 中，用户可以使用多种方法来观察绘图窗口中的图形效果，如使用"视图"菜单中的子命令、"视图"工具栏中的工具按钮以及视口、鸟瞰视图等。通过这些方式可以灵活观察图形的整体效果或局部细节。

（一）缩放视图

通过缩放视图，可以放大或缩小图形的屏幕显示尺寸，而图形的真实尺寸保持不变。在 AutoCAD 2019 中，常用以下几种方法缩放视图：

- 工具栏：单击"缩放"工具栏上各个按钮 🔍，如图 1-15 所示。或单击"标准"工具栏上的缩放按钮，如图 1-16 所示。

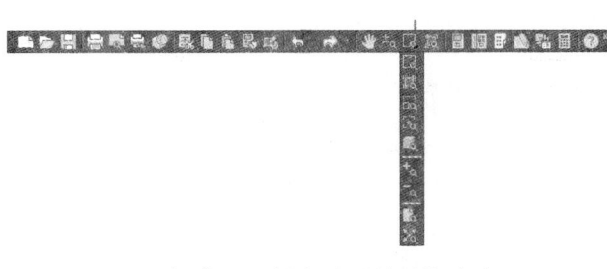

图 1-15　工具栏上的"缩放"按钮　　　　图 1-16　标准工具栏中的"缩放"命令

- 菜单栏：选择"视图"菜单→"缩放"命令，如图 1-17 所示。
- 命令行：ZOOM/Z。
- 鼠标：滚动鼠标滚轮，向前滚动是放大，向后滚动是缩小。

（二）平移视图

使用平移视图命令，可以重新定位图形，以便看清图形的其他部分。此时不会改变图形中对象的位置或比例，只改变视图，而图形的真实尺寸保持不变。在 AutoCAD

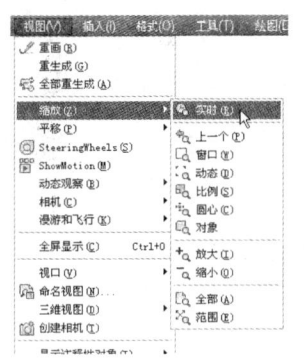

图 1-17　"视图"/"缩放"命令

2019 中，常用以下几种方法平移视图：
- 工具栏：单击"常用"工具栏上的按钮 。
- 菜单栏：选择"视图"菜单→"平移"命令。
- 命令行：PAN/P。
- 鼠标：按住鼠标中键拖动。

视图菜单中的平移命令包括"实时""点"及"上""下""左""右"等平移视图模式，如图 1-18 所示。

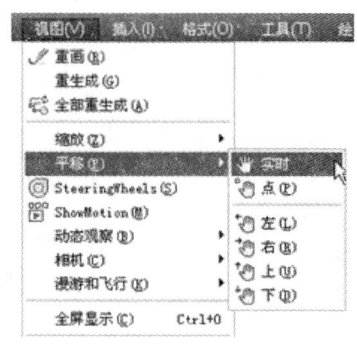

图 1-18 "视图"/"平移"命令

五、AutoCAD 命令的调用方法

在 AutoCAD 2019 中，所有的菜单命令、工具栏按钮、命令和系统变量都是相互的，所以可通过选择菜单或单击某个工具栏或直接在命令行中输入命令和系统变量来执行相应的操作。几种调用命令的方式如下：

（一）用鼠标发出命令

在绘图窗口中，光标通常显示为"＋"形的十字光标形状。当光标移至菜单选项、工具栏或对话框内时，光标就变成一个箭头" "。无论光标是十字光标还是箭头形式，当单击或按住鼠标键时，都会执行相应的命令或动作。在 AutoCAD 2019 中，鼠标键的操作规则如下：
- 拾取键：鼠标左键，用户可用鼠标左键指定屏幕上的点，也可用它来选择对象、单击工具按钮和菜单命令等。
- 回车键：鼠标右键，相当于 Enter 键，用于结束当前使用命令，此时系统将根据当前绘图状态而弹出不同的快捷菜单。
- 弹出菜单：当使用 Shift 键和鼠标右键的组合时，系统将弹出一个快捷菜单，用于设置捕捉对象。

（二）用键盘发出命令

在 AutoCAD 2019 中，大部分的绘图、编辑功能都需要通过键盘输入来完成。通过键盘可以输入命令、系统变量。此外，键盘还是输入文本对象、数值参数、点的坐标或进行参数选择的唯一方法。

（三）用命令行发出命令

在 AutoCAD 2019 中，命令窗口在状态栏的上方，可以在当前命令行提示下输入命令和对象参数等内容。对于大多数命令，"命令行"中可以显示执行完的两条命令提示，而对于一些输出命令，需要在"命令行"或"AutoCAD 文本窗口"中显示。

（四）用菜单栏发出命令

在 AutoCAD 2019 中，菜单栏几乎包含了全部的功能和命令，使用菜单栏执行命令，只需单击菜单栏中的主菜单，在弹出的子菜单中选择要执行的命令即可。

（五）用工具栏发出命令

在 AutoCAD 2019 中，大多数命令都可以在工具栏中找到与其相对应的图标按钮，用鼠标单击该图标按钮即可执行相应的命令。例如要绘制直线，可以单击"绘图"工具栏中的按钮 ，再根据命令提示进行操作即可。

（六）用选项卡中功能区内工具按钮发出命令

在 AutoCAD 2019 的默认状态下，大多数命令都可以在选项卡中的各个功能区中找到，通过单击各个按钮即可执行相应的命令。例如要绘制直线，可以单击"绘图"功能区中的按钮 ，再根据命令提示进行操作即可，如图 1-19 所示。

（七）AutoCAD 的参数输入

在 AutoCAD 2019 中，不管采用什么方式调用命令，命令的操作步骤都会在命令行中显示，并显示出相应的命令提示信息。下面以一个 CIRCLE（圆）命令来解释一下命令的各个参数的含义和使用方法。

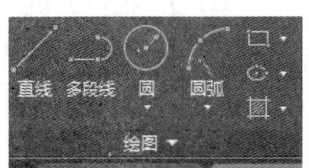

图 1-19　绘图选项卡

命令：_CIRCLE　　　　　　//输入命令全称 CIRCLE 或简称 C，按 Enter 键

指定圆的圆心或[三点（3P）/ 两点（2P）/ 相切、相切、半径（T）]：90，100

　　　　　　　　　　　　　　//输入圆心坐标，按 Enter 键

指定圆的半径或[直径（D）]<50.7720>：70　　　//输入圆半径 70，按 Enter 键

- 方括号"[]"中以"/"隔开的内容表示各个选项，若要选择某个选项，则需输入圆括号中的字母，可以是大写或小写形式。例如，想通过三点画圆，就输入"3P"。
- 尖括号"<>"中的内容是当前缺省值。

AutoCAD 的命令执行过程是交互式的，当用户输入命令后，需按 Enter 键确认，系统才执行该命令。而执行过程中，AutoCAD 有时要等待用户输入必要的绘图参数，如输入命令选项、点的坐标或其他几何数据等，输入完成后，也要按 Enter 键，AutoCAD 才继续执行下一步操作。

很多命令可以透明使用，即在 AutoCAD 执行某个命令的同时再输入其他命令。透明使用命令的形式是在当前命令提示行上以"'+命令"的形式输入要发出的另一个命令。以下例子说明了使用透明命令的方法。

命令：_CIRCLE　　　　　　　　　　　　　//在屏幕上画圆

指定圆的圆心或[三点（3P）/ 两点（2P）/ 相切、相切、半径（T）]：200，100

　　　　//输入圆心坐标

指定圆的半径或[直径（D）]<50.2511>：'CAL　　//再发出 CAL 命令计算圆的半径（透明使用命令）

>>>> 表达式：30+20　　　　　　　　　　//输入计算表达式

指定圆的半径或 [直径（D）]：50　　　　　//计算结果

（八）终止（结束）命令和重复命令

发出某个命令后，可随时按 Esc 键终止该命令。此时，AutoCAD 又返回到命令行。

在绘图过程中，经常重复使用某个命令，重复刚使用过的命令的方法是直接按 Enter 键，或单击鼠标右键，在弹出的快捷菜单中选择【重复...】命令。

如果在绘图过程中，只是一个命令中的某一步骤出现错误，这时可以用"U"来撤回当前这一步操作，而不用退出整个命令重做。

（九）放弃/重做

在 AutoCAD 绘图的过程中，不可避免地会出现各种各样的错误。用户想要修正这些错误，可以使用"UNDO"命令或单击"标准"工具栏上的 按钮。如果想要取消前面执行的多个操作，可反复使用"UNDO"命令或反复单击 按钮，此外，也可以打开"标准"工具栏上的"放弃"下拉列表，然后选择要放弃的几个操作。

（十）选择对象

在编辑图形之前，首先需要对要编辑的图形对象进行选择。在 AutoCAD 中，选择对象的方法有很多。下面介绍几种最常用的选择图形对象的方法：

- 点选对象：直接用鼠标在绘图区中单击需要选择的对象。该方法一次只能选择一个对象，如果要选择多个对象，可以连续单击需要选择的对象。

- 如果在选择的过程中误选了对象或要减少选择对象，此时可以按住 Shift 键，单击误选择对象就可从选择集中去掉选择。
- 窗口选择对象：窗口选择对象是指按住鼠标左键向右上方或右下方拖动，框住需要选择的对象，此时绘图区将出现一个实线的矩形方框。再点击鼠标左键后，被方框完全包围的对象将被选中。
- 交叉窗口选择对象：交叉窗口选择对象是按住鼠标左键向左上方或左下方拖动，框住需要选择的对象，此时绘图区将出现一个虚线的矩形方框。再点击鼠标左键后，与方框相交或被方框完全包围的对象都将被选中。

（十一）删除对象

在 AutoCAD 中，可以用以下几种方法删除选中的对象：
- 菜单栏：执行"修改"菜单→"删除"命令。
- 工具栏：单击"修改"工具栏中的删除按钮。
- 命令行：ERASE/E。
- 键盘：选中要删除的对象，按 Delete 键。
- 鼠标：选中要删除的对象，单击鼠标右键，打开菜单，在菜单中选择"删除"命令。

任务拓展

【1-1】新建图形文件并试绘制如图 1-20 所示的 T 梁三视图。

要求：设定绘图区域的大小为 4200×2970，并使用栅格查看绘图区域的范围。

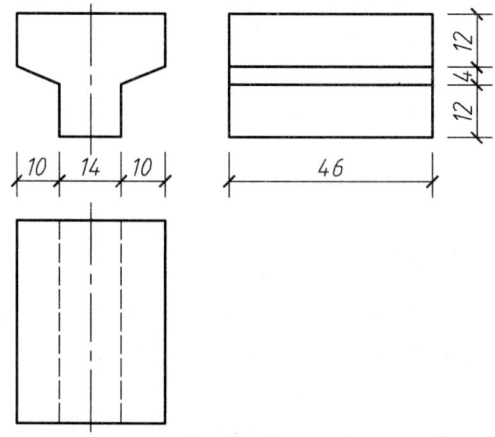

图 1-20　T 梁三视图

项目二　绘制简单形体图样

本项目通过以下任务来学习和使用 AutoCAD，达到能绘制几何图样和一般工程图样的目标。

项目二检测评价

【学习任务】

- 任务一　用坐标与极轴方式绘制简单图形
- 任务二　绘制管涵一字墙护坡洞口断面图
- 任务三　绘制桥台三视图
- 任务四　绘制卵圆形涵洞断面示意图
- 任务五　绘制对称及均布平面图形
- 任务六　绘制矩形、正多边形和椭圆构成的平面图形
- 任务七　编辑修改复杂平面图形
- 任务八　绘制基础大样图

【项目目标】

- 能够运用已经建立的模板文件建立图形文件。
- 会设置绘图环境并能通过设置对象捕捉精确绘图。
- 能够运用绘制直线的多种方法绘制直线构成的平面图形。
- 能够绘制圆、圆弧、圆曲线及其他简单形体构成的形体图形。
- 能够绘制矩形、正多边形、椭圆构成的形体图形。
- 能够对图形文件进行简单的编辑修改。
- 培养规范操作、耐心细致、严谨求实、互助协作的职业素质。

任务一　用坐标与极轴方式绘制简单图形

任务目标

- 理解 CAD 中坐标的概念、含义。
- 掌握 AutoCAD 中坐标的表示方法。
- 能够应用坐标绘制简单图形。
- 培养规范操作、耐心细致、严谨求实、互助协作的职业素质。

任务内容

绘制如图 2-1 所示的两个简单几何图形，并对比相对坐标和绝对坐标的区别。

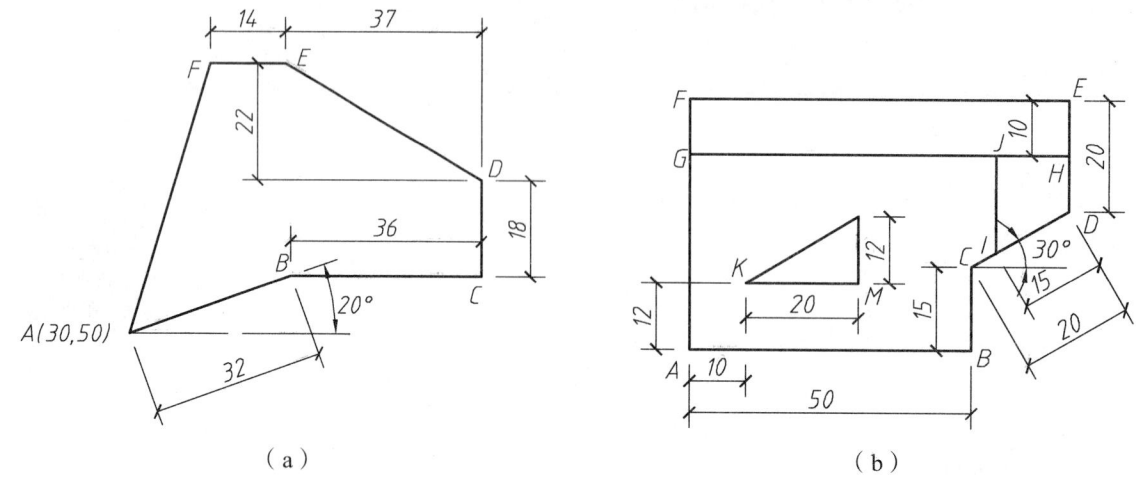

图 2-1 简单几何图形

任务分析

直线是构成很多形体图形的最基本对象，在 AutoCAD 中有多种绘制直线的方法。可以根据不同的已知条件选用不同的方法绘制直线和直线构成的几何图形。本任务中的两个图形全部由直线构成。

图 2-1（a）所示的图形比较简单，均由直线构成。A 点在图形窗口中的位置是固定的，A 点位置坐标为（30，50）。图形中线段位置和长度可以由 X、Y 方向的长度确定，或者由长度和角度确定。要完成图 2-1（a）所示的图形，可直接通过坐标方法绘制直线来完成。

图 2-1（b）所示的图形也全部由直线构成。图形比图 2-1（b）复杂，图形内部还有直线对象。它并没有标示图形相对于坐标原点的具体位置，所以绘制图形的起始位置可以直接用鼠标在屏幕上点取一点作为直线的第一点开始绘制图形。绘图思路如下：

（1）新建图形文件。
（2）设置绘图环境。
（3）绘制图 2-1（a）：启动 LINE 直线命令，输入 A 点的绝对坐标。再依次输入 B 点、C 点、D 点、E 点和 F 点的相对坐标。最后输入参数 C 或用鼠标直接点取 A 点，完成图形绘制。
（4）通过正交、极轴或极轴追踪方式绘制图 2-1（b），为保证图形精准，绘制过程中辅以对象捕捉功能。
（5）保存图形文件并退出。

任务实施

步骤一　利用系统模板文件"acadiso.dwt"新建图形文件

启动 AutoCAD，通过"快速访问工具栏"→"新建"按钮，或"文件"菜单→"新建"，或"应用程序"按钮→"新建"命令弹出"选择样板"对话框。在样板列表框中选择"acadiso.dwt"模板文件，然后单击"打开"按钮，创建新图形文件，如图 1-6 所示。

步骤二　设置简单绘图环境

（1）用鼠标单击应用程序下方状态栏中的 和 两个按钮，使其呈灰色显示，即关闭显示图形栅格和捕捉到图形栅格两项功能，如图 2-2 所示。

（2）再单击状态栏中的 按钮，使其呈蓝色显示，即打开对象捕捉功能，如图 2-2 所示。

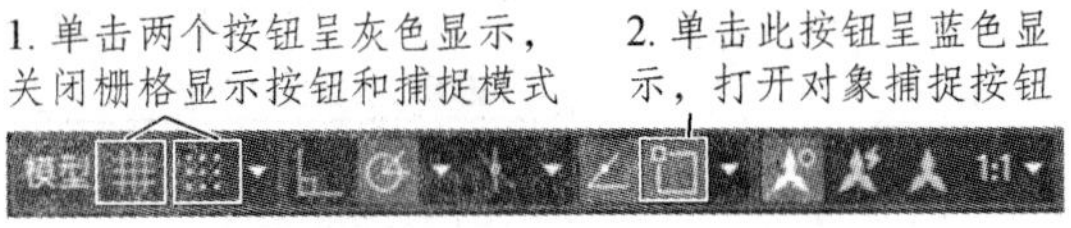

图 2-2 设置状态栏 3 个按钮

步骤三　用输入坐标方式绘制图 2-1（a）

启动直线命令 LINE 绘制图形，操作命令及步骤如下：

命令：_LINE
指定第一个点：30，50　　//输入 A 点绝对坐标
指定下一点或 [放弃（U）]：@32<20　　//输入 B 点相对于 A 点的相对坐标
指定下一点或 [放弃（U）]：@36，0　　//输入 C 点相对于 B 点的相对坐标
指定下一点或 [闭合（C）/放弃（U）]：@0，18　　//输入 D 点相对于 C 点的相对坐标
指定下一点或 [闭合（C）/放弃（U）]：@-37，22　　//输入 E 点相对于 D 点的相对坐标
指定下一点或 [闭合（C）/放弃（U）]：@-14，0　　//输入 F 点相对于 E 点的相对坐标
指定下一点或 [闭合（C）/放弃（U）]：
//鼠标移动到 A 点上，当出现小方框时点击鼠标左键，如图 2-3 所示
指定下一点或 [闭合（C）/放弃（U）]：　　//按下 Enter 键，结束直线命令

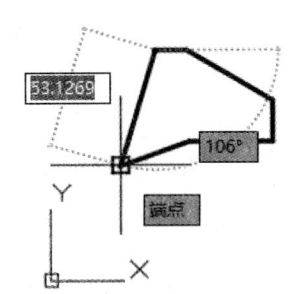

图 2-3 鼠标移动到 A 点上的效果

步骤四　设置图 2-1（b）的绘图环境

（1）确认对象捕捉功能处于打开状态。

（2）设置极轴追踪和对象捕捉追踪功能处于打开状态。

① 单击状态栏中的"极轴追踪"开关按钮 ，打开极轴追踪功能。

② 执行"工具"→"绘图设置"命令（或在状态栏的辅助功能区内单击鼠标右键，在弹出的菜单中单击"设置"命令），弹出"草图设置"对话框。

③ 选择"极轴追踪"选项卡，在"极轴角设置"组中的"增量角"下拉列表中选择 30°，单击"确定"按钮，如图 2-4 所示。

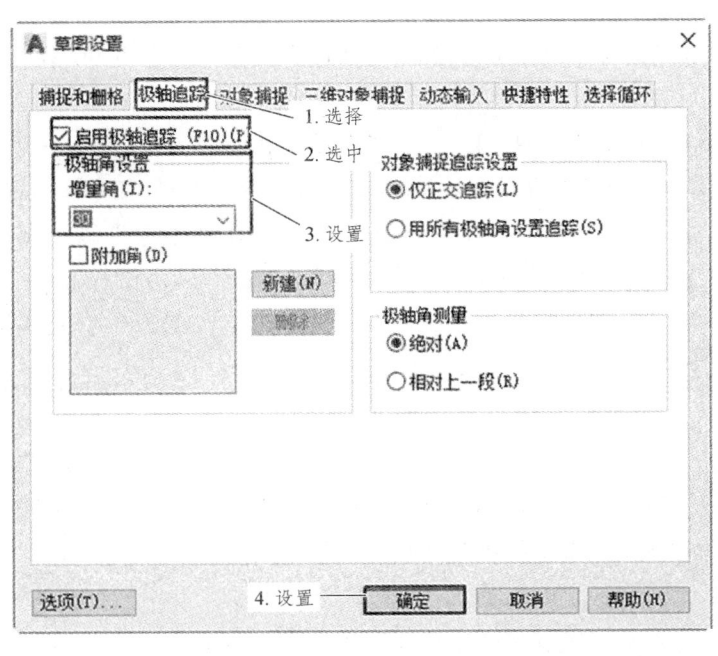

图 2-4 "草图设置"/"极轴追踪"选项卡

④ 选择"对象捕捉"选项卡，选中"启用对象捕捉"和"启用对象捕捉追踪"前面的复选框。勾选"对象捕捉模式"组件下面的端点、中点、交点、延长线和垂足 5 个复选框，如图 2-5 所示。

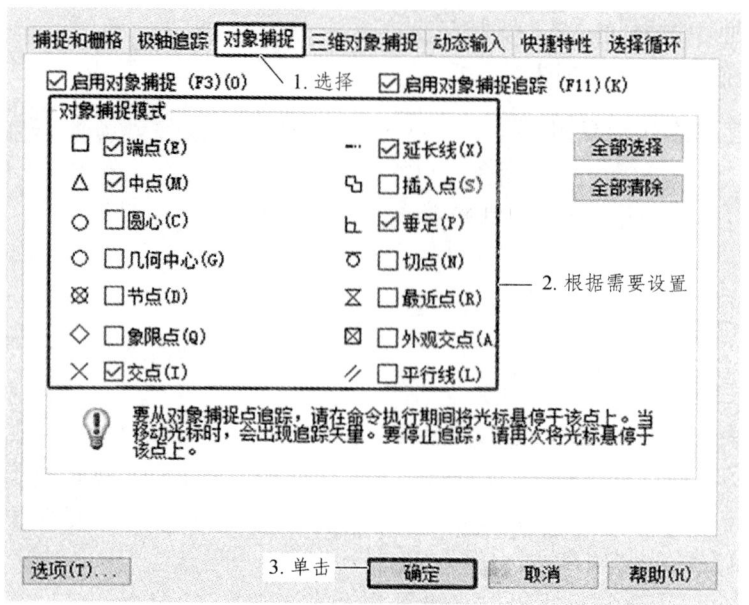

图 2-5 "草图设置"/"对象捕捉"选项卡

步骤五 用极轴追踪和对象捕捉追踪方式绘制图 2-1（b）

启动直线命令 LINE 绘制图形，操作命令及步骤如下：

1. 用极轴追踪方式绘制图形外框

命令：_LINE

指定第一个点： //用鼠标单击屏幕上任意一点作为 A 点

指定下一点或[放弃（U）]：50 //鼠标向右移动，出现 0°辅助线时，输入线段 AB 的距离

指定下一点或[放弃（U）]：15 //鼠标向上移动，出现 90°辅助线时，输入线段 BC 的距离

指定下一点或[闭合（C）/放弃（U）]：20 //鼠标向右上角移动，出现 30°辅助线时，输入线段 CD 的距离

指定下一点或[闭合（C）/放弃（U）]：20 //鼠标向上移动，出现 90°辅助线时，输入线段 DE 的距离

指定下一点或[闭合（C）/放弃（U）]： //鼠标放在 A 点上，向上移动，此时会出现 90°的辅助线，继续向上移动，直到和 EF 水平线出现交点时，点击鼠标左键，确定 F 点

指定下一点或[闭合（C）/放弃（U）]： //鼠标放在 A 点上，当出现小方框时，单击鼠标左键

指定下一点或[闭合（C）/放弃（U）]： //按 Enter 键结束命令

操作结果如图 2-6 所示。

2. 绘制直线段 HG

命令：_LINE

指定第一个点： //鼠标移动到直线 DE 中点附近时，当出现捕捉到中点标记时，单击鼠标左键，捕捉到 DE 线段的中点 H

指定下一点或[放弃（U）]： //鼠标向左水平移动到线段 AF 附近出现垂足（或交点）标记时，单击鼠标左键，确定 G 点，从而画出线段 HG

指定下一点或[放弃（U）]： //按 Enter 键结束命令

操作结果如图 2-7 所示。

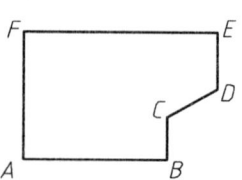

图 2-6 用极轴追踪方式绘制图形外框

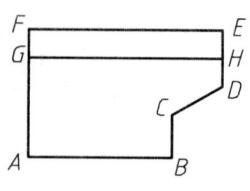

图 2-7 画线段 HG

3. 绘制直线段 IJ

命令：_LINE

指定第一个点：5　　　　//鼠标移动到 C 点上，沿着直线段 CD 缓慢移动，出现延长线捕捉标记时，输入 CI 距离，捕捉到 I 点

指定下一点或[放弃（U）]：//鼠标向上移动到直线段 HG 线上时，当出现捕捉到垂足标记时，单击鼠标左键，确定 J 点，从而画出线段 IJ

指定下一点或[放弃（U）]：//按 Enter 键结束命令

操作结果如图 2-8 所示。

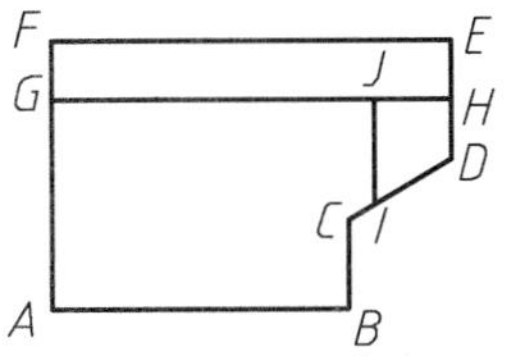

4. 绘制内部三角形

命令：_LINE

指定第一个点：FROM　　　　//输入捕捉自命令

基点：　　　　//用鼠标单击 A 点

<偏移>：@10，12　　　　//输入 K 点相对于 A 点的相对坐标

指定下一点或 [放弃（U）]：20　　　　//鼠标向右移动，出现 0°辅助线时，输入线段 KM 的距离

指定下一点或 [放弃（U）]：12　　　　//鼠标向上移动，出现 90°辅助线时，输入距离 12

指定下一点或 [闭合（C）/放弃（U）]：//用鼠标单击 K 点或输入 C

指定下一点或 [闭合（C）/放弃（U）]：//按 Enter 键结束命令

操作结果如图 2-9 所示。

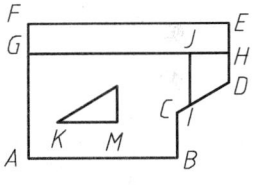

图 2-8　画线段 IJ

图 2-9　画内部三角形

步骤六　保存图形文件

（1）图形绘制完成后，通过"文件"菜单中的"另存为"命令，打开"图形另存为"对话框，选择正确的图形文件保存位置（如 E 盘）。

（2）在"文件类型"列表框中，选择正确的文件类型[如 AutoCAD 2018 图形（*.dwg）]。

（3）在"文件名"文本框中输入正确的文件名称（如张三），单击"保存"按钮，完成图形文件保存，如图 2-10 所示。

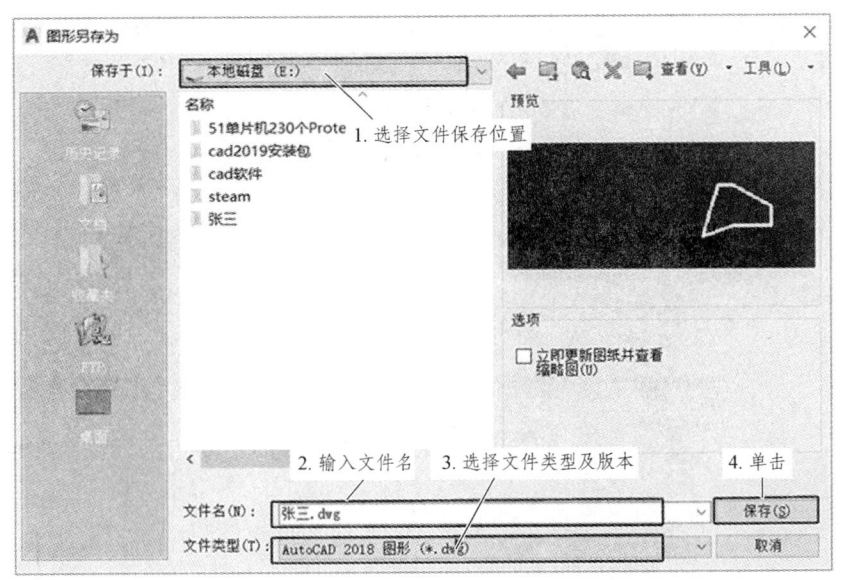

图 2-10　保存文件对话框

知识链接

一、AutoCAD 的坐标系及其坐标

（一）AutoCAD 的坐标系

AutoCAD 中有两个坐标系：默认坐标系是世界坐标系，用 WCS 表示；除此之外用户也可以定义自己的坐标系，即用户坐标系，用 UCS 来表示。

（二）点的坐标

用户在绘制工程图时，有时需要输入图形中各点的坐标来确定图形的位置。AutoCAD 中有 4 种表示坐标的方法：绝对直角坐标、相对直角坐标、绝对极坐标、相对极坐标。绝对坐标值是相对于原点的坐标值，而相对坐标值是相对于另一个几何点的坐标值，见表 2-1。

表 2-1　点的坐标分类

点的坐标类型	格式	说　　明
绝对直角坐标	X, Y	X, Y 表示 X 坐标值和 Y 坐标值，如 A 点的绝对直角坐标为 -40, 60，如图 2-11 所示。
绝对极坐标	R<α	R 表示点到原点的距离，α 表示极轴方向与 X 轴正方向间的夹角，如 B 点的绝对极坐标为 40<30，如图 2-11 所示
相对直角坐标	@X, Y	X, Y 表示 X 坐标值和 Y 坐标值，如 C 点相对于 A 点的坐标为 @-10, 30，如图 2-11 所示
相对极坐标	@R<α	R 表示到另一个几何点的距离，α 表示极轴方向与 X 轴正方向间的夹角，如 D 点相对于 B 点的坐标为 @40<-45，如图 2-11 所示

注意：若从 X 轴正方向逆时针旋转到极轴方向，则 α 角为正；否则为负。格式中的"<"号和","号均为英文状态下的小于号和逗号。

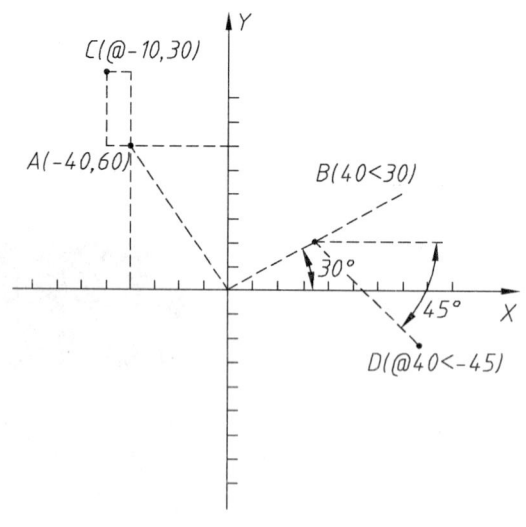

图 2-11　点的坐标

二、绘制直线

使用 LINE（直线）命令可以绘制一条单独的直线，也可以绘制一系列连续的直线段，并且每条直线段都是可以分别编辑的独立对象。

（一）直线命令调用方法

发出命令后，在绘图区域指定直线的起点和终点即可绘制一条直线。当绘制一条线段后，可继续以该线段的终点作为起点，然后指定下一个终点。反复操作可绘制多条首尾相接的直线。

直线命令有如下 4 种调用方法：

- 菜单栏：执行"绘图"菜单→"直线"命令。
- 命令行：LINE/L。
- 用功能区按钮：单击"默认"选项卡→"绘图"功能区的直线按钮。
- 工具栏：单击"绘图"工具栏→直线按钮。

（二）直线命令参数含义

启动命令后，在命令行中会出现命令选项及提示信息，各选项或提示信息的含义如下：

- 指定第一点：在此提示下，用户需要指定直线的起始点，若此时按 Enter 键，AutoCAD 将以上一次所画线段或圆弧的终点作为新直线的起点。
- 指定下一点：在此提示下，输入直线的端点，按 Enter 键后，AutoCAD 继续提示"指定下一点"，用户可输入下一个端点。若在"指定下一点"提示下按 Enter 键，则命令结束。
- 放弃（U）：在"指定下一点"提示下，输入字母 U，将删除上一条直线，多次输入 U 会删除多条直线段，该选项可以及时纠正绘图过程中的错误。
- 闭合（C）：在"指定下一点"提示下，输入字母 C，AutoCAD 将使连续折线自动封闭。

（三）常见绘制直线命令的几种方法

直线的起点和终点均可用鼠标捕捉指定，也可直接输入点的坐标值来确定。下面以图 2-12 所示的矩形（420 mm×297 mm）为例，来介绍画线的几种方法。

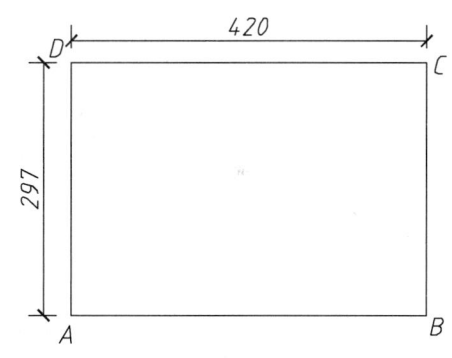

图 2-12　420 mm×297 mm 矩形

1. 输入点的坐标绘制

用点的坐标画线可根据图形输入相应点的坐标值，可用相对直角坐标、绝对直角坐标、绝对极坐标、相对极坐标，具体操作如下：

单击绘图功能区上的　　按钮或直接在命令行中输入 L 命令，然后根据如下提示命令绘制各条线段。

命令：_LINE

指定第一个点：　　　　//用鼠标在屏幕上指定任意点作为 A 点

指定下一点或[放弃（U）]：@420，0　　　　//输入 B 点相对于 A 点的相对坐标

指定下一点或[放弃（U）]：@0，297　　　　//输入 C 点相对于 B 点的相对坐标

指定下一点或[闭合（C）/放弃（U）]：@-420，0　//输入 D 点相对于 C 点的相对坐标

指定下一点或[闭合（C）/放弃（U）]：C　　//输入 C，绘制闭合的直线段 DA

2. 用正交模式绘制

用正交模式画线的步骤如下：

先单击状态栏中的"正交"开关按钮，打开正交模式，然后单击"默认"选项卡→"绘图"功能区的直线按钮，或单击绘图工具栏上的　　按钮，或直接在命令行中输入 L 命令，再根据如下提示命令绘制各条线段：

命令：_LINE

指定第一个点：　　　　　　　　　　　　　　//用鼠标在屏幕上指定任意点作为 A 点

指定下一点或　[放弃（U）]：420　　　　　　//鼠标向右移动，输入线段 AB 的距离
指定下一点或　[放弃（U）]：297　　　　　　//鼠标向上移动，输入线段 BC 的距离
指定下一点或　[闭合（C）/放弃（U）]：420　//鼠标向左移动，输入线段 CD 的距离
指定下一点或　[闭合（C）/放弃（U）]：C　　//输入 C，或点击 A 点，绘制线段 DA

3. 用极轴追踪方式绘制

用极轴追踪方式画线的步骤如下：

（1）单击状态栏中的"极轴追踪"开关按钮 ，打开极轴追踪功能。

（2）执行"工具"→"绘图设置"命令，弹出"草图设置"对话框。

（3）选择"极轴追踪"选项卡，在"极轴角设置"组中的"增量角"下拉列表中选择 90°，单击"确定"按钮。

（4）单击"默认"选项卡→"绘图"功能区的直线按钮 ，或单击绘图工具栏上的 按钮，或直接在命令行中输入 L 命令，然后根据如下命令提示绘制各条线段：

命令：_LINE
指定第一个点：　　　　　　　　　　　　　　//用鼠标在屏幕上指定任意点作为 A 点
指定下一点或[放弃（U）]：420　　　　　　　//鼠标向右移动，出现0°辅助线时，输入线段 AB 的距离
指定下一点或[放弃（U）]：297　　　　　　　//鼠标向上移动，出现90°辅助线时，输入线段 BC 的距离
指定下一点或[闭合（C）/放弃（U）]：420　　//鼠标向左移动，出现 180°辅助线时输入线段 CD 的距离
指定下一点或[闭合（C）/放弃（U）]：C　　　//输入 C，或点击 A 点，绘制线段 DA

4. 用对象捕捉追踪方式画线

在画线时，还可以设置捕捉类型，综合运用极轴追踪、对象捕捉追踪方式来灵活绘制直线构成的平面图形。

命令：_LINE
指定第一个点：　　　　　　　　　　　　　　//用鼠标在屏幕上指定任意点作为 A 点
指定下一点或　[放弃（U）]：420　　　　　　//鼠标向右移动，出现0°辅助线时，输入线段 AB 的距离
指定下一点或　[放弃（U）]：297　　　　　　//鼠标向上移动，出现90°辅助线时，输入线段 BC 的距离
指定下一点或　[闭合（C）/放弃（U）]：　　 //鼠标放在 A 点上，向上移动，此时会出现 90°的辅助线，继续向上移动，直到和 CD 水平线出线交点时，点击鼠标左键，确定 D 点
指定下一点或　[闭合（C）/放弃（U）]：　　 //鼠标放在 A 点上，当出现小方框时，单击鼠标左键
指定下一点或　[闭合（C）/放弃（U）]：　　 //按 Enter 键结束命令

三、设置辅助工具栏精确绘图

图形绘制必须要求准确，在 AutoCAD 中通常需要结合对象捕捉、追踪和动态输入等辅助功能，才能进行精确绘图并提高绘图效率。

（一）辅助工具栏

辅助绘图功能主要包括对象捕捉（用于精确定位）、正交（规定绘制垂直或水平直线）、极轴追踪

等,这些功能(按钮)位于状态栏上,如图 2-13 所示。

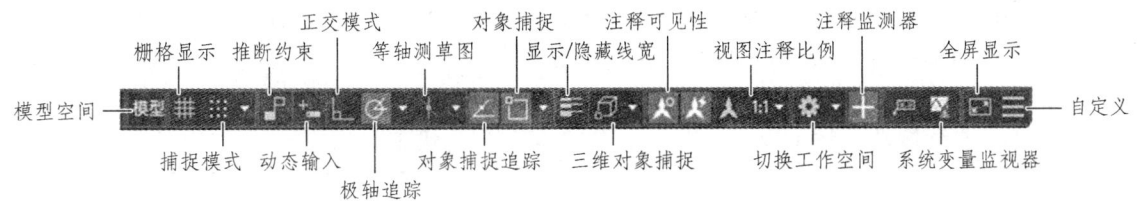

图 2-13 辅助绘图工具栏

(二)常用辅助绘图工具功能及操作

常用辅助绘图工具按钮功能及设置步骤如下:

1. 模型/图纸空间

模型空间和图纸空间是 AutoCAD 中的两个主要空间之一,用户平时可以选择在模型空间中绘制二维或三维图形。图纸空间用于创建最终的打印布局,而不用于绘图或设计工作。如果是三维图形,必须在模型空间中绘制;如果用户仅仅绘制二维图形文件,那么在模型空间和图纸空间没有太大差别,都可以进行设计工作。

设置模型/图纸空间有以下两种方法:
- 状态栏:单击状态栏中的"模型"开关按钮 ,状态会在模型和图纸状态之间进行切换。
- 命令行:MS/PS。输入 MS 会转换到模型空间,输入 PS 会转换到图纸空间。

2. 栅格显示

栅格就是在绘图区域的背景中均匀分布的方格,以便帮助用户定位。在世界坐标系中,栅格点布满整个图形界限。栅格点仅仅是一种视觉辅助工具,并不是图形的一部分,图形输出时,不会输出栅格点。

设置栅格是否显示有以下 4 种方法:
- 状态栏:单击状态栏中的"栅格"开关按钮 。
- 菜单栏:选择"工具"菜单→"绘图设置"命令。
- 命令行:DSETTINGS/SE。
- 快捷键:连续按功能键 F7,可以在栅格开、关状态间切换。

3. 捕捉模式

捕捉功能经常和栅格功能搭配使用,开启该模式后能够捕捉栅格点。当捕捉功能打开时,光标只能停留在栅格线的交叉点上,此时只能绘制出为栅格间距整数倍的距离。

打开和关闭"捕捉"功能,有以下两种常用方法:
- 状态栏:单击状态栏中的"捕捉"开关按钮 。
- 快捷键:连续按功能键 F9,可以在捕捉开、关状态间切换。

设置捕捉属性的选项功能如下:
- "捕捉间距"选项组:可以设定 X 方向和 Y 方向的捕捉间距,通常该数值设置为 10。
- "捕捉类型"选项组:可以选择"栅格捕捉"和"极轴捕捉(PolarSnap)"两种类型。选择"栅格捕捉"时,光标只能停留在栅格线上。栅格捕捉又有"矩形捕捉"和"等轴测捕捉"两种样式。两种样式的区别在于栅格的排列方式不同。"等轴测捕捉"常常用于绘制轴测图。

> 提示:平时绘图一般需要关闭此功能。

4. 动态输入

动态输入功能是指在绘图过程中光标的附近提供了一个命令提示界面,用户可以在这里完成相关命令的操作（与命令提示行中的操作一样），以帮助用户专注于绘图区域，加快绘图速度。状态栏上的按钮，主要用于控制动态输入功能的开启或关闭。

启用和禁止"动态输入"功能，有以下两种常用方法：
- 状态栏：单击状态栏中的"动态输入"开关按钮。
- 快捷键：连续按功能键F12，可以在动态输入开、关状态间切换。

> 提示：用户可以根据自己的习惯来选择是否开启动态输入功能。当觉得此功能影响到自己观察图形时，可以关闭动态输入。

5. 正交模式

正交模式用于绘制出平行于 X 轴或平行于 Y 轴的直线。

打开和关闭"正交"功能，有以下两种常用方法：
- 状态栏：单击状态栏中的"正交"开关按钮。
- 快捷键：连续按功能键F8，可以在正交模式开、关状态间切换。

正交模式打开后，就只能画出水平或垂直的直线。此外，由于正交功能限制绘制直线的方向，当要绘制一定长度的直线时，直接输入线段长度值即可，不再需要输入完整的相对坐标数值。

绘制如图 2-14 左部所示图形时的操作步骤如下：

（1）单击状态栏中的"正交"开关按钮，打开正交模式。
（2）单击绘图功能区上的直线命令按钮，启动直线命令，用鼠标在屏幕上指定一点作为起始点。
（3）向上移动鼠标，输入距离10，再向右移动鼠标，输入距离10。重复此步骤就可画出阶梯形状。
（4）其他步骤略。

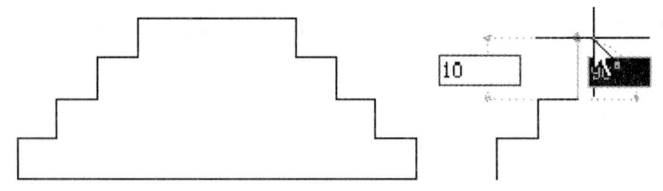

图 2-14　使用正交模式绘制阶梯状图形

6. 极轴追踪模式

极轴追踪模式打开后，在绘图的过程中光标将捕捉极轴角。利用此功能，可以在系统要求指定一个点时，按预先设置的角度增量值显示一条无限延伸的辅助线，这时就可以沿辅助线追踪得到一个光标点，以绘制出准确角度的图形，如图 2-15（b）所示。

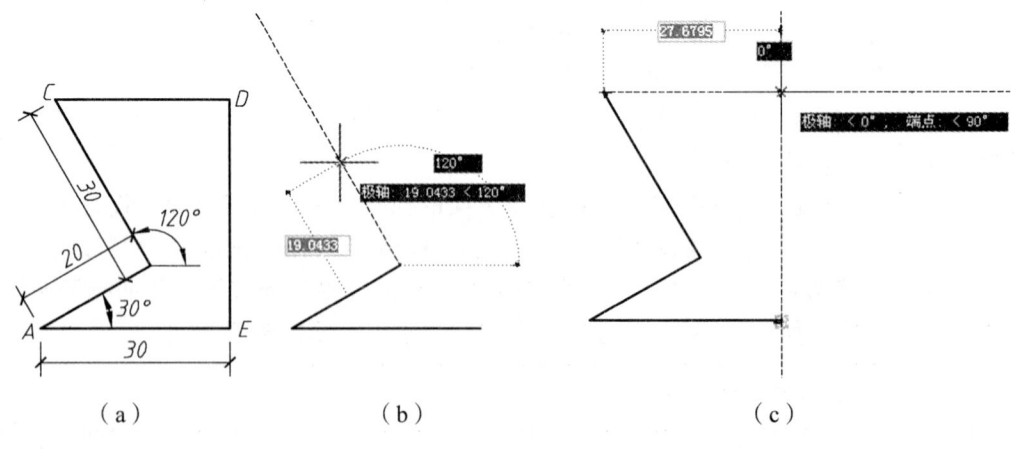

（a）　　　　　　　　（b）　　　　　　　　（c）

图 2-15　使用极轴追踪和对象捕捉追踪模式绘制直线

打开和关闭"极轴追踪"功能，有以下两种常用方法：

- 状态栏：单击状态栏中的"极轴追踪"开关按钮 ⌖。
- 快捷键：连续按功能键 F10，可以在极轴追踪模式开、关状态间切换。

例如要绘制如图 2-15（a）所示带有 30°整数倍角度的图形的操作步骤如下：

（1）单击状态栏中的"极轴追踪"开关按钮 ⌖，打开极轴追踪功能。

（2）执行"工具"→"绘图设置"命令（或在状态栏的辅助功能区内单击鼠标右键，在弹出的菜单中单击"设置"命令），弹出"草图设置"对话框。

（3）选择"极轴追踪"选项卡，在"极轴角设置"组中的"增量角"下拉列表中选择 30°，单击"确定"按钮，如图 2-16 所示。

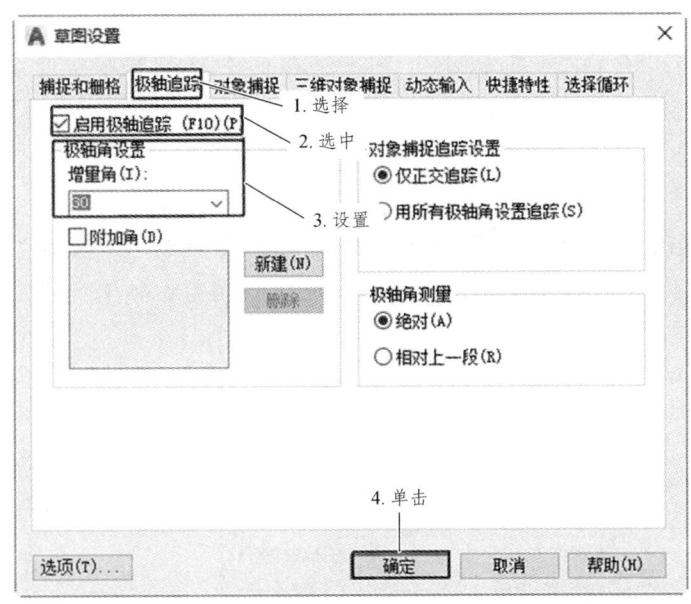

图 2-16 "草图设置"/"极轴追踪"选项卡

（4）执行直线命令，用鼠标在屏幕上指定一点作为 A 点，鼠标移动到 30°线上时，将显示一条无限延伸的辅助线，这时就可以沿辅助线追踪得到一个光标点，输入距离 20 后，将绘制出直线 AB。同理，移动鼠标到出现 120°辅助线时，输入距离 30 后，可绘制出 BC，如图 2-15（b）所示。

7. 对象捕捉追踪模式

"对象捕捉追踪"是按照与对象的某种特性关系来追踪，不知道具体角度值，但知道特定的关系进行对象捕捉追踪。

打开和关闭"对象捕捉追踪"功能，有以下两种常用方法：

- 状态栏：单击状态栏中的"对象捕捉追踪"开关按钮 ∠。
- 快捷键：连续按功能键 F11，可以在对象捕捉追踪模式开、关状态间切换。

例如要绘制图 2-15（a）中的 CD 和 DE 两条线段，步骤如下：

（1）启用状态栏中的"对象捕捉追踪"功能，同样在"极轴追踪"选项卡中设置对象捕捉追踪的对应参数。

（2）执行直线命令后，以 C 点为直线的第一点，把鼠标移动到 E 点，显示捕捉标记后，垂直向上移动鼠标，当鼠标移动到与 CD 水平线相交时，会显示一个小"×"，这时点击鼠标左键，即画好了直线 CD。继续单击 E 点，可画出直线 DE，如图 2-15（c）所示。

8. 对象捕捉

"对象捕捉"功能用于辅助用户精确地捕捉某些特定的点，例如捕捉直线端点、中点、交点和圆的圆心等。不同的捕捉点有不同的标记。

根据实际需要，可以打开或关闭"对象捕捉"功能，有以下两种常用方法：

- 状态栏：单击状态栏中的"对象捕捉"开关按钮 。
- 快捷键：连续按功能键 F3，可以在对象捕捉开、关状态间切换。

> 注意：选择"工具"→"绘图设置"命令，或输入 OSNAP/OS，打开"草图设置"对话框。单击"对象捕捉"选择卡，选中或取消"启用对象捕捉"复选框，也可以打开或关闭对象捕捉。但由于该方法操作太麻烦，在实际工作中基本不用。

设置对象捕捉方法一：用对话框设置。

AutoCAD2019 默认只开启了"端点""圆心""交点"和"延长线"捕捉，如果想开启其他的点捕捉，需重新设置捕捉类型，操作步骤如下：

（1）单击"工具"→"绘图设置"命令（也可用鼠标右键单击状态栏中的"对象捕捉"开关按钮 ，在弹出的菜单中单击"设置"命令），打开"草图设置"对话框，选择"对象捕捉"选项卡，如图 2-17 所示。

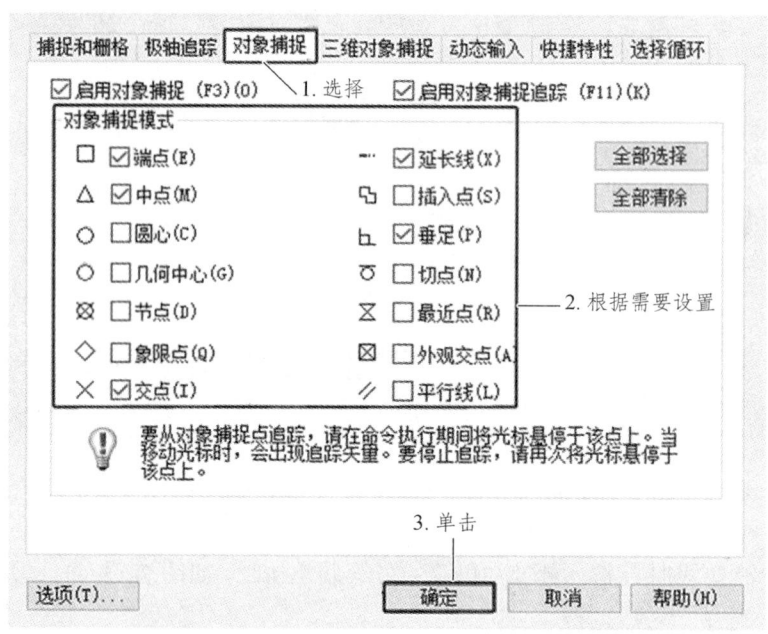

图 2-17 "草图设置"/"对象捕捉"选项卡

（2）此选项卡中共列出了 13 种对象捕捉类型和对应的捕捉标记。需要利用哪些对象捕捉类型，就选中这些对象捕捉类型前面的复选框。设置完毕后，单击"确定"按钮。

（3）如果要全部清除或全部选中，可通过对话框右侧的"全部选择""全部清除"按钮进行快速设置。这些对象捕捉类型的含义见表 2-2。

表 2-2 对象捕捉类型的含义

对象捕捉点	含 义
端点（END）	捕捉直线或曲线的端点
中点（MID）	捕捉直线或弧线段的中间点
圆心（CEN）	捕捉圆、椭圆或弧的中心点
几何中心（G）	捕捉几何体的几何中心
节点（NOD）	捕捉用 POINT 命令绘制的点对象
象限点（QUA）	捕捉位于圆、椭圆或弧段上的 0°、90°、180°和 270°处的点
交点（INT）	捕捉两条直线或弧段的交点

续表

对象捕捉点	含 义
延长线（EXT）	捕捉直线延长线路径上的点
插入点（INS）	捕捉图块、标注对象或外部参照的插入点
垂足（PER）	捕捉从已知点到已知直线的垂线的垂足
切点（TAN）	捕捉圆、弧段及其他曲线的切点
最近点（NEA）	捕捉处在直线、弧段、椭圆或样条曲线上，而且距离光标最近的特征点
外观交点（APP）	在三维视图中，从某个角度观察两个对象可能相交，但实际并不一定相交，可以使用"外观交点"捕捉对象在外观上相交的点
平行（PAR）	选定路径上一点，使通过该点的直线与已知直线平行

设置对象捕捉方法二：用工具栏或临时捕捉菜单设置。

实际绘图时，全部选中所有捕捉类型并不是最好的绘图方法，因为有些类型如圆心和切点之间会相互干扰。为了避免反复地设置，绘图时先设置最常用的项，使用频率较少的捕捉项用"对象捕捉"工具栏（图 2-18）、快捷菜单（图 2-19）或输入命令来进行临时捕捉。

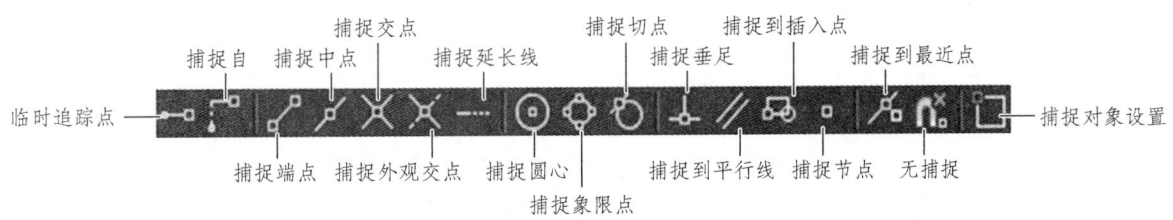

图 2-18 "对象捕捉"工具栏

调用"临时捕捉"功能，有以下 4 种常用方法：

• 状态栏：用鼠标右键单击状态栏中的"对象捕捉"开关按钮，在弹出的菜单中选择相应的临时捕捉按钮。

• 工具栏：在任意工具栏上单击鼠标右键，在弹出的菜单中选择"对象捕捉"命令，调出"对象捕捉"工具栏，在此工具栏中选择相应的临时捕捉按钮。

• 在绘图过程当中，当 AutoCAD 提示输入一个点时，用户可单击捕捉按钮或输入捕捉命令简称来启动对象捕捉。然后将鼠标光标移动到要捕捉的特征点附近，AutoCAD 就会自动捕捉该点。

• 发出 AutoCAD 命令后，按下 Shift 键并单击鼠标右键，弹出快捷菜单。通过此菜单，用户可选择捕捉何种类型的点。

常用对象捕捉功能的操作如下：

• ：捕捉直线和圆弧等几何对象的端点。启动端点捕捉后，将鼠标光标移动到目标点的附近，AutoCAD 就会自动捕捉该点，再单击鼠标左键确认。

• ：捕捉直线和圆弧等几何对象的中点。启动中点捕捉后，使鼠标光标的拾取框与直线、圆弧等几何对象相交，AutoCAD 就会自动捕捉这些对象的中点，再单击鼠标左键确认。

• ：捕捉几何对象间真实的或延伸的交点，捕捉代号为 INT。启动交点捕捉后，将鼠标光标移动到目标点的附近，AutoCAD 就会自动捕捉该点，单击鼠标左键确认。若两个对象没有直接相交，可先将鼠标光标的拾取框放在其中一个对象上，单击鼠标左键，然后把拾取框移到另一个对象上，再单击鼠标左键，AutoCAD 就会自动捕捉到延伸后的交点。

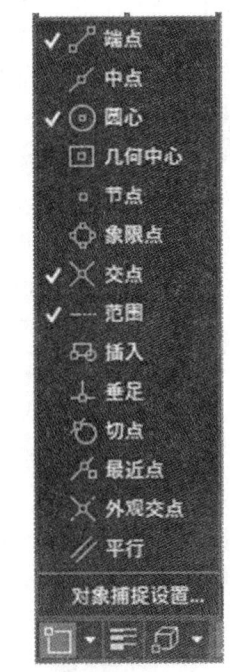

图 2-19 临时捕捉菜单

- ⤫：在二维空间中与 ⤫ 功能相同，该捕捉方式还可以在三维空间中捕捉两个对象的视图交点（在投影视图中显示相交，但实际上并不一定相交），捕捉代号为 APP。
- ⸺：捕捉延伸点，捕捉代号为 EXT。用户把鼠标光标从几何对象端点开始移动，此时系统沿该对象显示出捕捉辅助线和捕捉点的相对极坐标，如图 2-20 所示。输入捕捉距离后，AutoCAD 就定位了一个新点。
- ⌐：正交偏移捕捉。该捕捉方式可以使用户相对于一个已知点定位另一点，捕捉代号为 FRO。下面的例子说明正交偏移捕捉的用法，在已绘制出的矩形中从 B 点开始画线，B 点与 A 点的关系如图 2-21 所示。

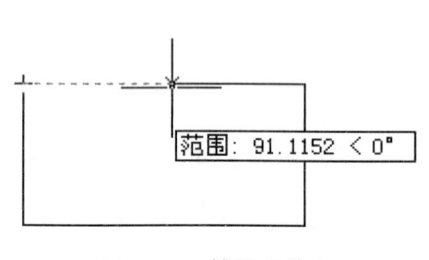

图 2-20　捕捉延伸点

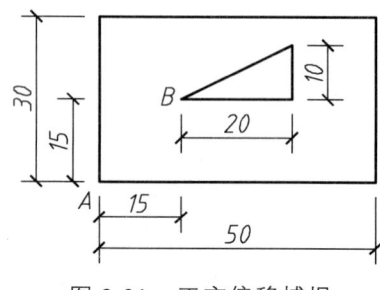

图 2-21　正交偏移捕捉

命令：_LINE

指定第一点：_FROM

基点：　　　　　　　　　　//用鼠标点击左键，选中 A 点出现提示信息

<偏移>：@15，15　　　　　//输入 B 点相对于 A 点的相对坐标值

指定下一点或 [放弃（U）]：@20，0

指定下一点或 [放弃（U）]：@0，10

指定下一点或 [闭合（C）/放弃（U）]：C　　//输入选项"C"，按 Enter 键结束命令

- ◎：捕捉圆、圆弧及椭圆等图形的中心，捕捉代号为 CEN。启动中心点捕捉后，使鼠标光标的拾取框与圆弧、椭圆等几何对象相交，AutoCAD 就会自动捕捉这些对象的中心点，再单击鼠标左键确认。
- ◇：捕捉圆、圆弧及椭圆的 0°、90°、180°或 270°角处的象限点，捕捉代号为 QUA。启动象限点捕捉后，使鼠标光标的拾取框与圆弧、椭圆等几何对象相交，AutoCAD 就会显示出与拾取框最近的象限点，再单击鼠标左键确认。
- ○：在绘制相切的几何图形时，该捕捉方式使用户可以捕捉到切点，捕捉代号为 TAN。启动切点捕捉后，使鼠标光标的拾取框与圆弧、椭圆等几何对象相交，AutoCAD 就会显示出切点，单击鼠标左键确认。
- ⊥：在绘制垂直的几何图形时，该捕捉方式使用户可以捕捉到垂足，捕捉代号为 PER。启动垂足捕捉后，使鼠标光标的拾取框与直线、圆弧等几何对象相交，AutoCAD 就会显示出垂足点，单击鼠标左键确认。
- ∥：平行捕捉，可以用于绘制平行线，捕捉代号为 PAR。如图 2-22 所示，已知一条直线 AB，

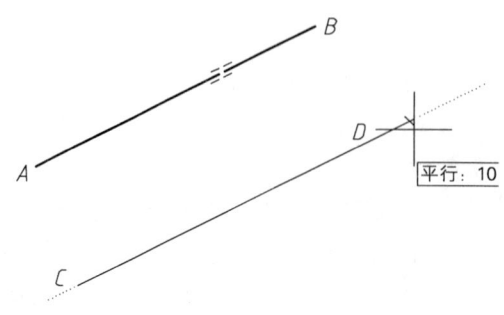

图 2-22　平行捕捉

用平行线捕捉画 AB 的平行线 CD，先指定 CD 的起点 C，然后单击 ∥ 按钮，移动鼠标到线段 AB 上，随后该直线上出现小的平行线符号，表示线段 AB 已被选定。再移动鼠标光标到即将创建平行线的位置，此时 AutoCAD 就会显示出平行线，输入该线段的长度或单击一点，即可绘制出平行线。

- ○：捕捉 POINT 命令创建的点对象，捕捉代号为 NOD。操作方法与端点捕捉类似。
- ⊥：捕捉距离光标中心点最近的几何对象上的点，捕捉代号为 NEA。操作方法与端点捕捉类似。

9. 允许/禁止动态 UCS

UCS 是用户坐标系，建议用户在绘图过程中一直启用。

启用和禁止"允许/禁止动态 UCS"功能有以下两种常用方法：

- 状态栏：单击状态栏中的"允许/禁止动态 UCS"开关按钮 。
- 快捷键：连续按功能键 F6，可以在允许/禁止动态 UCS 状态间切换。

10. 显示/隐藏线宽

单击状态栏中的"显示/隐藏线宽"按钮 ，可以在显示或隐藏线宽状态间切换。该功能用于控制绘图区域内的图形是否显示线宽。绘图过程中，尤其是绘制专业图时，用户要为不同的对象类型设置不同的线宽。如果系统处于"隐藏线宽"状态，则线条显示宽度和系统默认线宽是一样的；如果系统处于"显示线宽"状态，则线条就会显示出相应的宽度。显示和隐藏线宽的对比效果如图 2-23 所示。

11. 快捷特性

选中图形对象后，再单击状态栏中的"快捷特性"按钮 ，就启用了快捷特性功能。此时选择图形对象，将弹出一个快捷特性面板，该面板主要提供了图形的一些常用特性，这些特性可以自定义，如图 2-24 所示。

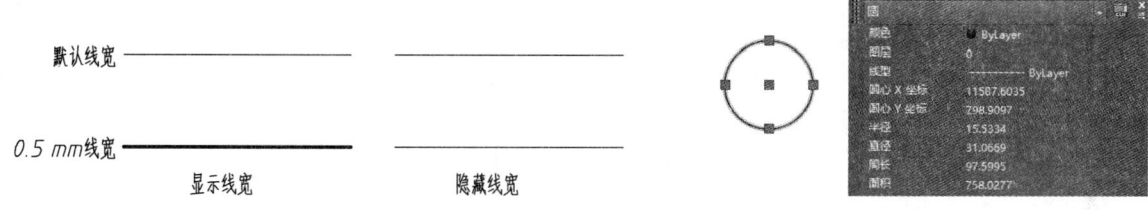

图 2-23　显示/隐藏线宽对比效果　　　　　图 2-24　快捷特性面板

任务拓展

【2-1-1】绘制如图 2-25 所示的平面图形。

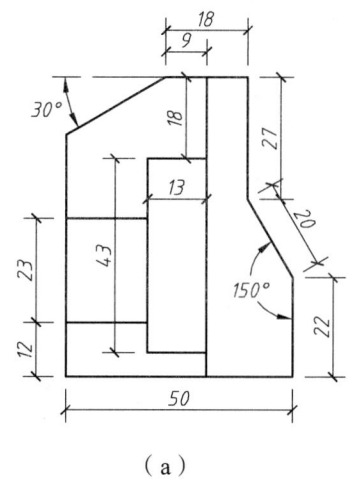

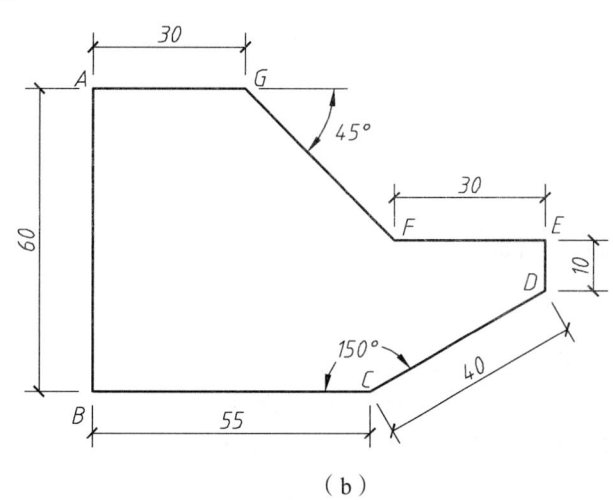

（a）　　　　　　　　　　　　　　　　　（b）

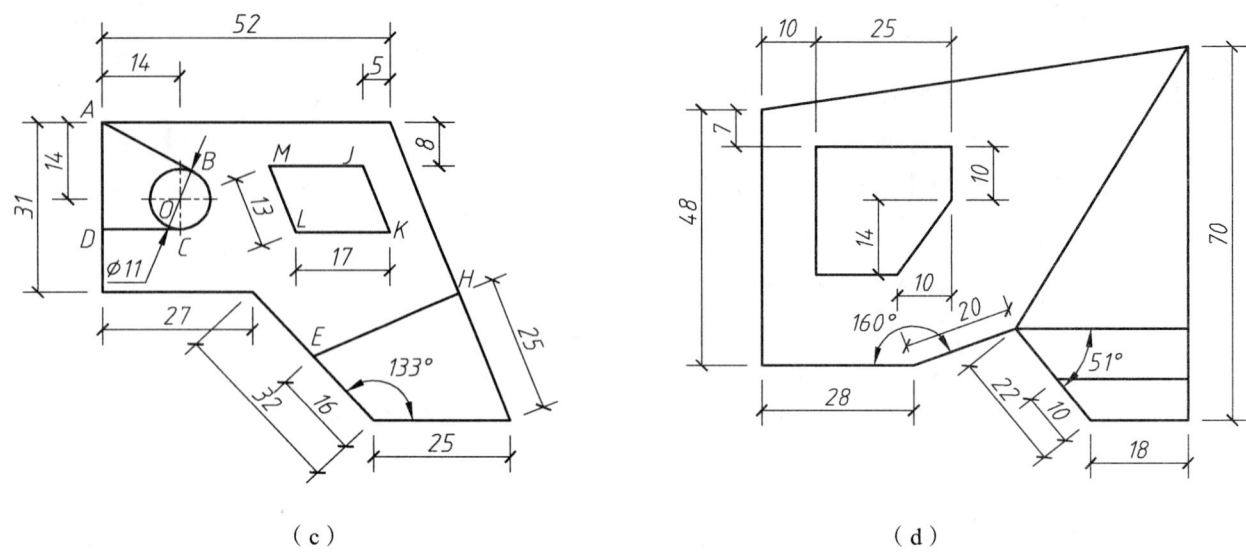

(c) (d)

图 2-25 几何平面图形

【2-1-2】绘制如图 2-26 所示的坡屋顶示意图。

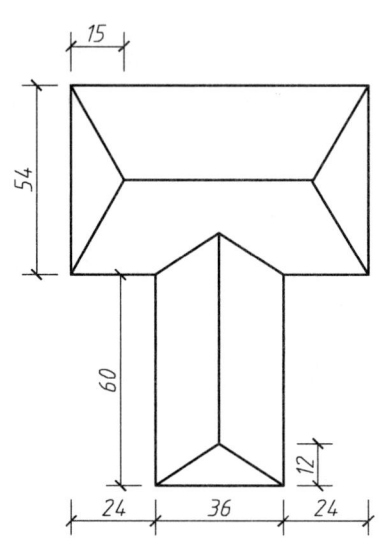

图 2-26 坡屋顶示意图

任务二 绘制管涵一字墙护坡洞口断面图

任务目标

- 能运用偏移命令绘制平行直线。
- 能运用角度替代方式绘制带有一定角度的直线。
- 会使用修剪和延伸命令对图形对象进行修改。
- 能根据图形特点灵活设置绘图环境并选择绘制直线构成图形的方法。
- 培养规范操作、耐心细致、严谨求实、互助协作的职业素质。

任务内容

绘制如图 2-27 所示的管涵一字墙护坡洞口断面图。

任务分析

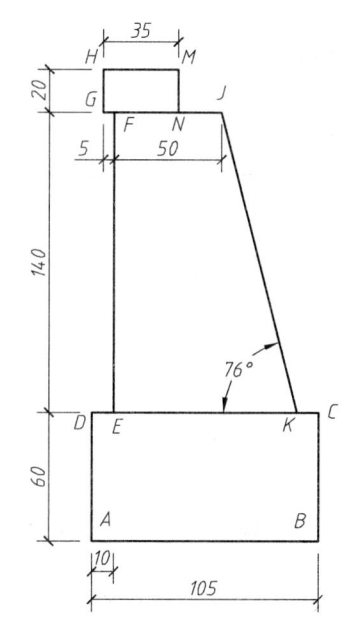

图 2-27 管涵一字墙护坡洞口断面图

从图 2-27 中可以看出图形比较简单，均由直线构成。图形可以看成由上、中、下三部分组成。上下两部分由矩形构成，可以用坐标、正交或极轴方式快速绘出，还可以用偏移的方法绘制。中间部分图形除了用极轴方式绘制外，还可以采用角度替代方式绘制。本任务采用偏移和角度替代方式绘制。绘图思路如下：

（1）新建图形文件。
（2）设置简单绘图环境。
（3）用直线和偏移命令绘制下部矩形。
（4）用直线命令和角度替代方式绘制中部图形的垂线和水平线，再用角度替代方式绘制斜线，通过修剪或延伸进行修改得到。
（5）用极轴方式绘制上部图形。
（6）保存图形文件并退出。

任务实施

步骤一 利用系统模板文件"acadiso.dwt"新建图形文件

启动 AutoCAD，通过"快速访问工具栏"→"新建"按钮 或"文件"菜单→"新建"或"应用程序"按钮 →"新建"命令弹出"选择样板"对话框，在样板列表框中选择 acadiso.dwt 模板文件，然后单击"打开"按钮，创建新图形文件。

步骤二 设置简单绘图环境

（1）用鼠标单击应用程序下方状态栏中的 和 两个按钮，使其呈灰色显示，即关闭显示图形栅格和捕捉到图形栅格两项功能。
（2）再单击状态栏中的 按钮，使其呈蓝色显示，即打开对象捕捉功能。
（3）设置极轴追踪和对象捕捉追踪功能处于打开状态。
（4）执行"工具"→"绘图设置"命令（或在状态栏的辅助功能区内单击鼠标右键，在弹出的菜单中单击"设置"命令），弹出"草图设置"对话框，选择"极轴追踪"选项卡，在"极轴角设置"组中的"增量角"下拉列表中选择 90°，单击"确定"按钮。

步骤三 绘制下部矩形

命令：_LINE
指定第一个点：   //在屏幕上指定任意一点作为 D 点
指定下一点或 [放弃（U）]：60   //鼠标向下追踪并输入追踪距离 60，绘制出直线 DA
指定下一点或 [放弃（U）]：105   //鼠标向右追踪并输入追踪距离 105，绘制出直线 AB
指定下一点或 [闭合（C）/放弃（U）]：   //按下 Enter 键，结束直线命令

命令：_OFFSET　　　　　　　　　　　　　//启动偏移命令

当前设置：删除源=否　图层=源　OFFSETGAPTYPE=0

指定偏移距离或 [通过（T）/删除（E）/图层（L）] <通过>：105　　//输入偏移直线 AD 和 BC 之间的距离 105

选择要偏移的对象，或 [退出（E）/放弃（U）] <退出>：//选中直线 AD

指定要偏移的那一侧上的点，或 [退出（E）/多个（M）/放弃（U）] <退出>：　//在直线 AD 的右侧单击鼠标左键

选择要偏移的对象，或 [退出（E）/放弃（U）] <退出>：//按下 Enter 键，结束偏移命令

命令：　　　　　　　　　　　　　　　　//按下 Enter 键，重复启动偏移命令 _OFFSET

当前设置：删除源=否　图层=源　OFFSETGAPTYPE=0

指定偏移距离或 [通过（T）/删除（E）/图层（L）] <105.0000>：60　//输入偏移直线 AB 和 CD 之间的距离 60

选择要偏移的对象，或 [退出（E）/放弃（U）] <退出>：　　//选中直线 AB

指定要偏移的那一侧上的点，或 [退出（E）/多个（M）/放弃（U）] <退出>：　//在直线 AB 的上方单击鼠标左键

选择要偏移的对象，或 [退出（E）/放弃（U）] <退出>：//按下 Enter 键，结束偏移命令

结果如图 2-28 所示。

图 2-28　绘制下部矩形

步骤四　绘制中间图形

中间图形可以用两种方法绘制。

1. 用角度替代方式和修剪命令绘制

命令：_LINE

指定第一个点：10　　　　　　　　//鼠标放在 D 点上，不单击鼠标左键，鼠标往右移动，出现延长线捕捉标记时，输入 DE 距离 10，捕捉到 E 点

指定下一点或 [放弃（U）]：140　　//鼠标向上移动，输入追踪距离 140，绘制出直线 EF

指定下一点或 [放弃（U）]：50　　//鼠标向右移动，输入追踪距离 50，绘制出直线 FJ

指定下一点或 [闭合（C）/放弃（U）]：<-76　//鼠标向右下方移动，用角度替代方式画线，固定斜线的角度

角度替代：284　　　//系统自动生成

指定下一点或 [闭合（C）/放弃（U）]：　//鼠标在直线 CD 下方任意处单击

指定下一点或 [闭合（C）/放弃（U）]：　//按下 Enter 键结束命令

图形效果如图 2-29 所示。

命令：_TRIM　　　　　　//调用修剪命令

当前设置：投影=UCS，边=延伸

选择剪切边…

选择对象或 <全部选择>：找到 1 个　　//选择修剪边 CD，如图 2-30（a）所示

选择对象：　　　　　　　　//选择完后，按 Enter 回车键

选择要修剪的对象，或按住 Shift 键选择要延伸的对象，或

[栏选（F）/窗交（C）/投影（P）/边（E）/删除（R）/放弃（U）]：//用鼠标单击要修剪对象，如图 2-30（a）图所示

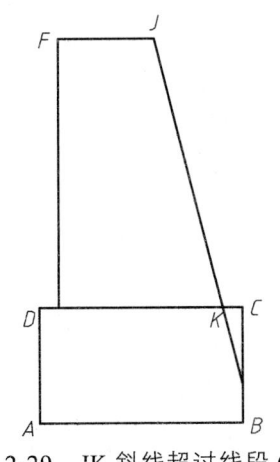
图 2-29　JK 斜线超过线段 CD

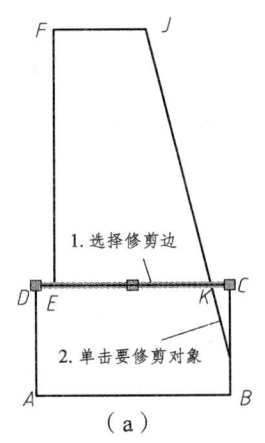
图 2-30　修剪多余的斜线

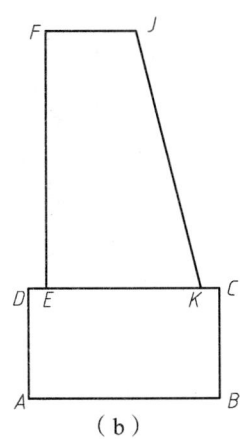

选择要修剪的对象，或按住 Shift 键选择要延伸的对象，或

[栏选（F）/窗交（C）/投影（P）/边（E）/删除（R）/放弃（U）]：//还有要修剪的对象，继续单击，选择完后，按 Enter 回车键，即可完成图形对象的修剪，结果如图 2-30（b）所示

2. 用角度替代方式和延伸命令绘制

命令：_LINE

指定第一个点：10　　　　　　　//鼠标放在 D 点上，不单击鼠标左键，鼠标往右移，输入距离 10

指定下一点或 [放弃（U）]：140　　//鼠标向上移动，输入追踪距离 140，绘制出直线 EF

指定下一点或 [放弃（U）]：50　　//鼠标向右移动，输入追踪距离 50，绘制出直线 FJ

指定下一点或 [闭合（C）/放弃（U）]：<-76

//鼠标向右下方移动，用角度替代方式画线，固定斜线的角度

角度替代：284

指定下一点或 [闭合（C）/放弃（U）]：　　//鼠标在直线 CD 上方任意处单击

指定下一点或 [闭合（C）/放弃（U）]：　　//按下 Enter 键，结束命令

图形效果如图 2-31 所示。

命令：_EXTEND　　　　　　　　//调用延伸命令

当前设置：投影=UCS，边=延伸

选择边界的边…

选择对象 或 <全部选择>：找到 1 个　　//选择延伸边界 CD，如图 2-32（a）所示

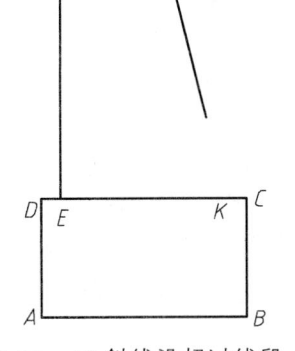
图 2-31　JK 斜线没超过线段 CD

选择对象：　　　　　　　　　　//选择完后，按 Enter 回车键

选择要延伸的对象，或按住 Shift 键选择要修剪的对象，或

[栏选（F）/窗交（C）/投影（P）/边（E）/放弃（U）]：//用鼠标单击要延伸对象，如图 2-32（a）所示

选择要延伸的对象，或按住 Shift 键选择要修剪的对象，或

[栏选（F）/窗交（C）/投影（P）/边（E）/放弃（U）]：//还有要延伸的对象，继续单击，选择完后，按下 Enter 回车键，即可完成图形对象的延伸，结果如图 2-32（b）所示

步骤五　绘制上部图形

命令：_LINE

指定第一个点：5　　　　　　　//鼠标放在 F 点上，不单击鼠标左键，鼠标往左平移，输入距离 5

指定下一点或 [放弃（U）]: 20   //鼠标垂直往上移动，输入距离 20
指定下一点或 [放弃（U）]: 35   //鼠标水平往右移动，输入距离 35
指定下一点或 [闭合（C）/放弃（U）]:   //鼠标垂直往下移动，捕捉到交点 N
指定下一点或 [闭合（C）/放弃（U）]:   //鼠标单击 G 点
指定下一点或 [闭合（C）/放弃（U）]:   // 按下 Enter 键，结束命令

图形效果如图 2-33 所示。

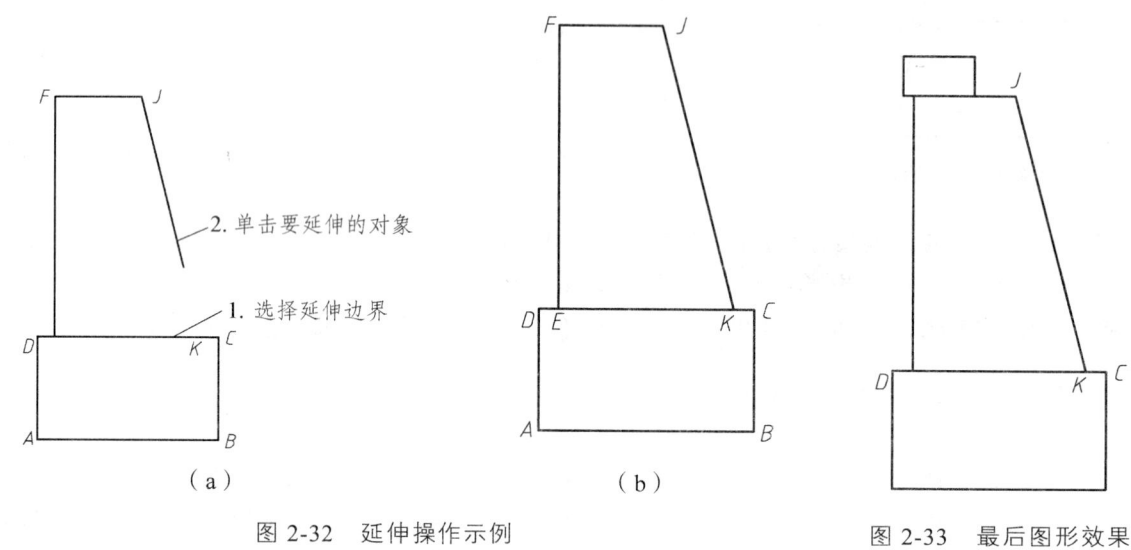

图 2-32　延伸操作示例　　　　　　　　　图 2-33　最后图形效果

步骤六　保存图形文件

图形绘制完成后，通过"文件"菜单中的"另存为"命令，打开"图形另存为"对话框，进行保存。

知识链接

绘制图形的过程中，会发现有些图形绘制多了，有些图形绘制少了，这时就需要用修剪命令或延伸命令对图形对象进行修改，以便缩短或延长对象。还可以用拉长命令在一个方向上调整对象的大小，或按比例增大、缩小对象。有些图形对象和已经绘制好的图形是等距的图形，这时只需把对象进行偏移就可，无须重新绘制。

一、修剪对象

修剪（TRIM）是将超出边界的多余部分修剪删除掉。启动该命令后，AutoCAD 提示用户指定一个或几个对象作为剪切边，然后用户就可以选择被剪掉的部分。修剪边和被修剪的对象可以是直线、多边形、圆、圆弧、多段线、构造线和样条曲线等对象，也可以是椭圆、椭圆弧、射线等。在修剪过程中，一个对象既可以作为剪切边，也可以作为被修剪的对象。

（一）修剪命令调用方法

调用修剪命令有以下几种方式：
- 菜单栏：执行"修改"菜单→"修剪"命令。
- 命令行：TRIM/TR。
- 用功能区按钮：单击"默认"选项卡→"修改"功能区的修剪按钮 修剪 。

- 工具栏：单击"修改"工具栏上的修剪按钮 -/-。

（二）修剪命令参数含义

修剪命令启动后，会有很多参数选择，各选项含义如下：
- 按住 Shift 键选择要延伸的对象：将选定的对象延伸到剪切边。
- 栏选（F）：用户绘制连续折线，与折线相交的对象被修剪。
- 窗口（C）：利用交叉窗口选择对象。
- 不延伸（N）：只有当剪切边与被剪切对象实际相交才进行修剪。
- 边（E）：选择此选项，AutoCAD 提示"输入隐含边延伸模式[延伸（E）/不延伸（N）]< 不延伸>:"。

延伸（E）：如果剪切边太短，没有与被修剪对象相交，系统假想将剪切边延长，然后执行修剪操作，如图 2-34 所示。

不延伸（N）：只有当剪切边与被剪切对象实际相交才进行修剪。
- 删除（R）：不退出 TRIM 命令就能删除选定对象。
- 放弃（U）：取消修剪。

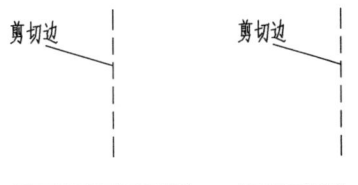

图 2-34 使用延伸（E）完成修剪操作

（三）修剪命令的使用方法及操作步骤

1. 修剪命令操作步骤

修剪命令的操作步骤如下：

（1）执行"修改"菜单→"修剪"命令，或单击"修改"工具栏上的修剪按钮 ✂，或输入 TR 命令，或单击"默认"选项卡→"修改"功能区的 ✂ 修剪 ▼ 按钮。

（2）根据命令行提示，选择修剪边，选择完后，按下 Enter 键。

（3）单击要修剪的对象，再单击下一个要修剪的对象，直到完成所有对象的修剪后，按 Enter 回车键结束命令。

2. 修剪命令操作命令提示

下面以绘制如图 2-35 所示的图形为例，操作命令提示如下：

命令：_TRIM   //调用修剪命令
当前设置：投影=UCS，边=延伸
选择剪切边…
选择对象或 <全部选择>：找到 1 个   //选择修剪边 CD，如图 2-35（a）所示
选择对象：   //选择完后，按 Enter 回车键
选择要修剪的对象，或按住 Shift 键选择要延伸的对象，或
[栏选（F）/窗交（C）/投影（P）/边（E）/删除（R）/放弃（U）]：//用鼠标单击要修剪的对象 KB，
                                            如图 2-35（a）所示

选择要修剪的对象，或按住 Shift 键选择要延伸的对象，或
[栏选（F）/窗交（C）/投影（P）/边（E）/删除（R）/放弃（U）]：//按 Enter 键结束命令
结果如图 2-35（b）所示。

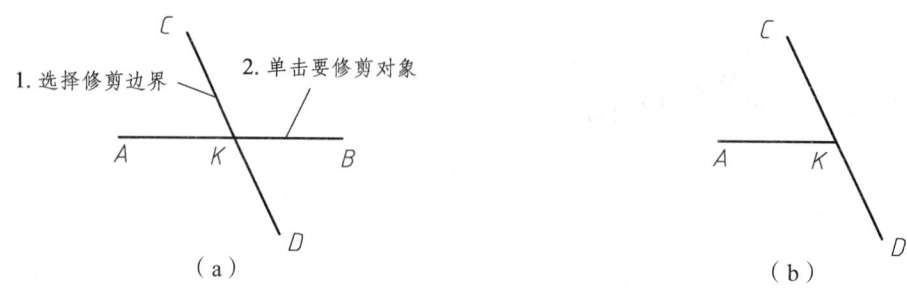

图 2-35 修剪操作示例

二、延伸对象

延伸命令用于将没有和边界相交的部分延伸补齐，它和修剪命令是一组相对的命令。有时边界对象可能是隐含边界，这时对象延伸后并不与边界直接相交，而是与边界的隐含部分（延长线）相交。

（一）延伸命令调用方法

调用延伸命令有以下几种方式：

- 菜单栏：执行"修改"菜单→"延伸"命令。
- 命令行：EXTEND/EX。
- 用功能区按钮：单击"默认"选项卡→"修改"功能区的按钮 延伸。
- 工具栏：单击"修改"工具栏上的延伸按钮。

（二）延伸命令参数含义

执行延伸命令的过程中出现的各选项含义如下：

- 按住 Shift 键选择要修剪的对象：将选择的对象修剪到边界而不是将其延伸。
- 栏选（F）：用户绘制连续折线，与折线相交的对象被延伸。
- 窗口（C）：利用交叉窗口选择对象。
- 边（E）：该选项控制是否把对象延伸到隐含边界。当边界边太短且延伸对象后不能与其相交时，就打开该选项，此时假想将边界延长，然后使延伸边伸长到与边界相交的位置。
- 放弃（U）：取消上一次操作。

（三）延伸命令的使用方法及操作步骤

1. 延伸命令操作步骤

延伸命令的操作步骤如下：

（1）执行"修改"菜单→"延伸"命令，或单击"修改"工具栏上的延伸按钮，或输入 EX 命令，或单击"默认"选项卡→"修改"功能区的按钮 延伸。

（2）根据命令行提示，选择延伸边界，选择完后，按下 Enter 键。

（3）单击要延伸的对象，再单击下一个要延伸的对象，直到完成所有对象的延伸后，按 Enter 回车键结束命令。

2. 延伸命令操作命令提示

下面以绘制如图 2-36（a）所示的图形为例，操作命令提示如下：

命令：_EXTEND　　　　　　　　　//调用延伸命令
当前设置：投影=UCS，边=延伸
选择边界的边...
选择对象或<全部选择>：找到 1 个　　//选择延伸边界 CD，如图 2-36（a）所示
选择对象：　　　//选择完后，按 Enter 回车键

选择要延伸的对象，或按住 Shift 键选择要修剪的对象，或

[栏选（F）/窗交（C）/投影（P）/边（E）/放弃（U）]：//用鼠标单击要延伸的对象 AB，如图 2-36（a）所示

选择要延伸的对象，或按住 Shift 键选择要修剪的对象，或

[栏选（F）/窗交（C）/投影（P）/边（E）/放弃（U）]：//按下 Enter 回车键，结束命令，结果如图 2-36（b）所示

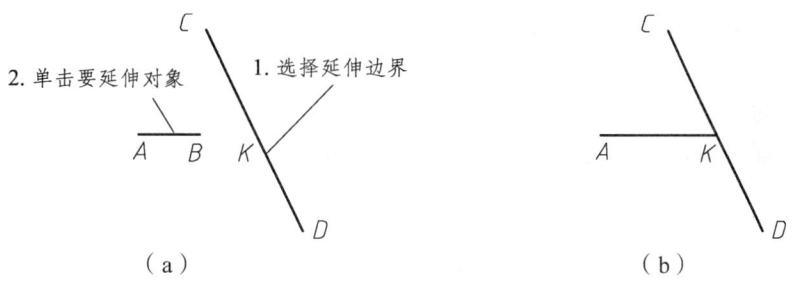

图 2-36　延伸操作示例

> 提示：在使用【修剪】命令时，如果按下 Shift 键，同时选择与修剪边不相交的对象，修剪将变为延伸，选择的对象延伸至与修剪边界相交。
> 在使用【延伸】命令时，如果按下 Shift 键，此时该命令可以与【修剪】命令功能相同。。

三、偏移对象

偏移命令是指通过指定的距离或指定点在选择对象的一侧生成新的对象。它可以等距离复制图形，例如偏移直线；也可以放大或缩小图形，例如偏移圆、矩形等封闭图形；还可以偏移多段线。如图 2-37 所示是几种对象偏移后的效果。

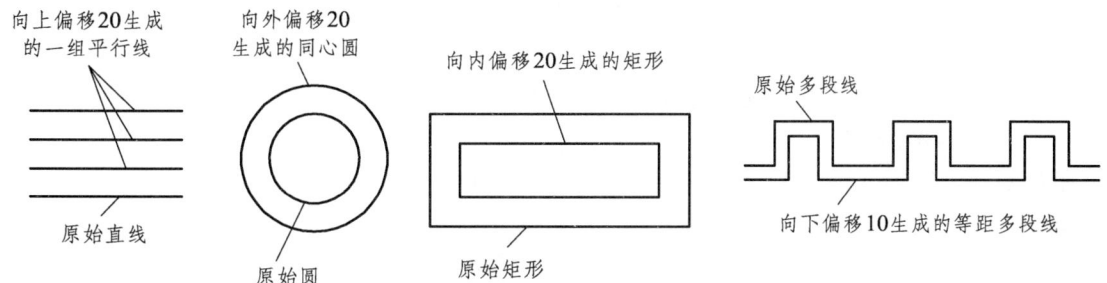

图 2-37　几种对象偏移后的效果

（一）偏移命令调用方法

调用偏移命令有以下几种方式：

- 菜单栏：执行"修改"菜单→"偏移"命令。
- 命令行：OFFSET/O。
- 用功能区按钮单击"默认"选项卡→"修改"功能区的按钮 ⌒。
- 工具栏：单击"修改"工具栏偏移按钮 ⌒。

（二）偏移命令参数含义

执行偏移命令过程中出现的各选项含义如下：

- 指定偏移距离：用户输入平移距离值，AutoCAD 根据此数值偏移原始对象产生新对象。
- 通过（T）：通过指定点创建新的偏移对象。

- 删除（E）：偏移生成新对象的同时，询问是否删除原始对象，如回答是，则删除原始对象。
- 多个（M）：可选定对象后，连续进行多次偏移操作。

（三）偏移命令的使用方法及操作步骤

1. 偏移命令操作步骤

偏移命令的操作步骤如下：

（1）执行"修改"菜单→"偏移"命令或在命令行输入 O 偏移命令。
（2）根据命令提示指定需要偏移的距离或其他参数选项。
（3）选择要偏移的原始对象。
（4）指定需要往哪个方向偏移，就在该方向上单击鼠标左键。

2. 偏移命令操作步骤提示

如图 2-38 所示，把左图用偏移命令修改成右图的命令操作提示如下：

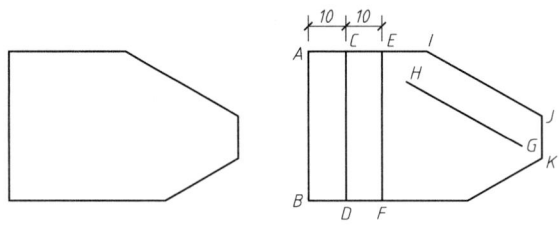

图 2-38　偏移操作示例

命令：_OFFSET　　　　　　　　　　　　　　//调用偏移命令，绘制 AB 的平行线 CD 和 EF
当前设置：删除源=否　图层=源　OFFSETGAPTYPE=0
指定偏移距离或 [通过（T）/删除（E）/图层（L）] <10.0000>：10　　//输入偏移距离
选择要偏移的对象，或 [退出（E）/放弃（U）] <退出>：　　　　　//选择线段 AB
指定要偏移的那一侧上的点，或 [退出（E）/多个（M）/放弃（U）]<退出>：M　　//输入选项 M
指定要偏移的那一侧上的点，或 [退出（E）/放弃（U）]<下一个对象>：　　//在直线 AB 的右侧单击一点
指定要偏移的那一侧上的点，或 [退出（E）/放弃（U）]<下一个对象>：　　//在直线 CD 的右侧单击一点
指定要偏移的那一侧上的点，或 [退出（E）/放弃（U）] <下一个对象>：　　//按 Enter 键结束
命令：_OFFSET　　　　　　　　　　//按 Enter 键重复偏移命令
当前设置：删除源=否　图层=源　OFFSETGAPTYPE=0
指定偏移距离或[通过（T）/删除（E）/图层（L）] <10.0000>：T　　//输入选项 T
选择要偏移的对象，或[退出（E）/放弃（U）] <退出>：　　//选择线段 IJ
指定通过点或[退出（E）/多个（M）/放弃（U）] <退出>：　　//捕捉平行线通过的点 K
选择要偏移的对象，或[退出（E）/放弃（U）] <退出>：　　　　　　　　　//按 Enter 键结束

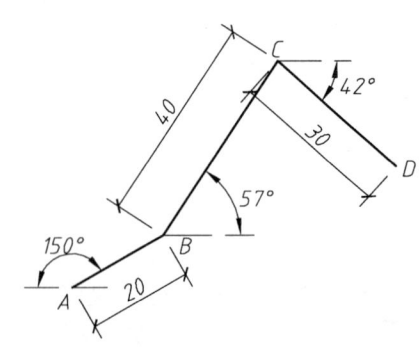

图 2-39　角度替代方式画线

四、角度替代方式画线

在画带有一定角度的直线时，除了前面提到的用极坐标和极轴追踪的方法外，还可以应用角度替代方式画线。调用方法为：在命令行直接启动直线命令后，输入<α（α 为直线的角度值），再输入相应

的长度即可。如图 2-39 所示用如下命令也可画出。

命令：_LINE
指定第一个点：   //指定 A 点
指定下一点或 [放弃（U）]：<30   //输入 AB 线段的替代角度值
角度替代：30
指定下一点或 [放弃（U）]：20   //输入 AB 线段的长度值
指定下一点或 [放弃（U）]：<57   //输入 BC 线段的替代角度值
角度替代：57
指定下一点或 [放弃（U）]：40   //输入 BC 线段的长度值
指定下一点或 [闭合（C）/放弃（U）]：<-42   //输入 CD 线段的替代角度值
角度替代：318
指定下一点或 [闭合（C）/放弃（U）]：30   //输入 CD 线段的长度值
指定下一点或 [闭合（C）/放弃（U）]：   //按 Enter 键结束

五、绘制构造线

构造线没有起点和终点，两端可以无限延长，常作为辅助线来使用。

（一）构造线命令调用方法

构造线命令有如下两种调用方法：
- 菜单栏：执行"绘图"菜单→"构造线"命令。
- 命令行：XLINE/XL。
- 用功能区按钮：单击"默认"选项卡→"绘图"功能区的按钮。
- 工具栏：单击"绘图"工具栏→构造线按钮。

（二）构造线命令参数含义

执行构造线命令过程中出现的各选项含义如下：
- 水平（H）：选择该选项，可绘制水平构造线。
- 垂直（V）：选择该选项，可绘制垂直构造线。
- 角度（A）：选择该选项，可按指定的角度创建一条构造线。
- 二等分（B）：选择该选项，可创建已知角的角平分线。使用该选项创建的构造线平分指定的两条线间的夹角，且通过该夹角的顶点。绘制角平分线时，系统要求用户依次指定已知角的顶点、起点及终点。
- 偏移（O）：选择该选项，可创建平行于另一个对象的平行线，这条平行线可以偏移一段距离与对象平行，也可以通过指定的点与对象平行。

（三）构造线命令的使用方法及操作步骤

1. 构造线命令操作步骤

偏移命令的操作步骤如下：
（1）执行"绘图"菜单→"构造线"命令或在命令行输入 XL 构造线命令。
（2）根据命令提示输入相应的参数选项。
（3）按相应的提示进行操作即可。

2. 构造线命令操作步骤提示

启动命令后，以任务"管涵一字墙护坡洞口断面图"中的 JK 斜线为例，操作步骤如下：
命令：_XLINE   //调用构造线命令

指定点或 [水平（H）/垂直（V）/角度（A）/
二等分（B）/偏移（O）]：A   //输入选项 A
　　输入构造线的角度（0）或[参照（R）]：-76
　　　　　　//输入直线 JK 的角度值
　　指定通过点：　　//用鼠标单击 J 点
　　指定通过点：　　//按 Enter 键结束命令
结果如图 2-40 所示。

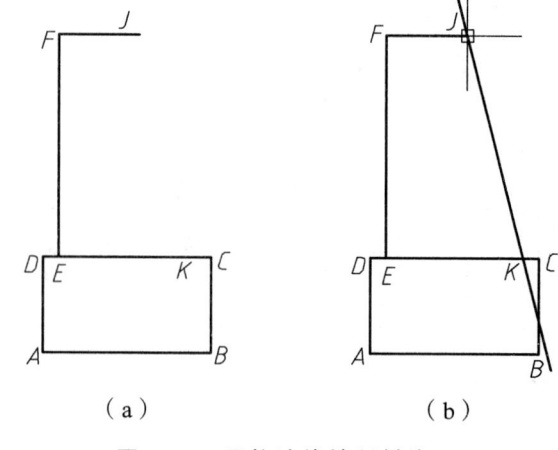

图 2-40　用构造线绘制斜线 JK

六、绘制射线

射线是只有起点和方向但没有终点的直线，即射线为一端固定而另一端无限延长的直线。射线一般作为辅助线，绘制射线后按 Esc 键退出绘制状态。

（一）射线命令调用方法

射线命令有如下几种调用方法：
- 菜单栏：执行"绘图"菜单→"射线"命令。
- 命令行：RAY。
- 用功能区按钮单击"默认"选项卡→"绘图"功能区的射线按钮 。

（二）射线命令的使用方法及操作步骤

以绘制如图 2-41 所示的三条射线（射线角度分别为 30°、60°、90°）为例的操作步骤和命令提示如下：

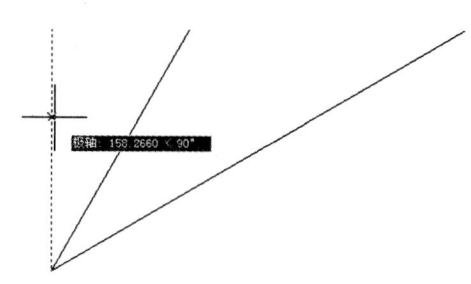

图 2-41　绘制射线

1. 射线命令操作步骤

（1）执行"工具"→"绘图设置"命令，弹出"草图设置"对话框。

（2）选择"极轴追踪"选项卡，在"极轴角设置"组中的"增量角"下拉列表中选择 30°，单击"确定"按钮。

（3）在命令行中输入 RAY 命令或执行执行"绘图"菜单→"射线"命令。

（4）在命令行中出现如下提示，根据提示进行相应操作。

2. 射线命令提示

命令：_RAY　　//调用射线命令
指定起点：　　//用鼠标在屏幕上拾取一点作为射线的起点
指定通过点：　　//用鼠标在屏幕上移动，当移动到出现 30°辅助虚线时，单击鼠标绘制 30°射线
指定通过点：　　//用鼠标在屏幕上移动，当移动到出现 60°辅助虚线时，单击鼠标绘制 60°射线
指定通过点：　　//用鼠标在屏幕上移动，当移动到出现 90°辅助虚线时，单击鼠标绘制 90°射线
指定通过点：　　//按 Enter 键，退出射线命令

📖 任务拓展

【2-2-1】绘制如图 2-42 所示的平面图形。

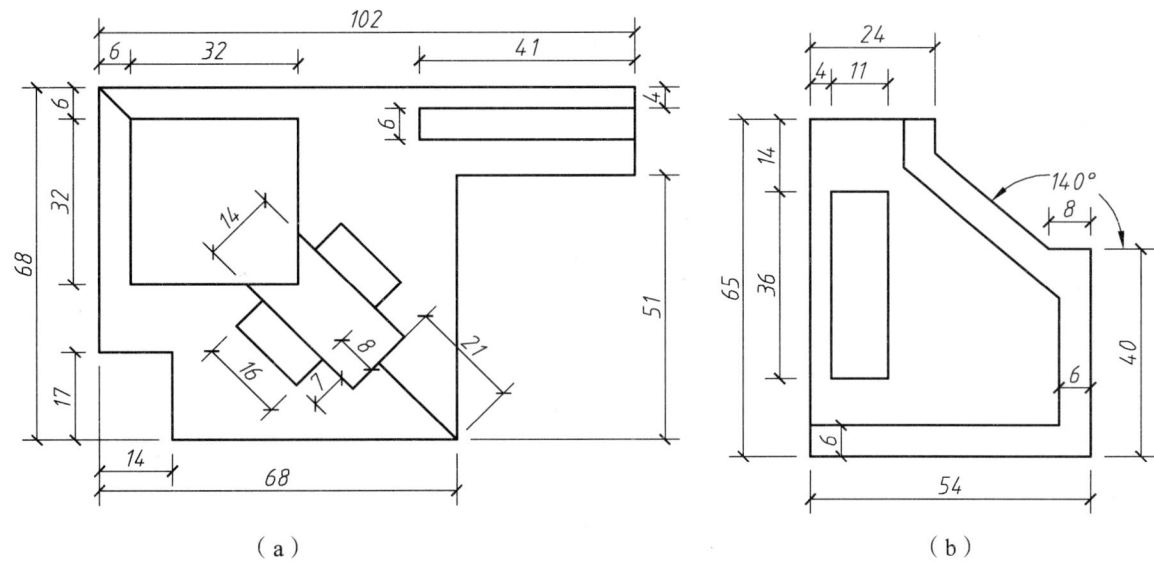

（a） （b）

图 2-42 平面图形

【2-2-2】绘制如图 2-43 所示的桥隧矮墙尺寸大样图。

【2-2-3】绘制如图 2-44 所示的墩帽平面图。

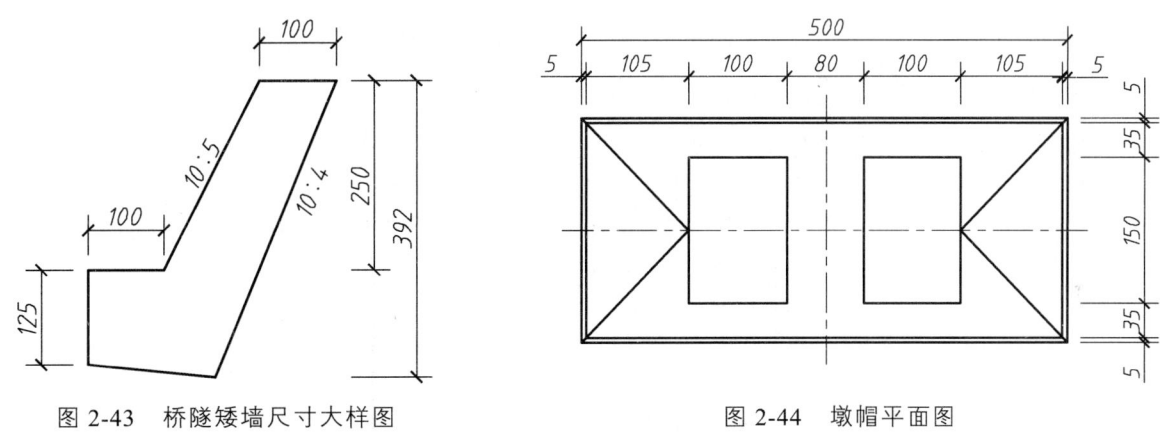

图 2-43 桥隧矮墙尺寸大样图　　　　图 2-44 墩帽平面图

【2-2-4】绘制如图 2-45 所示的高速公路某隧道左洞宜昌端洞门设计图中的浆砌片石端墙大样和浆砌片石侧墙大样（只要求绘制出相应的轮廓）。

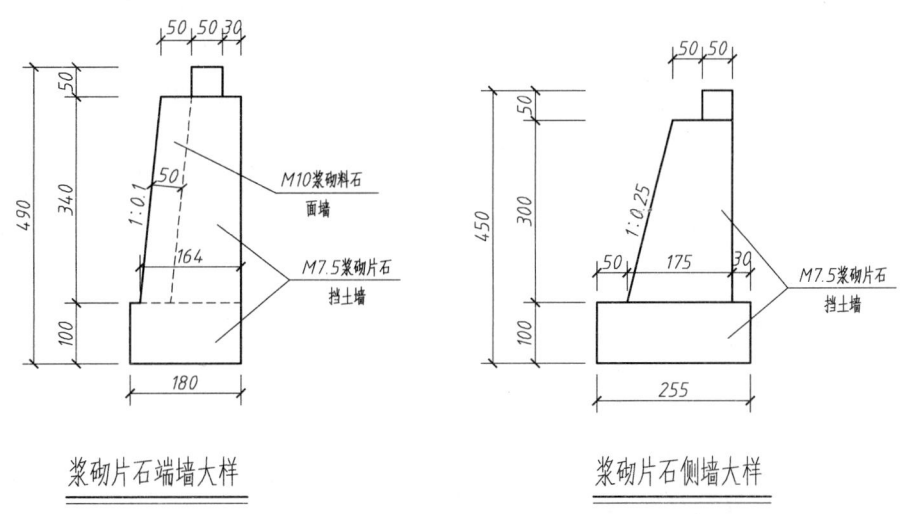

浆砌片石端墙大样　　　　　　浆砌片石侧墙大样

图 2-45 某隧道浆砌片石端墙大样和浆砌片石侧墙大样

任务三 绘制桥台三视图

任务目标

- 会建立模板文件,并能使用自建的模板生成图形文件。
- 能够设置图层和相应的图层特性,会修改对象特性。
- 会设置绘图环境,并能通过设置对象捕捉精确绘图。
- 能够运用多种方法绘制直线及由直线构成的几何形体图样。
- 能够根据制图规范绘制简单的工程图样。
- 培养规范操作、耐心细致、严谨求实、互助协作的职业素质。

任务内容

新建图形文件,设置图层,把此文件设置为模板文件。再用此模板文件建立图形文件并分图层绘制如图 2-46 所示的桥台三视图。

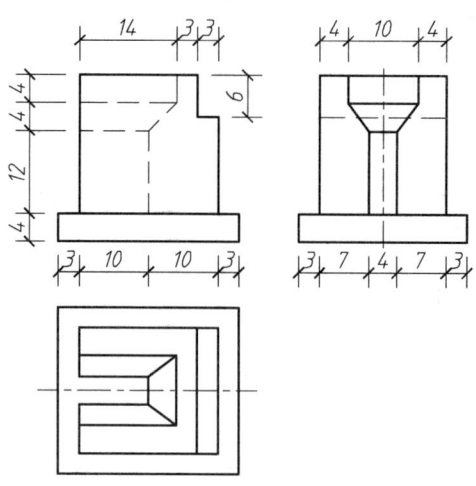

图 2-46 桥台三视图

任务分析

从图 2-46 中可以看出此桥台三视图是一工程图形,全部由直线构成。要完成图形绘制,可通过多种画直线的方法,配合修剪(TRIM)、延伸(EXTEND)等命令来绘制。绘图前先设置图层,建立绘图模板文件,便于后期图形的绘制和修改。绘图思路如下:

(1) 在 AutoCAD 中利用"样板文件"创建新图形,并设置图层、线型、线宽及颜色,要求如下:

图层名称	图层颜色	线型	线宽
轮廓线层	白色	Continuous	0.35 mm
中心线层	红色	Center	0.15 mm
标注层	绿色	Continuous	0.15 mm
文字层	青色	Continuous	0.15 mm
虚线层	洋红色	ACAD_ISO02W100	默认

(2) 对已经建立图层的文件存为模板文件 "ACAD 图层.dwt"。

(3) 根据图形特点设置辅助绘图功能,精确绘图。

(4) 用 LINE(直线)命令绘制桥台立面图。

（5）用 LINE（直线）命令绘制桥台平面图。
（6）用 LINE（直线）命令绘制桥台侧面图。
（7）尝试对以上图形进行标注。
（8）保存图形文件并退出。

任务实施

步骤一　利用模板文件"acadiso.dwt"新建图形文件

启动 AutoCAD，通过"快速访问工具栏"→"新建"按钮 或"文件"菜单→"新建"或"应用程序"按钮 →"新建"命令弹出"选择样板"对话框，在样板列表框中选择 acadiso.dwt 模板文件，然后单击"打开"按钮，创建新图形文件，如图 2-47 所示。此时建立了一个新的名为"Drawing1.dwg"的图形文件。

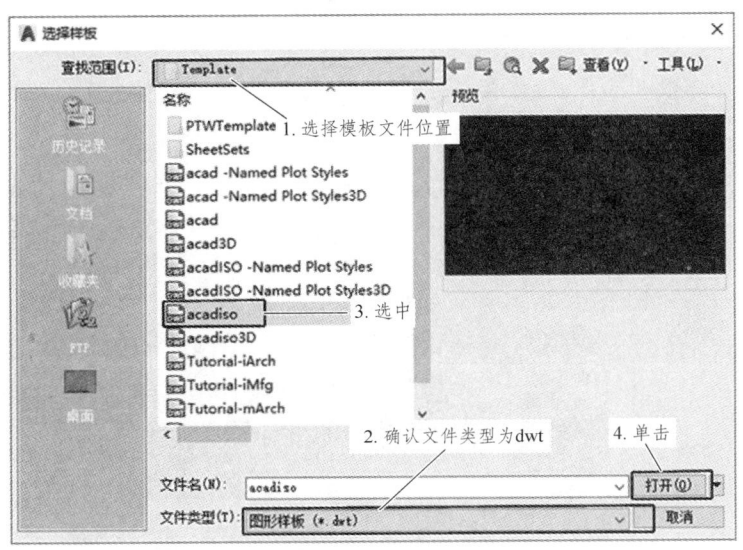

图 2-47　"选择样板"对话框

步骤二　设置图层及其特性

1. 打开图层特性管理器

通过单击"格式"菜单→"图层"命令或单击"图层"工具栏中的"图层特性管理器"按钮 或在命令行中输入 LA 命令，打开如图 2-48 所示的"图层特性管理器"对话框。

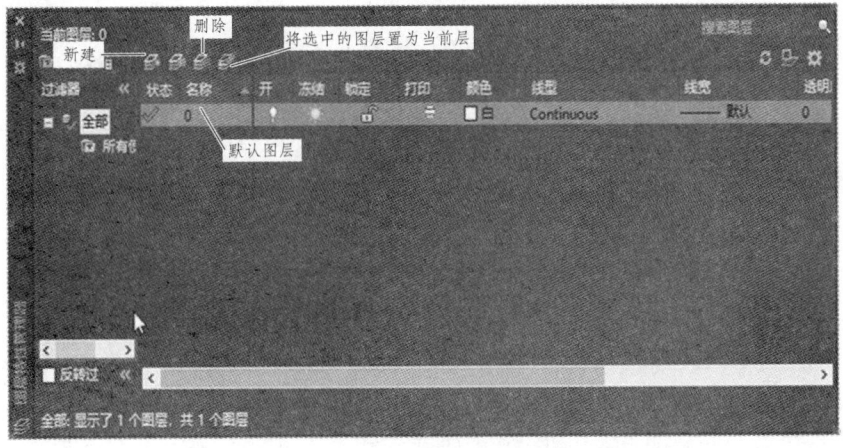

图 2-48　"图层特性管理器"对话框

2. 新建图层并修改图层名

(1) 单击"新建图层"按钮，在 0 图层下面会出现一个默认名为"图层 1"的新图层。选中该图层，单击或按 F2 键，图层名称处于可编辑状态，如图 2-49 所示，此时输入图层名称"轮廓线层"。

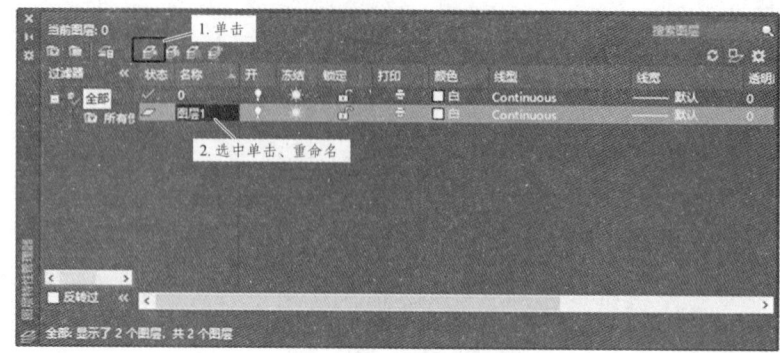

图 2-49　新建图层

(2) 按照同样的方法再创建"中心线层""标注层""文字层""虚线层"等图层。

3. 设置新建图层颜色

(1) 在"图层特性管理器"对话框中，选择"虚线层"图层，单击中间列表框中的"颜色"栏中的 □白 图标，打开"选择颜色"对话框，选择需要的图层颜色"洋红色"，然后单击"确定"按钮，如图 2-50 所示。

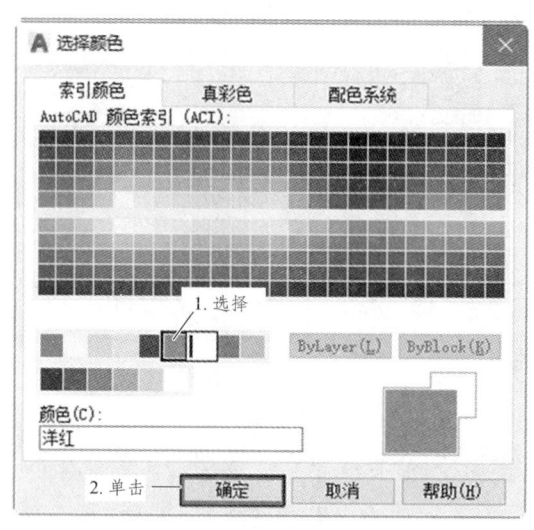

图 2-50　设置图层颜色

(2) 按照同样的方法设置"中心线层"为"红色"、"文字层"为"青色"、"标注层"为"绿色"，返回到"图层特性管理器"对话框中，即可查看到该图层的颜色由原来的颜色变成了新设置的颜色。

4. 设置图层线型

(1) 在"图层特性管理器"对话框中，选择"虚线层"图层，单击该图层的"线型"栏中的 Contin… 图标，打开"选择线型"对话框，如图 2-51 所示。该对话框中列出了当前已加载的线型，由于"虚线"不在列表框中，单击"加载"按钮，打开"加载或重载线型"对话框。

(2) 在"加载或重载线型"对话框（图 2-52）中，选择需要加载的"ACAD_ISO02W100"线型，单击"确定"按钮，完成虚线加载。

(3) 返回"选择线型"对话框中，选中刚才加载的线型，单击"确定"按钮，如图 2-53 所示。

(4) 按同样的方法设置"中心线"图层线型为"CENTER"。

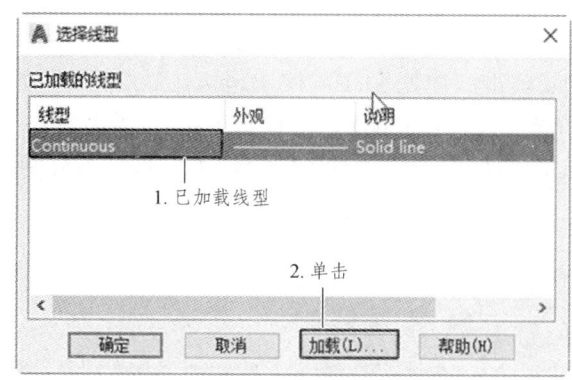
图 2-51 "选择线型"对话框

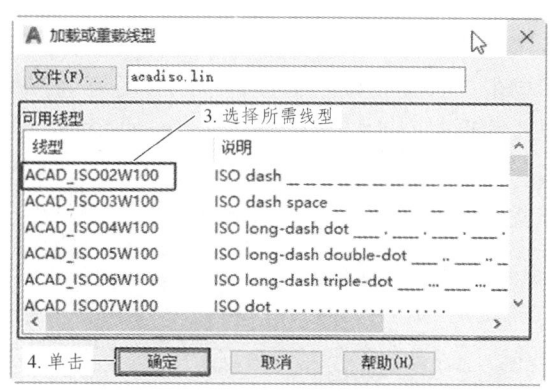
图 2-52 "加载或重载线型"对话框

5. 设置图层线宽

(1)在"图层特性管理器"对话框中,选择"轮廓线层"图层,单击该图层的"线宽"栏中的——默认图标,打开"线宽"对话框,如图 2-54 所示。在"线宽"列表框里选择"0.35mm",单击"确定"按钮,返回到"图层特性管理器"对话框中,即可查看到该线宽由原来的默认值变成了新设置的线宽。

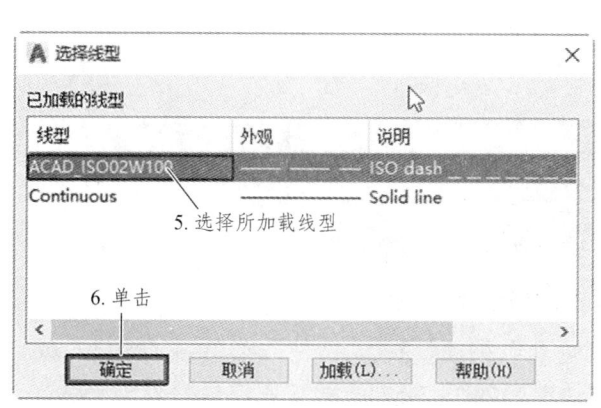
图 2-53 加载线型后的"选择线型"对话框

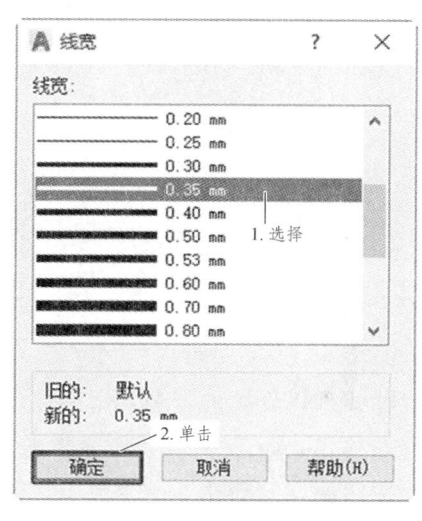
图 2-54 设置"线宽"

(2)按照同样的方法设置标注层和中心线层及文字层的线宽。

6. 设置图层和图层特性后效果

图层设置完成后,如 2-55 所示是新建图层并设置相应图层特性后的效果图。

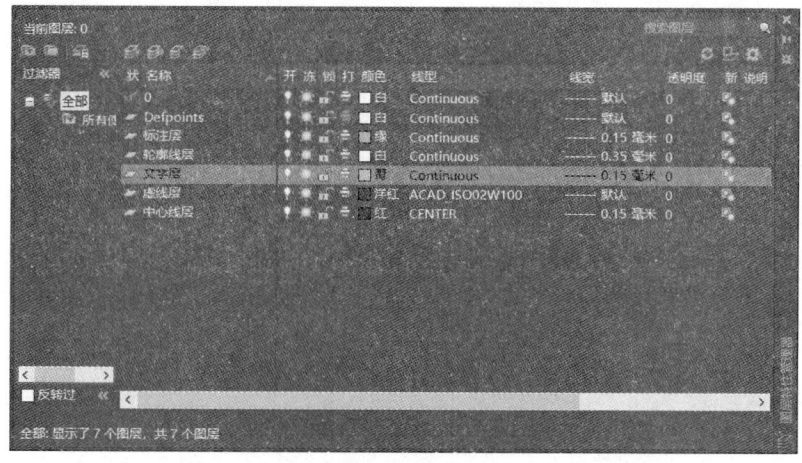
图 2-55 新建好图层并设置相应图层特性后的效果

步骤三　保存文件为模板文件

单击"快速访问"工具栏上的"另存为"按钮或单击"应用程序"按钮→"另存为"命令，打开"图形另存为"对话框，在"文件类型"列表框中选中"AutoCAD 图形样板*.dwt"类型，在"文件名"后文本框中输入模板文件名称，如"ACAD 图层"，然后单击"保存"按钮即可，如图 2-56 所示。这样就创建了一个名为"ACAD 图层"的模板文件。

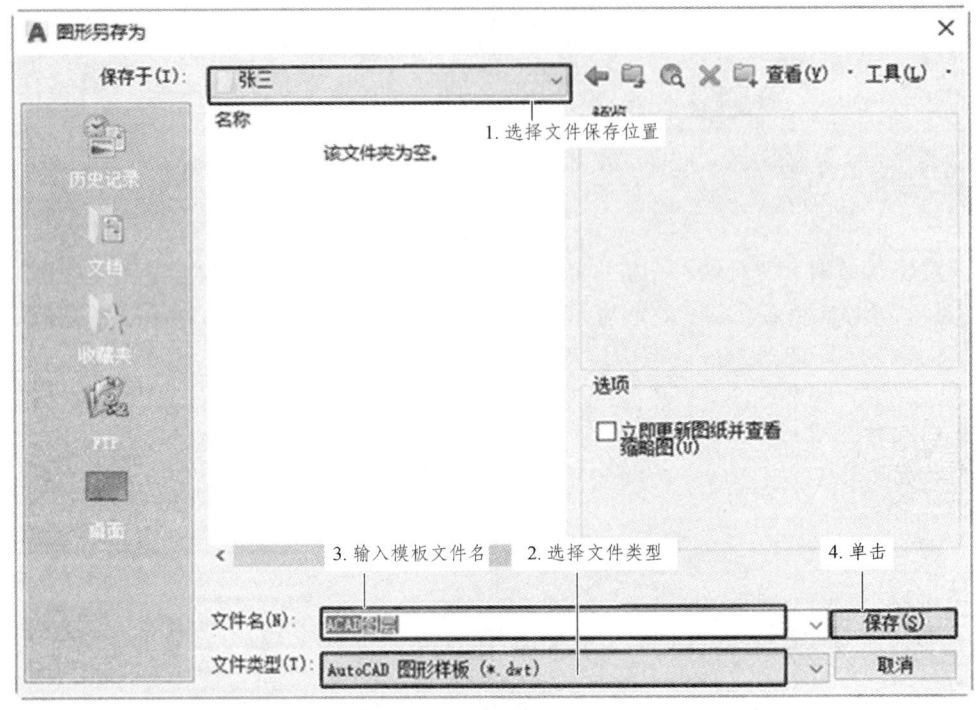

图 2-56　图形另存为模板文件对话框

步骤四　以新建的"ACAD 图层.dwt"为模板文件新建图形文件

启动 AutoCAD，通过"快速访问工具栏"→"新建"按钮或"文件"菜单→"新建"或"应用程序"按钮→"新建"命令弹出"选择样板"对话框，如图 2-57 所示。在样板列表框中选择"acad 图层.dwt"模板文件，然后单击"打开"按钮，创建新图形文件。此新图形文件中就包含了前面所建的图层信息。

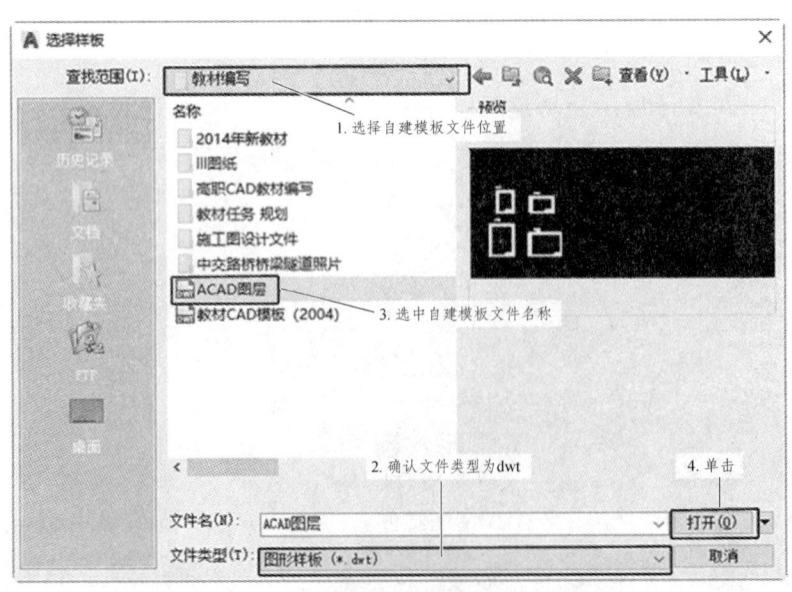

图 2-57　选择自建模板创建新文件对话框

步骤五 设置辅助绘图功能精确绘图

（1）打开极轴追踪、对象捕捉及捕捉追踪功能。

（2）在"草图设置"对话框中的"极轴追踪"选项卡中，选中"启用极轴追踪"复选框，设置极轴追踪角度增量为 90°，设置仅沿正交方向进行捕捉追踪，如图 2-58 所示。

（3）在"对象捕捉"选项卡中设定对象捕捉方式为"端点""中点""交点""延长线"，如图 2-59 所示。

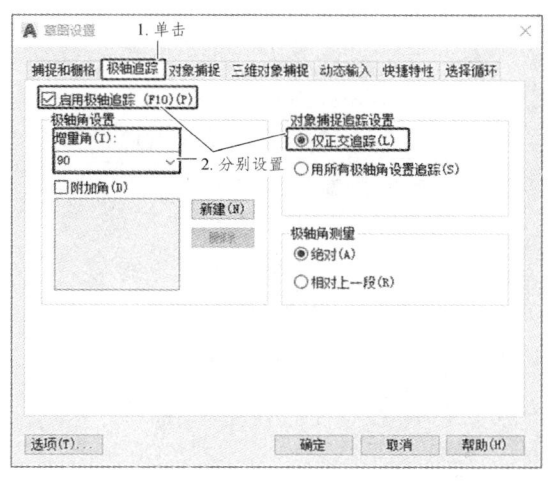
图 2-58 "草图设置"/"极轴追踪"选项卡

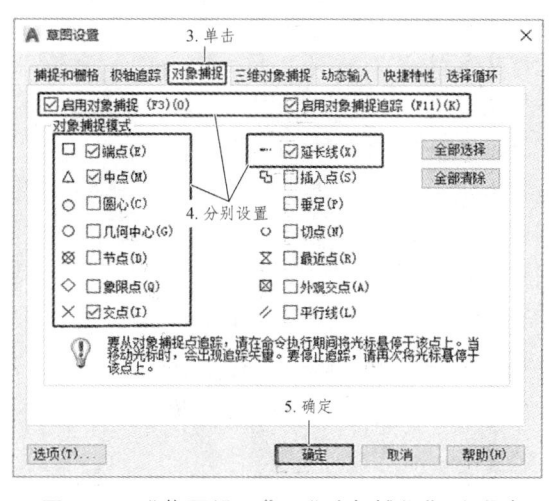
图 2-59 "草图设置"/"对象捕捉"选项卡

步骤六 绘制桥台立面图

用 LINE（直线）命令绘制桥台立面图，如图 2-60 所示。

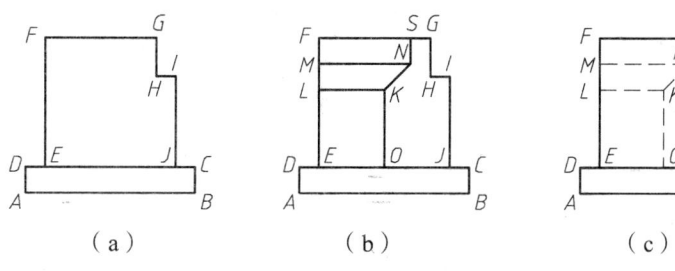

(a)   (b)   (c)

图 2-60 画立面图步骤

1. 绘制立面图外框

命令：_LINE

指定第一个点：　　　　　　　　　　　　　　//在屏幕上指定一点作为 A 点

指定下一点或 [放弃（U）]：26　　　　　　//从 A 点向右追踪并输入追踪距离

指定下一点或 [放弃（U）]：4　　　　　　　//从 B 点向上追踪并输入追踪距离

指定下一点或 [闭合（C）/放弃（U）]：　　//从 A 点向上移动光标，系统显示竖直追踪线，当光标移动到某一位置时，系统显示水平追踪线，此时在两条追踪线的交点处单击一点得到 D 点

指定下一点或 [闭合（C）/放弃（U）]：　　//捕捉 A 点

指定下一点或 [闭合（C）/放弃（U）]：　　//按回车结束直线命令

命令：_LINE

指定第一个点：3　　　　　　　　　　　　　//从 D 点向右追踪并输入追踪距离

指定下一点或 [放弃（U）]：20　　　　　　//从 E 点向上追踪并输入追踪距离

指定下一点或 [放弃（U）]：17　　　　　　//从 F 点向右追踪并输入追踪距离

指定下一点或 [闭合（C）/放弃（U）]：6　//从 G 点向下追踪并输入追踪距离

指定下一点或　　[闭合（C）/放弃（U）]：3　　　　//从 H 点向右追踪并输入追踪距离
指定下一点或　　[闭合（C）/放弃（U）]：　　　　//从 I 点向下追踪并捕捉交点 J
指定下一点或　　[闭合（C）/放弃（U）]：　　　　//按回车结束直线命令

结果如图 2-60（a）所示。

2. 绘制直线 MN、LK、KO 等

命令：_LINE
指定第一个点：12　　　　　　　　　　　　　　　//从 E 点向上追踪并输入追踪距离
指定下一点或　　[放弃（U）]：10　　　　　　　　//从 L 点向右追踪并输入追踪距离
指定下一点或　　[放弃（U）]：　　　　　　　　　//从 K 点向下追踪并捕捉交点 O
指定下一点或　　[闭合（C）/放弃（U）]：　　　　//按回车结束直线命令
命令：_LINE
指定第一个点：4　　　　　　　　　　　　　　　　//从 L 点向上追踪并输入追踪距离
指定下一点或　　[放弃（U）]：14　　　　　　　　//从 M 点向右追踪并输入追踪距离
指定下一点或　　[放弃（U）]：　　　　　　　　　//从 N 点向上追踪并捕捉交点 S
指定下一点或　　[闭合（C）/放弃（U）]：　　　　//按回车结束直线命令
命令：_LINE　　　　　　　　　　　　　　　　　　//重复命令
指定第一个点：　　　　　　　　　　　　　　　　　//捕捉 K 点
指定下一点或　　[放弃（U）]：　　　　　　　　　//捕捉 N 点
指定下一点或　　[放弃（U）]：　　　　　　　　　//按回车结束直线命令

结果如图 2-60（b）所示。

3. 修改 MN、LK、KO 等内部直线的线型为虚线

选中直线　　MN、LK、KO、KN、NS，在图层控制下拉列表中选中虚线层，结果如图 2-60（c）所示。

> 提示：也可在虚线层中直接画直线 MN、LK、KO、KN、NS。

步骤七　绘制桥台侧面图

用 LINE（直线）命令绘制桥台侧面图，如图 2-61 所示。

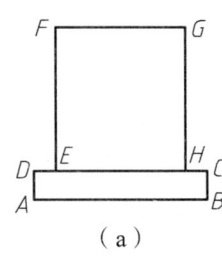
（a）
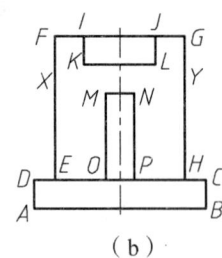
（b）
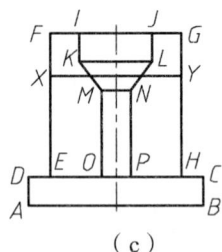
（c）
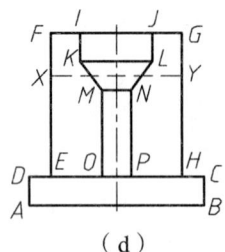
（d）

图 2-61　画侧面图步骤

1. 绘制侧面图外框

命令：_LINE
指定第一个点：　　　　　　　　　　　　　　　　　//指定一点作为 A 点
指定下一点或　　[放弃（U）]：24　　　　　　　　//从 A 点向右追踪并输入追踪距离
指定下一点或　　[放弃（U）]：4　　　　　　　　　//从 B 点向上追踪并输入追踪距离
指定下一点或　　[闭合（C）/放弃（U）]：　　　　//从 A 点向上移动光标，系统显示竖直追踪线，

当光标移动到某一位置时，系统显示水平追踪线，此时在两条追踪线的交点处单击一点得到 D 点

指定下一点或　[闭合（C）/放弃（U）]：	//捕捉 A 点
指定下一点或　[闭合（C）/放弃（U）]：	//按回车结束直线命令
命令：_LINE	//重复命令
指定第一个点：3	//从 D 点向右追踪并输入追踪距离
指定下一点或　[放弃（U）]：24	//从 E 点向上追踪并输入追踪距离
指定下一点或　[放弃（U）]：18	//从 F 点向右追踪并输入追踪距离
指定下一点或　[闭合（C）/放弃（U）]：	//从 G 点向下追踪并捕捉交点 H
指定下一点或　[闭合（C）/放弃（U）]：	//按回车结束直线命令

结果如图 2-61（a）所示。

2. 绘制直线 OM、MN、NP、IK、KL、LJ

命令：_LINE	
指定第一个点：7	//从 E 点向右追踪并输入追踪距离
指定下一点或　[放弃（U）]：12	//从 O 点向上追踪并输入追踪距离
指定下一点或　[放弃（U）]：4	//从 M 点向右追踪并输入追踪距离
指定下一点或　[闭合（C）/放弃（U）]：	//从 N 点向下追踪并捕捉交点 P
指定下一点或　[闭合（C）/放弃（U）]：	//按回车结束直线命令
命令：_LINE	//重复命令
指定第一个点：4	//从 F 点向右追踪并输入追踪距离
指定下一点或　[放弃（U）]：4	//从 I 点向下追踪并输入追踪距离
指定下一点或　[放弃（U）]：10	//从 K 点向右追踪并输入追踪距离
指定下一点或　[闭合（C）/放弃（U）]：	//从 L 点向上追踪并捕捉交点 J
指定下一点或　[闭合（C）/放弃（U）]：	//按回车结束直线命令

结果如图 2-61（b）所示。

3. 绘制直线 KM、LN、XY

命令：_LINE	//重复命令
指定第一个点：	//捕捉交点 K
指定下一点或　[放弃（U）]：	//捕捉交点 M
指定下一点或　[放弃（U）]：	//按回车结束直线命令
命令：_LINE	//重复命令
指定第一个点：	//捕捉交点 N
指定下一点或　[放弃（U）]：	//捕捉交点 L
指定下一点或　[放弃（U）]：	//按回车结束直线命令
命令：_LINE	//重复命令
指定第一个点：6	//从 F 点向下追踪并输入追踪距离
指定下一点或　[放弃（U）]：	//从 X 点向右追踪并捕捉交点 Y
指定下一点或　[放弃（U）]：	//按回车结束直线命令

结果如图 2-61（c）所示。

4. 更改直线 XY 的线型为虚线

选中直线 XY，在图层控制下拉列表中选中虚线层，结果如图 2-61（d）所示。

步骤八　绘制桥台平面图

用 LINE（直线）命令绘制平面图的方法和绘制立面图的方法及侧面图的方法一样，读者自行尝试，此处不再赘述。

下面采用对象追踪方式,利用三视图的"长对正、宽相等、高平齐"原理进行绘制,步骤如下:

(1)复制并旋转侧面图,如图 2-62(a)所示。

(2)利用三视图的"长对正、宽相等、高平齐"原理绘制平面图的外框,如图 2-62(a)所示。

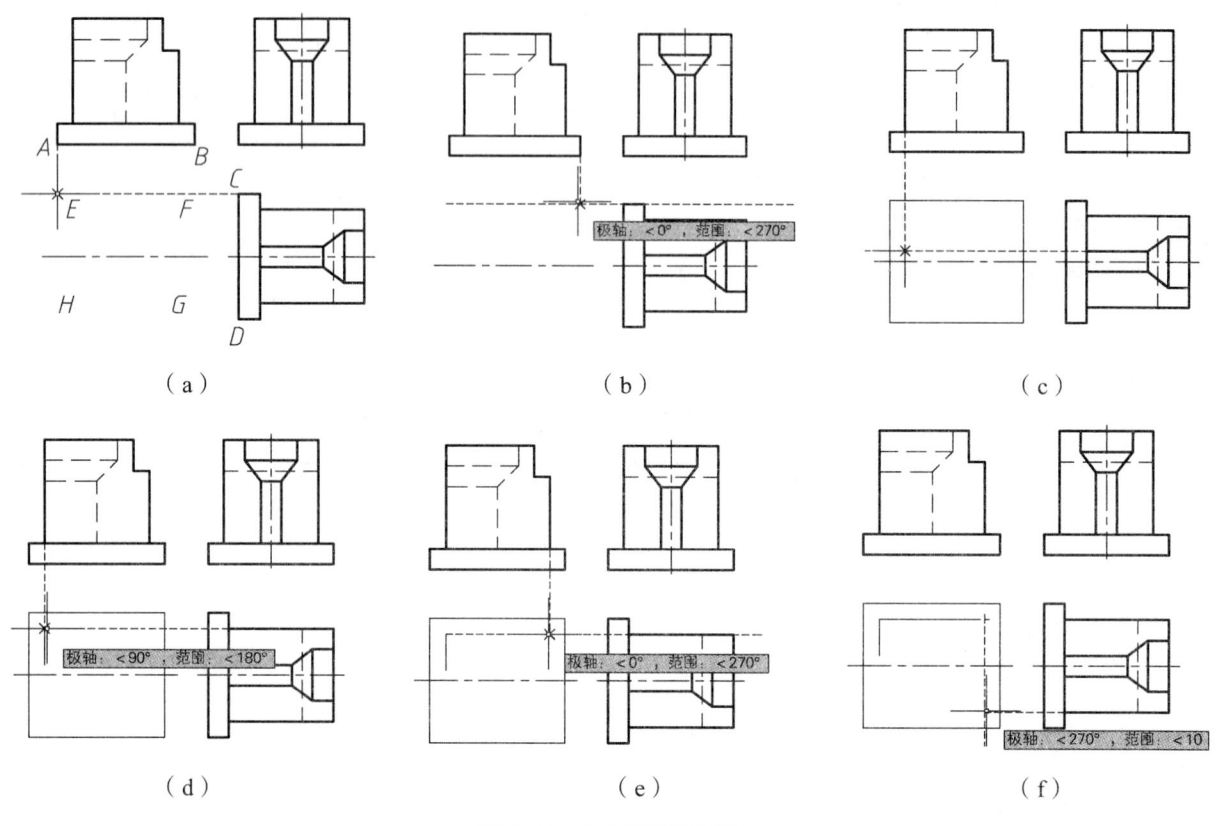

图 2-62 画平面图步骤

命令:_LINE

指定第一个点:

//从 A 点向下移动光标,系统显示竖直追踪线;从 C 点向左移动光标,系统显示水平追踪线;当光标移动到某一位置时,系统显示水平追踪线和竖直追踪线交点;此时在两条追踪线的交点处单击一点得到 E 点,如图 2-62(a)所示

指定下一点或[放弃(U)]:

//从 E 点向右移动光标,系统显示水平追踪线,从 B 点向下移动光标,系统显示竖直追踪线;当光标移动到某一位置时,系统显示水平追踪线和竖直追踪线交点;此时在两条追踪线的交点处单击一点得到 F 点,如图 2-62(b)所示

指定下一点或[放弃(U)]:

//从 F 点向下移动光标,系统显示竖直追踪线;从 D 点向左移动光标,系统显示水平追踪线;当光标移动到某一位置时,系统显示水平追踪线和竖直追踪线交点;此时在两条追踪线的交点处单击一点得到 G 点

指定下一点或[闭合(C)/放弃(U)]:

//从 G 点向左移动光标,系统显示水平追踪线;从 E 点向下移动光标,系统显示竖直追踪线;当光标移动到某一位置时,系统显示水平追踪线和竖直追踪线交点;此时在两条追踪线的交点处单击一点得到 H 点

指定下一点或[闭合(C)/放弃(U)]:   //捕捉 E 点
指定下一点或[闭合(C)/放弃(U)]:   //按回车结束直线命令

结果如图 2-62(c)所示。

（3）按同样的方法绘制出平面图的其他直线，绘制过程如图 2-62 所示。

步骤九 尝试对图形进行标注

步骤十 保存图形文件并退出

知识链接

在 AutoCAD 中，图层的应用使得用户在组织图形时拥有极大的灵活性和可控性。组织图形时，最重要的一步就是要规划好图层的结构。例如，图形的哪些部分放置在哪一图层上，总共需设置多少个图层，每个图层的图层特性（包括名称、线型、线宽与颜色等属性）如何设置等。

一、创建图层并设置特性

在 AutoCAD 2019 中，创建和修改图层的相关操作都在"图层特性管理器"中完成。默认创建新图层的名称依次是"图层1""图层2"等。用户可对默认新图层的名称进行重命名，以方便识读和表现图形。

（一）创建新图层和重命名图层

1. 打开"图层特性管理器"的方法

打开"图层特性管理器"有以下几种方法：

- 菜单栏：单击"格式"菜单→"图层"命令。
- 命令行：LAYER/LA。
- 用功能区按钮：单击"默认"选项卡→"图层"功能区的按钮 。
- 工具栏：单击"图层"工具栏中的"图层特性管理器"按钮 。

2. 创建图层的方法及操作步骤

创建图层的方法和步骤如下：

（1）单击"默认"选项卡→"图层"功能区的按钮 ，或单击"图层"工具栏中的"图层特性管理器"按钮 ，或者单击"格式"→"图层"命令，或在命令行中输入"LA"命令，打开"图层特性管理器"对话框，如图 2-48 所示。

（2）单击"新建图层"按钮，在 0 图层下面会出现一个默认名为"图层 1"的新图层。选中该图层，单击或按 F2 键，图层名称处于可编辑状态，如图 2-49 所示。此时输入要建图层的名称。

（二）设置图层颜色

在绘图过程中，通常将图层设置为不同的颜色以区分不同的对象。AutoCAD 提供了 7 种标准颜色，即红色、黄色、绿色、青色、蓝色、洋红色和白色，用户也可以将图层设置为其他颜色。

在"图层特性管理器"中设置图层颜色的方法和步骤如下：

（1）在"图层特性管理器"对话框中，选择要设置颜色的图层，单击中间列表框中的"颜色"栏中的 白图标，打开"选择颜色"对话框，选择需要的图层颜色，然后单击"确定"按钮，如图 2-50 所示。

（2）返回到"图层特性管理器"对话框中，即可查看到该图层的颜色由原来的白色变成了新设置的颜色。

（三）设置图层线型

工程图中，不同的线型表示不同的含义。AutoCAD 中，默认线型是 Continuous 线型，若需要绘制辅助线、不可见线等对象时，则会用到如点画线或虚线等不同的线型。因此就需要对图层、线型进行设置。

在"图层特性管理器"中设置图层、线型的方法和步骤如下：

（1）在"图层特性管理器"对话框中，选择要修改线型的图层，单击该图层的"线型"栏中的 Contin... 图标，打开"选择线型"对话框，如图 2-51 所示。

（2）该对话框中列出了当前已加载的线型，若所需线型不在列表框中，则单击"加载"按钮，打开如图 2-52 所示的"加载或重载线型"对话框。

（3）在该对话框中选择需要加载的线型，单击"确定"按钮完成加载。

（4）返回"选择线型"对话框中，选择刚才加载的线型，单击"确定"按钮完成线型设置，如图 2-53 所示。

（四）设置图层线宽

工程图中，按照制图规范要求，不同的部构件要用不同的线宽来表示，以方便识读图形。AutoCAD 本身是默认线宽，因此需要对图层线宽进行设置和修改。

在"图层特性管理器"中设置和修改图层线宽的方法和步骤如下：

（1）在"图层特性管理器"对话框中，选择要修改线宽的图层，单击该图层的"线宽"栏中的 —— 默认 图标，打开"线宽"对话框，如图 2-54 所示。

（2）在打开对话框中的"线宽"列表框里选择要设置的相应线宽值，单击"确定"按钮，返回到"图层特性管理器"对话框中，即可查看到该线宽由原来的默认值变成了新设置的线宽。

二、图层的基本操作

在 AutoCAD 中，可通过控制图层状态来更好地管理图层上的图形对象，图层状态包括设置当前图层、删除图层以及图层的打开与关闭、冻结与解冻、锁定与解锁等。

（一）设置为当前工作图层

AutoCAD 2019 中，默认图层为 0 层，如果要将某个图层设置为当前图层，有以下几种方法：

- 在"图层特性管理器"对话框中，选中需置为当前的图层，单击"置为当前"按钮 ✓（快捷键为 Alt+C）。
- 在"图层特性管理器"对话框中，选中需置为当前的图层，单击鼠标右键，在弹出的快捷菜单中选择"置为当前"命令。
- 在"图层特性管理器"对话框中，直接双击需置为当前的图层。
- 在"图层"工具栏的图层下拉列表框中选择需要置为当前的图层，如图 2-63 所示。

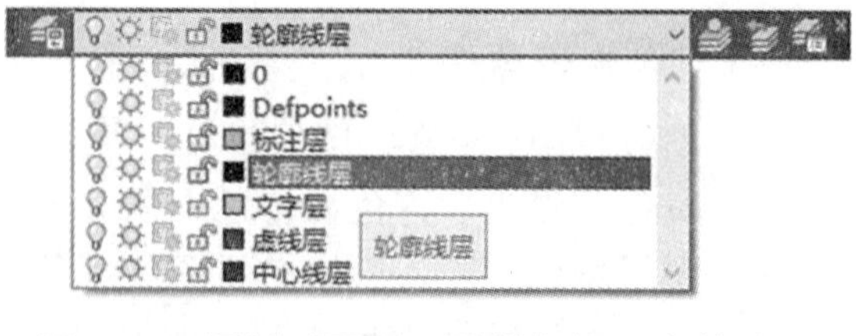

（二）删除图层

AutoCAD 中，删除图层有以下多种方法：

- 在"图层特性管理器"对话框中，选中需删除的图层，单击"删除图层"按钮 ✕（快捷键为 Alt+D）。
- 在"图层特性管理器"对话框中，选中需删除的图层，然后按键盘上的 Delete 键。
- 在"图层特性管理器"对话框中，在需删除的图层上单击鼠标右键，在弹出的快捷菜单中选择"删除图层"命令，如图 2-64 所示。

图 2-63 通过"图层工具栏"设置当前图层

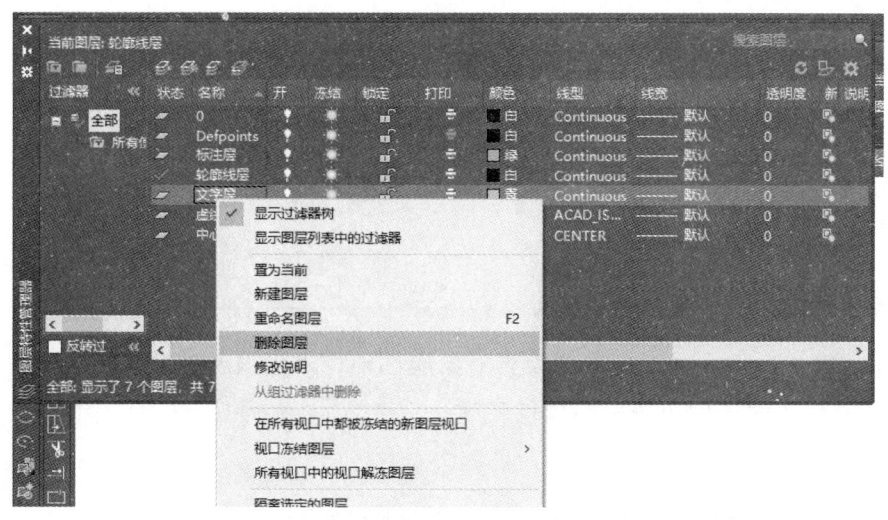

图 2-64　在图层上单击鼠标右键弹出的菜单

> 提示：图层 0、图层 Defpoints、当前图层、依赖外部参照的图层、包含对象的图层是不能被删除的。

（三）打开/关闭图层

AutoCAD 中，"打开"按钮 控制图层的打开或关闭，目的是控制图层的显示与否。图层处于打开状态时，该图层中的所有图形对象将显示在屏幕上，用户可对其进行编辑操作。若某图层被关闭，则该图层上的所有图形将不再显示在屏幕上，并且不能被编辑和打印输出。

设置图层打开与关闭状态的具体操作如下：

（1）在"图层特性管理器"对话框中，选择需要设置打开或关闭状态的图层，单击"开"栏中的 图标，使其变为 状态，该图层就被关闭。

（2）再一次单击该图标，图标还原成 ，图层又变为打开状态。

（四）冻结/解冻图层

AutoCAD 中，"冻结"按钮 控制图层的冻结或解冻，目的是冻结或解冻所有视口中的图形。冻结图层有利于减少系统重生成图形的时间，冻结的图层不参与重生成计算且不显示在绘图区中，用户不能对其进行编辑。

设置图层冻结与解冻功能的具体操作如下：

（1）在"图层特性管理器"对话框中，选择需要设置冻结或解冻状态的图层，单击"冻结"栏中的 图标，使其变为 状态，该图层就被冻结。

（2）再一次单击该图标，图标还原成 ，图层又变为解冻状态。

（五）锁定/解锁图层

AutoCAD 中，"锁定"按钮 控制图层的锁定或解锁，目的是锁定或解锁图层中的图形。一个图层被锁定，该图层上的所有图形仍然可见但不能被用户编辑。

设置图层锁定与解锁功能的具体操作如下：

（1）在"图层特性管理器"对话框中，选择需要设置锁定或解锁状态的图层，单击"锁定"栏中的 图标，使其变为 状态，该图层就被锁定。

（2）再一次单击 图标，图标还原成 ，图层又变为解锁状态。

（六）打印/不可打印

AutoCAD 中，"打印"按钮控制图层的打印或不打印。一个图层被设定为 状态后，该图层上的所有图形仍然可见但不能被打印出来。

设置图层打印与不可打印功能的具体操作如下：

（1）在"图层特性管理器"对话框中，选择需要设置打印或不可打印状态的图层，单击"打印"栏中的 🖨 图标，使其变为 🚫 状态，该图层就被设为不可打印状态。

（2）再一次单击 🚫 图标，图标还原成 🖨，图层又变为可打印状态。

三、设置对象属性

在 AutoCAD 2019 中，除了通过图层来设置对象属性外，还可以通过用"特性"功能区（图 2-65）和"对象特性"工具栏（图 2-66）来单独进行修改。

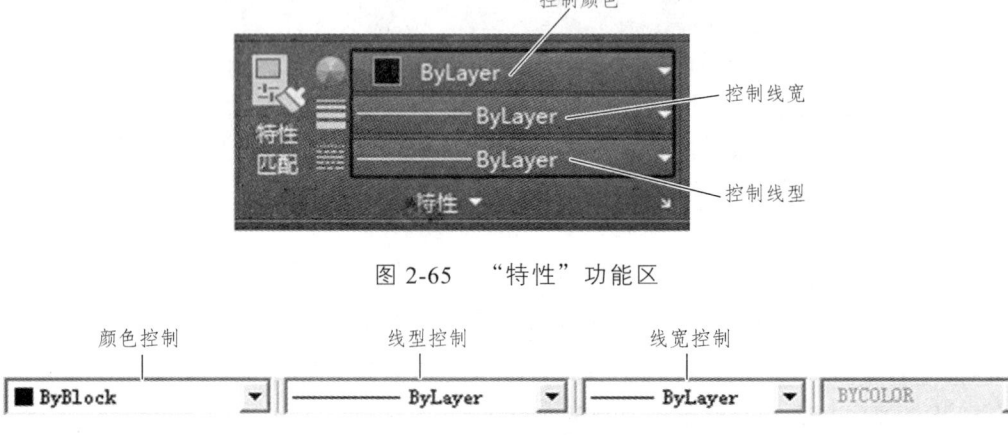

图 2-65　"特性"功能区

图 2-66　"对象特性"工具栏

（一）修改对象的颜色

1. 用"特性"功能区修改对象颜色

选中要设置对象特性的对象（如直线），单击"特性"功能区上的"颜色控制"列表，接着在弹出的颜色下拉列表中单击要设置的颜色。这样就可把选定对象的颜色修改为需要的颜色，如图 2-67 所示。

2. 用"对象特性"工具栏修改对象颜色

选中要设置对象特性的对象（如直线），单击"对象特性"工具栏中的"颜色控制"列表框，接着在弹出的颜色下拉列表中单击要设置的颜色。这样就可把选定对象的颜色修改为需要的颜色，如图 2-68 所示。

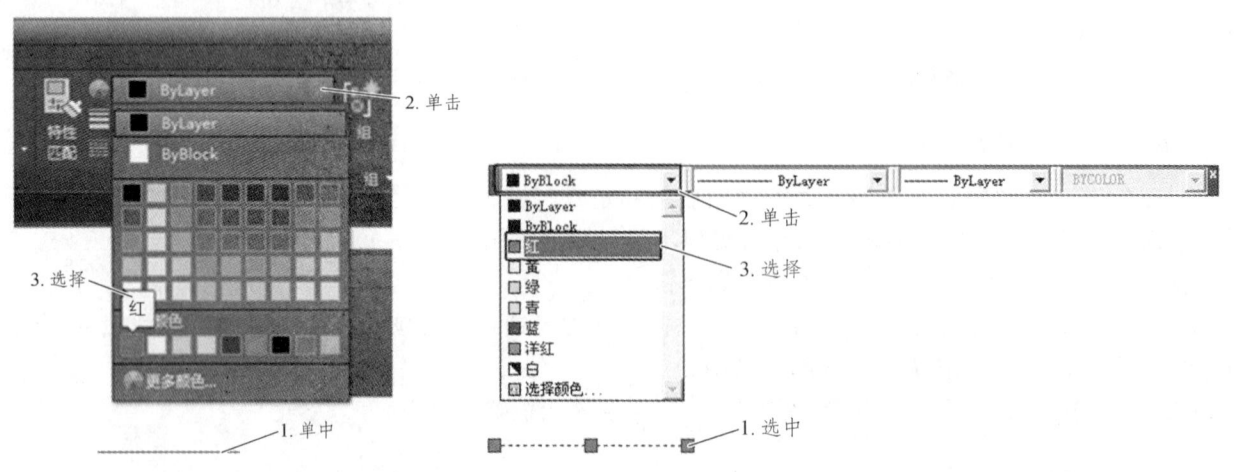

图 2-67　"特性"功能区设置对象颜色　　　　图 2-68　用"对象特性"工具栏设置颜色

（二）修改对象的线型

把实线修改为虚线的操作步骤如下：

（1）选中要设置对象特性的对象（如直线），单击"特性"功能区上的"线型控制"列表（图 2-69）或在"对象特性"工具栏中单击"线型控制"列表框（图 2-70），如果有需要的线型，选中所需线型即可。如果没有所需的线型，在弹出的线型下拉列表中选择"其他"选项。

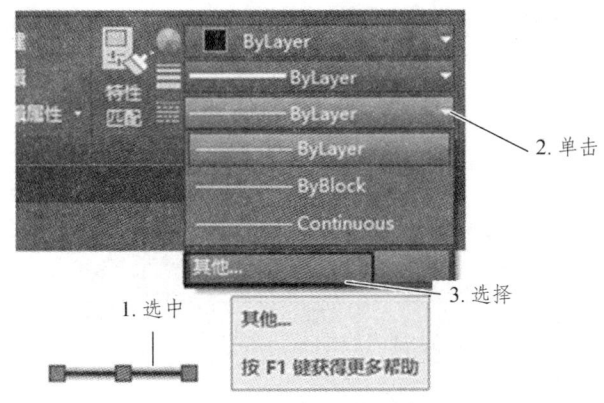

图 2-69　用"特性"功能区设置对象线型——步骤（1）

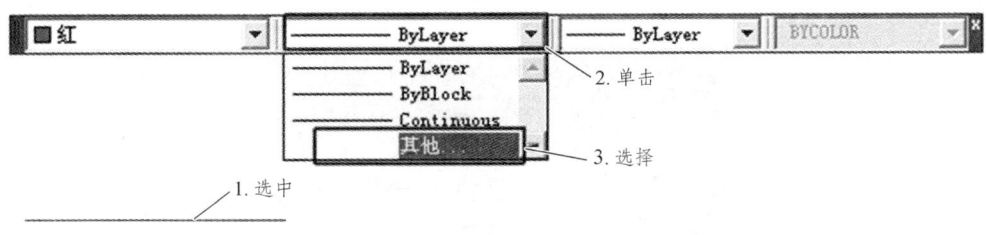

图 2-70　用"对象特性"工具栏设置线型——步骤（1）

（2）系统弹出"线型管理器"对话框，单击"加载"按钮，如图 2-71 所示。

（3）系统弹出"加载或重载线型"对话框，在可用线型下的线型列表中选中"ACAD_ISO02W100"，然后单击"确定"按钮，完成加载线型，如图 2-72 所示。

（4）系统返回到"线型管理器"对话框，此时可以看到新加载的 ACAD_ISO02W100 线型已经出现在该对话框内，选中"ACAD_ISO02W100"线型，并设置相应的全局比例因子和当前对象缩放比例，单击"确定"按钮，退出"线型管理器"对话框，如图 2-73 所示。

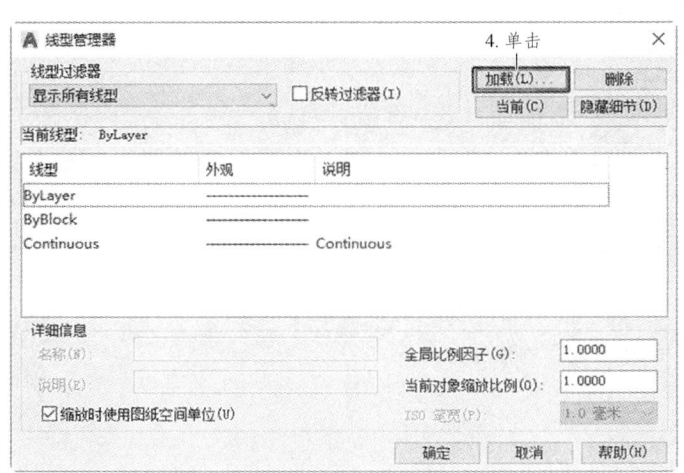

图 2-71　"线型管理器"对话框——步骤（2）

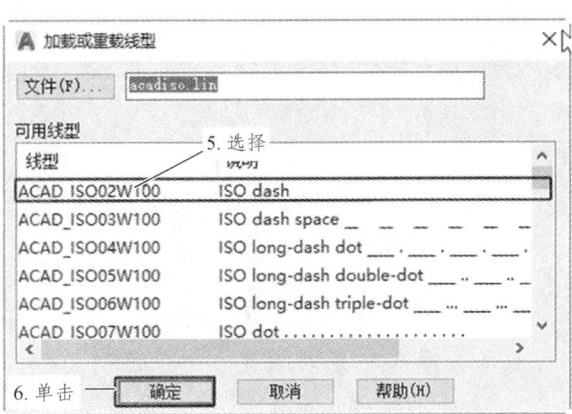

图 2-72　"加载或重载线型"对话框——步骤（3）

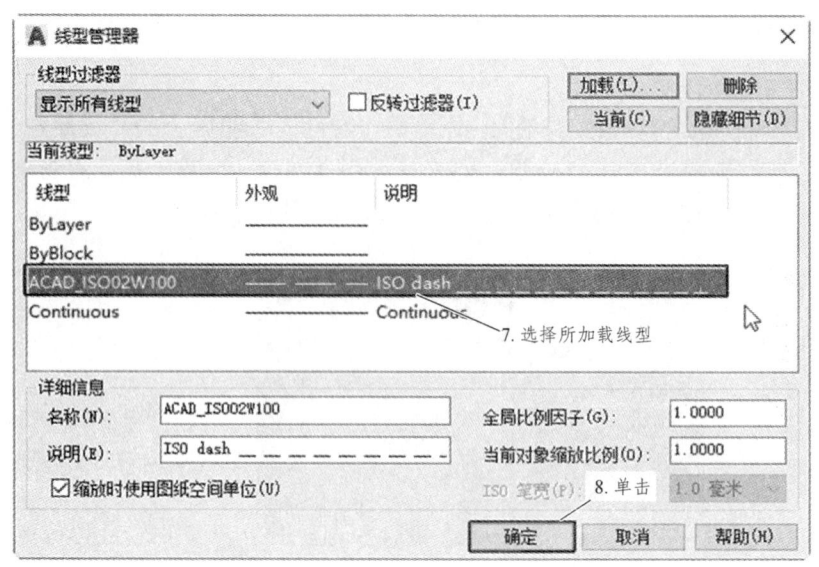

图 2-73 加载线型后的"线型管理器"对话框——步骤（4）

（5）将实线选中，然后单击特性功能区中或对象特性工具栏中的"线型控制"列表框，在弹出的线型列表中选中 ACAD_ISO02W100 线型，这样实线的线型将变成虚线（图 2-74 所示为特性功能区中的线型控制列表步骤，图 2-75 所示为对象特性工具栏中的线型控制列表步骤），最后效果如图 2-76 所示。

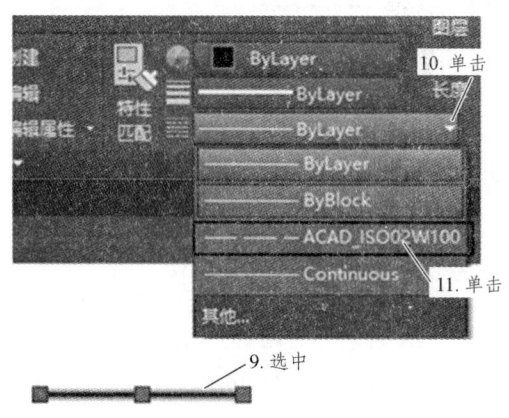

图 2-74 添加虚线后的特性功能区中的线型控制列表——步骤（5）

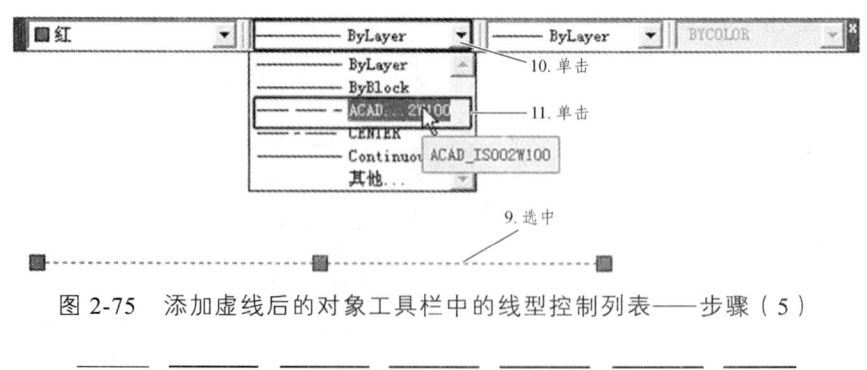

图 2-75 添加虚线后的对象工具栏中的线型控制列表——步骤（5）

图 2-76 实线变成虚线后的效果

（三）修改对象的线宽

把上述虚线修改为 0.5 mm 宽的虚线，其操作步骤如下：

（1）选中虚线，在"特性"功能区中或在"对象特性"工具栏中单击"线宽控制"工具栏中的"线宽控制"列表框,在弹出的线宽下拉列表中选择"0.5 mm"选项即可。两种操作方式如图 2-77 和图 2-78 所示。

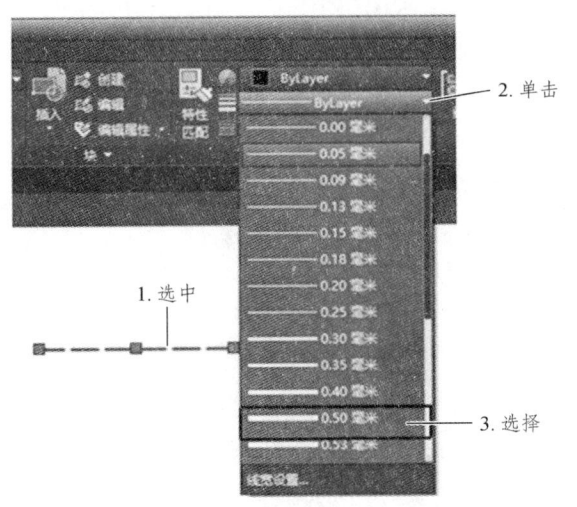

图 2-77 "特性"功能区中的"线宽控制"

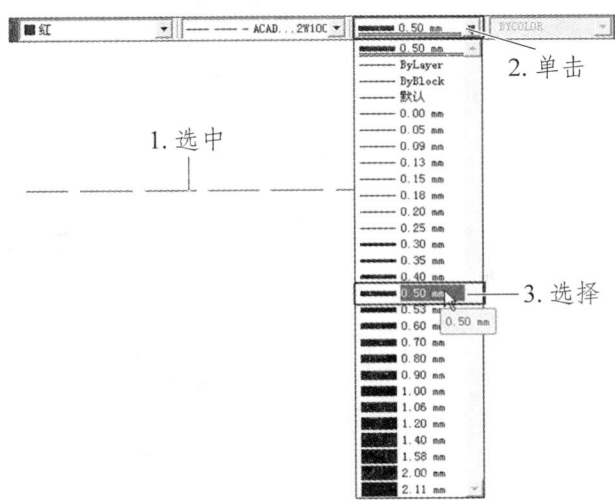

图 2-78 "对象特性"工具栏中的"线宽控制"

(2)设置线宽后,如果没有出现任何变化,可单击状态栏中的"显示线宽"按钮,设置完成后的直线效果如图 2-79 所示。

图 2-79 设置线宽后的虚线效果

提示:用户如果想使图形对象的线宽在模型空间中显示得更宽或更窄一些,可以通过调整线宽比例来实现。具体操作如下:

用鼠标右键单击状态栏中的 ≡ 按钮,在弹出的菜单中选择"设置"命令,打开"线宽设置"对话框,如图 2-80 所示,在"调整显示比例"区域中拖动滑块来改变显示的比例值。

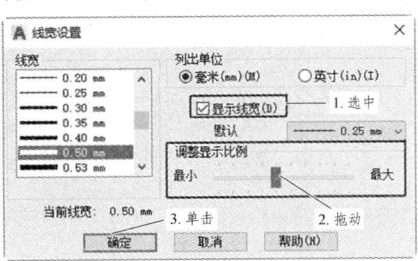

图 2-80 "线宽设置"对话框

(四)设置对象的线型比例

在 AutoCAD 中,线型分为连续性线型和非连续性线型。连续性线型是由实线构成的。非连续性线型是由实线段、空白段、点等所组成的序列,如虚线、点画线等。显示在屏幕上的每一小段长度与显示时的缩放倍数和线型比例成正比,而输出到打印机或绘图仪的每一小段又与输出比例和线型比例成正比。当显示或者打印出的线型不合适时,可能非连续性线型看起来成了连续性线型。用户可以通过改变线型比例系统变量的方法来避免这种情况。

在"线型管理器"对话框中修改,单击"显示细节"按钮可以打开"详细信息"参数栏,此时该按钮会变为"隐藏细节"按钮,如图 2-81 所示。

1. 全局比例因子

"全局比例因子"参数控制着所有线型的比例因子,通常值越小,每个绘图单位中画出的重复图案就越多。缺省情况下,AutoCAD 的全局线型缩放比例为 1.0。根据所设置的图形界限来适当增大或减小全局比例因子的值。

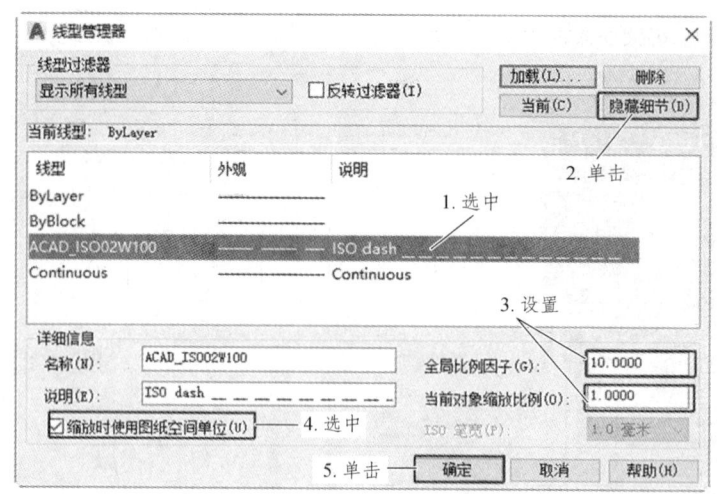

图 2-81 修改线型比例因子

2. 当前对象的缩放比例

"当前对象的缩放比例"使用 CELTSCALE 系统变量控制新建对象的线型比例,其最终的比例是全局比例因子与该对象比例因子的乘积。所以,在 CELTSCALE=2 的图形中绘制的点画线,如果将 LTSCALE 设为 0.5,其效果与在 CELTSCALE=1 的图形中绘制 LTSCALE=1 的点画线时的效果相同。

3. 图纸空间的线型缩放比例

"图纸空间的线型缩放比例"在处理多个视口时非常有用。当用户在"线型管理器"中勾选"缩放时使用图纸空间单位"选项以激活图纸空间线型缩放比例后,可以采用按创建对象时所在空间的图形单位比例缩放或基于图纸空间单位比例缩放两种方法来设置线型比例。

任务拓展

【2-3-1】建立图层并分层绘制如图 2-82 所示的桥台三视图。

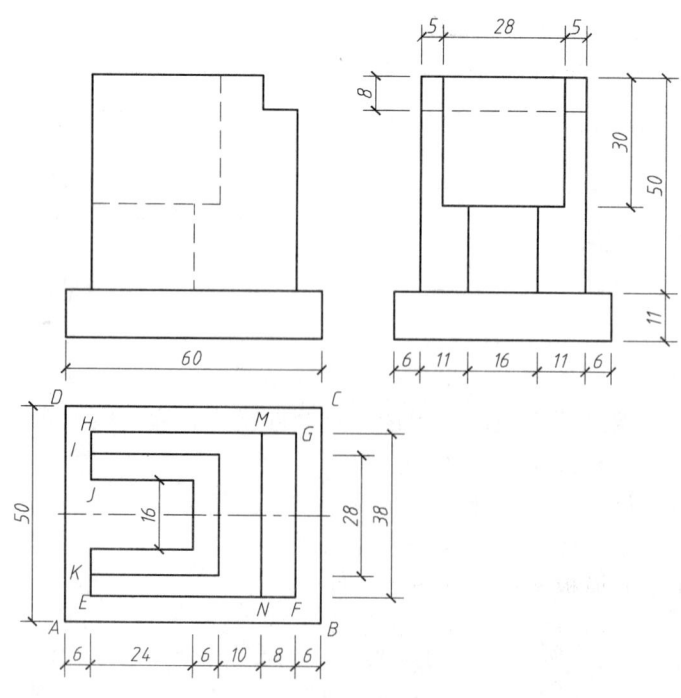

图 2-82 桥台三视图

【2-3-2】建立图层并分层绘制如图 2-83 所示的图形。

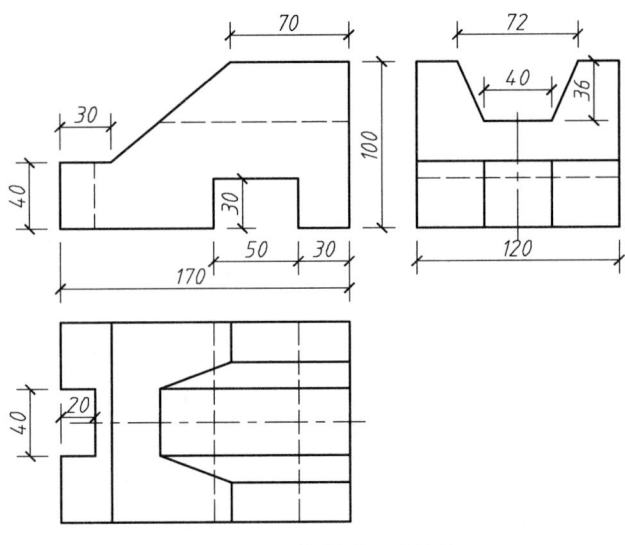

图 2-83 某形体三视图

【2-3-3】建立图层并绘制如图 2-84 所示的桥墩墩帽侧面大样图。

【2-3-4】建立图层并绘制如图 2-85 所示的基础大样图（不用填充）。

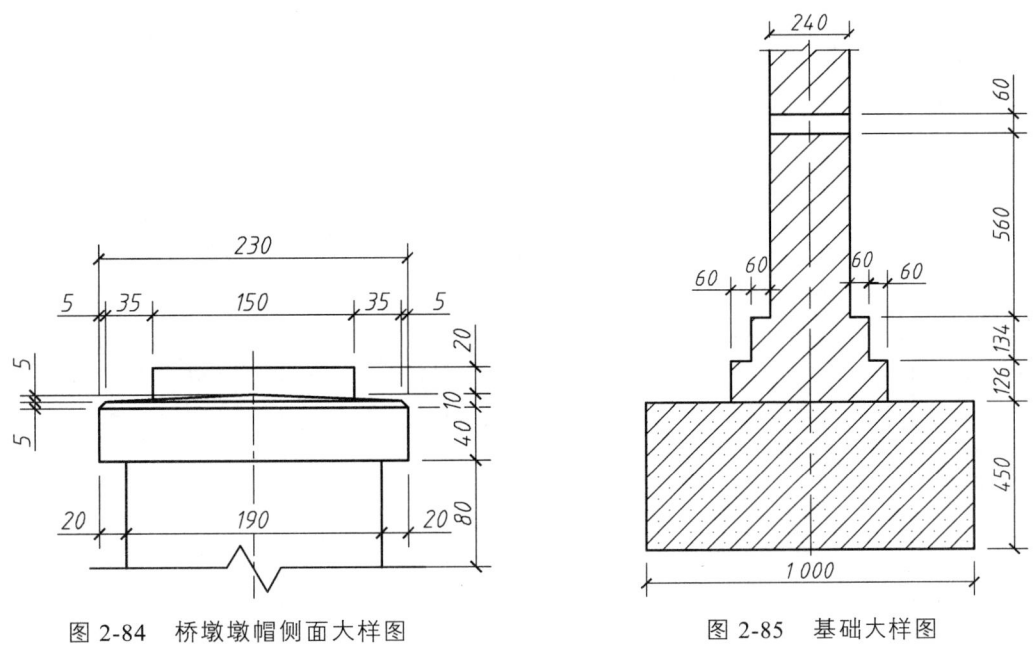

图 2-84 桥墩墩帽侧面大样图　　　　图 2-85 基础大样图

任务四　绘制卵圆形涵洞断面示意图

任务目标

- 能够运用已经建立的模板文件建立图形文件。
- 会设置绘图环境并能通过设置对象捕捉精确绘图。
- 能够绘制圆、圆弧和直线构成的形体图形。
- 培养规范操作、耐心细致、严谨求实、互助协作的职业素质。

任务内容

绘制如图 2-86 所示的卵圆形涵洞断面。

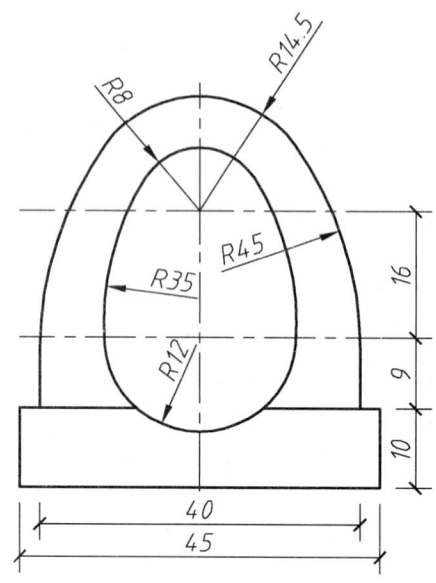

图 2-86 卵圆形涵洞断面示意

任务分析

从图 2-86 中可以看出图形主要由直线和圆弧构成。要完成图 2-86 所示的图形,可通过用 LINE(直线)、CIRCLE(圆)、TRIM(修剪)、EXTEND(延伸)等命令来绘制。绘图思路如下:

(1)在 AutoCAD 中利用"样板文件"创建新图形,并设置图形文件的图层、线型、线宽及颜色。
(2)用 LINE(直线)命令绘制下部矩形。
(3)用 CIRCLE(圆)命令绘制上部圆弧,并用 TRIM(修剪)、EXTEND(延伸)命令对图形进行修剪。
(4)尝试对以上图形进行标注。
(5)保存图形文件并退出。

任务实施

步骤一　新建图形文件

利用模板文件"acadiso.dwt"或"ACAD 图层.dwt"新建图形文件,并设置任务分析中的图层。

步骤二　设置辅助绘图功能,精确绘图

(1)打开极轴追踪、对象捕捉及捕捉追踪功能。
(2)在"草图设置"对话框中的"极轴追踪"选项卡中,选中"启用极轴追踪"复选框,设置极轴追踪角度增量为 90°,设置仅沿正交方向进行捕捉追踪,如图 2-87 所示。
(3)在"对象捕捉"选项卡中设定对象捕捉方式为"端点""中点""圆心""交点",如图 2-88 所示。

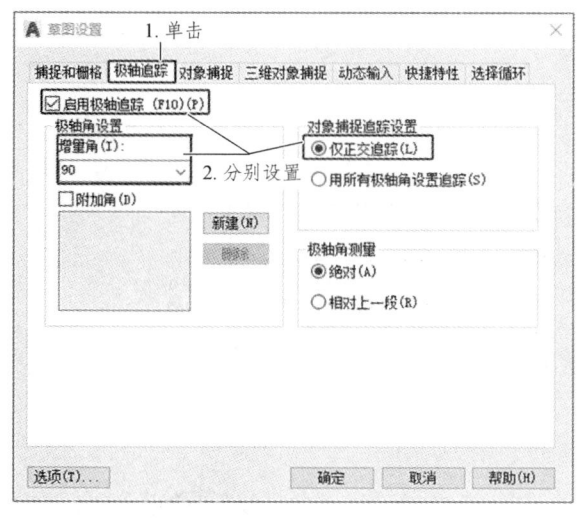
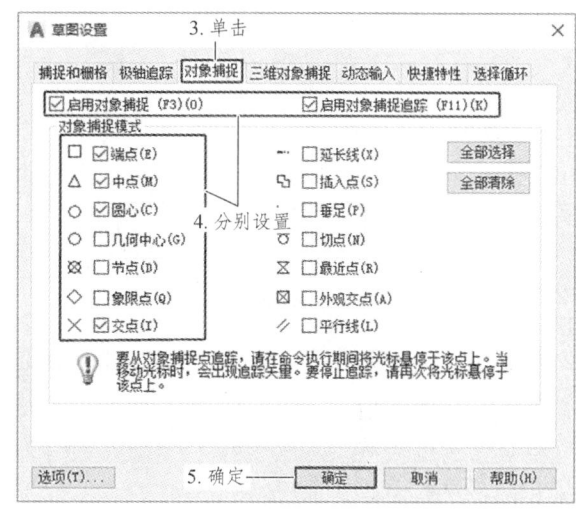

图 2-87 "草图设置"/"极轴追踪"选项卡　　　图 2-88 "草图设置"/"对象捕捉"选项卡

步骤三　用 Line 直线命令画出矩形，切换到中心线层，用 LINE 命令绘制定位中心线，如图 2-89 所示

命令：_LINE

指定第一点：　　　　　　//单击屏幕上任一点

指定下一点或 [放弃（U）]：45　　//鼠标向右追踪，并输入追踪距离

指定下一点或 [放弃（U）]：10　　//鼠标向上追踪，并输入追踪距离

指定下一点或 [闭合 I/放弃（U）]：45　　//鼠标向左追踪，并输入追踪距离

指定下一点或 [闭合 I/放弃（U）]：C　　//输入选项 C，使矩形闭合

命令：_LINE

指定第一点：　　　　　　//捕捉矩形的下部长边中点

指定下一点或 [闭合 I/放弃（U）]：　　//向上单击任一点，画出中心线

结果如图 2-89 所示。

步骤四　用 Offset 命令画出圆的中心线，结果如图 2-90 所示

命令：_OFFSET　　　　　　　　　//启动 OFFSET 命令

当前设置：删除源=否　图层=源　OFFSETGAPTYPE=0

指定偏移距离或 [通过（T）/删除（E）/图层（L）]<30.0000>：9　　//输入偏移距离

选择要偏移的对象，或 [退出（E）/放弃（U）]<退出>：　　//选取直线 AB

指定要偏移的那一侧上的点，或 [退出（E）/多个（M）/放弃（U）]<退出>：

　　　　　　　　　　　　　　　//在直线 AB 的上方点击任一点

选择要偏移的对象，或 [退出（E）/放弃（U）]<退出>：//按 Enter 键结束命令

命令：　　　　　　　　//按 Enter 键重复 OFFSET 命令

OFFSET

当前设置：删除源=否　图层=源　OFFSETGAPTYPE=0

指定偏移距离或 [通过（T）/删除（E）/图层（L）]<90.0000>：16　//输入偏移距离

选择要偏移的对象，或 [退出（E）/放弃（U）]<退出>：　　//选取直线 CD

指定要偏移的那一侧上的点，或 [退出（E）/多个（M）/放弃（U）]<退出>：

　　　　　　　　　　　　　　　//在直线 CD 的上方点击任一点

选择要偏移的对象，或 [退出（E）/放弃（U）]<退出>：//按 Enter 键结束命令

选中所偏移的两条直线 CD 和 EF，把其图层转换到中心线层。结果如图 2-90 所示。

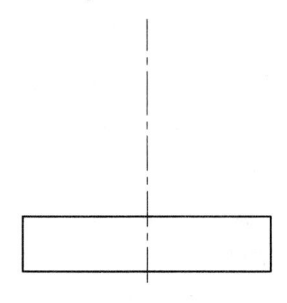
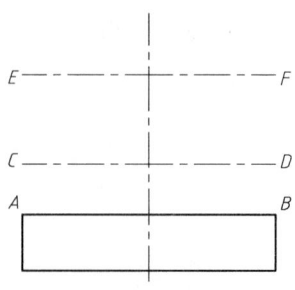

图 2-89　画矩形和中心线　　　　图 2-90　画圆的中心线

步骤五　画中间的圆，结果如图 2-91 所示

命令：_CIRCLE

指定圆的圆心或 [三点（3P）/两点（2P）/相切、相切、半径（T）]：//点击 G 点

指定圆的半径或 [直径（D）] <450.0000>：12　　//输入圆的半径

命令：　　　　　　　　　　　　　　//按 Enter 键重复圆命令

CIRCLE

指定圆的圆心或 [三点（3P）/两点（2P）/相切、相切、半径（T）]：//点击 H 点

指定圆的半径或 [直径（D）] <120.0000>：8　　//输入圆的半径

结果如图 2-91 所示。

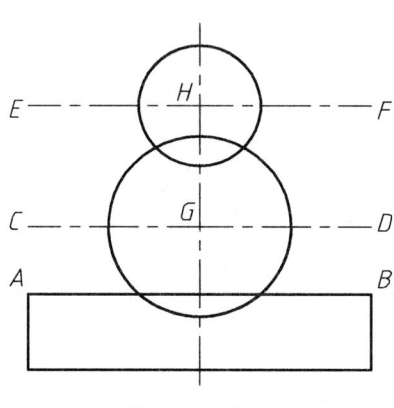

图 2-91　画圆

步骤六　画圆的相切圆，如图 2-92 所示

命令：_CIRCLE

指定圆的圆心或 [三点（3P）/两点（2P）/相切、相切、半径（T）]：T

指定对象与圆的第一个切点：　　　　//捕捉切点 I 点

指定对象与圆的第二个切点：　　　　//捕捉切点 J 点

指定圆的半径 <80.0000>：35　　　　//输入圆的半径

同理画出左部相切圆。

命令：_CIRCLE

指定圆的圆心或 [三点（3P）/两点（2P）/相切、相切、半径（T）]：T

指定对象与圆的第一个切点：

指定对象与圆的第二个切点：

指定圆的半径 <80.0000>：35

结果如图 2-92（a）所示。修剪多余线条，结果如图 2-92（b）所示。

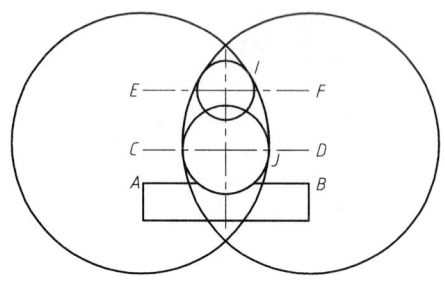
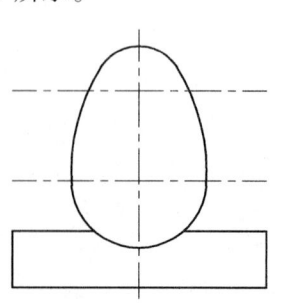

（a）画相切圆　　　　　　　　（b）修剪结果

图 2-92　画相切圆并修剪

步骤七　画圆 K 及直线，如图 2-93 所示

命令：_CIRCLE

指定圆的圆心或 [三点（3P）/两点（2P）/相切、相切、半径（T）]：　//单击 H 点

指定圆的半径或 [直径（D）] <350.0000>：14.5　　　//输入圆的半径

命令：_LINE

　指定第一点：2.5　　　//从 A 点向右追踪，并输入追踪距离

　指定下一点或 [放弃（U）]：　　　//向上追踪，并点击一点，如图 2-93 所示

　指定下一点或 [放弃（U）]：　　　//按 Enter 键结束命令

同理画出右部直线。

命令：_LINE

　指定第一点：2.5　　　//从 B 点向左追踪，并输入追踪距离

　指定下一点或 [放弃（U）]：　　　//向上追踪，并点击一点，如图 2-93 所示

　指定下一点或 [放弃（U）]：　　　//按 Enter 键结束命令

结果如图 2-93 所示。

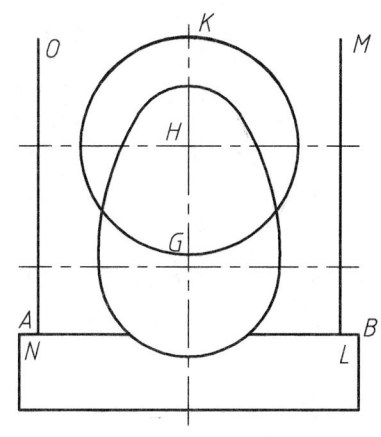

图 2-93　画圆 K 及直线

步骤八　画与圆 K 及直线相切的相切圆，如图 2-94 所示

命令：_CIRCLE

指定圆的圆心或 [三点（3P）/两点（2P）/相切、相切、半径（T）]：T

指定对象与圆的第一个切点：　　　//捕捉切点 K 点

指定对象与圆的第二个切点：　　　//捕捉切点 P 点

指定圆的半径 <145.0000>：45　　　//输入半径

同理画出左部相切圆。

命令：_CIRCLE

指定圆的圆心或 [三点（3P）/两点（2P）/相切、相切、半径（T）]：T

指定对象与圆的第一个切点：

指定对象与圆的第二个切点：

指定圆的半径 <450.0000>：45

结果如图 2-94（a）所示。修剪多余线条，结果如图 2-94（b）所示。

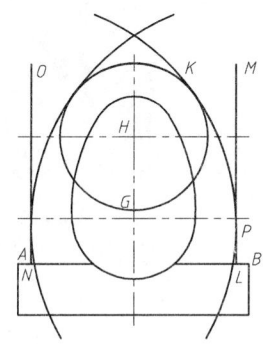
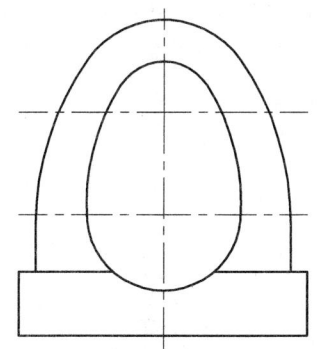

（a）画与圆 K 及直线相切的相切圆　　　　（b）修剪圆和直线等多余线条

图 2-94　画与圆 K 及直线相切的相切圆并修剪

步骤九　尝试对图形进行标注

步骤十　保存图形文件

📄 知识链接

一、绘制圆

（一）圆命令的调用方法

圆是绘图中常见的一种图形对象。绘制圆有如下几种方法：
- 菜单栏：执行"绘图"菜单→"圆"命令。
- 命令行：CIRCLE/C。
- 用功能区按钮：单击"默认"选项卡→"绘图"功能区的圆按钮 ⊙。
- 工具栏：单击"绘图"工具栏→圆按钮 ⊙。

（二）圆命令参数的含义

"圆"命令提供了6种绘制圆的子命令，如图2-95和图2-96所示，各子命令的含义如下：
- 圆心、半径：用圆心和半径方式绘制圆。
- 圆心、直径：用圆心和直径方式绘制圆。
- 两点（2P）：通过两个点绘制圆，系统会提示指定圆直径的第一端点和第二端点。
- 三点（3P）：通过三点绘制圆，系统会提示指定第一点、第二点和第三点。
- 相切、相切、半径：通过两个其他对象的切点和输入半径值来绘制圆。系统会提示指定圆的第一切线和第二切线上的点及圆的半径。
- 相切、相切、相切：创建相切于3个对象的圆。

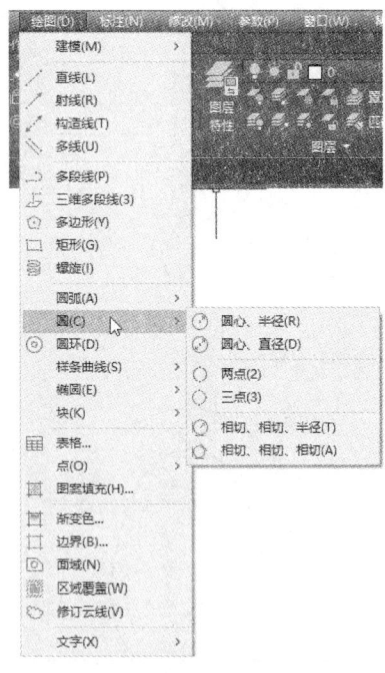

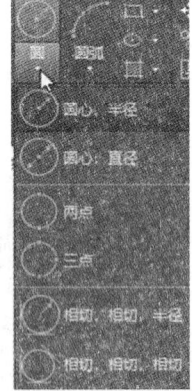

图2-95 "绘图"/"圆"子菜单　　　　图2-96 "绘图"功能区的圆选项按钮

（三）绘制圆的操作方法及步骤

1. "圆心、半径"方式

通过圆心和半径方式绘制圆，如图2-97所示，操作步骤如下：
（1）执行"绘图"菜单→"圆"→"圆心、半径"命令。
（2）在屏幕上用鼠标指定圆心或输入圆心的坐标。

（3）指定半径值（可以通过输入一个数值作为半径或者选取圆周上的一个点来指定半径）。

命令提示如下：

命令：_CIRCLE   //调用圆命令

指定圆的圆心或 [三点（3P）/两点（2P）/切点、切点、半径（T）]：//在绘图区内拾取一点作为圆心

指定圆的半径或 [直径（D）]：15   //在其余位置再次拾取一点作为半径或直接输入半径，如本例中输入 15

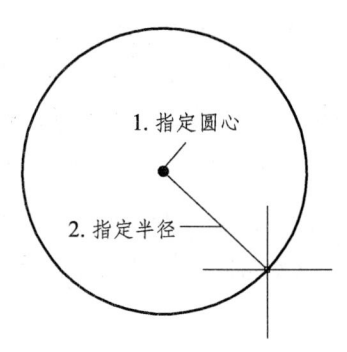

图 2-97 "圆心、半径"方式画圆

2."圆心、直径"方式

通过圆心和直径方式绘制圆，如图 2-98 所示，操作步骤如下。

（1）执行"绘图"菜单→"圆"→"圆心、直径"命令。

（2）在屏幕上用鼠标指定圆心或输入圆心的坐标。

（3）指定直径值（可以通过输入一个数值作为直径或者选取圆周上的一个点来指定直径）。

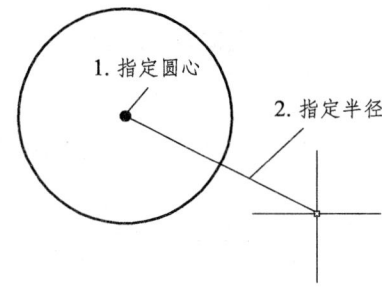

图 2-98 "圆心、直径"方式画圆

命令提示如下：

命令：_CIRCLE   //调用圆命令

指定圆的圆心或 [三点（3P）/两点（2P）/切点、切点、半径（T）]：//在绘图区内拾取一点作为圆心

指定圆的半径或 [直径（D）]<38.4138>：D   //输入选项 D，改用"圆心、直径"方式画圆

指定圆的直径 <76.8276>：15   //输入直径值，如 15

3."两点"方式

通过指定圆周上两个点绘制圆，两个点连线作为圆直径，如图 2-99 所示，操作步骤如下：

（1）执行"绘图"菜单→"圆"→"两点"命令。

（2）在屏幕上指定第一点。

（3）在屏幕上指定第二点。

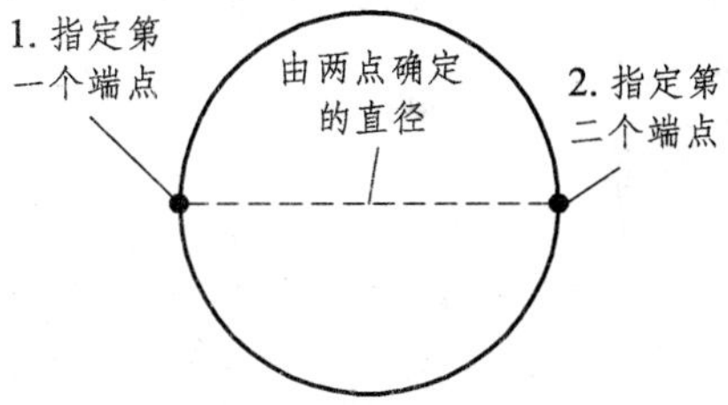

命令提示如下：

命令：_CIRCLE   //调用圆命令

指定圆的圆心或 [三点（3P）/两点（2P）/切点、切点、半径（T）]：2P   //2P 方式画圆

指定圆直径的第一个端点：   //用鼠标拾取第一点

指定圆直径的第二个端点：   //用鼠标拾取第二点

图 2-99 "两点"方式画圆

4."三点"方式

通过指定 3 个点的方式绘制圆，3 个端点作为圆周上的点，如图 2-100 所示，操作步骤如下：

（1）执行"绘图"菜单→"圆"→"三点"命令。

（2）在屏幕上指定 3 个点。

命令提示如下。

命令：_CIRCLE   //调用圆命令

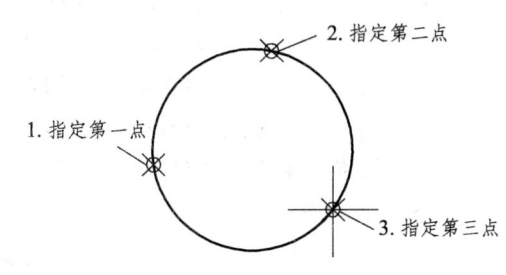

图 2-100 "三点"方式画圆

指定圆的圆心或 [三点（3P）/两点（2P）/切点、切点、半径（T）]：3P   //用 3P 方式画圆

指定圆上的第一个点：//用鼠标拾取第一点

指定圆上的第二个点： //用鼠标拾取第二点
指定圆上的第三个点： //用鼠标拾取第三点

如果把 3 个切点当 3 个点，就和"相切、相切、相切"方式画圆方式相同。

5．"相切、相切、半径"方式

通过捕捉两个对象的切点并指定半径来绘制圆，即选择与圆相切的两圆（图 2-101）、两直线（图 2-102）或者两圆弧，然后指定半径来绘制圆，操作步骤如下：

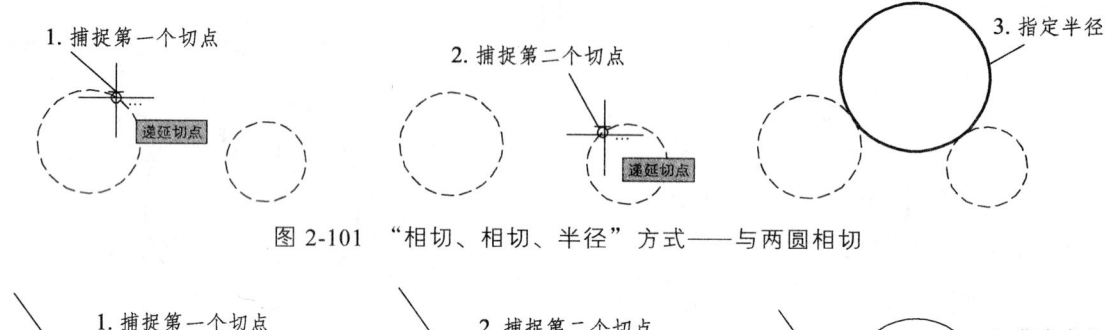

图 2-101 "相切、相切、半径"方式——与两圆相切

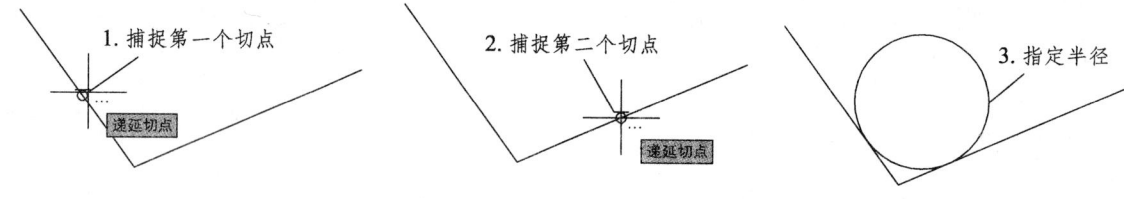

图 2-102 "相切、相切、半径"方式——与两直线相切

（1）执行"绘图"菜单→"圆"→"相切、相切、半径"命令。
（2）在屏幕上用鼠标指定第一个切点。
（3）在屏幕上用鼠标指定第二个切点。
（4）指定半径。

命令提示如下。

命令：_CIRCLE　　　　　//调用圆命令
指定圆的圆心或 [三点（3P）/两点（2P）/切点、切点、半径（T）]：T　　//用 T 方式画圆
指定对象与圆的第一个切点： //用鼠标捕捉第一点
指定对象与圆的第二个切点： //用鼠标捕捉第二点
指定圆的半径 <311.1375>：50　　//输入半径值

6．"相切、相切、相切"方式

通过指定 3 个切点的方式绘制圆，3 个切点作为圆周上的点。3 个切点可以是与圆相切的切点，如图 2-103 所示；也可以是与直线相切的切点。操作步骤如下：

（1）执行"绘图"菜单→"圆"→"相切、相切、相切"命令。
（2）在屏幕上用鼠标捕捉第一个切点。
（3）在屏幕上用鼠标捕捉第二个切点。
（4）在屏幕上用鼠标捕捉第三个切点。

命令提示如下。

命令：_CIRCLE　　　　　//调用圆命令
指定圆的圆心或 [三点（3P）/两点（2P）/切点、切点、半径（T）]：3P 指定圆上的第一个点：
_tan 到　　　　　　　　//用鼠标捕捉第一个切点
指定圆上的第二个点：_tan 到　　//用鼠标捕捉第二个切点
指定圆上的第三个点：_tan 到　　//用鼠标捕捉第三个切点

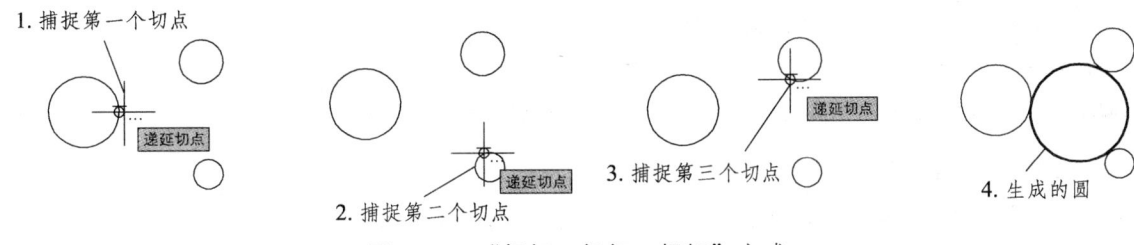

图 2-103 "相切、相切、相切"方式

二、绘制圆弧

(一)圆弧命令的调用方式

AutoCAD 提供了 11 种绘制圆弧的方式,用户可以根据不同的已知条件来选择不同的绘制方式。调用圆弧命令有如下几种方法:

- 菜单栏:执行"绘图"菜单→"圆弧"命令。
- 命令行:ARC/A。
- 用功能区按钮:单击"默认"选项卡→"绘图"功能区的圆弧按钮 。
- 工具栏:单击"绘图"工具栏→圆弧按钮 。

(二)圆弧命令参数的含义

"圆弧"命令提供了 11 种绘制圆弧的子命令,如图 2-104 所示,常用几个子命令的含义如下:

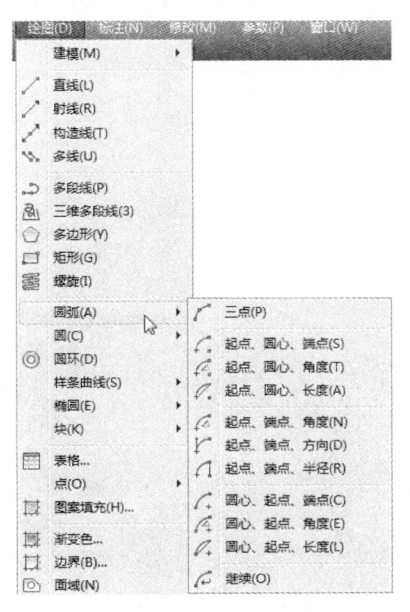 

图 2-104 "绘图"/"圆弧"子菜单

- 三点:通过指定圆弧上的 3 个点绘制圆弧,需要指定圆弧的起点、通过的第二个点和端点。
- 起点、圆心、端点:通过指定圆弧的起点、圆心、端点绘制圆弧。
- 起点、圆心、角度:通过指定圆弧的起点、圆心、包含角绘制圆弧。执行此命令时会出现"指定包含角:"的提示,在输入角度时,如果当前环境设置逆时针方向为角度正方向,且输入正的角度值,则绘制的圆弧是从起点绕圆心沿逆时针方向绘制;反之则沿顺时针方向绘制。
- 圆心、起点、端点:以圆弧的圆心、起点、端点方式绘制圆弧。
- 继续:绘制其他直线或非封闭曲线后选择"绘图"/"圆弧"/"继续"命令,系统将自动以刚才绘制的对象的终点作为即将绘制的圆弧的起点。

绘制圆弧的操作方法很多，选项很复杂，如图 2-105 所示就是绘制圆弧时可以使用的各种要素，可以参照这幅图来逐步理解圆弧命令的各个选项。

图 2-105　圆弧中的各个要素

（三）绘制圆弧的操作方法及步骤

几种常用的绘制圆弧方式的操作步骤如下：

1."三点"方式

通过指定圆弧上的 3 个点绘制一段圆弧，如图 2-106 所示，操作步骤如下：

（1）执行"绘图"菜单→"圆弧"→"三点"命令。
（2）在屏幕上用鼠标指定圆弧起点、端点和终点。
命令提示如下。

命令：_ARC　　　　　　　　　　　　　　//调用圆弧命令
指定圆弧的起点或 [圆心（C）]：　　　　　//拾取起点
指定圆弧的第二个点或 [圆心（C）/端点（E）]：　//拾取第二点
指定圆弧的端点：　　　　　　　　　　　//拾取端点

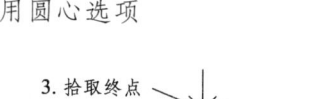

图 2-106　"三点"方式画圆弧

2."圆心、起点、端点/角度/长度"方式

首先指定圆弧的圆心和起点，然后通过指定端点、角度或长度来绘制一段圆弧，如图 2-107 所示，操作步骤如下：

（1）执行"绘图"菜单→"圆弧"→"圆心、起点、端点"命令。
（2）在屏幕上用鼠标指定圆弧的圆心、起点、端点/角度/长度。
命令提示如下。

命令：_ARC　　　　　　　　　　　　　　//调用圆弧命令
指定圆弧的起点或 [圆心（C）]：C　　　　//选用圆心选项
指定圆弧的圆心：　　　//拾取圆弧圆心
指定圆弧的起点：　　　//拾取圆弧起点
指定圆弧的端点或 [角度（A）/弦长（L）]：　//可直接拾取圆弧终点，如图 2-107 所示，也可输入 A/L 选项，如输入 A 选项，继续提示输入包含角，如输入 90，可绘制一段包含角度为 90°的圆弧

其他绘制圆弧方式请读者自行尝试，此处不再赘述。

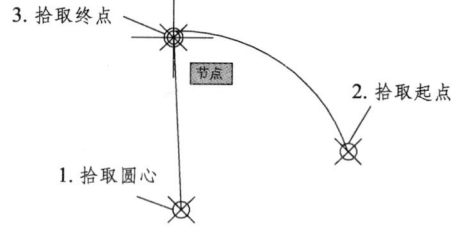

图 2-107　"圆心、起点、端点"方式画圆弧

三、圆　角

在工程图中经常会碰到给对象加圆角的情况。圆角（FILLET）命令可以用确定半径的圆弧来光滑地连接两个图形对象。在某些情况下，也可以使用圆角（FILLET）命令代替圆弧（ARC）命令绘制圆弧。圆角命令可以在直线、构造线、射线和多段线甚至平行线上创建圆角，还可以在圆、圆弧、椭圆弧和椭圆上创建圆角。

（一）圆角命令的调用方式

调用圆角命令有以下几种方式：

- 菜单栏：执行"修改"菜单→"圆角"命令。
- 命令行：FILLET/F。

- 用功能区按钮：单击"默认"选项卡→"修改"功能区的圆角按钮。
- 工具栏：单击"修改"工具栏→圆角按钮。

（二）圆角命令参数的含义

执行圆角命令过程中出现的选项含义如下：

- 放弃（U）：恢复在命令中执行的上一个操作。
- 多段线（P）：对整个二维多段线设置圆角，如图 2-108 所示。
- 半径（R）：指定圆角的半径，如图 2-109 所示。
- 修剪（T）：设置圆角的同时是否修剪图形，默认为"修剪"模式，如果不修剪，效果如图 2-110 所示。
- 多个（M）：用于连续为多组对象设置圆角，否则执行一次圆角操作。

（三）圆角命令的操作方法及步骤

圆角命令的操作步骤如下：

（1）执行"修改"菜单→"圆角"命令或单击"修改"工具栏倒角按钮或输入 F 命令。
（2）选择圆角参数。
（3）根据命令提示信息进行相应操作。

1．"多段线（P）"方式

如图 2-108 所示的圆角命令提示如下：

命令：_FILLET

当前设置：模式 = 修剪，半径 = 0.0000

选择第一个对象或 [放弃（U）/多段线（P）/半径（R）/修剪（T）/多个（M）]：R

指定圆角半径 <0.0000>：10

选择第一个对象或 [放弃（U）/多段线（P）/半径（R）/修剪（T）/多个（M）]：P

选择二维多段线或 [半径（R）]：

8 条直线已被圆角化。

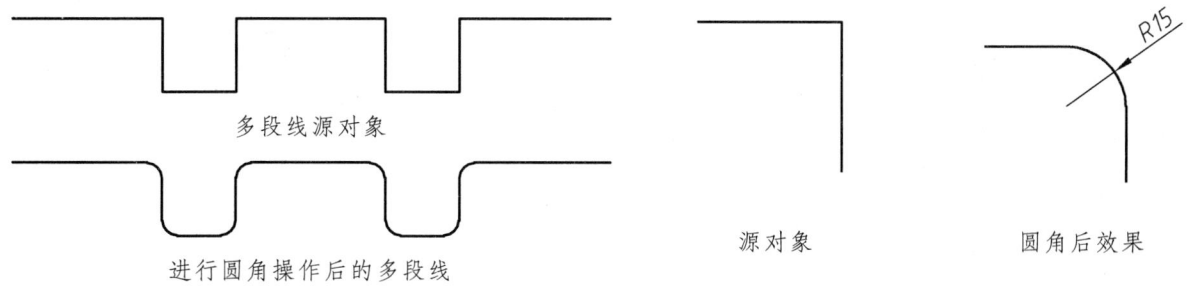

图 2-108　对多段线进行圆角操作　　　　　图 2-109　进行圆角操作

2．"半径（R）"方式

如图 2-109 所示的圆角命令提示如下：

命令：_FILLET　　　　　　　　//调用圆角命令

当前设置：模式 = 修剪，半径 = 2.0000

选择第一个对象或 [放弃（U）/多段线（P）/半径（R）/修剪（T）/多个（M）]：R　　//输入参数 R

指定圆角半径 <2.0000>：15　　　　　　　　//输入圆角半径

选择第一个对象或 [放弃（U）/多段线（P）/半径（R）/修剪（T）/多个（M）]：//选择第一条直线

选择第二个对象，或按住 Shift 键选择对象以应用角点或[半径（R）]：//选择第二条直线

3. "修剪（T）"方式

如图 2-110 所示的圆角命令提示如下：

命令：_FILLET

当前设置：模式 = 不修剪，半径 = 20.0000

选择第一个对象或 [放弃（U）/多段线（P）/半径（R）/修剪（T）/多个（M）]：R　　//输入参数 R

指定圆角半径 <20.0000>：30　　　　//输入圆角半径

选择第一个对象或 [放弃（U）/多段线（P）/半径（R）/修剪（T）/多个（M）]：T　　//输入参数 T

输入修剪模式选项 [修剪（T）/不修剪（N）] <不修剪>：N　　　　　　　　　　//输入参数 N

选择第一个对象或 [放弃（U）/多段线（P）/半径（R）/修剪（T）/多个（M）]：//选择第一条直线

选择第二个对象，或按住 Shift 键选择对象以应用角点或 [半径（R）]：//选择第二条直线

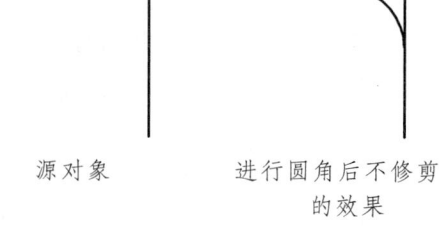

源对象　　　　进行圆角后不修剪的效果

图 2-110　不修剪的圆角操作效果

任务拓展

【2-4-1】绘制如图 2-111 所示的平面图形。

【2-4-2】绘制如图 2-112 所示的立交桥示意图。

【2-4-3】绘制如图 2-113 所示的桥头梨形坝示意图。

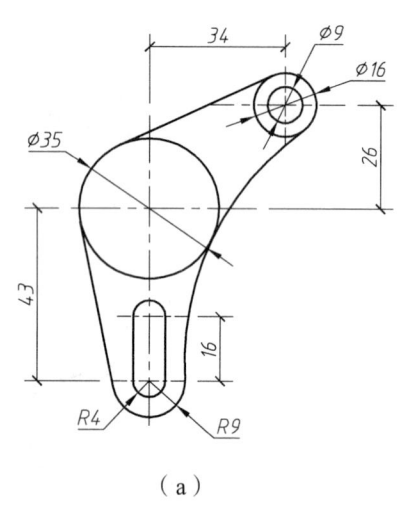

（a）

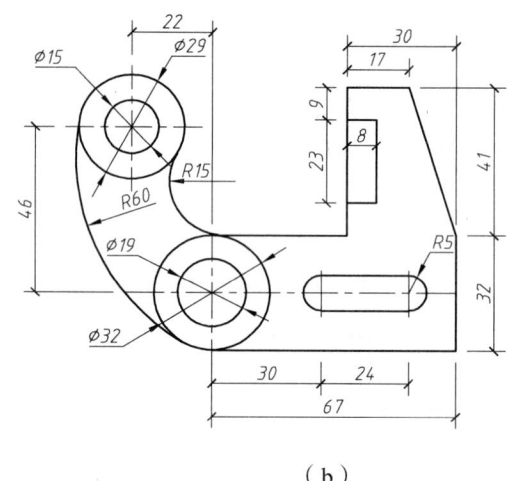

（b）

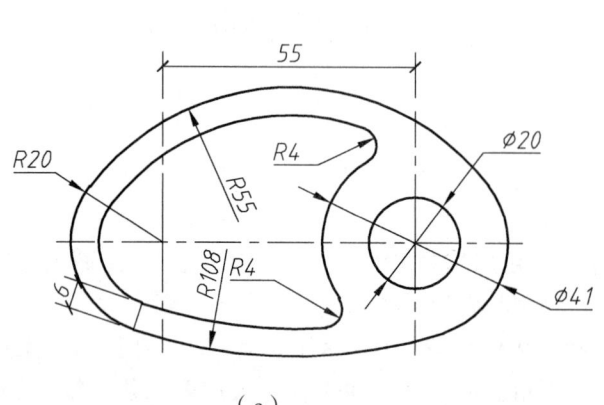

（c）

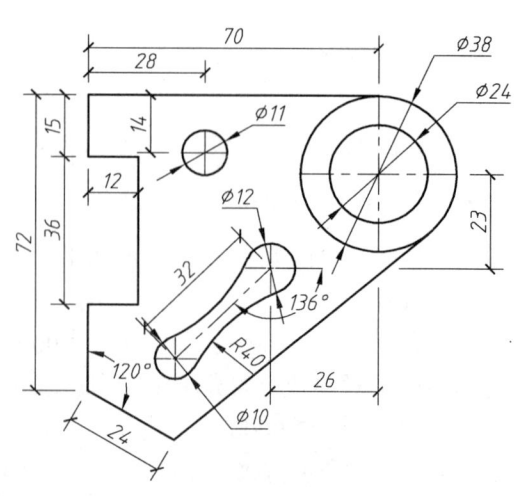

（d）

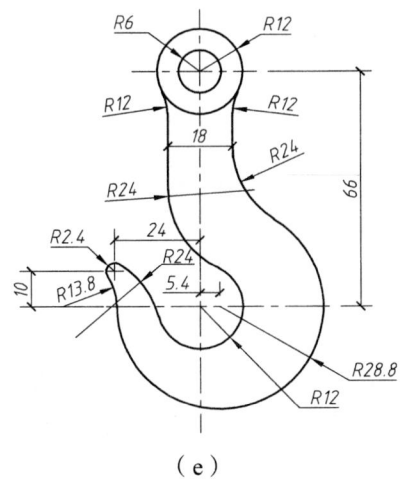
（e）

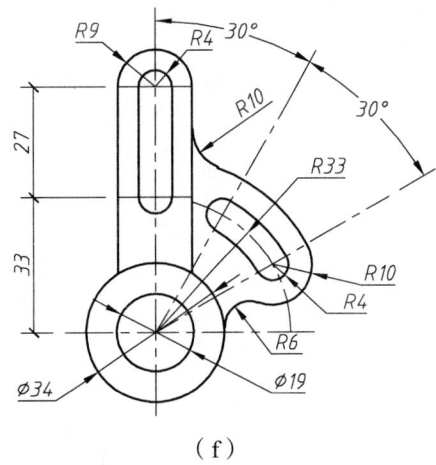
（f）

图 2-111　几何平面图形

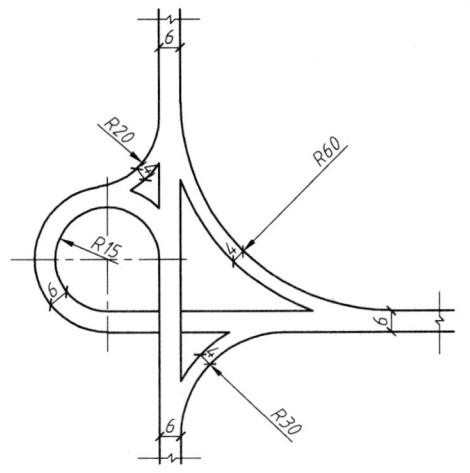

图 2-112　某立交桥示意图

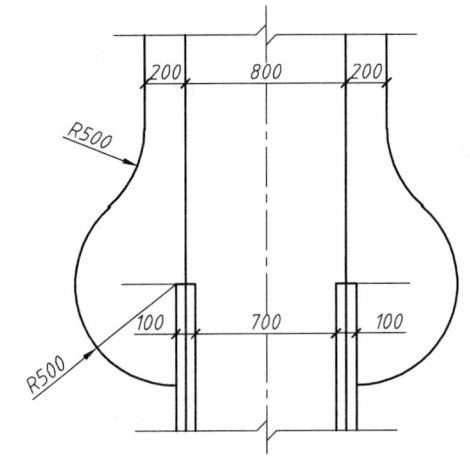

图 2-113　桥头梨形坝示意图

【2-4-4】绘制如图 2-114 所示的沙发扶手。

【2-4-5】绘制如图 2-115 所示的沪蓉西高速公路某隧道 S1（明洞）衬砌设计轮廓图。

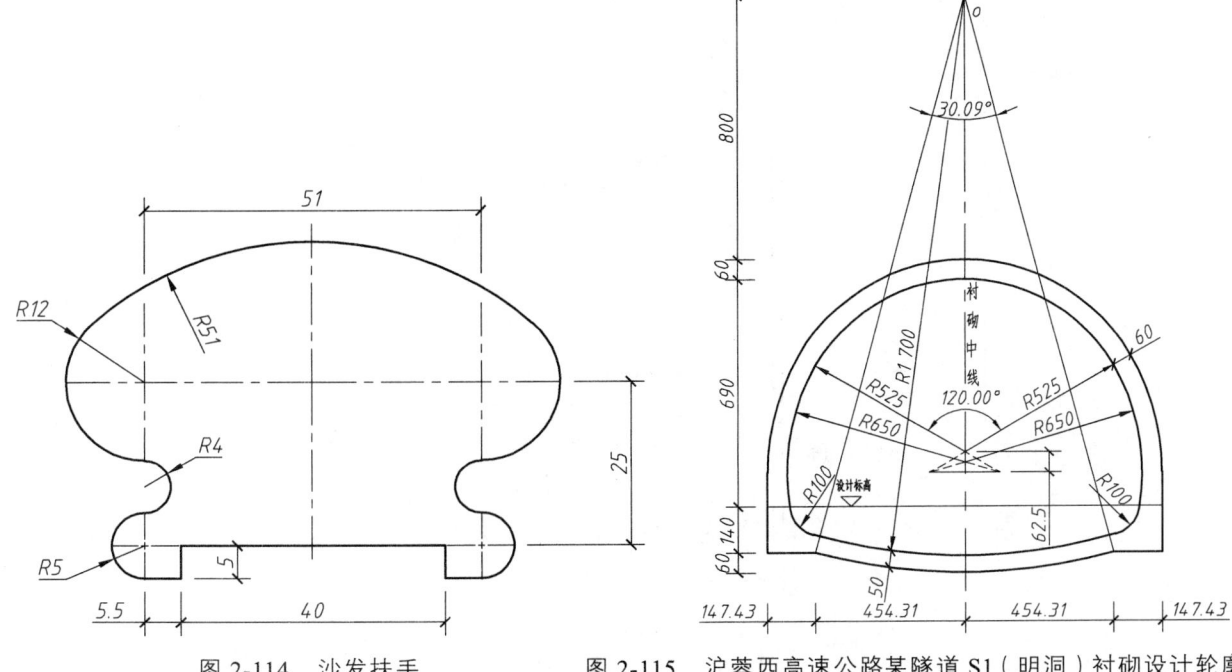

图 2-114　沙发扶手　　　　图 2-115　沪蓉西高速公路某隧道 S1（明洞）衬砌设计轮廓图

【2-4-6】绘制如图 2-116 所示的沪蓉西高速公路某隧道 SR1 和 SR2 行人横洞衬砌图。

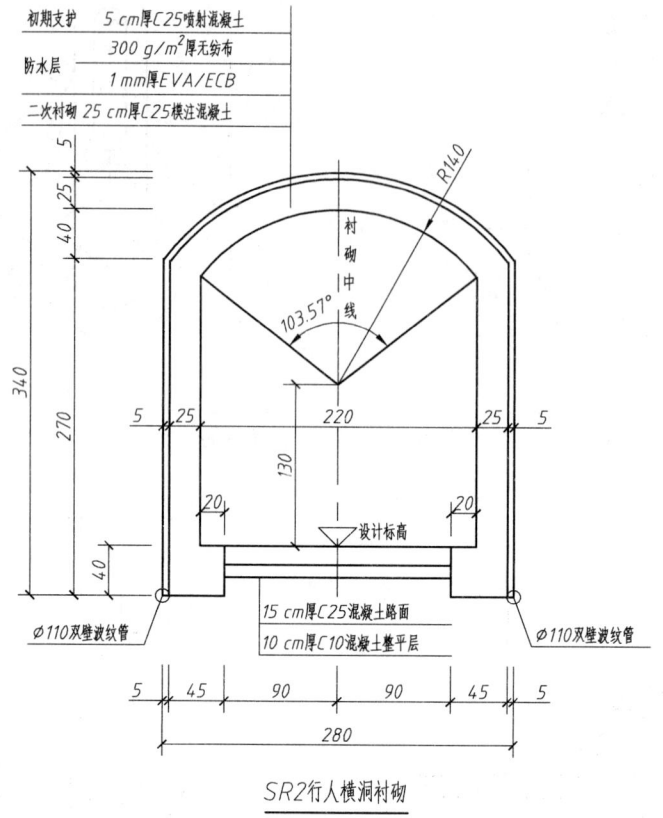

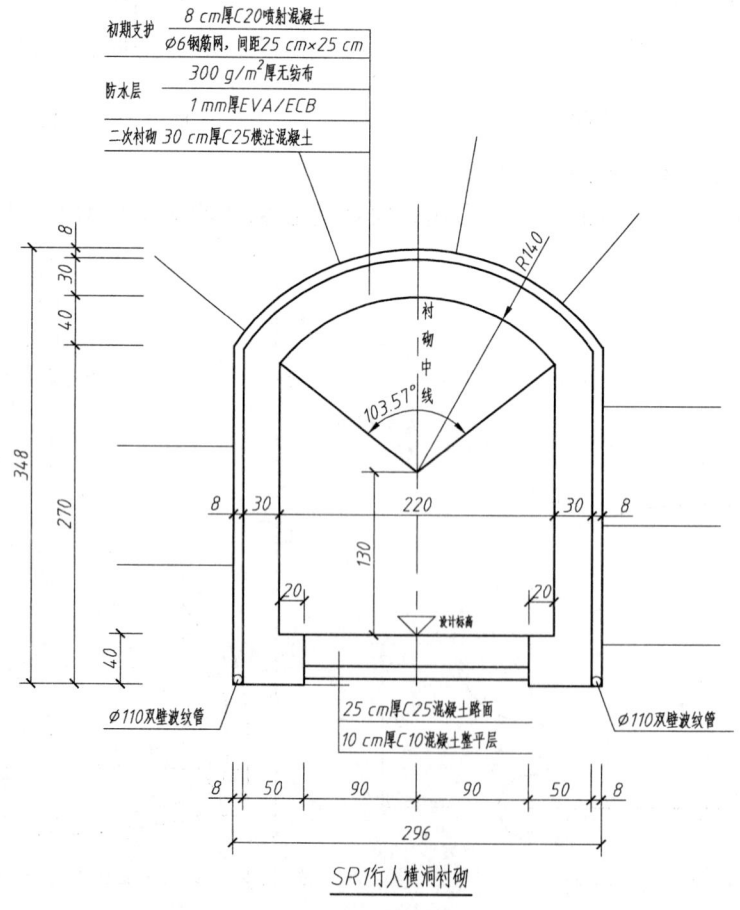

图 2-116　行人横洞衬砌

任务五　绘制对称及均布平面图形

任务目标

- 能够运用已经建立的模板文件建立图形文件。
- 会独立设置绘图环境并能通过设置对象捕捉精确绘图。
- 会分析图形特点，并根据图形特点选用合适的绘图方法。
- 能够绘制具有对称分布或匀布特征的图形。
- 培养规范操作、耐心细致、严谨求实、互助协作的职业素质。

任务内容

绘制如图 2-117 所示的几何平面图形。

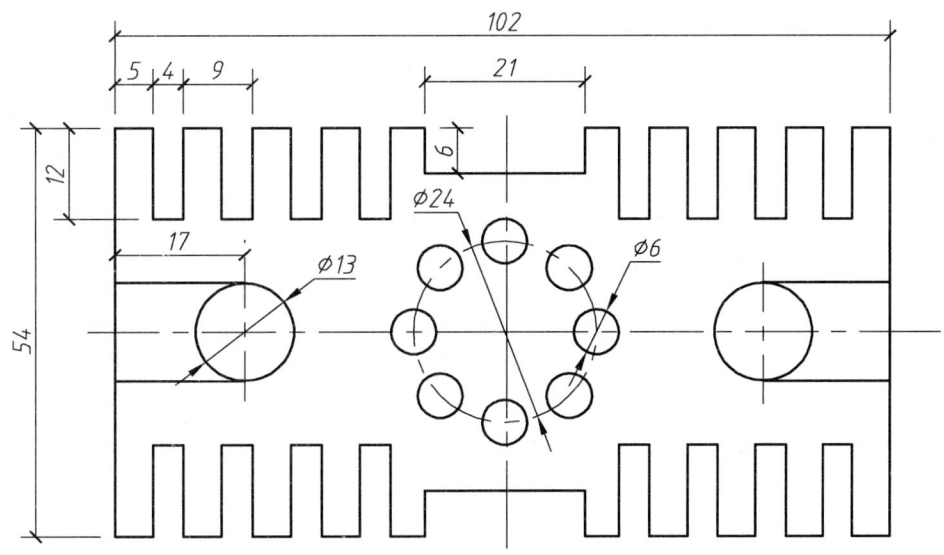

图 2-117　绘制对称及均布平面图形

任务分析

从图 2-117 中可以看出图形主要由直线和圆构成，图形左右是对称的，上下也是对称的，中间的 8 个小圆均匀地分布在直径为 24 的圆周上。要完成上述图形，可通过直线命令和圆命令绘制出部分图形，然后再根据对称图形的特点，用 MIRROR（镜像）命令来生成另一部分图形。中间的圆用阵列命令快速绘制。绘图思路如下：

（1）在 AutoCAD 中利用"样板文件"创建新图形，并设置图形文件的图层、线型、线宽及颜色。
（2）设置绘图环境。
（3）用 LINE（直线）命令配合偏移和修剪命令绘制辅助定位线和左上部图形轮廓，如图 2-118（a）所示。
（4）用 MIRROR（镜像）命令生成如图 2-118（b）所示的左下部图形。
（5）绘制左部圆及圆切线，如图 2-118（c）所示。
（6）用 MIRROR（镜像）命令生成如图 2-118（d）所示的右部图形。
（7）绘制中间的辅助圆和小圆，结果如图 2-118（e）所示。
（8）用 ARRAY（阵列）命令绘制中部的 8 个小圆，结果如图 2-118（f）所示。

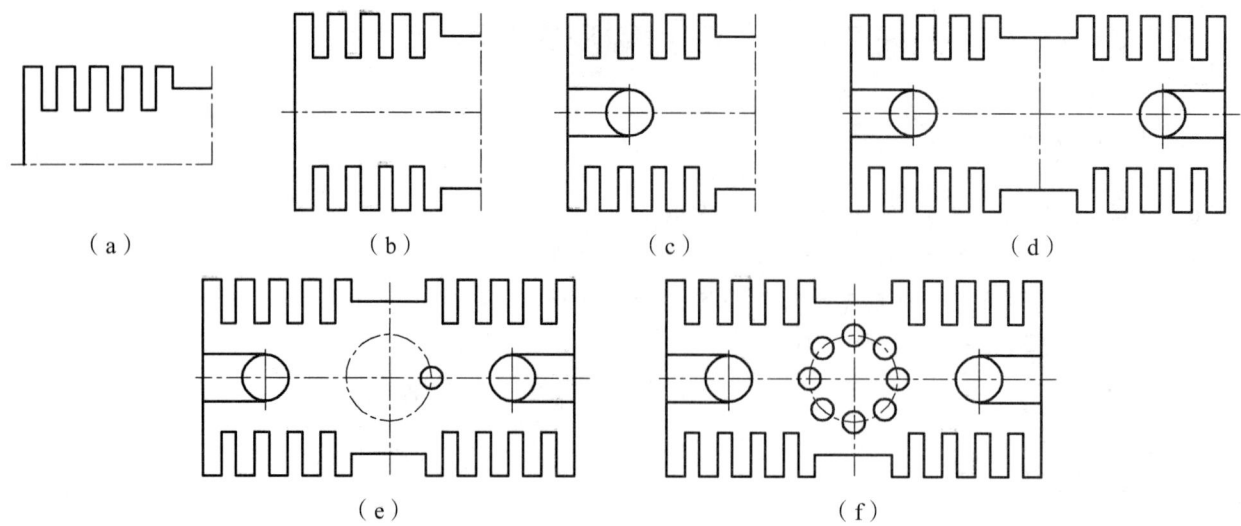

图 2-118 图形绘制思路分解

任务实施

步骤一　新建文件

利用模板文件"acadiso.dwt"或"ACAD 图层.dwt"新建图形文件,并设置任务分析中的图层。

步骤二　设置辅助绘图功能,精确绘图

(1)打开极轴追踪、对象捕捉及捕捉追踪功能。

(2)在"草图设置"对话框中的"极轴追踪"选项卡中,选中"启用极轴追踪"复选框,设置极轴追踪角度增量为 90°,设置仅沿正交方向进行捕捉追踪。

(3)在"对象捕捉"选项卡中设定对象捕捉方式为"端点""中点""圆心""交点""象限点""垂足"和"延长线"等,根据绘图需要,可及时调整。

步骤三　绘制左上部图形,如图 2-119 所示

用 LINE(直线)命令配合偏移和修剪命令绘制辅助定位线和左上部图形轮廓,如图 2-118(a)所示。

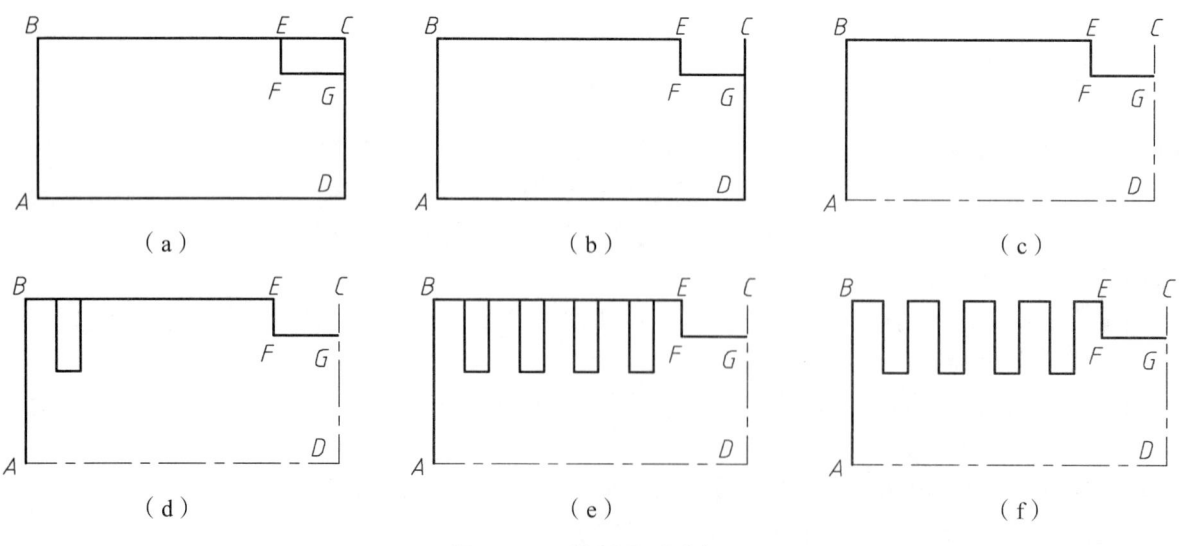

图 2-119 绘制图形外框

1. 用直线命令绘制左部图形外框

命令:_LINE

指定第一个点：　　　　　　　//单击屏幕上任一点

指定下一点或 [放弃（U）]：51　　　　　//鼠标向左追踪，并输入追踪距离

指定下一点或 [放弃（U）]：27　　　　　//鼠标向上追踪，并输入追踪距离

指定下一点或 [闭合（C）/放弃（U）]：　　//鼠标放于 D 点向上移动，当出现 BC 水平线和 DC 垂直线交点时点击鼠标，确定 C 点

指定下一点或 [闭合（C）/放弃（U）]：　　//单击 D 点

指定下一点或 [闭合（C）/放弃（U）]：　　//按 Enter 键结束命令

命令：_LINE

指定第一个点：6　　　　　　//鼠标移动到 C 点，向下移动，输入追踪距离，捕捉到 G 点

指定下一点或 [放弃（U）]：10.5　　　　//鼠标向左追踪，并输入追踪距离

指定下一点或 [放弃（U）]：　　　　　　//鼠标向上移动到 BC 附近时，当出现捕捉到垂足标记时，单击鼠标左键，以确定 E 点

指定下一点或 [闭合（C）/放弃（U）]：　//按 Enter 键结束命令

结果如图 2-119（a）所示。

2. 修剪直线 EC

命令：_TRIM　　　　　　　　　　//启动修剪命令

当前设置：投影=UCS，边=延伸

选择剪切边...

选择对象或 <全部选择>：找到 1 个　　　//选择修剪边 EF

选择对象：　　　　　　　　　　//按 Enter 键

选择要修剪的对象，或按住 Shift 键选择要延伸的对象，或

[栏选（F）/窗交（C）/投影（P）/边（E）/删除（R）/放弃（U）]：　//选择被修剪边 EC

选择要修剪的对象，或按住 Shift 键选择要延伸的对象，或

[栏选（F）/窗交（C）/投影（P）/边（E）/删除（R）/放弃（U）]：　//按 Enter 键，结束命令

结果如图 2-119（b）所示。

3. 改变直线 AD 和 DC 的线型为中心线层

选中直线 AD 和 DC，把其图层转换到中心线层。

结果如图 2-119（c）所示。

4. 绘制小矩形

命令：_LINE

指定第一个点：5　　　　　　　//鼠标置于 B 点，向右移动，输入追踪距离

指定下一点或 [放弃（U）]：12　　　　//鼠标向下移动，输入追踪距离

指定下一点或 [放弃（U）]：4　　　　　//鼠标向右移动，输入追踪距离

指定下一点或 [闭合（C）/放弃（U）]：　//鼠标向上移动到 BE 上，当出现捕捉到垂足标记时，点击鼠标左键

指定下一点或 [闭合（C）/放弃（U）]：　//按 Enter 键，结束命令

结果如图 2-119（d）所示。

5. 用阵列命令绘制左上部 4 个小矩形

命令：_AR/_ARRAY

选择对象：指定对角点：找到 3 个　　//选中图 2-119（d）中的小矩形

选择对象：　　　　　　　　　　//按 Enter 键，结束选择对象

输入阵列类型 [矩形（R）/路径（PA）/极轴（PO）]<极轴>：R　　//输入矩形阵列参数 R

类型 = 矩形　关联 = 否

选择夹点以编辑阵列或 [关联（AS）/基点（B）/计数（COU）/间距（S）/列数（COL）/行数（R）/层数（L）/退出（X）]<退出>：AS　　　　　　　　//输入关联参数 AS

创建关联阵列 [是（Y）/否（N）]<否>：N　　　　　　//输入不关联选项参数 N

选择夹点以编辑阵列或 [关联（AS）/基点（B）/计数（COU）/间距（S）/列数（COL）/行数（R）/层数（L）/退出（X）]<退出>：COL　　　　　　　　//输入列数参数 COL

输入列数数或 [表达式（E）]<4>：4　　　　　　　　//输入列数 4

指定 列数 之间的距离或 [总计（T）/表达式（E）]<6>：9　　　　//输入列间距 9

选择夹点以编辑阵列或 [关联（AS）/基点（B）/计数（COU）/间距（S）/列数（COL）/行数（R）/层数（L）/退出（X）]<退出>：R　　　　　　　　//输入行数参数 R

输入行数数或 [表达式（E）]<3>：1　　　　　　　　//输入行数 1

指定行数之间的距离或 [总计（T）/表达式（E）]<18>：　　//输入行间距，只有一行，可以按回车键

指定行数之间的标高增量或 [表达式（E）]<0>：　　//按 Enter 键

选择夹点以编辑阵列或 [关联（AS）/基点（B）/计数（COU）/间距（S）/列数（COL）/行数（R）/层数（L）/退出（X）]<退出>：　　　　　　　　//按 Enter 键，结束命令

结果如图 2-119（e）所示。

6. 修剪多余线条

命令：_TR/_TRIM

当前设置：投影=UCS，边=延伸

选择剪切边…

选择对象或<全部选择>：指定对角点：找到 12 个　　//选中绘制的 4 个小矩形

选择对象：　　　　　　　　　　　　　　　　//按 Enter 键，结束选择对象

选择要修剪的对象，或按住 Shift 键选择要延伸的对象，或

[栏选（F）/窗交（C）/投影（P）/边（E）/删除（R）/放弃（U）]：//单击小矩形上部线条

选择要修剪的对象，或按住 Shift 键选择要延伸的对象，或

[栏选（F）/窗交（C）/投影（P）/边（E）/删除（R）/放弃（U）]：

选择要修剪的对象，或按住 Shift 键选择要延伸的对象，或

[栏选（F）/窗交（C）/投影（P）/边（E）/删除（R）/放弃（U）]：

选择要修剪的对象，或按住 Shift 键选择要延伸的对象，或

[栏选（F）/窗交（C）/投影（P）/边（E）/删除（R）/放弃（U）]：

选择要修剪的对象，或按住 Shift 键选择要延伸的对象，或

[栏选（F）/窗交（C）/投影（P）/边（E）/删除（R）/放弃（U）]：　　//按 Enter 键，结束命令

结果如图 2-119（f）所示。

步骤四　用 MIRROR（镜像）命令生成左下部图形，再绘制左部圆及圆切线

1. 镜像左下部图形

命令：_MIRROR

选择对象：指定对角点：找到 21 个　　//选中图 2-119（f）中的所有对象

选择对象：　　　　　　　　　　　　//按 Enter 键，结束选择对象

指定镜像线的第一点：　　　　　　　//单击图 2-119（f）中的 A 点

指定镜像线的第二点：　　　　　　　//单击图 2-119（f）中的 D 点

要删除源对象吗？[是（Y）/否（N）]<否>：N　　//输入参数 N

结果如图 2-120（a）所示。

2. 画左部圆及圆的切线

命令：_CIRCLE

指定圆的圆心或[三点（3P）/两点（2P）/切点、切点、半径（T）]：17　　//鼠标置于图 2-120（a）中的 A 点上并向右移动，输入追踪距离 17

指定圆的半径或[直径（D）]：D　　　　　　//输入参数 D

指定圆的直径：13　　　　　　　　　　//输入圆直径

命令：_LINE

指定第一个点：　　　　　　　　　　//捕捉圆象限点 H

指定下一点或 [放弃（U）]：//鼠标水平向左移动到直线 AB 上，当出现捕捉到垂足标记时单击鼠标左键

指定下一点或 [放弃（U）]：　　　//按 Enter 键结束命令

同理绘制圆下部切线，结果如图 2-120（b）所示。

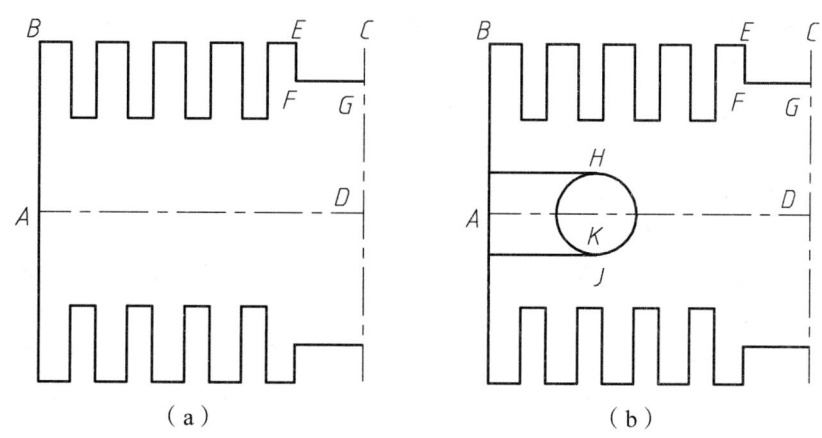

（a）　　　　　　　　　　　　（b）

图 2-120　镜像左下部图形并绘制圆及圆切线

步骤五　用 MIRROR（镜像）命令生成右部图形

命令：_MIRROR

选择对象：指定对角点：找到 44 个　　//选中图 2-120（b）中的所有对象

选择对象：　　　　　　　　　　　　//按 Enter 键，结束选择对象

指定镜像线的第一点：　　　　　　//单击 G 点

指定镜像线的第二点：　　　　　　//单击 D 点

要删除源对象吗？[是（Y）/否（N）]<否>：N　　//输入参数 N

结果如图 2-121 所示。

步骤六　绘制中间的辅助圆和小圆

命令：_CIRCLE

指定圆的圆心或 [三点（3P）/两点（2P）/切点、切点、半径（T）]：　　//捕捉 D 点

指定圆的半径或 [直径（D）]<6.5000>：D　　//输入圆参数 D

指定圆的直径 <13.0000>：24　　　　//输入辅助圆的直径

命令：_CIRCLE

指定圆的圆心或 [三点（3P）/两点（2P）/切点、切点、半径（T）]：　　//捕捉辅助圆与水平中心线的交点 L 点

指定圆的半径或 [直径（D）]<12.0000>：3　　//输入辅助圆的半径

结果如图 2-122 所示。

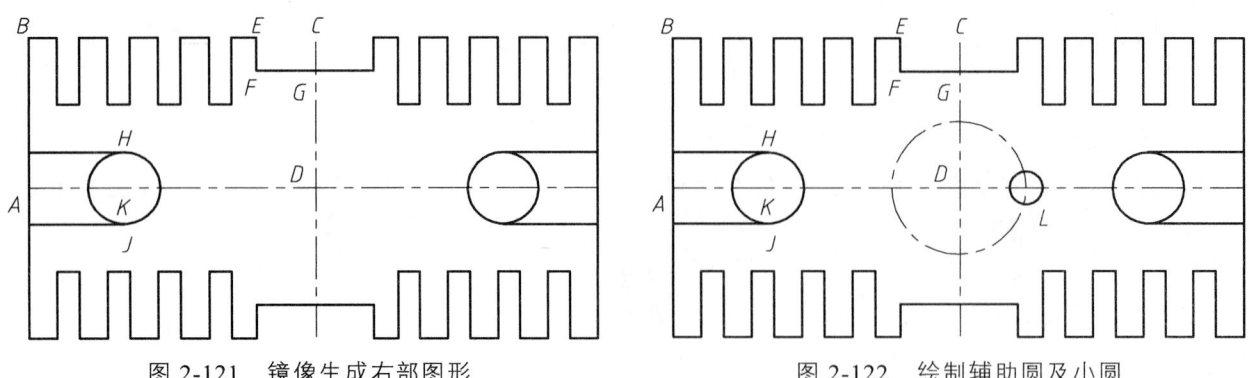

图 2-121　镜像生成右部图形　　　　　图 2-122　绘制辅助圆及小圆

步骤七　用 ARRAY（阵列）命令绘制中部的 8 个小圆

命令：_ARRAY

选择对象：找到 1 个　　　　　　//选中直径为 6 的小圆

选择对象：　　　　　　　　　　//按 Enter 键，结束选择对象

输入阵列类型 [矩形（R）/路径（PA）/极轴（PO）]<矩形>：PO　　//输入极轴参数 PO

类型 = 极轴　关联 = 否

指定阵列的中心点或 [基点（B）/旋转轴（A）]：　　　　//单击 D 点

选择夹点以编辑阵列或 [关联（AS）/基点（B）/项目（I）/项目间角度（A）/填充角度（F）/行（ROW）/层（L）/旋转项目（ROT）/退出（X）]<退出>：AS　　//输入关联参数 AS

创建关联阵列 [是（Y）/否（N）]<否>：　　//输入不关联选项参数 N

选择夹点以编辑阵列或 [关联（AS）/基点（B）/项目（I）/项目间角度（A）/填充角度（F）/行（ROW）/层（L）/旋转项目（ROT）/退出（X）]<退出>：I　　//输入项目参数 I

输入阵列中的项目数或 [表达式（E）]<6>：8　　//输入项目数

选择夹点以编辑阵列或 [关联（AS）/基点（B）/项目（I）/项目间角度（A）/填充角度（F）/行（ROW）/层（L）/旋转项目（ROT）/退出（X）]<退出>：　　//按 Enter 键，结束命令

结果如图 2-123 所示。

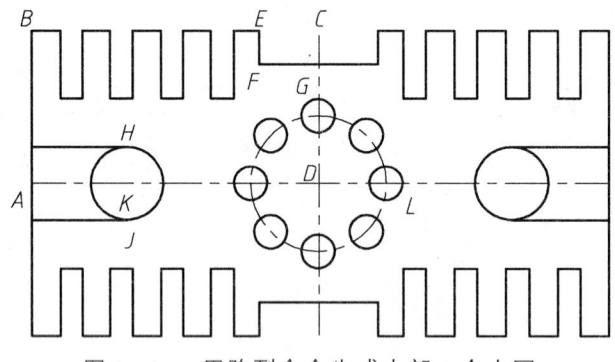

图 2-123　用阵列命令生成中部 8 个小圆

步骤八　对图形进行标注

步骤九　保存图形文件

知识链接

一、镜像命令

在 AutoCAD 中，镜像命令 MIRROR 可以绘制出与源对象对称的图形。

（一）镜像命令的调用方法

调用镜像命令有以下几种方式：
- 菜单栏：执行"修改"菜单→"镜像"命令。
- 命令行：MIRROR/MI。
- 用功能区按钮：单击"默认"选项卡→"修改"功能区的镜像按钮 ![镜像]。
- 工具栏：单击"修改"工具栏→镜像按钮 ![]。

（二）镜像命令参数的含义

执行镜像命令过程中出现的各选项含义如下：
- 是（Y）：将源对象删除，只保留镜像后的对象。
- 否（N）：将保留源对象和镜像后的对象。

（三）镜像命令的操作方法及步骤

镜像命令的操作步骤如下：

（1）执行"修改"菜单→"镜像"命令或单击"修改"工具栏复制按钮 ![] 或输入 MI 命令。
（2）选择要镜像的对象作为源对象。
（3）指定对称轴。
（4）选择是否删除源对象，然后按 Enter 回车键，结束命令。

下面以绘制如图 2-124 所示图形为例，操作命令提示如下：

命令：_MIRROR　　//调用镜像命令
选择对象：指定对角点：找到 16 个　　//用窗口选择或交叉窗口选择源文件中所有对象
选择对象：//选择完成后，按 Enter 回车键
指定镜像线的第一点：指定镜像线的第二点：//用鼠标捕捉镜像轴的两个端点
要删除源对象吗？[是（Y）/否（N）]<N>：//不删除源对象，镜像结果如图 2-124 所示

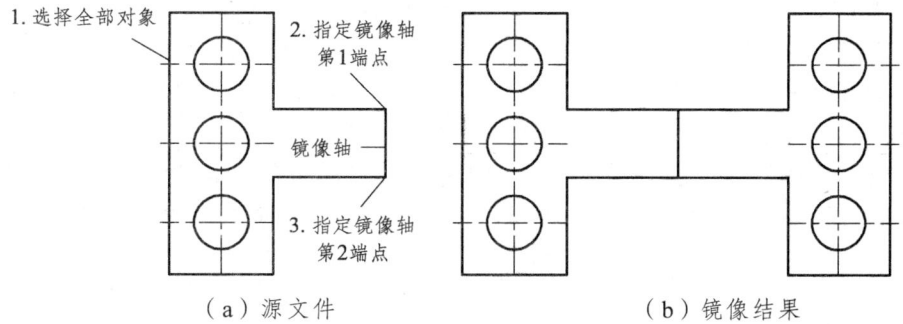

（a）源文件　　　　　　　　（b）镜像结果

图 2-124　镜像对象

二、阵列命令

阵列对象就是对选定的图形对象作有规律的多重复制。

（一）阵列命令的调用方法

"修改"菜单如图 2-125 所示，工具栏如图 2-126 所示。
调用阵列命令有以下几种方式：
- 菜单栏：执行"修改"菜单→"阵列"命令。
- 命令行：ARRAY/AR。
- 用功能区按钮：单击"默认"选项卡→"修改"功能区的按钮 ![阵列]。
- 工具栏：单击"修改"工具栏→阵列按钮 ![]。

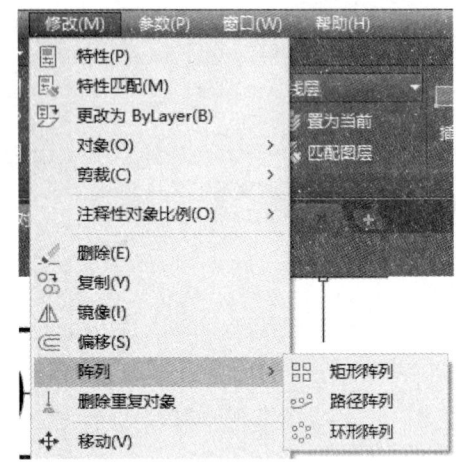

图 2-125 "修改"菜单/"阵列"子命令　　　　图 2-126 "修改"工具栏/"阵列"子命令

（二）阵列命令参数的含义

输入阵列命令 ARRAY 后，会出现如下参数，其含义如下。

- 矩形（R）：矩形阵列。
- 路径（PA）：路径阵列。
- 极轴（PO）：环形阵列。

AutoCAD 为阵列提供了 3 种方式，分别为矩形阵列（R）、极轴（环形）阵列和路径阵列 3 种方式。不管哪种方式调用 ARRAY 阵列命令，在命令行中均会继续出现如下相关提示，提示用户设置阵列类型和相关参数。

命令：_ARRAY　　　　　　　　　　//调用阵列命令

选择对象：找到 1 个　　　　　　　//选择阵列对象

选择对象：　　　　　　　　　　　//按 Enter 键确认选择对象

输入阵列类型 [矩形（R）/路径（PA）/极轴（PO）]<矩形>：R　　//选择阵列类型

目前，AutoCAD 版本中对阵列命令进行了增强，当为矩形阵列选择了对象之后，它们会立即显示在 3 行 4 列的栅格中；在创建环形阵列时，在指定圆心后将立即在 6 个完整的环形阵列中显示选定的对象；为路径阵列选择对象和路径后，对象会立即沿路径的整个长度均匀显示。对于每种类型的阵列（矩形、环形和路径），在阵列对象上的多功能夹点上均可实行动态编辑相关的特性。此外，只要不在 "AutoCAD 经典"工作空间调用阵列命令，都会调出"阵列创建"面板，以快速修改阵列参数。

（三）矩形阵列

1. 矩形阵列行间距、列间距的含义

矩形阵列是指按行与列整齐排列的多个相同对象副本组成的纵横对称图案，如图 2-127 所示。矩形阵列可以通过 ARRAYRECT 命令直接执行。

2. 矩形阵列命令参数的含义

选定一个对象后，执行 ARRAYRECT（矩形阵列）命令将出现如下提示：

命令：_ARRAYRECT

选择对象：找到 1 个

选择对象：

类型 = 矩形　关联 = 否

选择夹点以编辑阵列或 [关联（AS）/基点（B）/计数（COU）/间距（S）/列数（COL）/行数（R）

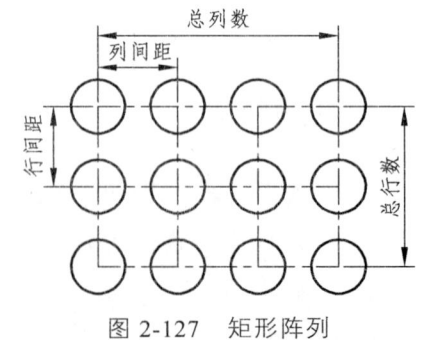

图 2-127 矩形阵列

/层数（L）/退出（X）]<退出>：

执行ARRAYRECT（矩形阵列）命令过程中出现的各选项含义如下：

- 夹点编辑：执行ARRAYRECT（矩形阵列）命令后，在选择的阵列对象上将出现如图2-128所示的几个夹点，单击其中的一个夹点并拖曳鼠标可以调整阵列的行数、列数、行间距、列间距等参数，各个夹点的含义如图2-128所示。

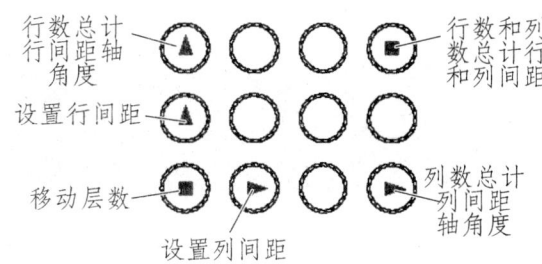

图2-128　各个夹点的含义

- 关联（AS）：该选项用于设置阵列生成的对象是否关联，如果关联，那么在编辑其中一个对象时，其他对象会自动进行更改；如果不关联，那么在编辑其中一个对象时，不会对其他对象造成影响。
- 基点（B）：定义阵列基点和基点夹点的位置。
- 计数（COU）：指定阵列的行数和列数。
- 间距（S）：指定行间距和列间距。
- 列数（COL）：指定列数和列间距。
- 行数（R）：指定阵列中的行数、它们之间的距离以及行之间的增量标高。
- 层数（L）：指定三维阵列的层数和层间距。
- 退出（X）：退出命令。

3. 矩形阵列的操作方法及步骤

矩形阵列的操作步骤如下：

（1）执行"修改"菜单→"阵列"命令中的"矩形阵列"，或单击"修改"工具栏中的矩形阵列按钮，或输入ARRAYRECT命令，或单击"默认"选项卡→"修改"功能区的按钮 阵列 下面的矩形阵列按钮。

（2）在命令行中根据命令提示信息或打开"阵列创建"面板，输入相应的行数、列数、行间距及列间距等参数，如图2-129所示。

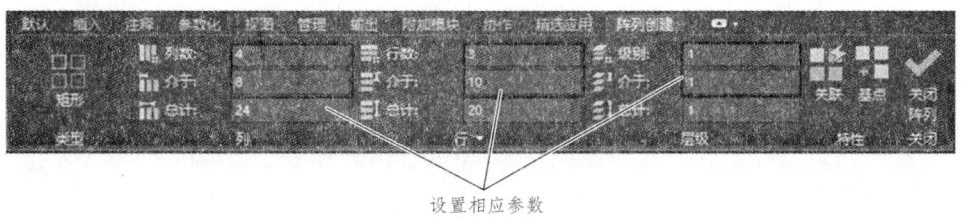

图2-129　矩形阵列中的"阵列创建"面板

（3）在命令行中输入Enter键或单击"阵列创建"面板中的"关闭"按钮。

下面以绘制立面窗为例讲解矩形阵列的典型操作步骤。

（1）打开"矩形阵列绘制立面窗.dwg"文件，选择建筑立面图右下角的窗图形，如图2-130所示。

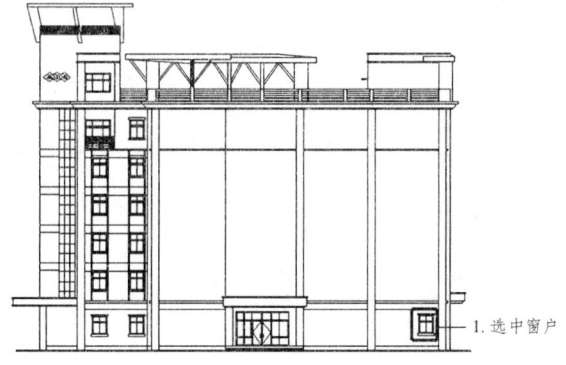

图2-130　立面图原始图形

（2）单击"修改"→"阵列"→"矩形阵列"命令，在阵列选项卡中设置如图 2-131 所示的参数。

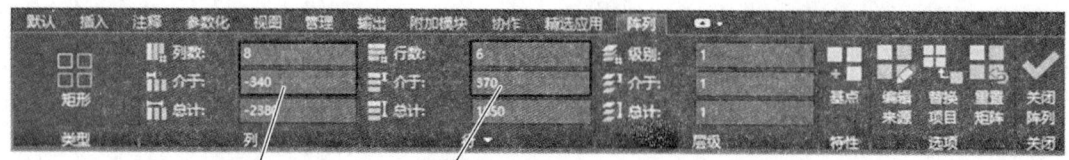

图 2-131　设置阵列参数

（3）立面窗按照相应参数在墙面进行矩形排列，如图 2-132 所示，但立面大门位置的窗是多余的，需要删除。

（4）单击选择阵列生成的立面窗，所有立面窗都将全部选中，按 Ctrl 键单击大门位置的 2 扇窗户，将其选中，然后按下 Delete 键将其删除，结果如图 2-133 所示，办公楼立面窗绘制完成。

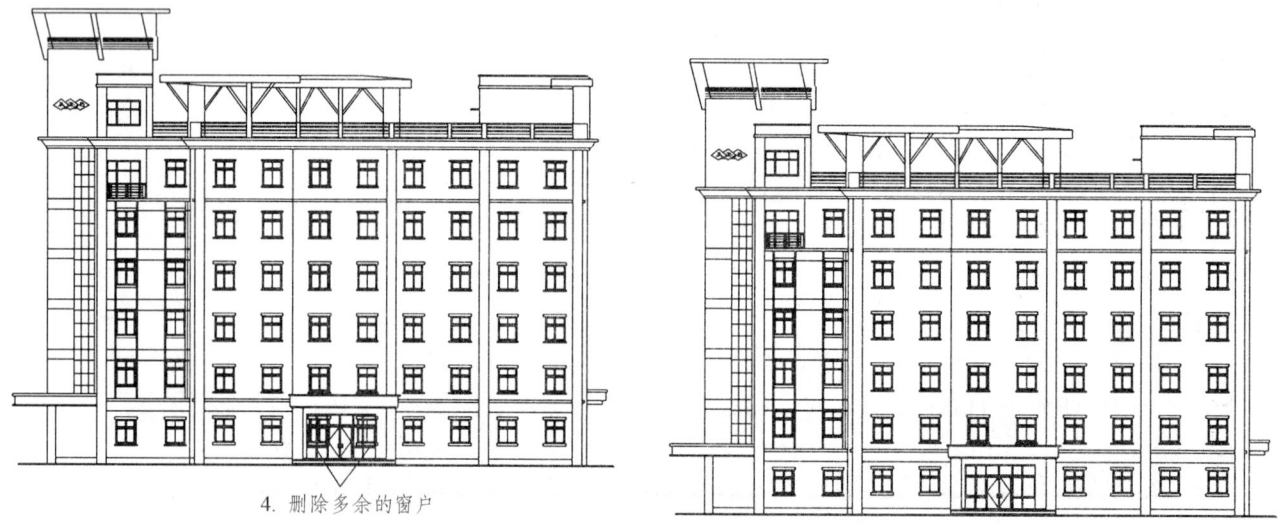

图 2-132　阵列结果　　　　　　　　图 2-133　删除多余窗户结果

（三）路径阵列

1. 路径阵列概念

路径阵列是指沿指定路径均匀分布对象副本，如图 2-134 所示。路径阵列可以通过 ARRAYPATH 命令直接执行。

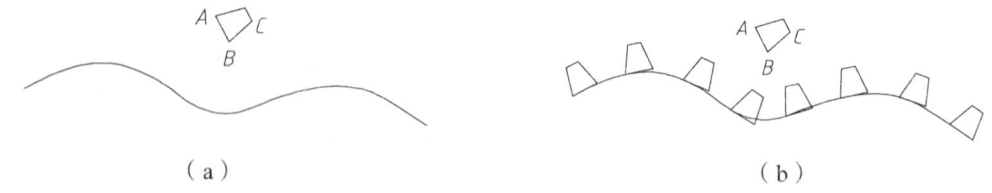

图 2-134　路径阵列

2. 路径阵列命令参数的含义

选定一个对象后，执行 ARRAYPATH（路径阵列）命令将出现如下提示：

命令：_ARRAYPATH　　　　//调用路径阵列命令
选择对象：找到 1 个　　　　//选择需进行路径阵列的对象
选择对象：　　　　　　　　//按 Enter 键确认选择对象
类型 = 路径　关联 = 否
选择路径曲线：　　　　　　//选择路径曲线

选择夹点以编辑阵列或 [关联（AS）/方法（M）/基点（B）/切向（T）/项目（I）/行（R）/层（L）/对齐项目（A）/Z 方向（Z）/退出（X）] <退出>:

执行 ARRAYPATH（路径阵列）命令过程中出现的各选项含义如下（与矩形阵列命令重复的不再赘述）：

- 路径曲线：指定用于阵列路径的对象，可选择直线、多段线、三维多段线、样条曲线、螺旋、圆、圆弧或椭圆。
- 方法（M）：控制如何沿路径分布项目，有"定数等分""定距等分"两种方法。
- 基点（B）：定义阵列基点。路径阵列中的项目相对于基点放置。
- 切向（T）：指定阵列中的项目如何相对于路径的起始方向对齐。
- 项目（I）：根据"方法"设置，指定项目数或项目之间的距离。
- 对齐项目（A）：指定是否对齐每个项目以与路径的方向相切。
- Z 方向（Z）：控制是否保持项目的原始 Z 方向或沿三维路径自然倾斜项目。

3. 路径阵列的操作方法及步骤

路径阵列的操作步骤如下：

（1）执行"修改"菜单→"阵列"命令中的"路径阵列"，或单击"修改"工具栏中的路径阵列按钮，或输入 ARRAYPATH 命令，或单击"默认"选项卡→"修改"功能区的按钮 阵列 下面的路径阵列按钮。

（2）在命令行中根据命令提示信息或打开"阵列创建"面板，输入相应的路径阵列参数，如图 2-135 所示。

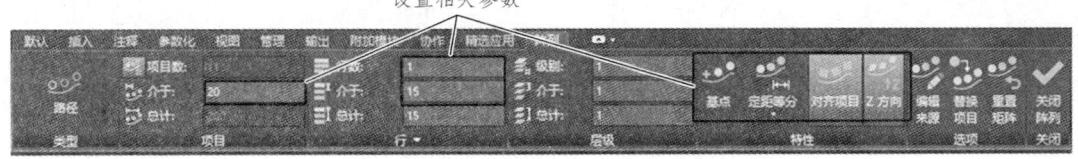

图 2-135 路径阵列中的【阵列创建】面板

（3）在命令行中输入 Enter 键或单击"阵列创建"面板中的"关闭"按钮。

下面以图 2-134 所示的左图用路径阵列修改为右图的相关命令提示如下。

命令：_ARRAYPATH   //调用路径阵列命令
选择对象：找到 1 个   //选择要阵列的图形
选择对象：   //按 Enter 键确认选择
类型 = 路径 关联 = 否
选择路径曲线：   //选择路径曲线
选择夹点以编辑阵列或 [关联（AS）/方法（M）/基点（B）/切向（T）/项目（I）/行（R）/层（L）/对齐项目（A）/Z 方向（Z）/退出（X）] <退出>: B   //输入基点（B）选项
指定基点或 [关键点（K）] <路径曲线的终点>:   //捕捉基点 A
选择夹点以编辑阵列或 [关联（AS）/方法（M）/基点（B）/切向（T）/项目（I）/行（R）/层（L）/对齐项目（A）/Z 方向（Z）/退出（X）] <退出>: T   //输入切向（T）选项
指定切向矢量的第一个点或 [法线（N）]:   //捕捉 A 点作为切向矢量的起始点
指定切向矢量的第二个点：   //捕捉 B 点作为切向矢量的终点
选择夹点以编辑阵列或 [关联（AS）/方法（M）/基点（B）/切向（T）/项目（I）/行（R）/层（L）/对齐项目（A）/Z 方向（Z）/退出（X）] <退出>:   //按 Enter 键应用路径阵列

路径阵列结果如图 2-134（b）所示。

在路径阵列过程中，选择不同的基点和方向矢量，将得到不同的路径阵列结果，如图 2-136 所示。

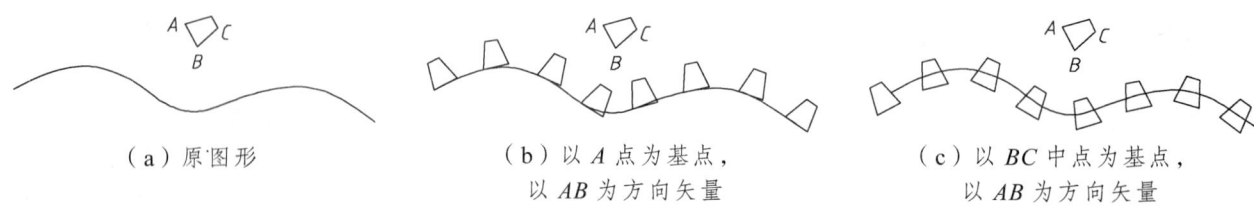

（a）原图形　　　　　　　（b）以 A 点为基点，　　　　　（c）以 BC 中点为基点，
　　　　　　　　　　　　　　　 以 AB 为方向矢量　　　　　　　以 AB 为方向矢量

图 2-136　不同基点和方向矢量的路径阵列效果

（四）环形阵列

1. 环形阵列概念

环形阵列是指围绕中心点的多个相同对象副本组成的径向对称图案，如图 2-137 所示。环形阵列可以通过 ARRAYPOLAR 命令直接执行。

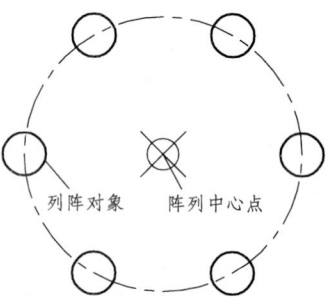

图 2-137　环形阵列

2. 环形阵列命令参数的含义

选定一个对象后，执行 ARRAYPOLAR（环形阵列）命令将出现如下提示：

命令：_ARRAYPOLAR　　　　//调用环形阵列命令

选择对象：找到 1 个　　　//选择需进行环形阵列的对象

选择对象：　　　　　　　//按 Enter 键确认选择对象

类型 = 极轴　关联 = 否

指定阵列的中心点或 [基点（B）/旋转轴（A）]：　　//捕捉中心点或基点或旋转轴

选择夹点以编辑阵列或 [关联（AS）/基点（B）/项目（I）/项目间角度（A）/填充角度（F）/行（ROW）/层（L）/旋转项目（ROT）/退出（X）]<退出>：　　//按 Enter 应用环形阵列

执行 ARRAYPOLAR（环形阵列）命令过程中出现的各选项含义如下：

- 旋转轴：指定由两个指定点定义的旋转轴。
- 项目（I）：使用值或表达式指定阵列中的项目数。
- 项目间角度（A）：使用值或表达式指定项目之间的角度。
- 填充角度（F）：使用值或表达式指定阵列中第一个和最后一个项目之间的角度。
- 旋转项目（ROT）：控制在排列项目时是否旋转项目。

3. 环形阵列的操作方法及步骤

路径阵列的操作步骤如下：

（1）执行"修改"菜单→"阵列"命令中的"环形阵列"，或单击"修改"工具栏中的环形阵列按钮，或输入 ARRAYPOLAR(环形阵列)命令，或单击"默认"选项卡→"修改"功能区的按钮 阵列 下面的环形阵列按钮。

（2）在命令行中根据命令提示信息或打开"阵列创建"面板，输入相应的路径阵列参数，如图 2-138 所示。

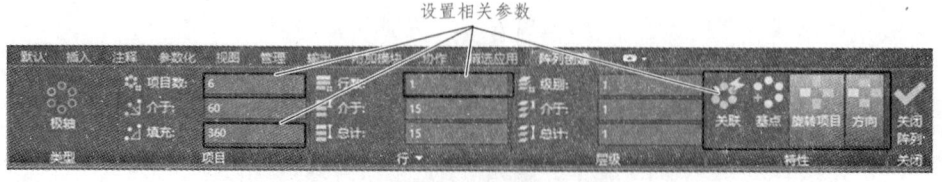

图 2-138　极轴阵列中的"阵列创建"面板

（3）在命令行中输入 Enter 键或单击"阵列创建"面板中的"关闭"按钮。

下面以图 2-139（a）为例，用环形阵列修改为图 2-139（b）的相关命令提示如下：

命令：_ARRAY　　　　　　　　　　　　　　　　　//调用阵列命令

选择对象：指定对角点：找到 1 个　　　　　　　//选择小灯泡图形

选择对象：   //按 Enter 键确认选择
输入阵列类型 [矩形（R）/路径（PA）/极轴（PO）]<极轴>：PO   //输入极轴（PO）选项
类型 = 极轴   关联 = 否
指定阵列的中心点或 [基点（B）/旋转轴（A）]：   //捕捉大圆的圆心作为阵列的中心
选择夹点以编辑阵列或 [关联（AS）/基点（B）/项目（I）/项目间角度（A）/填充角度（F）/行（ROW）/层（L）/旋转项目（ROT）/退出（X）]<退出>：F   //输入填充角度（F）选项
指定填充角度（+=逆时针、-=顺时针）或 [表达式（EX）]<360>：//输入填充角度
选择夹点以编辑阵列或 [关联（AS）/基点（B）/项目（I）/项目间角度（A）/填充角度（F）/行（ROW）/层（L）/旋转项目（ROT）/退出（X）]<退出>：I //输入项目（I）选项
输入阵列中的项目数或 [表达式（E）]<6>：8 //输入项目数
选择夹点以编辑阵列或 [关联（AS）/基点（B）/项目（I）/项目间角度（A）/填充角度（F）/行（ROW）/层（L）/旋转项目（ROT）/退出（X）]<退出>：   //按 Enter 键完成阵列

结果如图 2-139（b）所示。

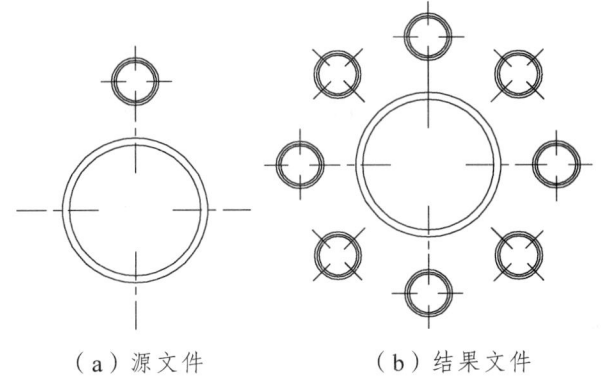

（a）源文件   （b）结果文件

图 2-139 环形阵列绘制吊灯

（五）编辑关联阵列

1. 用夹点编辑关联阵列

在阵列创建完成后，所有阵列对象可以作为一个整体进行编辑。要编辑阵列特征，可使用 ARRAYEDIT 命令、"特性"选项板或夹点。

单击选择阵列对象后，阵列对象上将显示三角形的方形的蓝色夹点，拖动中间的三角形夹点，可以调整阵列项目之间的距离，拖动一端的三角形夹点，可以调整阵列的数目，如图 2-140 所示。

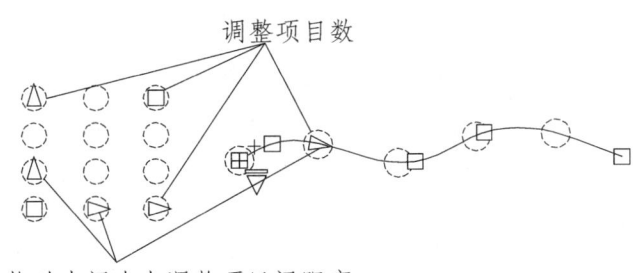

图 2-140 通过夹点编辑阵列

2. 用阵列选项卡编辑关联阵列

如果当前使用的是"草图与注释"工作空间，在选择阵列对象时会出现相应的"阵列"选项卡，以快速设置阵列的相关参数，如图 2-141 所示。

图 2-141 通过阵列选项卡编辑阵列

3. 用 Ctrl 命令编辑关联阵列中的某个对象

按 Ctrl 键并单击阵列中的项目，可以单独删除、移动、旋转或缩放选定的项目，而不会影响其余

的阵列，如图 2-142 所示。

单击"阵列"选项卡的替换项目按钮，用户可以使用其他对象替换选定的项目，其他阵列项目将保持不变，如图 2-143 所示。

图 2-142　单独编辑阵列项目　　　　　图 2-143　替换阵列项目

单击"阵列"选项卡的编辑来源按钮，可进入阵列项目源对象编辑状态，保存更改后，所有的更改（包括创建新的对象）将立即应用于参考相同源对象的所有项目，如图 2-144 所示。

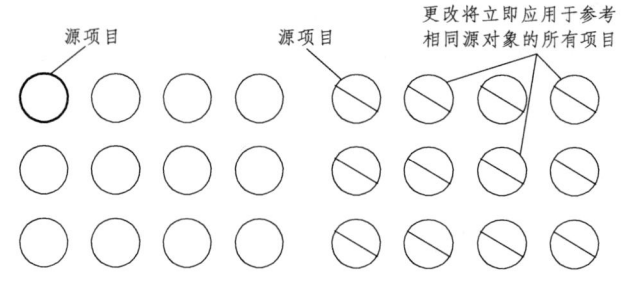

图 2-144　编辑阵列源项目

任务拓展

【2-5-1】绘制如图 2-145 所示的 4 个几何平面图形。

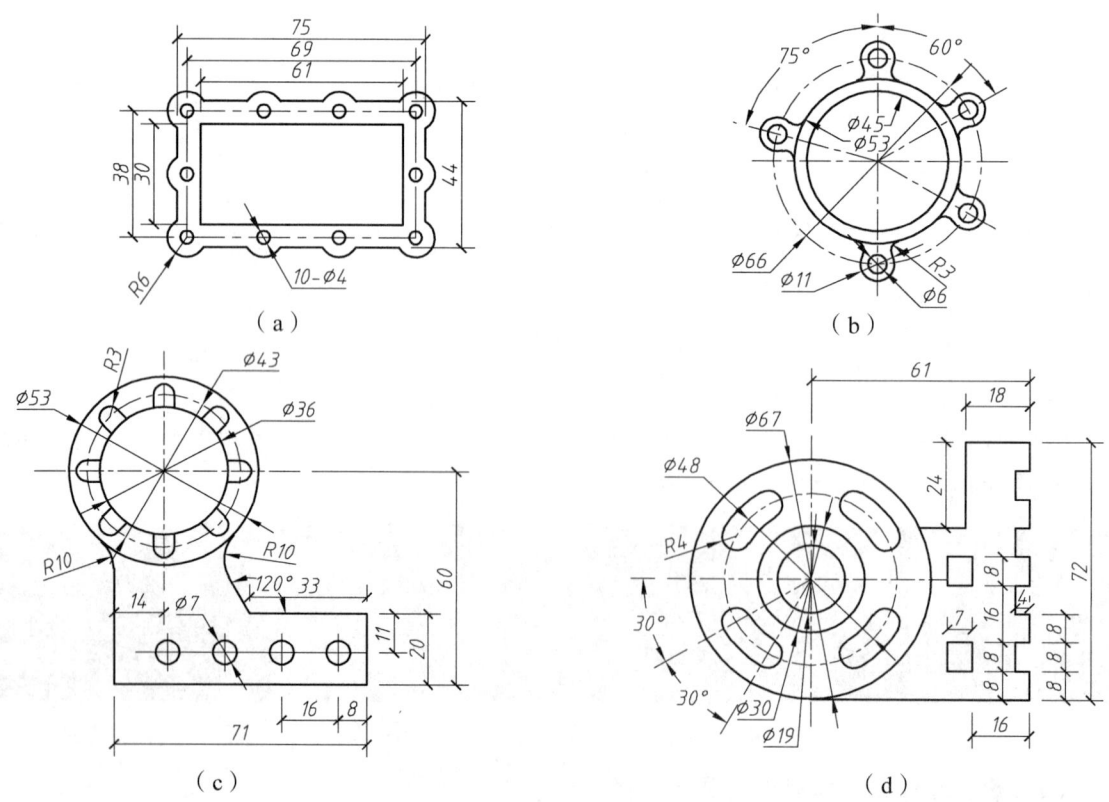

图 2-145　几何平面图形

【2-5-2】绘制如图 2-146 所示的平面图形。

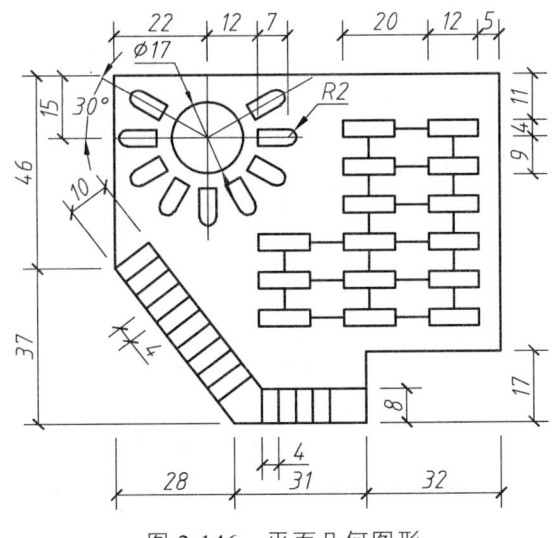

图 2-146 平面几何图形

【2-5-3】绘制如图 2-147 所示的顶棚平面图形。

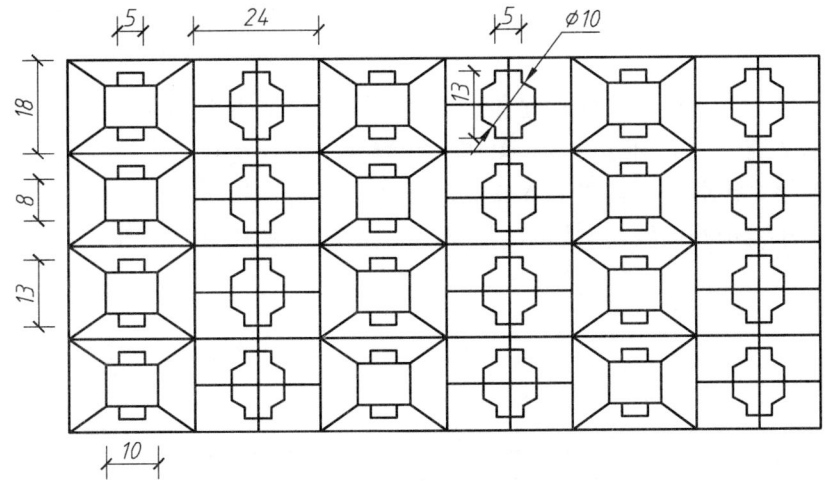

图 2-147 顶棚平面图形

【2-5-4】绘制如图 2-148 所示的地面拼花图形。

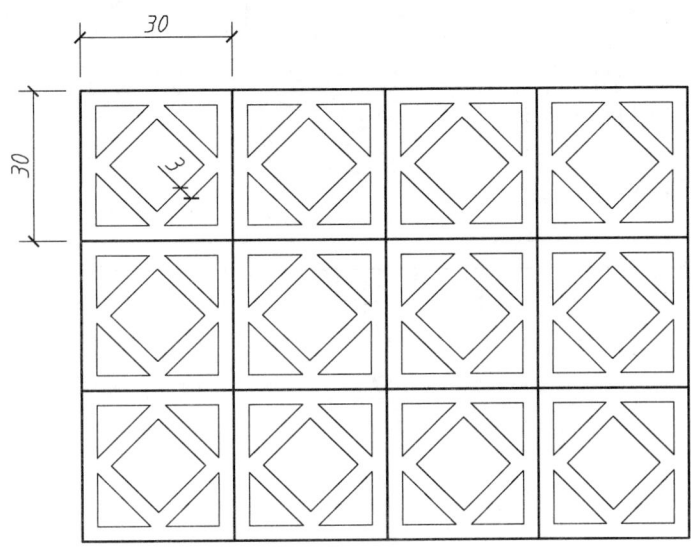

图 2-148 地面拼花图形

【2-5-5】绘制如图 2-149 所示的某三号桥悬臂安装模型试验图。

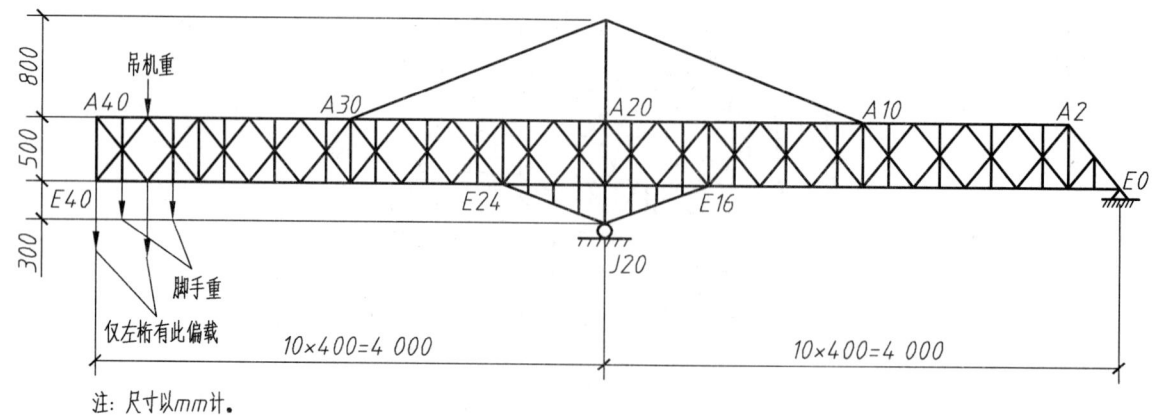

图 2-149　三号桥悬臂安装模型试验图

任务六　绘制矩形、正多边形和椭圆构成的平面图形

📋 任务目标

- 能够运用已经建立的模板文件建立图形文件，并根据需要修改对象特性。
- 会设置绘图环境，并能通过设置对象捕捉精确绘图。
- 能够绘制矩形、椭圆、正多边形等构成的形体图形。
- 培养规范操作、耐心细致、严谨求实、互助协作的职业素质。

🔍 任务内容

绘制如图 2-150 所示的平面图形。

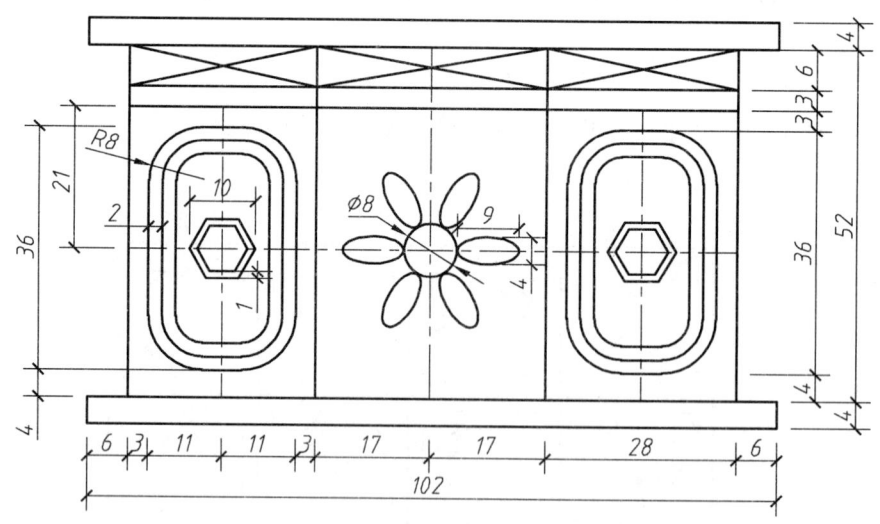

图 2-150　矩形、正多边形和椭圆构成的图形

✏️ 任务分析

从图 2-150 中可以看出图形主要由直线、矩形、正多边形和椭圆构成。要完成图 2-150 所示的图形，

可通过用 RECTANG（矩形）、POLYGON（正多边形）、ELLIPSE（椭圆）等命令来绘制，由于图形左右两边完全对称，还可以用 MIRROR（镜像）命令来加快绘图速度。中部的 6 个椭圆呈环形阵列均匀分布。绘图思路如下：

（1）在 AutoCAD 中利用"样板文件"创建新图形，并设置图形文件的图层、线型、线宽及颜色。
（2）设置绘图环境。
（3）用 RECTANG（矩形）命令绘制上、下部矩形。
（4）用直线命令配合偏移命令绘制出直线及相应的定位线。
（5）用矩形命令绘制右部矩形。
（6）用 POLYGON（正多边形）命令绘制右部正多边形，并用 MOVE（移动）命令移动到图形位置上。
（7）用 MIRROR（镜像）命令绘制出左部矩形和正多边形。
（8）用 ELLIPSE（椭圆）命令和 ARRAY（阵列）命令绘制中部椭圆。
（9）尝试对以上图形进行标注。
（10）保存图形文件并退出。

任务实施

步骤一 新建文件

利用模板文件"acadiso.dwt"或"ACAD 图层.dwt"新建图形文件，并设置轮廓线、中心线、标注文字 3 个图层的线型、线宽和颜色。

步骤二 设置辅助绘图功能精确绘图

（1）打开极轴追踪、对象捕捉及捕捉追踪功能。
（2）在"草图设置"对话框中的"极轴追踪"选项卡中，选中"启用极轴追踪"复选框，设置极轴追踪角度增量为 90°，设置仅沿正交方向进行捕捉追踪。
（3）在"对象捕捉"选项卡中设定对象捕捉方式为"端点""中点""圆心""交点""象限点""延长线"和"垂足"等，根据绘图需要，可及时调整。

步骤三 绘制上下部矩形和中间定位线

用 RECTANG（矩形）命令画出矩形，并复制矩形。切换到中心线层，用 LINE 命令绘制定位中心线，如图 2-151 所示。

命令：_RECTANG   //绘制矩形命令
指定第一个角点或 [倒角 I/标高（E）/圆角（F）/厚度（T）/宽度（W）]：
指定另一个角点或 [面积（A）/尺寸（D）/旋转 I]：@102，4   //输入矩形 A 尺寸
命令：_COPY   //启动复制命令
选择对象：指定对角点：找到 1 个   //选择矩形 A
选择对象：   //按回车确认选择
当前设置：复制模式 = 多个
指定基点或 [位移（D）/模式（O）]<位移>：   //捕捉矩形顶点
指定第二个点或 [阵列（A）]<使用第一个点作为位移>：56   //输入复制位移
指定第二个点或 [阵列（A）/退出（E）/放弃（U）]<退出>： //按回车结束命令
命令：_LINE
指定第一个点：   //捕捉矩形 A 长边中点
指定下一点或 [放弃（U）]：   //捕捉矩形 B 长边中点

指定下一点或 [放弃（U）]：　　//按回车结束命令，结果如图 2-151 所示

步骤四　用 Offset 命令画直线 D、E、F，如图 2-152 所示

命令：_OFFSET　　　　　　　　//启动 OFFSET 命令
指定偏移距离或 [通过（T）/删除（E）/图层（L）]<通过>：17　//输入 CD 之间的距离
选择要偏移的对象，或 [退出（E）/放弃（U）]<退出>：//选取直线 C
指定要偏移的那一侧上的点，或 [退出（E）/多个（M）/放弃（U）]<退出>：
　　　　　　　　　　　　//在直线 C 的右侧点击任一点
选择要偏移的对象，或 [退出（E）/放弃（U）]<退出>：//按 Enter 键结束命令
命令：_OFFSET　　　　　　//重复偏移命令
当前设置：删除源=否　图层=源　OFFSETGAPTYPE=0
指定偏移距离或 [通过（T）/删除（E）/图层（L）]<17.0000>：14　//输入 DE 之间的距离
选择要偏移的对象，或 [退出（E）/放弃（U）]<退出>：//选取直线 D
指定要偏移的那一侧上的点，或 [退出（E）/多个（M）/放弃（U）]<退出>：
　　　　　　　　　　　　//在直线 D 的右侧点击任一点
选择要偏移的对象，或 [退出（E）/放弃（U）]<退出>：//选取直线 E
指定要偏移的那一侧上的点，或 [退出（E）/多个（M）/放弃（U）]<退出>：
　　　　　　　　　　　　//在直线 E 的右侧点击任一点
选择要偏移的对象，或 [退出（E）/放弃（U）]<退出>：//按 Enter 键结束命令
结果如图 2-152 所示。

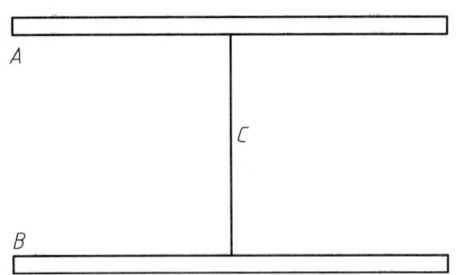
图 2-151　画矩形和中心线

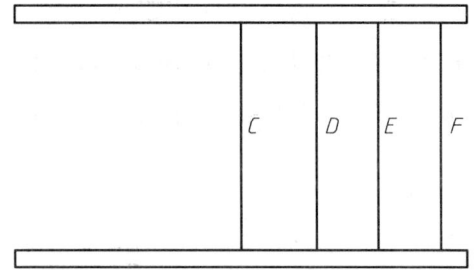
图 2-152　偏移竖直线

步骤五　画直线 G、H、I，结果如图 2-153 所示

命令：_LINE
指定第一个点：6　　　　　　　　//从 K 点向下追踪并输入追踪距离
指定下一点或 [放弃（U）]：　　　//从 M 点向左追踪并捕捉垂足 N
指定下一点或 [放弃（U）]：　　　//按 Enter 键结束命令
命令：_OFFSET
当前设置：删除源=否　图层=源　OFFSETGAPTYPE=0
指定偏移距离或 [通过（T）/删除（E）/图层（L）]<14.0000>：3　//输入 GH 之间的距离
选择要偏移的对象，或 [退出（E）/放弃（U）]<退出>：　　//选取直线 G
指定要偏移的那一侧上的点，或 [退出（E）/多个（M）/放弃（U）]<退出>：
　　　　　　　　　　　　//在直线 G 的下方点击任一点
选择要偏移的对象，或 [退出（E）/放弃（U）]<退出>：//按 Enter 键结束命令
命令：_OFFSET　　　　　　　　//重复偏移命令
当前设置：删除源=否　图层=源　OFFSETGAPTYPE=0
指定偏移距离或 [通过（T）/删除（E）/图层（L）]<3.0000>：21　//输入 HI 之间的距离
选择要偏移的对象，或 [退出（E）/放弃（U）]<退出>：//选取直线 H

指定要偏移的那一侧上的点，或 [退出（E）/多个（M）/放弃（U）] <退出>：
//在直线 H 的下方点击任一点
选择要偏移的对象，或 [退出（E）/放弃（U）] <退出>：//按 Enter 键结束命令
结果如图 2-153 所示。

步骤六　改变直线 C、I、E 线型，并调整 E 的长度，如图 2-154 所示

（1）选中直线 C、I、E，把其所在图层更改为中心线层。

（2）选中直线 E，用修剪或夹点编辑调整其长度到如图 2-154 所示。

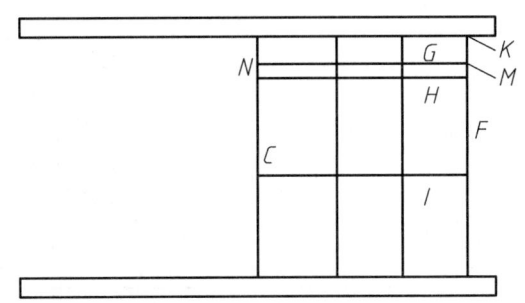

图 2-153　绘制水平直线

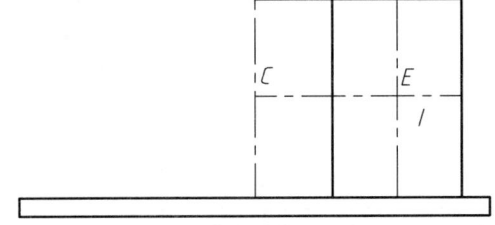

图 2-154　改变定位线线型及长度

步骤七　绘制直线 A、B，如图 2-155 所示

用直线命令绘制直线 A 和直线 B，结果如图 2-155 所示。

步骤八　画圆角矩形，并把圆角矩形移到对应位置上，如图 2-156 所示

命令：_RECTANG

当前矩形模式：圆角=3.0000

指定第一个角点或 [倒角 I/标高（E）/圆角（F）/厚度（T）/宽度（W）]：F　　//输入选项 F

指定矩形的圆角半径 <8.0000>：8　　　//输入圆角半径

指定第一个角点或 [倒角 I/标高（E）/圆角（F）/厚度（T）/宽度（W）]：//在屏幕上单击一点作为矩形的一个角点

指定另一个角点或 [面积（A）/尺寸（D）/旋转 I]：@22，36
　　　　　　　　　　//输入圆角矩形的另一个角点的坐标

命令：_MOVE

选择对象：指定对角点：找到 1 个　　//选中圆角矩形

选择对象：　　　　　　　　　　　//按回车键确认选择

指定基点或 [位移（D）] <位移>：　　//追踪圆角矩形的中心点 M 作为基点

指定第二个点或 <使用第一个点作为位移>：//单击 O 点

结果如图 2-156 所示。

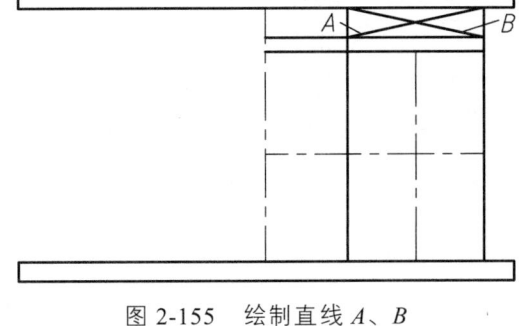

图 2-155　绘制直线 A、B

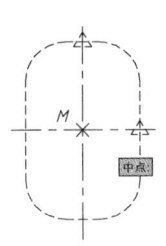
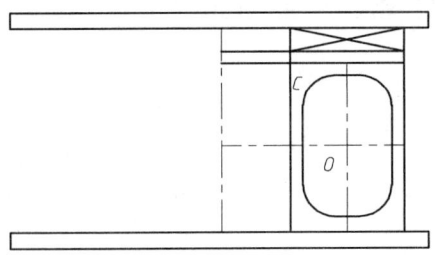

图 2-156　绘制圆角矩形

步骤九　画正多边形，如图 2-157 所示

命令：_POLYGON
输入侧面数 <4>：6　　　　　　　　　　　　　　//输入正多边形边数
指定正多边形的中心点或 [边（E）]：　　　　　　//捕捉交点 O 点
输入选项 [内接于圆（I）/外切于圆 I] <I>：　　　 //按回车键
指定圆的半径：5　　　　　　　　　　　　　　 //输入圆半径
结果如图 2-157 所示。

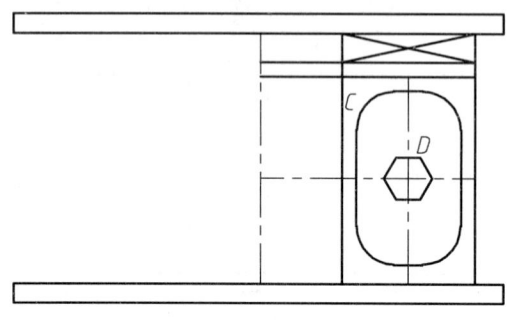 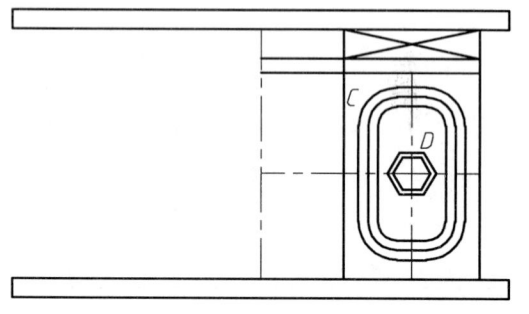

图 2-157　绘制正多边形　　　　　　　　　　图 2-158　偏移圆角矩形和正多边形

步骤十　偏移圆角矩形和正多边形，如图 2-158 所示

命令：_OFFSET
当前设置：删除源=否　图层=源　OFFSETGAPTYPE=0
指定偏移距离或 [通过（T）/删除（E）/图层（L）] <21.0000>：2　　//输入偏移距离
选择要偏移的对象，或 [退出（E）/放弃（U）] <退出>：　　　　　//选择矩形 C
指定要偏移的那一侧上的点，或 [退出（E）/多个（M）/放弃（U）] <退出>：
　　　　　　　　　　　　　　　　　　　　　　　　　　//在矩形 C 内部单击一点
选择要偏移的对象，或 [退出（E）/放弃（U）] <退出>：　　　//选择刚生成的矩形
指定要偏移的那一侧上的点，或 [退出（E）/多个（M）/放弃（U）] <退出>：
　　　　　　　　　　　　　　　　　　　　　　　　　　//在矩形内部单击一点
选择要偏移的对象，或 [退出（E）/放弃（U）] <退出>：　　//按回车键结束命令
命令：_OFFSET　　　　　　　　　　　　　　　　　　　//重复偏移命令
当前设置：删除源=否　图层=源　OFFSETGAPTYPE=0
指定偏移距离或 [通过（T）/删除（E）/图层（L）] <2.0000>：1　　//输入偏移距离
选择要偏移的对象，或 [退出（E）/放弃（U）] <退出>：　　　　//选择正多边形 D
指定要偏移的那一侧上的点，或 [退出（E）/多个（M）/放弃（U）] <退出>：
　　　　　　　　　　　　　　　　　　　　　　　　　　//在正多边形内部单击一点
选择要偏移的对象，或 [退出（E）/放弃（U）] <退出>：　　//按回车键结束命令
结果如图 2-158 所示。

步骤十一　镜像右部图形，如图 2-159 所示

命令：_MI
MIRROR 找到 13 个　　　　　　　//选择右部图形，如图 2-159（a）所示
指定镜像线的第一点：指定镜像线的第二点：　//捕捉端点 A 和 B 点
要删除源对象吗？[是（Y）/否（N）] <N>：　　//输入选项 N
结果如图 2-159（b）所示。

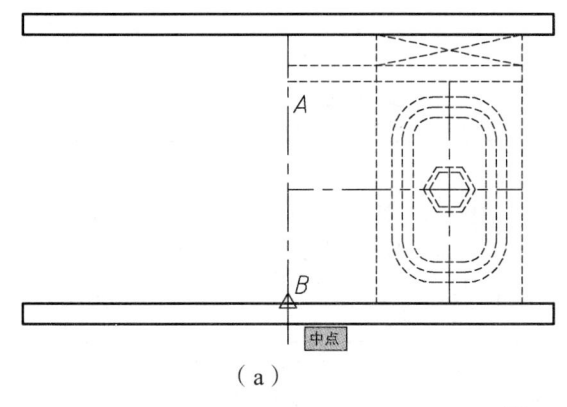
（a）

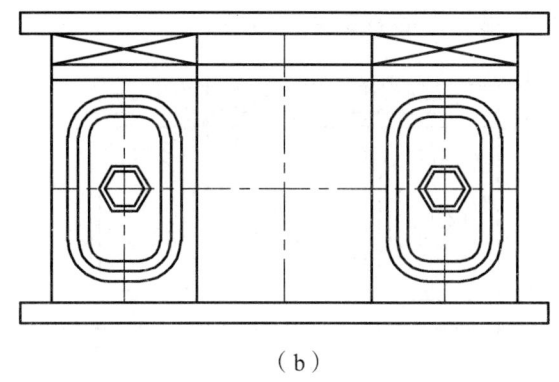
（b）

图 2-159　镜像操作

步骤十二　画圆和直线 A、B，如图 2-160 所示

（1）用直线命令绘制直线 A 和 B。
（2）用圆命令绘制圆 C。
结果如图 2-160 所示。

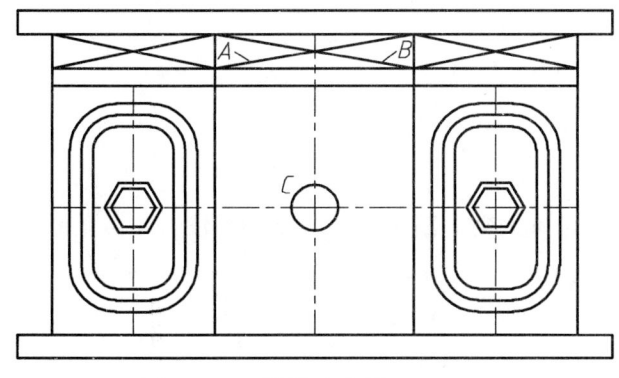
图 2-160　画圆和直线 A、B

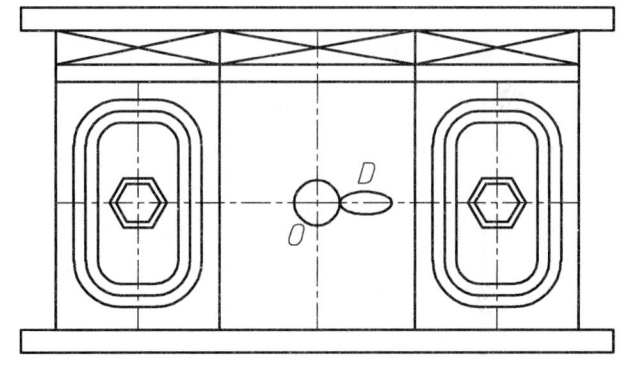
图 2-161　绘制椭圆

步骤十三　画椭圆，如图 2-161 所示

命令：_ELLIPSE
指定椭圆的轴端点或 [圆弧（A）/中心点（C）]：　　　　//捕捉圆右侧象限点
指定轴的另一个端点：9　　//鼠标向右追踪并输入追踪距离以确定另一个轴端点
指定另一条半轴长度或 [旋转 I]：2　　　　　　//输入另一半轴的长度
结果如图 2-161 所示。

步骤十四　阵列椭圆，如图 2-162 所示

命令：_ARRAY　　　　　　//调用阵列命令
选择对象：找到 1 个　　　　//选择椭圆
选择对象：　　　　　　　//按回车键确认选择
输入阵列类型 [矩形 I/路径（PA）/极轴（PO）]<极轴>：PO　　//输入选项 PO
类型 = 极轴　关联 = 否
指定阵列的中心点或 [基点（B）/旋转轴（A）]：//捕捉圆心 O 点，如图 2-162（a）所示
选择夹点以编辑阵列或 [关联（AS）/基点（B）/项目（I）/项目间角度（A）/填充角度（F）/行（ROW）/层（L）/旋转项目（ROT）/退出（X）]<退出>：I　　//输入选项 I
输入阵列中的项目数或 [表达式（E）]<6>：6　　//输入阵列中的项目数
选择夹点以编辑阵列或 [关联（AS）/基点（B）/项目（I）/项目间角度（A）/填充角度（F）/行（ROW）/层（L）/旋转项目（ROT）/退出（X）]<退出>：　　//按回车键结束命令

结果如图 2-162（b）所示。

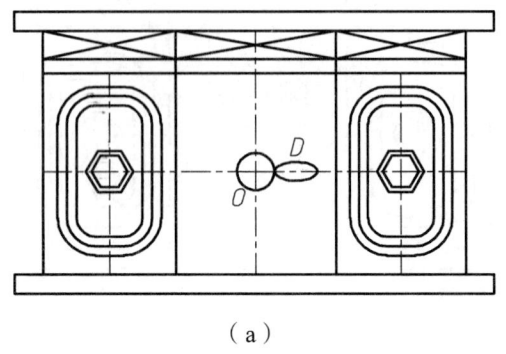
（a）

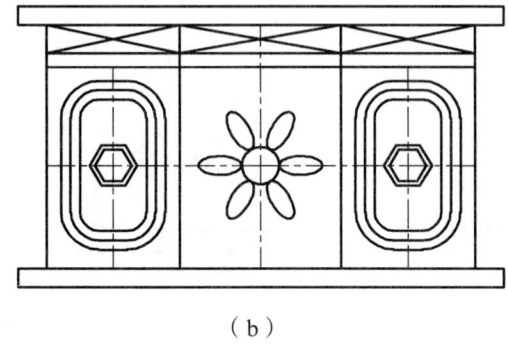
（b）

图 2-162　阵列椭圆

步骤十五　标注图形

步骤十六　保存图形文件

知识链接

一、绘制矩形

在 AutoCAD 中可绘制矩形，在矩形命令中可以为其设置倒角、圆角以及宽度和厚度等参数。矩形的各边共同组成为一个整体，是一个图形对象。

（一）矩形命令的调用方法

矩形命令有如下几种调用方法：
- 菜单栏：执行"绘图"菜单→"矩形"命令。
- 命令行：RECTANG/REC。
- 用功能区按钮：单击"默认"选项卡→"绘图"功能区的矩形按钮。
- 工具栏：单击"绘图"工具栏→矩形按钮。

（二）矩形命令参数的含义

执行矩形命令过程中出现的各选项含义如下：
- 倒角（C）：选择该选项，可绘制一个带倒角的矩形，如图 2-163（b）所示。
- 标高（E）：选择该选项，可绘制出三维空间中矩形的高度，此项设置后，只能在三维视图中看见效果。
- 圆角（F）：选择该选项，可绘制出带圆角的矩形，如图 2-163（c）所示。
- 厚度（T）：选择该选项，可绘制出三维空间中矩形的厚度，此项设置后，只能在三维视图中看见效果。
- 宽度（W）：选择该选项，可定义矩形的线宽，如图 2-163（d）所示。
- 面积（A）：选择该选项，将通过指定面积和长度（或宽度）绘制矩形。
- 尺寸（D）：选择该选项，将通过指定矩形的长度和宽度尺寸绘制矩形。
- 旋转（R）：选择该选项，将按指定的旋转角度绘制矩形。

如图 2-163 所示是各种样式的矩形效果。

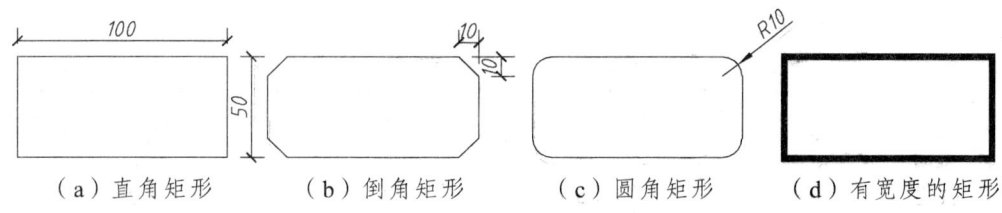

（a）直角矩形　　　（b）倒角矩形　　　（c）圆角矩形　　　（d）有宽度的矩形

图 2-163　各种样式的矩形效果

（三）绘制矩形的操作方法及步骤

绘制矩形操作步骤如下：

（1）执行"绘图"菜单→"矩形"命令。
（2）在屏幕上用鼠标指定矩形的一个顶点或选择相应参数。
（3）指定对角顶点坐标或输入相应的长和宽的值或根据提示输入相应的值。

1. "直角"矩形方式

启动命令后，在命令行出现如下提示信息，然后根据提示进行相应的操作。

命令：_RECTANG　　　　　　　　　　　　　　　　　　　　　//调用矩形命令
指定第一个角点或 [倒角（C）/标高（E）/圆角（F）/厚度（T）/宽度（W）]：　　//在屏幕上指定一点
指定另一个角点或 [面积（A）/尺寸（D）/旋转（R）]：@100，50　//输入另一个角点的相对坐标，可绘制一个长为100、宽为50的直角矩形，如图2-163（a）所示的直角矩形

2. "倒角（C）"方式

命令：_RECTANG
当前矩形模式：圆角=10.0000
指定第一个角点或 [倒角（C）/标高（E）/圆角（F）/厚度（T）/宽度（W）]：C　　//输入选项
指定矩形的第一个倒角距离 <10.0000>：10　　　　　　　　　　　//输入第一个倒角距离
指定矩形的第二个倒角距离 <10.0000>：10　　　　　　　　　　　//输入第二个倒角距离
指定第一个角点或 [倒角（C）/标高（E）/圆角（F）/厚度（T）/宽度（W）]：　　//在屏幕上指定一点
指定另一个角点或 [面积（A）/尺寸（D）/旋转（R）]：@100，50　　//输入另一个角点的相对坐标，可绘制一个长为100、宽为50的倒角矩形，如图2-163（b）所示的倒角矩形

3. "圆角（F）"方式

命令：_RECTANG
当前矩形模式：圆角=15.0000
指定第一个角点或 [倒角（C）/标高（E）/圆角（F）/厚度（T）/宽度（W）]：F　　//输入选项F
指定矩形的圆角半径 <15.0000>：10　　　　　　　　　　　　　　//输入圆角半径
指定第一个角点或 [倒角（C）/标高（E）/圆角（F）/厚度（T）/宽度（W）]：　　//在屏幕上指定一点
指定另一个角点或 [面积（A）/尺寸（D）/旋转（R）]：@100，50　//输入另一个角点的相对坐标，可绘制一个长为100、宽为50的圆角矩形，圆角半径为10，如图2-163所示的圆角矩形。

其他参数请自行尝试，此处不再赘述。

二、绘制正多边形

正多边形是由三条或三条以上长度相等的线段首尾相接形成的闭合图形。其边数在3~1024，如图2-164所示为几种正多边形效果。

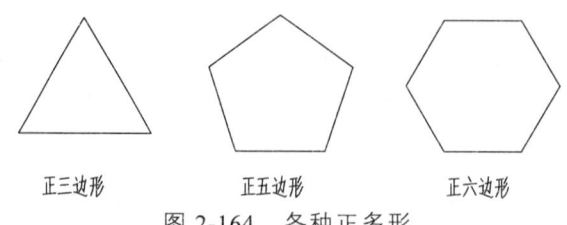

图 2-164 各种正多形

（一）正多边形命令的调用方法

正多边形命令有如下几种调用方法：

- 菜单栏：执行"绘图"菜单→"正多边形"命令。
- 命令行：POLYGON/POL。
- 用功能区按钮：单击"默认"选项卡→"绘图"功能区的矩形按钮 右边的三角形→ 正多边形。
- 工具栏：单击"绘图"工具栏→正多边形按钮 。

（二）正多边形命令参数的含义

启动命令后，在命令行出现如下提示信息，然后根据提示进行相应的操作。此命令中各选项含义如下：

- 中心点：通过指定正多边形中心点的方式来绘制正多边形。选择该选项后，会提示"输入选项[内接于圆（I）/外切于圆（C）]<I>："的信息，内接于圆表示以指定正多边形内接圆半径的方式来绘制正多边形，如图 2-165（a）所示；外切于圆表示以指定正多边形外切圆半径的方式来绘制正多边形，如图 2-165（b）所示。

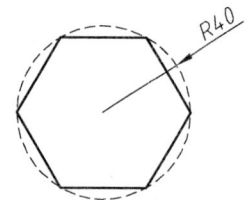 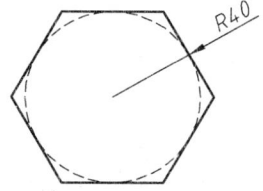

（a）用 I 参数绘制的正六边形　　　（b）用 C 参数绘制的正六边形

图 2-165　[内接于圆（I）/外切于圆（C）]两种参数效果对比

- 边（E）：通过指定正多边形边的方式来绘制正多边形。该方式将通过边的数量和长度确定正多边形。

（三）绘制正多边形的操作方法及步骤

1. 正多边形的操作步骤

正多边形的操作步骤如下：

（1）执行"绘图"菜单→"多边形"命令。
（2）输入边数。
（3）在屏幕上用鼠标指定正多边形中心点或输入相应参数 E。
（4）根据提示输入相应的操作。

2. 正多边形的操作命令提示

绘制如图 2-165（a）所示的正六边形的步骤如下：

命令：_POLYGON 输入侧面数 <5>：6　　　　//调用正多边形命令
指定正多边形的中心点或 [边（E）]：　　　　//用鼠标在屏幕上指定正多边形的中心点
输入选项 [内接于圆（I）/外切于圆（C）] <I>：//用系统默认参数 I 画正多边形

指定圆的半径：40   //指定圆的半径，绘制好如图 2-165（a）所示的正六边形
绘制如图 2-165（b）所示的正六边形的步骤如下：
命令：_POLYGON 输入侧面数 <5>：6   //调用正多边形命令
指定正多边形的中心点或 [边（E）]：   //用鼠标在屏幕上指定正多边形的中心点
输入选项 [内接于圆（I）/外切于圆（C）] <I>：C   //用参数 C 画正多边形
指定圆的半径：40   //指定圆的半径，绘制如图 2-165（b）所示的正六边形

> 提示：如果已知正多边形的中心点到正多边形顶点的距离，用 I 选项画正多边形较简单。
> 如果已知正多边形的中心点到正多边形边的垂直距离，用 C 选项画正多边形较简单。

其他参数请自行尝试，此处不再赘述。

三、绘制椭圆及椭圆弧

椭圆是平面上到定点距离与到定直线间距离之比为常数的所有点的集合。椭圆及其基本概念如图 2-166 所示。

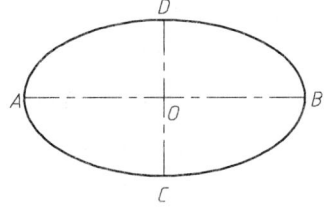

图 2-166 椭圆及其基本概念

（一）椭圆命令的调用方法

调用椭圆命令有如下几种方法：
- 菜单栏：执行"绘图"菜单→"椭圆"命令。
- 命令行：ELLIPSE/EL。
- 用功能区按钮：单击"默认"选项卡→"绘图"功能区的椭圆按钮。
- 工具栏：单击"绘图"工具栏中的椭圆按钮。

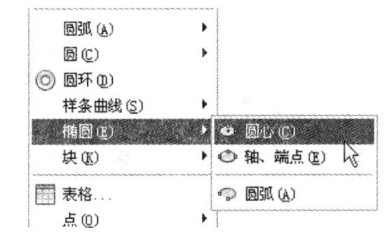

图 2-167 "绘图"/"椭圆"子菜单

菜单栏中的"绘图"菜单→"椭圆"命令提供了 3 种绘制椭圆的子命令，如图 2-167 所示。

（二）椭圆命令参数的含义

椭圆命令各参数的含义如下：
- 圆弧（A）：该选项使用户可以绘制一段椭圆弧。过程是先画一个完整的椭圆，随后 AutoCAD 提示用户选择要删除的部分，留下所需的椭圆弧。
- 中心点（C）：通过椭圆中心点及长轴、短轴来绘制椭圆，如图 2-168 所示。

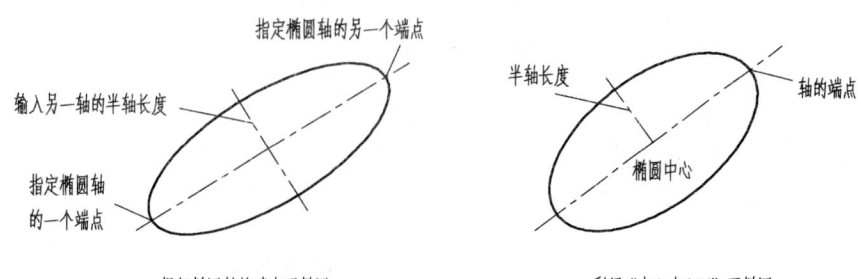

图 2-168 绘制椭圆

- 旋转（R）：按旋转方式绘制椭圆，即 AutoCAD 将围绕直径转动一定角度后，再投影到平面上形成椭圆。

（三）绘制椭圆的操作方法及步骤

1. 绘制椭圆

绘制椭圆有两种方法，如图 2-168 所示。

- 画椭圆的缺省方法是指定椭圆第一条轴线的两个端点及另一条半轴长度。
- 通过指定椭圆中心、第一条轴线的端点及另一条轴线的半轴长度来创建椭圆。

下面以图 2-169（a）所示的椭圆为例说明其操作步骤。

（1）执行"绘图"菜单→"椭圆"命令或单击"绘图"工具栏按钮 ◯ 或输入 EL 命令。

（2）根据命令行提示进行相应操作，命令提示如下：

命令：_ELLIPSE　　　　　　　　　　　　　　//调用椭圆命令
指定椭圆的轴端点或 [圆弧（A）/中心点（C）]：　　//指定椭圆第一个端点
指定轴的另一个端点：200　　　　　　　　　　//指定椭圆第二个端点
指定另一条半轴长度或 [旋转（R）]：50　　　　//指定椭圆另一条半轴的长度
命令：_ELLIPSE　　　　　　　　　　　　　　//再次调用椭圆命令
指定椭圆的轴端点或 [圆弧（A）/中心点（C）]：C　//调用选项中心点（C）方式画椭圆
指定椭圆的中心点：　　　　　　　　　　　　//用鼠标捕捉刚画好的椭圆的中心点
指定轴的端点：@100<30　　　　　　　　　　//指定椭圆轴端点相对于椭圆中心点的相对坐标
指定另一条半轴长度或 [旋转（R）]：50　　　　//指定椭圆另一条半轴的长度

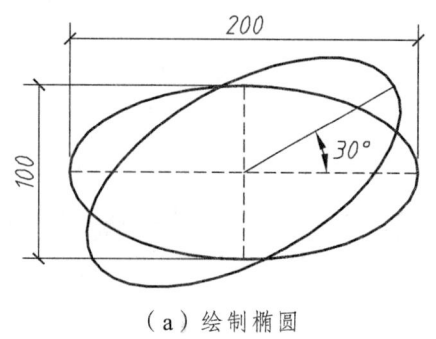 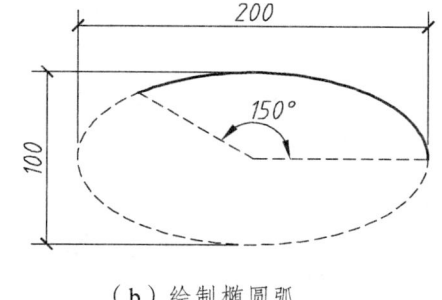

（a）绘制椭圆　　　　　　　　　　（b）绘制椭圆弧

图 2-169　绘制椭圆及椭圆弧示例

2. 绘制椭圆弧

AutoCAD 中的椭圆命令不仅可以绘制椭圆，还可以绘制椭圆弧，因为椭圆弧就是椭圆的一部分，和椭圆不同之处在于它的起点和终点没有完全闭合。绘制椭圆弧需要确定的参数有：椭圆弧所在椭圆的两条轴及椭圆弧的起点和终点的角度。

下面以绘制如图 2-169（b）所示的椭圆弧为例，说明绘制椭圆弧的操作步骤。

（1）执行"绘图"菜单→"椭圆"命令→"圆弧"命令或单击"绘图"工具栏按钮 ◯ 或输入 EL 命令。

（2）根据命令行提示进行相应操作，命令提示如下：

命令：_ELLIPSE　　　　　　　　　　　　　　//调用椭圆命令
指定椭圆的轴端点或 [圆弧（A）/中心点（C）]：A　//指定选项 A 方式画椭圆弧
指定椭圆弧的轴端点或 [中心点（C）]：C　　　　//指定选项 C，即用中心点方式画椭圆
指定椭圆弧的中心点：　　　　　　　　　　　//指定椭圆弧中心点
指定轴的端点：　　　　　　　　　　　　　　//指定椭圆弧一个轴端点
指定另一条半轴长度或 [旋转（R）]：　　　　　//指定椭圆弧另一条半轴的长度

指定起点角度或 [参数（P）]：　　　　　　//指定椭圆弧起点角度,可输入或用鼠标指定
指定端点角度或 [参数（P）/包含角度（I）]：150　　//指定椭圆弧终点的角度或包含角度

四、复制对象

在 AutoCAD 中绘制图形时，很多图形对象是相同的，即只是在图中的位置不同。对于这种重复出现的图形对象可以通过复制已有对象来完成，而不是重新绘制。

（一）复制命令的调用方法

复制（COPY）命令可以从原对象以指定的角度和方向创建对象的副本。调用复制命令有以下几种方式：
- 菜单栏："修改"→"复制"。
- 命令行：COPY/CO/CP。
- 用功能区按钮：单击"默认"选项卡→"修改"功能区的复制按钮。
- 工具栏："修改"工具栏上的复制按钮。

（二）复制命令参数的含义

执行复制命令过程中出现的各选项含义如下：
- 位移（D）：将选定的对象复制到指定位移处。可通过输入坐标或捕捉点来指定位移。
- 模式（O）：输入此选项后，命令行提示用户选择"单个"或"多个"模式复制对象。其中单个是指一次复制一个对象，多个是指可连续复制多个对象。
- 阵列（A）：用户可以线性阵列的方式快速大量复制对象。

（三）复制命令的操作方法及步骤

1. 复制命令的操作步骤

复制命令的操作步骤如下：
（1）执行"修改"菜单→"复制"命令或单击"修改"工具栏中的复制按钮或输入 CO 命令。
（2）选择要复制对象的源对象。
（3）根据命令行提示，选择相应的参数进行操作。
结果如图 2-170 所示。

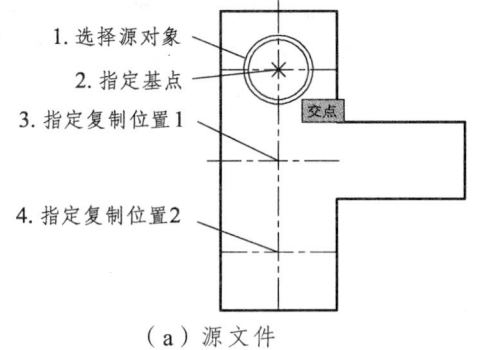

（a）源文件　　　　　　　　　　　　　　（b）复制结果

图 2-170　复制对象

2. 复制对象的操作命令提示

下面以绘制图 2-170 所示的图形为例，操作命令提示如下：
命令：_COPY　　　　　　//调用复制命令
选择对象：找到 1 个　　//选择要复制的对象

选择对象： //按 Enter 键
当前设置：复制模式 = 多个　　//默认模式为"多个"。
指定基点或 [位移（D）/模式（O）]<位移>： //用鼠标单击基准点
指定第二个点或 [阵列（A）]<使用第一个点作为位移>： //移动鼠标到要复制对象位置处，单击鼠标左键确定
指定第二个点或 [阵列（A）/退出（E）/放弃（U）]<退出>： //继续移动鼠标到要复制对象位置处，单击鼠标左键确定
指定第二个点或 [阵列（A）/退出（E）/放弃（U）]<退出>： //按 Enter 键结束命令
结果如图 2-170（b）所示。

> 提示：复制命令中的阵列（A）参数命令可以复制生成一组图形对象，跟阵列命令用途一样，可以加快绘图速度。

五、移动对象

（一）移动命令的调用方法

移动（MOVE）对象是指对象的重定位，可以在指定方向上按指定距离移动对象，对象的位置发生了改变，但方向和大小不改变。调用移动命令有以下几种方式：

- 菜单栏："修改"→"移动"。
- 命令行：MOVE/M。
- 用功能区按钮：单击"默认"选项卡→"修改"功能区的移动按钮 ✣。
- 工具栏："修改"工具栏移动按钮 ✣。

（二）移动命令参数的含义

执行移动命令过程中出现的各选项含义如下：

- 位移（D）：将选定的对象移动到指定位移处。可通过输入坐标或捕捉点来指定位移。

（三）移动命令的操作方法及步骤

1. 移动命令的操作步骤

移动命令的操作步骤如下：
（1）执行"修改"菜单→"移动"命令或单击"修改"工具栏移动按钮 ✣ 或输入 M 命令。
（2）选择要移动的所有源对象。
（3）指定移动对象的基准点，一般靠近图形或在图形上。
（4）指定移动的位移。
结果如图 2-171 所示。

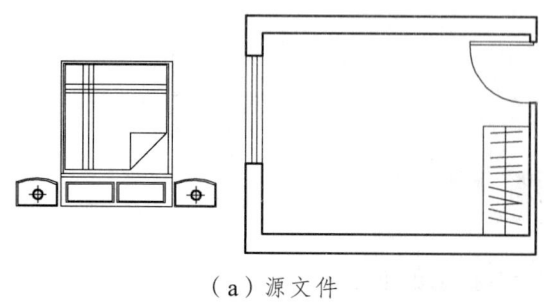

（a）源文件　　　　　　　　　　（b）结果文件

图 2-171　移动操作

2. 移动对象的操作命令提示

如图 2-171 所示，把床移动到房间里面的操作提示如下：

命令：_MOVE   //调用移动命令
选择对象：指定对角点：找到 1 个   //选择组成床的所有对象
选择对象：   //按 Enter 键确认
指定基点或 [位移（D）]<位移>：   //捕捉床上一个点作为移动基准点
指定第二个点或 <使用第一个点作为位移>：   //把床移动到房间的合适位置
结果如图 2-171（b）所示。

任务拓展

【2-6-1】绘制图 2-172 所示的平面图形。

【2-6-2】绘制图 2-173 所示的图形。

【2-6-3】绘制图 2-174 所示的卫生洁具。

【2-6-4】绘制图 2-175 所示的几何平面图形。

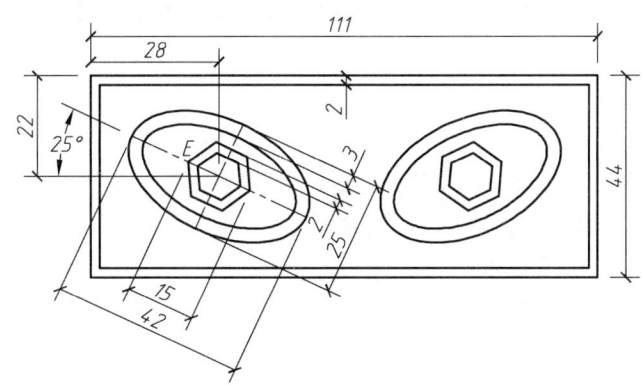

图 2-172　几何平面图形

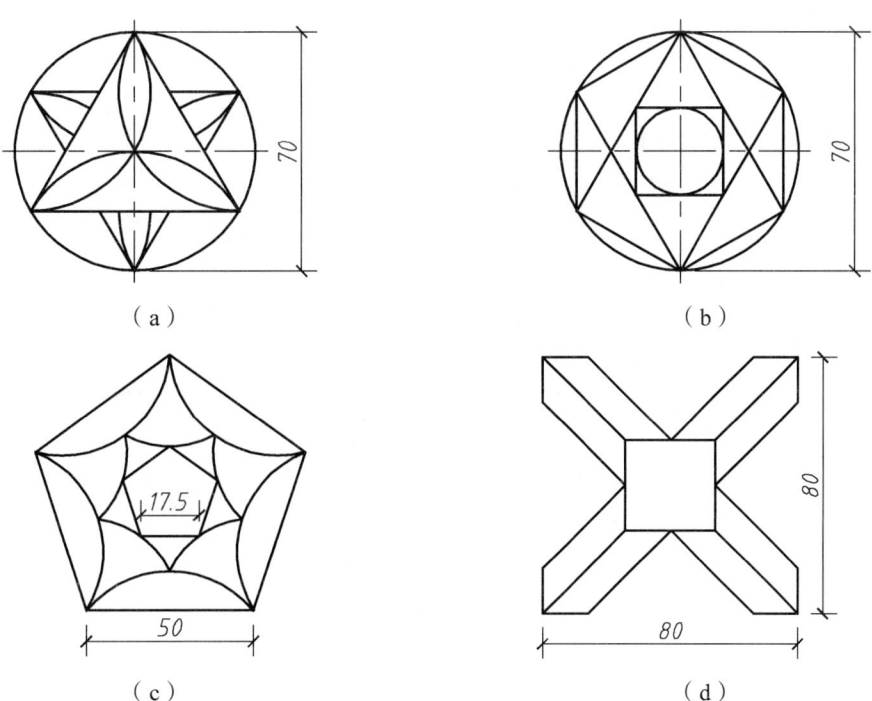

图 2-173　几何平面图形

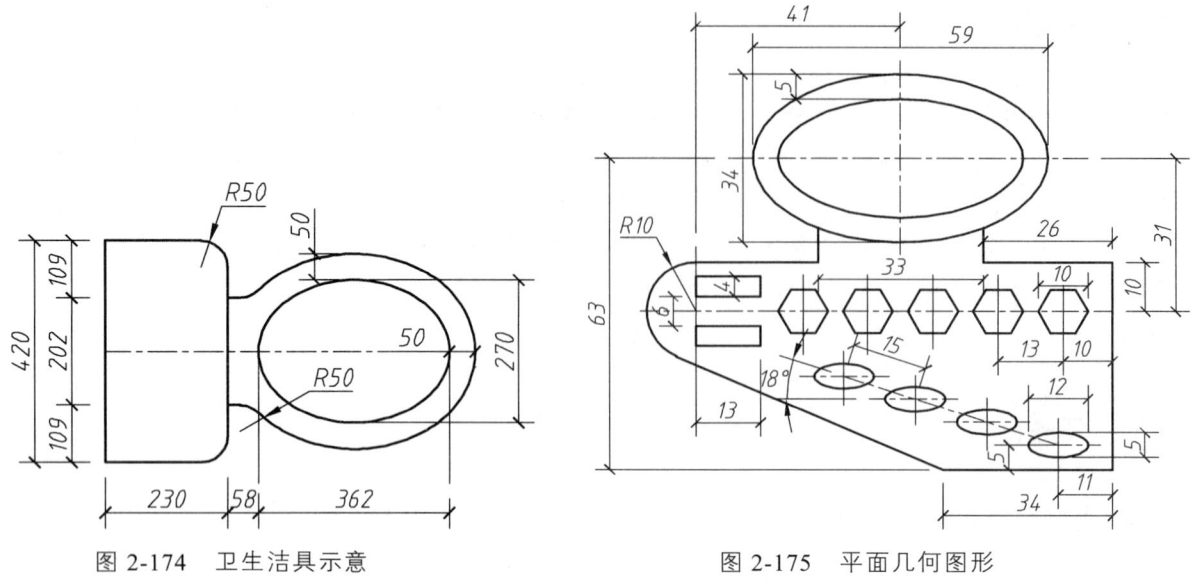

图 2-174 卫生洁具示意　　　　图 2-175 平面几何图形

任务七　编辑修改复杂平面图形

任务目标

- 会独立设置绘图环境，并能通过设置对象捕捉精确绘图。
- 会分析图形特点，并根据图形特点选用合适的绘图方法。
- 能够绘制具有对称分布或匀布特征的图形。
- 会使用多段线命令绘制图形。
- 会进行复制、移动、旋转、拉伸、缩放、对齐操作。
- 培养规范操作、耐心细致、严谨求实、互助协作的职业素质。

任务内容

绘制如图 2-176 所示的复杂几何平面图形。

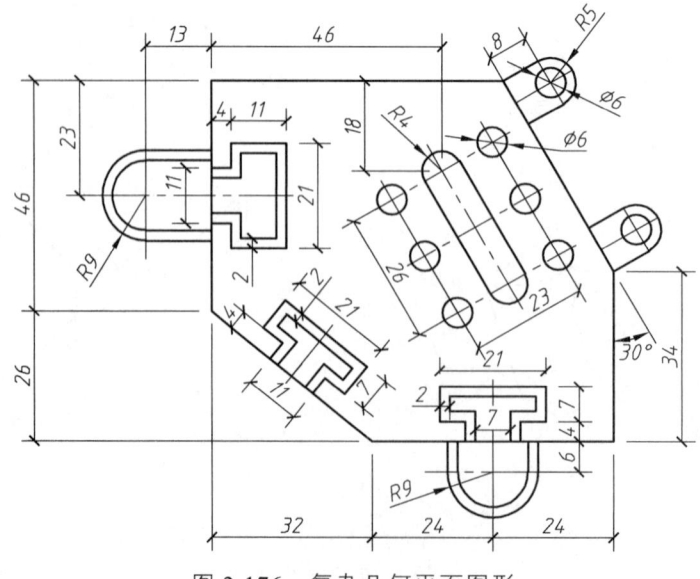

图 2-176 复杂几何平面图形

任务分析

从图 2-176 中可以看出图形主要由直线、圆和圆弧构成，图形不是对称的，但局部有图形是相似的，或是对称的，或是近似的呈阵列的图形。对于相近或相似的图形，可以先绘制出其中一个，然后通过复制、旋转、拉伸、对齐等操作完成。绘图思路如下：

（1）在 AutoCAD 中利用"样板文件"创建新图形，并设置图形文件的图层、线型、线宽及颜色。
（2）设置绘图环境。
（3）用 LINE（直线）命令配合偏移和修剪命令绘制图形外轮廓，如图 2-177 所示。
（4）用 CIRCLE（圆）命令、ALIGN（对齐）命令和 COPY（复制）命令生成图 2-178（d）所示的右上部图形。
（5）绘制图形左部、左下部、下部 3 个相似的图形。
（6）绘制中间近似阵列图形。

任务实施

步骤一　新建文件并设置图层和辅助绘图功能等绘图环境

利用模板文件"acadiso.dwt"或"ACAD 图层.dwt"新建图形文件，并设置任务分析中的图层。

步骤二　绘制图形外轮廓

用 LINE 直线命令画出外框，然后用 CHAMFER 倒角命令或 XLINE 构造线命令修剪出图形外轮廓，如图 2-177 所示。

1. 绘制矩形外框，如图 2-177（a）所示

命令：_LINE
指定第一个点：　　　　　　　　　　　//单击一点，作为 A 点
指定下一点或 [放弃（U）]：72　　　　//鼠标向下追踪，并输入追踪距离
指定下一点或 [放弃（U）]：80　　　　//鼠标向右追踪，并输入追踪距离
指定下一点或 [闭合（C）/放弃（U）]：//从 A 点向右移动光标，系统显示水平追踪线，当光标移到某一位置时，系统显示竖直追踪线，此时在两条追踪线的交点处单击一点得到 D 点
指定下一点或 [闭合（C）/放弃（U）]：//捕捉 A 点
指定下一点或 [闭合（C）/放弃（U）]：//按回车结束命令，结果如图 2-177（a）所示

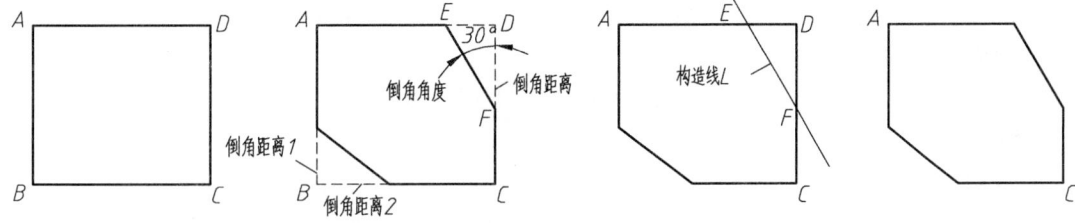

（a）绘制外框　　　（b）用倒角命令修建外框　　　（c）用构造线命令绘制　　　（d）操作结果

图 2-177　绘制图形外框

2. 用倒角命令修剪矩形外框，如图 2-177（b）所示

命令：_CHAMFER　　　　　　　　　　//调用倒角命令
（"修剪"模式）当前倒角距离 1 = 0.0000，距离 2 = 0.0000
选择第一条直线或 [放弃（U）/多段线（P）/距离（D）/角度（A）/修剪（T）/方式（E）/多个（M）]：D
//输入选项

指定 第一个 倒角距离 <0.0000>：26   //输入第一个倒角距离
指定 第二个 倒角距离 <32.0000>：32   //输入第二个倒角距离
选择第一条直线或[放弃（U）/多段线（P）/距离（D）/角度（A）/修剪（T）/方式（E）/多个（M）]：
//选择直线 AB，如图 2-177（b）所示
选择第二条直线，或按住 Shift 键选择直线以应用角点或 [距离（D）/角度（A）/方法（M）]：
//选择直线 BC，如图 2-177（b）所示

命令：_CHAMFER
（"修剪"模式）当前倒角距离 1 = 32.0000，距离 2 = 26.0000
选择第一条直线或[放弃（U）/多段线（P）/距离（D）/角度（A）/修剪（T）/方式（E）/多个（M）]：A
//输入选项
指定第一条直线的倒角长度 <0.0000>：38   //输入第一条直线倒角长度
指定第一条直线的倒角角度 <0>：30   //输入第一条直线的倒角角度
选择第一条直线或 [放弃（U）/多段线（P）/距离（D）/角度（A）/修剪（T）/方式（E）/多个（M）]：
//选择直线 CD，如图 2-177（b）所示
选择第二条直线，或按住 Shift 键选择直线以应用角点或 [距离（D）/角度（A）/方法（M）]：
//选择直线 AD，如图 2-177（b）所示

结果如图 2-177（d）所示。

步骤三 先用 LINE（直线）和 CIRCLE（圆）命令绘制出图形 M，后用 ALIGN（对齐）命令将其移动到直线 EF 上，再用 COPY（复制）命令绘制图形 N，如图 2-178 所示

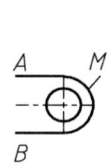 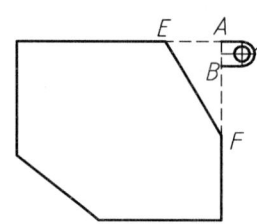 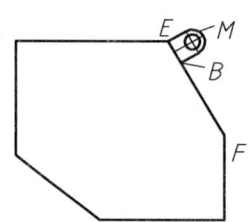 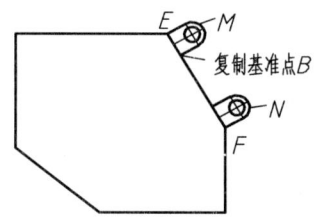

（a）绘制图形 M　　（b）对齐操作过程　　（c）对齐操作结果　　（d）复制图形 M，生成 N

图 2-178　绘制图形 M 和 N

1. 绘制图形 M，结果如图 2-178（a）所示

命令：_CIRCLE
指定圆的圆心或 [三点（3P）/两点（2P）/切点、切点、半径（T）]：
指定圆的半径或 [直径（D）] <3.0000>：5   //输入圆半径
命令：_CIRCLE
指定圆的圆心或 [三点（3P）/两点（2P）/切点、切点、半径（T）]：
指定圆的半径或 [直径（D）] <5.0000>：3   //输入圆半径
命令：_LINE
指定第一个点：   //捕捉圆 90°象限点，向左追踪
指定下一点或 [放弃（U）]：8   //输入向左追踪距离
指定下一点或 [放弃（U）]：   //按回车键结束
命令：_LINE
指定第一个点：   //捕捉圆 270°象限点，向左追踪
指定下一点或 [放弃（U）]：8   //向左追踪，并输入追踪距离
指定下一点或 [放弃（U）]：   //按回车键结束
命令：_TRIM

当前设置：投影=UCS，边=延伸
选择剪切边...
选择对象：指定对角点：找到 1 个，总计 2 个   //选择直线 A 和 B
选择对象：   //按回车键确认选择
选择要修剪的对象，或按住 Shift 键选择要延伸的对象，或
[栏选（F）/窗交（C）/投影（P）/边（E）/删除（R）/放弃（U）]：//选择左半圆弧
选择要修剪的对象，或按住 Shift 键选择要延伸的对象，或
[栏选（F）/窗交（C）/投影（P）/边（E）/删除（R）/放弃（U）]：//按回车键结束
结果如图 2-178（a）所示。

2. 用 ALIGN（对齐）命令把图形 M 对齐到直线 EF 上，如图 2-178（b）所示

命令：_ALIGN
选择对象：指定对角点：找到 6 个   //选定图形 M
选择对象：   //确认选择
指定第一个源点：   //捕捉端点 A
指定第一个目标点：   //捕捉端点 E
指定第二个源点：   //捕捉端点 B
指定第二个目标点：   //捕捉端点 F
指定第三个源点或 <继续>：   //按回车键
是否基于对齐点缩放对象？[是（Y）/否（N）] <否>：   //输入选项 N，不缩放对象
结果如图 2-178（c）所示。

3. 用 COPY（复制）命令绘制图形 N，如图 2-178（d）所示。

命令：_COPY
选择对象：指定对角点：找到 6 个   //选定图形 M
选择对象：   //确认选择
当前设置：复制模式 = 多个
指定基点或 [位移（D）/模式（O）] <位移>： //选定基准点 B，如图 2-178（d）所示
指定第二个点或 [阵列（A）] <使用第一个点作为位移>：//捕捉 F 点
指定第二个点或 [阵列（A）/退出（E）/放弃（U）] <退出>：//按回车键确认
结果如图 2-178（d）所示。

步骤四 用旋转、对齐和拉伸命令绘制图形 G_1、G_2、G_3，如图 2-179（a）所示

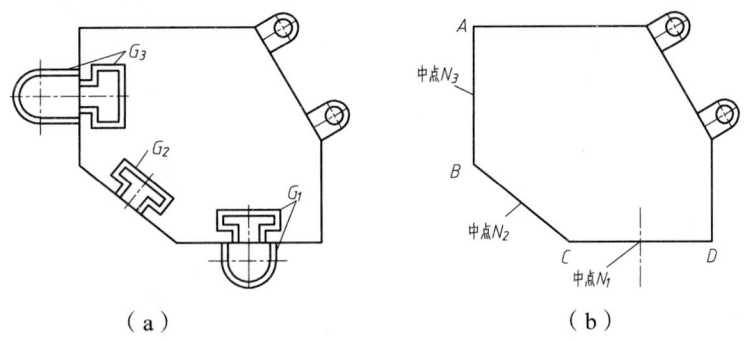

图 2-179 用旋转、对齐和拉抻命令绘图

1. 先用 PLINE（多段线）命令或用 LINE（直线）、CIRCLE（圆）命令绘制出图形 G_1，如图 2-180（a）所示

用直线命令和 CIRCLE 命令绘制图形 G_1 的方法，读者自行尝试，此处不再赘述。下面介绍用 PLINE

（多段线）命令绘制图形 G_1 的方法。

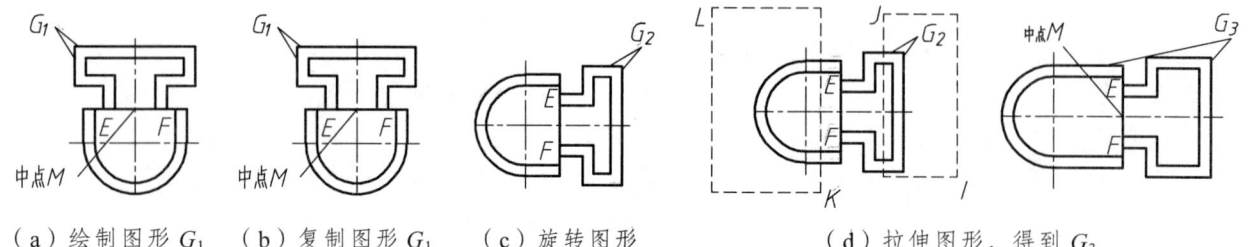

（a）绘制图形 G_1　　（b）复制图形 G_1　　（c）旋转图形　　　　（d）拉伸图形，得到 G_3

图 2-180　绘制图形 G_1、G_2、G_3

命令：_PLINE
指定起点：　　　　　　　　　　　//在屏幕上用鼠标单击一点作为起点 E
当前线宽为 0.0000
指定下一个点或 [圆弧（A）/半宽（H）/长度（L）/放弃（U）/宽度（W）]：4
　　　　　　　　　　　　　　　　//鼠标向上追踪，并输入追踪距离
指定下一点或 [圆弧（A）/闭合（C）/半宽（H）/长度（L）/放弃（U）/宽度（W）]：5
　　　　　　　　　　　　　　　　//鼠标向左追踪，并输入追踪距离
指定下一点或 [圆弧（A）/闭合（C）/半宽（H）/长度（L）/放弃（U）/宽度（W）]：7
　　　　　　　　　　　　　　　　//鼠标向上追踪，并输入追踪距离
指定下一点或 [圆弧（A）/闭合（C）/半宽（H）/长度（L）/放弃（U）/宽度（W）]：21
　　　　　　　　　　　　　　　　//鼠标向右追踪，并输入追踪距离
指定下一点或 [圆弧（A）/闭合（C）/半宽（H）/长度（L）/放弃（U）/宽度（W）]：7
　　　　　　　　　　　　　　　　//鼠标向下追踪，并输入追踪距离
指定下一点或 [圆弧（A）/闭合（C）/半宽（H）/长度（L）/放弃（U）/宽度（W）]：5
　　　　　　　　　　　　　　　　//鼠标向左追踪，并输入追踪距离
指定下一点或 [圆弧（A）/闭合（C）/半宽（H）/长度（L）/放弃（U）/宽度（W）]：4
　　　　　　　　　　　　　　　　//鼠标向下追踪，并输入追踪距离
指定下一点或 [圆弧（A）/闭合（C）/半宽（H）/长度（L）/放弃（U）/宽度（W）]：　//按回车键结束命令
命令：_PLINE　　　　　　　//重复多段线命令
指定起点：　　　　　　　　//指定起点
当前线宽为 0.0000
指定下一个点或 [圆弧（A）/半宽（H）/长度（L）/放弃（U）/宽度（W）]：6
　　　　　　　　　　　　　　　　//鼠标向下追踪，并输入追踪距离
指定下一点或 [圆弧（A）/闭合（C）/半宽（H）/长度（L）/放弃（U）/宽度（W）]：A　//输入选项圆弧（A）
指定圆弧的端点或[角度（A）/圆心（CE）/闭合（CL）/方向（D）/半宽（H）/直线（L）/半径（R）/第二个点（S）/放弃（U）/宽度（W）]：18
　　　　　　　　　　　　　　　　//鼠标向左追踪，并输入追踪距离
指定圆弧的端点或[角度（A）/圆心（CE）/闭合（CL）/方向（D）/半宽（H）/直线（L）/半径（R）/第二个点（S）/放弃（U）/宽度（W）]：L
　　　　　　　　　　　　　　　　//输入选项直线（L）
指定下一点或 [圆弧（A）/闭合（C）/半宽（H）/长度（L）/放弃（U）/宽度（W）]：6
　　　　　　　　　　　　　　　　//鼠标向上追踪，并输入追踪距离
指定下一点或 [圆弧（A）/闭合（C）/半宽（H）/长度（L）/放弃（U）/宽度（W）]：　　//按回车

键结束命令

　　命令：_OFFSET
　　当前设置：删除源=否　图层=源　OFFSETGAPTYPE=0
　　指定偏移距离或 [通过（T）/删除（E）/图层（L）]<通过>：2//输入偏移距离
　　选择要偏移的对象，或 [退出（E）/放弃（U）]<退出>：　//选择刚绘制的 G_1 外框
　　指定要偏移的那一侧上的点，或 [退出（E）/多个（M）/放弃（U）]<退出>：
　　　　　　　　　　　　　　　　　　　//在 G_1 外框内部单击一点
　　选择要偏移的对象，或 [退出（E）/放弃（U）]<退出>：　//选择刚绘制的 G_1 圆弧外框
　　指定要偏移的那一侧上的点，或 [退出（E）/多个（M）/放弃（U）]<退出>：
　　　　　　　　　　　　　　　　　　　//在 G_1 圆弧外框内部单击一点
　　指定要偏移的那一侧上的点，或 [退出（E）/多个（M）/放弃（U）]<退出>：//按回车键结束命令
结果如图 2-180（a）所示。

2. 用 COPY（复制）命令，复制线框 G_1，并旋转到水平位置，如图 2-180（b）（c）所示

　　命令：_COPY
　　选择对象：指定对角点：找到 8 个　　　//选择图形 G_1
　　选择对象：　　　　　　　　　　　　　　//按回车键确认选择
　　当前设置：复制模式 = 多个
　　指定基点或 [位移（D）/模式（O）]<位移>：　//在屏幕上指定基点
　　指定第二个点或 [阵列（A）]<使用第一个点作为位移>://在屏幕上指定一点
　　指定第二个点或 [阵列（A）/退出（E）/放弃（U）]<退出>：　//在屏幕上指定一点
　　指定第二个点或 [阵列（A）/退出（E）/放弃（U）]<退出>：　//按回车键结束命令
　　命令：_ROTATE
　　UCS 当前的正角方向：ANGDIR=逆时针　ANGBASE=0
　　选择对象：指定对角点：找到 8 个　　　//选择图 2-180（b）中的图形 G_1
　　选择对象：　　　　　　　　　　　　　　//按回车键确认选择
　　指定基点：　　　　　　　　　　　　　　//在屏幕上指定一点
　　指定旋转角度，或 [复制（C）/参照（R）]<30>：-90　//指定旋转角度
结果如图 2-180（c）所示。

3. 拉伸图形 G_2，得到 G_3，如图 2-180（d）所示

　　命令：_STRETCH
　　以交叉窗口或交叉多边形选择要拉伸的对象...
　　选择对象：指定对角点：找到 3 个　　　//单击图 2-180（d）中的 I 点，向左上移动鼠标，到 J 点
　　选择对象：　　　　　　　　　　　　　　//按回车键确认选择
　　指定基点或 [位移（D）]<位移>：　　　　//在屏幕上单击一点
　　指定第二个点或 <使用第一个点作为位移>：4　//向右追踪，并输入追踪距离
　　命令：S_STRETCH　　　　　　　　　　　//重复拉伸命令
　　以交叉窗口或交叉多边形选择要拉伸的对象...
　　选择对象：指定对角点：找到 7 个　　　//单击图 2-180（d）中的 K 点，向左上移动鼠标，到 L 点
　　选择对象：　　　　　　　　　　　　　　//按回车键确认选择
　　指定基点或 [位移（D）]<位移>：　　　　//在屏幕上单击一点
　　指定第二个点或 <使用第一个点作为位移>：7　//向左追踪，并输入追踪距离
结果如图 2-180（d）所示。

步骤五 将图形 G_1、G_3，定位到正确的位置，如图 2-181 所示

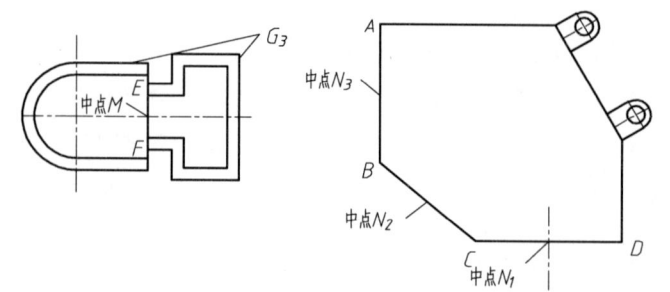

图 2-181 定位图形 G_1、G_2、G_3

1. 复制 G_1 到中心点 N_1 处

命令：_COPY
选择对象：指定对角点：找到 8 个　　　　　　　　//选择图形 G_1
选择对象：　　　　　　　　　　　　　　　　　　//按回车键确认选择
当前设置：复制模式 = 多个
指定基点或 [位移（D）/模式（O）]<位移>：　　　//捕捉 G_1 的中心点 M
指定第二个点或 [阵列（A）]<使用第一个点作为位移>：//捕捉外框中心点 N_1
指定第二个点或 [阵列（A）/退出（E）/放弃（U）]<退出>：//按回车键结束命令

2. 移动 G_3 到中心点 N_3 处

命令：_MOVE
选择对象：指定对角点：找到 8 个　　　　　　　　//选择图形 G_3
选择对象：　　　　　　　　　　　　　　　　　　//按回车键确认选择
指定基点或 [位移（D）]<位移>：　　　　　　　　//捕捉 G_3 的中心点 M
指定第二个点或 <使用第一个点作为位移>：　　　 //捕捉外框中心点 N_3

3. 对齐 G_1 到中心点 N_2 处，绘制出 G_2

命令：_ALIGN
选择对象：指定对角点：找到 2 个　　　//选择图形 G_1 中的直线框
选择对象：　　　　　　　　　　　　　//按回车键确认选择
指定第一个源点：　　　　　　　　　　//捕捉 G_1 中点 M，如图 2-182 所示

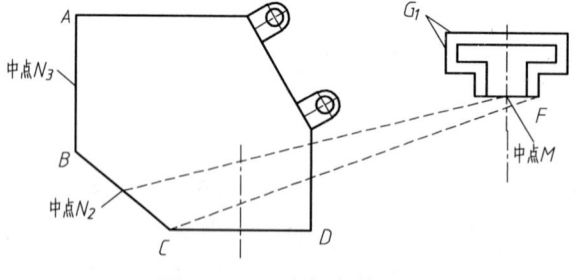

图 2-182 对齐实体 G_2

指定第一个目标点：　　　　　　　　　//捕捉外框中的中点 N_2，如图 2-182 所示
指定第二个源点：　　　　　　　　　　//捕捉 G_1 中的 F 点，如图 2-182 所示
指定第二个目标点：　　　　　　　　　//捕捉外框中的 C 点，如图 2-182 所示
指定第三个源点或 <继续>：　　　　　 //按回车键结束
是否基于对齐点缩放对象？[是（Y）/否（N）]<否>：　　//输入选项否（N）
结果如图 2-179 所示。

步骤六　画圆，并阵列对象，如图 2-183 所示

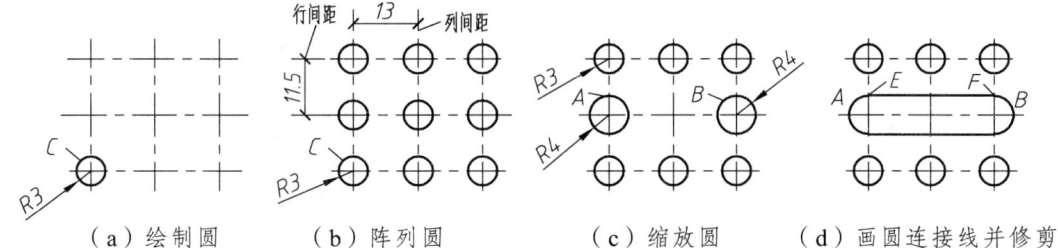

（a）绘制圆　　　（b）阵列圆　　　（c）缩放圆　　　（d）画圆连接线并修剪

图 2-183　绘制圆并阵列对象

1. 绘制定位线及圆，如图 2-183（a）所示

2. 阵列圆，如图 2-183（b）所示

命令：_ARRAY

选择对象：找到 1 个　　　　　　　　　　　　//选择圆 C

选择对象：　　　　　　　　　　　　　　　　//按回车键确认选择

输入阵列类型 [矩形（R）/路径（PA）/极轴（PO）]<矩形>：R　　　//输入阵列类型矩形（R）

类型 = 矩形　关联 = 否

选择夹点以编辑阵列或 [关联（AS）/基点（B）/计数（COU）/间距（S）/列数（COL）/行数（R）/层数（L）/退出（X）]<退出>：COL　　　　　//输入选项 COL

输入列数数或 [表达式（E）]<4>：3　　　　//输入列数

指定 列数 之间的距离或 [总计（T）/表达式（E）]<9>：13　　　　//输入列间距

选择夹点以编辑阵列或 [关联（AS）/基点（B）/计数（COU）/间距（S）/列数（COL）/行数（R）/层数（L）/退出（X）]<退出>：R　　　　　　　　　　//输入选项 R

输入行数数或 [表达式（E）]<3>：　　　　　　//输入行数

指定 行数 之间的距离或 [总计（T）/表达式（E）]<9>：11.5　//输入行间距

指定 行数 之间的标高增量或 [表达式（E）]<0>：　　//按回车键

选择夹点以编辑阵列或 [关联（AS）/基点（B）/计数（COU）/间距（S）/列数（COL）/行数（R）/层数（L）/退出（X）]<退出>：AS　　　　　　　　　//输入关联选项

创建关联阵列 [是（Y）/否（N）]<否>：　　　　//输入选项否（N）

选择夹点以编辑阵列或 [关联（AS）/基点（B）/计数（COU）/间距（S）/列数（COL）/行数（R）/层数（L）/退出（X）]<退出>：　　　　　　　　　//按回车键结束命令

结果如图 2-183（b）所示。

3. 缩放圆 A 和圆 B，如图 2-183（c）所示

命令：_SCALE

选择对象：找到 1 个　　　　　　　　　　　　//选择圆 A

选择对象：　　　　　　　　　　　　　　　　//按回车键确认选择

指定基点：　　　　　　　　　　　　　　　　//捕捉圆 A 的圆心

指定比例因子或 [复制（C）/参照（R）]：R　　//输入选项参照（R）

指定参照长度 <1.0000>：3　　　　　　　　　//输入原来圆半径

指定新的长度或 [点（P）]<1.0000>：4　　　　//输入新的圆半径

同理缩放圆 B，也可用属性来改变圆的半径。

结果如图 2-183（c）所示。

4. 删除多余的圆，如图 2-183（c）所示

5. 画圆连接线并修剪，如图 2-183（d）所示

命令：_LINE

指定第一个点： //捕捉圆 A 的 E 点

指定下一点或 [放弃（U）]： //捕捉圆 B 的 F 点

指定下一点或 [放弃（U）]： //按回车键结束命令

同理绘制另一条连接线并修剪多余的圆弧线。

结果如图 2-183（d）所示。

步骤七　画定位直线 CD，如图 2-184（a）所示

命令：_LINE

指定第一个点：FRO //正交偏移捕捉

基点： //捕捉 A 点

<偏移>：@46，-18 //输入 C 点相对于 A 点的相对坐标

指定下一点或 [放弃（U）]：PAR //输入平行线捕捉 PAR，把鼠标移到直线 EF 上，出现平行线捕捉标记，当移动鼠标到一定位置时，出线平行追踪线，如图 2-184（b）所示

到 26 //输入 CD 长度

指定下一点或 [放弃（U）]： //按回车键结束命令

结果如图 2-184（a）所示。

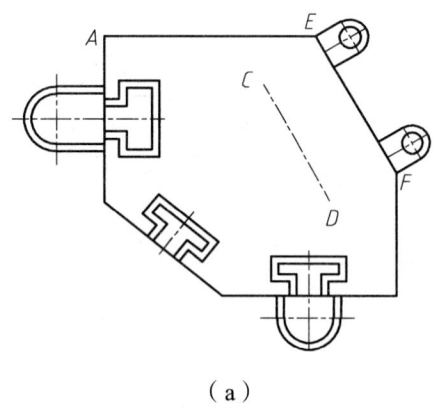 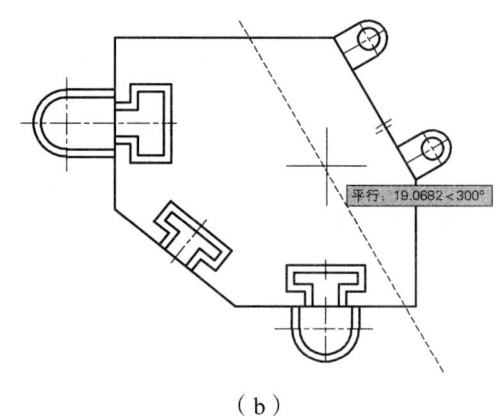

（a）　　　　　　　　　　　　　　　（b）

图 2-184　画定位直线 CD

步骤八　把矩形阵列后的圆对象定位到正确的位置上，如图 2-185 所示

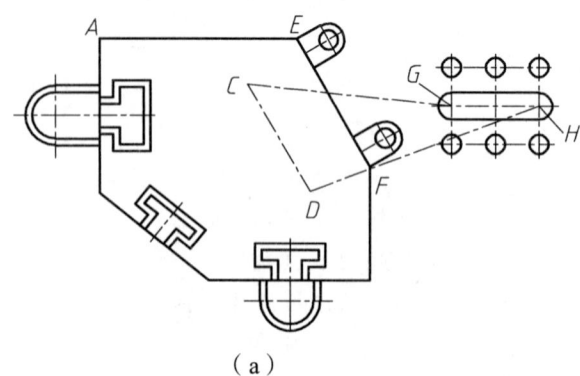 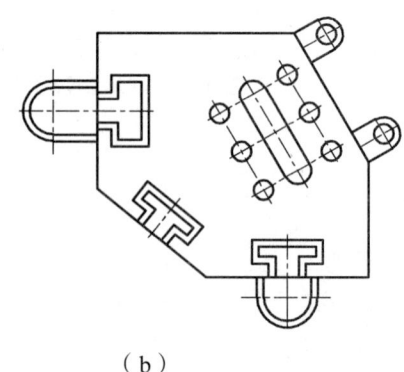

（a）　　　　　　　　　　　　　　　（b）

图 2-185　对齐图形对象

命令：_ALIGN

选择对象：指定对角点：找到 16 个 //选定矩形阵列

选择对象： //按回车键确认选择

指定第一个源点：				//捕捉 G 点
指定第一个目标点：				//捕捉 C 点
指定第二个源点：				//捕捉 H 点
指定第二个目标点：				//捕捉 D 点
指定第三个源点或 <继续>：			//按回车键
是否基于对齐点缩放对象？[是（Y）/否（N）] <否>：	//输入选项否（N）
结果如图 2-185（b）所示。

步骤九　尝试对以上图形进行标注

绘制完一个图形对象都要对图形对象进行标注。用标注工具栏对图形对象进行线性标注、对齐标注、半径和直径标注以及角度标注，如图 2-186 所示。

图 2-186　标注工具栏

步骤十　用打断命令或拉长命令或夹点编辑命令调整辅助线的长度

完成图形绘制后，对图形对象的各辅助线、定位线、标注等都可通过打断命令或拉长命令及夹点编辑命令调整到合适的位置，以使图形看起来更合理、协调、美观。

步骤十一　保存图形文件并退出

知识链接

一、绘制多段线

PLINE（多段线）是由等宽或不等宽的直线或圆弧等多条线段构成的特殊线段，这些线段所构成的图形是一个整体，可对其进行编辑。

（一）多段线命令的调用方法

绘制多段线命令有如下几种调用方法：
- 菜单栏：执行"绘图"菜单→"多段线"命令。
- 命令行：PLINE/PL。
- 用功能区按钮：单击"默认"选项卡→"绘图"功能区的多段线按钮。
- 工具栏：单击绘图工具栏上的按钮。

（二）多段线命令参数的含义

执行多段线命令过程中出现的各选项含义如下：
- 圆弧（A）：选择该选项，将以绘制圆弧的方式绘制多段线，其下的"半宽""长度""放弃"与"宽度"选项与主提示中的各选项含义相同。
- 半宽（H）：选择该选项，将指定多段线的半宽值，AutoCAD 将提示用户输入多段线的起点半宽值与终点半宽值。
- 长度（L）：选择该选项，将定义下一条多段线的长度。AutoCAD 将按照上一条线段的方向绘制这一条多段线。若上一段是圆弧，则将绘制与此圆弧相切的线段。
- 放弃（U）：选择该选项，将取消上一次绘制的一段多段线。
- 宽度（W）：选择该选项，可以设置多段线宽度值。

多段线命令在实际绘图中很有用，如在建筑工程图中绘制楼梯详图中的箭头（图 2-187）。绘制散水也可用多段线命令结合偏移命令来加快绘制速度。

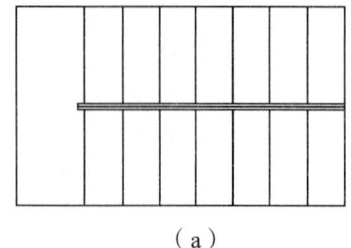 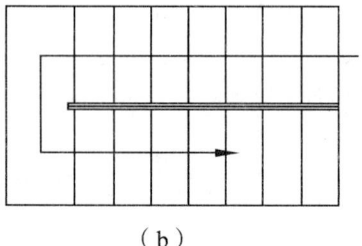

（a）　　　　　　　　　　　（b）

图 2-187　楼梯详图中的箭头

（三）多段线命令的操作方法及步骤

用多段线命令绘制如图 2-188 所示箭头的操作步骤如下：

（1）执行"绘图"菜单→"多段线"命令或单击绘图工具栏上的 按钮或直接输入 PL 命令。

（2）启动命令后，在命令行出现如下提示信息，然后根据提示进行相应的操作。

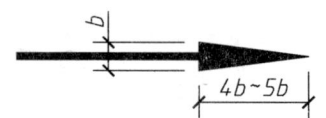

图 2-188　用多段线绘制箭头

命令：_PLINE　　//调用多段线命令

指定起点：　　//用鼠标在屏幕上指定一点作为箭头的起点

当前线宽为 0.0000　　//默认线宽为 0.0000，即没有线宽。

指定下一个点或 [圆弧（A）/半宽（H）/长度（L）/放弃（U）/宽度（W）]：W　　//输入 W 选项修改线宽

指定起点宽度 <0.0000>：1　　//输入新的起点线宽 1

指定端点宽度 <1.0000>：　　//回车，输入默认线宽为 1.0000

指定下一个点或 [圆弧（A）/半宽（H）/长度（L）/放弃（U）/宽度（W）]：20　　//输入线段的长度

指定下一点或 [圆弧（A）/闭合（C）/半宽（H）/长度（L）/放弃（U）/宽度（W）]：W　　//输入 W 选项修改线宽

指定起点宽度 <1.0000>：3　　//输入新的起点线宽 3

指定端点宽度 <3.0000>：0　　//输入端点线宽 0

指定下一点或 [圆弧（A）/闭合（C）/半宽（H）/长度（L）/放弃（U）/宽度（W）]：12　　//输入箭头长度

指定下一点或 [圆弧（A）/闭合（C）/半宽（H）/长度（L）/放弃（U）/宽度（W）]：

　　　　　　　　　　　//按 Enter 键结束命令，结果如图 2-188 所示

二、拉伸对象

拉伸（STRETCH）命令可以将选择对象按规定的方向和角度拉长或缩短，并且使对象的形状发生改变。

（一）拉伸命令的调用方法

调用拉伸命令有以下几种方式：

- 菜单栏：执行"修改"菜单→"拉伸"命令。
- 命令行：STRETCH/S。
- 用功能区按钮：单击"默认"选项卡→"修改"功能区的拉伸按钮 。
- 工具栏："修改"工具栏上的拉伸按钮 。

（二）拉伸命令参数的含义

执行拉伸命令过程中出现的各选项含义如下：
- 基点：拉伸的基准点
- 位移（D）：要拉伸的位移值。

（三）拉伸命令的操作方法及步骤

在执行拉伸命令时，要使用"交叉窗口"选择要拉伸的对象，所有与交叉窗口边界相交的对象都将被拉伸，而那些完全处于窗口之中的对象仅仅发生移动。

拉伸命令的操作步骤如下：

（1）执行"修改"菜单→"拉伸"命令或单击"修改"工具栏上的拉伸按钮 ，或输入 S 命令。

（2）根据命令行提示，用交叉窗口选择要拉伸的对象，然后按提示信息进行相应的操作。

下面以如图 2-189 所示的窗户为例，说明拉伸命令的相关操作。

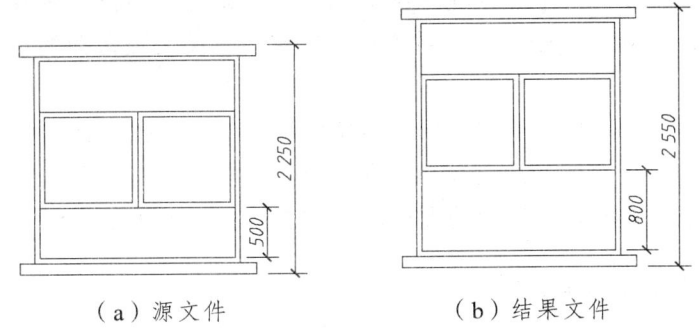

（a）源文件　　　　　（b）结果文件

图 2-189　拉伸操作

命令：_STRETCH　　　　　　　　　　　　//调用修剪命令
以交叉窗口或交叉多边形选择要拉伸的对象...
选择对象：指定对角点：找到 8 个
　　　　//用鼠标单击 A 点，然后向左移动到 B 点，如图 2-190 所示

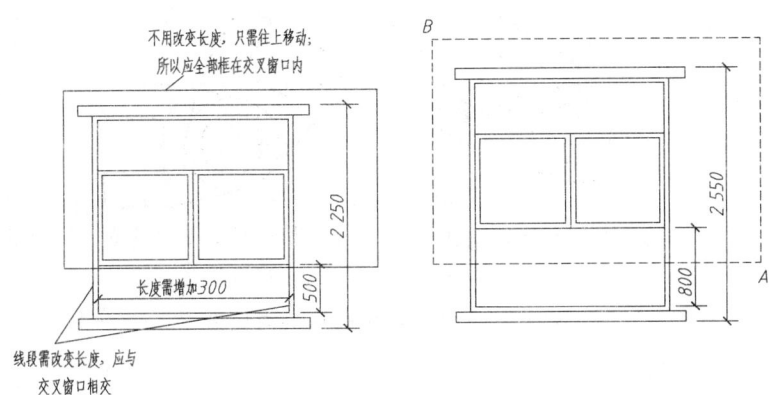

图 2-190　交叉窗口选择

选择对象：　　　　　　　　　　//按 Enter 键确认选择
指定基点或 [位移（D）]<位移>：　　//在屏幕上捕捉一点作为基点
指定第二个点或 <使用第一个点作为位移>：300
　　　//输入拉伸长度 300，并回车完成窗户的修改，结果如图 2-189（b）所示

三、旋转对象

ROTATE 命令可以旋转图形对象，改变图形对象的方向。使用此命令时，用户指定旋转基点并输

入旋转角度就可以转动图形实体。此外，也可以某个方位作为参照位置，然后选择一个新对象或输入一个新角度值来指明要旋转到的位置。

（一）旋转命令的调用方法

调用旋转命令有以下几种方式：
- 菜单栏：执行"修改"菜单→"旋转"命令。
- 命令行：ROTATE/RO。
- 用功能区按钮：单击"默认"选项卡→"修改"功能区的旋转按钮。
- 工具栏："修改"工具栏旋转按钮。

（二）旋转命令参数的含义

以图 2-191（a）所示的源文件为例，执行旋转命令过程中出现的各选项含义如下：
- 指定旋转角度：指定旋转基点并输入绝对旋转角度来旋转实体。旋转角是基于当前用户坐标系测量的。如果输入负的旋转角，则选定的对象顺时针旋转，反之被选择的对象将逆时针旋转，如图 2-191（b）所示。
- 复制（C）：复制一个新的源对象，而源对象保持不变，如图 2-191（c）所示。
- 参照（R）：指定某个方向作为起始参照角，然后选择一个新对象以指定原对象要旋转到的位置，也可以输入新角度值来指明要旋转到的方位，如图 2-191（d）所示。

（三）旋转命令的操作方法及步骤

1. 旋转命令的操作步骤

旋转命令的操作步骤如下：
（1）执行"修改"菜单→"旋转"命令或单击"修改"工具栏旋转按钮或输入 RO 命令。
（2）选择要旋转的源对象，并指定基点。
（3）指定旋转的角度或参照角度或是复制一个新的旋转对象。

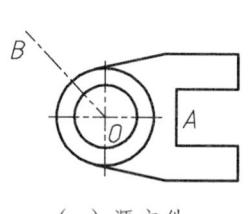   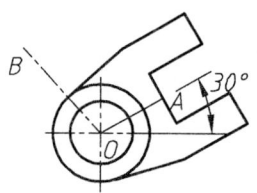   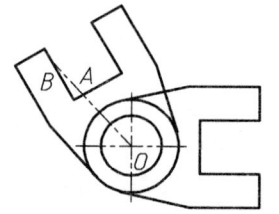   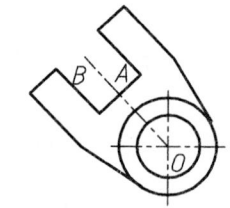

（a）源文件　　　　（b）旋转角度后效果　　（c）用复制 C 选项后的旋转效果　　（d）用参照 R 参数后的旋转效果

图 2-191　几种参数旋转后的对比效果

2. 旋转命令的操作命令提示

（1）如图 2-191（b）所示的旋转效果，操作提示如下：

命令：_ROTATE　　　　　　　　　　　//调用旋转命令
UCS 当前的正角方向：ANGDIR=逆时针　ANGBASE=0
选择对象：指定对角点：找到 10 个　　//选择如图 2-191（a）所示的大圆外的所有线框
选择对象：　　　　　　　　　　　　//按 Enter 键确认
指定基点：　　　　　　　　　　　　//捕捉 O 点作为旋转基点
指定旋转角度，或 [复制（C）/参照（R）] <120>：30　//输入旋转角度，结果如图 2-191（b）
（2）如图 2-191（c）所示的旋转效果，操作提示如下：
命令：_ROTATE　　　　　　　　　　　//调用旋转命令

UCS 当前的正角方向：ANGDIR=逆时针　ANGBASE=0
选择对象：指定对角点：找到 10 个　　//选择如图 2-191（a）所示的大圆外的所有线框
选择对象：　　　　　　　　　　　　　//按 Enter 键确认
指定基点：　　　　　　　　　　　　　//捕捉 O 点作为旋转基点
指定旋转角度，或 [复制（C）/参照（R）] <0>：c　　//输入复制（C）选项
旋转一组选定对象。
指定旋转角度，或[复制（C）/参照（R）]<0>：120　//输入旋转角度，结果如图 2-191（c）所示
（3）如图 2-191（d）所示的旋转效果，操作提示如下：
命令：_ROTATE　　　　　　　　　　　//调用旋转命令
UCS 当前的正角方向：ANGDIR=逆时针　ANGBASE=0
选择对象：指定对角点：找到 10 个　　//选择如图 2-191（a）所示的大圆外的所有线框
选择对象：　　　　　　　　　　　　　//按 Enter 键确认
指定基点：　　　　　　　　　　　　　//捕捉 O 点作为旋转基点
指定旋转角度，或 [复制（C）/参照（R）]<120>：R　　//输入参照（R）选项
指定参照角 <0>：　　　　　　　　　　//捕捉 O 点
指定第二点：　　　　　　　　　　　　//捕捉 A 点
指定新角度或 [点（P）] <0>：　　　　//捕捉 B 点，结果如图 2-191（d）所示

四、对齐实体

ALIGN 命令可以同时移动、旋转一个对象使之与另一对象对齐。

（一）对齐命令的调用方法

调用对齐命令有以下几种方式：
- 菜单栏：执行"修改"菜单→"三维操作"→"对齐"命令。
- 命令行：ALIGN/AL。
- 用功能区按钮：单击"默认"选项卡→"修改"功能区的对齐按钮 。

（二）对齐命令参数的含义

执行对齐命令过程中出现的各选项含义如下：
- 是（Y）：基于对齐点缩放源图形对象。
- 否（N）：基于对齐点不缩放图形对象。

（三）对齐命令的操作方法及步骤

对齐命令的操作步骤如下：
（1）执行"修改"菜单→"三维操作"→"对齐"命令或在命令行输入 AL 命令。
（2）选择要对齐的所有源对象。
（3）在源对象上指定第一个源点，在目标对象上指定第一个目标点。
（4）在源对象上指定第二个源点，在目标对象上指定第二个目标点。
（5）如果还有第三个对齐的源点和目标点，继续选择，如果没有则按回车键。
（6）输入"是否基于对齐点缩放对象？[是（Y）/否（N）] <否>："选项，结束命令。
如图 2-192 中，要把床移动到房间里面，可以通过对齐命令直接实现，其命令操作提示如下：
命令：_ALIGN　　　　　　　　　　　　//调用对齐命令
选择对象：指定对角点：找到 1 个　　　//选择所有源对象
选择对象：　　　　　　　　　　　　　//按 Enter 键

指定第一个源点： //捕捉第一个源点 A
指定第一个目标点： //捕捉第一个目标点 C
指定第二个源点： //捕捉第二个源点 B
指定第二个目标点： //捕捉第二个目标点 D
指定第三个源点或 <继续>： //按 Enter 键
是否基于对齐点缩放对象？[是（Y）/否（N）]<否>： //按 Enter 键，不缩放源对象床

结果如图 2-192（b）所示。

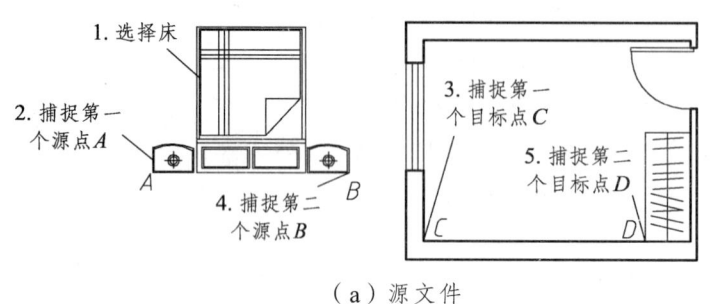
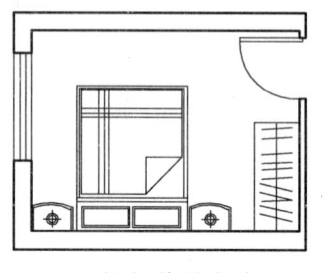

（a）源文件　　　　　　　　　　　　　　　　（b）结果文件

图 2-192　对齐操作

五、按比例缩放对象

缩放（SCALE）命令可将对象按指定的比例因子相对于基点放大或缩小。

（一）缩放命令的调用方法

调用缩放命令有以下几种方式：

- 菜单栏：执行"修改"菜单→"缩放"命令。
- 命令行：SCALE/SC。
- 用功能区按钮：单击"默认"选项卡→"修改"功能区的缩放按钮 □。
- 工具栏：【修改】工具栏 □ 按钮。

（二）缩放命令参数的含义

执行缩放命令过程中出现的各选项含义如下：

- 指定比例因子：直接输入缩放比例因子，AutoCAD 根据此比例因子缩放图形。若比例因子小于 1，则缩小对象；否则，放大对象。
- 复制（C）：此方式和指定比例因子或参照方式缩放图形对象时相似，区别是缩放前的对象会保留。
- 参照（R）：以参照方式缩放图形。用户输入参考长度及新长度，AutoCAD 把新长度与参考长度的比值作为缩放比例因子进行缩放。

（三）缩放命令的操作方法及步骤

1. 缩放命令的操作步骤

以图 2-193（a）所示的源对象为例，缩放命令的操作步骤如下：

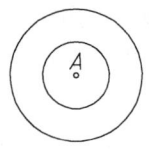
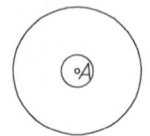
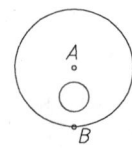

（a）源对象　　　（b）以 A 为基点，比例因子=0.5　　（c）以 B 为基点，比例因子=0.5

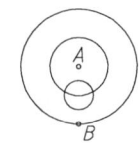 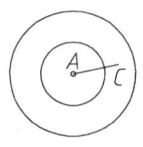 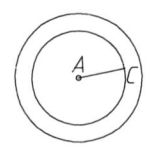

（d）以 B 为基点，复制（C）选项缩放，　（e）以 A 为基点，参照（R）选项进行缩放后，圆半径=AC
　　　比例因子=0.5

图 2-193　几种参数缩放后的对比效果

（1）执行"修改"菜单→"缩放"命令或在命令行输入 SC 命令或单击"修改"工具栏上的缩放按钮。

（2）选择要缩放的图形对象。

（3）按相应的命令提示进行相应的操作。

2. 缩放命令的操作提示

（1）如图 2-193（b）所示的缩放效果，操作提示如下：

命令：_SCALE　　　　　　　　　　//调用缩放命令

选择对象：找到 1 个　　　　　　　//选择如图 2-193（a）所示的小圆

选择对象：　　　　　　　　　　　//按 Enter 键确认

指定基点：　　　　　　　　　　　//捕捉小圆圆心 A 点作为缩放基点

指定比例因子或 [复制（C）/参照（R）]：0.5　　//输入比例因子 0.5，结果如图 2-193（b）所示

（2）如图 2-193（c）所示的缩放效果，操作提示如下：

命令：_SCALE　　　　　　　　　　//调用缩放命令

选择对象：找到 1 个　　　　　　　//选择如图 2-193（a）所示的小圆

选择对象：　　　　　　　　　　　//按 Enter 键确认

指定基点：　　　　　　　　　　　//捕捉大圆 B 点作为缩放基点

指定比例因子或 [复制（C）/参照（R）]：0.5　　//输入比例因子 0.5，结果如图 2-193（c）所示

（3）如图 2-193（d）所示的缩放效果，操作提示如下：

命令：_SCALE　　　　　　　　　　//调用缩放命令

选择对象：找到 1 个　　　　　　　//选择如图 2-193（d）所示的小圆

选择对象：　　　　　　　　　　　//按 Enter 键确认

指定基点：　　　　　　　　　　　//捕捉大圆 B 点作为缩放基点

指定比例因子或 [复制（C）/参照（R）]：C　　//输入选项复制（C）

缩放一组选定对象。

指定比例因子或 [复制（C）/参照（R）]：0.5　　//输入比例因子 0.5，结果如图 2-193（d）所示

（4）如图 2-193（e）所示的缩放效果，操作提示如下：

命令：_SCALE　　　　　　　　　　//调用缩放命令

选择对象：找到 1 个　　　　　　　//选择如图 2-193（e）左图所示的小圆

选择对象：　　　　　　　　　　　//按 Enter 键确认

指定基点：　　　　　　　　　　　//捕捉小圆圆心作为缩放基点

指定比例因子或 [复制（C）/参照（R）]：R　　//输入选项参照（R）

指定参照长度 <1.0000>：　　　　　//捕捉小圆圆心 A 点

指定第二点：　　　　　　　　　　//捕捉小圆圆周上任一点

指定新的长度或 [点（P）] <1.0000>：　　//捕捉 C 点，结果如图 2-193（e）右图所示

六、打断对象

打断对象是指把已有的线条分离为两段,被分离的线段只能是单独的线条,不能打断任何组合形体,如图块等。BREAK命令可以删除对象的一部分,常用于打断直线、圆、圆弧、椭圆等,此命令既可以在一个点打断对象,也可以在指定的两点间打断对象。

(一)打断命令的调用方法

调用打断命令有以下几种方式:
- 菜单栏:执行"修改"菜单→"打断"。
- 命令行:BREAK/BR。
- 用功能区按钮:单击"默认"选项卡→"修改"功能区的按钮 和 。
- 工具栏:"修改"工具栏 "打断于点"按钮 或"打断"按钮 。

(二)打断命令参数的含义

执行打断命令过程中出现的各选项含义如下:
- 指定第二个打断点:在图形对象上选取第二点后,AutoCAD将第一打断点与第二打断点间的部分删除。此时选择对象时单击的位置默认是第一个打断点位置。
- 第一点(F):该选项使用户可以重新指定第一打断点。

(三)打断命令的操作方法及步骤

1. 打断命令操作步骤

以图2-194(a)所示的源对象为例,打断命令的操作步骤如下:

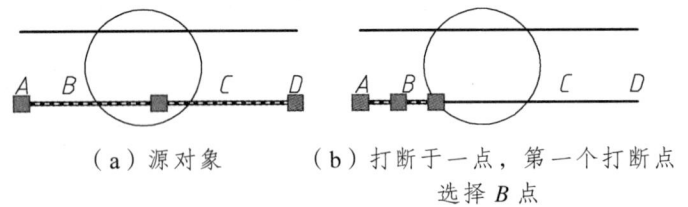

(a)源对象　　(b)打断于一点,第一个打断点选择B点　　(c)以两点方式打断对象,第一点为B,第二点为C点

图2-194　两种打断方式效果对比

(1)执行"修改"菜单→"打断"命令或单击"修改"工具栏"打断于点"按钮 或"打断"按钮 或输入BR命令。

(2)选择要打断的源对象。

(3)根据命令行提示,选择相应的参数进行操作。

2. 打断命令的操作命令提示

(1)将对象打断于一点的命令提示如下,如图2-194(b)所示。

命令:_BREAK　　　　　　//调用打断于一点命令
选择对象:　　　　　　　//选择要打断的对象
指定第二个打断点 或 [第一点(F)]:_F　　//系统自动选择"第一点"选项,表示重新指定打断点
　指定第一个打断点:　　　　//在对象上要打断的位置单击鼠标
　指定第二个打断点:@　　　//系统自动输入@符号,表示第二个打断点与第一个打断点为同一点,然后系统将对象无缝断开,并退出打断命令

(2)以两点方式打断对象的命令提示如下,如图2-194(c)所示。

命令:_BREAK　　　　　　//调用打断于一点命令

选择对象： //选择要打断的对象
指定第二个打断点 或 [第一点（F）]：F　　　　//输入选项"第一点（F）"
指定第一个打断点： //捕捉并单击线条与圆最左侧相交的 B 点，作为打断第一个打断点
指定第二个打断点： //捕捉并单击线条与圆最右侧相交的 C 点，打断并删除 BC 线段

七、合并对象

合并对象（JOIN）是指将相似的图形对象合并为一个对象，可以合并的对象包括圆弧、椭圆弧、直线、多段线和样条曲线，它和打断命令相对应。并不是所有图形都能合并，例如要合并的直线必须共线，要合并的圆弧必须位于同一假想的圆上，等等，如图 2-195 所示。

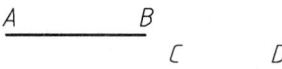
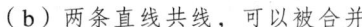

（a）两条直线不共线不能被合并　　　　（b）两条直线共线，可以被合并

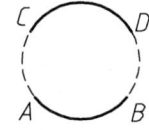
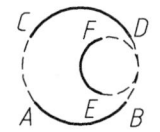

（c）两段圆弧共线，可以被合并　　　　（d）两段圆弧不共线，不能被合并

图 2-195　是否可合并图形对象示例

（一）合并对象命令的调用方法

调用合并对象命令有以下几种方式：
- 菜单栏：执行"修改"菜单→"合并"命令。
- 命令行：JOIN/J。
- 用功能区按钮：单击"默认"选项卡→"修改"功能区的合并按钮 ┅┅。
- 工具栏："修改"工具栏合并按钮 ┅┅。

（二）合并命令的操作方法及步骤

合并命令的操作步骤如下：
（1）执行"修改"菜单→"合并"命令或单击"修改"工具栏合并按钮 ┅┅ 或输入 J 命令。
（2）选择要合并的对象。
（3）按 Enter 键确认。

命令：_JOIN　　　　　　　　　　　　　//调用合并命令
选择源对象或要一次合并的多个对象：找到 1 个 //选择合并圆弧 CD
选择要合并的对象：找到 1 个，总计 2 个 //选择合并圆弧 AB
选择要合并的对象： //按 Enter 键确认
2 条圆弧已合并为 1 条圆弧，结果如图 2-196 所示。

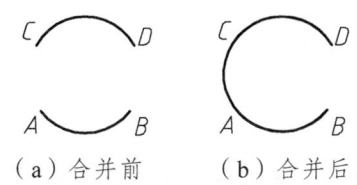

（a）合并前　（b）合并后

图 2-196　合并图形前后效果对比

八、倒角对象

倒角（CHAMFER）命令用于将两条非平行直线或多段线做出有斜度的倒角。

（一）倒角命令的调用方法

调用倒角命令有以下几种方式：
- 菜单栏：执行"修改"菜单→"倒角"命令。
- 命令行：CHAMFER/CHA。
- 用功能区按钮：单击"默认"选项卡→"修改"功能区的倒角按钮 ◢。
- 工具栏："修改"工具栏倒角按钮 ◢。

（二）倒角命令参数的含义

执行倒角命令过程中出现的各选项含义如下：
- 放弃（U）：恢复在命令中执行的上一个操作。
- 多段线（P）：对整个二维多段线进行倒角（前提是先设置倒角距离），如图 2-197 所示。
- 距离（D）：设置倒角的距离，可以设置相等的距离，也可以设置不相等的距离。如果设置不相等的倒角距离，那么在设置第一个和第二个倒角距离，以及选择第一条和第二条倒角直线时要注意顺序，如图 2-198 所示。

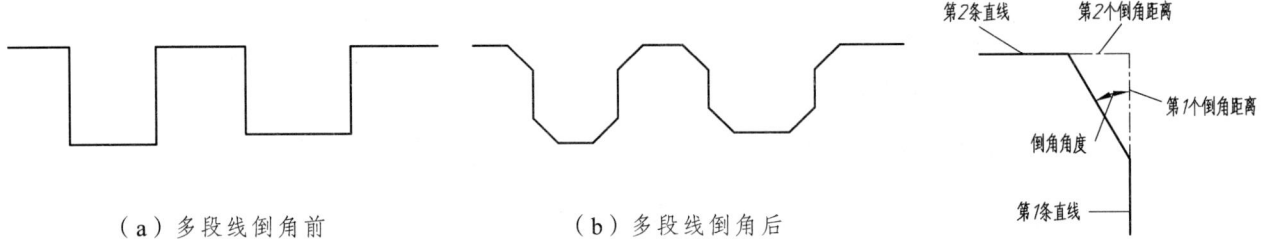

（a）多段线倒角前　　　　（b）多段线倒角后

图 2-197　多段线倒角效果　　　　　　　图 2-198　倒角命令的组成要素

- 角度（A）：用第一条线的倒角距离和第二条线的角度设定倒角距离。
- 修剪（T）：设置在倒角的同时是否修剪图形，默认为"修剪"模式，如果不修剪，效果如图 2-199 所示。
- 方式（E）：设置创建倒角的方式，有"距离"和"角度"两种方式。
- 多个（M）：用于连续为多组对象设置倒角，否则执行一次 CHAMFER（倒角）命令将只能对一组对象进行倒角。

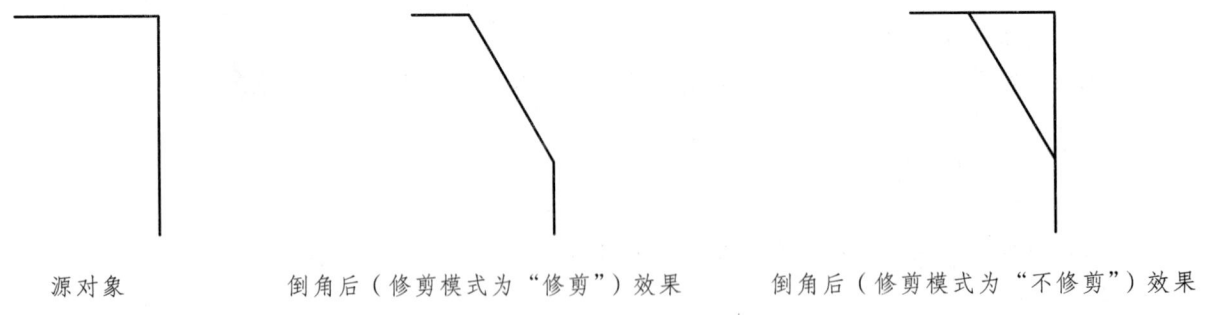

源对象　　　　倒角后（修剪模式为"修剪"）效果　　　　倒角后（修剪模式为"不修剪"）效果

图 2-199　修剪（T）参数的不同效果对比

（三）倒角命令的操作方法及步骤

倒角命令的操作步骤如下：
（1）执行"修改"菜单→"倒角"命令或单击"修改"工具栏倒角按钮 ◢ 或输入 CHA 命令。
（2）选择倒角参数，即如何制作倒角。
（3）然后根据命令提示信息进行相应操作。
如图 2-200 所示的倒角操作，命令提示如下：

命令：_CHAMFER　　　　　　　//调用倒角命令
（"修剪"模式）当前倒角距离 1 = 1.0000，距离 2 = 2.0000
　　选择第一条直线或 [放弃（U）/多段线（P）/距离（D）/角度（A）/修剪（T）/方式（E）/多个（M）]：d
　　　　　　　　　　　　//选择倒角参数命令 D
　　指定 第一个 倒角距离 <21.0000>：21
　　　　　　　　　　　　//指定第一个倒角距离
　　指定 第二个 倒角距离 <21.0000>：37　　　//指定第二个倒角距离
　　选择第一条直线或 [放弃（U）/多段线（P）/距离（D）/角度（A）/修剪（T）/方式（E）/多个（M）]：
　　　　　　　　　　　　//选择第一个倒角距离对应的倒角直线
　　选择第二条直线，或按住 Shift 键选择直线以应用角点或 [距离（D）/角度（A）/方法（M）]：
　　　　　　　　　　　　//选择第二个倒角距离对应的倒角直线

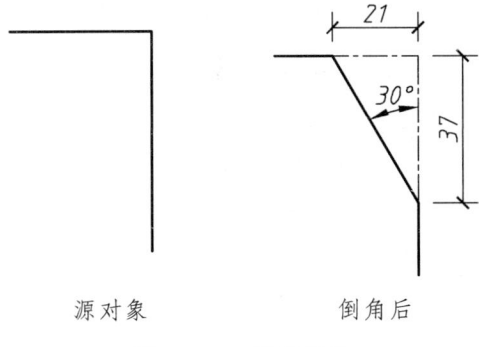

图 2-200　倒角操作

九、光顺曲线

光顺曲线（BLEND）命令在两条开放曲线的端点之间创建相切或平滑的样条曲线，此命令适用的有效对象包括直线、圆弧、椭圆弧、螺线、开放的多段线和开放的样条曲线（开放是指未封闭）。

（一）光顺曲线命令的调用方法

调用光顺曲线命令有以下几种方式：
- 菜单栏：执行"修改"菜单→"光顺曲线"命令。
- 命令行：BLEND/BL。
- 用功能区按钮：单击"默认"选项卡→"修改"功能区的光顺曲线按钮。
- 工具栏："修改"工具栏上的光顺曲线按钮。

（二）光顺曲线命令参数的含义

执行光顺曲线命令过程中出现的选项含义如下：
- 连续性（CON）：输入 CON 修改光顺曲线连续性参数是相切（T）或是平滑（S）。
- 相切（T）：以相切方式连接两条开放曲线。
- 平滑（S）：以平滑方式连接两条开放曲线。

（三）光顺曲线命令的操作方法及步骤

光顺曲线命令的操作步骤如下：
（1）执行"修改"菜单→"光顺曲线"命令或单击"修改"工具栏光顺曲线按钮或输入 BL 命令。
（2）输入 CON 参数修改连接方式。
（3）在要连接端点附近选择相应的两个对象完成操作（生成的样条曲线的形状取决于指定的连续性，选定对象的长度保持不变）。

如图 2-201 所示，光顺曲线命令提示如下：

命令：_BLEND　　　　　　//调用光顺曲线命令
连续性 = 相切
选择第一个对象或 [连续性（CON）]：
　　　　　　　　　　　　//选择第一条直线
选择第二个点：　　　　　//选择第二条直线

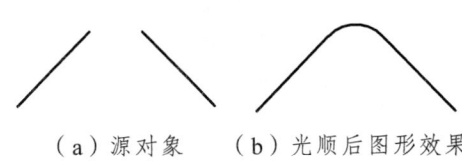

（a）源对象　　（b）光顺后图形效果

图 2-201　光顺曲线操作

十、夹点编辑

夹点编辑方式是一种集成的编辑模式，该模式包含了 5 种编辑方法：拉伸、移动、旋转、比例缩放、镜像。

夹点就是一些实心的蓝色小方块，当图形被选中时，图形的关键点（比如中点、端点、圆心等）上将出现夹点，如图 2-202 所示。

在辅助绘图工具栏中启用了动态输入功能后，利用夹点可以很方便地知道某个图形的一些基本信息，如图 2-203 所示。

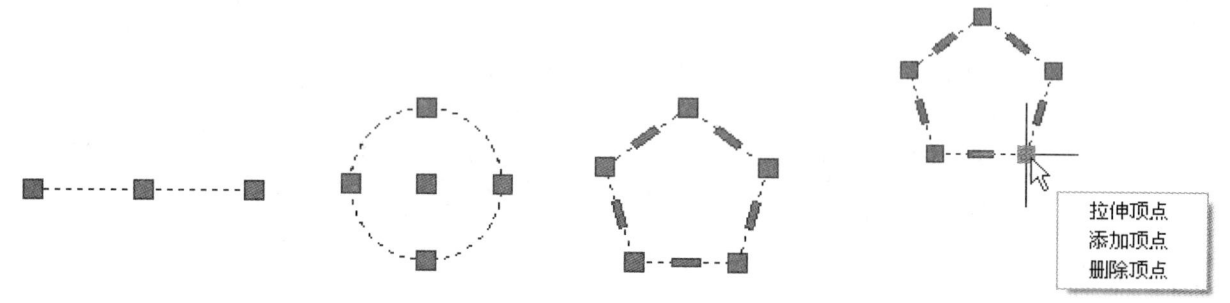

图 2-202　夹点示意图　　　　　　　　　图 2-203　通过夹点了解图形信息

十一、改变对象属性

（一）用"特性"选项板（PROPERTIES）编辑图形元素属性

在 AutoCAD 中，对象属性是指系统赋予对象的包括颜色、线型、图层、高度、文字样式等特性，例如直线、曲线包含图层、线型、颜色等属性项目，而文本则具有图层、颜色、字体、字高等特性。调用"特性"选项板有以下几种方式：

- 菜单栏：执行"修改"菜单→"特性"命令。
- 命令行：**PROPERTIES** /PROPS。
- 用功能区按钮：单击"默认"选项卡→"特性"功能区右下角图标。
- 工具栏："标准"工具栏中的"特性"按钮。

执行特性命令后，会弹出"特性"选项板。用户在该选项板中，可以更改其中列出的对象属性。

（二）属性匹配

MATCHPROP 命令是一个非常有用的编辑工具。用户可使用此命令将源对象的属性（如颜色、线型、图层、线型比例等）传递给目标对象。调用属性匹配命令有以下几种方式：

- 菜单栏：执行"修改"菜单→"特性匹配"命令。
- 命令行：MATCHPROP/MA。
- 用功能区按钮：单击"默认"选项卡→"修改"功能区的特性匹配按钮。
- 工具栏："标准"工具栏中的"特性匹配"按钮。

此命令的操作方法很简单，启动命令后，选择源对象，然后把鼠标移动到目标对象上，单击鼠标左键。即可把源对象的特性传递给目标对象。

任务拓展

【2-7-1】绘制图 2-204 所示的图形。

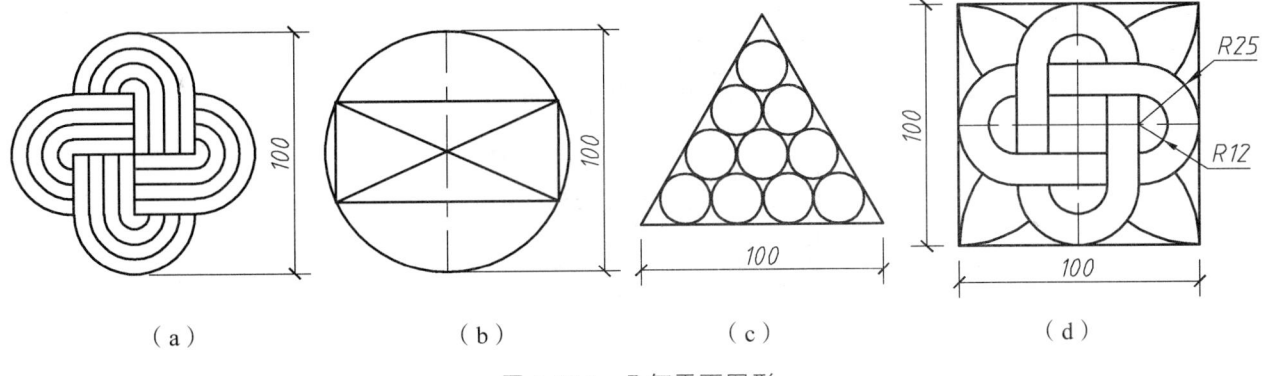

(a) (b) (c) (d)

图 2-204 几何平面图形

【2-7-2】绘制图 2-205 所示的图形。

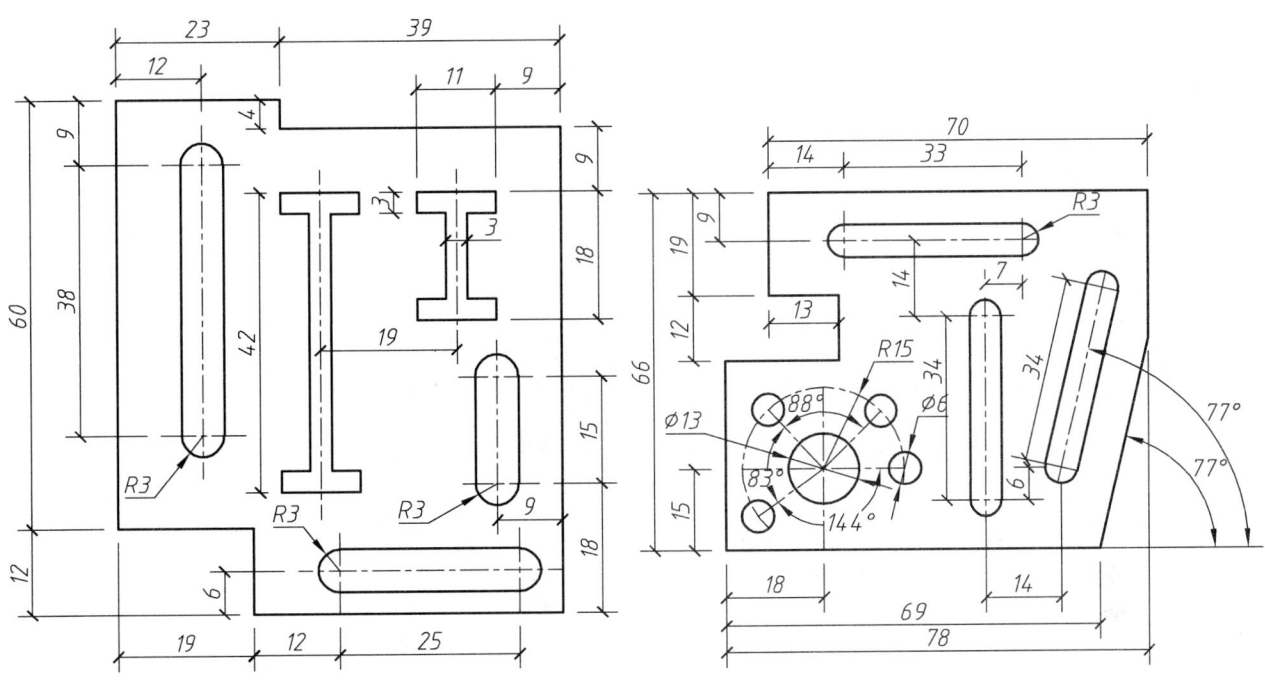

图 2-205 几何平面图形

【2-7-3】绘制图 2-206 所示的平面图形。

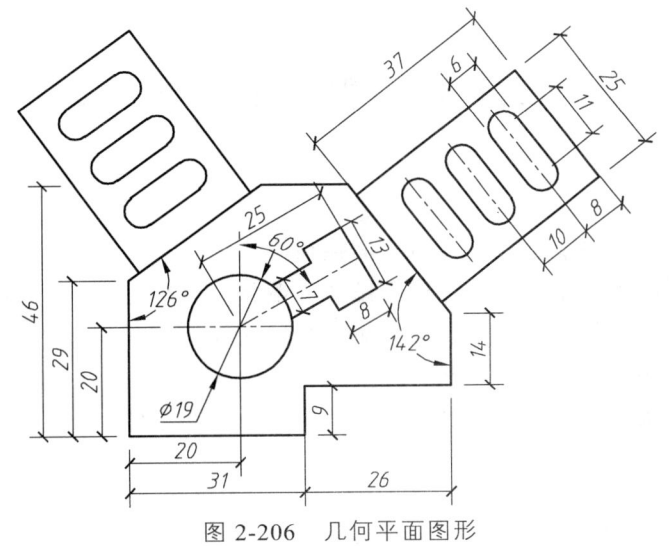

图 2-206 几何平面图形

【2-7-4】绘制图 2-207 所示的窗户。

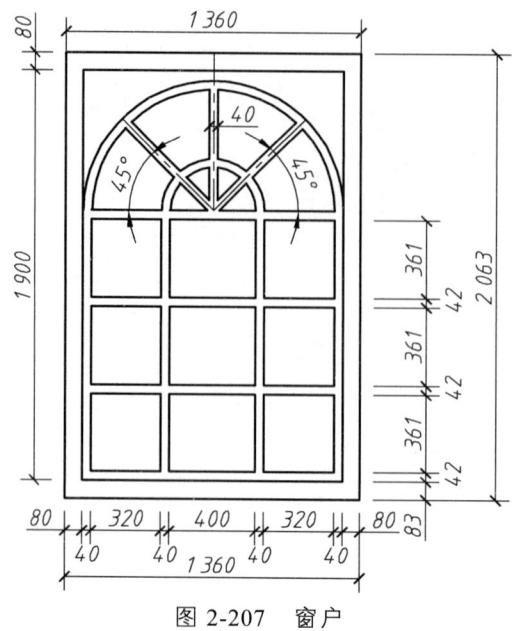

图 2-207 窗户

【2-7-5】绘制图 2-208 所示的平面餐桌和餐椅。

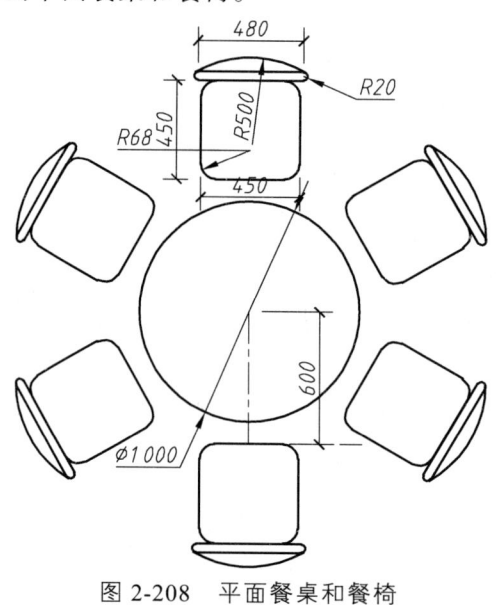

图 2-208 平面餐桌和餐椅

任务八 绘制基础大样图

任务目标

- 会独立设置绘图环境并能通过设置对象捕捉精确绘图。
- 会运用基本绘图命令绘制图形，并使用镜像、偏移等编辑命令快速生成图形。
- 会使用多段线和多段线编辑命令及圆环命令绘制钢筋。
- 会应用不同的图例填充图形。
- 培养规范操作、耐心细致、严谨求实、互助协作的职业素质。

任务内容

绘制如图 2-209 所示的基础大样图。

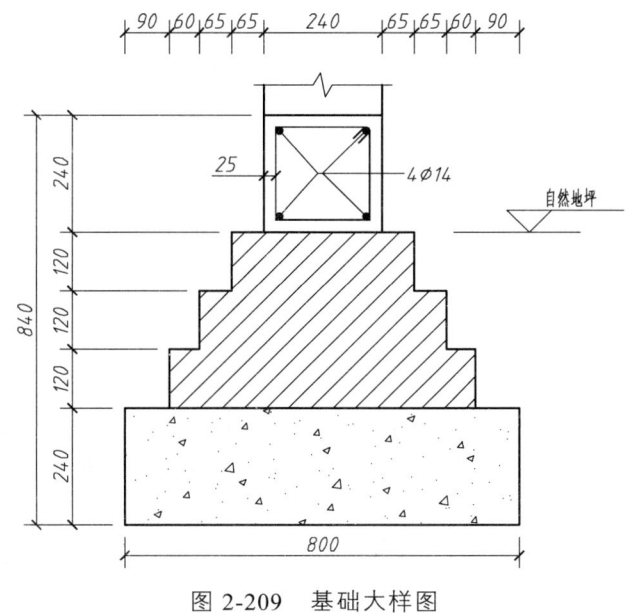

图 2-209 基础大样图

任务分析

从图 2-209 中可以看出图形主要由直线、矩形和圆点构成，图形左右是对称的。上面 4 根钢筋也是局部对称摆放的。图中用不同的图例标示出了基础的材质，其中的钢筋在图层中要用粗实线绘制。绘图思路如下：

（1）在 AutoCAD 中利用"样板文件"创建新图形，并设置图形文件的图层、线型、线宽及颜色，要求如下：

图层名称	图层颜色	线型	线宽
轮廓线层	白色	Continuous	0.35 mm
中心线层	红色	Center	0.15 mm
标注层	绿色	Continuous	0.15 mm
文字层	青色	Continuous	0.15 mm
填充层	蓝色	Continuous	默认
细实线层	白色	Continuous	默认
钢筋层	白色	Continuous	0.50 mm

（2）设置绘图环境。
（3）用 RECTANG（矩形）命令和 LINE（直线）命令绘制下部矩形和左部直线。
（4）用 MIRROR（镜像）命令生成矩形上面右部直线。
（5）绘制折断线。
（6）绘制钢筋。
（7）填充图形。
（8）标注尺寸及标高。

任务实施

步骤一 新建文件

利用模板文件"acadiso.dwt"或"ACAD 图层.dwt"新建图形文件，并设置任务分析中新增的图层填充层、细实线层和钢筋层，具体见任务分析。

步骤二 设置辅助绘图功能精确绘图

步骤三 绘制下部矩形和左部直线，如图 2-210 所示

命令：_RECTANG   //启动矩形命令

指定第一个角点或 [倒角（C）/标高（E）/圆角（F）/厚度（T）/宽度（W）]：//鼠标在屏幕上任意点击一点

指定另一个角点或 [面积（A）/尺寸（D）/旋转（R）]：@800, 240   //输入矩形相对坐标

结果如图 2-210（a）所示。

命令：_LINE

指定第一个点：90   //鼠标移动到 D 点，向右追踪，并输入追踪距离

指定下一点或 [放弃（U）]：120   //鼠标向上追踪，并输入追踪距离

指定下一点或 [放弃（U）]：60   //鼠标向右追踪，并输入追踪距离

指定下一点或 [闭合（C）/放弃（U）]：120   //鼠标向上追踪，并输入追踪距离

指定下一点或 [闭合（C）/放弃（U）]：65   //鼠标向右追踪，并输入追踪距离

指定下一点或 [闭合（C）/放弃（U）]：120   //鼠标向上追踪，并输入追踪距离

指定下一点或 [闭合（C）/放弃（U）]：65   //鼠标向右追踪，并输入追踪距离

指定下一点或 [闭合（C）/放弃（U）]：270   //鼠标向上追踪，并输入追踪距离

指定下一点或 [闭合（C）/放弃（U）]：   //按回车键结束命令

结果如图 2-210（b）所示。

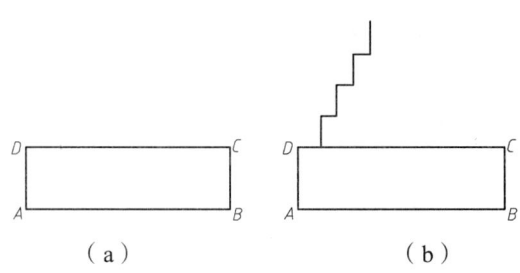

图 2-210 绘制矩形和左部直线

步骤四 镜像对象，如图 2-211 所示

命令：_MIRROR

选择对象：指定对角点：找到 7 个   //用交叉窗口选中如图 2-211（a）所示的直线

选择对象：   //按回车键结束选择对象

指定镜像线的第一点：   //捕捉 CD 直线的中点

指定镜像线的第二点：   //捕捉 AB 直线的中点

要删除源对象吗？[是（Y）/否（N）]<否>：//按回车键（输入默认参数 N）

结果如图 2-211（b）所示。

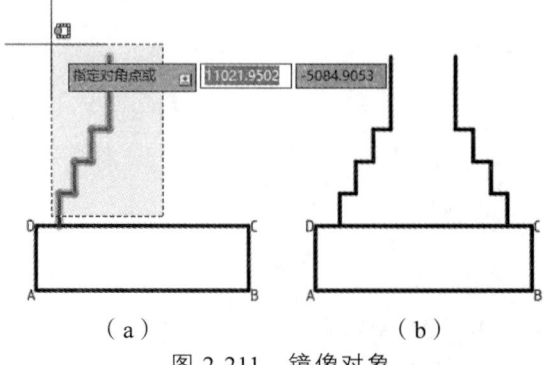

图 2-211 镜像对象

步骤五　绘制直线 EF，并向上偏移，如图 2-212 所示

命令：_LINE

指定第一个点：　　　　　　　//捕捉图 2-212（a）中的 E 点

指定下一点或 [放弃（U）]：　　　//捕捉图 2-212（a）中的 F 点

指定下一点或 [放弃（U）]：　　　//按回车键结束命令

结果如图 2-212（b）所示。

命令：_OFFSET

当前设置：删除源=否　　图层=源　　OFFSETGAPTYPE=0

指定偏移距离或 [通过（T）/删除（E）/图层（L）]<通过>：240　　//输入偏移距离

选择要偏移的对象，或 [退出（E）/放弃（U）]<退出>：　　　　//选中直线 EF

指定要偏移的那一侧上的点，或 [退出（E）/多个（M）/放弃（U）]<退出>：//在直线 EF 上部单击鼠标

选择要偏移的对象，或 [退出（E）/放弃（U）]<退出>：　　　　//按回车键结束命令

结果如图 2-212（c）所示。

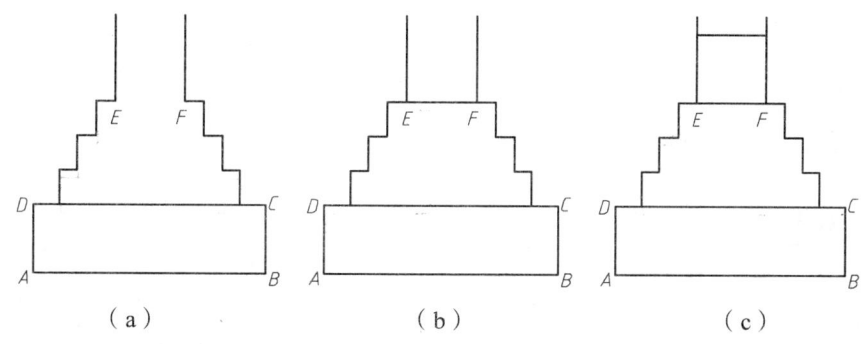

图 2-212　绘制直线 EF 并向上偏移

步骤六　绘制折断线

命令：_LINE

指定第一个点：　　　　　　　//捕捉图 2-213（a）中的 A 点

指定下一点或 [放弃（U）]：101　　　//向右追踪，输入追踪距离

指定下一点或 [放弃（U）]：<60　　　//输入角度替代值

角度替代：60

指定下一点或 [放弃（U）]：28　　　//输入距离

指定下一点或 [闭合（C）/放弃（U）]：　　//按回车键结束

结果如图 2-213（a）所示。

命令：_LINE

指定第一个点：　　　　　　　//捕捉图 2-213（a）中的 C 点

指定下一点或 [放弃（U）]：101　　　//向左追踪，输入追踪距离

指定下一点或 [放弃（U）]：<-120　　//输入角度替代值

角度替代：240

指定下一点或 [放弃（U）]：28　　　//输入距离

指定下一点或 [放弃（U）]：　　　　//单击 B 点

指定下一点或 [闭合（C）/放弃（U）]：　　//按回车键结束

结果如图 2-213（b）所示。

命令：

** 拉伸 **

指定拉伸点或 [基点（B）/复制（C）/放弃（U）/退出（X）]：40　　　　//A 点向左拉伸距离
命令：　　　　　　　　　　　　　　　　　　　　　　　　　　//按 Esc 键取消
命令：
** 拉伸 **
指定拉伸点或 [基点（B）/复制（C）/放弃（U）/退出（X）]：40　　　　//C 点向右拉伸距离
命令：　　　　　　//按 Esc 键取消
结果如图 2-213（c）所示。

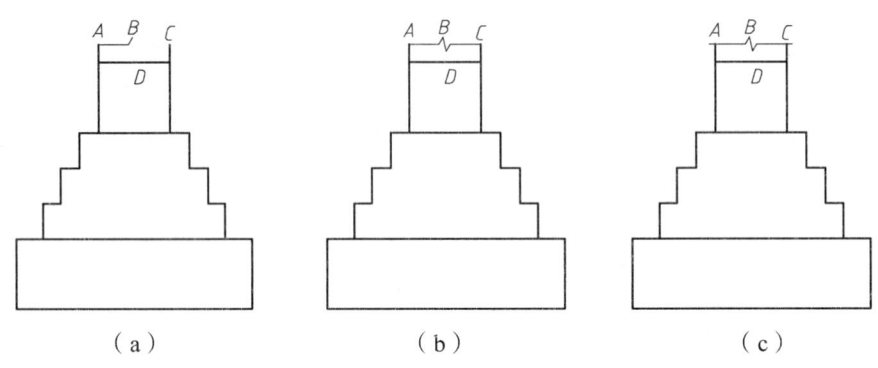

图 2-213　绘制折断线

步骤七　填充图案，如图 2-214 所示

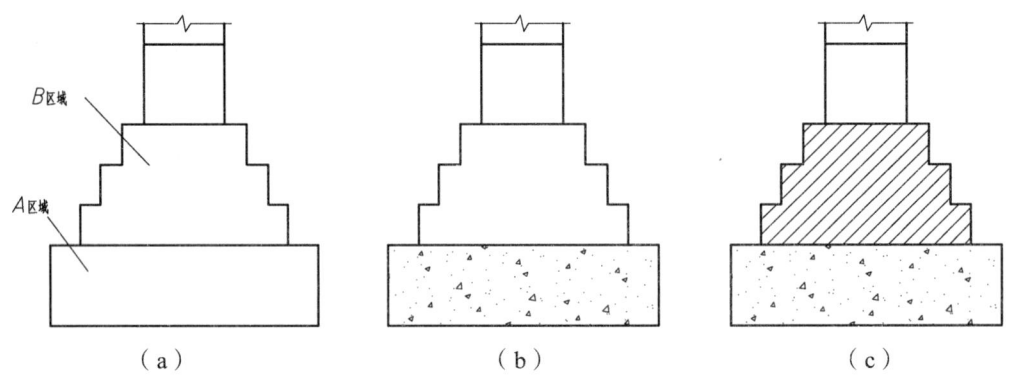

图 2-214　填充图案

命令：_HATCH　　//启动填充命令，功能区将暂时显示"图案填充创建"选项卡，如图 2-215 所示
拾取内部点或 [选择对象（S）/放弃（U）/设置（T）]：正在选择所有对象...
//在弹出的图 2-215 选项卡中选择图案 AR-CONC，设置比例为 0.7，单击选项卡中左边的拾取点按钮，在图 2-214（a）中点击 A 区域
正在选择所有可见对象...
正在分析所选数据...
正在分析内部孤岛...
拾取内部点或 [选择对象（S）/放弃（U）/设置（T）]：//按回车键结束命令，确认填充图案
结果如图 2-214（b）所示。

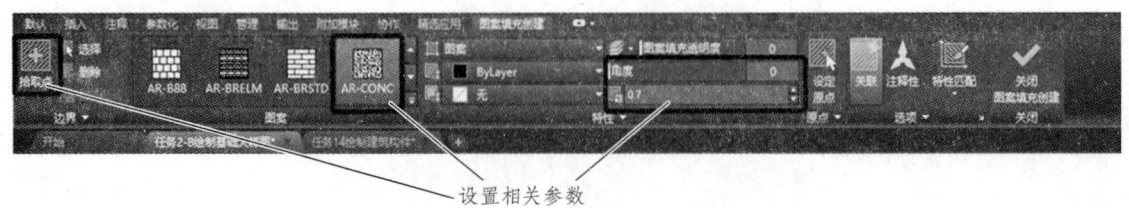

图 2-215　填充 A 区域的选项卡参数

命令：_HATCH

拾取内部点或 [选择对象（S）/放弃（U）/设置（T）]：　　//在弹出的图 2-216 选项卡中选择图案 ANSI31，设置比例，单击选项卡中左边的拾取点按钮，在图 2-214（a）中点击 B 区域

拾取内部点或 [选择对象（S）/放弃（U）/设置（T）]：正在选择所有对象...

正在选择所有可见对象...

正在分析所选数据...

正在分析内部孤岛...

拾取内部点或 [选择对象（S）/放弃（U）/设置（T）]：

结果如图 2-214（c）所示。

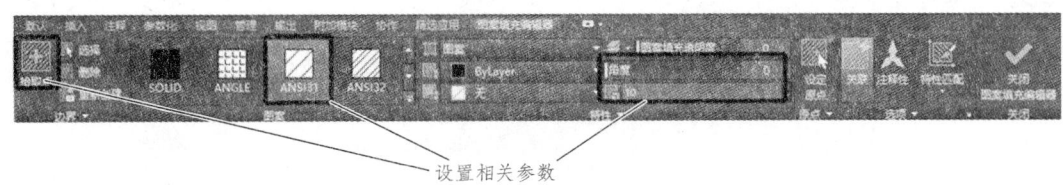

图 2-216　填充 B 区域的选项卡参数

步骤八　绘制箍筋

1. 画箍筋

命令：_PLINE　　　　　　　　//启动多段线命令

指定起点：FROM　　　　　　//捕捉自命令

基点：　　　　　　　　　　//捕捉图 2-217（a）中的 A 点

<偏移>：@-25，25　　　　　//输入第一点相对于基点 A 的相对坐标

当前线宽为 0.0000

指定下一个点或 [圆弧（A）/半宽（H）/长度（L）/放弃（U）/宽度（W）]：190　//向左追踪，输入追踪距离

指定下一点或 [圆弧（A）/闭合（C）/半宽（H）/长度（L）/放弃（U）/宽度（W）]：190
　　　　　　　　　//向上追踪，输入追踪距离

指定下一点或 [圆弧（A）/闭合（C）/半宽（H）/长度（L）/放弃（U）/宽度（W）]：190
　　　　　　　　　//向右追踪，输入追踪距离

指定下一点或 [圆弧（A）/闭合（C）/半宽（H）/长度（L）/放弃（U）/宽度（W）]：//输入 C，闭合

指定下一点或 [圆弧（A）/闭合（C）/半宽（H）/长度（L）/放弃（U）/宽度（W）]：//按回车键，结束命令

命令：_CIRCLE

指定圆的圆心或 [三点（3P）/两点（2P）/切点、切点、半径（T）]：T　　//输入参数 T

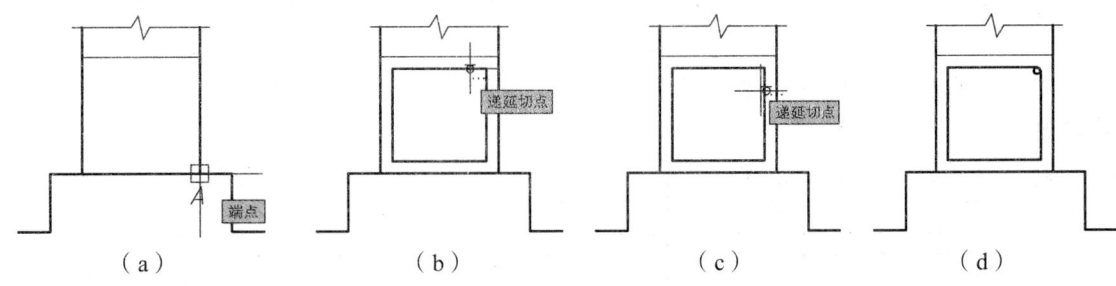

图 2-217　绘制箍筋

指定对象与圆的第一个切点：//捕捉第一个切点，如图 2-217（b）所示

指定对象与圆的第二个切点：//捕捉第二个切点，如图 2-217（c）所示

指定圆的半径：7

最后结果如图 2-217（d）所示。

2. 修改箍筋

命令：_PLINE　　　　　　　　　　//启动多段线命令

指定起点：　　　　　　　　　　　//捕捉如图 2-218 所示的圆心

当前线宽为 0.0000

指定下一个点或 [圆弧（A）/半宽（H）/长度（L）/放弃（U）/宽度（W）]：　//在极轴追踪图标上单击鼠标右键，设置增量角为 45°

指定下一个点或 [圆弧（A）/半宽（H）/长度（L）/放弃（U）/宽度（W）]：30　//鼠标追踪到 225°时，输入追踪距离

指定下一点或 [圆弧（A）/闭合（C）/半宽（H）/长度（L）/放弃（U）/宽度（W）]：//按回车键结束命令

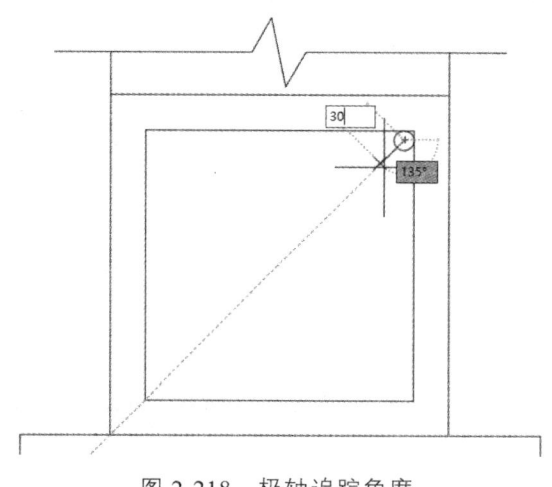

图 2-218　极轴追踪角度

结果如图 2-219（a）所示。

命令：_OFFSET　　　　　　　　　//启动偏移命令

当前设置：删除源=否　图层=源　OFFSETGAPTYPE=0

指定偏移距离或 [通过（T）/删除（E）/图层（L）] <240.0000>：7　//输入偏移距离

选择要偏移的对象，或 [退出（E）/放弃（U）] <退出>：　//选中 45°的斜线

指定要偏移的那一侧上的点，或 [退出（E）/多个（M）/放弃（U）] <退出>：//在斜线上方单击鼠标

选择要偏移的对象，或 [退出（E）/放弃（U）] <退出>：　//选中 45°的斜线

指定要偏移的那一侧上的点，或 [退出（E）/多个（M）/放弃（U）] <退出>：//在斜线下方单击鼠标

选择要偏移的对象，或 [退出（E）/放弃（U）] <退出>：　//按回车键结束命令

结果如图 2-219（b）所示。

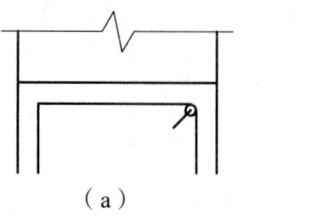　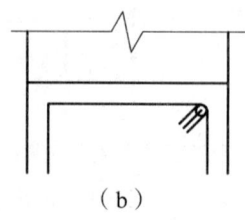　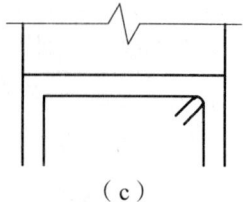

（a）　　　　　　　　　　（b）　　　　　　　　　　（c）

图 2-219　修改箍筋

命令：_TRIM　　　　　　　　　　　　　　//启动修剪命令
当前设置：投影=UCS，边=延伸
选择剪切边...
选择对象或 <全部选择>：找到 1 个
选择对象：找到 1 个，总计 2 个　　　　　　//选中刚偏移的两条线
选择对象：　　　　　　　　　　　　　　//按回车键结束选择
选择要修剪的对象，或按住 Shift 键选择要延伸的对象，或
[栏选（F）/窗交（C）/投影（P）/边（E）/删除（R）/放弃（U）]：　//选中圆弧
选择要修剪的对象，或按住 Shift 键选择要延伸的对象，或
[栏选（F）/窗交（C）/投影（P）/边（E）/删除（R）/放弃（U）]：　//按回车键结束命令
结果如图 2-219（c）所示。

3. 把修改后的箍筋转换成多段线

命令：_PEDIT　　　　　　　　　　　　//启动多段线编辑命令
选择多段线或 [多条（M）]：　　　　　//选择圆弧
选定的对象不是多段线
是否将其转换为多段线？<Y>　　　　　//按回车键，默认选项 Y
输入选项 [闭合（C）/合并（J）/宽度（W）/编辑顶点（E）/拟合（F）/样条曲线（S）/非曲线化（D）/线型生成（L）/反转（R）/放弃（U）]：　　　　　　//按回车键结束命令

4. 更改多段线的宽度

选择修改后的箍筋，如图 2-220（a）所示。打开"特性"对话框，把"全局宽度值"修改为 3，如图 2-220（b）所示。

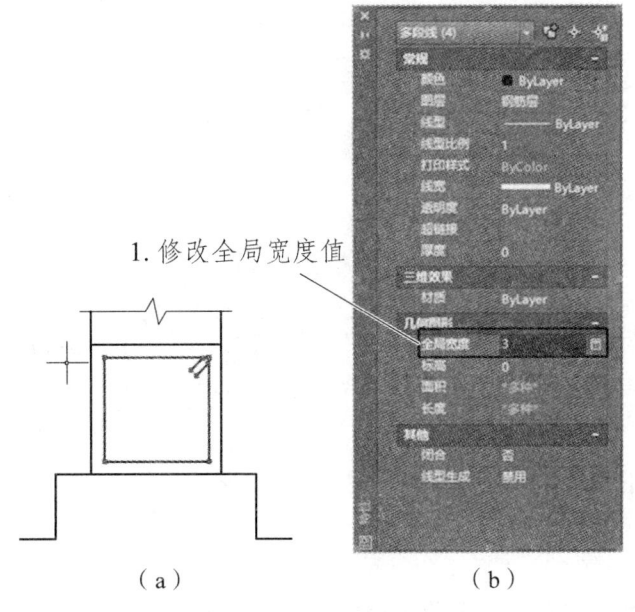

图 2-220　调整多段线宽度

> 提示：钢筋的绘制用多段线更为方便，可调节多段线的线宽，线宽可以在调用命令初就进行设定，也可在绘制后用特性工具栏调整。特性工具栏可进行许多命令特性修改，请读者自己研究。

步骤九　绘制钢筋断面

命令：_DONUT　　　　　　　　　　　　//启动圆环命令

指定圆环的内径 <0.5000>: 0　　　　　　　　//输入圆环内径值
指定圆环的外径 <1.0000>: 14　　　　　　　//输入圆环外径值
指定圆环的中心点或 <退出>: FROM　　　　//捕捉自命令
基点:　　　　　　　　　　　　　　　　　//点击箍筋左上角点
<偏移>: @7, -7　　　　　　　　　　　　//输入偏移坐标值
指定圆环的中心点或 <退出>: FROM　　　　//捕捉自命令
基点:　　　　　　　　　　　　　　　　　//点击箍筋左下角点
<偏移>: @7, 7　　　　　　　　　　　　　//输入偏移坐标值
指定圆环的中心点或 <退出>:　　　　　　　//按回车键结束命令
命令: _MIRROR　　　　　　　　　　　　 //启动镜像命令
选择对象: 指定对角点: 找到 1 个
选择对象: 指定对角点: 找到 1 个,总计 2 个　//选中刚绘制的左边两个圆点
选择对象:　　　　　　　　　　　　　　　//按回车键结束选择
指定镜像线的第一点:　　　　　　　　　　//捕捉箍筋上边中点
指定镜像线的第二点:　　　　　　　　　　//捕捉箍筋下边中点
要删除源对象吗? [是(Y)/否(N)]<否>:　　 //按回车键,默认选择N,不删除对象
结果如图 2-221 所示。

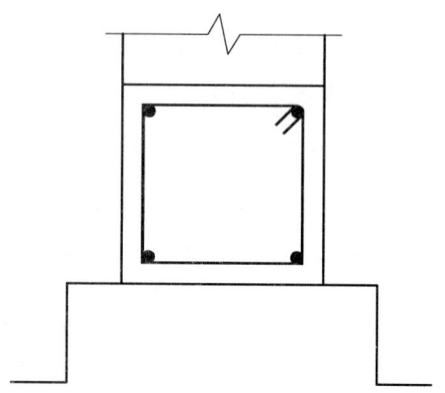

图 2-221　用圆环画钢筋断面

> **提示**: 钢筋断面可用圆和填充命令来绘制,也可用圆环命令直接绘制,圆环命令内径设为 0,即为一个实心圆。用圆命令绘制时,填充图案选择 SOLID,请读者自己研究。

步骤十　标注图形

步骤十一　保存图形文件

知识链接

一、编辑多段线

编辑多段线的常见用途包含合并二维多段线,将线条和圆弧转换为二维多段线以及将多段线转换为近似 B 样条曲线(拟合多段线)。

(一)编辑多段线命令的调用方法

编辑多段线命令有如下几种调用方法:

- 菜单栏: 执行"修改"菜单→"对象"→"多段线"命令。
- 命令行: PEDIT/PE。
- 用功能区按钮: 单击"默认"选项卡→"修改"功能区→编辑多段线按钮。
- 工具栏: 单击"修改Ⅱ"工具栏上的按钮。

(二)编辑多段线命令参数的含义

执行编辑多段线命令过程中出现的各常用选项含义如下:

- 多条(M): 选择该选项,可以选择多个对象。
- 闭合(C): 可以让不闭合的多段线闭合(有时多段线虽然看上去是封闭的,但并未闭合)。
- 打开(O): 可以让闭合的多段线打开,第一个顶点和最后一个顶点之间的线段会被删除。

- 合并（J）：选择该选项，将把多条多段线合成一条多段线。
- 放弃（U）：选择该选项，将取消上一次操作。
- 宽度（W）：选择该选项，可以设置多段线宽度值，在特性面板（CTRL+1）中设置更方便。

其他参数请读者自行尝试。

（三）编辑多段线命令的操作方法及步骤

1. 编辑多段线命令的操作步骤

编辑多段线的操作步骤如下：

（1）执行"修改"菜单→"对象"→"多段线"命令，或单击"修改"功能区的编辑多段线按钮，或单击"修改Ⅱ"工具栏上的按钮，或直接输入 PE 命令。

（2）启动命令后，在命令行出现提示信息，然后根据提示进行相应的操作。如果不是多段线，还需先转换成多段线，再进行相应的编辑操作。

2. 编辑多段线命令的操作提示

用直线命令绘制如图 2-222（a）所示的直线段和圆弧段。用编辑多段线命令把它转换成多段线的操作步骤如下：

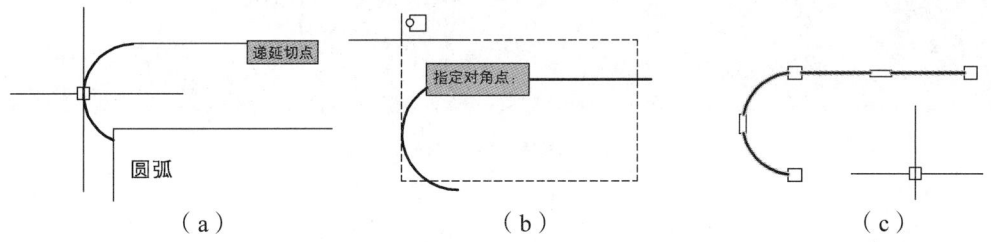

图 2-222　编辑多段线

命令：_PEDIT　　　　　　　　　　　//调用构造线命令
选择多段线或 [多条（M）]：M　　　　//输入参数 M 选项
选择对象：指定对角点：找到 2 个　　//选中直线和圆弧，如图 2-222（b）所示
选择对象：　　　　　　　　　　　　//按回车键结束选择
是否将直线、圆弧和样条曲线转换为多段线？[是（Y）/否（N）]?<Y> Y　　//按回车键，默认 Y 选项
输入选项 [闭合（C）/打开（O）/合并（J）/宽度（W）/拟合（F）/样条曲线（S）/非曲线化（D）/线型生成（L）/反转（R）/放弃（U）]：J　　//输入参数 J 选项
合并类型 = 延伸
输入模糊距离或 [合并类型（J）] <0.0000>：　　//按回车键，默认模糊距离为 0
多段线已增加 1 条线段
输入选项 [闭合（C）/打开（O）/合并（J）/宽度（W）/拟合（F）/样条曲线（S）/非曲线化（D）/线型生成（L）/反转（R）/放弃（U）]：　　//按 Enter 键结束命令

结果如图 2-222（c）所示，直线和圆弧变成了一条多段线。

其他命令请读者自行研究。

二、图案填充与渐变填充

图案填充是指用某种图案充满图形中指定的区域。在工程制图中，经常会用填充图案来表达各种不同的工程材料；有时还要创建特定的图案，对其剖面或某个区域进行填充标识。

在 AutoCAD 中，使用 BHATCH（图案填充）命令进行填充图案，用户可以使用预定义填充图案来填充区域，也可以使用当前线型来定义填充图案或创建更复杂的填充图案，还可以使用实体填充来填充区域。此外，用户还可以控制填充图案的疏密、剖面线条及倾斜角度。

（一）图案填充命令的调用方法

调用填充图案命令与渐变填充命令的方法如下：
- 菜单栏：执行"绘图"菜单→"图案填充"或"渐变填充"或边界填充命令。
- 命令行：BHATCH/BH 或 HATCH/H，GRADIENT（渐变填充）/GRA，BOUNDARY/BO（边界填充）。
- 用功能区按钮：单击"默认"选项卡→"绘图"功能区的填充按钮 或 或 。
- 工具栏：单击"绘图"工具栏中的图案填充按钮 和渐变填充按钮 。

（二）图案填充命令参数的含义

图案填充主要通过"图案填充创建"选项卡（图 2-223）和"图案填充和渐变色"对话框（图 2-224）来完成，两种方法参数含义相同，下面以"图案填充和渐变色"对话框来说明各参数的含义。

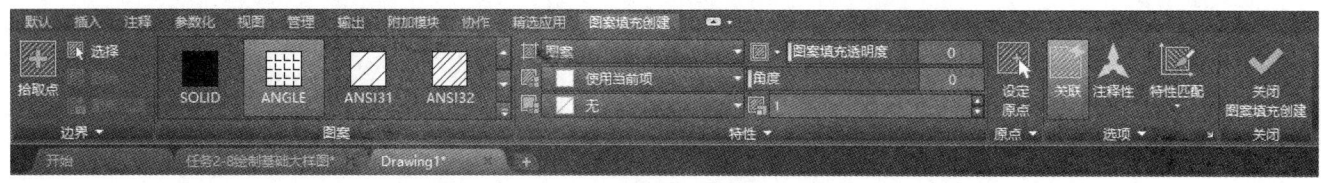

图 2-223 "图案填充创建"选项卡

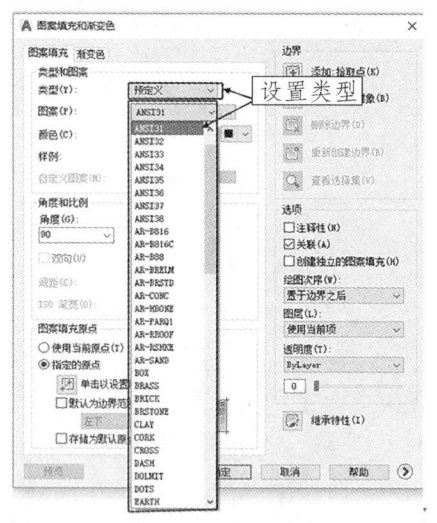

图 2-224 "图案填充和渐变色"对话框

"图案填充和渐变色"对话框中常用参数含义如下：
- 类型：设置填充图案的类型，它有 3 个选项：预定义、用户定义和自定义。

"预定义"表示使用系统预定义的填充图案，可以控制预定义填充图案的比例和旋转角度。

"用户定义"表示使用当前线型定义简单的填充图案。

"自定义"表示让用户从其他定制的.pat 文件中选择一个图案，而不是从 Acad.pat 或 Acadiso.pat 文件中选择，用户同样可以控制自定义填充图案的比例和旋转角度。

- 图案：只有设置"类型"为"预定义"时，该参数才能被激活，用于在下拉列表中选择系统提供的填充图案，如图 2-224 所示。如果对样式名称很熟练，直接选取相应的名称；如是新手，可以单击"图案"参数右侧的按钮 ，或者单击"样例"预览框，打开"填充图案选项板"对话框，如图 2-225 所示。

- 颜色：用于设置填充图案的颜色。
- 样例：显示所选图案的预览效果。
- 自定义图案：只有设置"类型"为"自定义"时，该参数才能被激活，其下拉列表中列出了可供用户使用的自定义图案名称。

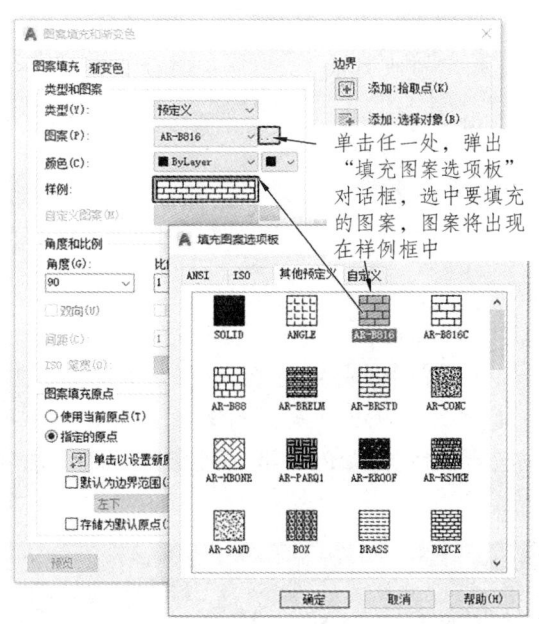

图 2-225 "填充图案选项板"对话框

- 角度：指定填充图案相对于当前用户坐标系统 x 轴的旋转角度，如图 2-226 所示。
- 比例：设置填充图案的缩放比例，以使图案的外观变得更稀疏或者更紧密一些，如图 2-226 所示。

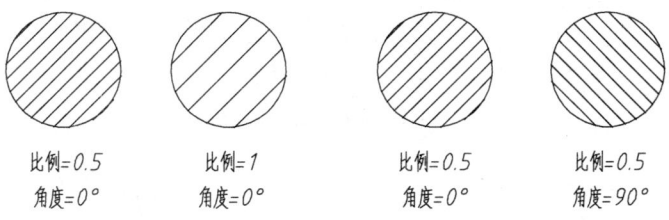

图 2-226 不同比例与不同角度的填充效果对比

- "双向"复选框：仅适用于用户定义图案，选择该复选框，将增加一组与原图线垂直的线。
- "相对图纸空间"复选框：仅用于布局选项卡，它将相对图纸空间单位填充图案。使用此选项，可以根据适合于布局的比例显示填充图案。
- "添加：拾取点"按钮：用于在待填充区域内部拾取一点，以围绕拾取点构成区域的现有对象来确定边界，如图 2-227（a）所示。
- "添加：选择对象"按钮：根据构成封闭区域的选定对象确定边界，如图 2-227（b）所示。
- "删除边界"按钮：只有选定边界对象后，该按钮才能被激活，用于从边界定义中删除之前添加的任何对象。
- 关联：填充图案和边界的关系可分为关联和无关联两种。关联填充图案是指随着边界的修改，填充图案也会自动更新，即重新填充更改后的边界，如图 2-228（a）所示；无关联填充图案是指随着边界的修改，填充图案不会自动更新，依然保持原状态，如图 2-228（b）所示。
- 创建独立的图案填充：勾选此选项后，如果指定了多个单独的闭合边界，那么每个闭合边界内的填充图案都是独立对象；如果没有勾选此选项，那么多个单独闭合边界内的填充图案是一个整体对象。

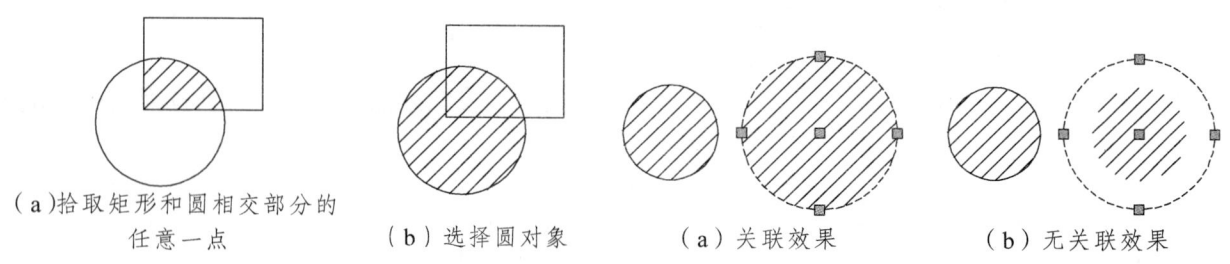

图 2-227 "添加:拾取点"与"添加:选择对象"　　图 2-228 "关联"与"不关联"填充的区别

(三) 图案填充命令的操作方法及步骤

1. 图案填充操作步骤

图案填充的操作步骤如下:

(1) 单击"绘图"菜单→"图案填充"命令,或在命令行输入 BHATCH/BH 或 HATCH/H,或单击"绘图"工具栏中的图案填充按钮  或渐变填充按钮 命令,功能区将暂时显示"图案填充创建"选项卡(图 2-229),在此选项卡中可以设置图案填充参数。也可打开"图案填充和渐变色"对话框(图 2-230),该对话框包含"图案填充"和"渐变色"两个选项卡,默认显示的是"图案填充"选项卡。

图 2-229 "图案填充创建"选项卡

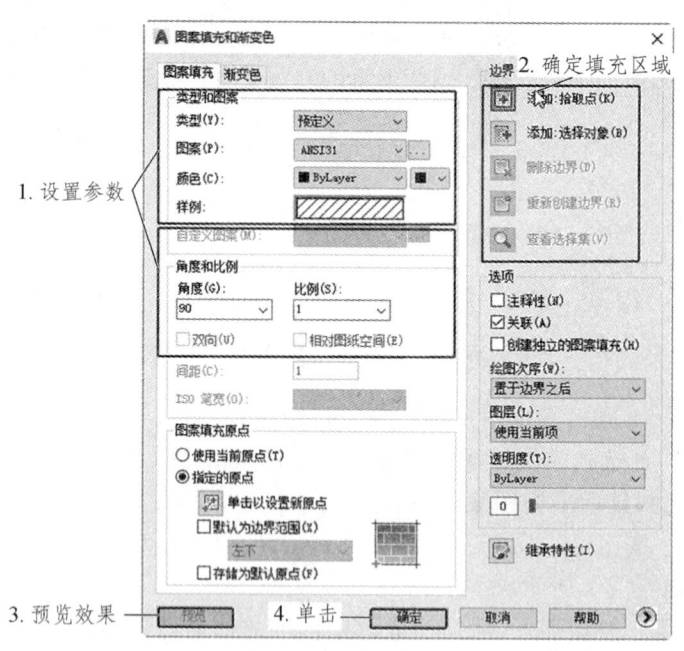

图 2-230 "图案填充和渐变色"对话框

(2) 在"图案填充和渐变色"对话框中,先在"图案填充"选项卡中设置类型和图案、角度和比例等相应参数,如图 2-230 所示。

(3) 在"图案填充和渐变色"对话框中,确定填充区域,如图 2-230 所示。

通过"图案填充和渐变色"对话框右侧的"边界"和"选项"区域内的参数可以控制需要填充的边界和填充时的一些设置,如图 2-230 所示。

(4) 设置完成后,预览填充效果,如果不合适,重新修改相应参数;如果合适,最后单击"确定"按钮,完成图案填充。

（5）当完成一个图形对象的填充后，如果此张图中，还有多个图形需要填充与此相同的图案，此时可以应用"继承特性"按钮 来快速填充。

如图 2-231（a）所示，图中圆已经填充了图案，如果下面的矩形、椭圆和正六边形均要填充上与圆相同的图案，此时就可用继承特性快速填充，填充后的效果如图 2-231（b）所示。

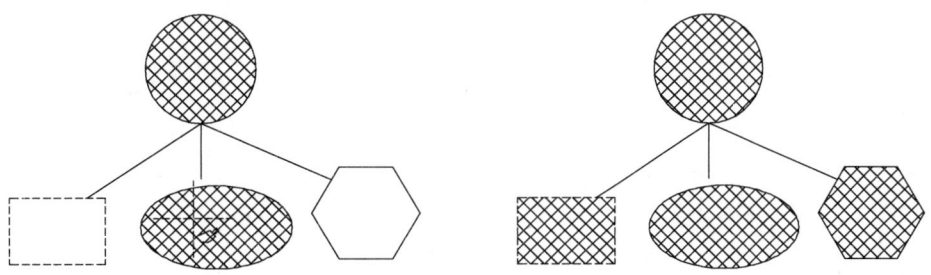

（a）用继承特性快速填充矩形，椭圆和正六边形　　（b）用继承特性填充后效果

图 2-231　用继承特性快速填充图形

2. 控制孤岛中的填充

在 AutoCAD 中，填充的封闭区域被称作孤岛，用户可以使用 3 种填充样式来填充孤岛，分别是"普通""外部"和"忽略"。在"图案填充和渐变色"对话框中单击右下角按钮 ，完全展开该对话框，就可以看到"孤岛"参数组，如图 2-232 所示。

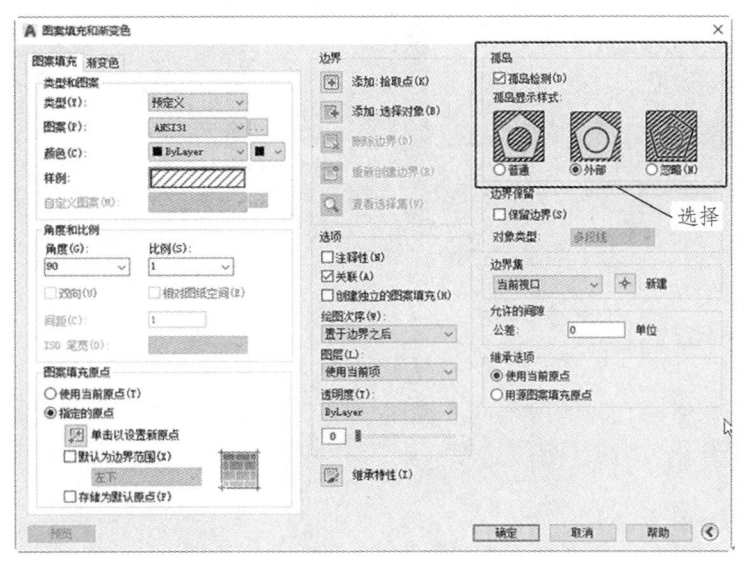

图 2-232　展开的"图案填充"选项卡

"普通"方式是从外部边界向内填充，如果填充过程中遇到内部边界，填充将停止，直到遇到另一个边界。

"外部"方式是从外部边界向内填充，并在下一个边界处停止，此选项仅填充指定的区域，不会影响内部孤岛，是默认的填充方式。

"忽略"方式将忽略内部边界，填充整个闭合区域。三种方式填充的不同效果如图 2-233 所示。

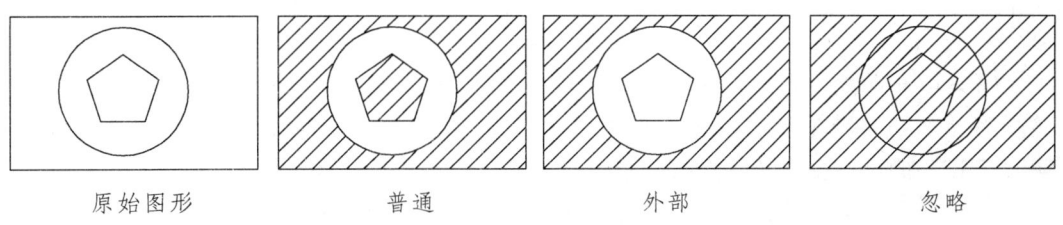

原始图形　　　　　普通　　　　　　外部　　　　　　忽略

图 2-233　三种方式填充孤岛效果对比

"渐变色"选项卡请读者自行尝试,由于篇幅限制,此处不再详述。

3. 编辑填充图案

无论是对实体填充图案还是对渐变色填充图案进行编辑,均可有以下几种调用方法:
- 菜单栏:执行"修改"菜单→"对象"→"图案填充"命令。
- 命令行:HATCHEDIT/HATCHE。
- 直接双击已经填充好的图案,也将打开"图案填充编辑"对话框(同"图案填充和渐变色"对话框)。

编辑填充图案操作有两种方法,分别如下:
- 启动命令后,选择一个对象,打开"图案填充编辑"对话框,进行相应的编辑操作,此操作和图案填充操作完全相同,这里不再赘述。
- 通过"快捷特性"面板修改填充图案的属性。方法为选中填充图案后,单击鼠标右键,然后在弹出的菜单中选择"快捷特性"命令,弹出"快捷特性"面板,在快捷特性面板中修改相应的填充图案属性,如图 2-234 所示。

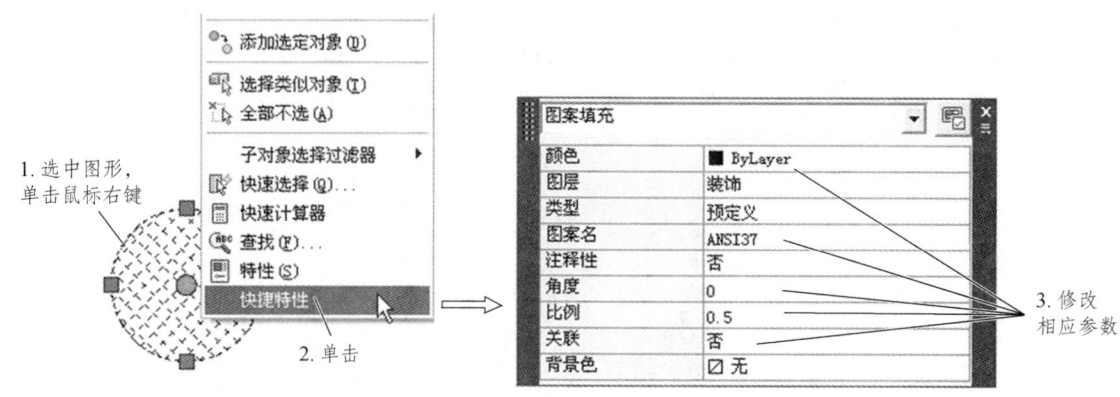

图 2-234 "快捷特性"面板

四、绘制圆环和填充圆

圆环是由同一圆心、不同直径的两个同心圆组成的,控制圆环的主要参数是圆心、内直径和外直径。如果圆环的内直径为 0,则圆环为填充圆。

(一)圆环命令的调用方法

绘制圆环命令有如下几种调用方法:
- 菜单栏:执行"绘图"菜单→"圆环"命令。
- 命令行:DONUT/DO。
- 用功能区按钮:单击"默认"选项卡→"绘图"功能区的圆环按钮 ◉。

(二)圆环命令的操作方法及步骤

AutoCAD 在默认情况下,所绘制的圆环为填充的实心图形。如果在绘制圆环之前,在命令行输入 FILL 命令,则可以控制圆环或圆的填充可见性。

1. 绘制实心填充圆环

绘制实心填充圆环的操作步骤如下:
(1)输入 FILL 命令,修改输入模式为 ON。
(2)执行"绘图"菜单→"圆环"命令,根据提示输入圆环的内径和外径,命令行提示信息如下:
命令:_FILL   //调用 FILL 命令

输入模式 [开（ON）/关（OFF）] <开>：ON　　//修改输入模式为 ON，如果默认为 ON，直接回车
命令：_DONUT　　　　　　　　　//调用圆环命令
指定圆环的内径 <20.0000>：40　　//输入圆环内径
指定圆环的外径 <40.0000>：80　　//输入圆环外径，结果如图 2-235（a）所示

2. 绘制不可见填充圆环

绘制不可见填充圆环的操作步骤如下：

（1）输入 FILL 命令，修改输入模式为 OFF。
（2）执行"绘图"菜单→"圆环"命令，根据提示输入圆环的内径和外径，命令行提示信息如下：

命令：_FILL　　　　　　　　　//调用 FILL 命令
输入模式 [开（ON）/关（OFF）] <开>：OFF　　//修改输入模式为 OFF
命令：_DONUT　　　　　　　　　//调用圆环命令
指定圆环的内径 <40.0000>：　　//输入圆环内径
指定圆环的外径 <80.0000>：　　//输入圆环外径，结果如图 2-235（b）所示

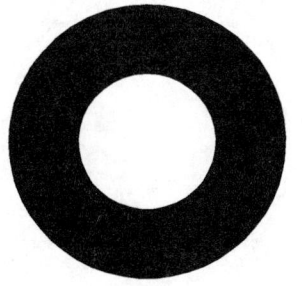 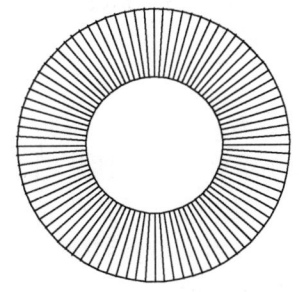

（a）选择开（ON）模式　　　　　（b）选择关（OFF）模式

图 2-235　两种模式下绘制的不同圆环效果

五、绘制样条曲线

样条曲线是一种能够自由编辑的曲线，如图 2-236 所示选择需要编辑的样条曲线后，在曲线周围将显示控制点，可以通过调整曲线上的起点、控制点来控制曲线形状。工程设计时，可以利用 SPLINE 命令画断裂线等。

（一）样条曲线命令的调用方法

绘制样条曲线命令主要有如下几种调用方法：

- 菜单栏：执行"绘图"菜单→"样条曲线"命令。
- 命令行：SPLINE/SPL。
- 用功能区按钮：单击"默认"选项卡→"绘图"功能区的样条曲线按钮 。
- 工具栏："绘图"工具栏样条曲线按钮 。

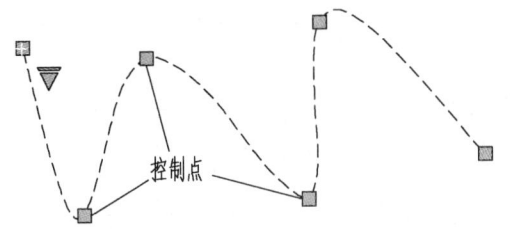 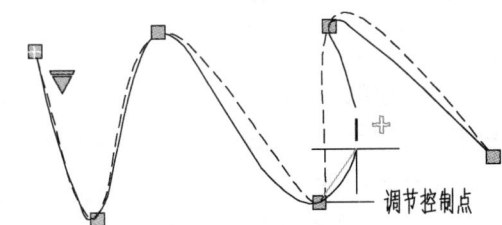

图 2-236　样条曲线及其控制点

（二）样条曲线命令的操作方法及步骤

1. 绘制样条曲线

绘制如图 2-237 所示样条曲线的操作步骤如下：
（1）单击"绘图"菜单→"样条曲线"命令。
（2）根据命令行提示进行相应操作。命令和提示如下：

命令：_SPLINE
指定第一个点或[对象（O）]：　　　　　　　　　　//拾取 A 点，如图 2-237 所示
指定下一点：　　　　　　　　　　　　　　　　　//拾取 B 点
指定下一点或[闭合（C）/拟合公差（F）]<起点切向>：　//拾取 C 点
指定下一点或[闭合（C）/拟合公差（F）]<起点切向>：　//拾取 D 点
指定下一点或[闭合（C）/拟合公差（F）]<起点切向>：　//拾取 E 点
指定下一点或[闭合（C）/拟合公差（F）]<起点切向>：　//拾取 F 点
指定下一点或[闭合（C）/拟合公差（F）]<起点切向>：
　　　　　　　　//按 Enter 键指定起点及终点切线方向
结果如图 2-237 所示。

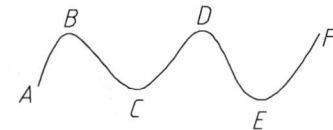

图 2-237　绘制样条曲线

2. 修改样条曲线

通过样条曲线控制点修改样条曲线的方法有以下几种：
（1）执行"绘图"菜单→"样条曲线"命令→"控制点"命令。
（2）在命令行提示行中先后选择"方式（M）"和"控制点（CV）"选项，可以绘制不通过样条曲线的控制点，此时的样条曲线更为圆滑。

六、绘制点

点是 AutoCAD 中最基本的图形元素，通常用作绘图的参考标记。使用时，要先设置点样式，才能在图形文件中看得清楚。绘制点有 4 种方法：单点、多点、定数等分点、定距等分点。

（一）设置点样式

1. 点样式命令调用方法

设置点样式的两种方法如下：
- 菜单栏：单击"格式"菜单→"点样式"。
- 命令行：DDPTYPE/DDPT。

2. 点样式命令的操作方法及步骤

设置点样式的操作步骤如下：
（1）单击"格式"菜单→"点样式"命令，打开"点样式"对话框。
（2）在"点样式"对话框中，在点样式列表中选择需要的点样式，在"点大小"后面的数字框中输入数值，单击"确定"按钮，如图 2-238 所示。
（3）返回到操作界面后，即可查看到绘图区中的点样式由原来的小圆点变成了刚才设置的点样式。

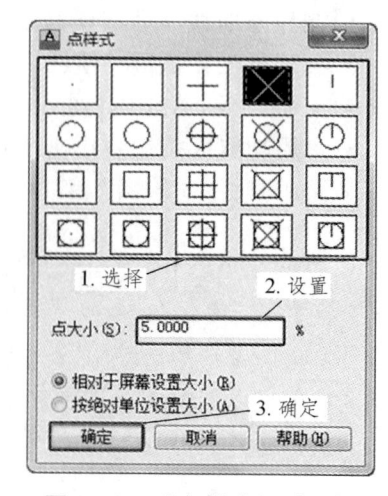

图 2-238　"点样式"对话框

（二）绘制单点

1. 绘制单点命令的调用方式

绘制单点的两种方法如下：

- 菜单栏：执行"绘图"菜单→"点"→"单点"命令。
- 命令行：POINT/PO。

2. 绘制单点命令的操作方法及步骤

绘制单点的操作步骤如下：

（1）在命令行中输入 POINT/PO 命令或执行"绘图"菜单→"点"→"单点"命令。

（2）在命令行中出现如下提示：

命令：_POINT

当前点模式：PDMODE=3   PDSIZE=0.0000

指定点：   //在绘图区内单击鼠标左键完成绘制点

（三）绘制多点

1. 绘制多点命令的调用方法

绘制多点的两种方法如下：

- 菜单栏：执行"绘图"菜单→"点"→"多点"命令。
- 工具栏：单击"绘图"工具栏→点按钮 ▨ 。

2. 绘制多点命令的操作方法及步骤

绘制多点的操作步骤如下：

（1）执行"绘图"菜单→"点"→"多点"命令或单击"绘图"工具栏→点按钮 ▨ 。

（2）在命令行中出现如下提示：

命令：_POINT

当前点模式：PDMODE=3   PDSIZE=0.0000

指定点：   //在绘图区内单击鼠标左键完成绘制点，连续单击鼠标左键，绘制多个点

> 提示：对于完成绘制的点，可以使用"节点"捕捉模式来捕捉该点。

（四）定数等分

1. 定数等分命令的调用方式

定数等分是在指定的对象上绘制指定数目的点，可以等分线段、曲线和任意封闭图形。

绘制定数等分点的两种方法如下：

- 菜单栏：执行"绘图"菜单→"点"→"定数等分"命令。
- 命令行：DIVIDE/DIV。

2. 定数等分命令的操作方法及步骤

绘制定数等分点的操作步骤如下：

（1）执行"绘图"菜单→"点"→"定数等分"命令或在命令行中输入 DIVIDE/DIV 命令。

（2）在命令行中出现如下提示：

命令：_DIVIDE

选择要定数等分的对象：   //选择等分对象，按 Enter 键

输入线段数目或 [块（B）]：8   //输入线段要等分的数目。

（3）等分后的效果如图 2-239 所示。

图 2-239　等分线段

（五）定距等分

1. 定距等分命令的调用方式

定距等分是在指定的对象上按指定的距离绘制点，该命令从最靠近拾取对象的端点处开始测量。定距等分可以等分线段、曲线和任意封闭图形，同样无法等分无限长度的线。

绘制定距等分点的两种方法如下：

- 菜单栏：执行"绘图"菜单→"点"→"定距等分"命令。
- 命令行：MEASURE/ME。

2. 定距等分命令的操作方法及步骤

绘制定距等分点的操作步骤如下：

（1）执行"绘图"菜单→"点"→"定距等分"命令或在命令行中输入 MEASURE/ME 命令。

（2）在命令行中出现如下提示：

命令：_MEASURE

选择要定距等分的对象：　　//选择等分对象，按 Enter 键

指定线段长度或 [块（B）]：400   //输入线段要等分的间距。

（3）等分后的效果如图 2-240 所示。

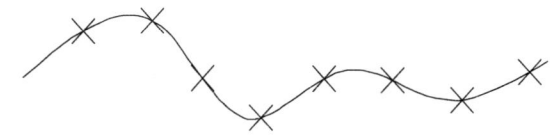

图 2-240　定距等分

七、分解对象

分解对象命令主要用于将复合对象，如多段线、图案填充和块等对象，还原为一般对象。任何被分解对象的颜色、线型和线宽都可能会改变，其结果取决于所分解的合成对象的类型。

（一）分解命令的调用方法

调用分解对象命令有以下几种方式：

- 菜单栏：执行"修改"菜单→"分解"命令。
- 命令行：EXPLODE/X。
- 用功能区按钮：单击"默认"选项卡→"修改"功能区的分解按钮。
- 工具栏："修改"工具栏分解按钮。

（二）分解命令的操作方法及步骤

分解命令的操作步骤如下：

（1）执行"修改"菜单→"分解"命令或单击"修改"工具栏分解按钮或输入 X 命令。

（2）选择要分解的对象。

（3）按 Enter 键确认。命令提示如下：

命令：_EXPLODE   //调用分解命令

选择对象：找到 1 个   //选择要分解的对象

选择对象：   //按 Enter 键确认

如图 2-241 所示为床分解前后的效果对比。

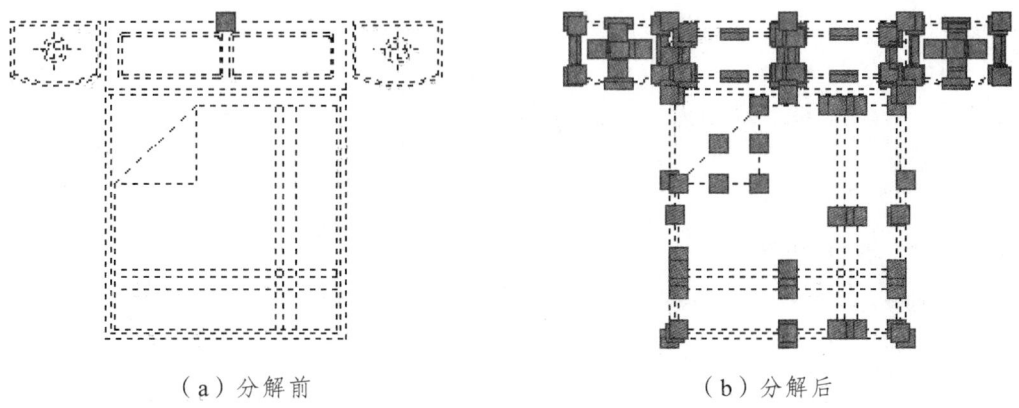

(a)分解前　　　　　　　　　　　　（b）分解后

图 2-241　分解前后效果对比

任务拓展

【2-8-1】绘制图 2-242 所示的楼梯大样图。

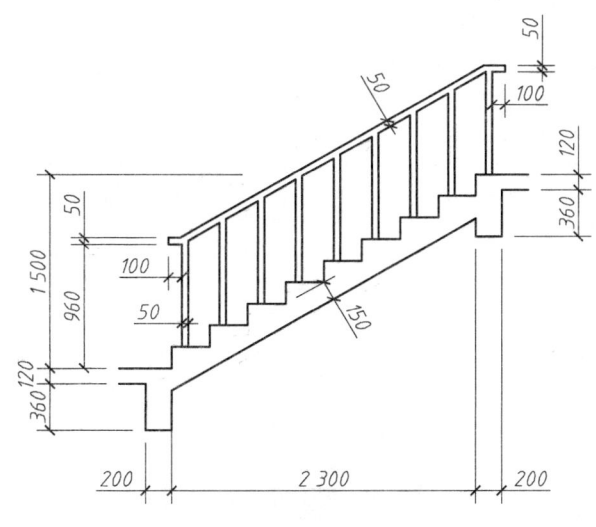

图 2-242　楼梯大样图

【2-8-2】用 1∶20 的比例抄画图 2-243 所示的双杯柱基础的剖面图并标注尺寸。

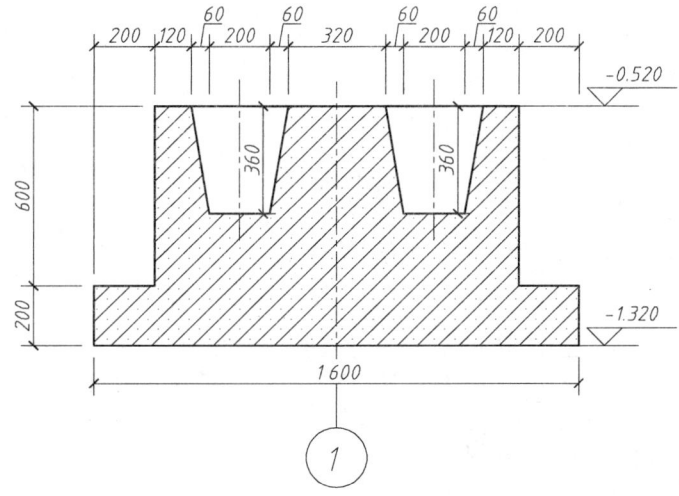

图 2-243　双杯柱下基础剖面图

【2-8-3】绘制图 2-244 所示的工字形梁。

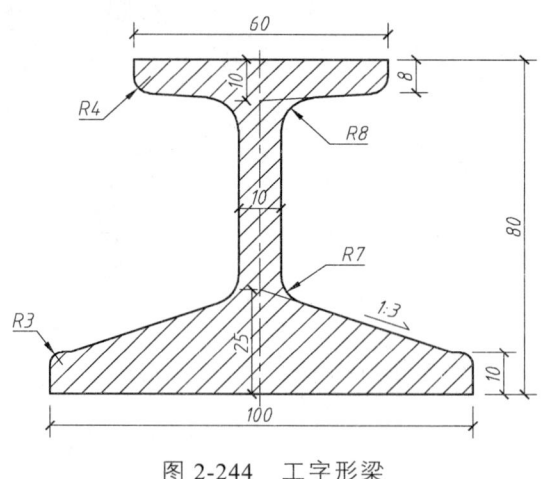

图 2-244　工字形梁

【2-8-4】绘制图 2-245 所示的某梁配筋断面图。

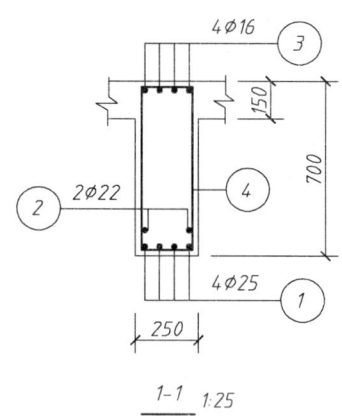

钢筋明细表

编号	直径/mm	长度/mm	根数	总长/mm	总重/kg
1	Ø25	6 090	4	24 360	
2	Ø22	4 190	2	8 380	
3	Ø16	6 190	4	24 760	
4	Ø8	1 920	4	7 680	

图 2-245　某梁配筋断面图

【2-8-5】绘制图 2-246 所示的外侧护栏一般构造图（SS 级加强型墙式护栏）。

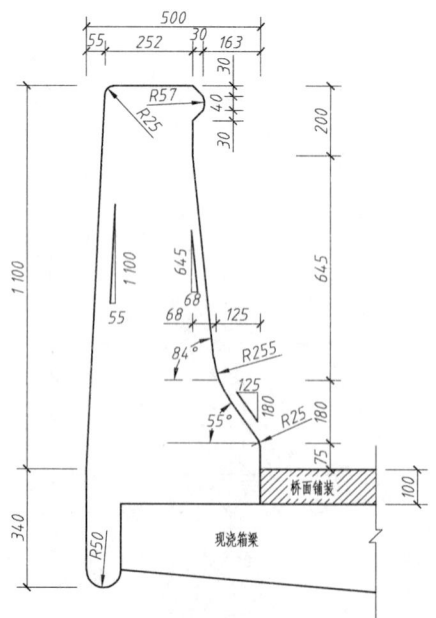

图 2-246　外侧护栏一般构造图（SS 级加强型墙式护栏）

项目三 CAD 高级应用

本项目通过以下任务来学习和使用 AutoCAD 高级应用,达到创建块、绘制多线及创建面域的目标。

项目三检测评价

【学习任务】

- 任务一 创建、编辑块
- 任务二 使用多线绘制墙体
- 任务三 利用面域造型

【项目目标】

- 能够创建、编辑块并设置块属性。
- 能够定义多线的样式、绘制编辑多线。
- 能够定义面域,并运用面域布尔运算进行图形造型。
- 培养规范操作、耐心细致、严谨求实、互助协作的职业素质。

任务一 创建、编辑块

任务目标

- 能够定义块、编辑块。
- 会设置块的属性、编辑块属性。
- 培养规范操作、耐心细致、严谨求实、互助协作的职业素质。

任务内容

绘制如图 3-1 所示的房建 A4 图框,将其创建为块,并设置属性。

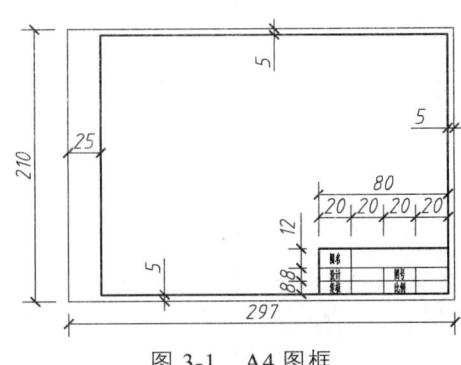

图 3-1 A4 图框

任务分析

从图 3-1 中可以看出图形由直线和文字构成，绘图思路如下：
（1）新建图形文件，设置文字层、外框线和内框线等图层。
（2）用 LINE（直线）命令或 RECTANG（矩形）命令绘制图框，注写标题栏文字。
（3）将图框生成块。
（4）为生成的块添加属性，使图名、设计、复核、图号、比例在不同的图形中可以有不同的属性值。
（5）保存图形文件并退出。

任务实施

步骤一　新建图形文件，设置绘图环境

步骤二　绘制图框

按照图 3-1 给定的尺寸绘制图框和标题栏；建立文字样式，样式名分别为"宋体 5"和"宋体 3.5"（其中字体均为宋体，"宋体 5"的字高为 5，"宋体 3.5"中字高为 3.5），并用多行文字命令注写标题栏文字。

步骤三　将绘制完成的图框转化为块

（1）输入块命令 BLOCK（简写 B）或者点击 按钮，打开"块定义"对话框，如图 3-2 所示。
（2）在"名称（N）"下拉列表中输入块名称"A4 图框"，点击"选择对象"按钮，选择画好的图框，再单击"基点"组下的"拾取点"按钮，对话框消失，进入屏幕区，用鼠标单击图框右下角的点作为插入基点，其他设置如图 3-2 所示。
（3）单击"确定"按钮，完成创建图框块操作。

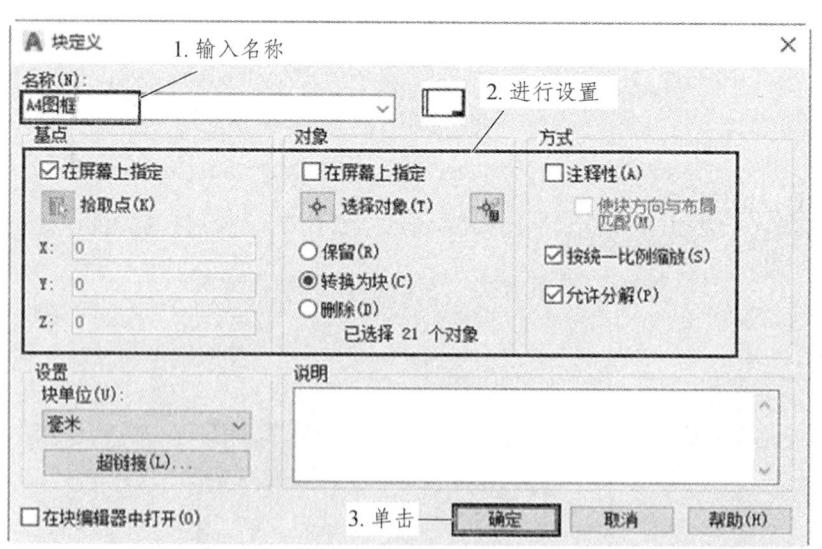

图 3-2　块定义对话框

步骤四　给块添加文字属性

分别为刚创建的图框块中的"图名""设计""复核""比例"及"图号"添加文字属性。

（1）点击 命令按钮，或输入块编辑命令 BEDIT，出现"编辑块定义"对话框，在"要创建或编辑的块"列表中选择"A4 图框"（图 3-3），单击"确定"按钮，系统进入块编辑器环境。

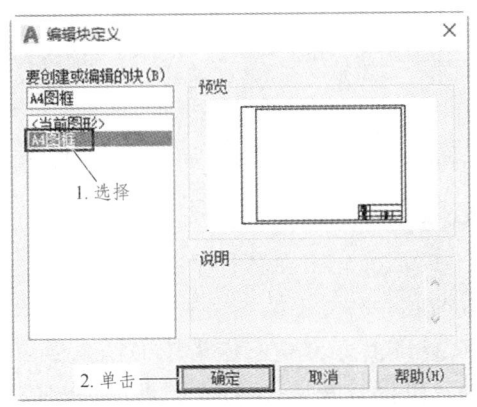

图 3-3 "编辑块定义"对话框

（2）在"块编辑器"选项卡中，点击属性定义按钮 或者输入命令"ATTDEF"，在打开的"属性定义"对话框中依次进行"标记""提示""默认""对正""文字样式"的输入和设置（图 3-4），设置完成后，单击"确定"按钮。

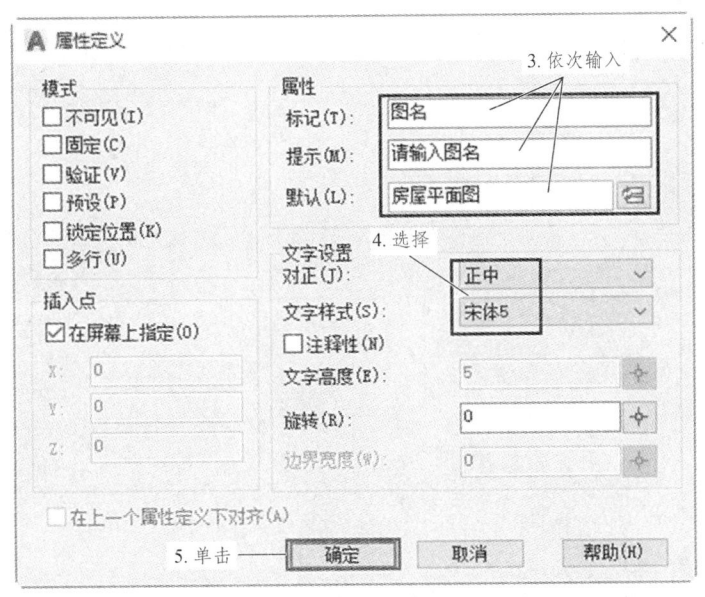

图 3-4 "属性定义"对话框——定义"图名"属性

（3）在放置"图名"属性位置的地方单击鼠标，并把此属性位置移到如图 3-5 所示的单元格居中位置。至此完成图名属性的定义。

（4）重复本步骤中的（2）、（3）步骤，依次对"设计""复核""图号""比例"属性进行定义，并放置到合适的位置。

其中"设计"的属性设置分别为：标记为"设计人"，提示为"请输入设计人员姓名"，默认为"张××"；"复核"的属性设置分别为：标记为"复核人"，提示为"请输入复核人员姓名"，默认为"李××"；"图号"的属性设置分别为：标记为"图号"，提示为"请输入图号"，默认为"1"；"比例"的属性设置分别为：标记为"比例"，提示为"请输入比例"，默认为"1：×"；文字设置组中，对正（J）均设置为"正中"，文字样式均设置为"宋体 3.5"。调整块属性位置后的效果如图 3-6 所示。

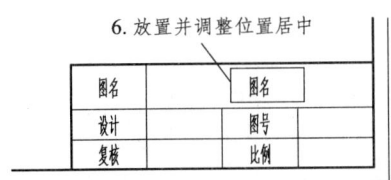

图 3-5 放置"图名"属性位置并调整

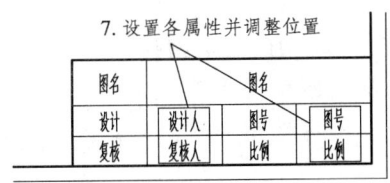

图 3-6 放置其他属性后的效果

（5）设置完成后，点击"块编辑"选项卡中的"关闭块编辑器"按钮，出现提示对话框，如图 3-7 所示。选择"将更改保存到 A4 图框（S）"选项，此时完成了块属性定义和设置，操作界面返回到 AutoCAD 图形绘制界面。

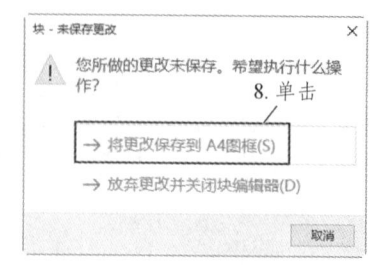

图 3-7　保存块属性更改

步骤五　插入块，并输入属性值

（1）输入插入块命令 INSERT（简写 I），在名称下拉列表中选择"A4 图框"，如图 3-8 所示。

（2）点击"确定"按钮后，在屏幕上点击一点作为块的插入点位置，出现"编辑属性"对话框，也可直接点击插入块按钮下的小三角符号并选择"A4 图框"，此时也会出现该对话框。在该对话框中可以进行"图名""设计""复核""图号"和"比例"等属性实际数值的输入，如图 3-9 所示。若不进行更改输入，则属性值为属性定义时的默认值。输入完成后点击"确定"按钮。

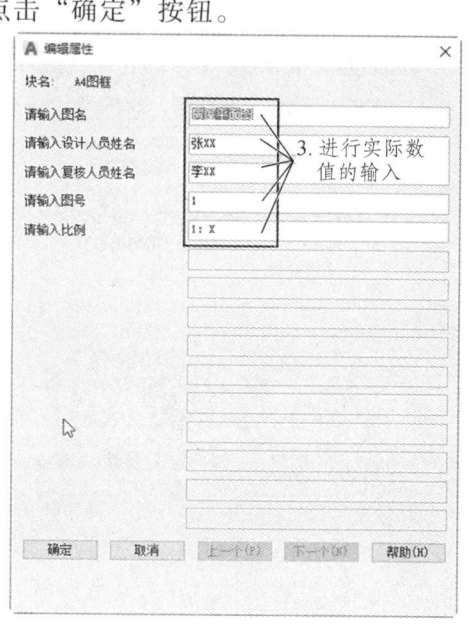

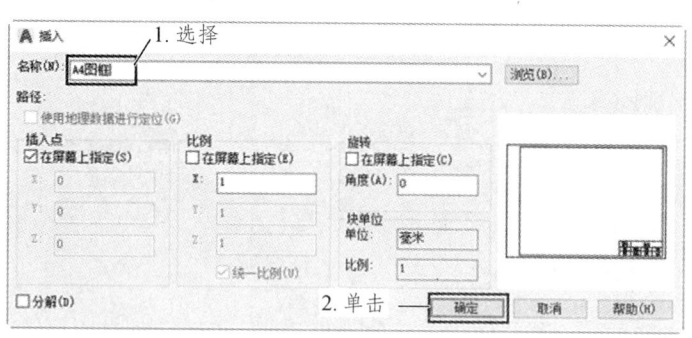

图 3-8　插入属性块　　　　　　　图 3-9　输入各属性的值

步骤六　标注，保存并退出文件

知识链接

块是一个或多个对象组成的对象集合，常用于绘制复杂、重复的图形。一旦一组对象组合成块，就可以根据作图需要将这组对象插入到图中任意指定位置，而且还可以按不同的比例和旋转角度插入。在 AutoCAD 中，使用块可以提高绘图速度、节省存储空间、便于修改图形。

一、创建块

（一）创建块命令的调用方法

- 菜单栏：执行"绘图"菜单→"块"→"创建"命令。
- 命令行：BLOCK/B。
- 用功能区按钮：单击"默认"选项卡→"块"功能区的创建块按钮。
- 用功能区按钮：单击"插入"选项卡→"块定义"功能区的创建块按钮。
- 工具栏：单击"绘图"工具栏→创建块按钮。

使用 BLOCK 命令创建的图块常被称为内部图块，跟随定义它的图形文件一起保存，即图块保存在图形文件内部。内部图块一般在该图形文件中调用。

启动创建块命令后，打开"块定义"对话框，通过该对话框可以将已绘制的对象创建为块，如图 3-2 所示。

（二）"块定义"对话框中参数的含义

（1）名称（N）：在此栏中输入新建图块的名称，最多可以包含 255 个字符，包括数字、空格、字母以及汉字等。单击下拉列表右边的 ⌵ 按钮，打开下拉列表，该列表显示了当前图形文件的所有图块。

（2）基点：用于指定图块的插入基点，可以选择"在屏幕上指定"，也可选择"拾取点"按钮，在屏幕上点击指定基点或输入 x、y、z 坐标值。若未指定基点，系统默认为坐标原点。

（3）对象：用于选择定义为图块的对象，可以选择"在屏幕上指定"，也可选择"选择对象（T）"按钮，或者"快速选择"按钮，定义一个选择集。在下面还包括 3 个选项，其含义如下：

① 保留（R）：当创建图块后，保留源对象，即不改变定义图块源对象的任何参数。

② 转换为块（C）：当创建图块后，将源对象自动转换为图块。

③ 删除（D）：当创建图块后，自动删除源对象。

（4）方式：用于指定块的行为。包括下列几个选项：

① 注释性：选择该项可以创建注释性块参照。注释性块参照和属性支持插入它们时的当前注释比例。

② 使块方向与布局匹配：指定在图纸空间视口中的块参照的方向与布局的方向匹配。如果未选择"注释性"选项，则该选项不可用。

③ 按统一比例缩放：用于确定图块缩放时是否按照统一比例。如果选择了"注释性"选项，则该选项不可用。

④ 允许分解：用于确定是否可用"分解"命令来分解图块。

（5）设置。其中各选项含义如下：

① 块单位：指定块参照插入单位，通常为毫米，也可以用其他单位。

② 超链接：单击该按钮将打开"插入超链接"对话框，用于为定义的图块设置一个超链接。

（6）说明：用于给图块添加说明信息。

（7）在块编辑器中打开：用于确定当创建块后，是否在块编辑器中打开图块进行编辑。

二、插入块

（一）插入块命令的调用方法

- 菜单栏：执行"插入"菜单→"块"→"创建"命令。
- 命令行：INSERT/I。
- 用功能区按钮：单击"默认"选项卡→"块"功能区的插入按钮 的下拉箭头，选择插入块。
- 用功能区按钮：单击"插入"选项卡→"块"功能区的创建块按钮 。
- 工具栏：单击"绘图"工具栏→插入块按钮 。

启动插入图块命令后，每次可插入单个图块，而且可以为图块指定插入点、缩放比例和旋转角度等参数。执行插入图块，系统将打开"插入"对话框，通过对话框的设置即可将图块插入到绘图区中，"插入"对话框如图 3-8 所示。

（二）"插入"对话框中参数的含义

（1）名称（N）：单击下拉列表右边的 ⌵ 按钮，打开下拉列表，选择要插入的图块名称。若点击右边的"浏览..."按钮，则可以插入块文件，同时在下方的"路径"栏中显示块文件的位置路径。

（2）插入点：系统默认为"在屏幕上指定"，用户也可以直接输入坐标的绝对位置。

（3）比例：可以选择"在屏幕上指定"，即在插入图块时通过命令行输入缩放比例，用户也可以通过输入 X、Y、Z 的值来指定不同方向上的缩放比例。若在创建图块时，选定了"统一比例"复选框，则可对图块进行整形比例缩放。

（4）旋转：可以选择"在屏幕上指定"，即在插入图块时通过命令行输入旋转角度，用户也可在"角度"文本框中输入旋转角度。

（5）分解：选中该复选框，则插入的图块将被分解。一般默认状态不选中"分解"复选框。需要编辑某个块时，再使用"分解"命令，将该块分解。

三、块编辑器和图块的属性

块编辑器是一个独立的环境，用于为当前图形创建和更改块定义，还可以使用它向块中添加动态行为。

（一）块编辑器的调用方式

- 命令行：BEDIT/BE
- 用功能区按钮：单击"默认"选项卡→"块"功能区的块编辑器按钮。
- 用功能区按钮：单击"插入"选项卡→"块定义"功能区的块编辑器按钮。

执行 BEDIT 命令后，系统将打开"编辑块定义"对话框，如图 3-3 所示，通过该对话框选择要进行编辑的块或者定义为块的图形，此处选择已生成的块"A4 图框"。点击确定后，即打开块编辑器环境，出现"块编辑器选项卡"和"块编写选项板"，如图 3-10 所示，在此环境中对选定的块进行属性或者动作定义。任务一中块的属性添加即采用的是此种形式。在对块进行属性定义时，也可以先使用 ATTDEF 命令定义属性再生成块。

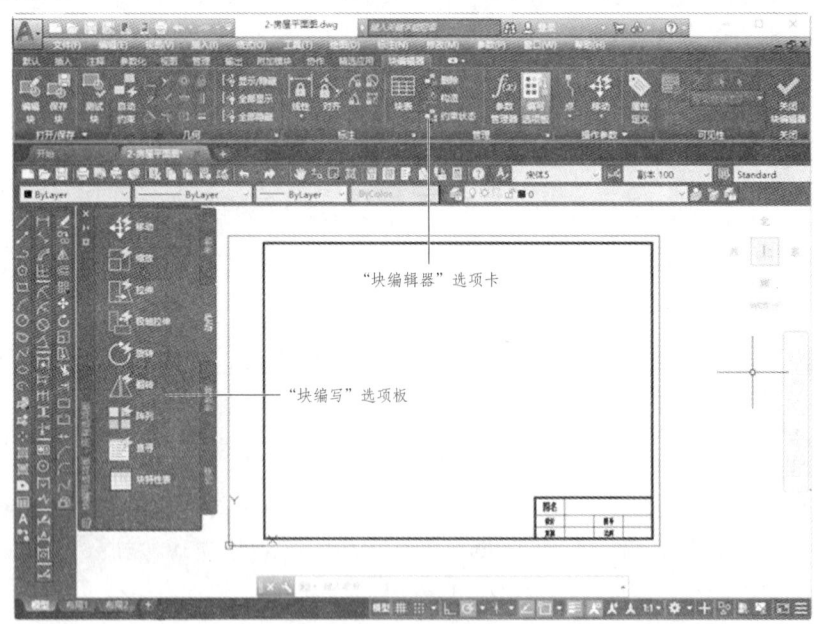

图 3-10　块编辑器环境

（二）创建及使用块的属性

图块除了包含图形对象外，还可以具有非图像信息。块属性是附属于块的非图形信息，是块的组成部分，类似于商品标签，包含图块所不能表达的其他各种文字信息，比如材料、型号和制造者等。属性是将数据附着到块上的标签或标记。存储在属性中的信息一般称为属性值。

1. 创建属性的调用方式

- 菜单栏："绘图"菜单→"块"→"定义属性"命令。

- 命令行：ATTDEF/ATT。
- 用功能区按钮：单击"块编辑器"选项卡→"操作参数"功能区的"定义属性"按钮。
- 用功能区按钮：单击"插入"选项卡→"块定义"功能区的"定义属性"按钮。

启动命令后，AutoCAD 打开属性定义对话框，用户利用该对话框可创建块属性。若有多个属性定义，分多次分别定义，如图 3-4 所示。

2."属性定义"的参数含义

（1）模式：在图形中插入块时，设定与块关联的属性值选项。默认值存储在 AFLAGS 系统变量中。更改 AFLAGS 设置将影响新属性定义的默认模式，但不会影响现有属性定义。
- 不可见（I）：指定插入块时不显示或打印属性值。ATTDISP 命令将替代"不可见"模式。
- 固定（C）：在插入块时指定属性的固定属性值。此设置用于永远不会更改的信息。
- 验证（V）：插入块时提示验证属性值是否正确。
- 预设（P）：插入块时，将属性设置为其默认值而无须显示提示。仅在提示将属性值设置为在"命令"提示下显示（ATTDIA 设置为 0）时，应用"预设"选项。
- 锁定位置（K）：锁定块参照中属性的位置。解锁后，属性可以相对于使用夹点编辑的块的其他部分移动，并且可以调整多行文字属性的大小。
- 多行（U）：指定属性值可以包含多行文字，并且允许指定属性的边界宽度。

（2）属性：设定属性数据。
- 标记（T）：指定用来标识属性的名称。使用任何字符组合（空格除外）输入属性标记。小写字母会自动转换为大写字母。
- 提示（M）：指定在插入包含该属性定义的块时显示的提示。如果不输入提示，属性标记将用作提示。如果在"模式"区域选择"常数"模式，"属性提示"选项将不可用。
- 默认（L）：指定默认属性值。用户可以直接输入，也可以用右边的"插入字段"按钮，点击该按钮，则显示"字段"对话框，可以在其中插入一个字段作为属性的全部或部分的值。若在模式中选择了"多行（U）"，则此处会出现"多行编辑器"按钮，点击该按钮，将显示具有"文字格式"工具栏和标尺的在位文字编辑器。ATTIPE 系统变量控制显示的"文字格式"工具栏为缩略版还是完整版。

（3）插入点：指定属性位置。用户可以选择输入坐标值，也可以选择"在屏幕上指定"，并使用定点设备来指定属性相对于其他对象的位置。

在屏幕上指定（O）：关闭对话框后将显示"起点"提示。使用定点设备来指定属性相对于其他对象的位置。

X：指定属性插入点的 X 坐标。

Y：指定属性插入点的 Y 坐标。

Z：指定属性插入点的 Z 坐标。

（4）文字设置：设定属性文字的对正、样式、高度和旋转。
- 对正（J）：指定属性文字的对正。
- 文字样式（S）：文字的预定义样式。显示当前加载的文字样式。
- 注释性（N）：指定属性为注释性。如果块是注释性的，则属性将与块的方向相匹配。
- 文字高度（E）：指定属性文字的高度。输入值，或选择"高度"用定点设备指定高度。此高度为从原点到指定位置的测量值。如果选择有固定高度（任何非 0.0 值）的文字样式，或者在"对正"列表中选择了"对齐"，则"高度"选项不可用。
- 旋转（R）：指定属性文字的旋转角度。输入值，或选择"旋转"用定点设备指定旋转角度。此旋转角度为从原点到指定位置的测量值。如果在"对正"列表中选择了"对齐"或"调整"，则"旋转"选项不可用。

- 边界宽度（W）：换行至下一行前，指定多行文字属性中一行文字的最大长度。值 0.000 表示对文字行的长度没有限制。此选项不适用于单行属性。

（5）在上一个属性定义下对齐（A）：将属性标记直接置于之前定义的属性的下面。如果之前没有创建属性定义，则此选项不可用。

设置完成后，点击"确定"按钮，并将属性放置到合适位置，若放置不合适，可以对其位置进行调整。

3. 属性的修改

在块属性定义过程中，如果要修改属性的定义，可以使用 DDEDIT 命令。启用该命令后，选择要修改的属性定义，系统会打开"编辑属性定义"对话框，如图 3-11 所示。在此对话框中可修改"标记""提示""默认"等属性值。

当带有属性的块插入后，如果想修改属性值，可以使用 DDEDIT 命令或 EATTEDIT 命令，选中要修改的块后，都将打开"增强属性编辑器"对话框，如图 3-12 所示。在此对话框中只可以对块中的属性值进行修改。

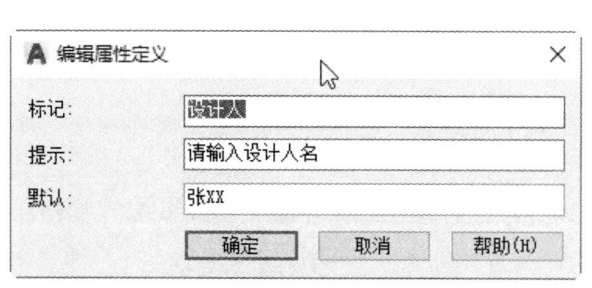
图 3-11 "编辑属性定义"对话框

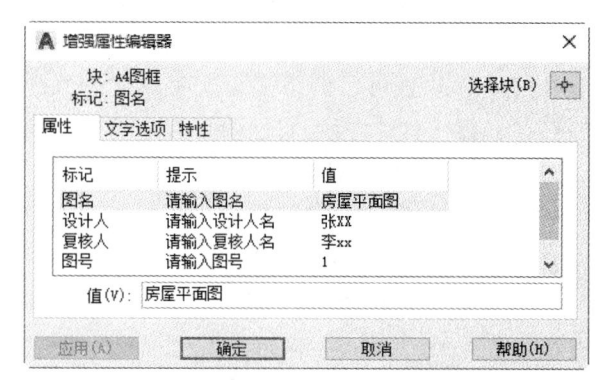
图 3-12 "增强属性编辑器"对话框

在块插入后，还可以调用"块属性管理器"来对属性进行重新修改和编辑。"块属性管理器"的调用方式为：

- 菜单栏："修改"菜单→"对象"→"属性"→"块属性管理器"命令。
- 命令行：BATTMAN。
- 用功能区按钮：单击"插入"选项卡→"块定义"功能区的"管理属性"按钮。

启动 BATTMAN 命令后，选择要进行编辑的图块，出现如图 3-13 所示的对话框。在此对话框中，点击"设置（S）"按钮，可以对属性信息进行设置，如图 3-14 图所示。若点击"编辑（E）"按钮，则可对选定的属性的模式、数据、文字选项等进行编辑，如图 3-15 所示。

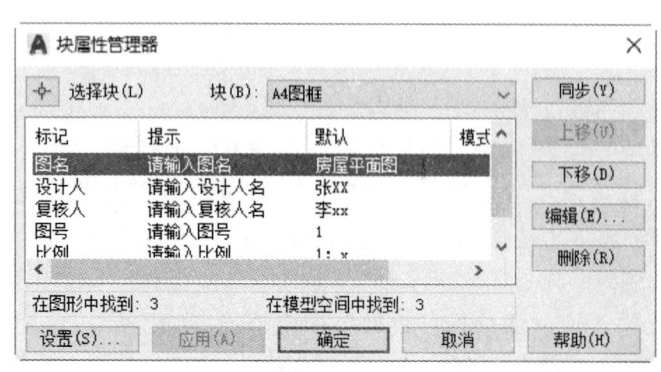
图 3-13 "块属性管理器"对话框

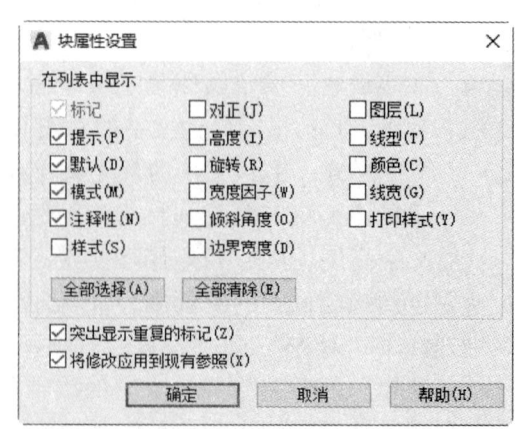
图 3-14 "块属性设置"对话框

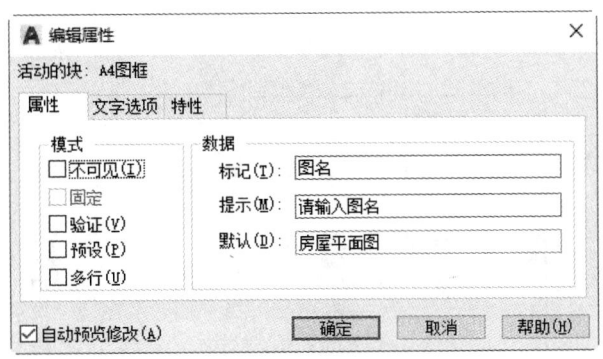

图 3-15 "编辑属性"对话框

任务拓展

【3-1-1】绘制图 3-16 所示的简易电话机,生成块,并添加属性,在插入该块时,要求输入姓名和号码。

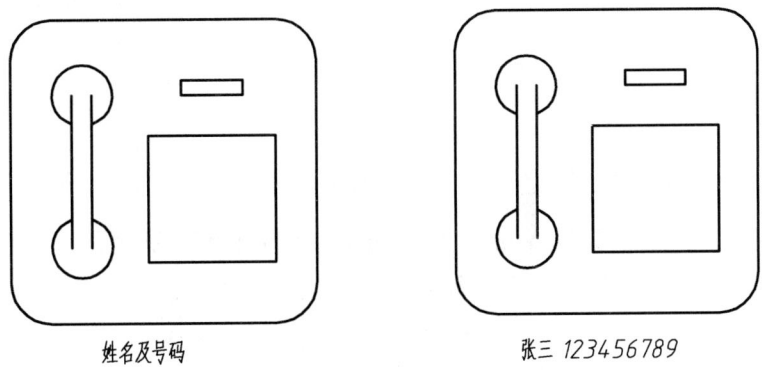

图 3-16 简易电话机

任务二 使用多线绘制墙体

任务目标

- 能够设置多线样式。
- 会使用多线命令绘制多线。
- 能够编辑多线。
- 培养规范操作、耐心细致、严谨求实、互助协作的职业素质。

任务内容

绘制如图 3-17 所示的图形中的轴线和墙线(墙体、门、窗及柱网本任务不作要求,其绘制方法请参考本书后续任务)。

任务分析

本例只绘制轴线和墙体。要绘制轴线和墙线,绘图思路如下:

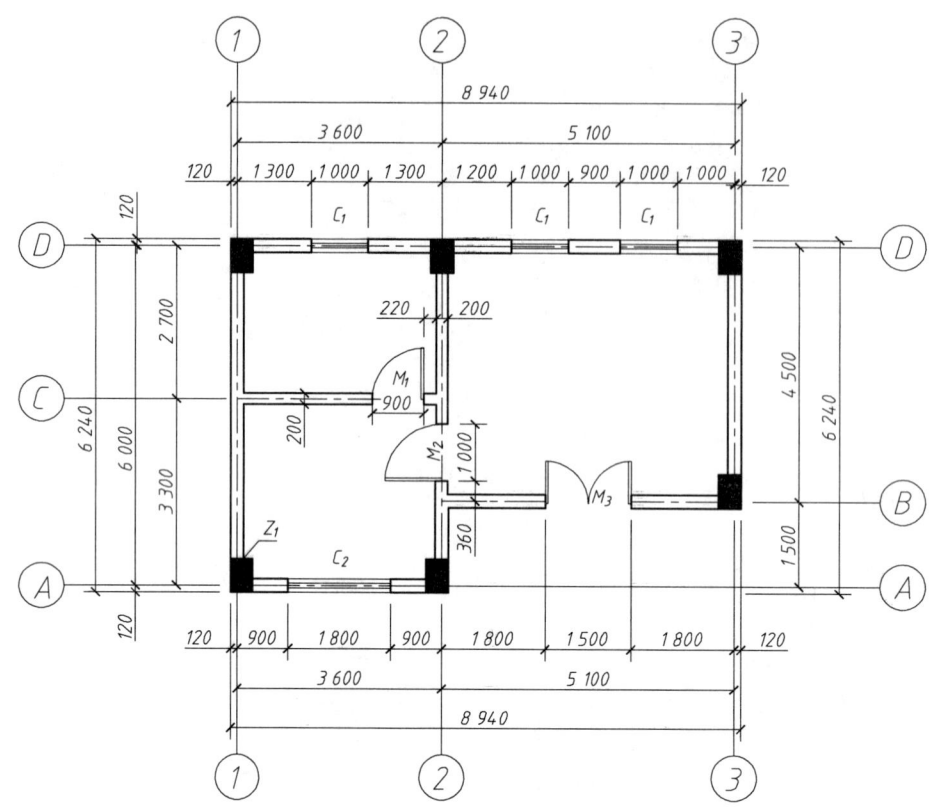

图 3-17 房屋平面图

（1）新建图形文件，并设置图形文件的图层、线型、线宽及颜色，要求如下：

图层名称	图层颜色	线型	线宽
墙线	白色	Continuous	0.50 mm
轴线	洋红色	Center	默认
标注	绿色	Continuous	默认

（2）用 LINE（直线）命令和 OFFSET（偏移）命令绘制轴线。
（3）使用 MLINE（多线）命令绘制墙线，注意不同墙体尺寸的变化。
（4）对墙线进行编辑。
（5）对图形进行标注，保存并退出。

任务实施

步骤一　新建文件，设置绘图环境

步骤二　绘制轴线

选择轴线图层，根据尺寸，用 LINE（直线）命令和 OFFSET（偏移）命令绘制轴线，结果如图 3-18 所示。

步骤三　定义多线样式，分别绘制外墙和内墙

1. 定义多线样式 240

（1）点击"格式"菜单→"多线样式"或在命令行输入命令"MLSTYLE"，出现"多线样式"对话框，点击"新建"按钮，如图 3-19 所示。

（2）在弹出的"创建新的多线样式"对话框中，在"新样式名"后文本框中输入新的名字"240"，点击"继续"按钮，如图 3-20 所示。

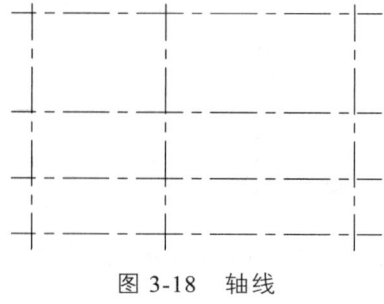

图 3-18　轴线

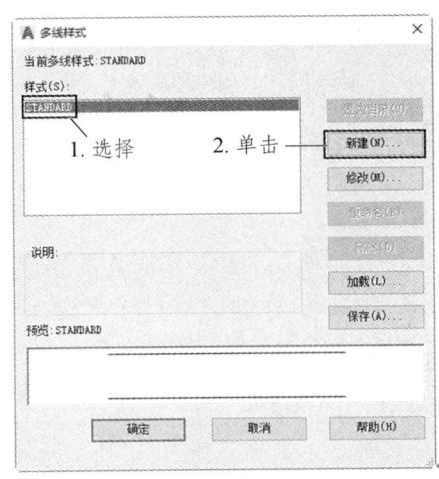

图 3-19 打开"多线样式"对话框

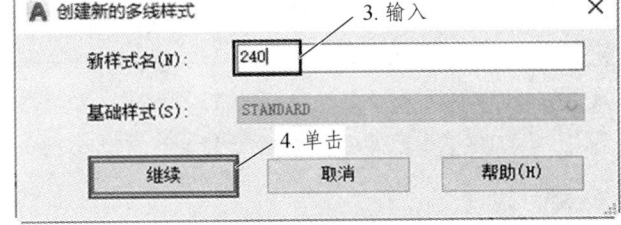

图 3-20 命名新的多线样式

(3)在弹出的"新建多线样式:240"对话框中,对名为"240"的多线样式进行设置,如图 3-21 所示,点击"确定"按钮。

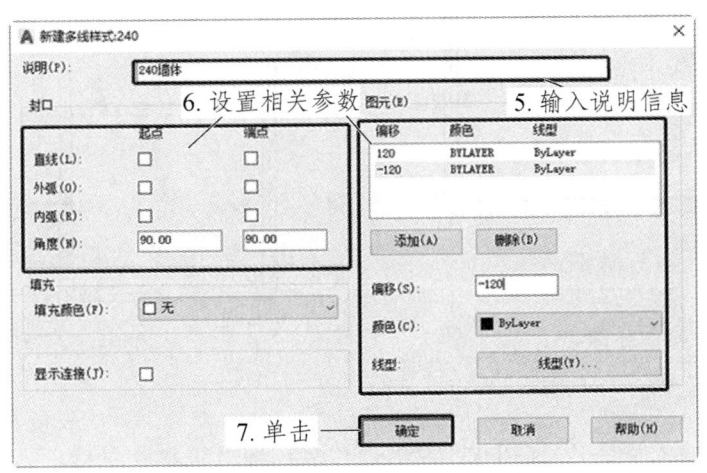

图 3-21 设置图元元素偏移值

(4)在返回的"多线样式"对话框中,会自动多出一个名字为"240"的多线样式,将该多线样式设置为当前样式,如图 3-22 所示。

2. 定义多线样式 200

用同 1 类似的方法定义多线样式 200,图元偏移值分别为 100 和-100。

3. 绘制外墙线

切换到墙线层,使用"MLINE"命令绘制外墙线,如图 3-23 所示。

命令:_MLINE
当前设置:对正 = 上,比例 = 20.00,样式 = 240
指定起点或 [对正(J)/比例(S)/样式(ST)]:J   //输入选项 J,设置对正方式
输入对正类型 [上(T)/无(Z)/下(B)]<上>:Z   //输入选项 Z,选择无对正
当前设置:对正 = 无,比例 = 20.00,样式 = 240
指定起点或 [对正(J)/比例(S)/样式(ST)]:S   //输入选项 S,设置画线比例
输入多线比例 <20.00>:1   //输入比例为 1

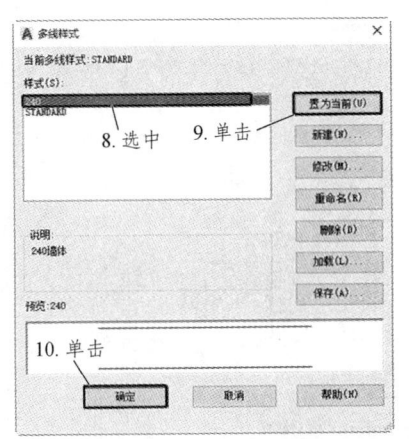

图 3-22 将名为"240"的多线样式置为当前样式

当前设置：对正 = 无，比例 = 1.00，样式 = 240
指定起点或 [对正（J）/比例（S）/样式（ST）]：　　　　//输入选项 S，设置画线比例
指定下一点：　　//点击轴线上 A 点
指定下一点或 [放弃（U）]：　　//点击轴线上 B 点
指定下一点或 [闭合（C）/放弃（U）]：　　//点击轴线上 C 点
指定下一点或 [闭合（C）/放弃（U）]：　　//点击轴线上 D 点
指定下一点或 [闭合（C）/放弃（U）]：　　//点击轴线上 E 点
指定下一点或 [闭合（C）/放弃（U）]：　　//点击轴线上 F 点
指定下一点或 [闭合（C）/放弃（U）]：C　　//输入选项 C，使墙线闭合

4. 绘制内墙线

用同 3 类似的方法绘制内墙线，多线样式选择 200，结果如图 3-24 所示。

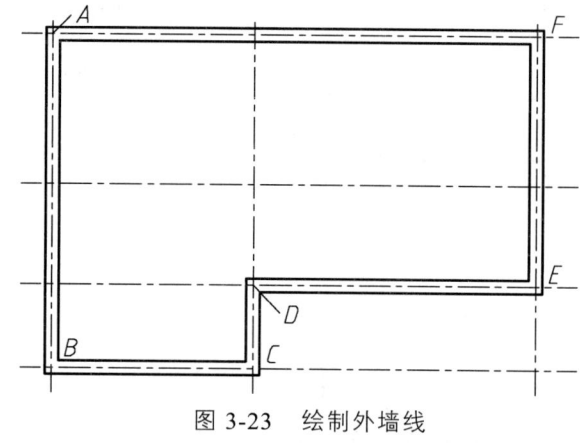

图 3-23　绘制外墙线　　　　　　　　图 3-24　绘制内墙线

步骤四　编辑墙线

（1）双击墙线或者输入命令"MLEDIT"，出现"多线编辑工具"对话框，如图 3-25 所示。
（2）单击"T 形打开"工具，根据命令提示行提示进行操作，操作结果如图 3-26 所示。

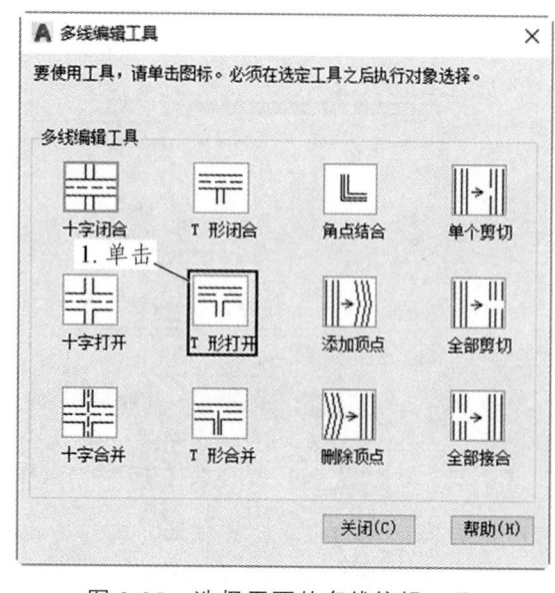

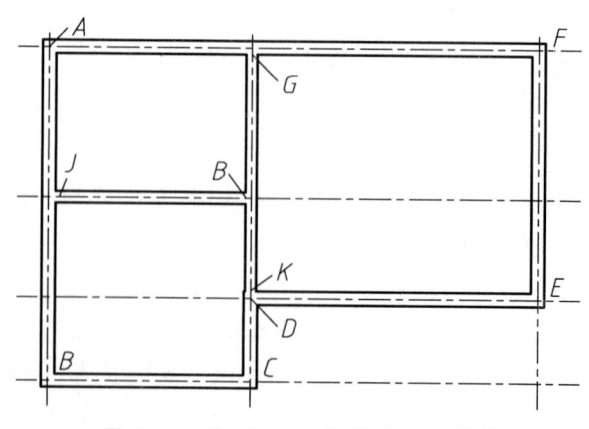

图 3-25　选择需要的多线编辑工具　　　　图 3-26　"T 形打开"操作后的墙线

命令：_MLEDIT
选择第一条多线：　　　　　　　　　　//点击 JH 位置的多线

选择第二条多线： //点击 GK 位置的多线
选择第一条多线 或 [放弃（U）]： //点击 JH 位置的多线
选择第二条多线： //点击 AB 位置的多线
选择第一条多线 或 [放弃（U）]： //点击 GK 位置的多线
选择第二条多线： //点击 DE 位置的多线
选择第一条多线 或 [放弃（U）]： //点击 GK 位置的多线
选择第二条多线： //点击 AF 位置的多线
选择第一条多线 或 [放弃（U）]： //结束命令

步骤五　标注图形并保存文件

📄 **知识链接**

多线是一种由多条平行线组成的组合对象，平行线之间的间距、数目及线条的颜色和线型都是可以调整的。使用多线绘制多条平行线，最多可达 16 条，这些平行线称为元素。多线常用于绘制建筑图中的墙体、管道、电子线路图等平行线对象。

一、创建多线

（一）多线命令的调用方法

● 菜单栏：执行"绘图"菜单→"多线"命令。
● 命令行：MLINE/ML。

> 提示：当前设置：对正 =（当前对正方式），比例 =（当前比例值），样式 =（当前样式）指定起点或[对正（J）/比例（S）/ 样式（ST）]：（输入各选择项）。

（二）多线命令选项

（1）指定起点：指定多线的起点，指定后系统提示"指定下一点"，可依次指定第二点、第三点……根据需要可用回车键结束命令。如果有两条或两条以上的线段创建多线，则提示将包含"闭合（C）"选项。

（2）放弃（U）：放弃多线上的上一个顶点。

（3）闭合（C）：通过将最后一条线段与第一条线段相接合来闭合多线。

（4）对正（J）：确定如何在指定的点之间绘制多线，设定多行平行线的对齐方式。

输入 J 后回车，系统的提示：输入对正类型[上（T）/无（Z）/下（B）]<缺省值>：

其中：

- 上（T）：在光标下方绘制多线，因此在指定点处将会出现具有最大正偏移值的直线。
- 无（Z）：将光标作为原点绘制多线，因此"元素特性"的偏移 0.0 将在指定点处。
- 下（B）：在光标上方绘制多线，因此在指定点处将出现具有最大负偏移值的直线。

（5）比例（S）：控制多线的全局宽度。该比例不影响线型比例。

这个比例基于在多线样式定义中建立的宽度。比例因子为 2 绘制多线时，其宽度是样式定义的宽度的两倍。负比例因子将翻转偏移线的次序：当从左至右绘制多线时，偏移最小的多线绘制在顶部。负比例因子的绝对值也会影响比例。比例因子为 0 将使多线变为单一的直线。

（6）样式（ST）：指定多线的样式。

样式名：指定已加载的样式名或创建的多线库（MLN）文件中已定义的样式名。

?：输入？后，弹出"从文件加载多线样式"对话框，列出已加载的多线样式，若当前图形文件中有已经定义好的多个多线样式，则会以文本形式显示当前文件中的多线名称和说明。

二、设置多线样式

（一）定义多线样式命令的调用方法

- 菜单栏：执行"格式"菜单→"多线样式"。
- 命令行：MLSTYLE。

启动命令后，系统弹出"多线样式"对话框，如图3-19所示。

（二）"多线样式"对话框中参数的含义

（1）当前多线样式：显示当前使用的多线样式。

（2）"样式（S）"列表框：显示已加载的多线样式。

（3）"置为当前"按钮：在"样式"列表框中选择需要使用的多线样式后，单击该按钮，可以将其设置为当前样式。

（4）"新建"按钮：单击该按钮，打开"创建新的多线样式"对话框，可以命名新的多线样式名，选择新创建多线样式的参考样式，如图3-20所示。

在该对话框中，在新样式名（N）后文本框中输入一个名称，继续按钮变为可设置状态，单击"继续"按钮，打开"新建多线样式"对话框可以创建新多线样式的封口、填充、元素特性等内容，如图3-21所示。

（5）"修改"按钮：单击该按钮，打开"修改多线样式"对话框，可以修改创建的多线样式，它与"新建多线样式"对话框的内容完全相同。

（6）"重命名"按钮：重新命名在"样式"列表框中选中的多线样式。

（7）"删除"按钮：删除"样式"列表框中的多线样式。

（8）"保存"按钮：打开"保存多线样式"对话框，可以将当前的多线样式保存为一个多线文件。

另外，当选中一种多线样式后，在对话框中的"说明"和"预览"区中还将显示该多线样式的说明信息和样式预览。

（三）"新建多线样式"对话框中参数的含义

在如图3-21所示的"新建多线样式240"对话框中，各个参数的含义如下：

（1）说明（P）：在该对话框的"说明"文本框用于输入多线样式的说明信息。当在"多线样式"对话框的列表框中选中该多线时，说明信息将显示在"说明"文本区域中。

（2）封口：用于控制多线起点处的样式。可以为多线的每个端点选择一条直线或弧线，并输入角度。其中，"直线"穿过整个多线的端点，"外弧"连接最外层元素的端点，"内弧"连接成对元素，如果有奇数个元素，则中心线不相连，如图3-27所示。

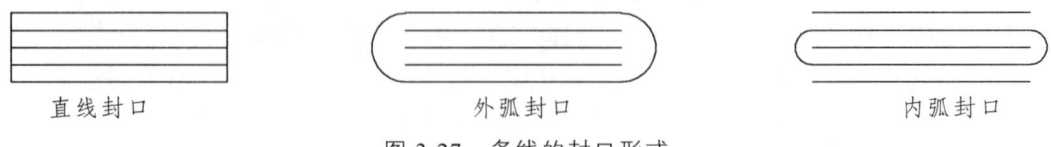

图3-27 多线的封口形式

（3）填充颜色：在该对话中的"填充"选项组用于设置是否填充多线的背景。可以从"填充颜色"下拉列表框中选择所需的填充颜色作为多线的背景。如果不使用填充颜色，则在"填充颜色"下拉列表框中选择"无"。

（4）显示连接：选中此复选框，可以在多线的拐角处显示连接线，否则不显示，如图3-28所示。

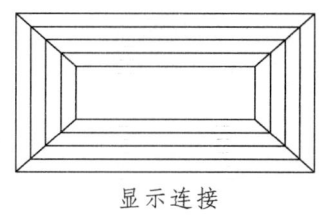 

显示连接　　　　　　　　　　　　　不显示连接

图 3-28　显示连接和不显示连接的对比

（5）图元：在"图元"选项组中，可以设置多线样式的元素特性，包括多线的线条数目、每条线的颜色和线型等特性。其中，"元素"列表框中列举了当前多线样式中各条元素及其特性，包括线条元素相对于多线中心线的偏移量、线条颜色和线型。如果要增加多线中线条的数目，可单击"添加"按钮，在"元素"列表中将加入一偏移量为 0 的新线条元素；点击"删除"按钮，则可删除选中的图元元素；通过"偏移"文本框，设置线条元素的偏移量；在"颜色"下拉列表框中，设置当前线条的颜色；单击"线型"按钮，打开"选择线型"对话框，如图 3-29 所示。在该对话框中，可设置元素的线型。

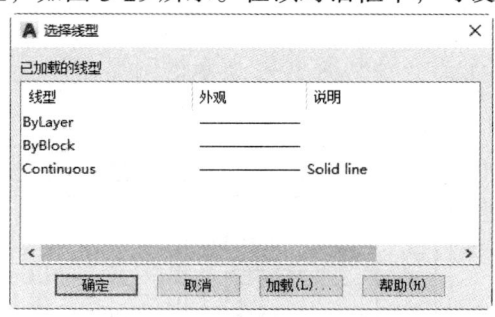

图 3-29　"选择线型"对话框

如果在这个对话框中没有找到想要的线型，可通过单击该对话框中的"加载（L）"按钮，打开"加载多线样式"对话框，加载所需线型到当前图形中。

三、编辑多线

多线和多线的交叉点和角点的连接方式，可以根据需要进行编辑。双击多线或使用 MLEDIT 命令可以调用多线编辑工具。多线编辑工具有以下功能：改变两条多线的相交形式；在多线中加入控制顶点或删除顶点；将多线中的线条切断或结合。

多线编辑工具的调用方式：
- 菜单栏：修改→对象→多线。
- 命令行：WLEDIT/MLED。

执行命令后，系统将打开"多线编辑工具"对话框，如图 3-25 所示。通过该对话框即可选择不同的多线编辑工具，对多线进行编辑。注意需要先选定工具，再进行编辑对象选择。下面以"T 形合并"和"角点结合"示例操作前后效果。其他请读者自行尝试。

T 形合并：在两条多线之间创建合并的 T 形交点。将多线修剪或延伸到与另一条多线的交点处。操作过程与结果见图 3-30。

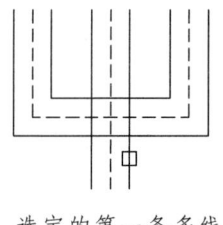 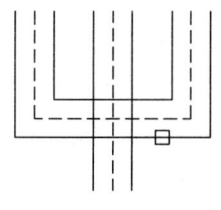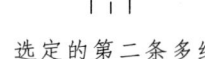 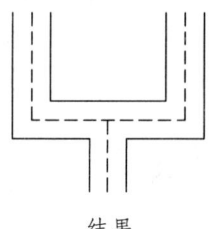

选定的第一条多线　　　　　　选定的第二条多线　　　　　　　结果

图 3-30　"T 形合并"

角点结合：在多线之间创建角点结合。将多线修剪或延伸到它们的交点处。操作结果见图 3-31。

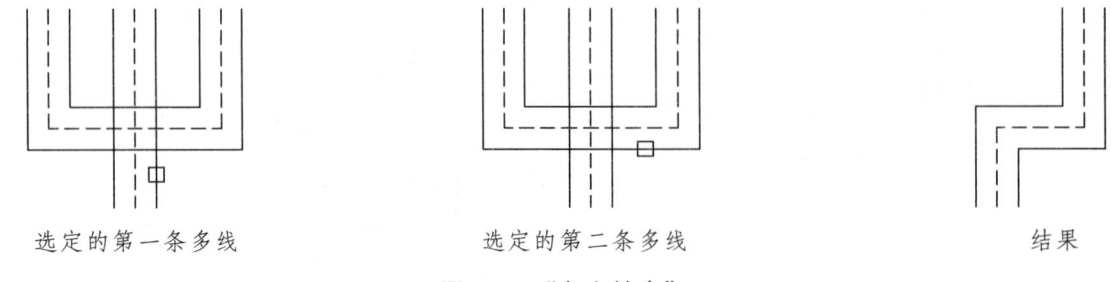

图 3-31 "角点结合"

其他请读者自行尝试。

任务拓展

【3-2-1】利用 MLINE（多线）命令绘制图 3-32 所示的图形。

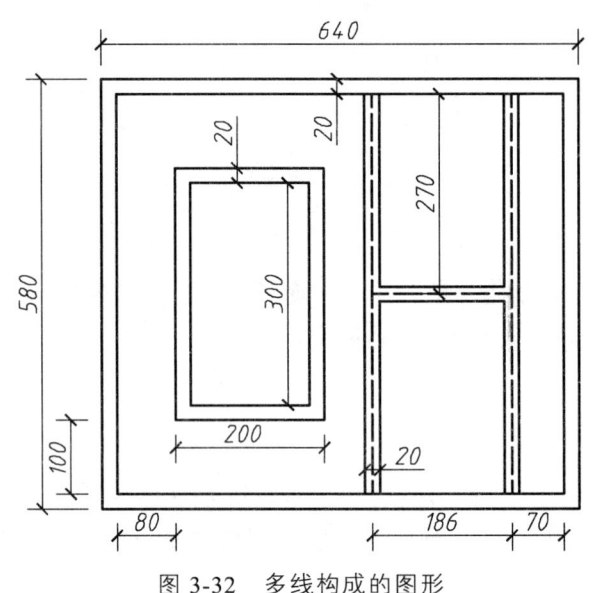

图 3-32 多线构成的图形

任务三 利用面域造型

任务目标

- 能够定义面域。
- 理解布尔运算的含义，能够对面域进行布尔运算。
- 能够利用面域的运算来进行图形造型。
- 培养规范操作、耐心细致、严谨求实、互助协作的职业素质。

任务内容

绘制如图 3-33 所示的平面图形。

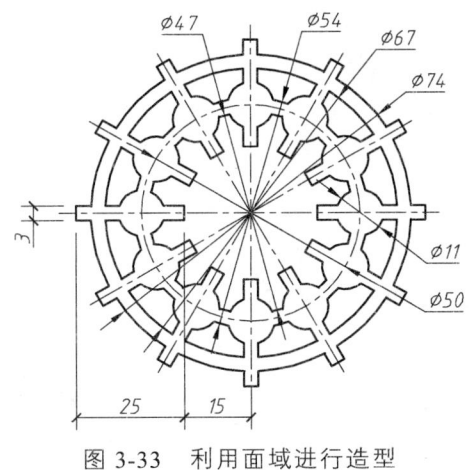

图 3-33　利用面域进行造型

任务分析

从图 3-33 中可以看出，图形由直线和圆构成，命令很简单，但使用传统方法绘制并修剪比较烦琐，所以使用面域及布尔运算进行造型，绘图思路如下：

（1）新建图形文件，设置绘图环境。
（2）用 LINE（直线）命令绘制中心线，利用 CIRCLE（圆）命令绘制圆，用 RECTANG（矩形）命令绘制矩形。
（3）将圆、矩形生成面域。
（4）对面域进行布尔运算，在此图中要进行两次差运算，一次并运算。
（5）对以上图形进行标注。
（6）保存图形文件并退出。

任务实施

步骤一　新建文件和图层、设置辅助绘图功能精确绘图

步骤二　绘制中心线和 4 个同心圆 A、B、C 和 D，结果如图 3-34 所示

步骤三　将这 4 个圆生成面域

命令：_REGION
选择对象：指定对角点：找到 4 个　　　//选中 4 个圆 A、B、C、D
选择对象：　　　　　　　　　　　　　　//结束命令
已提取 4 个环。
已创建 4 个面域。

步骤四　对面域进行布尔运算

用面域 A 减去面域 B，用面域 C 减去面域 D。
命令：_SUBTRACT
选择要从中减去的实体、曲面和面域...
选择对象：找到 1 个　　　//选择面域 A
选择对象：选择要减去的实体、曲面和面域...　　　//按回车键或空格键确认
选择对象：找到 1 个　　　//选择面域 B
选择对象：　　//结束命令

命令：_SUBTRACT
选择要从中减去的实体、曲面和面域…
选择对象：找到 1 个　　　//选择面域 C
选择对象：选择要减去的实体、曲面和面域…　　//按回车键或空格键确认
选择对象：找到 1 个　　　//选择面域 D
选择对象：　//结束命令

步骤五　绘制圆 E 和矩形 F，如图 3-35 所示

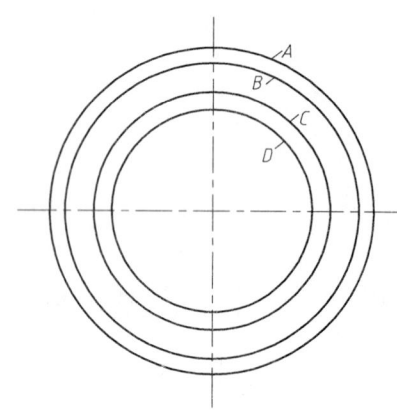

图 3-34　绘制同心圆

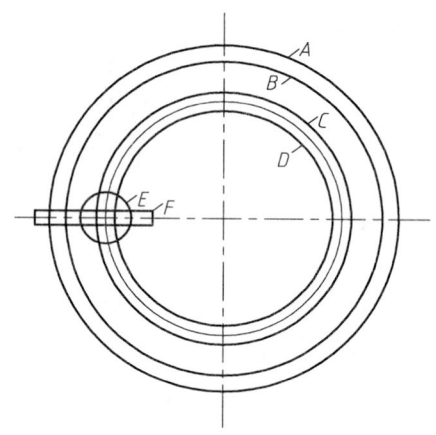

图 3-35　绘制圆 E 和矩形 F

步骤六　将圆 E 和矩形 F 生成面域

命令：_REGION
选择对象：指定对角点：找到 2 个　　　//选择圆 E 和矩形 F
选择对象：　//结束命令
已提取 2 个环。
已创建 2 个面域。

步骤七　将面域 E、F 进行环形阵列，创建非关联阵列，如图 3-36 所示

步骤八　对面域进行并运算，如图 3-37 所示

命令：_UNION
选择对象：指定对角点：找到 40 个　　　//框选对象，非面域对象不参与运算
选择对象：　　　　　　　　　　　　　　//结束命令

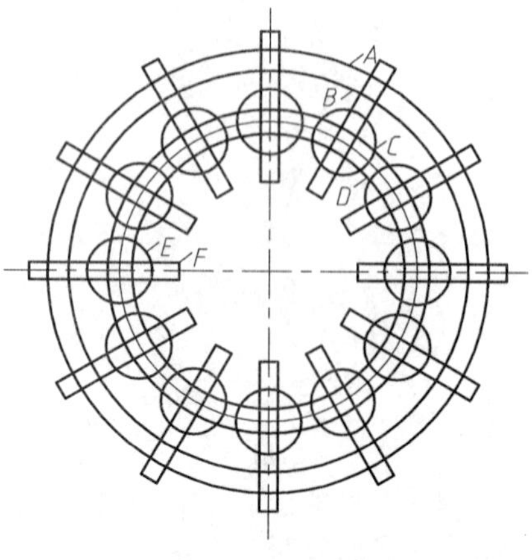

图 3-36　阵列

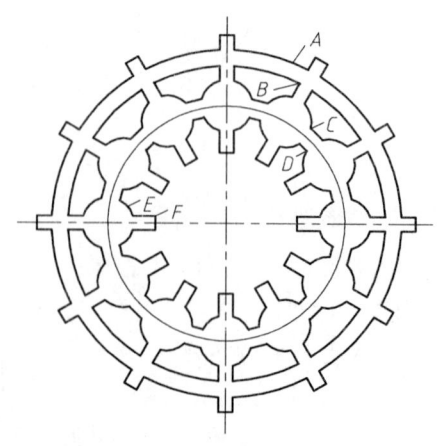

图 3-37　执行并运算

步骤九　标注图形、保存文件

知识链接

域（REGION）是指二维的封闭图形，可由直线、多段线、圆、圆弧和样条曲线等对象围成，但应保证相邻对象间共享连接的端点，否则，将不能创建域。域是一个单独的实体，具有面积、周长及形心等几何特征。在面域实体中可以采用"交集""并集""差集"等布尔运算来快速构造不同形状的图形。

一、创建面域

- 菜单栏：执行"绘图"菜单→"面域"。
- 命令行：REGION/REG。
- 用功能区按钮：单击"默认"选项卡→"绘图"功能区的创建块按钮 。
- 工具栏：单击"绘图"工具栏→面域按钮 。

启动命令后，选择一个或多个用于转换为面域的封闭图形，当按下 Enter 键后即可将它们转换为面域。

二、面域的布尔运算

布尔运算是处理两值之间关系的逻辑数学计算法，包括并集、交集和差集 3 种。布尔运算的对象包括实体和共面的面域。在图形处理操作中引用布尔运算，可以使简单的基本图形组合产生新的形体，并由二维布尔运算发展到三维图形的布尔运算。当图形边界比较复杂时，使用布尔运算作图，可以极大地提高绘图效率。

（一）"并"运算

"并"运算将所有参与运算的面域合并为一个新面域，如图 3-38 所示。
- 菜单栏：执行"修改"菜单→"实体编辑"→"并集"。
- 命令行：UNION/UNI。

（二）"交"运算

"交"运算可以求出相交面域的公共部分，如图 3-39 所示。
- 菜单栏：执行"修改"菜单→"实体编辑"→"交集"。
- 命令行：INTERSECT/IN。

（三）"差"运算

差运算可以从一个面域中去掉一个或多个面域，从而形成一个新面域，如图 3-40 所示。
- 菜单栏：执行"修改"菜单→"实体编辑"→"差集"。
- 命令行：SUBTRACT/SU。

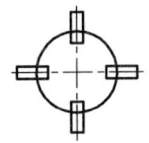  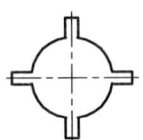 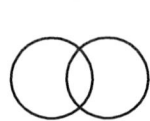 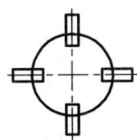 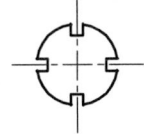

对 5 个面域进行"并"运算　　结果　　对 2 个面域进行"交"运算　　结果　　用大圆面域减去 4 个矩形面域　　结果

图 3-38　"并"运算　　　　图 3-39　"交"运算　　　　图 3-40　"差"运算

任务拓展

【3-3-1】利用面域造型法绘制如图 3-41 所示的图形。

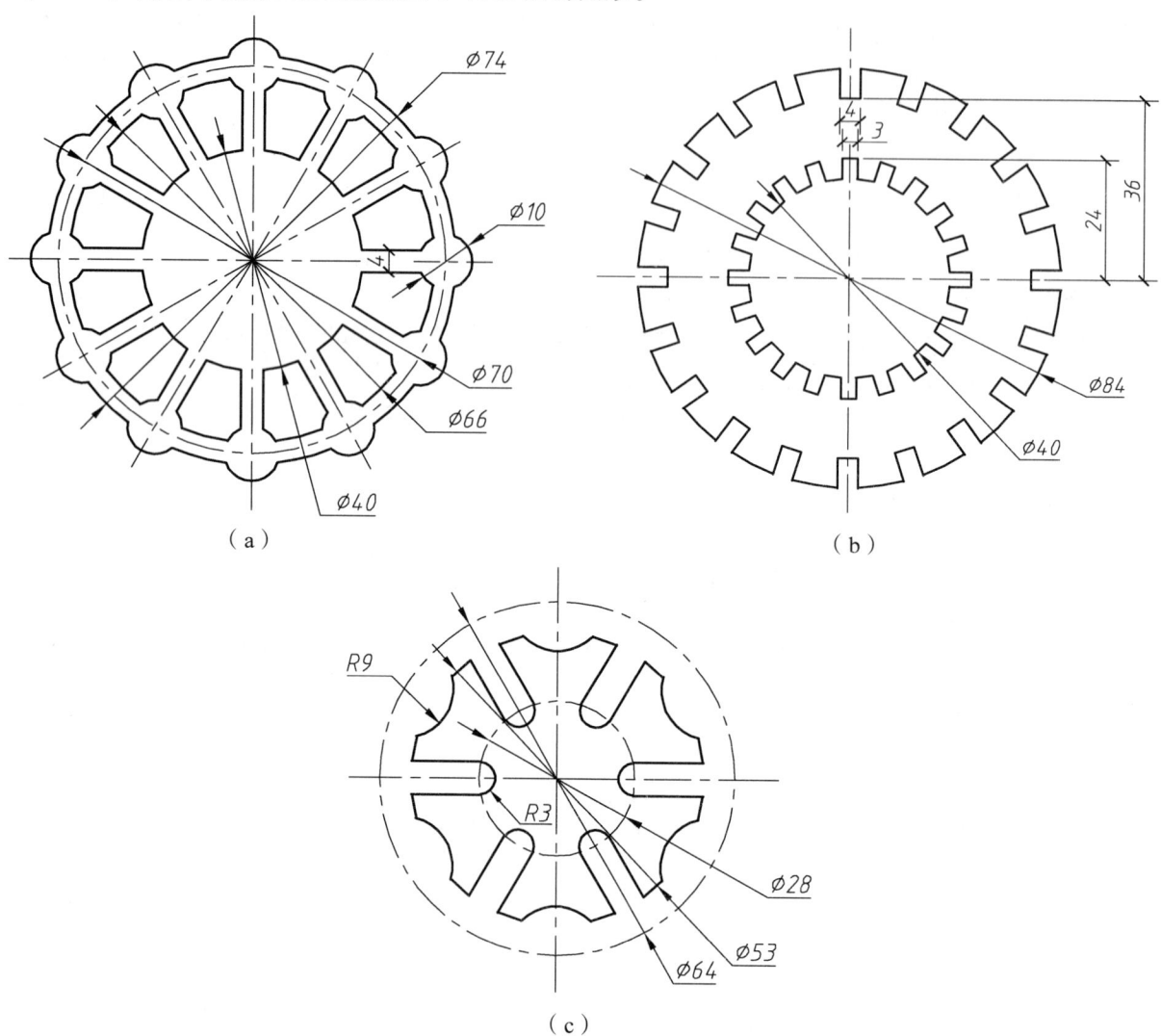

图 3-41 面域造型

项目四　注写文字

本项目通过以下任务来学习和使用 AutoCAD 文字注写,达到能正确、规范注写工程图样文字的目标。

项目四检测评价

【学习任务】
- 任务　注写"桥墩一般构造图"中文字

【项目目标】
- 会设置文字样式,能够选用规范的文字样式进行注写文字及特殊符号。
- 能用单行文字、多行文字命令输入文字,会编辑修改文字的方法和技巧。
- 会创建表格的 3 种方法,学会编辑表格和表格单元格,以及表格中注写文字的方法和技巧。
- 培养规范操作、耐心细致、严谨求实、互助协作的职业素质。

任务　注写"桥墩一般构造图"中文字

任务目标

- 会创建文字样式。
- 会应用单行文字或者多行文字进行文字注写。
- 会编辑修改文字。
- 了解创建表格的 3 种常用方法,能用不同方法建立、编辑表格。
- 能注写工程图中的特殊字符。
- 能根据规范综合运用不同的方法和技巧注写文字。
- 培养规范操作、耐心细致、严谨求实、互助协作的职业素质。

任务内容

在如图 4-1 所示的桥梁一般构造图中,绘制表格、注写图名和说明文字。

任务分析

从图 4-1 中可以看出,图形中需要注写的文字有图中文字、表格内文字、说明文字和图名等。要完

成以上文字内容注写,可以通过以下操作来完成:

(1)打开素材文件。

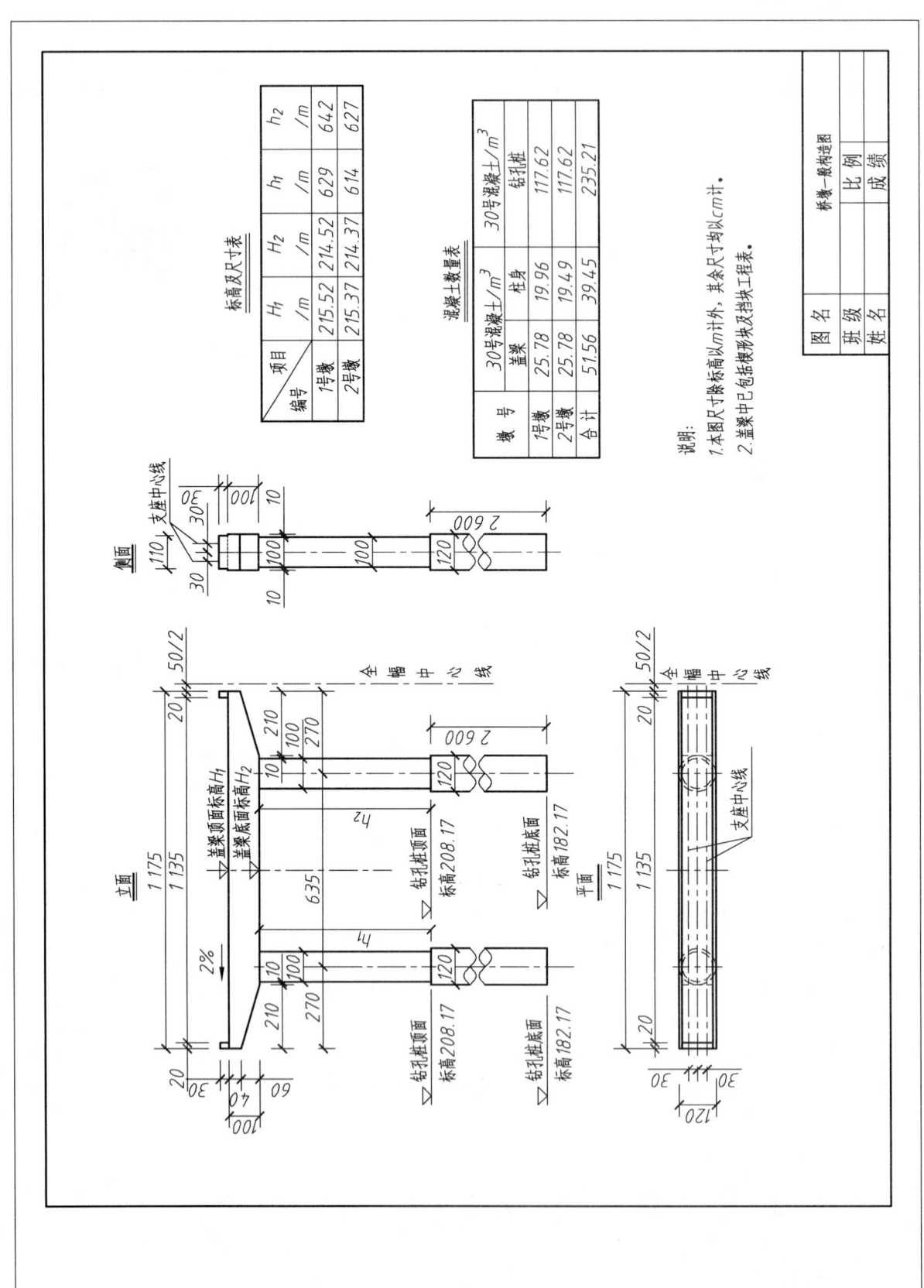

图 4-1 桥墩一般构造图

(2)创建三种文字样式。

（3）注写图中文字。
（4）绘制表格。
（5）填写表格内容。
（6）注写图名和说明文字。
（7）保存图形文件。

任务实施

步骤一　打开素材文件

打开图形素材文件"桥墩一般构造图素材文件.dwg"。

步骤二　创建文字样式

1. 分析图中文字，需要三种文字样式来标注图中文字

定义文字样式 W1、W2、W3。其文字样式要求如下：

（1）建立文字样式名为 W1，使用大字体，gbenor.shx，gbcbig.shx，字高 35，宽度比例 1，用在尺寸标注和表格中的文字中。

（2）建立文字样式名为 W2，使用大字体，gbenor.shx，gbcbig.shx，字高 50，宽度比例 1，用在图框中的标题文字中。

（3）建立文字样式名为 W3，使用大字体，gbenor.shx，gbcbig.shx，字高 70，宽度比例 1，用在图框标题栏中的文字中。

2. 建立文字样式 W1

（1）单击"注释"选项卡→"文字"功能区中的按钮，或单击"格式"菜单→"文字样式（S）…"命令，或单击"样式"工具栏中的按钮，或直接输入 STYLE 命令，打开"文字样式"对话框，如图 4-2 所示。

（2）在"文字样式"对话框中，单击"新建（N）…"按钮，弹出"新建文字样式"对话框，在"样式名"文本框中输入样式名 W1，点击"确定"按钮（图 4-3）。

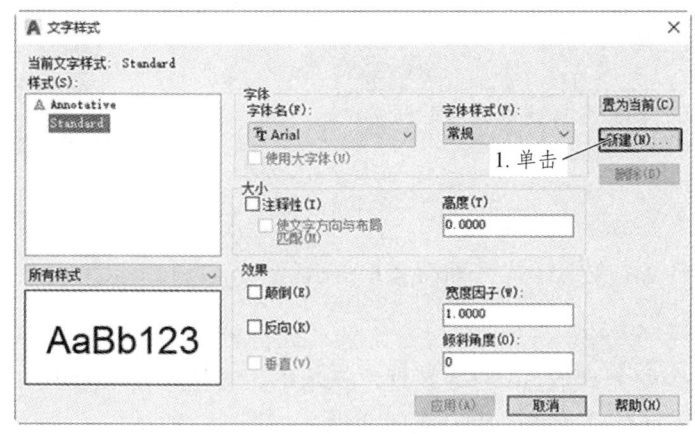
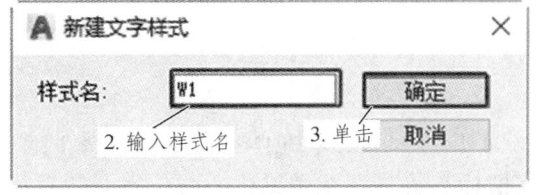

图 4-2　"文字样式"对话框　　　　图 4-3　"新建文字样式"对话框

（3）在返回的"文字样式"对话框中可以看到样式列表中有新建的文字样式名"W1"。在"样式"列表中，选中新建文字样式"W1"，在"字体"下拉列表中选中字体"gbenor.shx"，勾选"使用大字体"复选框，在"大字体"下拉列表中选中"gbcbig.shx"，在"高度"文本框中输入"35"，单击"应用"按钮，完成文字样式"W1"的创建，如图 4-4 所示。

（4）用同样的步骤新建文字样式名"W2"，字高设置为 50。单击"应用"按钮，完成文字样式"W2"

的创建。

（5）用同样的步骤新建文字样式名"W3"，字高设置为 70。单击"应用"按钮，完成文字样式"W3"的创建。

（6）新建完成 3 种文字样式后，"文字样式"对话框如图 4-5 所示，样式列表中出现了 3 种样式名称 W1、W2、W3。再单击"关闭"按钮，退出"文件样式"对话框。

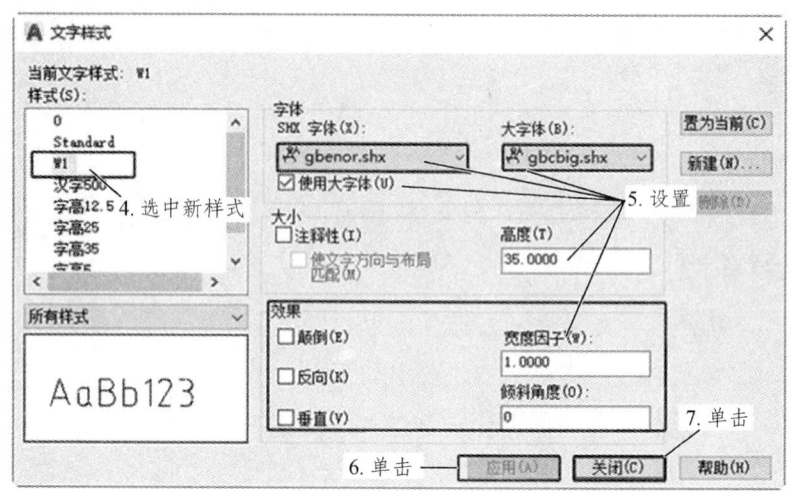

图 4-4 设置文字样式 W1 的字体和字高

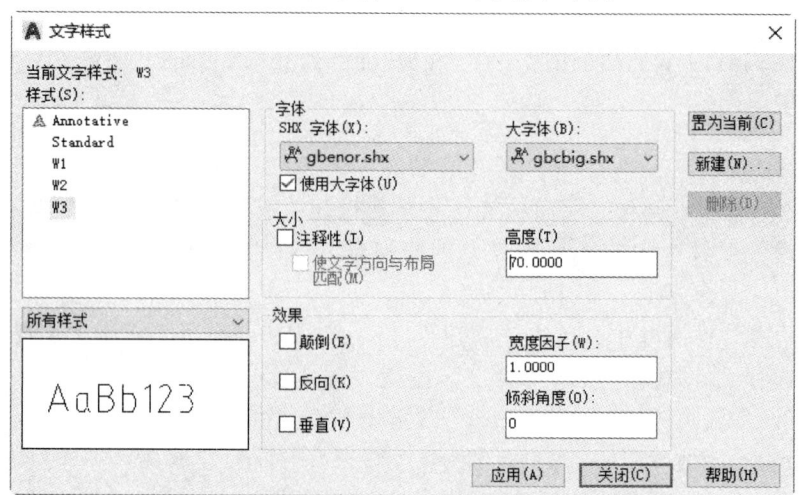

图 4-5 设置完成 3 种文字样式后的对话框

步骤三 注写图中文字

1. 把文字图层置为当前图层，W1 文字样式置为当前文字样式

单击"注释"选项卡→"文字"功能区选中 W1 文字样式，如图 4-6 所示。

2. 注写立面图中文字及标高符号

（1）用多段线 PLINE 命令或直线 LINE 命令绘制高约 30 的等腰直角三角形，再用移动 MOVE 命令把标高符号移至盖梁中心线位置，注意标高顶点对准盖梁与中心线的交点，如图 4-7 所示。

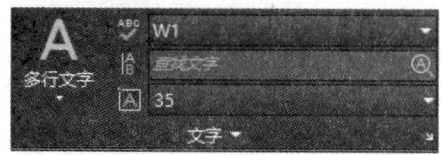

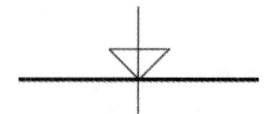

图 4-6 "文字"功能区中选择文字样式　　图 4-7 移动标高符号到正确位置

（2）单击"注释"选项卡→"文字"功能区中的  按钮，运行"多行文字"命令，在要输入文字

的位置，单击鼠标左键，并向右下角移动鼠标，到合适位置后，再单击鼠标左键，屏幕上会出现如图4-8所示的文字输入窗口。在其中输入对应的文字"盖梁底面标高 H1"，点击输入框外面任何位置，结束文字输入。

（3）用移动 MOVE 命令把刚输入的文字移至标高符号旁边合适位置。再用复制 COPY 命令把刚输入的文字和标高符号一起复制到盖梁底面与中心线相交的位置，并双击文字，进入文字编辑状态，把"H1"修改成"H2"，点击"关闭文字编辑器"按钮退出文字编辑状态，结果如图4-9所示。

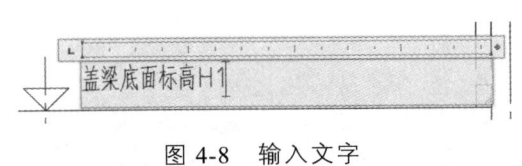
图 4-8　输入文字

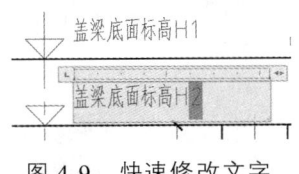
图 4-9　快速修改文字

（4）用同样的方法注写桩柱处的标高符号和文字，结果如图 4-10 所示。

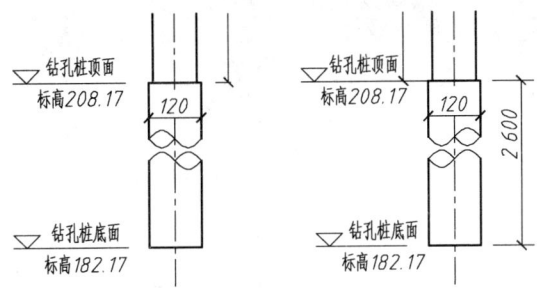
图 4-10　注写桩柱处的符号和文字

3. 注写侧面图和平面图中的文字

同 2 中类似的方法，注写侧面图和平面图中的文字，文字样式均用 W1，结果如图 4-1 所示。

步骤四　注写图名

1. 把 W2 文字样式置为当前文字样式

单击"注释"选项卡→"文字"功能区，选中 W2 文字样式。

2. 用同步骤三中类似的方法，注写图名，文字样式均用 W2

步骤五　用直线和偏移命令绘制表格"标高及尺寸表"并填写文字

1. 用直线 LINE 和偏移 OFFSET 命令绘制表格

用直线 LINE 命令绘制一条长 800 的水平线，再绘制一条长 280 的竖线；水平线分别向下偏移 140、70、70；竖直线分别向右偏移 200、150、150、150、150。再用直线命令在第一行第一列单元格内绘制一条斜线，形成如图 4-11 所示的表格。

2. 用单行文字 DT 命令或多行文字 MT 命令填写表格内容

用多行文字 MT 命令填写表格的内容如下：

（1）启动多行文字命令，单击第二行第一列单元格的左上角交点，鼠标指针移动至第二行第一列单元格的右下角交点时单击鼠标左键（图 4-12），打开"文字编辑器"。

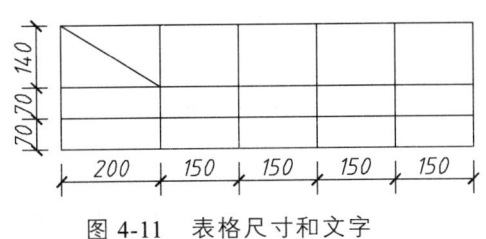
图 4-11　表格尺寸和文字

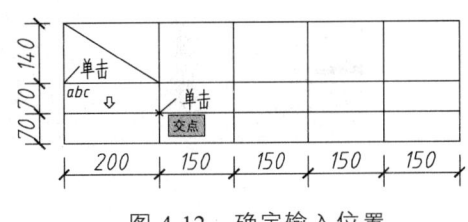
图 4-12　确定输入位置

（2）在"文字编辑器"的文本编辑框内输入文字"1号墩"，如图4-13所示。

（3）选中文字"1号墩"，在"文字编辑器"选项卡中的"段落"功能区内，单击 按钮，把文字对齐方式设置为"正中"（图4-14）。此时输入的文字就位于单元格的正中位置，退出文字编辑器。

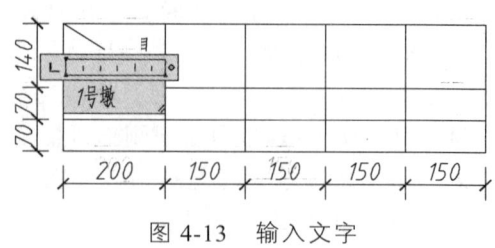

图4-13 输入文字

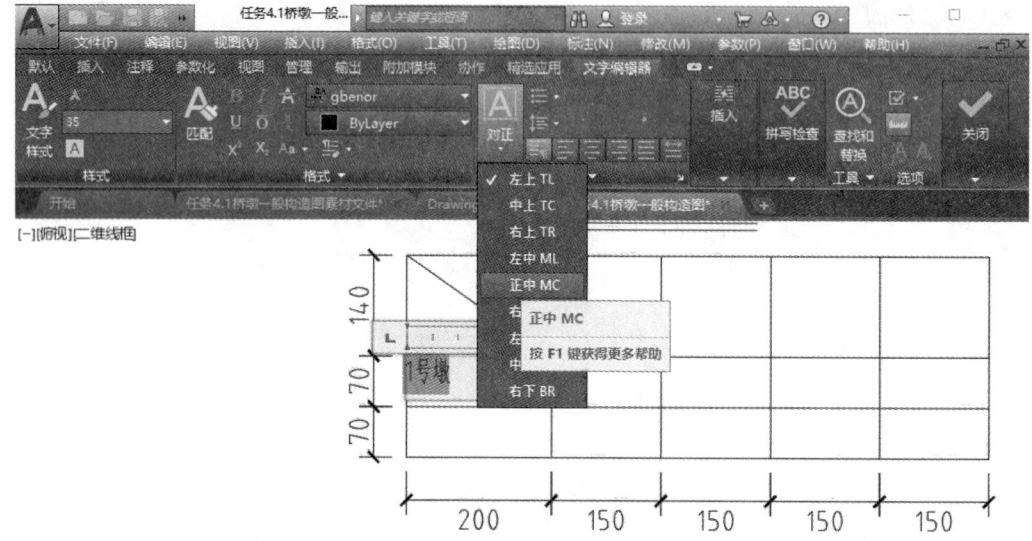

图4-14 调整文字在单元格中的对齐方式为"正中"

（4）启动复制COPY命令，选中文字"1号墩"，单击交点A，再单击交点B，如图4-15所示。

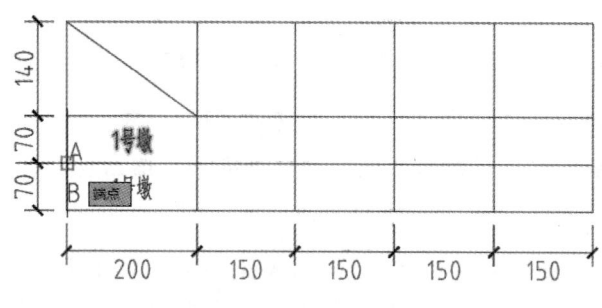

图4-15 复制文字

（5）双击第二行的文字，修改文字为"2号墩"，如图4-16所示。

（6）用同样的方法填写其他表格的文字，并进行修改，结果如图4-17所示。

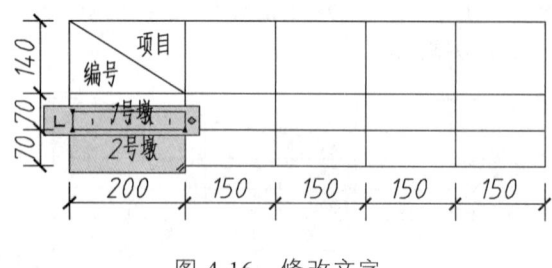

图4-16 修改文字

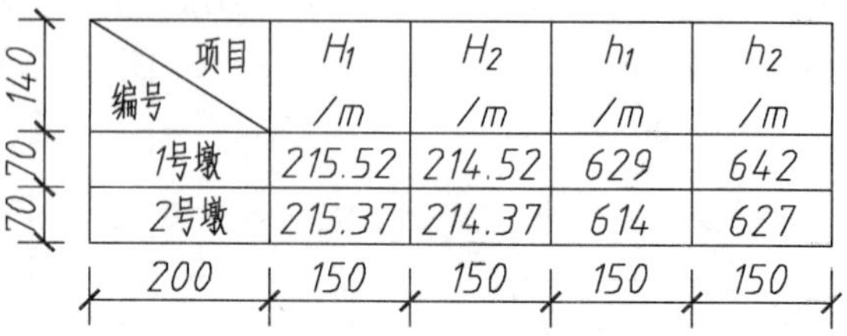

项目编号	H_1 /m	H_2 /m	h_1 /m	h_2 /m
1号墩	215.52	214.52	629	642
2号墩	215.37	214.37	614	627

图4-17 填写表格所有文字

（7）用文字样式 W2 注写表名，并用直线命令绘制直线，结果如图 4-18 所示。

注：请读者自行尝试单行文字的填写表格的方法。

步骤六　用表格样式方法绘制表格"混凝土数量表"并填写文字

1. 设置表格样式

（1）选择"格式"菜单→"表格样式"命令（TABLESTYLE），打开"表格样式"对话框，如图 4-19 所示。

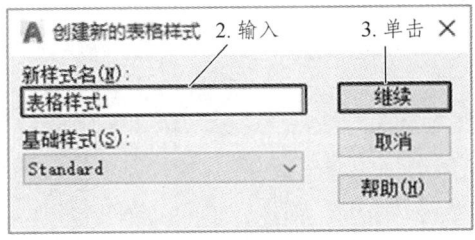

图 4-18　注写表名

（2）单击"新建"按钮，打开"创建新的表格样式"对话框，如图 4-20 所示。在"新样式名（N）"文本框中输入新的表格样式名，如"表格样式 1"，在"基础样式"下拉列表中选择默认的表格样式"Standard"、标准的或者任何已经创建的样式，新样式将在该样式的基础上进行修改。

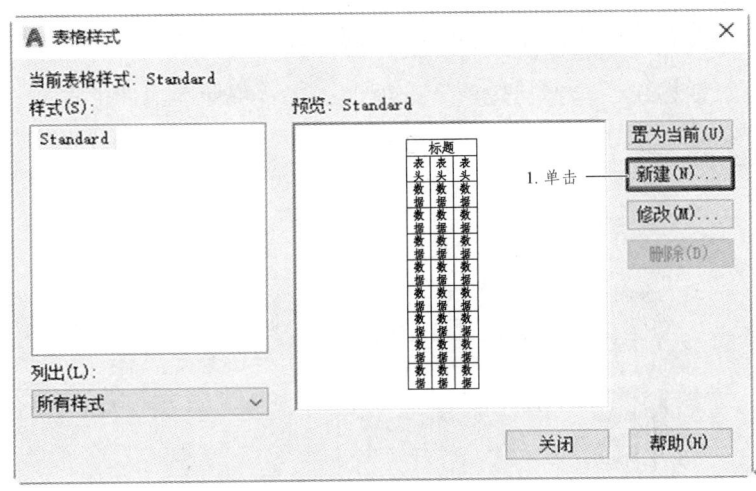

图 4-19　"表格样式"对话框　　　　　图 4-20　"创建新的表格样式"对话框

（3）单击"继续"按钮，将打开"新建表格样式：表格样式 1"对话框，在"新建表格样式：表格样式 1"对话框中，选择"单元样式"选项组里的"常规"选项卡，在"对齐（A）"后的下拉列表框中选择"正中"，如图 4-21 所示。

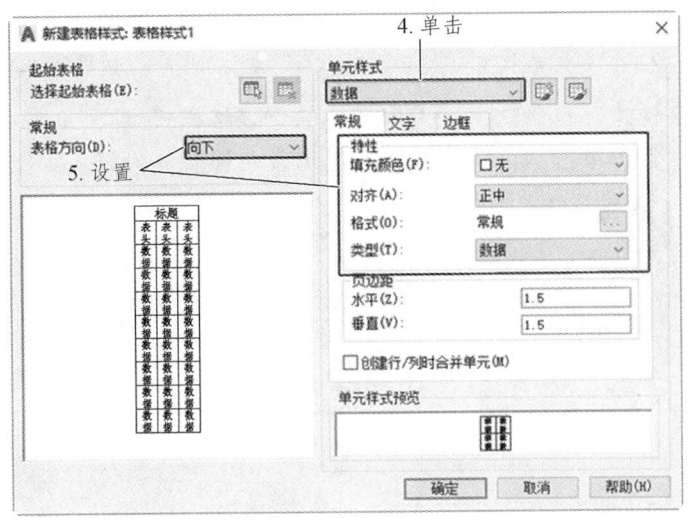

图 4-21　"新建表格样式：表格样式 1"对话框

（4）在"新建表格样式：表格样式 1"对话框中，选择"文字"选项卡，如图 4-22 所示，在"文字样式（S）"下拉列表框中选择先前建立的文字样式"W1"。

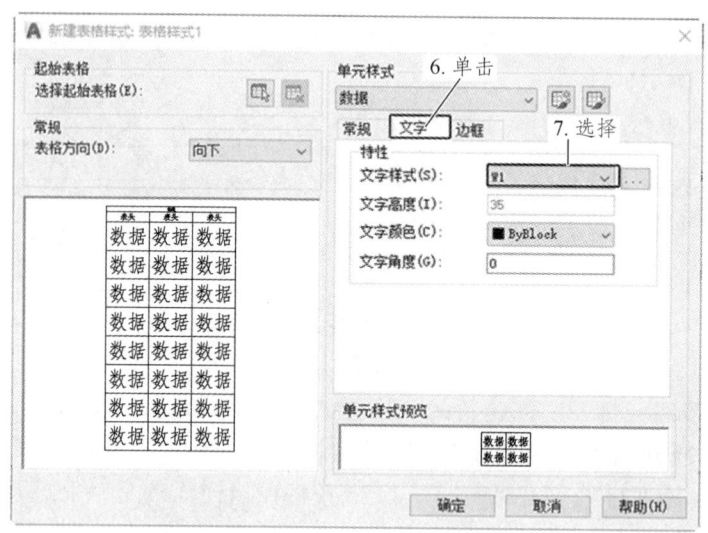

图 4-22 "新建表格样式：表格样式 1"对话框——"文字"选项卡

（5）在"新建表格样式：表格样式 1"对话框中，选择"边框"选项卡，在"特性"组件中选择合适的线宽、线型、颜色、双线、间距及边界特性，如图 4-23 所示。单击"确定"按钮，返回"表格样式"对话框。

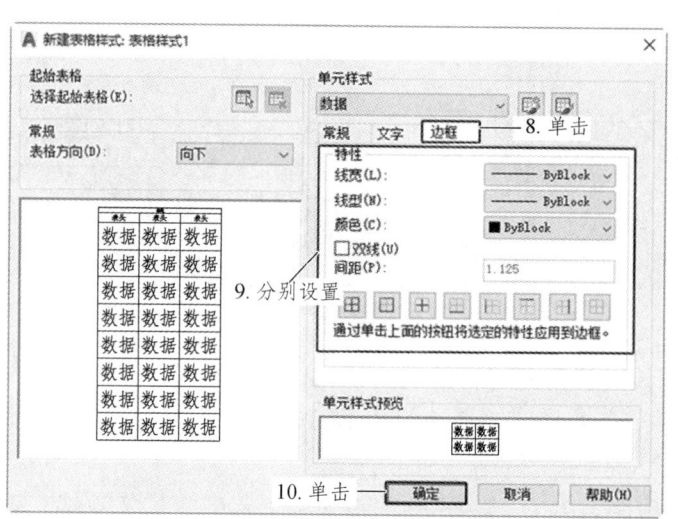

图 4-23 "新建表格样式：表格样式 1"对话框——"边框"选项卡

（6）在返回的"表格样式"对话框中，选中新建的"表格样式 1"，单击"置为当前"按钮，使新的表格样式成为当前样式，再单击"关闭"按钮，退出表格样式的设置，如图 4-24 所示。

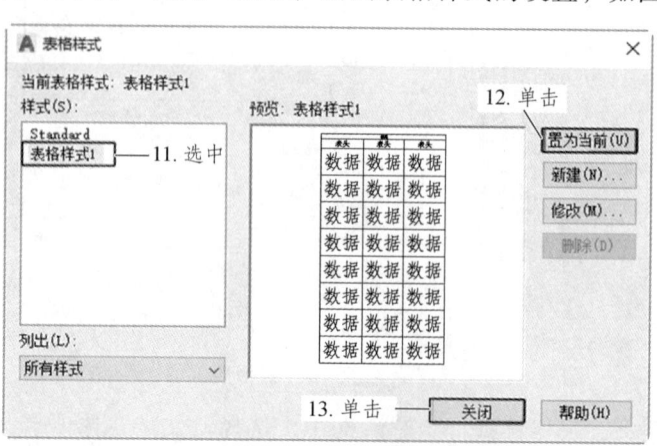

图 4-24 返回的"表格样式"对话框

步骤七　按新创建的表格样式插入表格、编辑修改表格、输入表格数据

1. 插入表格

（1）点击"绘图"菜单→"表格"命令或者单击"注释"选项卡→"表格"功能区→"表格"命令，在弹出的"插入表格"对话框中，从"表格样式"下拉列表中选取"表格样式 1"，在"行和列设置"里分别设置列数为 4、行数为 6、行高为 1，"设置单元样式"组件中设为"数据""数据""数据"，如图 4-25 所示。

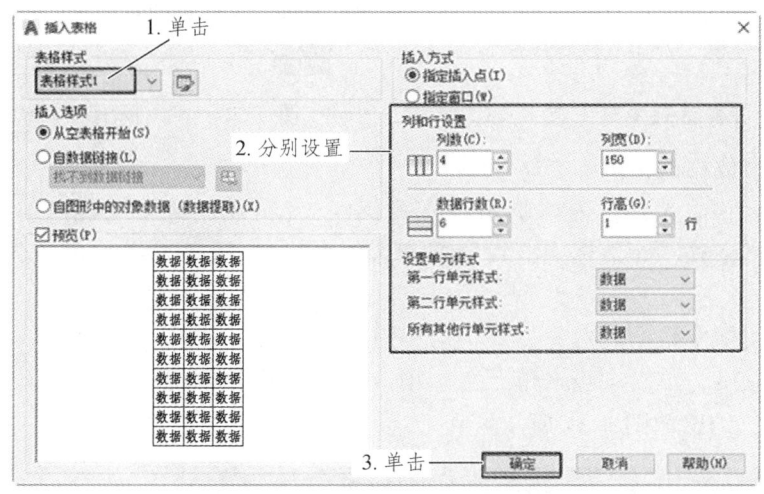

图 4-25　"插入表格"对话框

（2）单击"确定"按钮，退出"插入表格"对话框，在绘图区中单击鼠标左键，建立一张表格，同时打开"多行文字编辑器"对话框，创建如图 4-26 所示的空表格。

2. 编辑表格

（1）选中 A1：A2 单元格[图 4-27（a）]，单击"表格单元"选项卡→"合并"功能区→"合并单元格"命令，合并单元格，结果如图 4-27（b）所示。

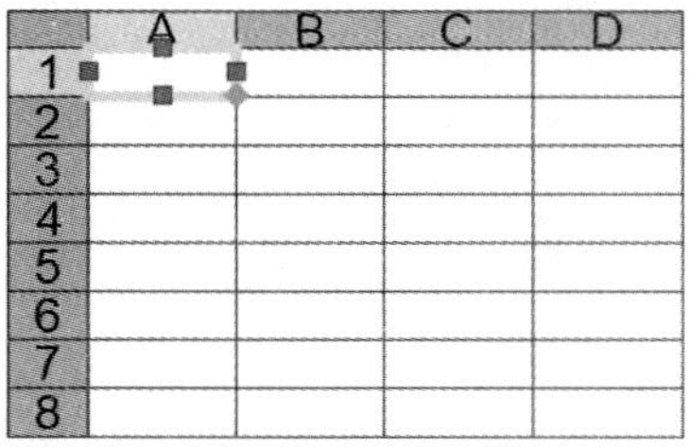

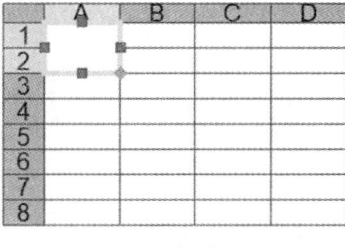

图 4-26　新建立的空白表格

（a）　　　　　　　　　（b）

图 4-27　合并单元格

（2）用与（1）相同的方法合并其他单元格，结果如图 4-28 所示。

（3）选中第 7 行和第 8 行，单击"表格单元"选项卡→"行"功能区→"删除行"命令，删除表格多余的第 6 行至第 8 行，结果如图 4-29 所示。

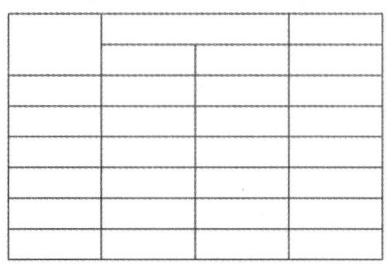

图 4-28　合并后的表格

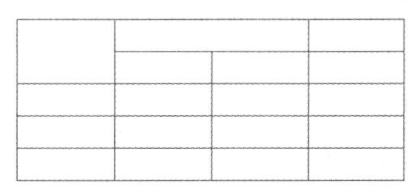

图 4-29　最后绘制的表格

3. 输入表格内容

（1）在合并后的 A1 单元格双击鼠标左键，进入输入状态，在其中直接输入文字，如图 4-30 所示。用光标移动键移至下一单元格，可继续输入其他单元格数据，结果如图 4-31 所示。

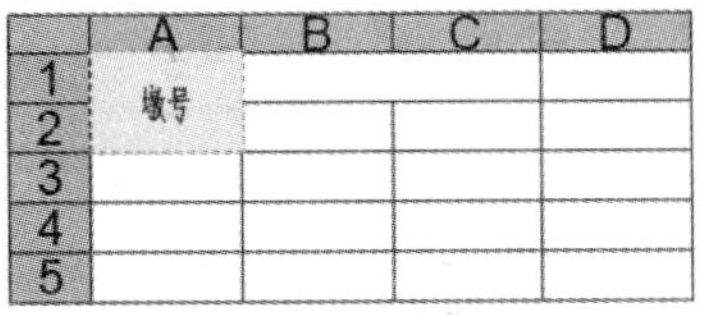

图 4-30　在单元格中输入文字 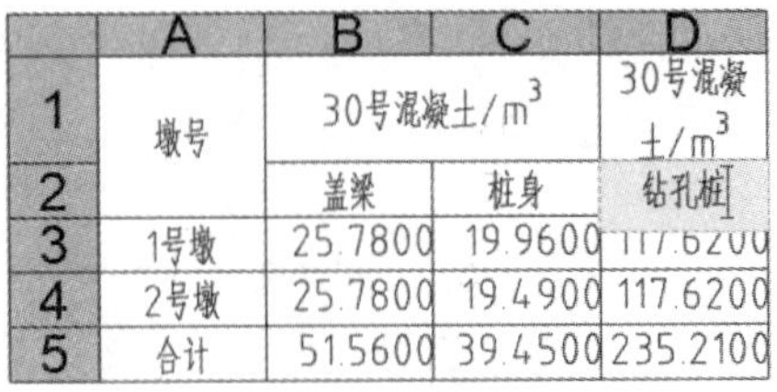　　图 4-31　输入所有数据的表格

（2）调整单元格中数据的格式。

选中所有数值单元格，单击"表格单元"选项卡→"单元格格式"功能区→"数据格式"按钮，在弹出的"表格单元格格式"对话框中，设置格式为"小数"，精度为"0.00"，如图 4-32 所示，单击"确定"按钮。

（3）重新调整单元格中数据的对齐方式为居中对齐。

选中所有数值单元格，单击"表格单元"选项卡→"单元格样式"功能区→"对齐方式"按钮，单击"正中"按钮，结果如图 4-33 所示。

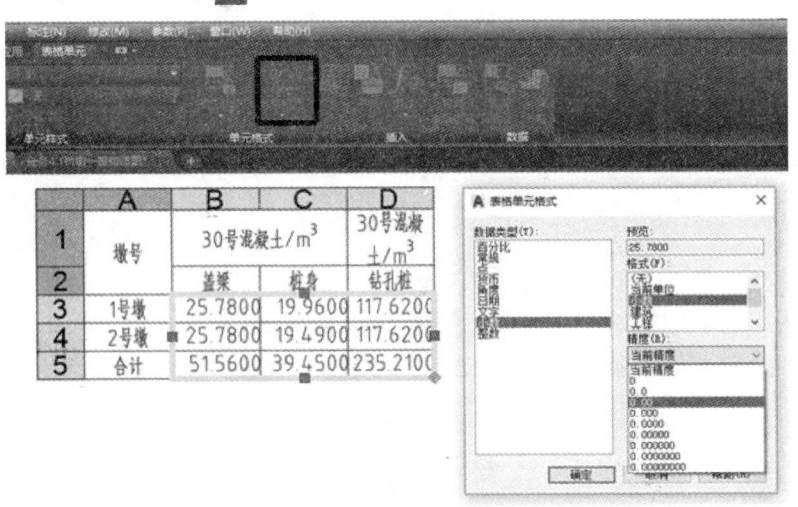

图 4-32　设置单元格格式 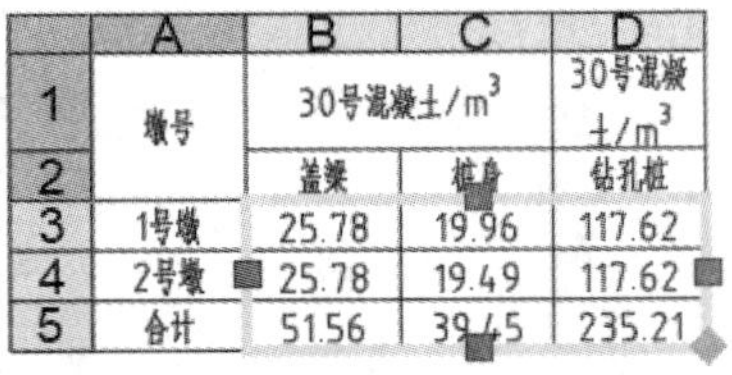　　图 4-33　调整数值单元格对齐方式

（4）调整单元格大小。

选中 D1 单元格，单元格出现 4 个夹点，鼠标放在右部夹点上，夹点会变成红色，此时单击鼠标左键并向右拖动[图 4-34（a）]，直到数据全部显示在单元格内，松开鼠标，结果如图 4-34（b）所示。

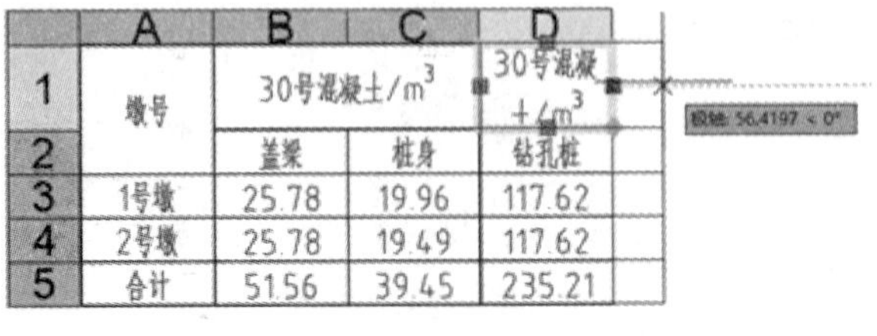

（a） 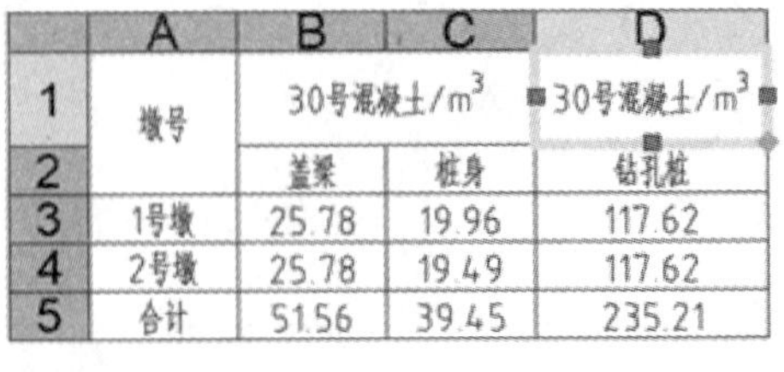　　（b）

图 4-34　调整单元格大小

4. 调整表格位置

选中表格，用移动 MOVE 命令把表格移动到图形中的合理位置。

步骤八　注写图形附注

1. 把 W1 文字样式置为当前文字样式

单击"注释"选项卡→"文字"功能区，选 W1 文字样式。

2. 用同步骤三中类似的方法，注写附注文字，文字样式均用 W1

步骤九　检查图形

1. 检查图形

检查图形中有没有遗漏和错的文字，或使用错误的文字高度，对其进行修正。

2. 调整文字布局

根据图形位置，合理调整文字和表格在图中的位置，让文字布局更合理、更规范、更美观。

步骤十　保存图形

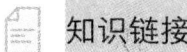
知识链接

一、文字样式

文字样式主要是控制与文本连接的字体文件、字符宽度和文字倾斜角度及高度等项目。另外，还可通过它设计出相反的、颠倒的以及竖直方向的文本。用户可以根据实际需要来创建对应的文字样式。

在 AutoCAD 中创建文字对象时，它们的外观都由与其关联的文字样式所决定。缺省情况下，Standard 文字样式是当前样式。用户也可根据需要创建新的文字样式。

（一）创建文字样式

1. 命令启动方法

- 菜单栏：执行"格式"菜单→"文字样式"命令。
- 工具栏："注释"选项卡→"文字"功能区右边的"↘"命令按钮。
- 命令行：STYLE。

启动命令后，系统弹出"文字样式"对话框，如图 4-2 所示。

2. 文字样式对话框中参数介绍

设置字体、字高和特殊效果等外部特征以及修改、删除文字样式等操作都是在"文字样式"对话框中进行的。各选项的功能如下：

（1）"样式"组件：

- "样式"列表框："样式"列表框中已有定义的样式的样式名，Standard 是当前 AutoCAD 默认的文字样式。Standard 样式设置了西文字体 txt.shx 和中文字体 gbcbig.shx。可以根据 Standard 为基准，创建新的文字样式。
- "新建"按钮：单击"新建"按钮，弹出"新建文字样式"对话框，如图 4-3 所示。在该对话框中可以新建文字样式名，如图 4-3 所示。

（2）"字体"组件：

- "字体名"下拉列表框。

在"字体名"下拉列表框中列有可供选用的字体文件，字体文件包括所有注册的 True Type 字体和 AutoCAD Fonts 文件夹下 AutoCAD 已编译的所有形（shx）字体的字体名。

- "字体样式"下拉列表框。

"字体样式"下拉列表框用于选择字体格式，如斜体、粗体和常规字体等。

- "使用大字体"复选框。

"使用大字体"复选框用于创建大字体样式。只有 shx 类型的文件才能使用该复选框，只有选中该复选框，才能设置大字体。

（3）"大小"选项组：

"大小"选项组用于设置文字的大小。选中"注释性"复选框，表示使用此文字样式创建的文字支持使用注释比例。"高度"文本框用于设置字体的高度，默认等于零。

注意：在"文字样式"对话框的设置中，如果对"高度""宽度比例"和"倾斜角度"选用非 0 值，则在单行文字输入过程中，系统直接采用设置值，而不再提问。

（4）"效果"选项组：

"效果"选项组用来设置和修改字体的有关特性。

- "颠倒"复选框用于将文字旋转 180°后书写。
- "反向"复选框用于将文字做水平镜像书写。
- "垂直"复选框用于将文字按垂直方式书写。
- "宽度因子"文本框用于指定文字宽度和高度比值。
- "倾斜角度"文本框用于指定文字的倾斜角。

（二）修改文字样式

修改文字样式也是在"文字样式"对话框中进行的，其过程与创建文字样式相似，这里不再重复。修改文字样式时，用户应注意以下几点：

（1）修改完成后，单击"文字样式"对话框中的"应用"按钮，则修改生效，AutoCAD 立即更新图样中与此文字样式关联的文字。

（2）当修改文字样式连接的字体文件时，AutoCAD 将改变所有文字外观。

（3）当修改文字的"颠倒""反向"和"垂直"特性时，AutoCAD 将改变单行文字外观。而修改文字高度、宽度比例及倾斜角时，则不会引起已有单行文字外观的改变，但将影响此后创建的文字对象。

（4）对于多行文字，只有"垂直""宽度因子"及"倾斜角度"选项才影响已有的多行文字。

二、单行文字

用 DTEXT 命令可以非常灵活地创建文字项目。发出此命令后，用户不仅可以设定文本的对齐方式及文字的倾斜角度，而且还能用十字光标在不同的地方选取点以定位文本的位置（系统变量 DTEXTED 等于 1），该特性使用户只发出一次命令就能在图形的任何区域放置文本。另外，DTEXT 命令还提供了屏幕预演的功能，即在输入文字的同时该文字也将在屏幕上显示出来，这样用户就能很容易地发现文本输入的错误，以便及时修改。

（一）单行文字命令启动方法

单行文字命令启动方法有如下三种：

- 菜单：执行"绘图"菜单→"文字"→"单行文字"命令。
- 工具栏："注释"选项卡→"文字"功能区→"单行文字"按钮。
- 命令：DTEXT/DT。

启动 DTEXT 命令就可以方便地创建单行文字。在缺省情况下，该文字关联的文字样式是"Standard"，采用的字体是"txt.shx"。如果用户要输入中文，应修改当前文字样式，使其与中文字体相关联。此外，也可以创建一个采用中文字体的新文字样式。

（二）命令选项介绍

命令：_DTEXT/_TEXT
当前文字样式：stl 当前文字高度：2.5000
指定文字的起点或[对正（J）/样式（S）]：
指定高度<2.5000>：
指定文字的旋转角度<0>：
下面说明上面提示中各选项的含义和功能。

1. 指定文字的起点

该选项为默认选项。在此提示下用鼠标在图上要标注的位置单击一下，AutoCAD 会接着提示：
指定高度<2.5000>：（输入文字的字高）
指定文字的旋转角度<0>：（输入文字的旋转角度）
输入文字：（在该提示下输入文字即可）

2. 对　　正

该选项用于确定插入点，以确定文字行的排列方式。执行该选项（即键入"J"后按 Enter 键），AutoCAD 提示：
输入选项[对齐（A）/调整（F）/中心（C）/中间（M）/右（R）/左上（TL）/中上（TC）/右上（TR）/左中（ML）/正中（MC）/右中（MR）/左下（BL）/中下（BC）/右下（BR）]：
指定文字的中心点：
下面说明该提示中各选项的含义和功能。
- 对齐：要求确定所标注文字行基线的起点位置和终点位置。
- 调整：要求确定文字行基线的起点位置、终点位置和文字的字高。
- 中心：要求确定一点，AutoCAD 把该点作为所标注文字行基线的中点。
- 中间：要求确定一点，AutoCAD 把该点作为所标注文字行基线的中点。
- 正中：要求确定一点，AutoCAD 把该点作为文字行中线的中点。

其他参数请读者自行尝试。
输入上面任一选项后，AutoCAD 均会提示用户确定相应的插入点、文字高度、文字行的旋转角度，然后输入文字。

3. 样　　式

该选项用于确定当前使用的文字样式。选择该选项，AutoCAD 提示：
输入样式名或[?] <Standard>：（在此提示下，用户可以输入当前的文字样式名称，也可输入"？"，显示当前已有的文字样式）。

三、多行文字

在 AutoCAD 中用 Text 命令标注多行文本时，各行之间的位置对齐比较困难，而且各行又是独立的文本，编辑起来不方便，因此系统提供了一个标注多行文本的方法。

（一）多行文字命令启动方法

多行文字命令的启动方法有如下 3 种：
- 菜单：执行"绘图"菜单→"文字"→"多行文字"命令。

- 工具栏："注释"选项卡→"文字"功能区→"多行文字"按钮。
- 命令：MTEXT/MT。

操作步骤：

命令：_MTEXT 当前文字样式："样式 3.5"　文字高度：3.5　注释性：否
指定第一角点：　　　　　//用户在屏幕上指定文本边框的一个角点
指定对角点或 [高度（H）/对正（J）/行距（L）/旋转（R）/样式（S）/宽度（W）/栏（C）]：　//指定文本边框//的对角点

当指定了文本边框的第一个角点后，再拖动光标指定矩形分布区域的另一个角点，一旦建立了文本框，AutoCAD 就打开"多行文字编辑器"，该编辑器以工具栏和输入框这两部分组成，如图 4-35 所示。利用它们可创建文字并设置文字样式、对齐方式、字体和字高等属性。

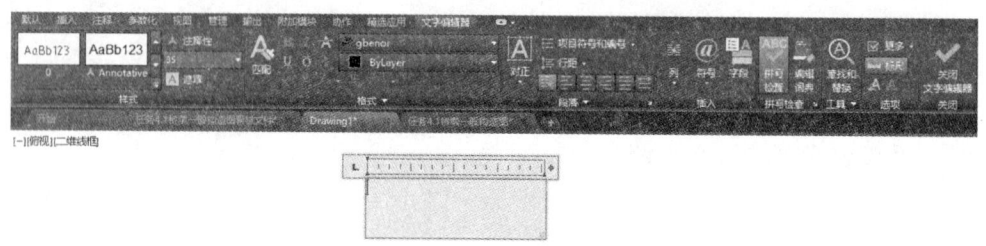

图 4-35 "多行文字编辑器"对话框

注：用户在文字输入框中输入文本，当文本到达定义边框的右边界时，按 Shift+Enter 组合键换行（若按 Enter 键则会换行，表示已输入一个段落）。

（二）多行文字编辑器对话框的各选项功能介绍

要创建多行文字，首先要了解"多行文字编辑器"，下面详细介绍"多行文字编辑器"对话框的组成及选项的主要功能。

1. "样式"功能区

- "文字样式"下拉列表：设置多行文字的文字样式。若将一个新样式与现有多行文字相连，将不会影响文字的某些特殊格式，如粗体、斜体和堆叠等。
- "文字高度"下拉列表：从这个列表中选择或输入文字高度。多行文字对象中可以包含不同字体的字符。
- "背景"按钮 A：在文字后放置不透明背景。

2. "格式"功能区

- A 按钮：将选定文字的格式应用到相同多行文字对象中的其他字符，再次选择该按钮或者选择 Esc 键退出匹配格式。
- B 按钮：如果所用字体支持粗体，就可以通过此按钮将文本修改为粗体形式，按下按钮为打开状态。
- I 按钮：如果所用字体支持斜体，就可以通过此按钮将文本修改为斜体形式，按下按钮为打开状态。
- A 按钮：给选定的文字添加删除线。
- 按钮：单击此按钮就能使可层叠的文字堆叠起来，创建分数及公差形式的文字很有用。系统通过特殊字符"/""^"及"#"表明多行文字是可层叠的。输入层叠文字的方式为"左边文字+特殊字符+右边文字"，堆叠后左边文字被放在右边文字的上面，如图 4-36 所示。

输入可堆叠的文字	堆叠结果
2/3	$\frac{2}{3}$
100+0.1^-0.1	$100^{+0.1}_{-0.1}$
5#12	$\frac{5}{12}$

图 4-36 堆叠文字

- "字体下拉列表"：为选定文字改变不同的字体。
- "文字颜色"下拉列表：为输入的文字设定颜色或修改已选定文字的颜色。
- Ⓞ⒪按钮：给选定的文字添加上画线。
- Ⓤ⒰按钮：给选定的文字添加下画线。
- ✕✕按钮：设置上标和下标。
- Aa▼下拉列表：设置大写或者小写字母。

3. "段落"功能区

- "对正" 下拉列表：设置选定的段落文字的对正方式。
- "项目符和编号" 下拉列表：设置选定的段落文字的项目符和编号。
- "行距" 下拉列表：设置选定段落文字的行距。
- "默认" 按钮：默认的段落格式。
- "左对齐" 按钮：设置选定的段落文字左对齐。
- "居中对齐" 按钮：设置选定的段落文字居中对齐。
- "右对齐" 按钮：设置选定的段落文字居中对齐。
- "对正" 按钮：设置选定的段落文字对正对齐。
- "分散对齐" 按钮：设置选定的段落文字分散对齐。

4. "插入"功能区

可以插入列、符号和字段。

四、表格创建的3种方法

在绘图实例中，经常会碰到填写明细表或材料表等情况。在 AutoCAD 中绘制一个表格可以有多种方法灵活处理，下面分别介绍常用的 3 种方法。

（一）用 AutoCAD 绘图命令绘制出表格

在 AutoCAD2004 及以前的版本中，要绘制表格是用 RECTANG 矩形命令、直线 LINE 命令或多段线 PLINE 命令，然后在表格中用单行文字或多行文字命令填写表格中的文字，并调整文字到单元格的合适位置。

（二）创建表格样式来创建表格

在 AutoCAD2006 及更高的版本中还提供了创建表格对象的方法。通过 TABLESTYLE 或"格式"/"表格样式"命令设置表格样式，生成一个空白表格，然后在空白表格中填入文字。用户可以很方便地修改表格的宽度、高度及表格中的文字，还可按行、列方式删除表格单元或是合并表中相邻单元。

1. 新建表格样式

表格样式控制一个表格的外观，用于保证标准的字体、颜色、文本、高度和行距。默认状态下，表格样式名为"Standard"，其外观如图 4-37 所示。用户可以使用默认的表格样式，也可以根据需要自定义表格样式。

命令启动方式：

- 菜单栏："格式"→"表格样式"。
- 工具栏：【注释】工具栏上的 表格 按钮。
- 命令：TABLE。

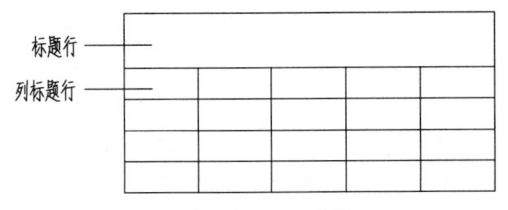

图 4-37 "Standard"表格的外观

2. 表格样式对话框中主要选项的功能介绍

(1)"起始表格"。

选择起始表格：选择一个表格作为此样式的起始表格。单击 按钮进入选择状态。

(2)"表格方向"：设置表方向。

- 向下：创建从上向下读取的表对象。标题行和列标题行位于表的顶部。
- 向上：创建从下向上读取的表对象。标题行和列标题行位于表的底部。

(3)"单元样式"：可以使用"数据""表头"和"标题"选项分别设置表格的数据、表头和标题对应的样式。

- 创建新单元样式：弹出"创建新单元样式"对话框。
- 管理单元样式：弹出"管理单元样式"对话框，可以用此来管理图形中的表格样式。

(4)"常规"选项卡。

特性：

- 填充颜色：指定表格单元格背景颜色，默认值为"无"。
- 对齐：设置表格单元中文字的对齐方式。
- 格式：设置单元中字符类型及格式。
- 类型：设置为数据或标签。

页边距：

- 水平：设置单元文字与左右单元格边界之间的距离。
- 垂直：设置单元文字与上下单元格边界之间的距离。

(5)"文字"选项卡。

- 文字样式：选择文字样式。单击 按钮，打开"文字样式"对话框，从中可以创建新的文字样式。
- 文字高度：输入文字的高度。
- 文字颜色：设定文字的颜色。
- 文字角度：设定文字的倾斜角度。逆时针为正，顺时针为负。

(6)"边框"选项卡

- 线宽：指定表格单元的边框线宽。
- 线型：指定表格单元的边框线型。
- 颜色：指定表格单元的边框线颜色。
- 双线：此复选框用于设定表格单元的边框线为双线。
- 按钮：将边框特性设置应用于所有单元。
- 按钮：将边框特性设置应用于所有单元外部边界。
- 按钮：将边框特性设置应用于所有单元内部边界。

其他工具按钮不再介绍，请读者自行尝试。

此外，在"表格样式"对话框中，还可以单击"置为当前"按钮，将选中的表格样式设置为当前；单击"修改"按钮，在打开的"修改表格样式"对话框中修改选中的表格样式；单击"删除"按钮，删除选中的表格样式。

3. 创建表格对象

表格命令的启动方法有如下 3 种：

- 菜单栏：执行"绘图"菜单→"表格"命令。
- 命令：TABLE。
- 工具栏："注释"选项卡→"表格"功能区→"表格"命令。

（三）用 Excel 或 Word 创建表格

在 AutoCAD2004 及以后的版本中，绘制表格可以用 Excel 或 Word 对表格进行初步编辑，然后粘贴成为 AutoCAD 图元。

操作方法：在 Word 或者 Excel 中制完表格，复制到剪贴板，然后再在 AutoCAD 环境下选择"编辑"菜单中的"选择性粘贴"选择作为 AutoCAD 图元，确定以后，表格即转化成 AutoCAD 实体，即可以编辑其中的线条及文字，非常方便。表格的大小可以通过放大和缩小的命令来进行修改，文字格式用"特性"对话框统一修改。

五、特殊符号的输入

在工程图中用到的许多符号都不能通过标准键盘直接输入，如文字的下画线、上画线、直径代号等。用户必须输入特殊的代码来产生特定的字符，这些代码及对应的特殊符号见表 4-1。当在输入控制符时，这些控制符将临时显示在屏幕上，当结束 DTEXT 命令时，这些控制符即从屏幕中消失，转换成相应的特殊符号。

表 4-1 特殊字符的输入

代码	文字编辑器相应命令	示例	
		输入特殊代码的操作	最后产生的特殊字符
%%u	文字的下画线（U）	选定文字单击下画线命令（U）	武汉铁路桥梁职业学院
%%d	角度的度（°）符号	输入 30，单击插入命令，选择度数符号	30°
%%p	正负（±）符号	单击插入命令，选择正负号，再输入 0.05	±0.05
%%c	标注直径（ϕ）符号	单击插入命令，选择直径，再输入 100	ϕ100
\u+2220	标注角度（∠）符号	单击插入命令，选择角度，再输入 A	∠A
\u+2260	标注不等于（≠）符号	输入 A，再单击插入命令，选择不相等，再输入 B	A≠B
\u+00B2	标注平方	输入 m，再单击插入命令，选择平方	m^2
\u+00B3	标注立方	输入 m，再单击插入命令，选择立方	m^3
/	2/3	输入 2/3，选定 2/3，单击堆叠按钮	$\frac{2}{3}$
^	100+0.5^-0.3	输入 100+0.5^-0.3，选定 +0.5^-0.3，单击堆叠按钮	$100^{+0.5}_{-0.3}$
#	5#16	输入 5#16，选定 5#16，单击堆叠按钮	$\frac{5}{16}$

六、编辑文字

编辑文字的常用方法有以下两种：

1. 使用 DDEDIT 命令编辑单行或多行文字

- 选择要修改的文字对象，双击鼠标左键，系统将根据所选择的对象不同，打开不同的对话框。对于单行文字，系统显示文本编辑框；对于多行文字，系统则打开"多行文字编辑器"对话框。用 DDEDIT 命令编辑文本的优点是，此命令连续地提示用户选择要编辑的对象。因而用户只要发出 DDEDIT 命令，就能一次修改许多文字对象。

- 菜单栏：执行"修改"菜单→"对象"→"文字"→"编辑"命令。

2. 用 PROPERTIES 命令修改文本

选择要修改的文字后,再单击"修改"→"特性(P)"命令,启动 PROPERTIES 命令。打开"特性"对话框,在该对话框中,用户不仅能修改文本的内容,还能编辑文本的其他许多属性,如倾斜角度、对齐方式、高度和文字样式等。

任务拓展

【4-1】把图 4-38 所示的表格用 Excel 的表格转换到 AutoCAD 中来创建相应表格。

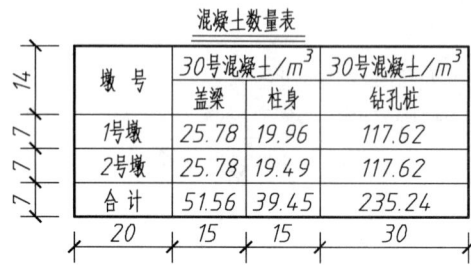

图 4-38 混凝土数量表

项目五　尺寸标注

本项目通过以下任务来学习和使用 AutoCAD 标注,达到会正确、规范标注土建工程图的目标。

项目五检测评价

【学习任务】
- 任务　标注隧道衬砌断面图

【项目目标】
- 能够创建及编辑标注样式。
- 能够规范标注直线、圆、圆弧等对象。
- 能够编辑尺寸标注。
- 培养规范操作、耐心细致、严谨求实、互助协作的职业素质。

任务　标注隧道衬砌断面图

任务目标

- 能够创建及编辑符合土建工程图标注规范的标注样式和标注子样式。
- 能够创建线性、连续、角度、半径、直径、引线等标注。
- 能够编辑尺寸文本及外观。
- 培养规范操作、耐心细致、严谨求实的职业素质。
- 培养分析问题、解决问题的能力。
- 培养自主学习、互助协作的能力。

任务内容

标注如图 5-1 所示的隧道衬砌断面图,标注后图形效果如图 5-2 所示。

任务分析

若想按照土建工程图标注规范对图形进行标注,首先要设置符合国标规范的文字样式和标注样式,并设置为当前样式,然后再进行标注。标注后,还需要对有些标注对象进行编辑。

(1)打开文件"标注隧道衬砌断面图.dwg",设置符合国标的文字样式(表5-1)。

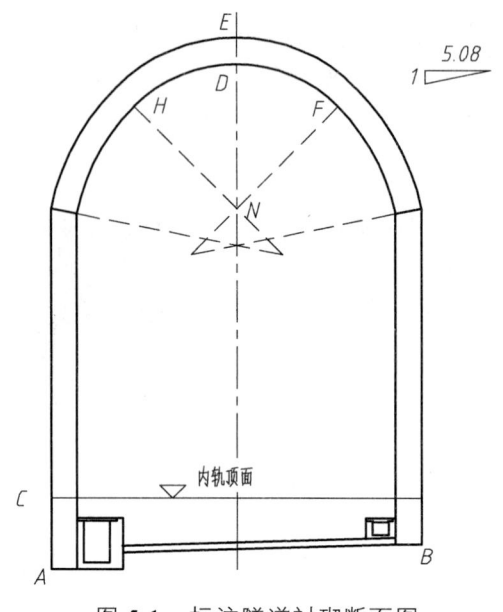

图 5-1　标注隧道衬砌断面图

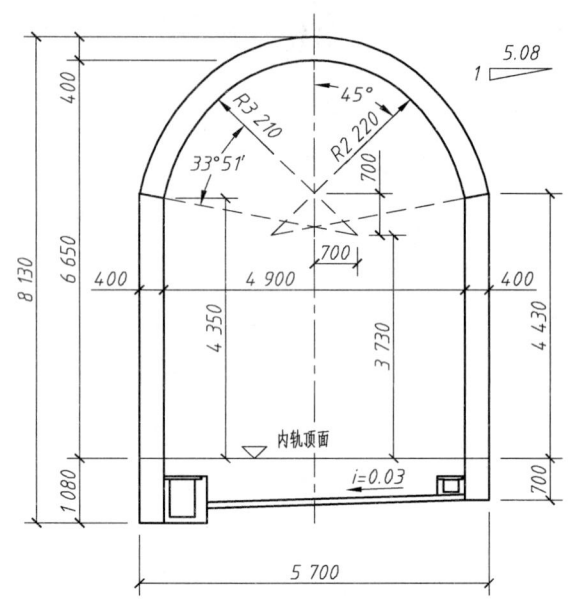

图 5-2　标注后隧道衬砌断面图效果

表 5-1　文字样式

样式名称	shx 字体	大字体
标注文字	gbeitc.shx 或 gbenor.shx	gbcbig.shx

(2)设置符合国标的标注样式"隧道",设置子样式"隧道:半径"和"隧道:角度"(表5-2)。

表 5-2　设置标注样式

样式名称	样式类别	"线"选项卡	"符号和箭头"选项卡	"文字"选项卡	"调整"选项卡
隧道	父样式	基线间距:7	第一个:建筑标记	文字样式:标注文字	使用全局比例:100
		超出尺寸线:2	第二个:建筑标记		
		起点偏移量:2	箭头大小:2		
隧道:半径	子样式	在"隧道"样式基础上新建子样式,更改"符号和箭头"选项卡中"第二个"为"实心闭合"			
隧道:角度	子样式	在"隧道"样式基础上新建子样式,更改"符号和箭头"选项卡中"第一个""第二个"为"实心闭合","文字"选项卡中"文字对齐"为"水平"			

(3)切换到"标注"层,用DIMLIN(线性)命令标注线性尺寸,用DIMCONT(连续命令)标注连续型尺寸,用DIMBASE(基线)命令标注基线型尺寸,用DIMRAD(半径)命令标注半径,用DIMANG(角度)标注角度,用LE(快速引线)或MLEADER(多重引线)标注坡度。

(4)对标注进行修改标注文字、调整标注文字位置等编辑。

(5)保存图形文件。

任务实施

步骤一　创建符合国标的新尺寸样式"隧道"

1. 打开素材文件"标注隧道衬砌断面图.dwg"

打开"标注隧道衬砌断面图.dwg"文件,该文件包含一个出图比例为1:100的图样,该图绘制时按1∶1比例绘制。

2. 创建文字样式"标注文字"

执行"格式"→"文字样式"命令，或在命令行输入"ST"，打开"文字样式"对话框，建立新文字样式"标注文字"，此样式使用的 shx 字体文件是"gbenor.shx"，大字体文件是"gbcbig.shx"，如图 5-3 所示。

3. 新建标注样式"隧道"

（1）执行"格式"→"标注样式"命令，或在命令行输入"DIMST"，打开"标注样式管理器"对话框。选定 ISO-25 样式，单击"新建"按钮，打开"创建新标注样式"对话框，在该对话框的"新样式名"文本框中输入"隧道"，"基础样式"和"用于"文本框使用默认值，如图 5-4 所示。单击"继续"按钮，打开"新建标注样式：隧道"对话框。

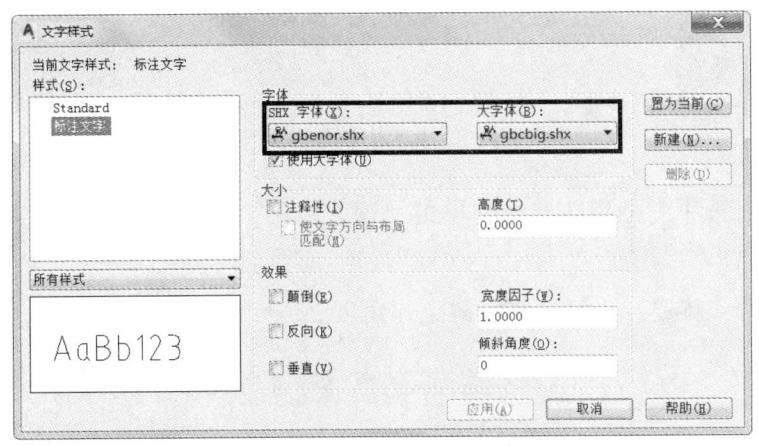

图 5-3　新建文字样式"标注文字"

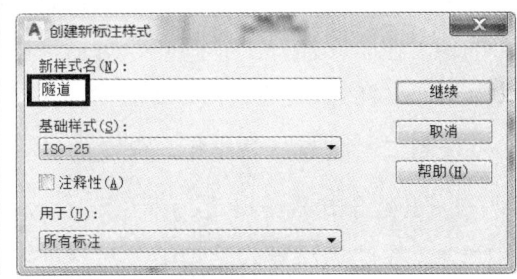

图 5-4　新建标注样式"隧道"

（2）在"新建标注样式：隧道"对话框"线"选项卡中，在"基线间距""超出尺寸线""起点偏移量"文本框中分别输入 7、2 和 2，如图 5-5 所示。

（3）在"新建标注样式：隧道"对话框"符号和箭头"选项卡中，在"第一个"下拉列表中选择"建筑标记"（"第二个"会自动更改为"建筑标记"），"箭头大小"文本框中输入 2，如图 5-6 所示。

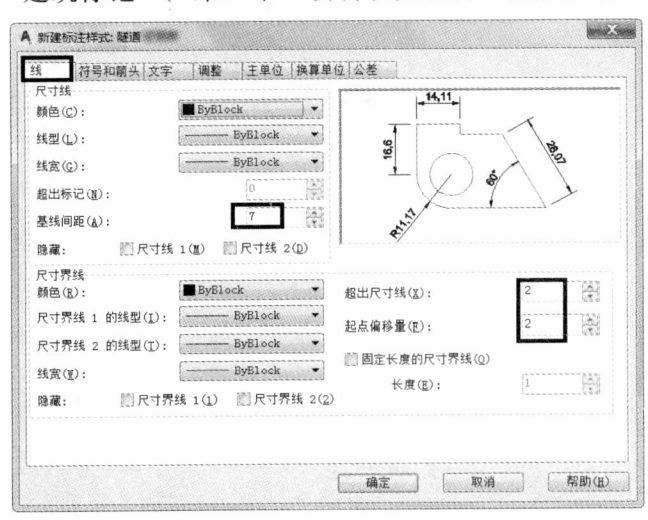

图 5-5　更改"线"选项卡"基线间距""超出尺寸线""起点偏移量"

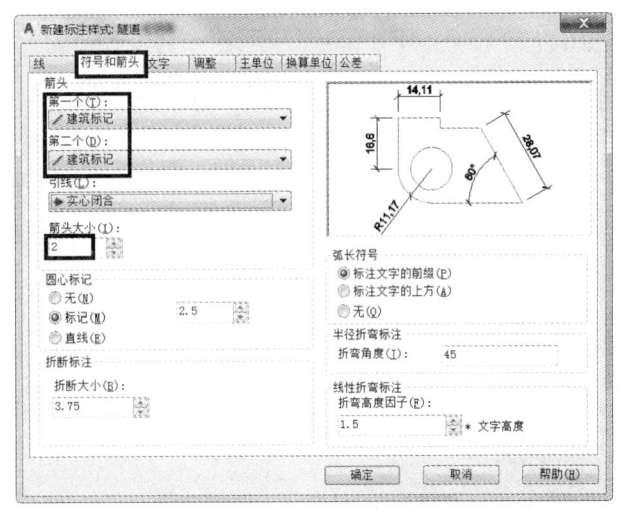

图 5-6　更改"符号和箭头"选项卡"第一个""第二个""箭头大小"

（4）在"新建标注样式：隧道"对话框"文字"选项卡中，在"文字样式"下拉列表中选择"标注文字"，"文字高度"文本框中输入 2.5，如图 5-7 所示。

（5）在"新建标注样式：隧道"对话框"调整"选项卡中，在"全局比例"文本框中输入 100，如图 5-8 所示。单击"确定"按钮，返回到"标注样式管理器"对话框。

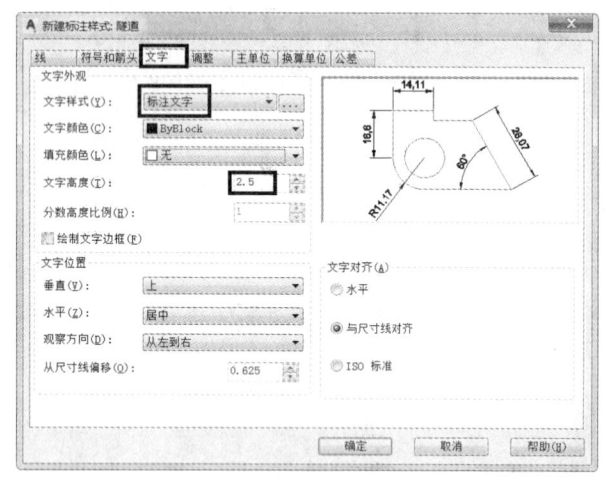

图 5-7　更改"文字"选项卡"文字样式""文字高度"

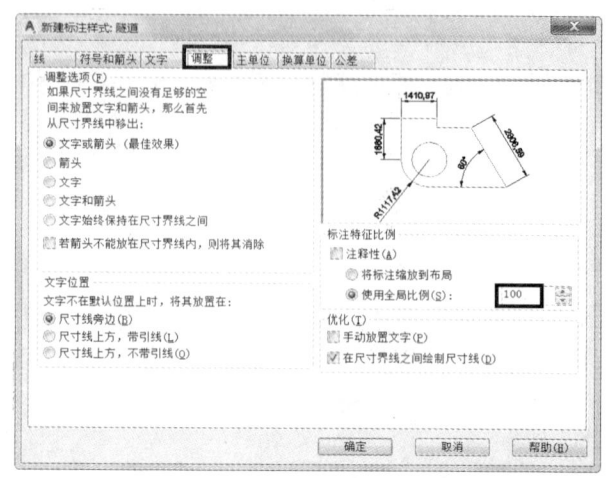

图 5-8　更改"调整"选项卡"全局比例"

（6）在"标注样式管理器"对话框中，选中"隧道"样式，单击"置为当前"按钮，使"隧道"成为当前标注样式。

步骤二　创建标注半径、角度的子样式"隧道：半径"和"隧道：角度"

1. 创建子样式"隧道：半径"

（1）在"标注样式管理器"对话框中，选定"隧道"样式，单击"新建"按钮，打开"创建新标注样式"对话框，在"用于"下拉列表中选择"半径标注"，如图 5-9 所示。单击"继续"按钮，打开"新建标注样式：隧道：半径"对话框。

（2）在"新建标注样式：隧道：半径"对话框"符号和箭头"选项卡中，在"第二个"下拉列表中选择"实心闭合"，如图 5-10 所示。

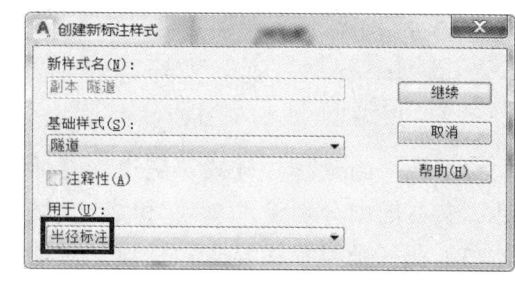

图 5-9　创建标注子样式"隧道：半径"

（3）单击"确定"按钮，返回到"标注样式管理器"对话框，建好的"隧道：半径"子样式如图 5-11 所示。

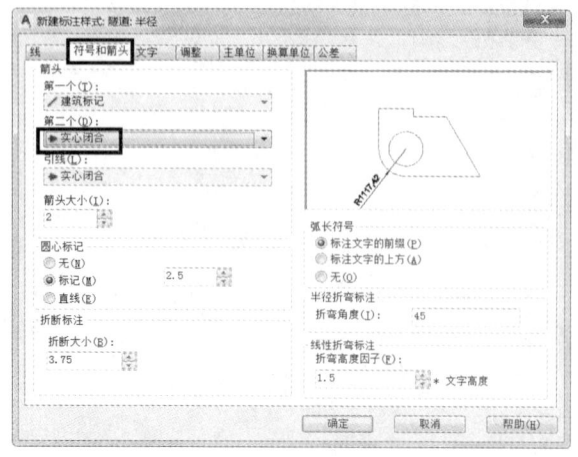

图 5-10　更改"符号和箭头"选项卡"第二个"

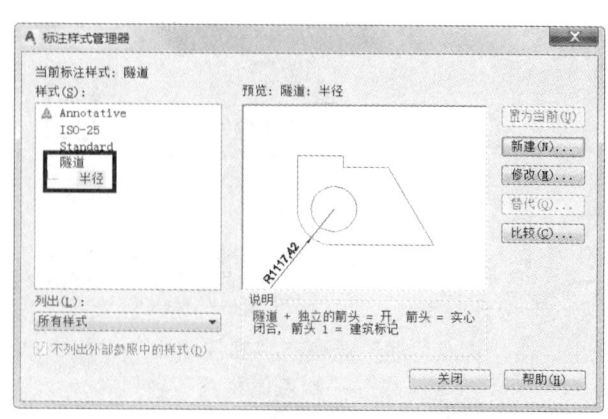

图 5-11　"隧道：半径"子样式

2. 创建子样式"隧道：角度"

（1）在"标注样式管理器"对话框中，选定"隧道"样式，单击"新建"按钮，打开"创建新标注样式"对话框，在"用于"下拉列表中选择"角度标注"，如图 5-12 所示。单击"继续"按钮，打开"新建标注样式：隧道：角度"对话框。

（2）在"新建标注样式：隧道：角度"对话框"符号和箭头"选项卡中，在"第一个"下拉列表中选择"实心闭合"（"第二个"会自动更改为"实心闭合"），如图 5-13 所示。

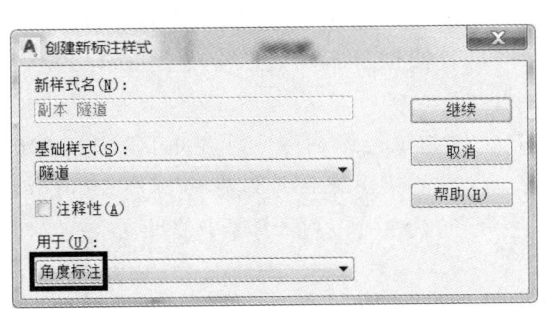

图 5-12 创建标注子样式"隧道：角度"　　图 5-13 更改"符号和箭头"选项卡"第一个""第二个"

（3）在"新建标注样式：隧道：角度"对话框"文字"选项卡中，在"文字对齐"选项中选择"水平"，如图 5-14 所示。

（4）单击"确定"按钮，返回到"标注样式管理器"对话框，建好的"隧道：角度"子样式如图 5-15 所示。

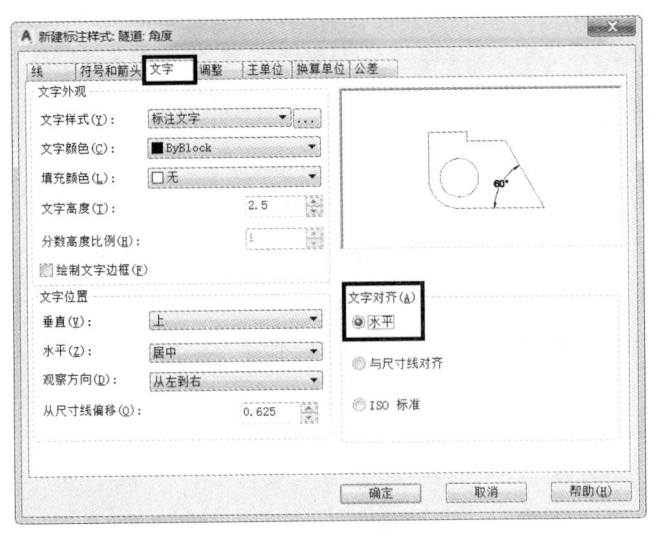
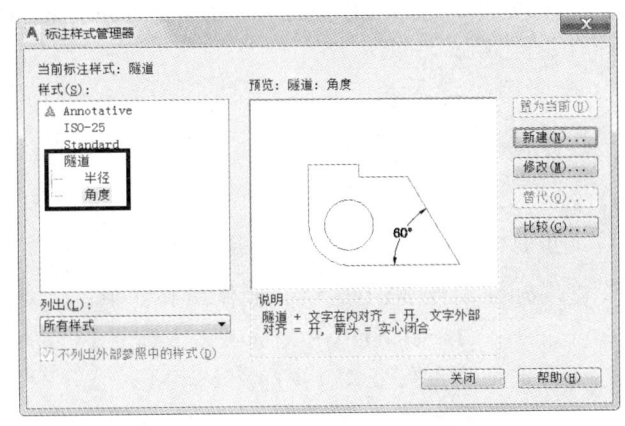

图 5-14 更改"文字"选项卡"文字对齐"　　图 5-15 "隧道：角度"子样式

步骤三　切换到"标注"层，用 DIMLIN（线性）命令标注水平尺寸 700、5700 和垂直尺寸 4350

以标注尺寸 5700 为例，操作步骤如下：

命令：_DIMLINEAR 指定第一个尺寸界线原点或<选择对象>：//单击 A 点

指定第二条尺寸界线原点：　　　　　　　　　　//单击 B 点

指定尺寸线位置或[多行文字（M）/文字（T）/角度（A）水平（H）/垂直（V）/旋转（R）]：//

从 A 点追踪，输入 1000

注意：尺寸 5700 标注出来的文字是 5684.9，水平尺寸 700 标注出来的文字是 699.43，后面步骤中修改。

步骤四　标注连续尺寸

（1）用 DIMLIN（线性）命令标注水平尺寸 400，再用 DIMCONT（连续命令）标注水平尺寸 4900、400。

注意：两个尺寸 400 标注出来文字都是 392.45，后面步骤中修改。

（2）用 DIMLIN（线性）命令标注垂直尺寸 1080，再用 DIMCONT（连续命令）标注垂直尺寸 6650、400。

注意：标注尺寸 1080 时，第一个尺寸界线原点捕捉 A 点，以方便接下来用连续命令标注 6650 和 400。

（3）用 DIMLIN（线性）命令标注垂直尺寸 700，再用 DIMCONT（连续命令）标注垂直尺寸 4430。

注意：标注尺寸 700 时，第一个尺寸界线原点捕捉 B 点，以方便接下来用连续命令标注 4430。另外，尺寸 4430 标注出来文字是 4427.34，后面步骤中修改。

（4）用 DIMLIN（线性）命令标注垂直尺寸 700，再用 DIMCONT（连续命令）标注垂直尺寸 3730。

注意：标注尺寸 700 时，第一个尺寸界线原点捕捉 N 点，以方便接下来用连续命令标注 3730。另外，尺寸 700 标注出来文字是 699.8，尺寸 3730 标注出来文字是 3729.36，后面步骤中修改。

以标注 1080、6650、400 为例，操作步骤如下：

命令：_DIMLINEAR 指定第一个尺寸界线原点或<选择对象>：　//单击 A 点

指定第二条尺寸界线原点：　　　　　　　　　　　　　　　//单击 C 点

指定尺寸线位置或[多行文字（M）/文字（T）/角度（A）水平（H）/垂直（V）/旋转（R）]：

//从 A 点追踪，输入 1000

命令：_DIMCONTINUE 指定第二个尺寸界线原点或 [放弃（U）/选择（S）]<选择>：

//单击 D 点

指定第二个尺寸界线原点或 [放弃（U）/选择（S）]<选择>：//单击 E 点

指定第二个尺寸界线原点或 [放弃（U）/选择（S）]<选择>：//按 Esc 键结束

步骤五　用 DIMBASE（基线）命令标注基线尺寸 8130

操作步骤如下：

命令：_DIMBASELINE 选择基准标注：　　　　　　　　　　//选择尺寸 1080

指定第二个尺寸界线原点或 [放弃（U）/选择（S）]<选择>：//单击 E 点

指定第二个尺寸界线原点或 [放弃（U）/选择（S）]<选择>：//按 Esc 键结束

步骤六　用 DIMRAD（半径）命令标注半径 2220、3210

以标注半径 3210 为例，操作步骤如下：

命令：_DIMRADIUS 选择圆弧或圆：　　　　　　　　//选择要标注的左侧内圆弧

指定尺寸线位置或 [多行文字（M）/文字（T）/角度（A）]：　//单击 H 点

注意：标注半径 2220 时，指定 F 点为尺寸线位置。

步骤七　用 DIMANG（角度）标注角度 45°和 33°51′

以标注角度 45°为例，操作步骤如下。

命令：_DIMANGULAR 选择圆弧、圆、直线或 <指定顶点>：//选择右侧半径为 2220 的圆弧

指定标注弧线位置或 [多行文字（M）/文字（T）/角度（A）/象限点（Q）]：

//移动光标到合适位置并单击

注意：角度 33°51′标注出来的文字是 34°，后面步骤中修改。

步骤八 用 LE（快速引线）或 MLEADER（多重引线）标注坡度 _i=0.03_

命令：_QLEADER 指定第一个引线点或 [设置（S）] <设置>：//在适当位置单击鼠标左键
指定下一点：   //向右拖动鼠标到适当位置，单击左键
指定下一点：   //按回车键
指定文字宽度 <0>：   //按回车键
输入注释文字的第一行 <多行文字（M）>：   //输入 i=0.03
输入注释文字的下一行：   //按回车键结束
提示：用 MLEADER（多重引线）标注坡度，要先设置多重引线样式。

步骤九 修改标注文字，移动标注文字位置

1. 修改标注文字

操作步骤如下。

命令：_DDEDIT
选择注释对象或 [放弃（U）/模式（M）]：   //选择标注 5684.9，系统打开"文字编辑器"功能区，删除原有文字，输入 5700，单击鼠标左键
选择注释对象或 [放弃（U）/模式（M）]：   // 按回车键结束
继续选择其他需要修改的注释对象，按同样的方法进行修改。

2. 调整标注文字位置

以调整标注 400 的标注文字位置为例，操作步骤如下：

（1）单击选定标注 400，将光标移到文字 400 的蓝色关键点上，关键点颜色变成红色，同时出现下拉菜单，单击"仅移动文字"命令。

（2）移动文字到合适位置。

步骤十 保存图形文件

知识链接

一、尺寸组成及标注规范

（一）尺寸组成

尺寸是工程图的一个重要组成部分，它能准确表达图形各部分的大小和位置，是施工人员识图、施工及检验人员进行验收的主要技术依据。一个完整的尺寸由尺寸界线、尺寸线、尺寸起止符号和尺寸文本四要素构成，其组成部分如图 5-16 所示。

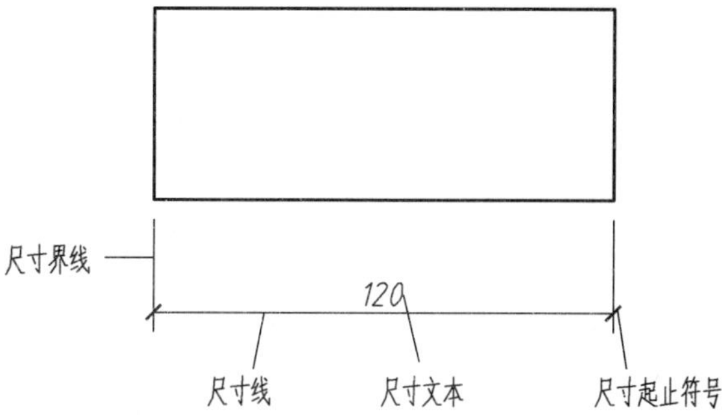

图 5-16 尺寸组成要素

（二）尺寸标注国标规范

工程图中，尺寸标注需要遵循的制图规范归纳如下，示例如表 5-3 所示。

- 尺寸界线及尺寸线均为细实线；
- 尺寸界线的一端距离图形轮廓线不小于 2 mm，另一端超出尺寸线 2～3 mm；
- 尺寸线到轮廓线的距离 ≥10 mm；
- 线性尺寸的尺寸起止符号是和尺寸界线成顺时针 45°角的中粗短线，长度为 2～3 mm，半径、直径、角度的尺寸起止符号用箭头表示；

表 5-3 常用标注国标规定示例

内容	标注规范示例
尺寸界线及尺寸线	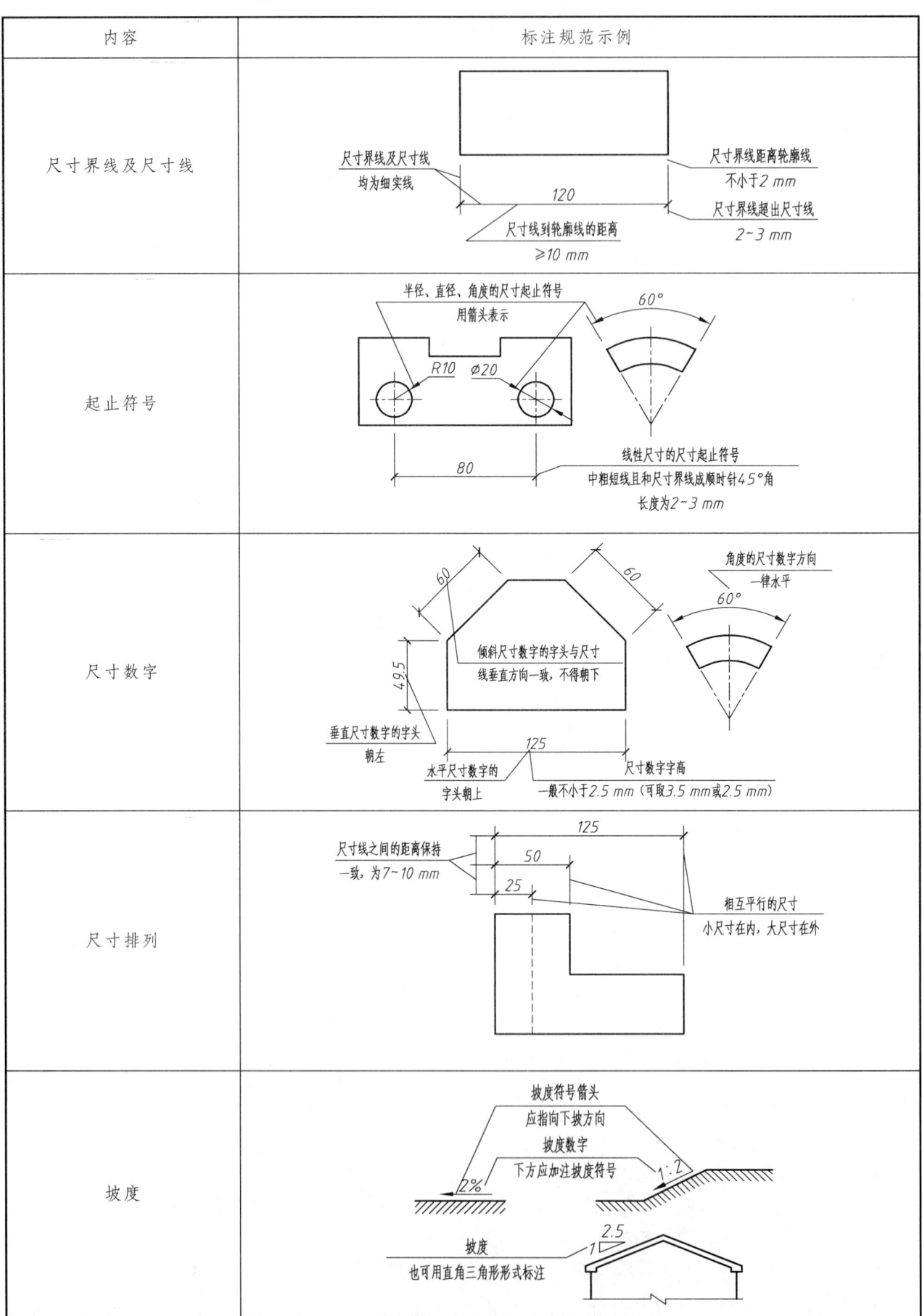
起止符号	
尺寸数字	
尺寸排列	
坡度	

- 尺寸数字字高一般不小于 2.5 mm（可取 3.5 mm 或 2.5 mm）；
- 水平尺寸数字的字头朝上，垂直尺寸数字的字头朝左，倾斜尺寸数字的字头与尺寸线的垂直线方向一致，不得朝下，角度的尺寸数字一律水平；
- 相互平行尺寸应小尺寸在内、大尺寸在外，且尺寸线之间的距离保持一致，为 7～10 mm；
- 标注坡度时，在坡度数字下应加注坡度符号，其箭头应指向下坡方向，较小的坡度值宜用百分率表示，较大的坡度值宜用比例形式表示。坡度也可用直角三角形形式标注。

二、标注样式

（一）标注样式

AutoCAD 系统中，尺寸标注以块的形式存储在图形对象中，其组成部分的格式由标注样式进行控制，只要设置样式中的相应尺寸变量，就可以灵活控制标注的外观。在标注尺寸前，一般都要设置标注样式，否则，系统将按默认的标注样式进行标注。另外，在使用某个标注样式进行标注时，要把该样式置为当前样式。

（二）创建标注样式

创建一个新的标注样式，操作步骤如下（以创建"案例标注"样式为例）。

1. 打开如图 5-17 所示"标注样式管理器"对话框

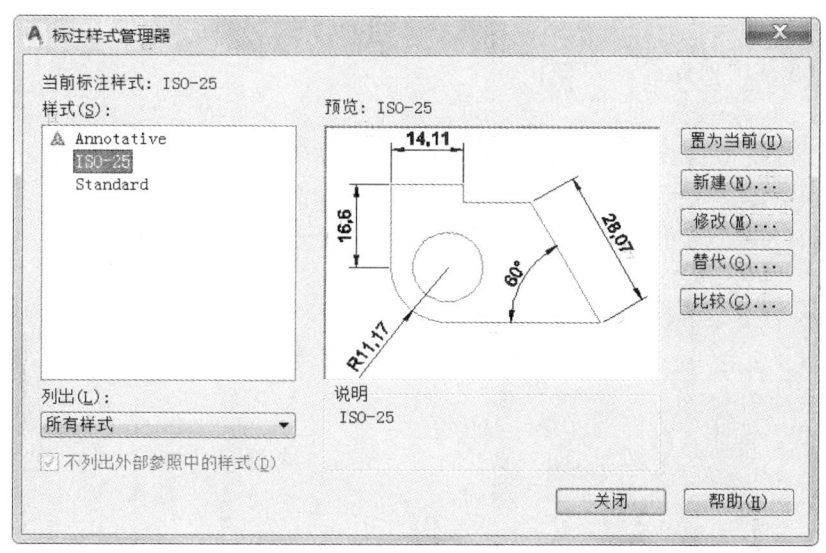

图 5-17 "标注样式管理器"对话框

（1）打开"标注样式管理器"对话框的几种方法如下：
- 菜单栏：执行"格式"菜单或"标注"菜单→"标注样式"命令。
- 命令行：DIMSTYLE。
- 用功能区按钮：单击"默认"选项卡→"注释"功能区按钮 注释 ▼，打开下拉菜单，单击"标注样式"按钮。
- 用功能区按钮：单击"注释"选项卡→"标注"功能区"标注样式"按钮。
- 工具栏：单击"标注"工具栏→"标注样式"按钮。

（2）"标注样式管理器"对话框中各项含义如下：
- 置为当前(U)：将所选样式设置成当前样式，在后续的标注中，将采用该样式标注尺寸。
- 新建(N)...：新建一种标注样式。
- 修改(M)...：修改选择的标注样式。

- 替代(O)... ：为当前标注样式定义一个替代的标注样式。当需要对某个标注进行修改，又不想创建新标注样式时，可以用此按钮定义一个替代样式。
- 比较(C)... ：列表显示两种样式设定的区别。

2. 创建新的标注样式

（1）在"标注样式管理器"对话框中，"单击"新建"按钮，打开"创建新标注样式"对话框，在"新样式名"文本框中输入新样式名，如"案例标注"；在"基础样式"下拉列表框可以选择一种已有的样式作为新样式的基础样式，如选择系统默认的当前标注样式"ISO-25"；单击"用于"下拉列表框，可以选择新样式适用的标注类型，如选择系统默认的"所有标注"，如图 5-18 所示。则新样式"案例标注"将包含基础样式 ISO-25 的所有设置，也将控制所有类型尺寸。

（2）单击"继续"按钮，打开"新建标注样式：案例标注"对话框，单击"线"选项卡，用户可以根据需要更改其中选项。如国标规定，平行尺寸线之间距离为 7~10 mm，尺寸界线一般超出尺寸线 2~3 mm，尺寸界线一般距离轮廓线不少于 2 mm。因此，可以把"基线间距"设置为 7，"超出尺寸线"设置为 2，"起点偏移量"设置为 2。类似图 5-5 所示。

该选项卡共有两个区，分别为"尺寸线"区和"尺寸界线"区。"尺寸线"区常用项设置含义如下：
- 颜色：通过下拉列表框可以选择尺寸线颜色。
- 线型：通过下拉列表框可以选择尺寸线线型。
- 超出标记：设置当用斜线作为尺寸起止符号时，尺寸线超出尺寸界线的大小。
- 基线间距：设置平行尺寸中各个尺寸线之间的距离，可以直接输入，也可以通过上下箭头增减。例如，当创建基线型尺寸标注时，相邻尺寸线之间的间距由该选项控制，如图 5-19 所示。

"尺寸界线"区常用项设置含义如下：
- 尺寸界线 1 的线型：通过下拉列表框可以选择尺寸界线 1 的线型。
- 尺寸界线 2 的线型：通过下拉列表框可以选择尺寸界线 2 的线型。
- 超出尺寸线：设置尺寸界线超出尺寸线的长度，如图 5-19 所示。
- 起点偏移量：设置尺寸界线和标注对象端点间的距离，如图 5-19 所示。

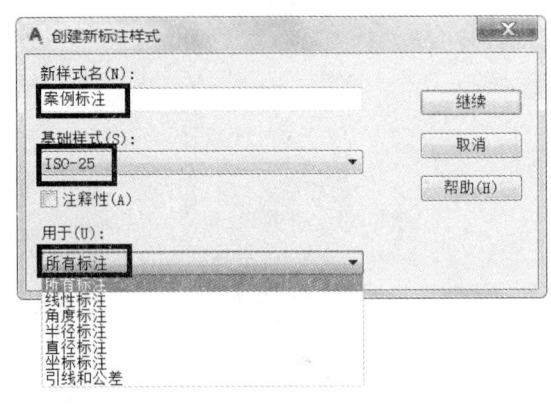

图 5-18 创建新标注样式"案例标注"

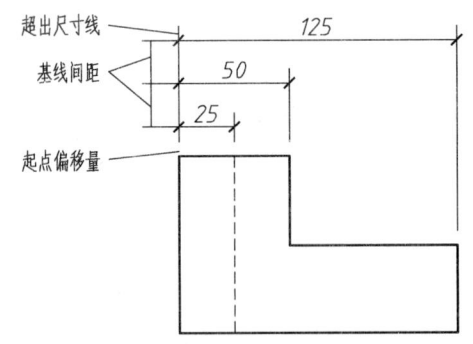

图 5-19 "基线间距""起点偏移量""超出尺寸线"含义

（3）单击"符号和箭头"选项卡，该选项卡中各个选项可以根据需要更改。如国标规定，线性尺寸起止符号为 45°中粗斜线，长度为 2~3 mm。因此，可以把"第一个"箭头和"第二个"箭头设置为"建筑标记"，"箭头大小"设置为 2。类似图 5-6 所示。

该选项卡共有 6 个区，分别为"箭头"区、"圆心标记"区、"折断标注"区、"弧长符号"区、"半径折弯标注"区和"线性折弯标注"区。"箭头"区常用项设置含义如下：
- 第一个：通过下拉列表框可以选择尺寸线第一个起止符号的形式。
- 第二个：通过下拉列表框可以选择尺寸线第二个起止符号的形式。
- 引线：通过下拉列表框可以设置引线标注的起止符号形式。

- 箭头大小：设置起止符号大小，可以直接输入，也可以通过上下箭头增减。

"半径折弯标注"区选项设置含义如下：

- 折弯角度：设置"折弯"标注命令中折弯线的角度，如图5-20所示。

"线性折弯标注"区常用选项设置含义如下：

- 折弯高度因子：设置"折弯线性"标注命令中折弯线的高度，如图5-21所示。

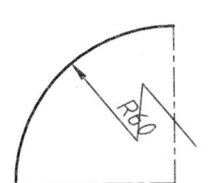
半径折弯角度45°

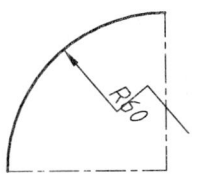
半径折弯角度90°

图 5-20 "折弯角度"含义

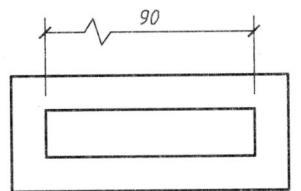
折弯线性标注，折弯高度因子1.5×文字高度

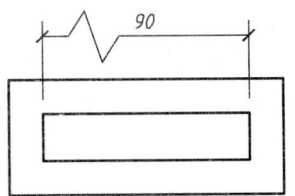
折弯线性标注，折弯高度因子3×文字高度

图 5-21 "折弯高度因子"含义

（4）单击"文字"选项卡，用户可以根据需要单击文字样式后面的 ... 按钮，更改其中选项。如可以把"文字样式"设置为符合国标的文字样式（样式中可选择"gbenor"工程字体和"gbcbig"大字体），"文字高度"设置为2.5或3.5，如图5-22所示。

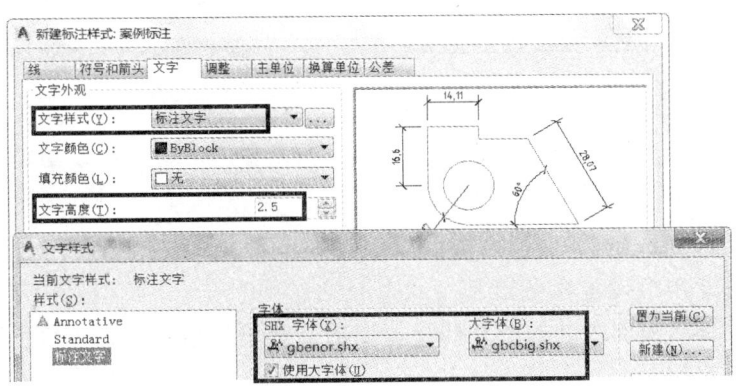

图 5-22 设置"文字"选项卡

该选项卡共有3个区，分别为"文字外观"区、"文字位置"区、"文字对齐"区。

"文字对齐"区各项设置含义如下：

- 水平：设置标注文字水平放置。对于角度国标标注，应选择此选项。
- 与尺寸线对齐：设置标注文字与尺寸线对齐。对于线性尺寸国标标注，应选择此选项。
- ISO标准：当标注文字在两条尺寸界线内部时，标注文字与尺寸线对齐。否则，标注文字水平放置。

"文字对齐"区各项设置效果如图5-23所示。

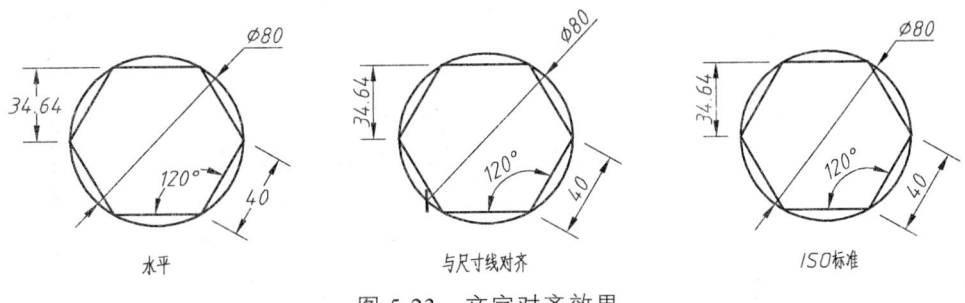

图 5-23 文字对齐效果

"文字外观"区和"文字位置"区各项设置含义此处不再详述，请读者自行尝试。

（5）单击"调整"选项卡，该选项卡中各个选项，可以根据需要更改其中选项。如我们想以1:100的比例将图打印在标准幅面图纸上时，为保证尺寸外观合适，应把"使用全局比例"设置为打印比例的倒数，即 100。类似图 5-8 所示。

该选项卡共有 4 个区，分别为"调整选项"区、"文字位置"区、"标注特征比例"区、"优化"区。"标注特征比例"区各项设置含义如下：

- 将标注缩放到布局：由系统按照当前模型空间和图纸空间的比例设置比例因子。
- 使用全局比例：设置尺寸标注所有组成元素的比例因子。例如，设置全局比例为 2，则意味着尺寸标注中文字高度、箭头大小、起点偏移量等所有元素均放大 2 倍，如图 5-24 所示。

"优化"区、"文字位置"区和"调整选项"区各项设置含义请读者自行尝试。

（6）单击"主单位"选项卡，该选项卡中各个选项的默认设置如图 5-25 所示，可以根据需要更改其中选项。

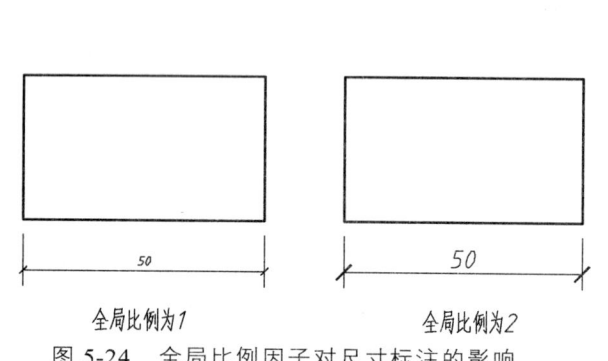

图 5-24 全局比例因子对尺寸标注的影响

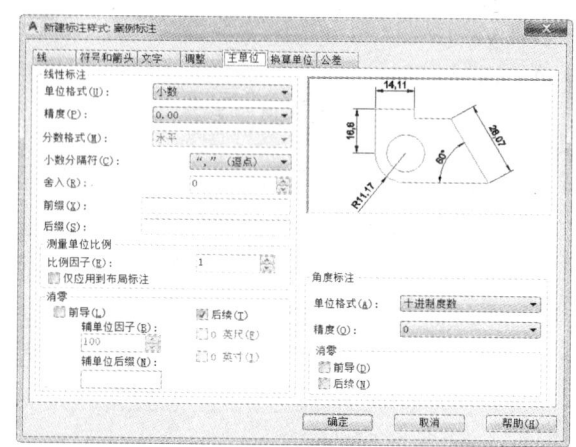

图 5-25 设置"主单位"选项卡

该选项卡共有两个区，分别为"线性标注"区、"角度标注"区。"线性标注"区用于设置线性尺寸的单位格式和精度。常用项设置含义如下：

- 单位格式：设置除角度之外的所有标注类型的当前单位格式。有"科学""小数""工程""建筑""分数""Windows 桌面"6 个选项。
- 精度：设定标注文字中的小数位数。
- 小数分隔符：设置用于十进制小数分隔符。有"，"（逗号）、"."（句点）、" "（空格）3 个选项。
- 舍入：为除角度之外的所有标注类型设置标注测量值的舍入规则。如果输入 0.03，则系统将标注数字的小数部分近似到最接近 0.03 的整数。
- 测量单位比例：设置线性标注测量值的比例因子。当标注尺寸时，AutoCAD 用此比例因子乘以真实的测量值，然后将此结果作为标注数值。

"角度标注"区用于设置角度尺寸的单位格式和精度。常用项设置含义如下：

- 单位格式：设置角度标注的单位类型。有"十进制度数""度分秒""百分度角度""弧度"4 个选项，如图 5-26 所示。

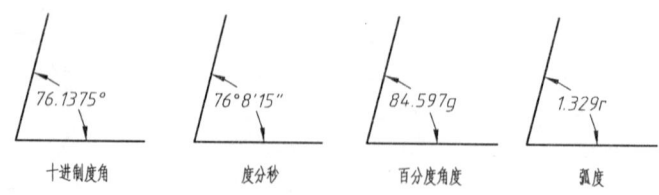

图 5-26 角度标注"单位格式"含义

- 精度：设置角度型尺寸数字的小数位数。

注："换算单位"选项卡和"公差"选项卡请读者自行尝试。

3. 创建标注子样式

在 AutoCAD 中，用户可以生成已有尺寸样式（父样式）的子样式，用于控制某一特定类型的尺寸。

如通过子样式控制半径尺寸、直径尺寸、角度尺寸的外观。当修改子样式中的设置时，其父样式将保持不变；反过来，对父样式进行修改时，子样式中从父样式继承的特性将改变，而在创建子样式时新设定的参数则不变。创建子样式的操作步骤如下（以在"案例标注"样式基础上创建标注直径的子样式为例）：

（1）打开"标注样式管理器"对话框，选择"案例标注"样式。

（2）单击"新建"按钮，打开"创建新标注样式"对话框。

（3）在"用于"下拉列表中选择"直径标注"，如图 5-27 所示。

（4）单击"继续"按钮，打开"新建标注样式：案例标注：直径"对话框，进入"符号和箭头"选项卡，在"箭头"分组区中，更改"第一个"和"第二个"为"实心闭合"，如图 5-28 所示。

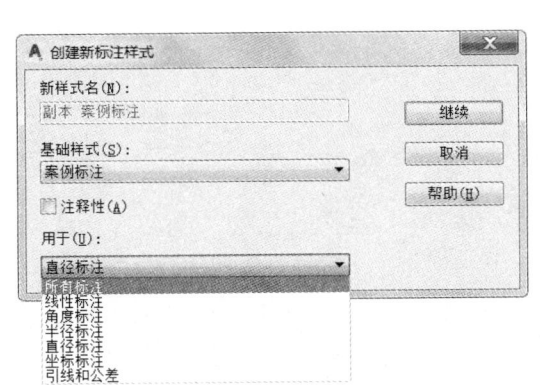
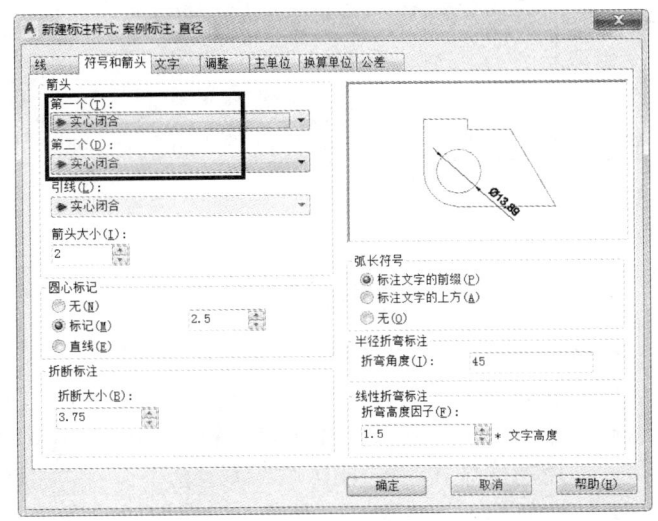

图 5-27 "创建新标注样式"对话框　　　图 5-28 "新建标注样式：案例标注：直径"对话框

（5）单击"确定"按钮，返回到"标注样式管理器"对话框，设置结果如图 5-29 所示。

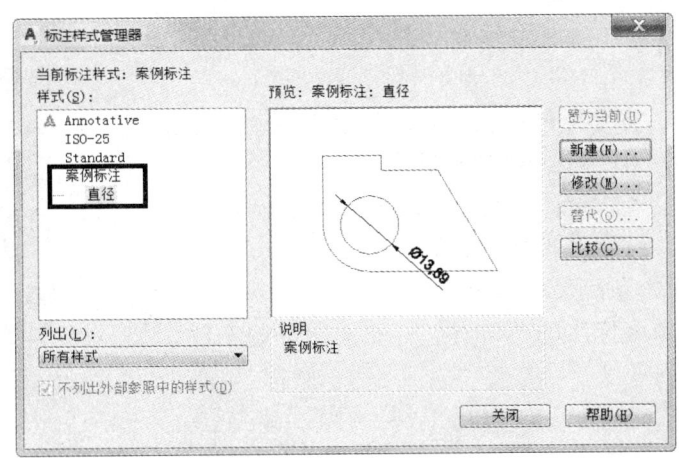

图 5-29 标注直径的子样式设置效果

（三）修改标注样式

修改标注样式是在"修改标注样式"对话框中进行的，修改完成后，图中所有使用该样式的标注都将发生变化。操作步骤如下（以修改"案例标注"样式为例）：

（1）打开"标注样式管理器"对话框，选择"案例标注"样式。

（2）单击"修改"按钮，打开"修改标注样式：案例标注"对话框。

（3）在"修改标注样式"对话框的各选项卡中进行修改。

（4）单击"确定"按钮，返回到"标注样式管理器"对话框，单击"关闭"。

（四）重命名和删除标注样式

重命名和删除标注样式是在"标注样式管理器"对话框中进行的，操作步骤如下（以重命名和删除"案例标注"样式为例）：

（1）打开"标注样式管理器"对话框，选择"案例标注"样式。

（2）单击鼠标右键打开快捷菜单，选择"重命名"，然后输入新名称。如果选择"删除"，则可删除样式。

需要注意的是，当前样式及正被使用的样式不能删除。此外，也不能删除样式列表中仅有的一个标注样式。

（五）设置替代标注样式

修改标注样式后，系统将改变所有与此样式关联的尺寸标注。但如果想创建个别特殊形式的尺寸标注，如将标注文字水平放置、改变尺寸起止符号等，用户不需要直接修改尺寸样式，也不必再创建新样式，只需采用当前样式的替代样式进行标注就可以了。

三、尺寸标注

（一）尺寸标注命令的调用方式

AutoCAD 提供了多种调用尺寸标注命令的方式，几种常用方法如下：

- 菜单栏：执行"标注"菜单下各标注命令，如图 5-30 所示。
- 命令行：输入各标注命令，如 DIMLINEAR/DIM 等。
- 用功能区按钮：单击"默认"选项卡→"注释"功能区各标注按钮，如图 5-31 所示。
- 工具栏：单击"标注"工具栏各标注按钮，如图 5-32 所示。

图 5-30 "标注"菜单及"对齐文字"子菜单　　　图 5-31 "注释"功能区"线性"按钮下拉列表

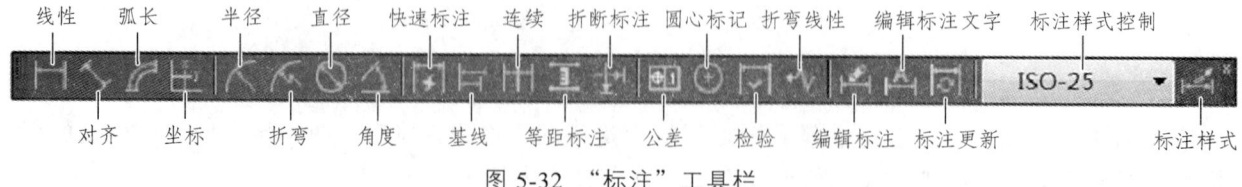

图 5-32 "标注"工具栏

（二）创建长度型尺寸

标注长度尺寸一般可使用以下两种方法：一种是通过在标注对象上指定尺寸线起点和终点，另一种是直接选取要标注的对象。

1. 创建线性标注

线性标注用于标注水平、垂直方向尺寸。

（1）命令调用方法。

- 菜单栏：执行"标注"菜单下"线性"命令，如图 5-30 所示。
- 命令行：DIMLINEAR/DIMLIN。
- 用功能区按钮：单击"默认"选项卡→"注释"功能区 线性 按钮，如图 5-31 所示。
- 工具栏：单击"标注"工具栏 按钮，如图 5-32 所示。

（2）操作步骤。

命令：_DIMLIN

指定第一个尺寸界线原点或<选择对象>：   //捕捉交点 A，或按 Enter 键，选择直线 AB，如图 5-33 所示

指定第二条尺寸界线原点：   //捕捉交点 B

指定尺寸线位置或[多行文字（M）/文字（T）/角度（A）水平（H）/垂直（V）/旋转（R）]：
//拖动光标将尺寸线放置在合适位置，然后单击鼠标左键

（3）命令选项。

- 多行文字（M）：使用该选项则打开"文字编辑器"选项卡，用户可利用此编辑器编辑标注文字。
- 文字（T）：该选项允许用户在命令行上输入新的尺寸文字。
- 角度（A）：通过该选项设置标注文字的放置角度。
- 水平（H）/垂直（V）：创建水平或垂直型尺寸。用户也可通过移动光标指定创建何种类型尺寸。如果左右移动光标，则将生成垂直尺寸；如果上下移动光标，则将生成水平尺寸。
- 旋转（R）：使用此选项，可以使尺寸线倾斜一个角度，因此可用这个选项标注倾斜的对象。

2. 创建对齐标注

对齐标注用于标注倾斜对象的真实长度。

（1）命令调用方法。

- 菜单栏：执行"标注"菜单下"对齐"命令，如图 5-30 所示。
- 命令行：DIMALIGNED/DIMALI。
- 用功能区按钮：单击"默认"选项卡→"注释"功能区 对齐 按钮，如图 5-31 所示。
- 工具栏：单击"标注"工具栏 按钮，如图 5-32 所示。

（2）操作步骤。

命令：_DIMALI

指定第一个尺寸界线原点或<选择对象>： //捕捉交点 A，或按回车键，选择直线 AB，如图 5-34 所示

指定第二条尺寸界线原点：   //捕捉交点 B

指定尺寸线位置或[多行文字（M）/文字（T）/角度（A）]：
//拖动光标将尺寸线放置在合适位置，然后单击鼠标左键

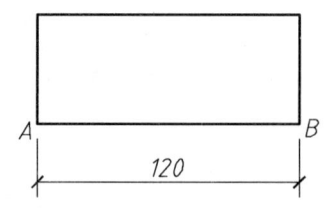
图 5-33　标注水平方向尺寸

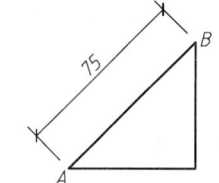
图 5-34　标注倾斜方向尺寸

（3）命令选项。

参见线性标注命令 DIMLINEAR 的各选项功能。

3. 创建连续标注

连续标注用于标注连续型尺寸。连续型尺寸是指一系列首尾相连的标注，如图 5-35 所示的尺寸 20、25 和 10。

（1）命令调用方法。
- 菜单栏：执行"标注"菜单下"连续"命令，如图 5-30 所示。
- 命令行：DIMCONTINUE/DIMCONT。
- 工具栏：单击"标注"工具栏 按钮，如图 5-32 所示。

（2）操作步骤。

命令：_DIMCONT

指定第二个尺寸界线原点或 [选择（S）/放弃（U）] <选择>：
//输入选项 S 后回车确认

选择连续标注：//单击尺寸"20"的右侧尺寸界线，如图 5-35 所示

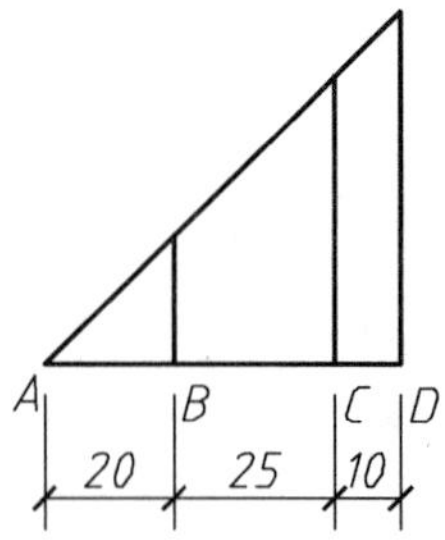

图 5-35 标注连续型尺寸

指定第二个尺寸界线原点或 [选择（S）/放弃（U）] <选择>：
//捕捉 C 点

指定第二个尺寸界线原点或 [选择（S）/放弃（U）] <选择>：   //捕捉 D 点

指定第二个尺寸界线原点或 [选择（S）/放弃（U）] <选择>：   //按回车键

选择连续标注：   //按回车键结束

注意：在执行连续标注命令时，如果不用选项 S 重新选择连续标注，那么系统总是以刚刚标注的尺寸的第二个尺寸界线作为下一个连续型尺寸的第一个尺寸界线。所以，标注连续型尺寸时，一般先标注连续型尺寸中位于边缘的一个（如连续型尺寸 20、25、10 中的尺寸 20），接着就执行连续标注命令，进行其余连续型尺寸的标注。

（3）命令选项。
- 选择（S）：选择连续型尺寸的基准尺寸。

4. 创建基线标注

基线标注用于标注基线型尺寸。基线型尺寸是指所有的尺寸从同一点开始标注，即它们公用同一条尺寸界线，如图 5-36 所示的尺寸 20、45 和 55。

（1）命令调用方法。
- 菜单栏：执行"标注"菜单下"基线"命令，如图 5-30 所示。
- 命令行：DIMBASELINE/DIMBASE。
- 工具栏：单击"标注"工具栏 按钮，如图 5-32 所示。

（2）操作步骤。

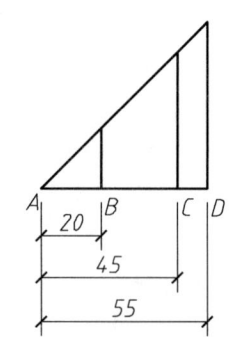

命令：_DIMBASE

指定第二个尺寸界线原点或 [选择（S）/放弃（U）] <选择>：
//输入选项 S 后回车确认

选择基准标注：

图 5-36 标注基线型尺寸

//单击尺寸"20"的左侧尺寸界线，如图 5-36 所示

指定第二个尺寸界线原点或 [选择（S）/放弃（U）] <选择>：   //捕捉 C 点

指定第二个尺寸界线原点或 [选择（S）/放弃（U）] <选择>：   //捕捉 D 点

指定第二个尺寸界线原点或 [选择（S）/放弃（U）] <选择>：   //按回车键

选择基准标注：   //按回车键结束

注意：在执行基线标注命令时，如果不用选项 S 重新选择基准标注，那么系统总是以刚刚标注的尺寸的第一个尺寸界线作为后面每一个基线型尺寸的第一条尺寸界线。所以，标注基线型尺寸时，一般先标注基线型尺寸中最小的一个，接着就执行基线标注命令，进行其余基线型尺寸的标注。

（3）命令选项。
- 选择（S）：选择基线型尺寸的基准尺寸。

（三）创建角度尺寸

标注角度时，可以通过拾取两条边、3个点或一段圆弧来创建角度尺寸。

（1）命令调用方法。
- 菜单栏：执行"标注"菜单下"角度"命令，如图5-30所示。
- 命令行：DIMANGULAR/DIMANG。
- 用功能区按钮：单击"默认"选项卡→"注释"功能区  按钮，如图5-31所示。
- 工具栏：单击"标注"工具栏 按钮，如图5-32所示。

（2）操作步骤。

命令：_DIMANG

选择圆弧、圆、直线或 <指定顶点>： //单击45°角的 *AB* 边，如图5-37所示

选择第二条直线： //单击45°角的 *AC* 边

指定标注弧线位置或 [多行文字（M）/文字（T）/角度（A）/象限点（Q）]： //移动光标到合适位置并单击鼠标左键

命令：_DIMANG

选择圆弧、圆、直线或 <指定顶点>： //单击 *BC* 段圆弧，如图5-37所示。

指定标注弧线位置或 [多行文字（M）/文字（T）/角度（A）/象限点（Q）]： //移动光标到合适位置并单击鼠标左键

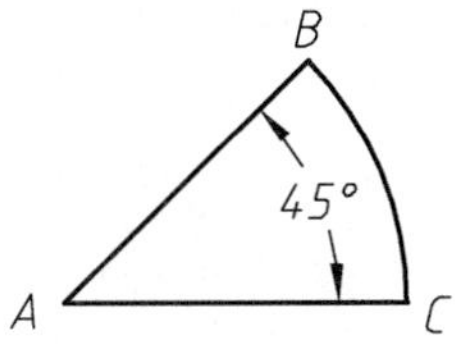

图5-37 标注角度尺寸

（3）命令选项。

参见线性标注命令 DIMLINEAR 的各选项功能。

（四）创建直径和半径尺寸

在标注直径和半径尺寸时，系统自动在标注文字前面加上"ϕ"或"R"符号。可以通过拾取两条边、3个点或一段圆弧来创建角度尺寸。

（1）命令调用方法。
- 菜单栏：执行"标注"菜单下"直径"命令或"半径"命令，如图5-30所示。
- 命令行：DIMDIAMETER/DIMDIA 或 DIMRADIUS/DIMRAD。
- 用功能区按钮：单击"默认"选项卡→"注释"功能区 按钮或 按钮，如图5-31所示。
- 工具栏：单击"标注"工具栏 按钮或 按钮，如图5-32所示。

（2）操作步骤。

命令：_DIMDIA

选择圆弧或圆： //单击要标注的圆，如图5-38（a）所示

指定尺寸线位置或 [多行文字（M）/文字（T）/角度（A）]： //移动光标到合适位置并单击鼠标左键

命令：_DIMRAD

选择圆弧或圆： //单击要标注的圆，如图5-38（b）所示。

指定尺寸线位置或 [多行文字（M）/文字（T）/角度（A）]： //移动光标到合适位置并单击鼠标左键

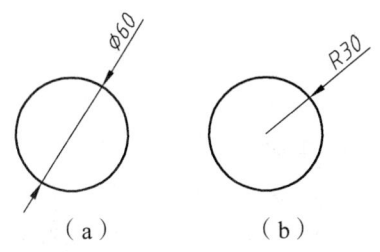

图5-38 标注直径和半径尺寸

（3）命令选项。

参见线性标注命令 DIMLINEAR 的各选项功能。

（五）标注尺寸的集成命令 DIM

DIM 命令是一个集成化的标注命令，可一次创建多种类型的尺寸，如线性、对齐、角度、直径及半径尺寸等。使用该命令标注尺寸时，一般可采用两种方法：一是在标注对象上指定尺寸线的起始点和终止点；二是直接选取要标注的对象。标注完一个对象后，不要退出命令，可继续标注新的对象。

（1）命令调用方法。

- 用功能区按钮：单击"默认"选项卡→"注释"功能区 [标注] 按钮。
- 命令行：DIM。

（2）操作步骤。

命令：_DIM

选择对象或指定第一个尺寸界线原点或[角度（A）/基线（B）/连续（C）/坐标（O）/对齐（G）/分发（D）/图层（L）/放弃（U）]： //指定第一条尺寸界线的起始点或选择要标注的对象

指定第二个尺寸界线原点或[放弃（U）]： //指定第二条尺寸界线的起始点

指定尺寸界线位置或第二条线的角度[多行文字（M）/文字（T）/文字角度（N）/放弃（U）]：
//移动光标将尺寸线放置在合适位置，然后单击鼠标左键

不要退出 DIM 命令，继续同样的操作标注其他尺寸，还可以使用各选项进行连续型、基线型、半径、直径、角度等尺寸的标注。

（3）常用命令选项。

- 角度（A）：标注角度尺寸。
- 基线（B）：创建基线型尺寸。
- 连续（C）：创建连续型尺寸。

其余参数含义请读者自行尝试。

（六）创建快速引线标注

快速引线标注可以画出一条引线来标注对象，在引线末端可输入文字与图形元素等。此外，在命令执行过程中还能设置引线的形式（直线或曲线）、控制引线箭头外观及注释文字的对齐方式等。

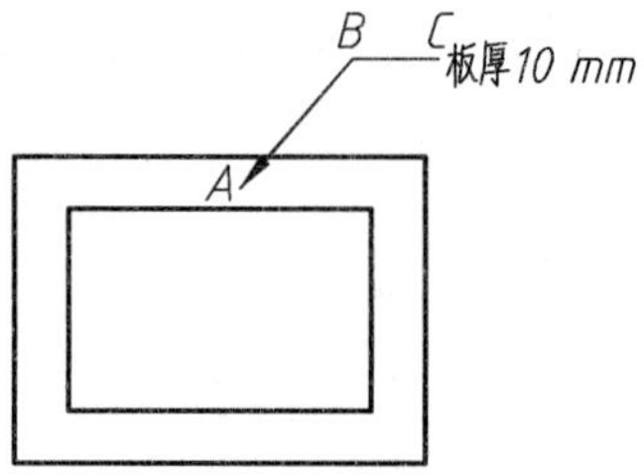

（1）命令调用方法。

- 命令行：QLEADER/LE。

（2）操作步骤（以创建图 5-39 中快速引线为例）。

命令：_LE

指定第一个引线点或 [设置（S）] <设置>： //在 A 点处单击鼠标左键，如图 5-39 所示
指定下一点： //在 B 点处单击鼠标左键，如图 5-39 所示
指定下一点： //在 C 点处单击鼠标左键，如图 5-39 所示
指定文字宽度 <0>： //按回车键
输入注释文字的第一行 <多行文字（M）>： //输入"板厚 10 mm"，如图 5-39 所示
输入注释文字的下一行： //按回车键结束

图 5-39 快速引线标注

（3）命令选项。

- 设置（S）：设置引线和注释的特性。"注释"选项卡主要用于设置引线注释的类型；"引线和箭头"选项卡用于控制引线及箭头的外观特性。当指定引线注释为多行文字时，"附着"选项卡才显示出来，该选项卡用于设置多行文本附着于引线末端的位置。

四、尺寸编辑

尺寸标注的各个组成部分都可以通过调整尺寸样式进行修改，但当变动尺寸样式后，所有与此样

式关联的尺寸标注都会发生变化。如果仅仅想改变某一个尺寸的外观或标注文本的内容，则可使用下面的方法。

（一）修改尺寸标注文字

可以使用 ED 命令或双击标注文字进行修改。操作步骤如下：
（1）双击要修改的标注文字，打开"文字编辑器"选项卡，在该编辑器中直接修改标注文字。
（2）单击 按钮，返回图形窗口。
（3）继续选择要修改文字的标注，重复上面步骤。如果修改结束，按回车键即可。

（二）调整尺寸标注位置

调整尺寸位置的最佳方法是采用关键点编辑方式，操作步骤如下：
（1）选择要调整位置的尺寸标注，并激活文本所在处的关键点，则系统自动进入拉伸编辑模式。
（2）移动光标调整文本或尺寸线到适当位置，单击鼠标左键。
还可以在选择尺寸标注后，将光标放到文本关键点处，在弹出的菜单中选择相应命令。

（三）改变尺寸界线和文字的倾斜角度

DIMEDIT 命令可以用于调整尺寸文本的位置，并能修改文本内容，还可将尺寸界线倾斜某一角度及旋转尺寸文字。这个命令的优点是，可以同时编辑多个尺寸标注。

（四）均布、对齐尺寸线

对于平行尺寸线之间的距离，可用 DIMSPACE 命令调整。对于连续的线性及角度标注，DIMSPACE 命令可使所有尺寸线对齐，此时设置尺寸线间距为"0"即可。

（1）命令调用方法。
- 菜单栏：执行"标注"菜单下的"标注间距"命令，如图 5-30 所示。
- 命令行：DIMSPACE。
- 工具栏：单击"标注"工具栏 按钮，如图 5-32 所示。

（2）操作步骤。
命令：_DIMSPACE
选择基准标注：　　　　　　　//单击基准标注尺寸"5"，如图 5-40（a）所示
选择要产生间距的标注：　　　//选择标注尺寸"10"，如图 5-40（a）所示
选择要产生间距的标注：　　　//选择标注尺寸"25"，如图 5-40（a）所示
输入值或[自动（A）]<自动>：7　　//输入平行尺寸间距离 7
结果如图 5-40（b）所示。

（五）编辑尺寸标注属性

输入 PROPERTIES（简写 PR）命令或单击右键快捷菜单的"特性"命令，可以同时编辑多个尺寸标注的属性。这个命令的优点是，当多个尺寸标注某一属性不同时，也能将其设置为相同。例如，想将图 5-40（b）中 3 个标注文字的高度由 2.5 改为 3.5，操作步骤如下：

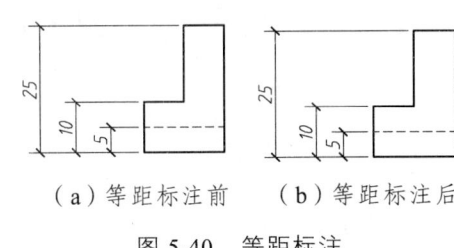

（a）等距标注前　　（b）等距标注后

图 5-40　等距标注

（1）选择尺寸"5""10""25"，然后输入 PR 命令，或选择右键菜单"特性"，打开"特性"对话框，如图 5-41 所示。
（2）在该对话框的"文字高度"文本框中输入数值"3.5"，如图 5-41 所示。

（3）单击"特性"对话框 ✕ 按钮，返回到图形窗口，按 Esc 键取消选择。

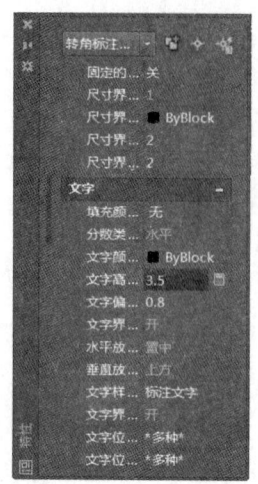

图 5-41　"特性"对话框

任务拓展

【5-1】打开练习素材文件"5-1-1.dwg"，标注该图样，结果如图 5-42 所示。标注文字采用的字体为"gbenor.shx"，字高为 2.5，标注全局比例因子为 5。

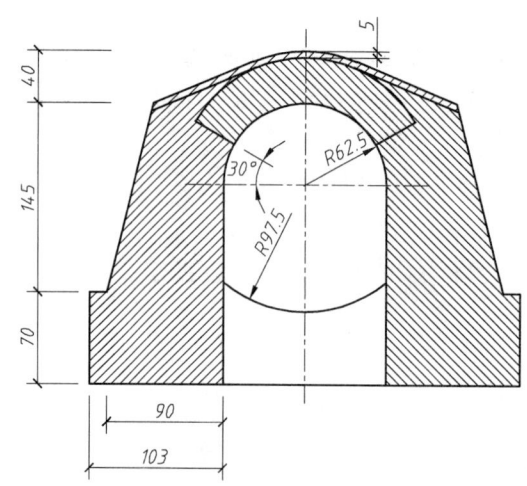

图 5-42　尺寸标注练习 1

【5-2】打开练习素材文件"5-1-2.dwg"，标注该图样，结果如图 5-43 所示。标注文字采用的字体为"gbenor.shx"，字高为 2.5，标注全局比例因子为 10。

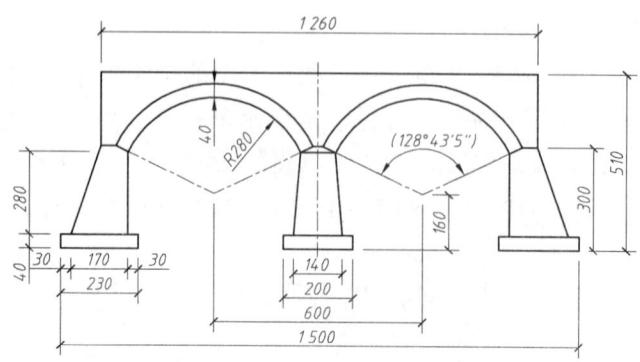

图 5-43　尺寸标注练习 2

项目六　打印输出工程图形

本项目通过以下任务来学习打印输出工程图形。

项目六检测评价

【学习任务】

- 任务　打印输出"边跨 10 m 空心板构造图"图纸

【项目目标】

- 会设置打印图纸的相关参数。
- 能按规定从模型空间打印输出图形。
- 能从图纸空间打印输出图纸。
- 培养规范操作、耐心细致、严谨求实、互助协作的职业素质。

任务　打印输出"边跨 10 m 空心板构造图"图纸

任务目标

- 掌握模型空间与图纸空间、布局、视口等概念。
- 会创建、设置和管理图纸布局。
- 了解图纸打印的一般过程。
- 会设置打印图纸的相关参数。
- 能从模型空间打印输出图形。
- 会打印输出 PDF 电子图纸。
- 会设置布局并通过布局输出图纸。
- 培养规范操作、耐心细致、严谨求实、互助协作的职业素质。

任务内容

用 A4 图纸打印如图 6-1 所示的"边跨 10 m 空心板构造图",设置打印样式表为"monochrome.ctb",出图比例为 1∶5。同时创建一张 A4 纸张大小的 PDF 电子图纸,文件名为"边跨 10 m 空心板构造图.pdf"。

任务分析

图 6-1 所示的图纸是 A4 横向打印出图,出图比例为 1∶5。设置打印样式表为"monochrome.ctb"。

要完成图 6-1 所示工程图样的打印,可通过以下思路来完成:

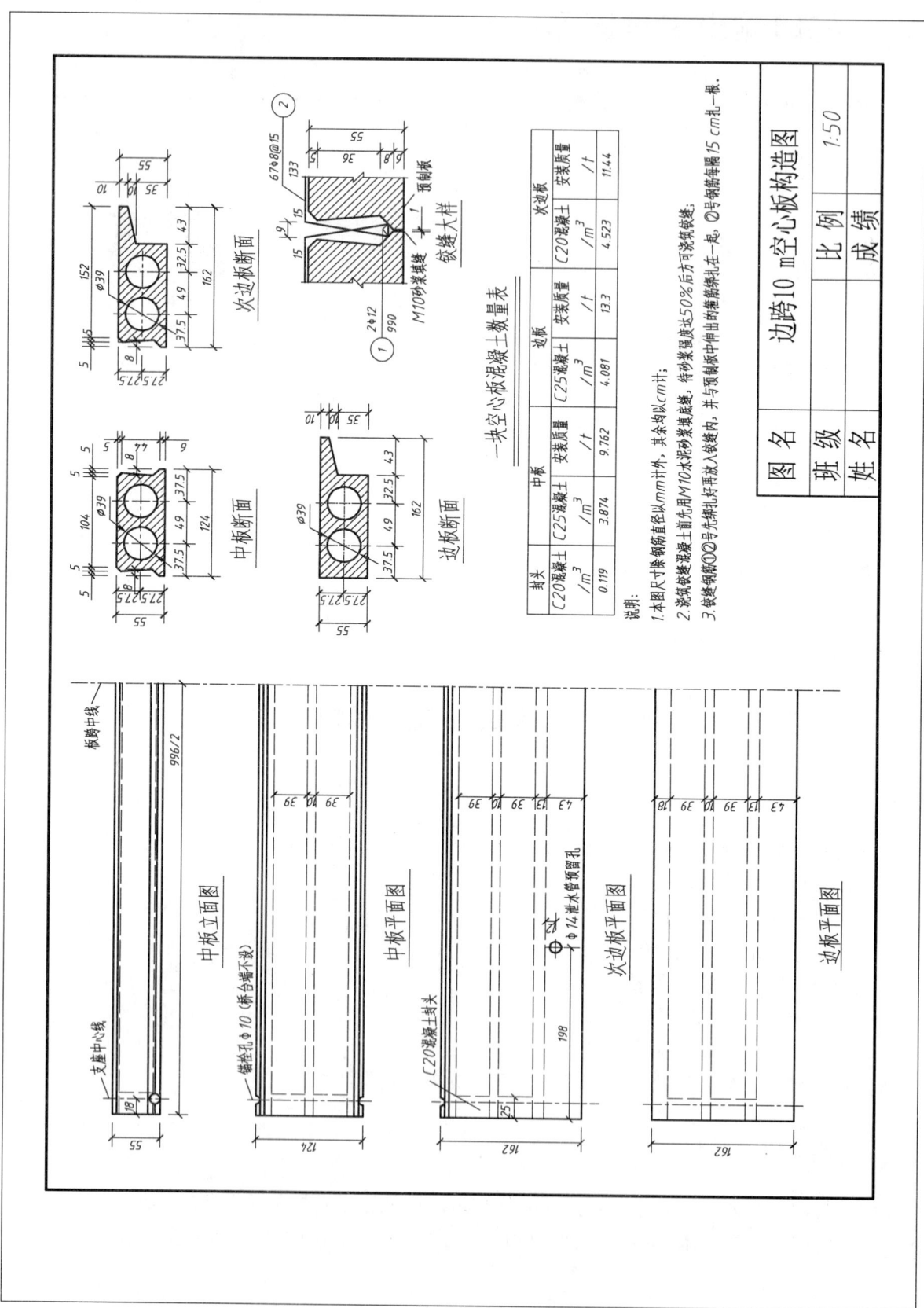

图 6-1 边跨 10 m 空心板构造图

(1)设置页面。
(2)指定打印设备,选择图纸幅面 A4 图纸及打印份数为 1 份。
(3)设定要输出的内容。
(4)调整图形在图纸上的位置为居中打印及方向为横向打印。
(5)选择打印样式表为"monochrome.ctb"。
(6)设置打印比例为 1∶5。
(7)预览打印效果,并打印输出。
(8)同样进行打印参数设置和页面设置,生成 PDF 电子图纸。

任务实施

步骤一 打开图形文件进行页面设置

1. 打开图形文件

打开要打印的图形文件素材"边跨 10m 空心板构造图.dwg"。

2. 页面设置

(1)单击文件菜单中的"页面设置管理器(G)…"命令或直接输入 PAGESETUP 命令,打开"页面设置管理器对话框"。
(2)在"页面设置管理器"对话框中,单击"新建(N)…"按钮,如图 6-2 所示。
(3)在弹出的"新建页面设置"对话框中,在"新页面设置名(N)"下的文本框中,输入页面名称 A4,单击"确定"按钮,如图 6-3 所示。

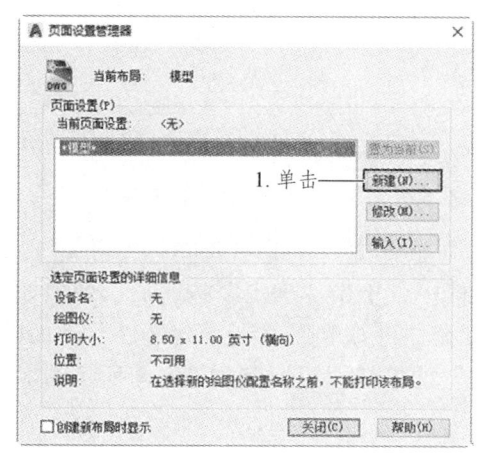

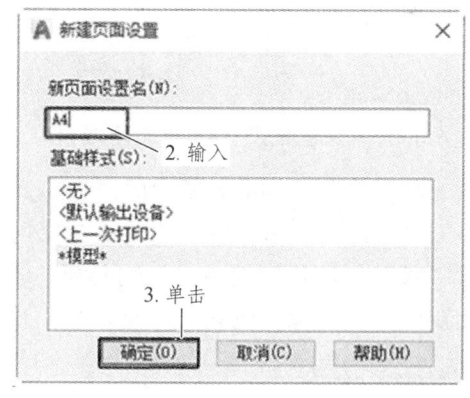

图 6-2 "页面设置管理器"对话框   图 6-3 "新建页面设置"对话框

(4)在弹出的"页面设置-模型"对话框中(图 6-4)中,在"打印机/绘图仪名称(M)"后面的文本框中,选择本计算机安装的打印机名称(此处选择系统自带打印机)。单击"特性(R)"按钮,弹出如图 6-5 所示的对话框。

(5)在弹出的如图 6-5 所示的"绘图仪配置编辑器"对话框中,选择"修改标准图纸尺寸(可打印区域)"项,并在"修改标准图纸尺寸(Z)"下拉列表中,选择 A4 纸张,单击"修改(M)…"按钮。

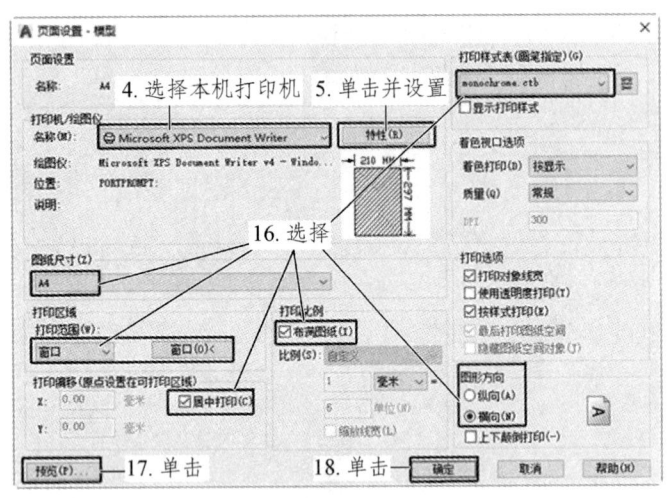
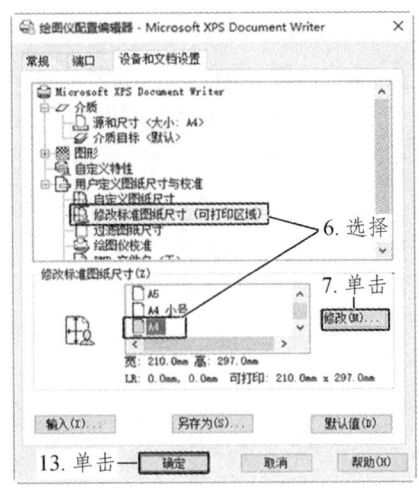

图 6-4 "页面设置-模型"对话框-1　　　　图 6-5 "绘图仪配置编辑器"对话框

（6）在弹出的如图 6-6 所示的"自定义图纸尺寸-可打印区域"对话框中，修改上、下、左、右边距分别为 0，并单击"下一步"按钮。

（7）在弹出的如图 6-7 所示的，"自定义图纸尺寸-文件名"对话框中，可在文件名后的文本框中输入文件名，也可不修改，直接用默认值，单击"下一步"按钮。

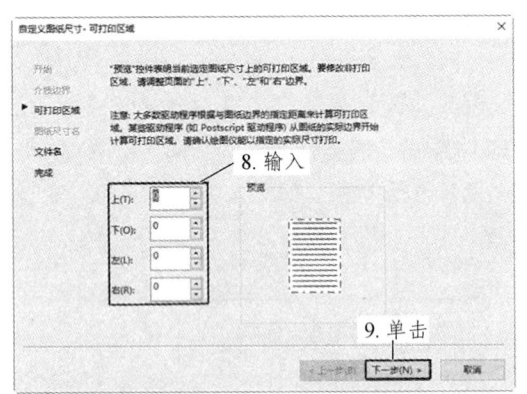
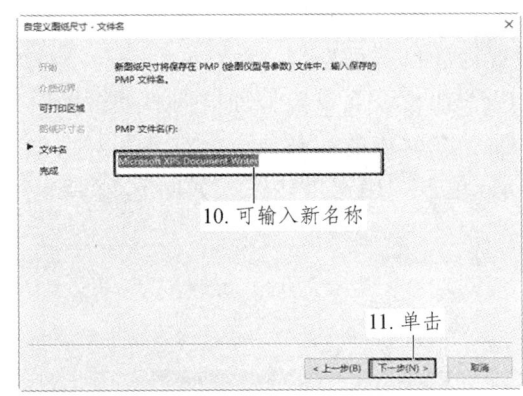

图 6-6 "自定义图纸尺寸-可打印区域"对话框　　　　图 6-7 "自定义图纸尺寸-文件名"对话框

（8）在弹出的如图 6-8 所示的"自定义图纸尺寸-完成"对话框中，单击"完成"按钮。

（9）在返回的图 6-5 所示的"绘图仪配置编辑器"对话框中，单击"确定"按钮后，弹出如图 6-9 所示的"修改打印机配置文件"对话框。在此对话框中，可在"将修改保存到下列文件"下面的文本框中重新输入文件保存位置，也可保持不变。再单击"确定"的按钮，返回到如图 6-4 所示的对话框。

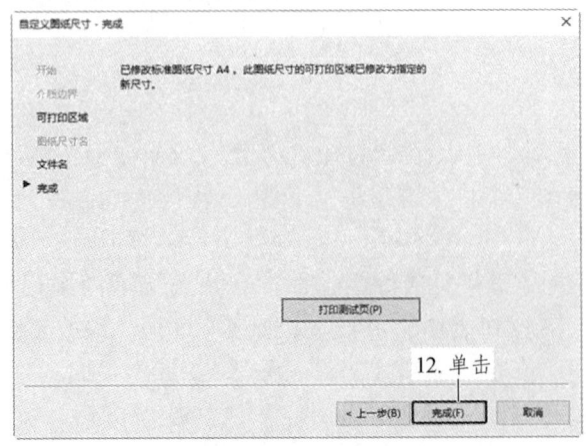
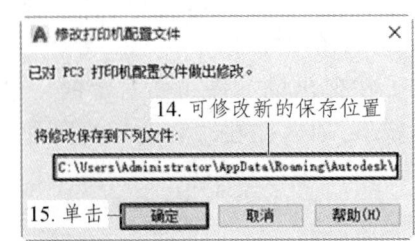

图 6-8 "自定义图纸尺寸-完成"对话框　　　　图 6-9 "修改打印机配置文件"对话框

（10）在返回的如图 6-4 所示的"页面设置-模型"对话框中，分别进行如下设置：在"图纸尺寸"下拉列表中选择 A4 纸张；在"打印样式表（画笔指定）"下拉列表中选择"monochrome.ctb"打印样式表；在"打印区域"下拉列表中选择"窗口"项，并单击"窗口（O）<"按钮，用鼠标选择打印图纸范围；在"打印偏移（原点设置在可打印区域）"控件中，选中"居中打印（C）"复选框；在"打印比例"控件下选中"布满图纸"（或是在"比例"下拉列表中选择比例 1∶5）；在"图形方向"单选按钮项下，选择"横向"。单击"预览（P）…"按钮，查看图形效果；如果不符合要求，重新设置上面的参数，并重新预览，直到符合要求，再单击"确定"按钮。

（11）在返回的"页面设置管理器"对话框中（图 6-10），可以看到在"当前页面设置"列表中出现了设置的 A4。如果不合适可以继续单击"修改（M）"按钮进行修改；如果合适，则单击"关闭"按钮，完成 A4 页面的设置。

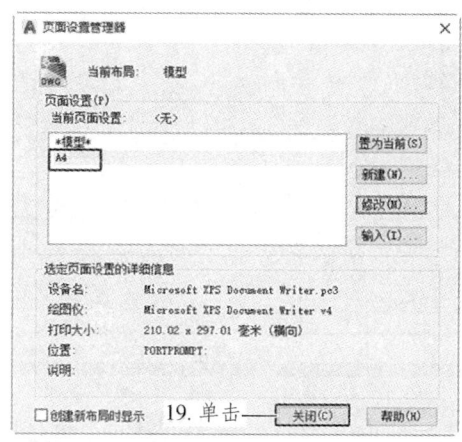

图 6-10　返回的"页面设置管理器"对话框

步骤二　打印图形

1. 打开图形文件

确认图形文件素材"边跨 10m 空心板构造图.dwg"处于活动窗口下。

2. 打印输出图形

（1）单击文件菜单中的"打印（P）…"命令或直接输入 PLOT 命令，或单击快速访问工具栏上的打印按钮 ![]，打开"打印-模型"对话框。

（2）在如图 6-11 所示"打印-模型"对话框中，在"页面设置名称（A）"下拉列表中，选择步骤一新建的页面 A4，此时所有其他设置的参数会自动变化，如图 6-11 所示。

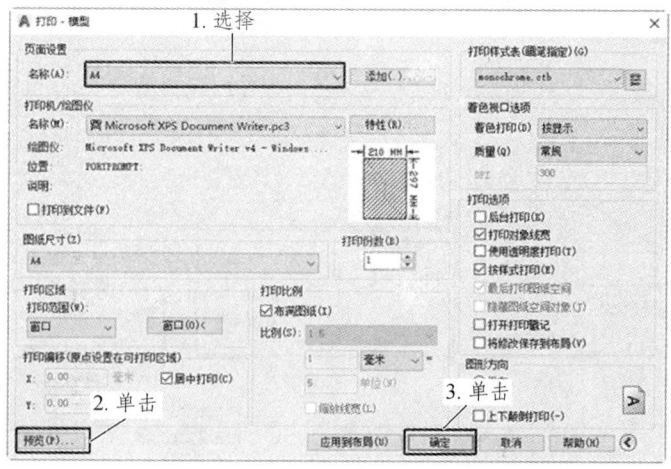

图 6-11　"打印-模型"对话框

（3）在如图 6-11 所示"打印-模型"对话框中，单击"预览"按钮，查看打印效果，预览窗口如图 6-12 所示。如果符合要求，再单击"打印预览窗口"中的打印按钮 ，开始打印图纸。

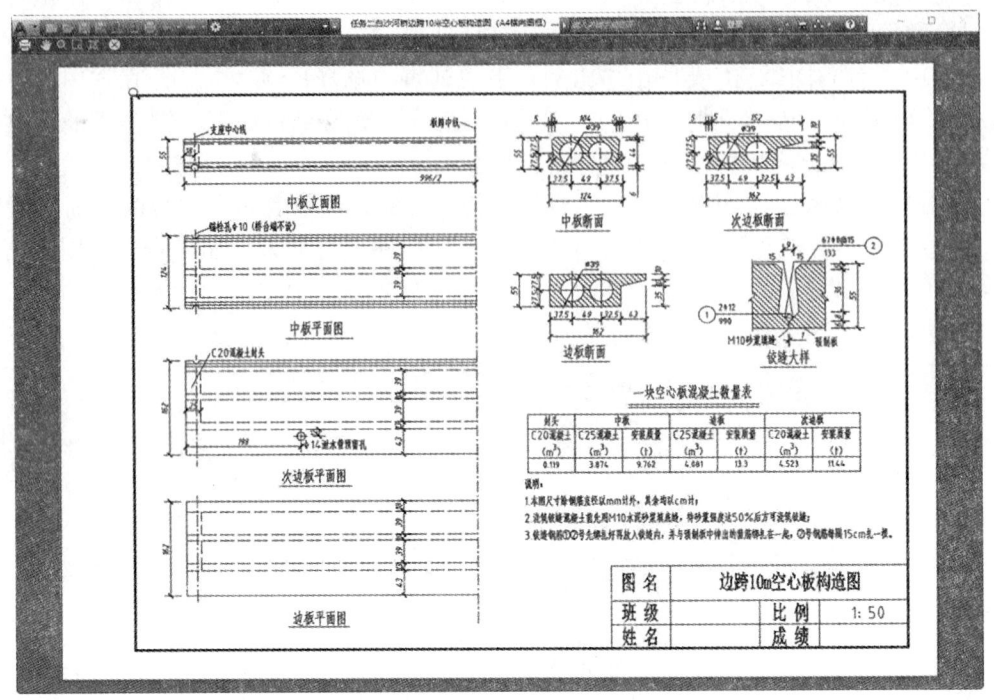

图 6-12　打印预览窗口

注：如果没有进行步骤一中的页面设置，也可以在"打印-模型"对话框中直接完成以下设置："打印机/绘图仪"选择已安装的打印机；"图纸尺寸"选择 A4 幅面图纸；"打印份数"设置为 1；"打印范围"选择"窗口"选项；"打印比例"设置为 1∶5；"打印偏移"指定为"居中打印"；"打印样式表"选择"monochrome.ctb"打印样式（将所有颜色打印为黑色）；"图形方向"设定为"横向"。如图 6-13 所示，然后预览打印。

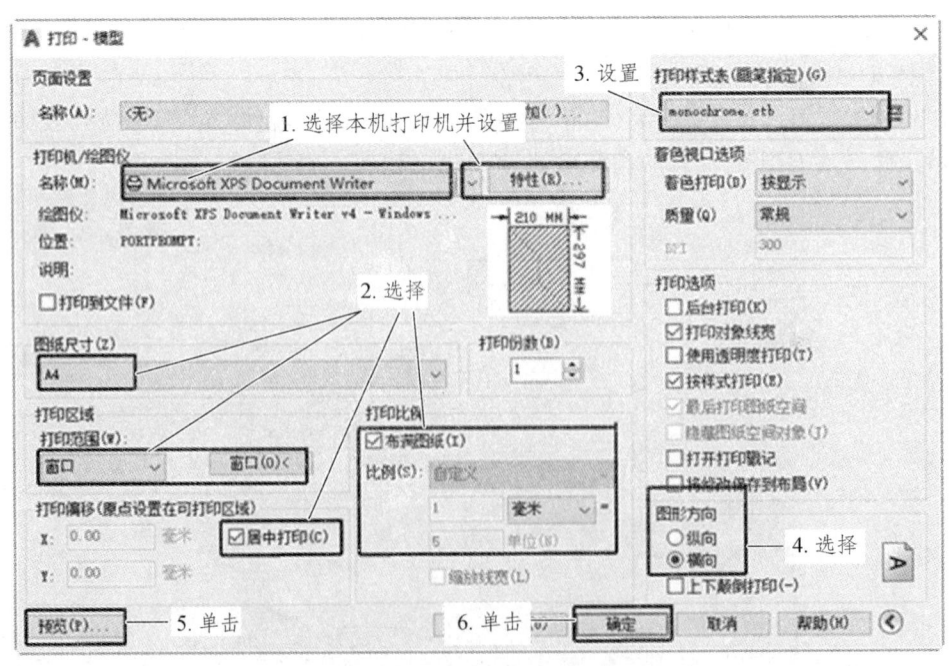

图 6-13　"打印-模型"对话窗口

步骤三　打印 PDF 电子图纸

1. 打开图形文件

打开图形文件素材"边跨 10 m 空心板构造图.dwg"。

2. 打印输出 PDF 电子图纸

（1）单击文件菜单中的"打印（P）…"命令或直接输入 PLOT 命令，或单击快速访问工具栏上的打印按钮 ![icon]，打开"打印-模型"对话框。

（2）先检查"打印机/绘图仪名称（M）"后面的文本框中是否安装 PDF 打印机；如没有，先安装 PDF 打印机，并选中安装的 PDF 打印机，其他设置值与图 6-13"打印-模型"对话框的值完全相同。单击"预览"按钮，预览打印 PDF 图形效果。如果符合要求，单击"确定"按钮。

（3）在弹出的如图 6-14 所示的"将打印输出另存为"对话框中，选择 PDF 文件保存的路径，在"文件名（N）"后面的文本框中输入文件名"边跨 10 m 空心板构造图"，确认文件保存类型为 PDF，单击"保存"按钮，完成 PDF 电子图形文件的生成。

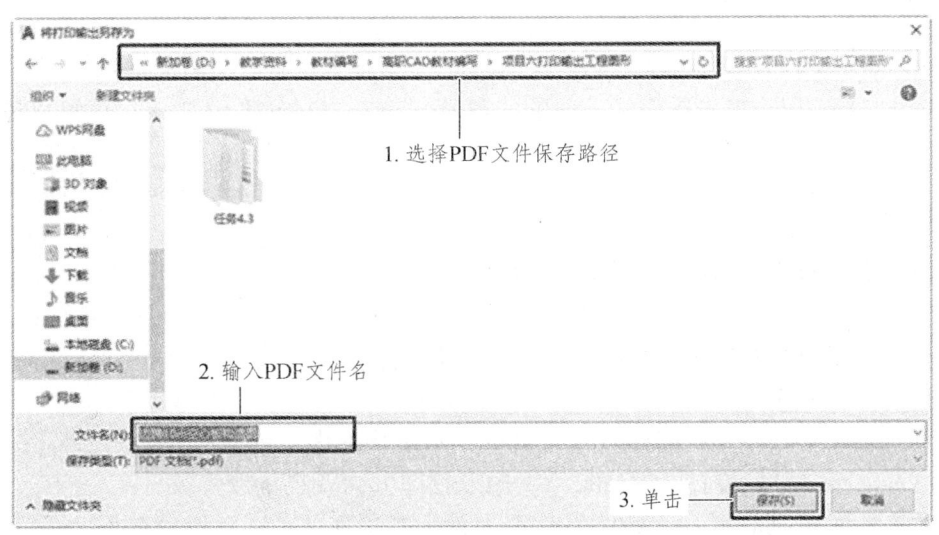

图 6-14　"将打印输出另存为"对话框

（4）用 PDF 文件阅读器打开新生成的电子图纸"边跨 10 m 空心板构造图.PDF"，文档效果如图 6-1 所示。

知识链接

一、模型空间与图纸空间

AutoCAD 有模型空间和图纸空间两种绘图空间。一般情况下，用户在模型空间中绘制图形实体，而在图纸空间中输出图形。

（一）模型空间和图形空间

1. 模型空间

模型空间是用户用于完成绘图和设计工作的工作空间。用户可以在模型空间中创建物体的视图模型。

2. 图纸空间

图纸空间，可以看作一张图纸，通常在模型空间绘好图后，将图形以一定的比例放置在图纸空间中。在图纸空间中不能进行绘图,但可以标注尺寸和文字。

3. 模型空间和图形空间的切换

用户既可以在模型空间中工作,也可以在图纸空间中工作,用户可以在模型空间和图纸空间之间切换。切换方法是点击状态标签上的模型按钮。

(二)图纸布局

一个布局包括模型空间和图纸空间,它不仅具有 AutoCAD 老版本中图纸空间所具有的特点,而且可以设置页面和打印风格等。在图纸空间中可以添加图纸布局(Layout),一个布局代表一张图纸,理论上图纸布局的数量是不限的。

布局是系统为绘图设置的一种环境,包括图纸大小、尺寸单位、数值精度等,在系统预设的两个标签中,这些环境变量都按默认值设置。用户也可以根据实际需要改变相应的设置,甚至于新建适合自己的布局标签。

1. 图纸布局

在 AutoCAD 2004 及以后的版本里,新建图形文档中,系统默认有两个图纸布局:布局 1(LAYOUT1)和布局 2(LAYOUT2)。用户单击图形区下面的"布局 1"或"布局 2"选项卡,就可以进入图纸布局。布局标签在窗口的左下角,如图 6-15 所示。

2. 创建图纸布局

图 6-15 布局标签

用户可以通过下面的方法创建新的图纸布局:

(1)用鼠标右击任一布局选项卡,从弹出的快捷菜单项中选择"新建布局"选项,将新建一个图纸布局,布局名称为布局 3 或按最大布局数顺延。

(2)使用布局向导创建。

选择"工具"→"向导"→"创建布局"菜单,系统将弹出"创建布局"对话框。使用向导来创建新布局,用户可以指定打印设备、图纸尺寸、图形打印方向及视口设置等。

(3)使用"来自样板的布局(LAYOUT)"命令插入基于现在布局样板的新布局。

(4)单击"布局"工具栏中对应按钮新建布局。

(5)单击布局标签,利用"页面设置管理器"对话框创建一个新布局。

(6)在命令行输入"LAYOUT"命令。

(三)浮动视口

模型空间的视口即我们常说的绘图窗口,可以创建多个视口。这些视口相互不能重叠,称为平铺视口。在图纸空间中要显示模型空间中的图形,必须先创建图纸空间的视口。由于这些视口可以缩放、移动、重叠,视口形状可以是任意的,甚至可以消隐,所以称为浮动视口。

1. 创建浮动视口

用户可以用下面几种方法创建浮动视口:

● 打开"视图"菜单→"视口"选项下除"命名视口"和"合并"两个子项外的任一子项。

● 单击"布局"工具栏上 按钮。

● 单击"视口"工具栏上 按钮。

● 命令行:VPORTS

启动 VPORTS 命令后,系统将弹出"视口"对话框。该对话框可以用于在模型空间中创建平铺视口,也可以用于在图纸空间创建浮动视口。

2. 浮动视口的管理

（1）删除视口。

当创建的浮动视口不再需要时，可以将其删除。删除浮动视口实际上只是删除浮动视口边界线，并非删除视口中的图形，用户可单击视口边界线，然后按 Del 键删除。

（2）移动、缩放、复制、拉伸浮动视口。

用户可以用 MOVE、SCALE、COPY、STRETCH 等命令对视口进行移动、缩放、复制、拉伸等操作，还可以用夹点技术对其进行编辑。浮动视口的这些特性与在模型空间中对图形实体进行编辑很相似。

三、图纸打印输出

图纸绘制完成后的最后一步是打印出图，在 AutoCAD 中可以把图形打印在图纸上，也可以生成一份电子图纸，以便在互联网上访问。

在 AutoCAD 中可采用模型空间和图纸空间两种方法出图。

- 缺省情况下，都是在模型空间绘图，并从该空间出图。采用这种方法输出不同绘图比例的多张图纸时比较麻烦，需将其中的一些图纸进行缩放，再将所有图纸布置在一起形成更大幅面的图纸输出。
- 图纸空间让用户可在虚拟图纸上以不同的缩放比例布置多个图形，然后按 1∶1 比例出图。

（一）打印命令的调用方法

AutoCAD 中图形打印命令的调用方法有如下几种：

- 菜单栏：执行"文件"菜单→"打印"命令。
- 命令行：PRINT/PLOT。
- 单击 图标下或快速访问工具栏上的打印按钮 。

（二）页面设置命令的调用方法

页面设置命令的调用方法如下：

- 菜单栏：执行"文件"菜单→"页面设置管理器（G）…"命令。
- 工具栏：单击"布局"工具栏上的 按钮。
- 命令行：PAGESETUP。
- 右击当前布局选项卡，在弹出的快捷菜单上选择"页面设置管理器"选项。

（三）从模型空间打印输出图形

下面以打印"边跨 10 m 空心板构造图.dwg"为例说明打印过程。

（1）打开图形文件"边跨 10 m 空心板构造图.dwg"。

（2）利用 AutoCAD 的"添加打印机向导"配置一台打印机。

（3）执行"文件"菜单→"打印"命令，打开"打印"对话框，在该对话框中完成以下设置："打印机/绘图仪"选择已安装的打印机；"图纸尺寸"选择 A4 幅面图纸；"打印份数"设置为 1；"打印范围"选择"窗口"选项；"打印比例"设置为 1∶5；"打印偏移"指定为"居中打印"；"打印样式表"选择"monochrome.ctb"打印样式（将所有颜色打印为黑色）；"图形方向"设定为"横向"。如图 6-16 所示。

在如图 6-16 所示的"打印-模型"对话框中，各个参数含义如下：

① "打印机/绘图仪"：

- 在"打印机/绘图仪"区域的"名称（M）"下拉列表中，用户可以选择 Windows 系统打印机或 CAD 内部打印机（".pc3"文件）作为输出设备。若要将图形输出到文件，则应在"打印机／绘图仪"区域中选择"打印到文件"选项。

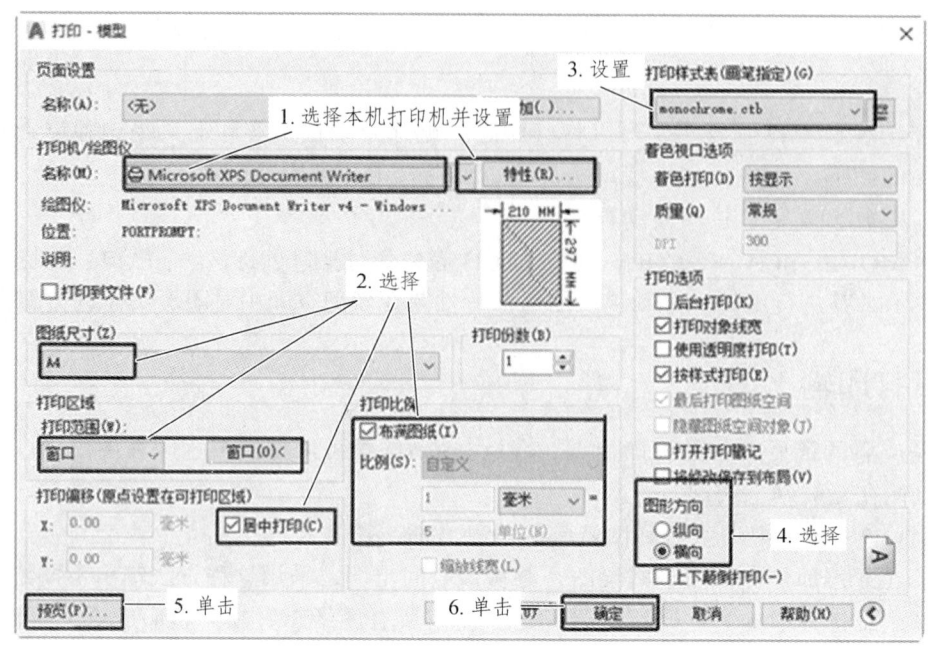

图 6-16 打印参数设置

- 单击 特性(R)... 按钮,打开"绘图仪配置编辑器"对话框,可修改当前打印机设置,如图 6-5 所示。在该对话框中可以重新设定打印机端口及其他输出设置,如打印介质、图形特性、自定义特性、校准及自定义图纸尺寸等。点击 自定义特性(C)... 按钮后,在弹出的"打印设置属性"对话框中还可设置"打印方向"等信息。点击 修改标准图纸尺寸(可打印区域),并在"修改标准图纸尺寸(Z)"下拉列表中选择对应的图纸,再点击 修改(M)... 按钮,可以修改对应纸张的边距。

② "图纸尺寸":"图纸尺寸"下拉列表中包含了已选打印设备可用的标准图纸尺寸。当用户选择合适的打印尺寸后,图纸尺寸旁边的图标显示了图纸的长、宽,其中的阴影范围表明了基于当前配置的图纸尺寸显示图纸上能打印的实际区域。

③ "打印份数":在此文本框中设置图纸的打印份数。

④ "打印范围":单击"打印范围"列表框,可指定图形的打印区域。在"打印范围"下拉列表中有以下 4 个选项,如图 6-17 所示,其功能如下:

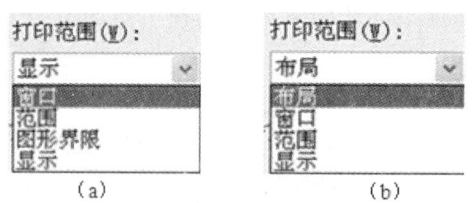

图 6-17 "打印范围"下拉列表框

- "布局"选项:从图纸空间打印时,"打印范围"下拉列表中将出现"布局"选项。选定此选项,将打印指定图纸尺寸的页边距内的所有内容,其原点从布局中的(0,0)点计算得出。
- "图形界限"选项:从模型空间打印时,"打印范围"下拉列表中将出现"图形界限"选项。选定此选项,就将打印用 LIMITS 命令设置的图形界限。
- "范围"选项:打印包含对象的图形的部分当前空间。
- "显示"选项:打印选定的"模型"选项卡当前视口中的视图或布局中的当前图纸空间视图,即打印整个图形窗口。
- "窗口"选项:打印指定的图形的任何部分。如果选择"窗口"选项,则 窗口(O)< 按钮成为可用按钮。选择 窗口(O)< 按钮,使用定点设备指定要打印区域的两个角点或输入坐标值。

⑤ "打印比例":"打印比例"选区用于控制图形单位对于打印单位的相对尺寸。打印布局时,默认缩放比例设置为1∶1。打印"模型"选项卡时默认的比例设置为"按图纸空间缩放"。如果选择标准比例,比例值将显示在"自定义"中,如果在"打印区域"选区中指定"布局"选项,AutoCAD将按布局的实际尺寸打印而忽略在"比例"中指定的设置。其中的"缩放线宽"复选框用于设置与打印比例成正比缩放线宽。通常,线宽用于指定打印对象的线的宽度并按线宽尺寸进行打印,而与打印比例无关。

⑥ "打印偏移":

• "打印偏移"选区用于指定打印区域相对于图纸左下角的偏移量。在布局中,指定打印区域的左下角位于图纸的左下页边距。可输入正值或负值以偏离打印原点。图纸中的打印单位为英寸或毫米。

• "居中打印"复选框:自动计算 X 和 Y 偏移值,将打印图形置于图纸正中间。

⑦ "打印样式表":在"打印样式表"的下拉列表中选择打印样式"monochrome.ctb"(将所有颜色打印为黑色)。

⑧ "图形方向":"图形方向"中设定图形打印方向包含以下3个选项:

• "纵向":图形在图纸上的放置方向是水平的。

• "横向":图形在图纸上的放置方向是竖直的。

• "反向打印":使图形颠倒打印,此选项可与"纵向""横向"结合使用。

(4)单击 预览(P)... 按钮,预览打印效果,如图6-18所示。若满意,按 Esc 键返回"打印"对话框,再单击 确定 按钮开始打印。

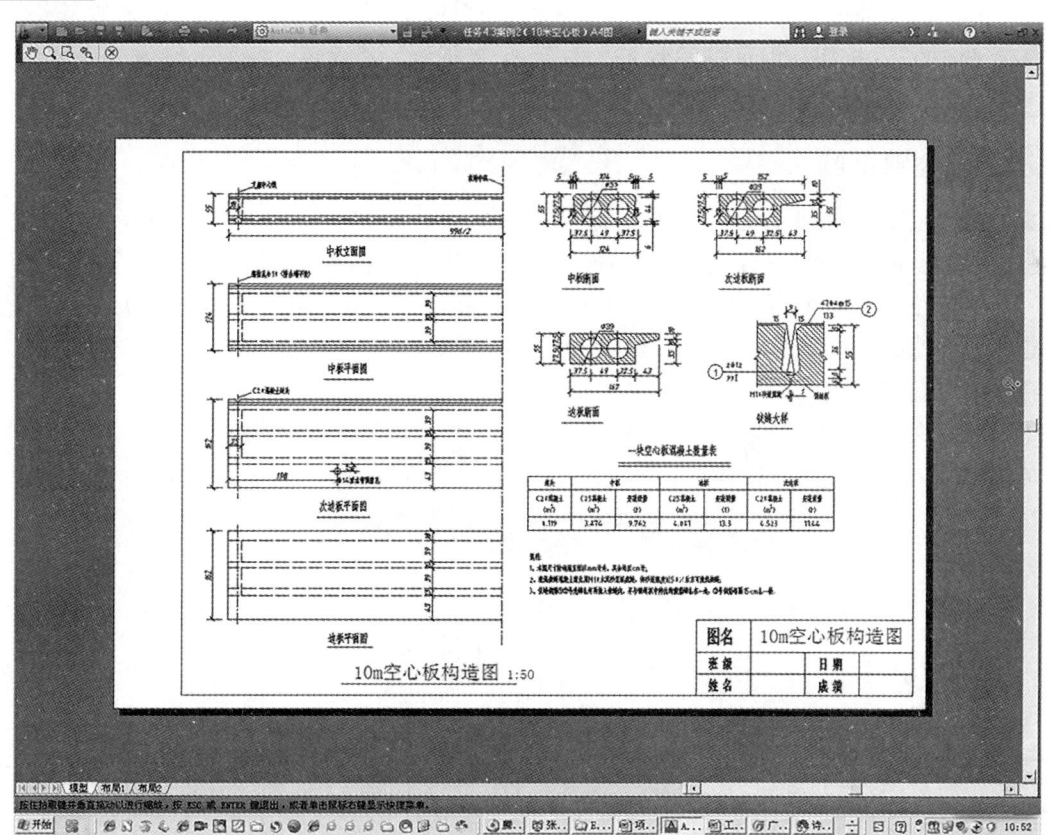

图6-18 预览打印效果

(四)创建电子图纸

下面以打印"边跨10 m空心板构造图.dwg"生成PDF格式的电子图纸为例说明打印过程。

(1)打开图形文件"边跨10m空心板构造图.dwg"。

(2)执行"文件"菜单→"打印"命令,打开"打印"对话框,在该对话框中完成以下设置:"打印机/绘图仪"选择已安装的打印机"ADOBE.PDF";"图纸尺寸"选择 A4 幅面图纸;"打印份数"设置为1;"打印范围"选择"窗口"选项;"打印比例"设置为1:5;"打印偏移"指定为"居中打印";"打印样式表"选择"monochrome.ctb"打印样式(将所有颜色打印为黑色);"图形方向"设定为"横向",如图 6-19 所示。

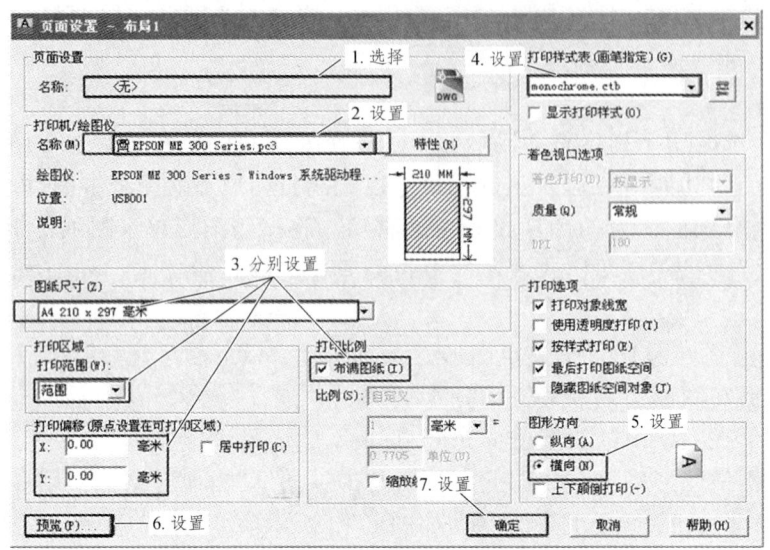

图 6-19　PDF 电子图纸的打印参数设置

(3)单击 预览(P)... 按钮,预览打印效果,如图 6-18 所示。若满意,按 Esc 键返回"打印"对话框,再单击 确定 按钮开始打印,输出 PDF 电子图纸。

(五)从图纸空间出图

AutoCAD 提供了两种图形环境:模型空间和图纸空间。模型空间用于绘制图形,图纸空间用于布置图形。进入图纸空间后,图形区出现一张虚拟图纸,用户可在虚拟图纸上布置所需的图形并设定缩放比例后,就可标注尺寸及书写文字了(一般在模型空间绘图,在图纸空间中标注尺寸及书写文字)。若标注设定为1,则文字高度等于打印在图纸上的实际高度。

图纸空间布图及打印出图的方法如下:

(1)打开素材文件。

(2)单击 布局1 按钮,切换至图纸空间,系统显示一张虚拟图纸,如图 6-20 所示。

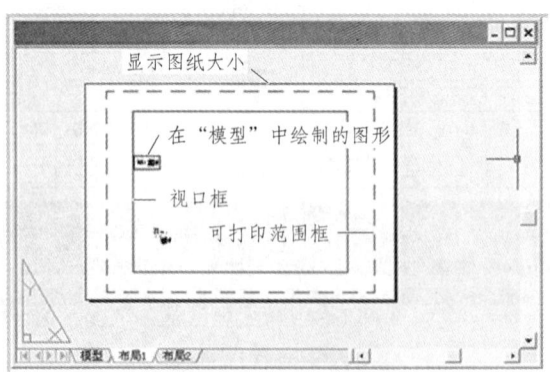

图 6-20　插入图框

(3)将光标放在 布局1 按钮上,单击鼠标右键,弹出快捷菜单,选择"页面设置管理器"选项,打开"页面设置管理器"对话框,再单击 修改(M)... 按钮,弹出"页面设置"对话框,如图 6-21 所示。

(4)在"页面设置"对话框中完成以下设:"打印机/绘图仪"选择已安装的打印机;"图纸尺寸"

选择 A4 图纸;"打印范围"选择"布局"选项;"打印比例"设置为"布满图纸"复选框;"打印偏移"指定为原点"(0,0)";"打印样式表"选择 "monochrome.ctb" 打印样式(将所有颜色打印为黑色);"图形方向"设定为"横向",如图 6-22 所示。

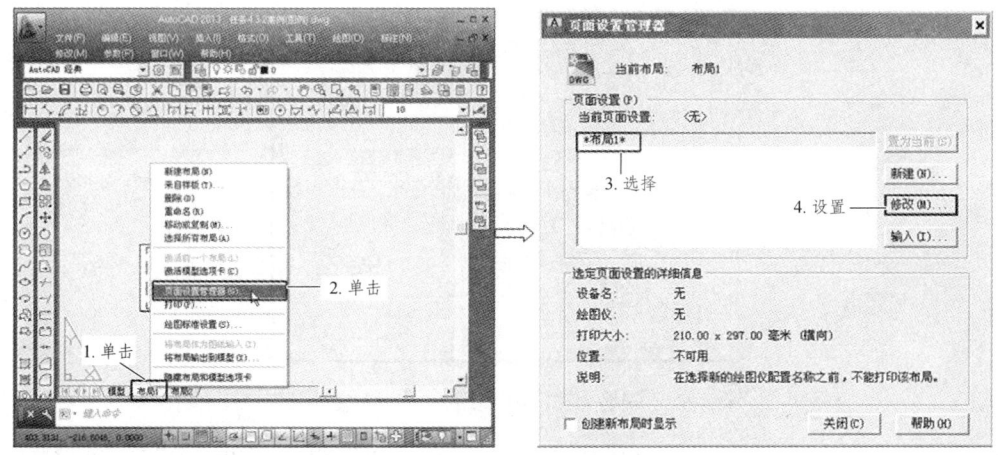

图 6-21　执行页面设置命令

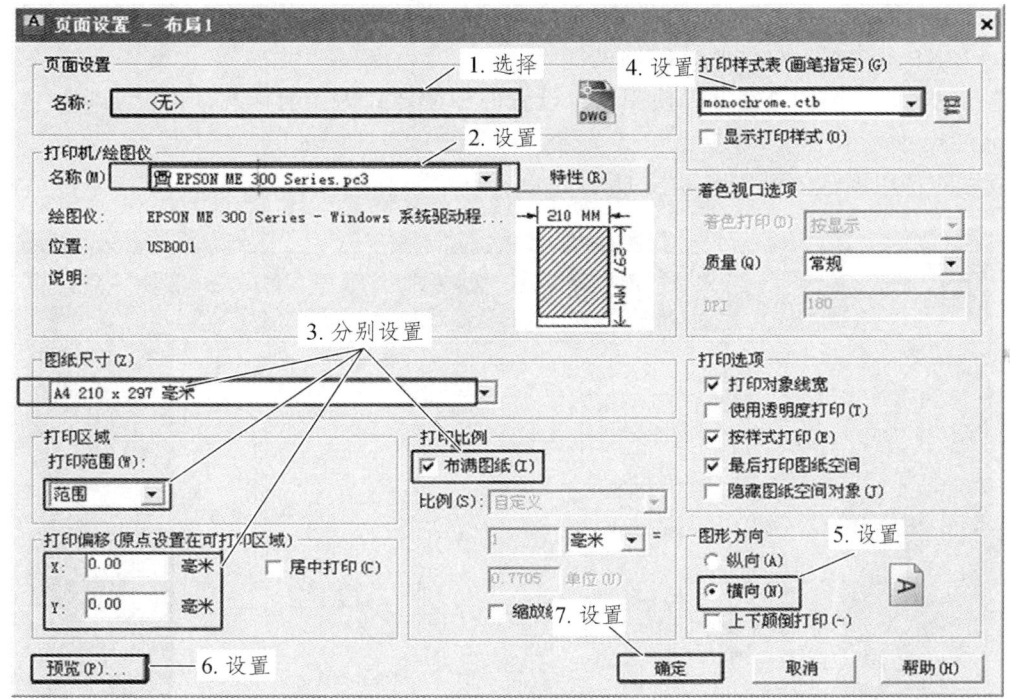

图 6-22　"页面设置"对话框

（5）单击　确定　按钮,将关闭"页面设置管理器"对话框。在屏幕上出现一张 A4 幅面的图纸,由于视口框没有最大限度地利用可打印范围,用户使用鼠标选择视口框对象,这时的视口框即呈现出小的虚线状,且 4 个角上有可供编辑的夹点。可使用鼠标选择左下角夹点,将其移至可打印范围框的左下角点,再将右上角夹点移至可打印范围框的右上角点上,从而改变视口框的大小。

（6）插入图框。利用 Windows 的复制/粘贴功能将文件中的"A4 图框"拷贝到虚拟图纸上,再调整其位置。

（7）创建"视口"层。将矩形视口修改到该层上,然后利用夹点编辑方式调整视口大小。

（8）调整视口比例:选中视口,在"视口"工具栏上的"视口缩放比例"下拉列表中设定视口缩放比例为 1∶20。视口缩放比例值就是图形布置在图纸上的缩放比例,即绘图比例。使用鼠标在视口框的内部双击鼠标左键,使视口呈现被选中状态,这时,视口框的框线为粗黑线。利用 PAN 平移命令把

"双杯基础"移动至视口内。

（9）再新建两个视口：复制两个视口，一视口布置在左下角，视口比例为 1∶10；一视口布置在右边，视口比例为 1∶50。按同样的方法把图形移动到相应的视口内，如图 6-23 所示。

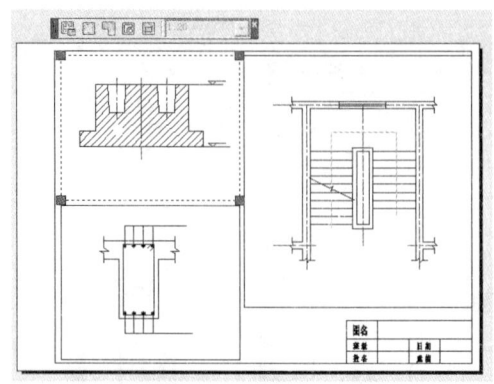

图 6-23 调整视口大小及设定视口缩放比例

（10）锁定视口的缩放比例。选中视口，单击鼠标右键，弹出快捷菜单，通过此菜单将"显示锁定"设置为"是"。

（11）单击 图纸 激活浮动视口，用 MOVE 命令将建筑平面图下边的图形移到视口边界外，使其不可见，然后用 XLINE 命令绘制标注尺寸的辅助线。

（12）单击 模型 ，返回图纸空间，使用已经设置的标注样式为当前样式，再设定标注全局比例因子为 1，然后标注尺寸，并注写文字。

（13）最后的打印预览效果如图 6-24 所示。

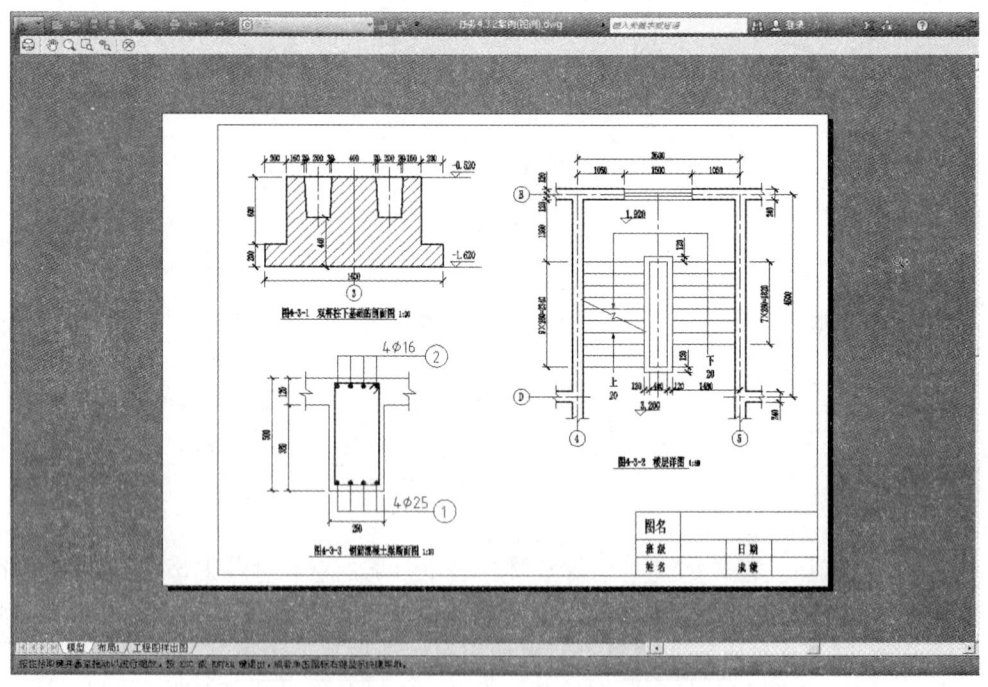

图 6-24 图纸空间出图预览效果

📖 任务拓展

【6-1】用 A3 图纸打印如图 6-25 所示的桥台一般构造图，并生成 A3 纸张的 PDF 电子图纸。

【6-2】绘制如图 6-26 所示的图形，并创建一张 A4 大小的 PDF 电子图纸。

要求：

（1）整个图形可在模型空间中按 1：1 比例绘制。然后在图纸空间中按比例布置图形，并设置标注样式和文字样式标注图形。

（2）用 PDF 打印机打印成电子图纸。

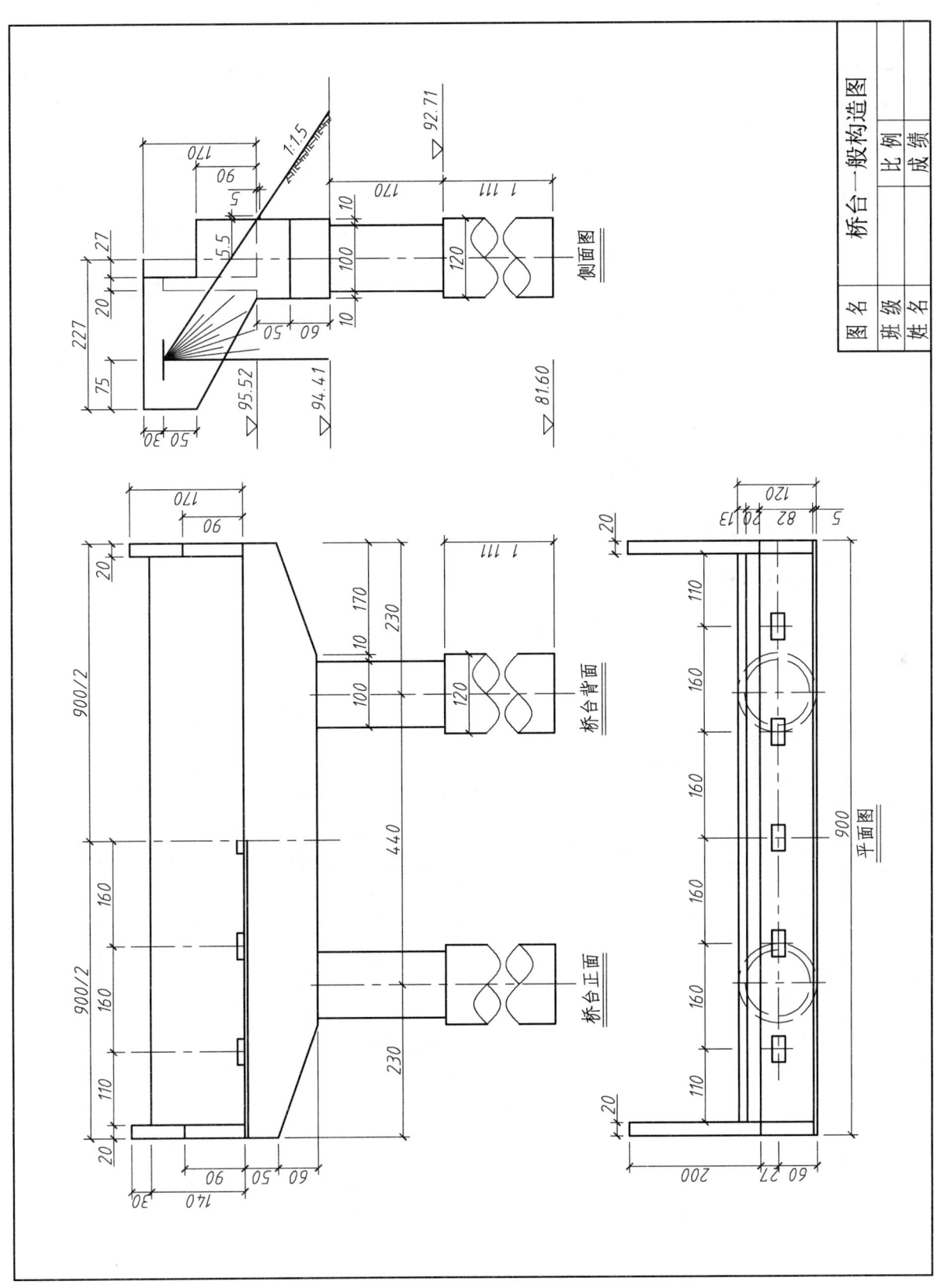

图 6-25 桥台一般构造图

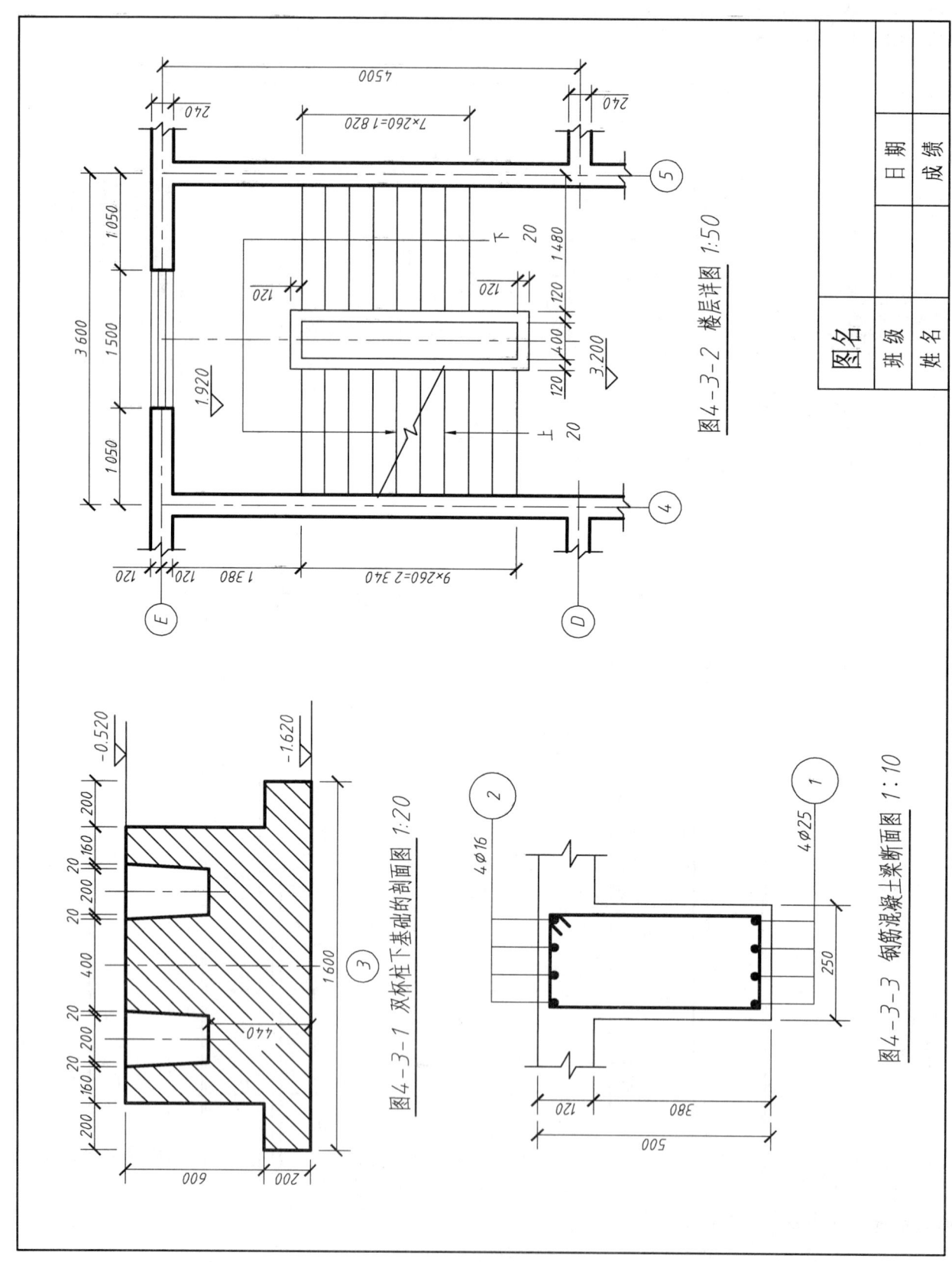

图 6-26 布局出图

项目七 绘制建筑工程图

学习了 AutoCAD 的基础知识后，还应了解和掌握在某个专业领域内使用 AutoCAD 进行设计的方法和技巧，这样才能具备较强的解决实际问题的能力。本项目将以实例介绍绘制建筑工程图的基本方法。通过本项目任务的学习，学生可以了解用 AutoCAD 绘制建筑总平面图、平面图、立面图、剖面图和建筑详图的一般步骤和方法，掌握绘制建筑工程图的一些实用技巧。

本项目通过以下任务来学习和使用 AutoCAD，以达到绘制建筑工程图的目标。

项目七检测评价

【学习任务】

- 任务一　绘制建筑总平面图
- 任务二　绘制建筑平面图
- 任务三　绘制建筑立面图
- 任务四　绘制建筑剖面图
- 任务五　绘制建筑详图

【项目目标】

- 了解房屋建筑的基本组成。
- 熟悉建筑工程图的基本制图规定。
- 能够识读简单的建筑总平面图并应用 AutoCAD 绘制建筑总平面图。
- 能够识读建筑平面图、立面图、剖面图、建筑详图的主要内容。
- 能够应用 AutoCAD 绘制建筑平面图、立面图、剖面图、建筑详图。
- 能够应用 AutoCAD 标注建筑平面图、立面图、剖面图、建筑详图。
- 掌握绘制各建筑工程图的方法和技巧。
- 能够对已有的 AutoCAD 图形文件进行简单的编辑修改。
- 培养规范操作、耐心细致、严谨求实、互助协作的职业素质。

任务一　绘制建筑总平面图

在设计和建造一幢房屋前，需要一张总平面图说明建筑物的地点、位置、朝向及周围的环境等，总平面图展示了一项工程的整体布局。根据总平面图可以进行房屋定位、施工放线、土方施工、施工总平面布置，并为水、电、暖管网设计提供依据。

建筑总平面图是一水平投影图（俯视图），绘制时按照一定的比例在图纸上画出房屋轮廓线及其他设施水平投影的可见线，以表示建筑物和周围设施在一定范围内的总体布置情况。其图示的主要内容如下：

◆ 建筑物的位置和朝向；
◆ 室外场地、道路布置及绿化配置等情况；
◆ 新建建筑物与相邻建筑物及周围环境的关系。

◆ 🖥 **任务目标**

- 了解房屋建筑的基本组成。
- 熟悉建筑工程图的基本制图规定。
- 能够对建筑总平面图的基本内容有大致了解。
- 能够识读简单的建筑总平面图。
- 掌握应用 AutoCAD 绘制简单的建筑总平面图。
- 培养规范操作、耐心细致、严谨求实、互助协作的职业素质。

🔍 **任务内容**

绘制如图 7-1 所示的房屋建筑总平面图。

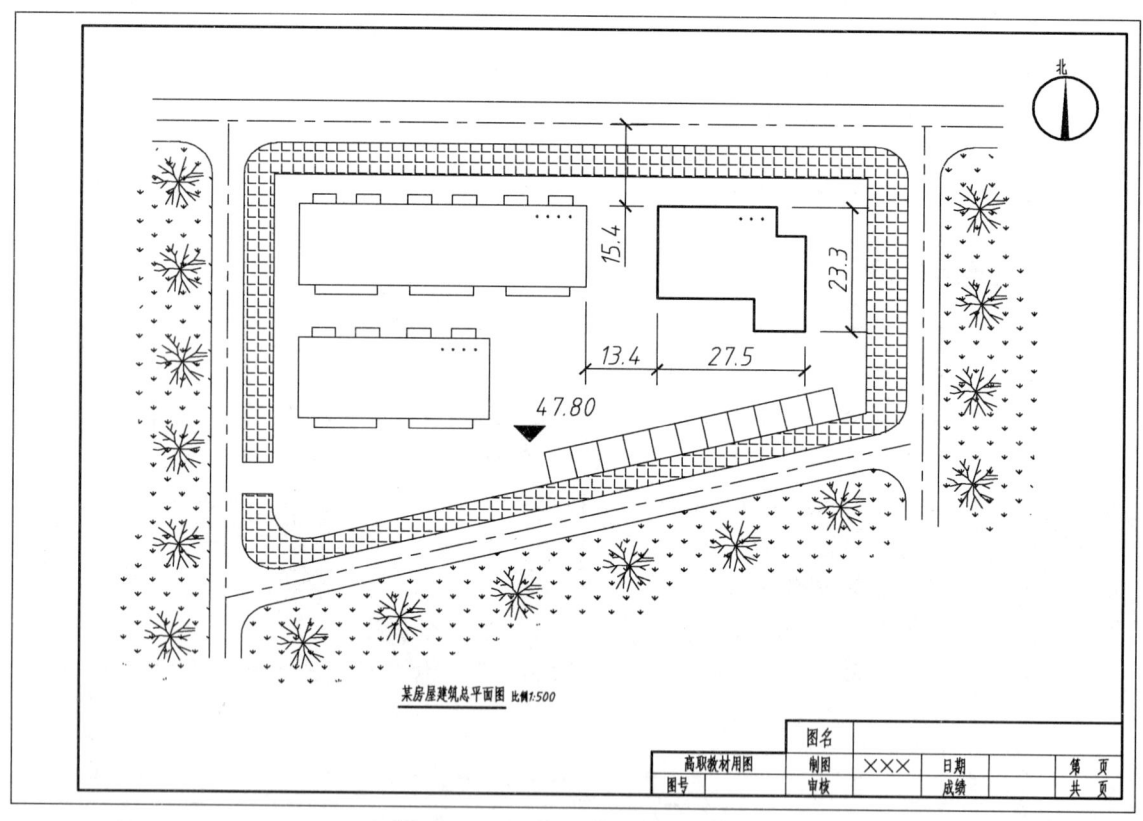

图 7-1　某房屋建筑总平面图

✏️ **任务分析**

绘制如图 7-1 所示的总平面图，首先确定采用 A3 横式幅面和确定绘图比例为 1∶500 比较合适，其主要步骤如下：

（1）在 AutoCAD 中创建 A3 模板文件。
（2）将建筑物所在位置的地形图以块的形式插入当前图形中，然后用 SCALE 命令缩放地形图，使其大小与实际地形尺寸相吻合（本图中无此步操作）。

（3）打开模板文件，绘制新建筑物周围的原有建筑、道路系统及绿化情况等。

（4）绘制新的建筑物轮廓。若已有该建筑物平面图，可将该平面图复制到总平面图中。删除不必要的线条，仅保留平面图的外形轮廓线即可。

（5）以绘图比例的倒数放大图框。

（6）标注新建筑物的定位尺寸、室内地面标高及室外整平地面的标高等。

任务实施

步骤一　创建模板文件"建筑绘图 A3 模板.dwt"

> 提示：模板文件中新建有很多不同的图层、多个文字样式、新建的标准标注样式、A3 幅面图框等内容，这些内容在以后的 AutoCAD 中绘制建筑平面图、立面图、剖面图和建筑详图中都要反复使用，为节省时间和精力并提高作图效率，所以应新建一个模板文件。

（1）启动 AutoCAD 2019，创建新空白图形文件。

（2）打开"极轴追踪"功能 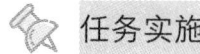、"对象捕捉追踪"功能、"对象捕捉"功能和"显示线宽"功能；设置极轴追踪增量角为 30°，设置对象捕捉方式为"端点""圆心""交点""范围"；长度单位和角度单位采用默认设置。

（3）新建图层，图层名、颜色、线型及线宽如图 7-2 所示。

① 选择"默认"选项卡→点击"图层"功能区的"图层特性"按钮，弹出"图层特性管理器"对话框。

② 在"图层特性管理器"对话框中新建各图层，设置如图 7-2 所示。

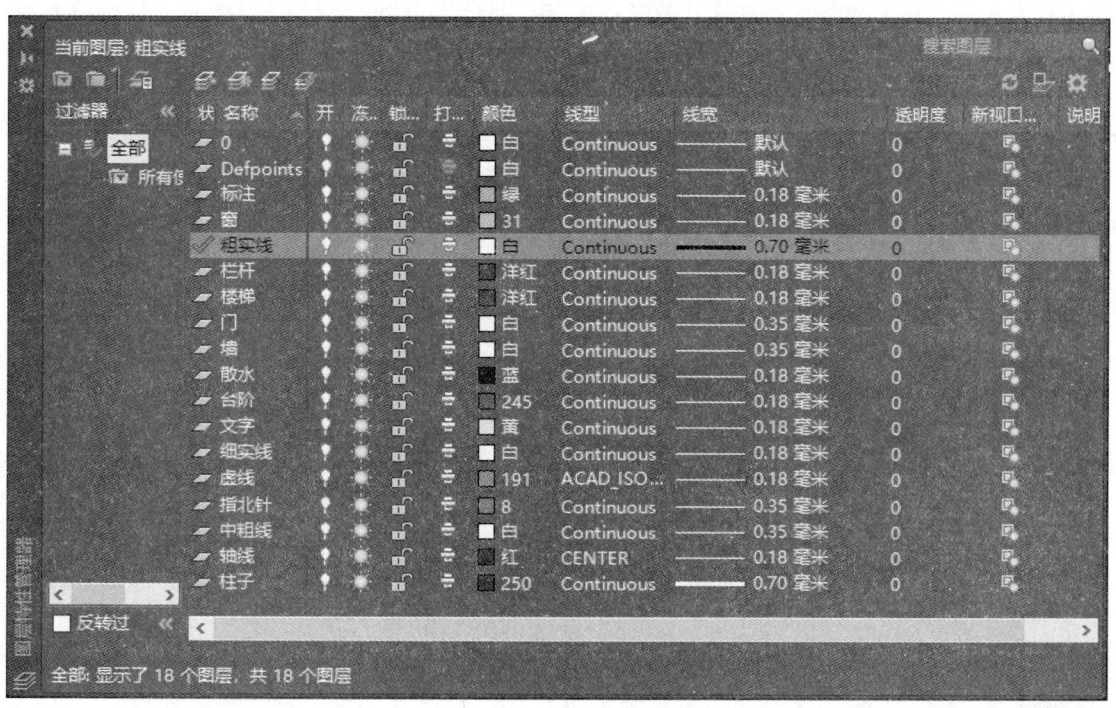

图 7-2　图层特性管理器

（4）新建文字样式

① 选择"注释"选项卡→点击"文字"功能区右下角的按钮，弹出"文字样式"对话框。

② 在"文字样式"对话框中新建 6 个文字样式，如表 7-1 所示，结果如图 7-3 所示。

表 7-1 文字样式

样式名	字体		字高	宽度因子
	shx 字体	大字体		
350	gbeitc.shx	gbcbig.shx	350	1
500	gbeitc.shx	gbcbig.shx	500	1
700	gbeitc.shx	gbcbig.shx	700	1
标题栏 5	gbeitc.shx	gbcbig.shx	5	1
标题栏 7	gbeitc.shx	gbcbig.shx	7	1
尺寸标注用	gbeitc.shx	gbcbig.shx	0	1

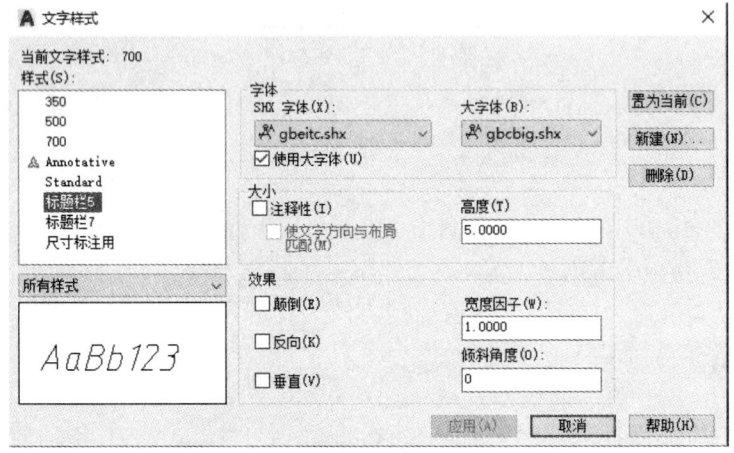

图 7-3 "文字样式"对话框

> 提示：大字体是指专为亚洲国家设计的文字字体。其中"gbcbig.shx"字体是符合国标的工程汉字字体，该字体文件还包含一些常用的特殊符号。由于"gbcbig.shx"中不包含西文字体定义，因而使用时可将其与"gbenor.shx"和"gbeitc.shx"字体配合使用。

（5）新建尺寸标注样式。

① 选择"注释"选项卡→点击"标注"功能区右下角的按钮，弹出如图 7-4 所示的"标注样式管理器"对话框。选择"Standard"样式，单击"新建"按钮，弹出如图 7-5 所示的"创建新标注样式"对话框。

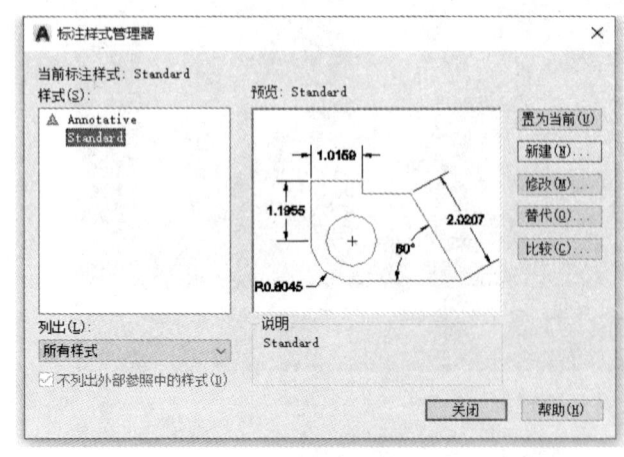
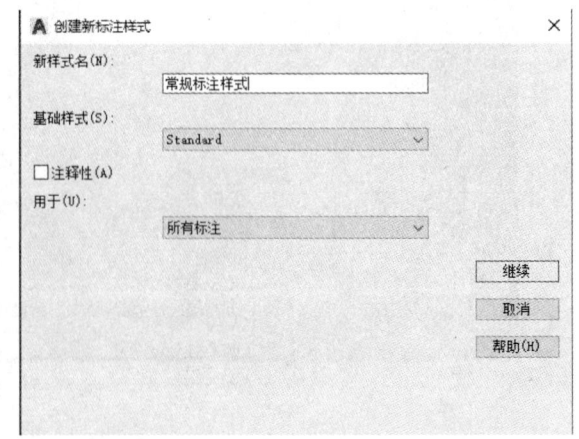

图 7-4 "标注样式管理器"对话框　　　　图 7-5 "创建新标注样式"对话框

② 在"创建新标注样式"对话框中，新样式名为"常规标注样式"，单击"继续"按钮，弹出如图

7-6 所示的"新建标注样式"设置对话框。对话框中有 7 个选项卡，每个选项卡中设置如图 7-6~图 7-11 所示。

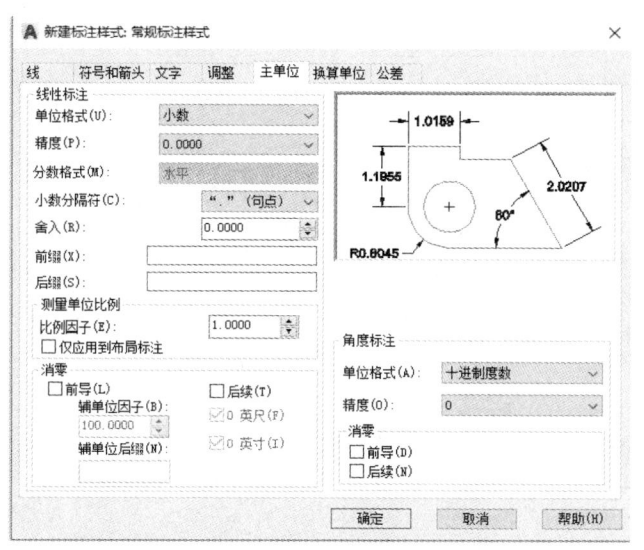

图 7-6 "新建标注样式：常规标注样式"对话框

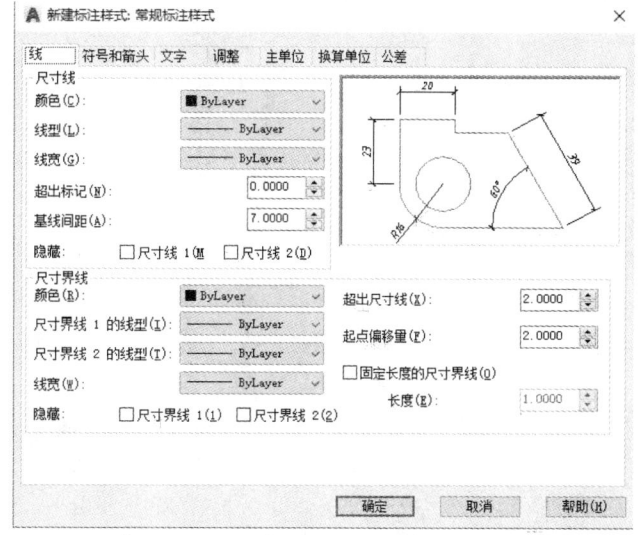

图 7-7 "线"选项卡设置

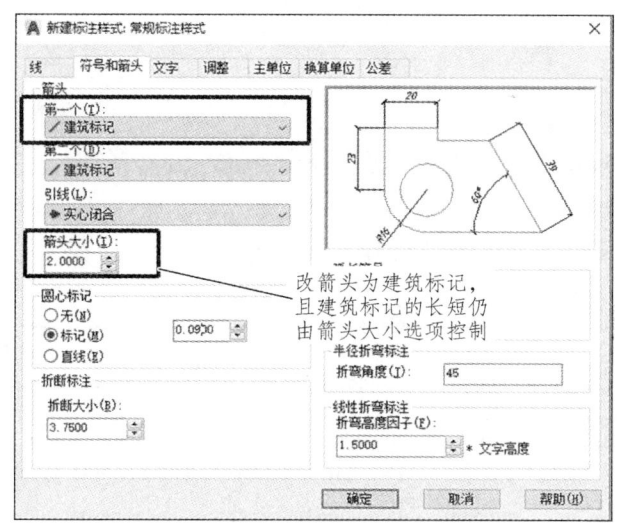

图 7-8 "符号和箭头"选项卡设置

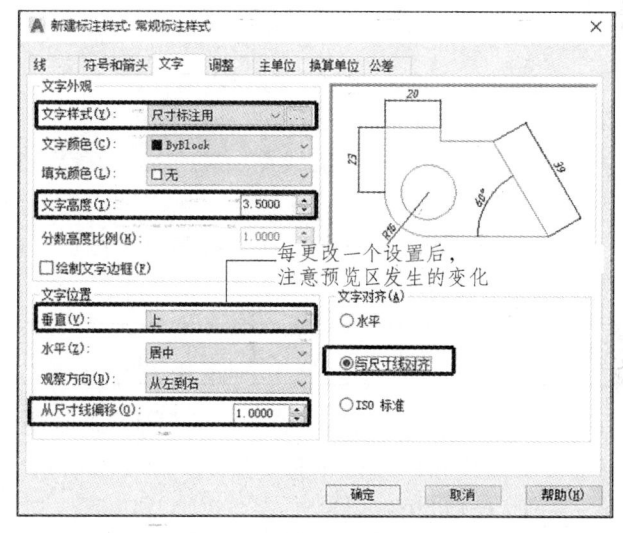

图 7-9 "文字"选项卡设置

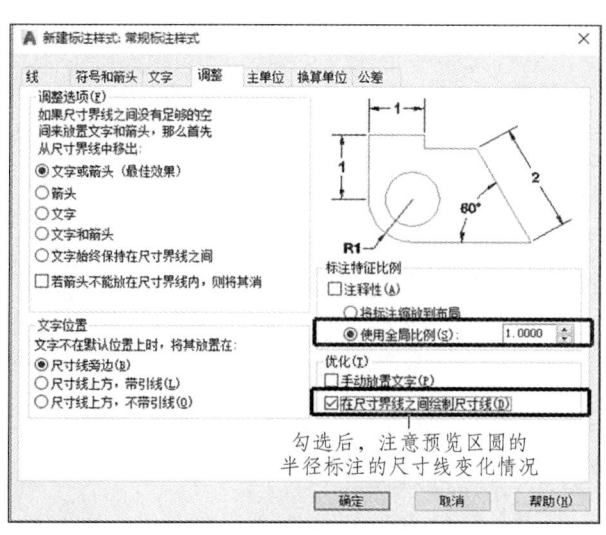

图 7-10 "调整"选项卡设置

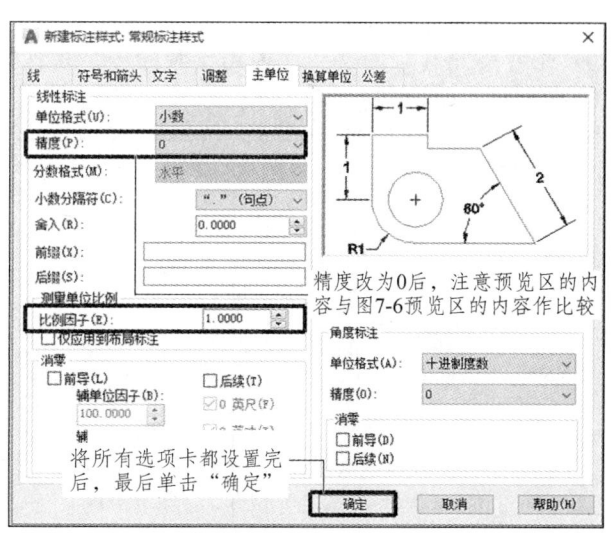

图 7-11 "主单位"选项卡设置

③ 将 5 个选项卡设置完成，"换算单位"选项卡和"公差"选项卡，在本项目绘图中不需用设置，最后单击"确定"按钮，返回如图 7-12 所示的对话框。样式名为"常规标注样式"的标注样式就出现在样式列表中了。

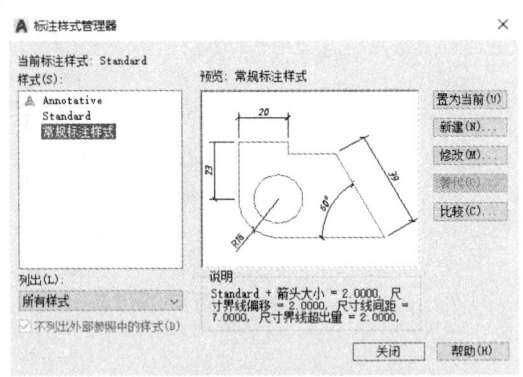

图 7-12 建立"常规标注样式"

> 提示：每次创建一个新的标注样式，都要从样式列表中选取一个样式作为基础样式。如果每次都选择"Standard"作为基础样式样式，那后续的设置参数就很多。"常规标注样式"建立后，就能以此为基础样式来新建其他标注样式，只要改动几个参数设置就可以满足不同比例、不同要求的标注，由此可减小工作量、节省时间、提高作图效率。

（6）绘制 A3 幅面线、图框线和标题栏并注写标题栏内文字。

① 切换图层到"细实线"层，选择"默认"选项卡→点击"绘图"功能区"矩形"命令 ▭ ，绘制 420 mm×297 mm 的幅面线。

② 单击"视图"菜单，在下拉菜单"缩放"的子菜单中，单击"范围"。矩形就全部显示在视窗范围内。

> 提示：本操作实质就是定作图范围。

③ 使用偏移命令 ⊂ 、分解命令 ⬚ 、修剪命令 ⊁ 修剪 、直线命令 ⟋ 完成图框线、标题栏的绘制。注意，图框线和标题栏外框线都在"粗实线"层，但图框线的线宽为 1.0 mm，标题栏外框线的线宽为 0.7 mm，标题栏内框线属于"细实线"层。

④ 切换图层到"标注"层，分别采用文字样式"标题栏 5"和"标题栏 7"书写标题栏文字。

（7）绘制指北针。

在"指北针"图层中，使用绘圆命令、多段线命令、单行文字命令（文字样式为"标题栏 5"）绘制指北针。结果如图 7-13 所示。

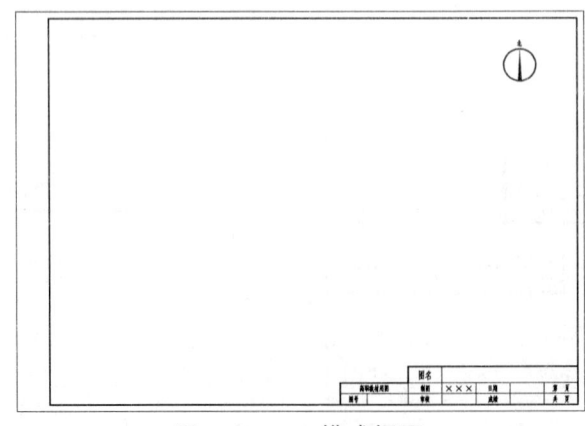

图 7-13 A3 横式幅面

（8）选择"文件"菜单中的"保存"命令，或者单击工具栏上的存盘按钮，弹出如图 7-14 所示的"图形另存为"对话框。选择文件类型为模板文件类型"AutoCAD 图形样板（*.dwt）"，选择保存路径，文件名"建筑绘图 A3 模板"，最后单击"保存"按钮。

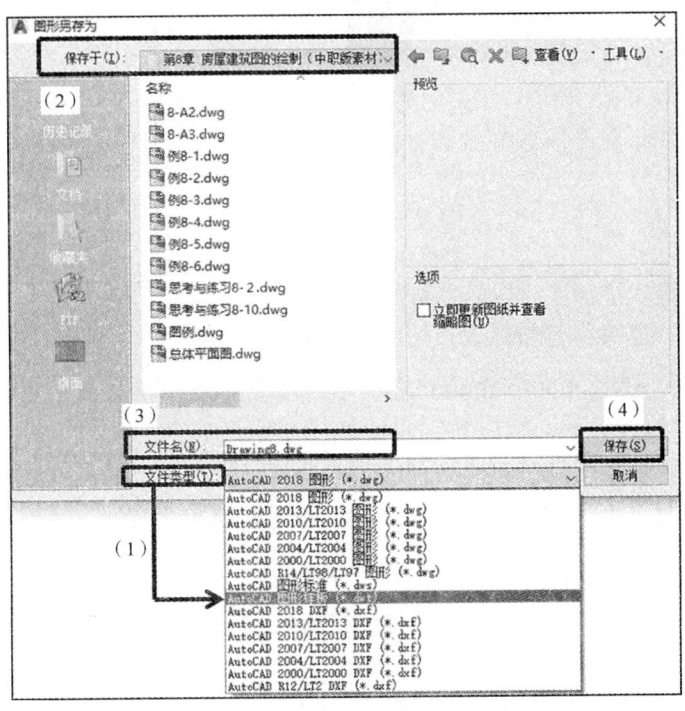

图 7-14 "另存为"对话框

（9）最终完成模板文件 建筑绘图A3模板.dwt ，关闭模板文件。

> 提示：模板文件可以保存在 AutoCAD 安装目录下的"template"文件夹中，但是最好将创建的模板文件保存在自己的文件夹中，以便于资料的积累，更方便使用。模板文件扩展名为 dwt，一般文件扩展名为 dwg；两者文件图标颜色也不同。

步骤二 绘制道路及停车场，如图 7-15 所示

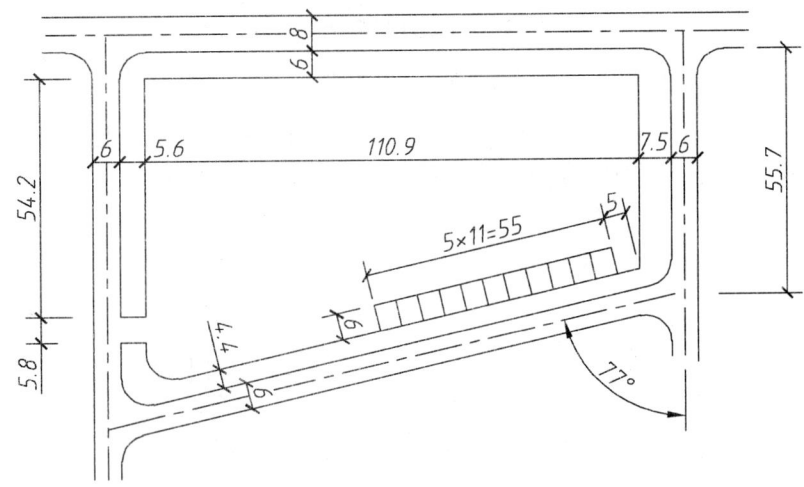

图 7-15 道路及停车场

（1）打开软件 AutoCAD，选择新建文件按钮，弹出如图 7-16 所示的对话框，找到步骤一创建保存的模板文件"建筑绘图 A3 模板.dwt"，单击"打开"按钮，即可创建包含模板文件内所有内容的新文件"Drawing1"，如图 7-17 所示。

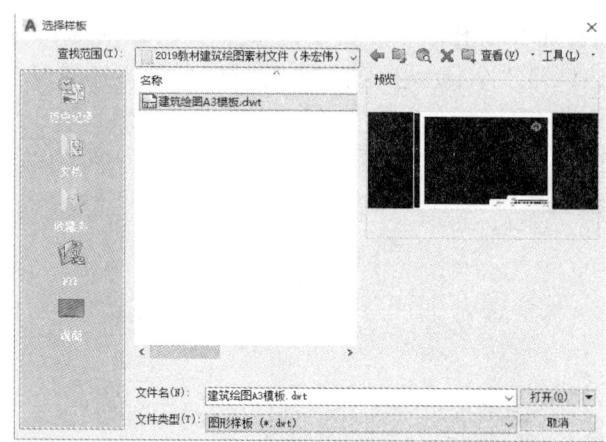
图 7-16 "选择样板"对话框

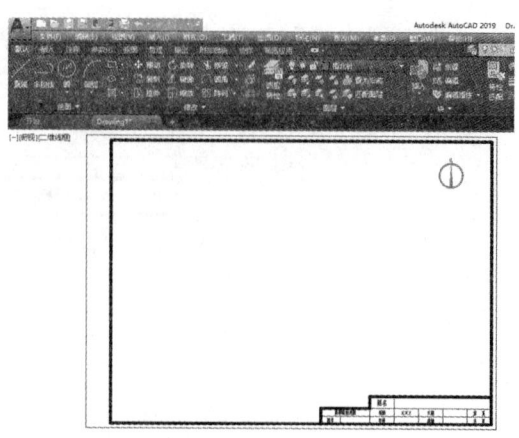
图 7-17 新的"Drawing1"空白文件

（2）设定绘图区域大小为 200000×200000。提示：绘制一条水平长度为 200000 的直线，再用"视图"菜单→"缩放"→"范围"。

（3）用 XLINE 命令绘制水平及竖直作图基准线，然后利用 OFFSET、LINE、BREAK、FILLET 及 TRIM 等命令形成道路及停车场，如图 7-15 所示。图中所有圆角半径为 6000。

步骤三　绘制原有建筑及新建建筑，如图 7-18 所示

用 OFFSET、TRIM 等命令形成原有建筑及新建建筑，细节尺寸及结果如图 7-18 所示，用 DONUT 命令绘制表示建筑物层数的圆点，圆点直径为 1000。

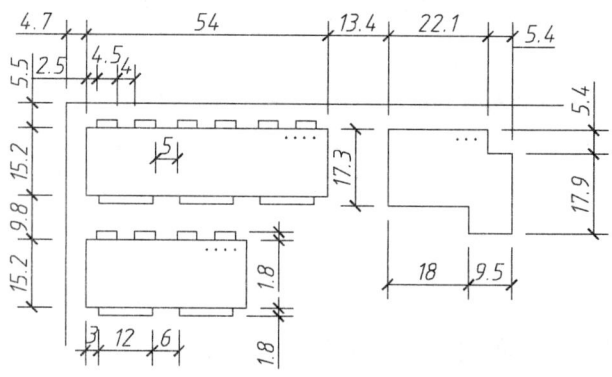
图 7-18 绘制建筑及新建建筑

步骤四　插入树木、花草及图案填充，如图 7-19 所示

标出室外地坪绝对标高，插入"图例.dwg"中的"树木"图块，再用 PLINE 命令绘制辅助线 A、B、C，然后填充剖面图案，图案名称为 GRASS 及 ANGLE，如图 7-19 所示。

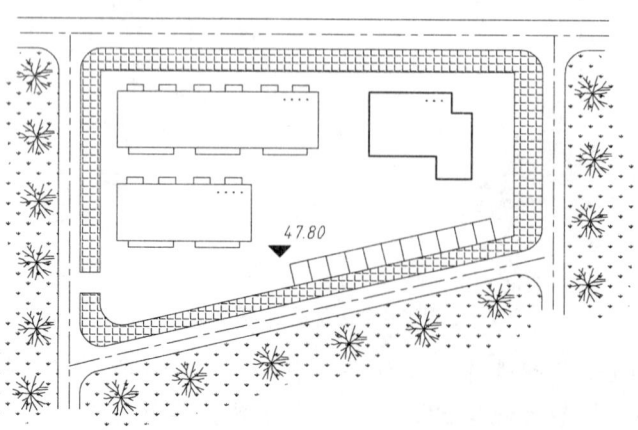
图 7-19 插入树木、花草及填充剖面图案

步骤五　放大 A3 幅面图框，布置总平面图，如图 7-1 所示

用 SCALE 缩放命令 缩放 放大图框，比例因子为 500。把总平面图布置在图框中，如图 7-1 所示。

步骤六　保存文件到 E 盘，文件名为"某房屋建筑总平面图（任务一）.dwg"

知识链接

一、识读建筑总平面图的主要内容

（1）总平面图常采用的比例有：1：500，1：1000，1：2000。图名和比例注写在总平面图的下方。

（2）总平面图标注尺寸一律以米（m）为单位。除标注新建筑的总体尺寸外，也会标注新旧建筑物之间的距离、车行道与建筑的距离及道路本身宽度等尺寸。

（3）总图上会用指北针或风向频率玫瑰图表示建筑物的朝向和该地区的常年风向频率。

（4）总平面图上，一般绘有采纳总图中的图例或部分另编制的图例，对应图例看总图上的新旧建筑、道路、绿化等布置情况。用粗细线表达新旧建筑，原有建筑物用细实线画出，新建建筑物用粗实线画出了外轮廓。用细实线绘制道路、围墙的可见轮廓线、绿化、指北针、尺寸线、管道布置等。用细点画线表示道路的中心线。

（5）新建建筑物的层高表达常在建筑区域内标注的小圆点或楼层过多时用数字如"15""15F"注写。

（6）新建建筑物地坪标高±0.00 处会同时标注此处的绝对标高，在建筑外地面或道路中标注绝对标高。当地形起伏明显时，有的总平面图上会画出地形等高线和坐标方格网。

二、常用建筑总平面图图例

总平面图常用图例如表 7-2 所示。

表 7-2　总平面图常用图例

名　　称	图　　例	备　　注
新建建筑物	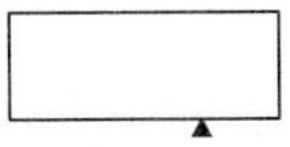	（1）新建建筑物以粗实线表示与室外地坪相接处±0.00 外墙定位轮廓线。
	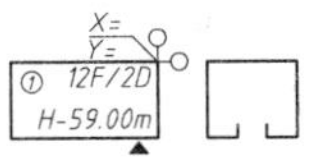	（2）建筑出入口位置（两种表示方法均可，但同一图纸采用一种表示方法）。
		（3）地下建筑物以粗虚线表示其轮廓。
	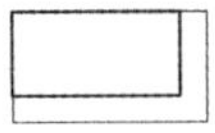	（4）建筑上部（±0.00 以上）外挑建筑用细实线表示
原有建筑物	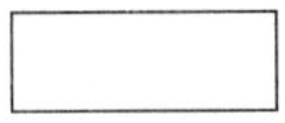	用细实线表示
计划扩建的预留地或建筑物		用中粗虚线表示
拆除建筑物	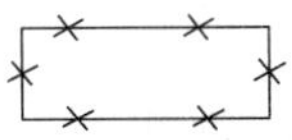	用细实线表示

续表

名　称	图　例	备　注
散状材料露天堆场		
其他散状材料露天堆场		需要时可注明材料名称
铺砌场地		

三、房屋建筑的组成

房屋建筑一般由以下几个部分组成：基础（或地下室）、主体结构（墙、柱、梁、板或屋架等）、楼面和地面、屋面、楼梯、电梯、门窗、各种构件和配件（如阳台、雨篷、台阶、烟道）及装饰。除此之外，还需要安装给排水、照明、采暖和空调等系统。

四、房屋建筑工程图的主要内容、成图原理和专业分类

1. 房屋建筑图主要内容

将一幢房屋的内外形状和大小以及各部分的结构、构造、装修、设备、施工要求等内容，按照国家标准的规定，用正投影的方法详细地表达出来的图，称为房屋建筑图。它是指导工程施工的图纸，因此又称为房屋施工图。

2. 房屋建筑图（房屋施工图）成图原理

其图示方法是依据正投影原理绘制而成的，如图 7-20 所示。

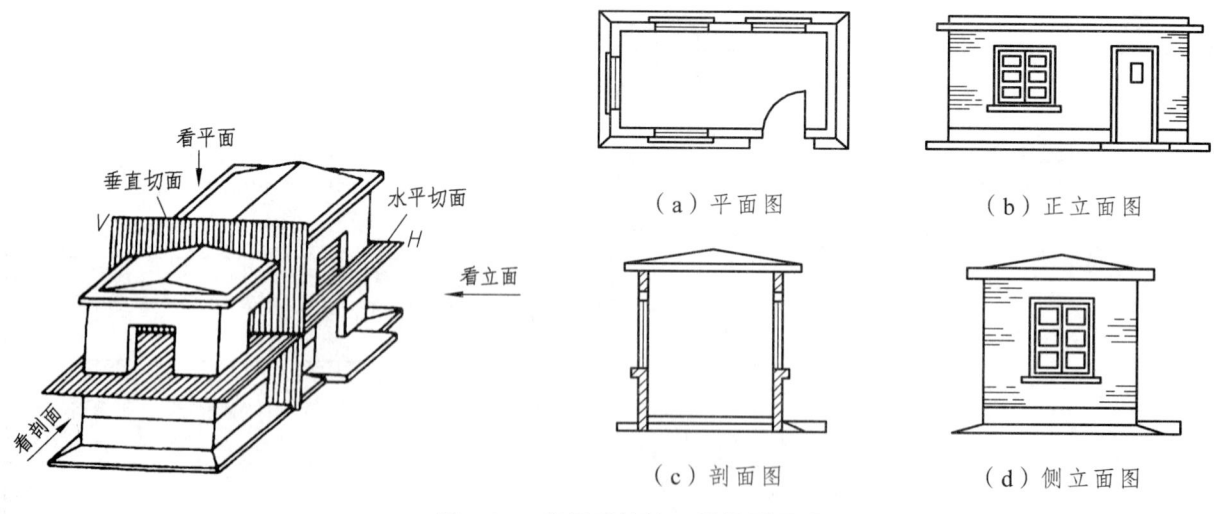

图 7-20　房屋建筑施工图投影原理

3. 房屋建筑图专业分类

房屋施工图按专业不同分为建筑施工图、结构施工图、设备施工图。

（1）建筑施工图（简称"建施"）。

建筑施工图主要表示房屋的建筑设计内容，如房屋的总体布局、内外形状、细部构造等，主要包

括建筑总平面图、各层平面图、各个方向立面图、剖面图和建筑施工详图。

（2）结构施工图（简称"结施"）。

结构施工图主要表示房屋承重构件的布置、形状、大小、材料以及连接情况的图样，表明了结构设计内容和各工种对结构的要求，主要包括基础平面图、基础详图、结构平面图、楼梯结构图、结构构件详图等。

（3）设备施工图（简称"设施"）。

设备施工图主要表示建筑物内各专用管线和设备布置及构造情况，包括给排水施工图、采暖通风空调施工图、电气设备施工图。

五、建筑工程图的基本制图规定

1. 图　线

在建筑工程图中，为了表达不同内容并分清主次便于识图，工程图样必须选用不同的线宽和线型来绘制。总图应符合《总图制图标准》（GB/T 50103—2010）中的线型规定；建筑专业制图应符合《建筑制图标准》（GB/T 50104—2010）中的线型规定。

图线按粗细程度分为粗、中粗、中和细线，线宽比分别为 b、$0.7b$、$0.5b$、$0.25b$。可参考图 7-21、图 7-22 选用线宽。但绘制较简单的图样时，可采用两种线宽的线宽组，其线宽比可以为 $b:0.25b$。

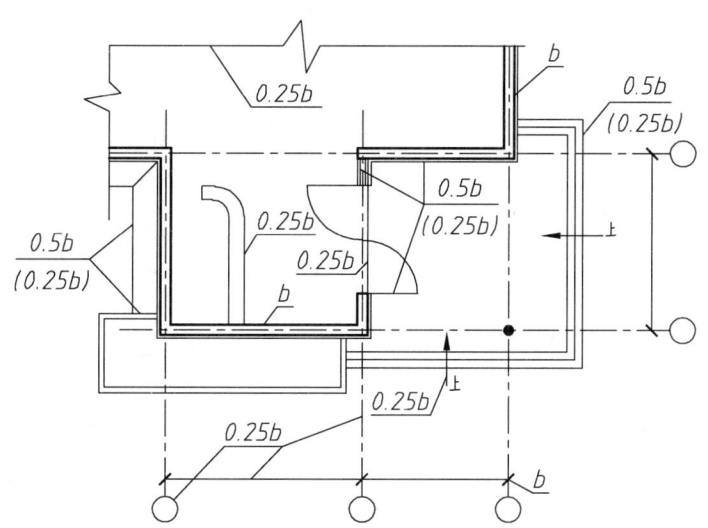

图 7-21　平面图图线宽度选用示例

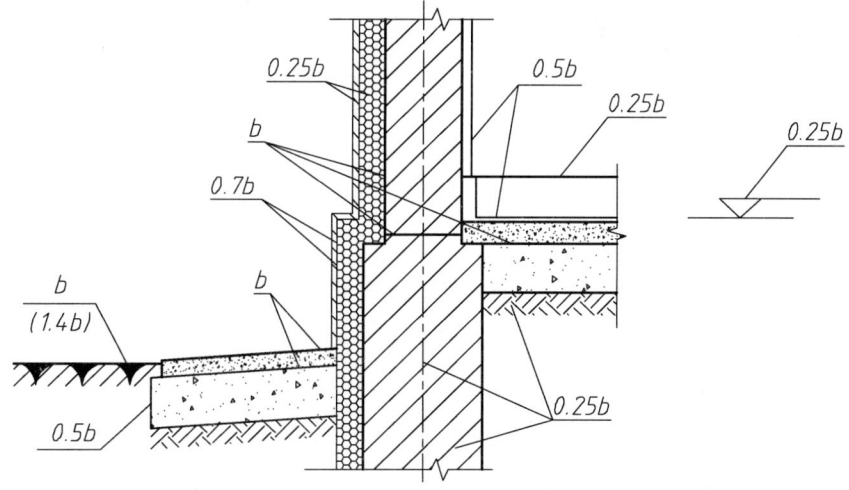

图 7-22　墙身剖面图图线宽度选用示例

2. 比 例

建筑专业制图选用比例，应符合《建筑制图标准》(GB/T 50104—2010)中的规定，如表 7-3 所示。

表 7-3　比例

图　名	比　例
建筑物或构造物的平面图、立面图、剖面图	1∶50、1∶100、1∶150、1∶200、1∶300
建筑物或构筑物的局部放大图	1∶10、1∶20、1∶25、1∶30、1∶50
配件及构造详图	1∶1、1∶2、1∶5、1∶10、1∶15、1∶20、 1∶25、1∶30、1∶50

总平面图所绘制的范围较大，内容相对简单，所采用比例一般比较小，在《总图制图标准》(GB/T50103-2010)中对此也列表注明了规定，通常采用 1∶500、1∶1000、1∶2000 的比例。

3. 图示符号

建筑工程图常用图示符号示例如表 7-4 所示。

表 7-4　符号图例

序号	名　称	图　例	备　注
1	指北针	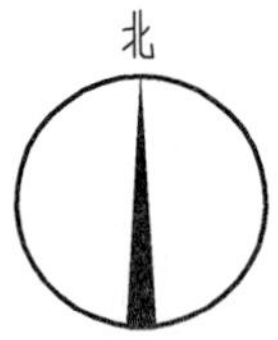 (图例：圆内指北针，标"北")	(1) 圆的直径宜为 24 mm，用细实线绘制，指针尾部宽宜为 3 mm，指针头部应注写"北"或"N"。 (2) 需用较大直径绘制指北针时，尾部宽宜为直径的 1/8
2	风向频率玫瑰图	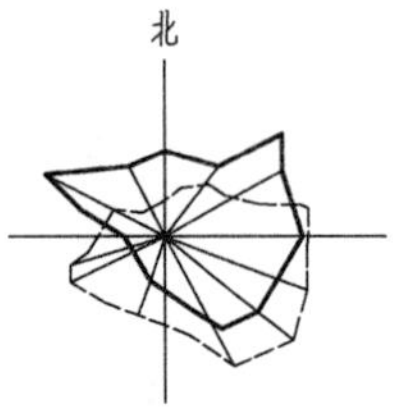 (图例：风向频率玫瑰图)	表示风向和风向频率的风向频率玫瑰图，风的吹向是指从外吹向地区中心，实线表示常年风向频率，虚线表示夏季 6—8 月的风向频率
3	绝对标高	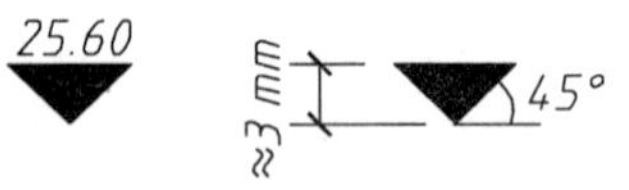 25.60　　≥3 mm　　45°	(1) 以青岛附近的黄海平均海平面为零点，以此为基准的标高；以直角等腰三角形表示，用细实线绘制。 (2) 在总平面图中，以米为单位，注写到小数点以后第二位
4	相对标高	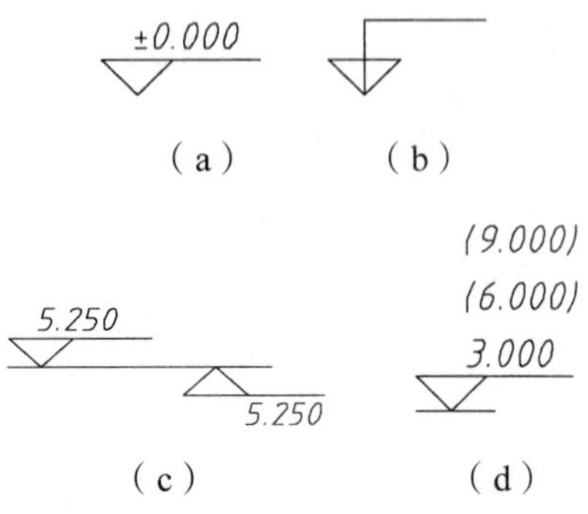 ±0.000　　 (a)　　(b) (9.000) 5.250　　(6.000) 　　　　3.000 　　　　5.250 (c)　　(d)	以房屋底层的室内主要地面标高定为零点的相对标高，比零点高的标高不注"+"，比零点低的标高应注"−"；以米为单位，注写到小数点以后第三位，如图(a)；当标注位置不够时也可用引出线引出再标注，如图(b)；尖端宜向下，也可向上，如图(c)；在同一位置注写几个不同标高时标高数字如图(d)注写

续表

序号	名称	图例	备注
5	定位轴线及其编号	(图例)	（1）定位轴线用以确定房屋各承重构件的位置。用细点画线与内写有编号的圆（直径8～10 mm）表示；水平方向编号应用阿拉伯数字，从左到右顺序编写，称为横向轴线；垂直方向的编号应用大写拉丁字母，从下至上顺序编写，称为纵向轴线。其中，I、O、Z不得用作轴线编号。 （2）在两轴线之间，有时需要附加轴线表示
6	剖切符号	(图例)	（1）剖切符号应由剖切位置线及剖视方向线组成，均应以粗实线绘制。 （2）剖切位置线的长度宜为6～10 mm；剖视方向线应垂直于剖切位置线，长度应短于剖切位置线，宜为4～6 mm。 （3）建（构）筑物剖面图的剖切符号应注在±0.000 标高的平面图或首层平面图上
7	索引符号	(a)(b)(c)(d)	索引符号是由直径为 8～10 mm 的圆和水平直径组成，以细实线绘制；上半圆中用数字或字母注明该详图的编号，下半圆用数字注明该详图所在图纸的编号。 图（a）为详图同在一张图纸内； 图（b）为详图不在一张图纸内； 图（c）为采用标准图集； 图（d）为索引剖视详图，引出线所在一侧表示剖视方向
8	详图符号	(a)(b)	详图符号的圆直径为 14 mm，用粗实线绘制。 图（a）为被索引的详图在同一张图纸内； 图（b）为被索引的详图不在同一张图纸内上半圆中用数字或字母注明该详图的编号，下半圆用数字注明被索引详图所在图纸的编号
9	引出线	(图例)	（1）引出线应以细实线绘制，宜采用水平方向的直线及与水平方向成 30°、45°、60°、90°的直线表示；文字说明宜注写在横线上方，也可注写在横线端部。 （2）索引详图引出线应对准索引符号的圆心。 （3）同时引出的几个相同部分的引出线，宜互相平行，也可画成集中于一点的放射线。 （4）多层构造层的引出线，应通过被引出的各层，并用圆点示意对应各层次；文字说明宜注写在水平线的上方或水平线的端部，说明的顺序应由上至下，与被说明的层次对应一致；如层次为横向排序，则说明顺序应与由左至右的层次对应一致

任务拓展

【7-1-1】识读并绘制图 7-23 所示的某建筑总平面图。

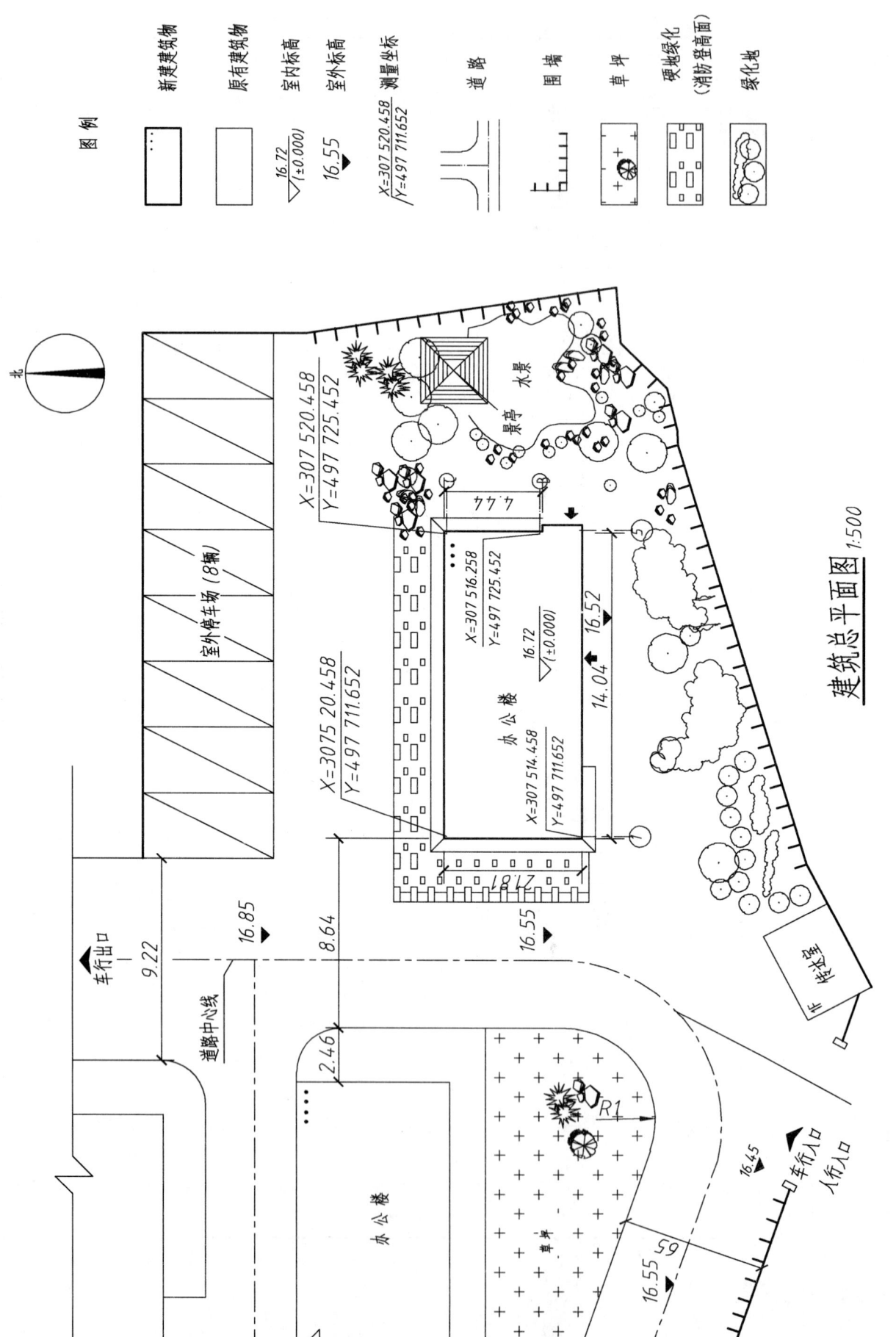

图 7-23　建筑总平面图

【7-1-2】识读并绘制图 7-24 所示的某建筑总平面图。

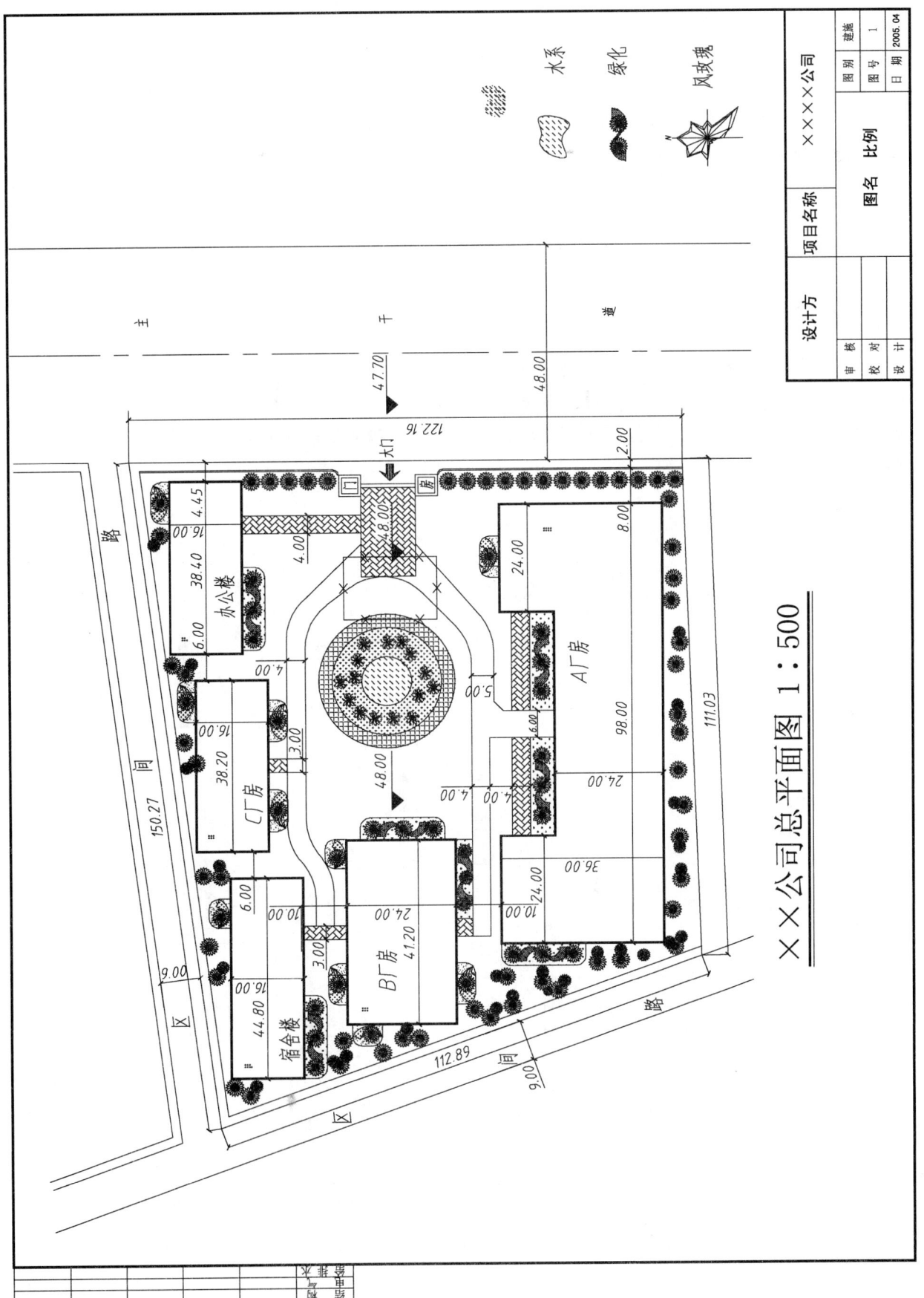

图 7-24 建筑总平面图

任务二　绘制建筑平面图

假想用一水平的剖切平面，在门窗洞的位置将房屋剖切开，将水平剖切平面以上部分全部移走，把水平剖切平面以下的部分作正投影而形成的图样就是建筑平面图。该图是建筑施工图中最基本的图样之一，主要用于表示建筑物平面形状以及沿水平方向的布置和组合关系等。

建筑平面图的主要图示内容如下：

✧ 房屋的平面形状、大小及房间的布局；墙体、柱及墩的位置和尺寸；门、窗及楼梯的位置和类型。

建筑平面图是施工放线、砌墙、安装门窗、预留孔洞、室内装修及编制预算、施工放料的重要依据。

任务目标

- 了解建筑平面图的分类，识读建筑平面图的内容。
- 熟练应用 AutoCAD 绘制各层建筑平面图。
- 熟练应用 AutoCAD 对各层建筑平面图进行尺寸标注和文字标注。
- 培养规范操作、耐心细致、严谨求实、互助协作的职业素质。

任务内容

绘制如图 7-25~图 7-28 所示的房屋建筑平面图。

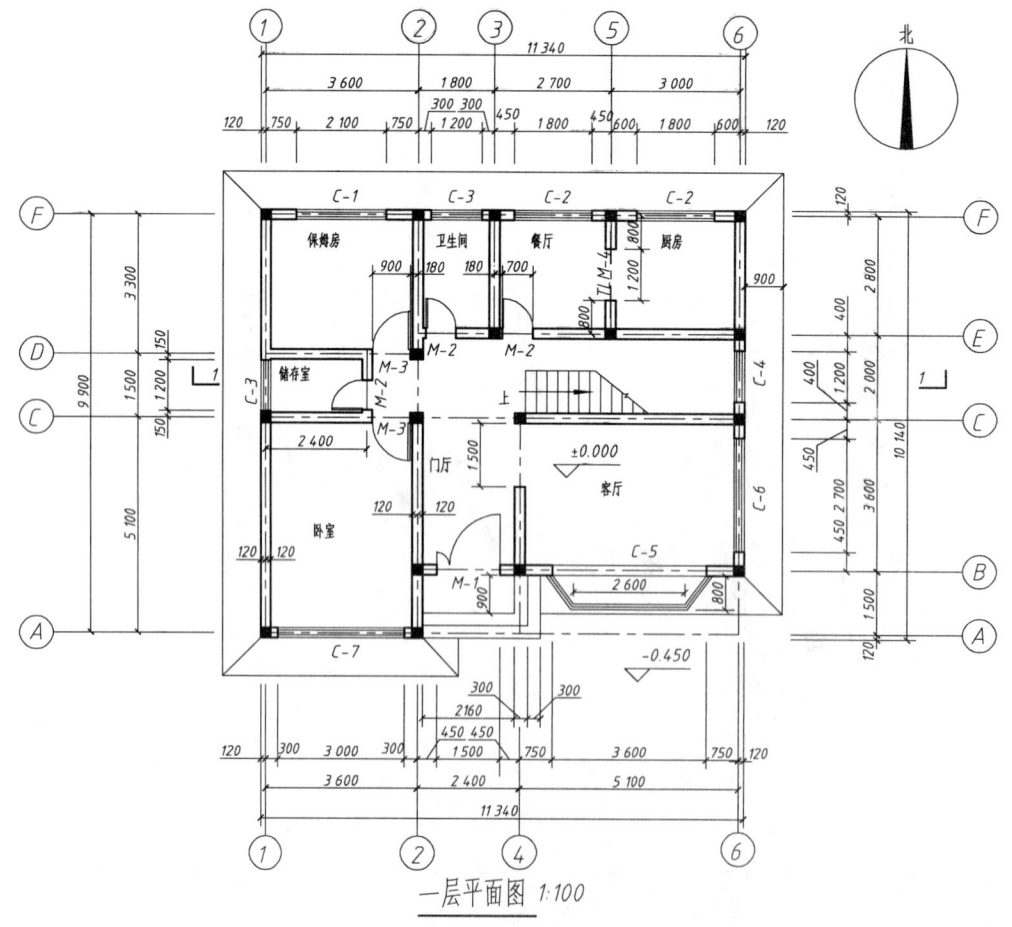

图 7-25　某别墅一层平面图

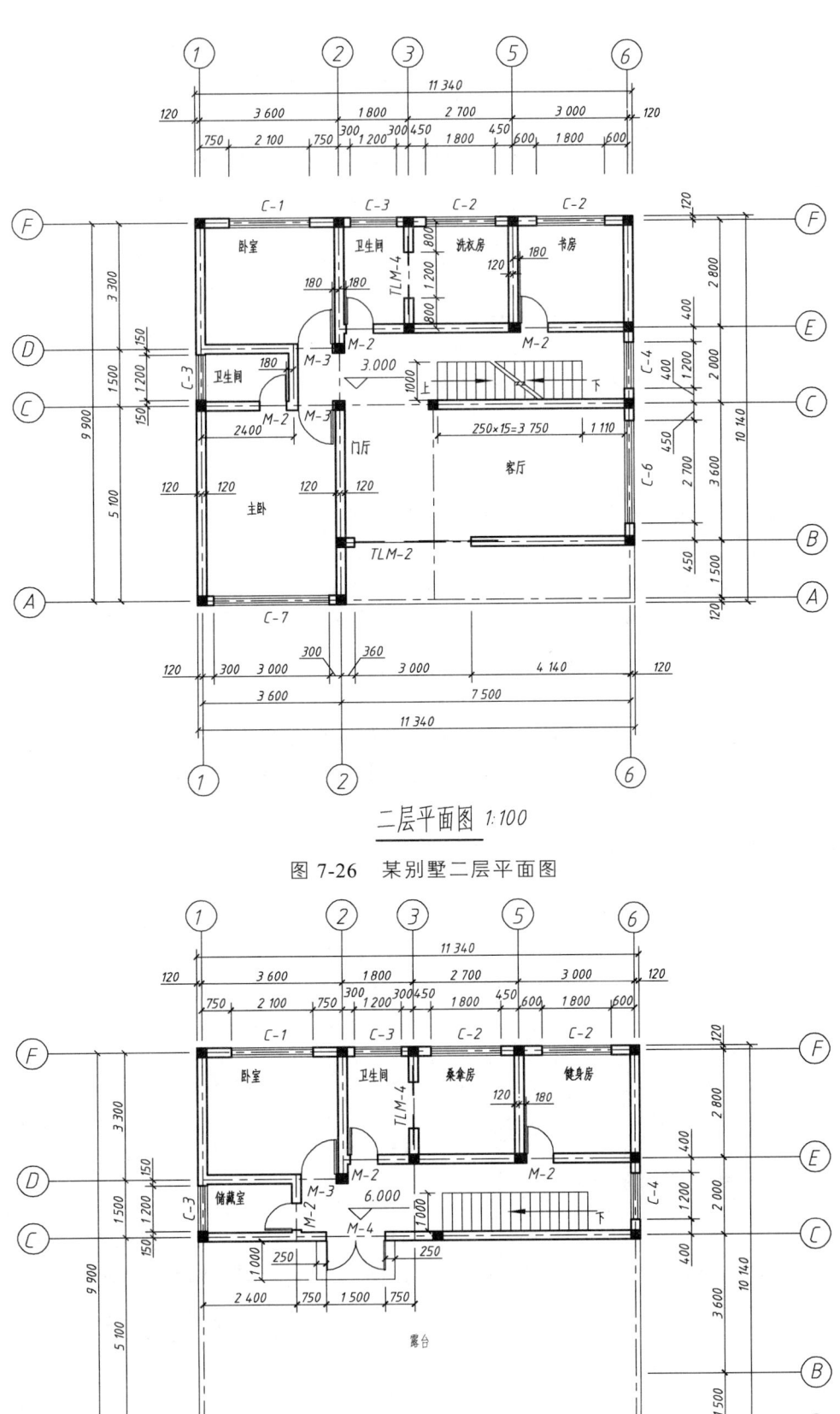

图 7-26 某别墅二层平面图

图 7-27 某别墅三层平面图

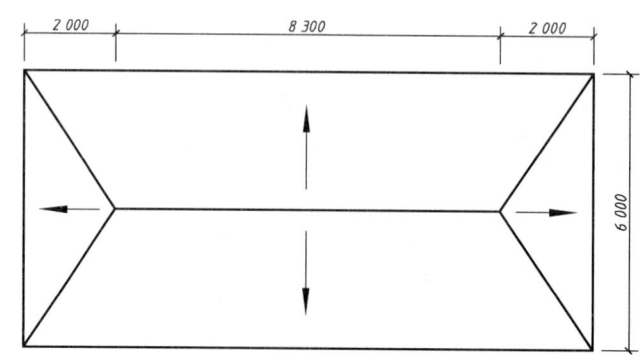

图 7-28 某别墅屋顶平面图

任务分析

用 AutoCAD 绘制建筑平面图的总体思路是先整体、后局部。一般按照建筑设计尺寸绘制，绘制完成后依据具体图样篇幅移入对应的图框即可。绘制以上建筑平面图的一般步骤如下：

（1）设置绘图环境、小数精度、角度单位和建立相应的图层（模板文件已设置好）。
（2）根据所绘建筑长度尺寸相应调整绘图区域。
（3）绘制定位轴线，在"轴线"图层上用点画线将轴线绘制出来，形成轴线网。
（4）绘制墙体、柱子，在"墙""柱"的图层上绘制并修整墙线、柱定位。
（5）绘制门窗、阳台、楼梯等。
（6）绘制其他建筑构配件和需要表达的构造细部，如室内固定隔板、卫生间构造（在建筑平面图上只需要表达定位，标注详细尺寸需要放大比例另外绘图）。
（7）绘制底层平面图时，注意表达室外周边环境，如室外台阶、坡道、散水。
（8）标注尺寸、标高符号、索引符号和相关文字注释。
（9）添加图框、图名和绘图比例等内容，调整图幅比例和各部分位置。
（10）保存文件。

任务实施

步骤一 新建文件和设置绘图环境

1. 新建图形文件

打开软件 AutoCAD 2019，选择新建文件按钮，在弹出的"选择样板"对话框中，找到模板文件"建筑绘图 A3 模板.dwt"，创建包含模板文件内所有内容的新文件"Drawing1.dwg"。

> 提示：当创建不同种类的对象时，应切换到相应图层。

2. 设置绘图区域大小

设定绘图区域大小为 40000×40000。

3. 设置辅助绘图功能，精确绘图

步骤二 绘制轴线

在"轴线"层用直线 LINE 命令绘制一条水平及竖直作图基准线，然后利用偏移 OFFSET 命令形成图 7-29（a）所示的定位轴线，最后用修剪 TRIM 命令修剪柱网形成如图 7-29（b）所示轴线网。

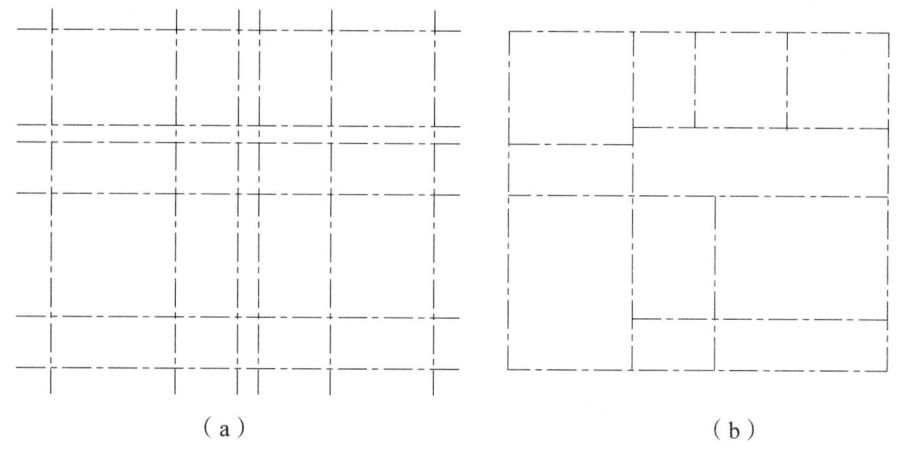

图 7-29　水平及竖直定位轴线及轴线网

提示：定位轴线的线型应显示为点画线，若是显示为实线，则要修改"线型比例"因子。

步骤三　创建多线样式并用多线 MLINE 命令绘制墙体

（1）创建多线样式。选择"格式"菜单→单击"多线样式"，弹出"多线样式"对话框，如图 7-30 所示。选择样式"STANDARD"，单击"新建"按钮，弹出"创建新的多线样式"对话框，如图 7-31 所示。

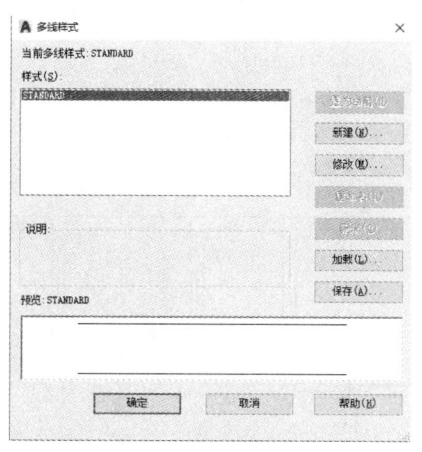

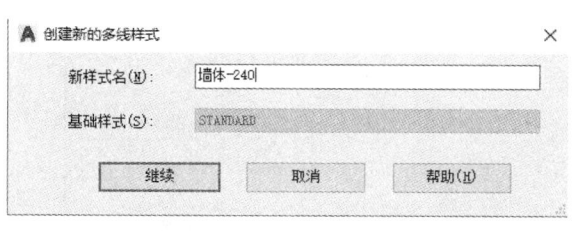

图 7-30　"多线样式"对话框　　　　图 7-31　"创建新多线样式"对话框

（2）输入"新样式名：墙体-240"，单击"继续"按钮，弹出"新建多线样式：墙体-240"对话框，如图 7-32 所示。把图元偏移量分别改为-120、120，颜色、线型随层，如图 7-33 所示。

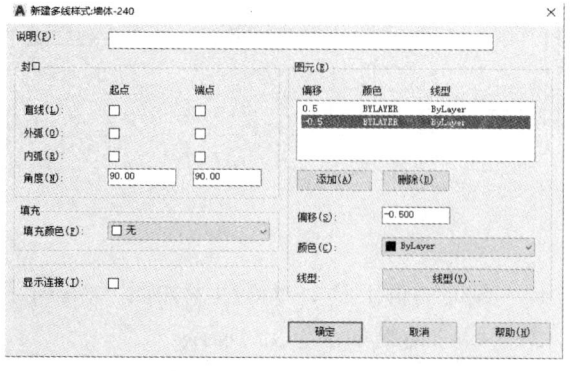　　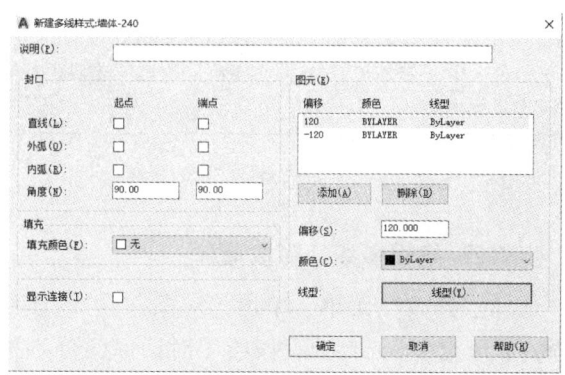

图 7-32　"新建多线样式：墙体-240"对话框　　图 7-33　新建"墙体-240"设置对话框

（3）单击"确定"按钮，返回到"多线样式"对话框，如图7-34所示。选择样式"墙体-240"，单击"保存"按钮，在弹出的保存对话框中，按默认路径保存输入文件名为"墙体-240"，保存。保存后再一次返回图7-34所示对话框，选择"置为当前"按钮，最后单击"确定"按钮，完成创建墙体多线样式。

（4）调用多线命令，绘制墙体，结果如图7-35所示。

命令：_MLINE   //启动多线命令
当前设置：对正 = 上，比例 = 1.00，样式 = 墙体-240   //多线的默认3种设置
指定起点或 [对正（J）/比例（S）/样式（ST）]：J   //修改"对正"方式
输入对正类型 [上（T）/无（Z）/下（B）]<上>：Z   //改"对正"方式为"居中"对正
当前设置：对正 = 无，比例 = 1.00，样式 = 墙体-240
指定起点或 [对正（J）/比例（S）/样式（ST）]：   //捕捉到左上角端点
指定下一点：   //捕捉到右上角端点
指定下一点或 [放弃（U）]：   //捕捉到右下角端点
指定下一点或 [闭合（C）/放弃（U）]：   //捕捉到端点
指定下一点或 [闭合（C）/放弃（U）]：   //捕捉到端点
指定下一点或 [闭合（C）/放弃（U）]：   //捕捉到左下角端点
指定下一点或 [闭合（C）/放弃（U）]：C   //使用闭合命令，将外围墙体衔接

重复调用多线命令7次，绘制如图7-35所示的墙体。

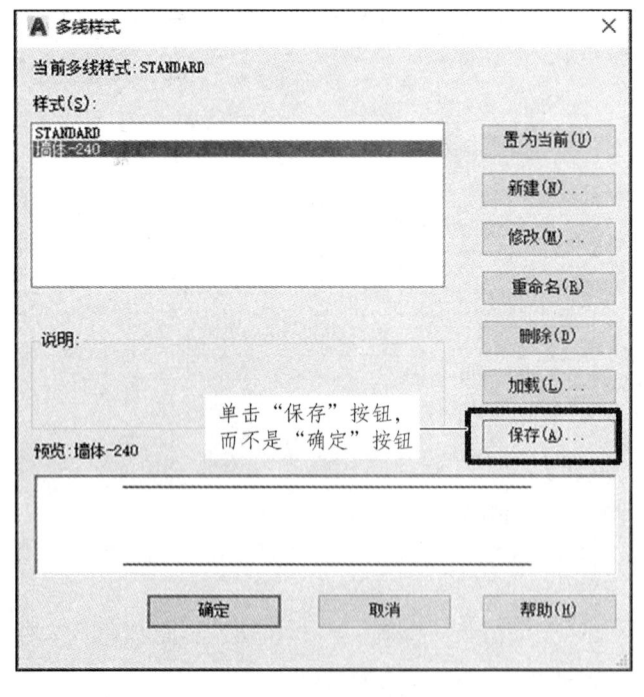

图7-34 "多线样式"对话框

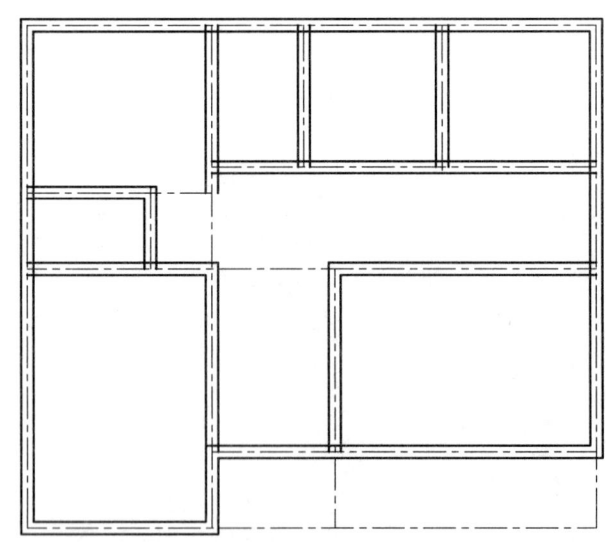

图7-35 初步墙体

步骤四 编辑多线，形成墙体

选择"修改"菜单→单击"对象"→ "多线"，弹出"多线编辑工具"对话框，如图7-36所示，选择"T形合并"，自动返回绘图对话框，分别选择不同的多线，结果如图7-37所示。

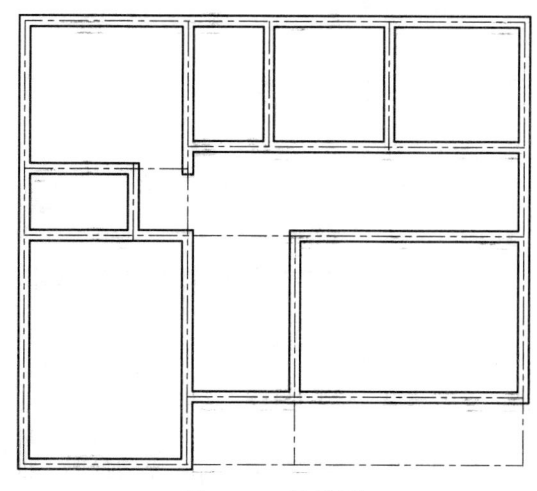

图 7-36 "多线编辑工具"对话框　　　　图 7-37 墙体图

步骤五　插入构造柱

（1）绘制构造柱：在适当位置绘制构造柱的横截面图，尺寸为 240 mm×240 mm。先画一个正方形，再连接两条对角线，然后用"Solid"图案填充图形。正方形两条对角线的交点可作为柱截面的定位基准点。

（2）创建构造柱图块：单击"块"功能区的"创建"按钮 ，弹出"块定义"对话框，如图 7-38 所示，在"名称栏"内输入"构造柱"，单击 拾取点(K)拾取正方形对角线的交点。单击 选择对象(T) 选择构造柱所有对象，点击回车确认，返回"块定义"对话框，单击"确定"按钮。

（3）插入构造柱，利用"插入图块"方法插入构造柱，如图 7-39 所示。

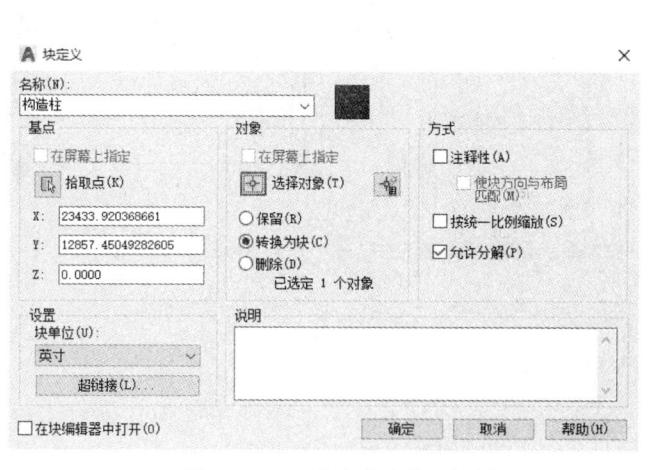

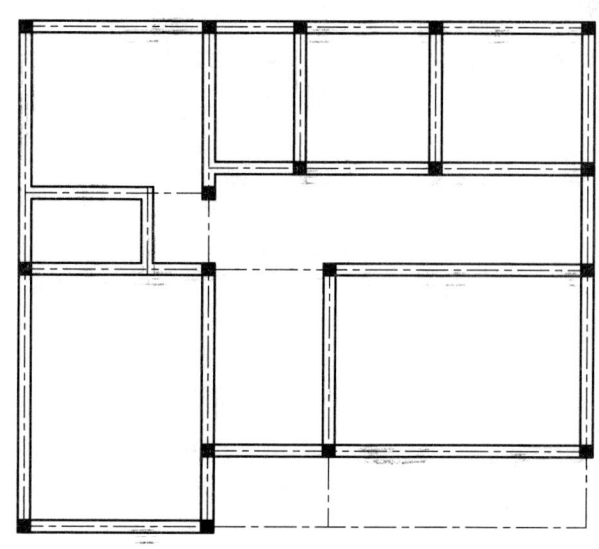

图 7-38 "块定义"对话框　　　　图 7-39 插入构造柱的墙体图

步骤六　开门洞和窗洞

（1）用直线命令，在门和窗的边沿位置绘制辅助直线，形成门洞和窗洞辅助参考线，如图 7-40 所示。

（2）利用修剪命令修剪墙体，并补画相应线条，形成门洞和窗洞，如图 7-41 所示。

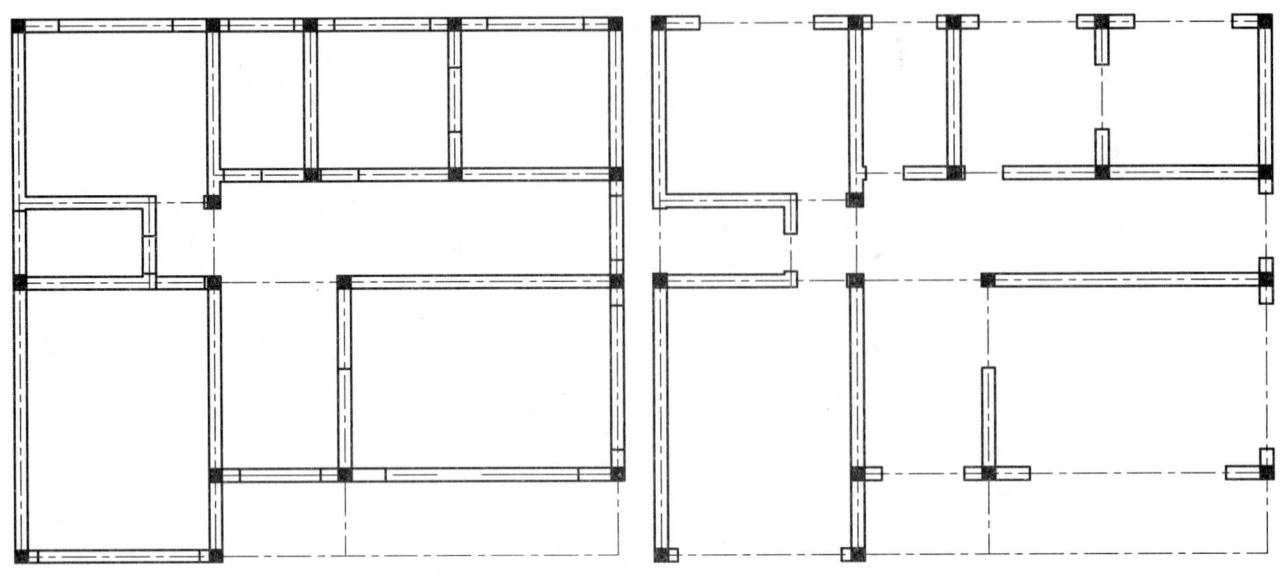

图 7-40 插入辅助线　　　　　　图 7-41 形成门洞和窗洞

步骤七　插入窗户，如图 7-42 所示

窗户厚度尺寸如图 7-42 所示。

步骤八　插入门，各门的尺寸见建筑详图，如图 7-43 所示

先用矩形命令和圆弧命令绘制单个门，并创建成块，再用插入块命令插入所有的门，如图 7-43 所示。

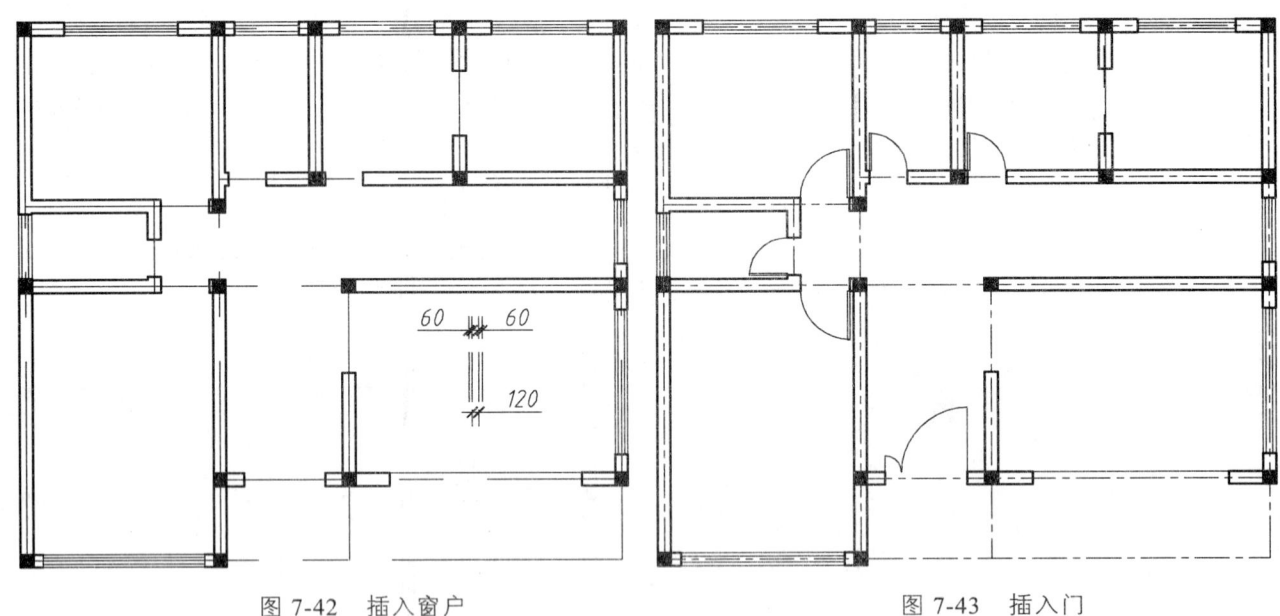

图 7-42 插入窗户　　　　　　图 7-43 插入门

步骤九　绘制室外台阶、散水和楼梯

用直线命令或多段线命令配合偏移命令等绘制室外台阶、散水和楼梯，具体尺寸见"某别墅一层平面图"的标注，结果如图 7-44 所示。

步骤十　注写符号、文字和轴线编号

绘制剖切符号、室内室外标高符号、轴线编号和注写文字，如图 7-45 所示。

剖切符号文字、标高文字、门窗说明文字和各房间说明文字的字高都为 350，轴线编号文字字高为 500。

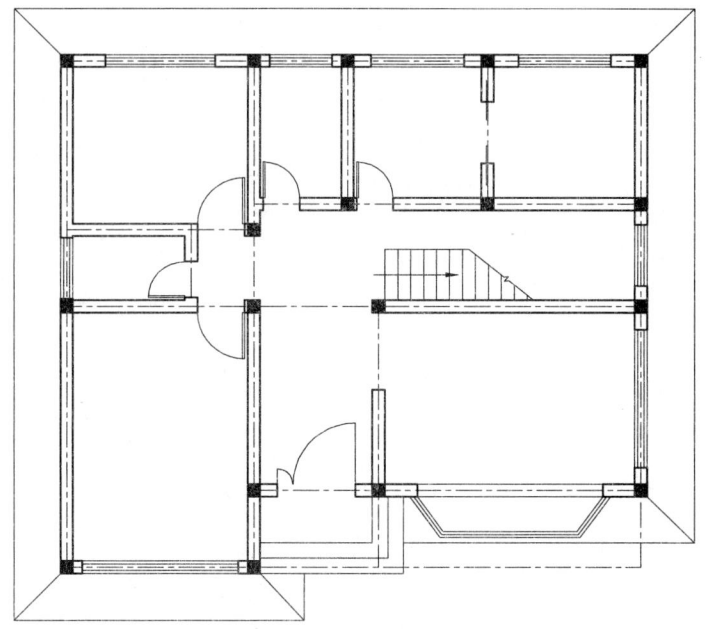

图 7-44 绘制室外台阶、散水和楼梯

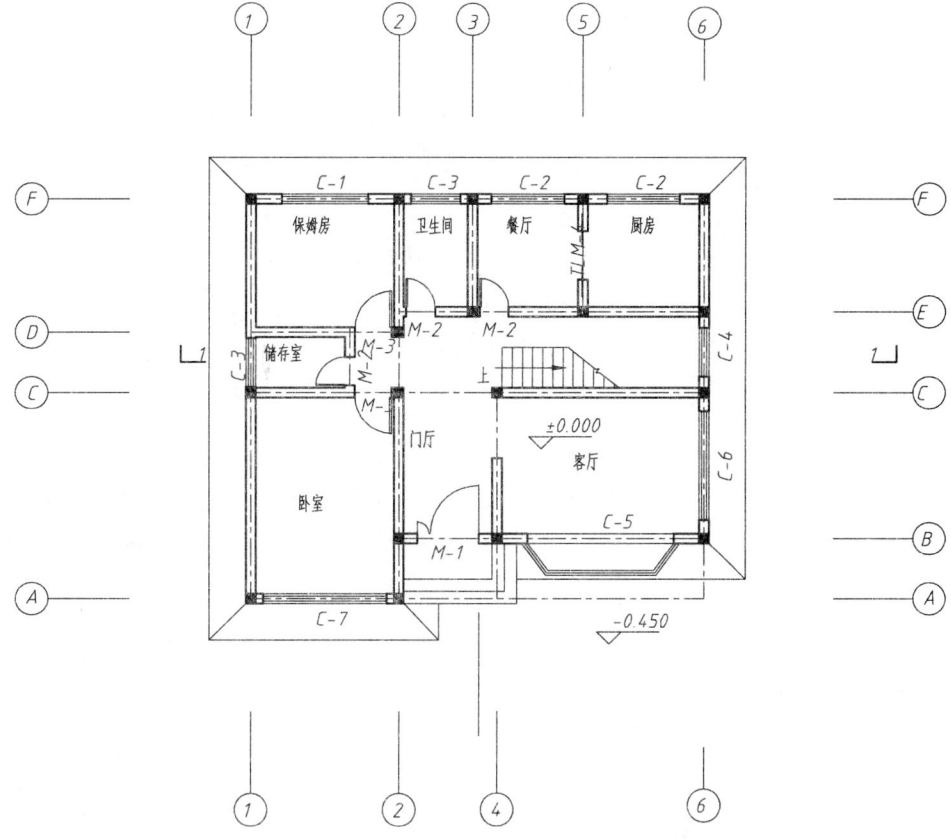

图 7-45 绘制剖切符号、室内室外标高符号、轴线编号和注写文字

步骤十一　尺寸标注

（1）选择"注释"选项卡→点击"标注"功能区右下角的按钮 ![btn]，弹出如图 7-46 所示的对话框，选择"常规标注样式"→"新建"按钮，弹出如图 7-47 所示的对话框。

> 提示：利用模板文件创建的新文件中，已经含有常规标注设置的样式"常规标注样式"，以此为基础新建的标注样式，只需要修改极个别的参数就可以了。

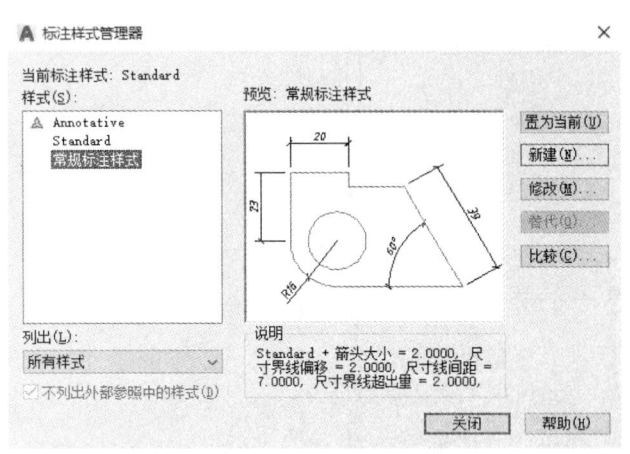
图 7-46 标注样式管理器

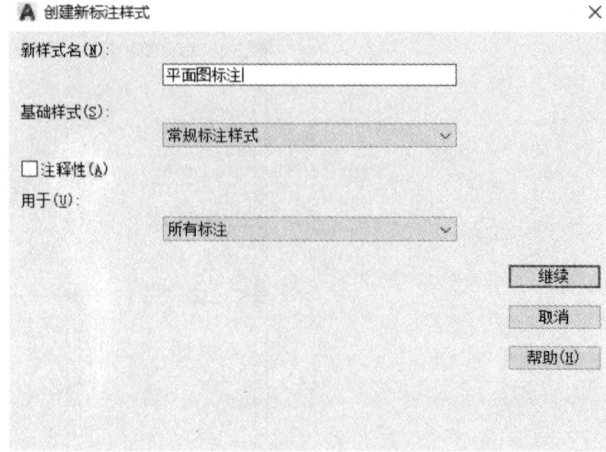
图 7-47 "创建新标注样式"对话框

（2）在创建新标注样式对话框中输入"平面图标注"，单击"继续"按钮，弹出如图 7-48 所示的对话框。

（3）在"新建标注样式：平面图标注"对话框中，选择"调整"选项卡，在"使用全局比例"中，将原来的参数由"1"改成"100"。单击"确定"按钮，弹出图 7-49 所示的对话框。

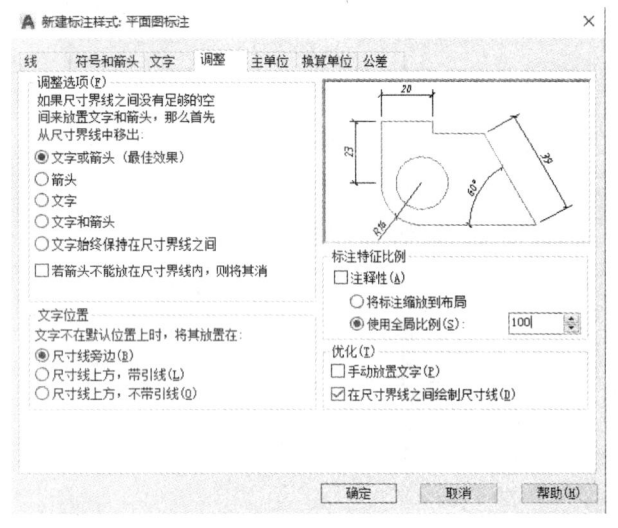
图 7-48 调整对话框　　　　　　　　　　图 7-49 新建标注样式完成

（4）选择"平面图标注"样式，单击"置为当前"按钮。将当前标注样式改为"平面图标注"，就可以对别墅一层平面图进行标注了。

（5）对一层平面图进行标注，结果如图 7-50 所示。

> 提示：注意尺寸标注中尺寸文字的位置。

步骤十二　插入图框，如图 7-50 所示

使用缩放命令 缩放 将新文件中的原始图框放大 100 倍，使用移动命令 移动 将平面图放置到图框内合适的位置，然后用"范围缩放"完成满屏显示，最后完成某别墅一层平面图的绘制。

步骤十三　绘制某别墅二层、三层及屋顶平面图

使用同样的方法完成某别墅二层、三层及屋顶平面图的绘制。最好的方法是复制已经绘制好的一层平面图，然后修改成二层平面图，二层平面图修改成三层平面图。请读者自己尝试。

步骤十四　保存文件为"某别墅平面图.dwg"

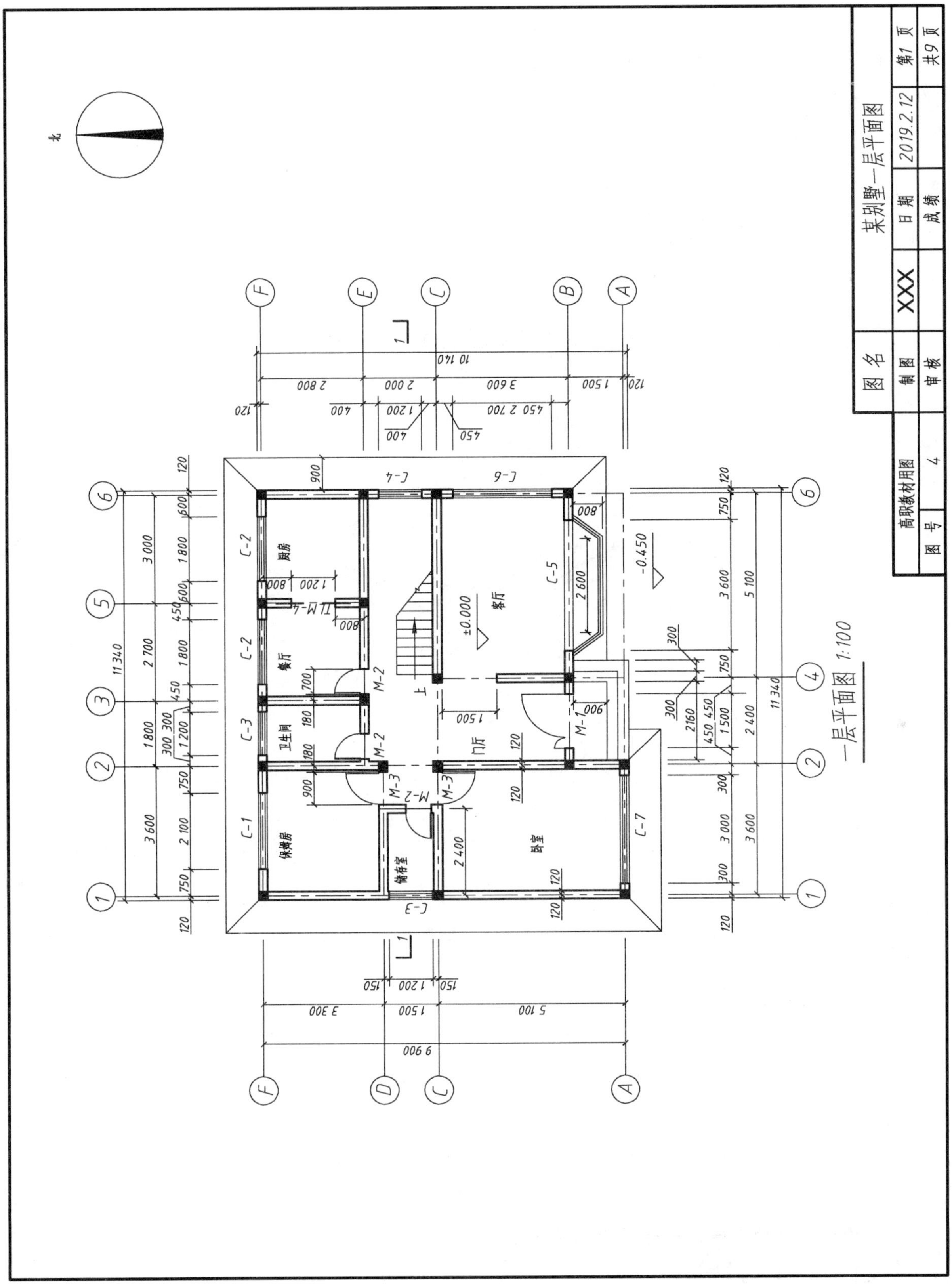

图 7-50 某别墅一层平面图

知识链接

一、建筑平面图的含义

建筑平面图是将房屋假想用一水平剖切平面沿门窗洞口在水平面的位置剖切后，移去剖切平面以上的部分（图 7-51），再将剖切平面以下的部分作投影所得的水平投影图，简称平面图（图 7-52）。

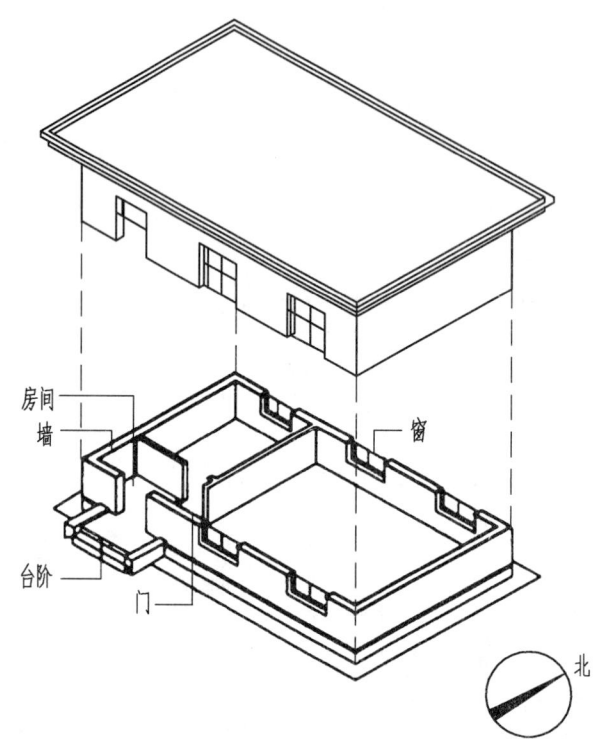

图 7-51　房屋剖切移走

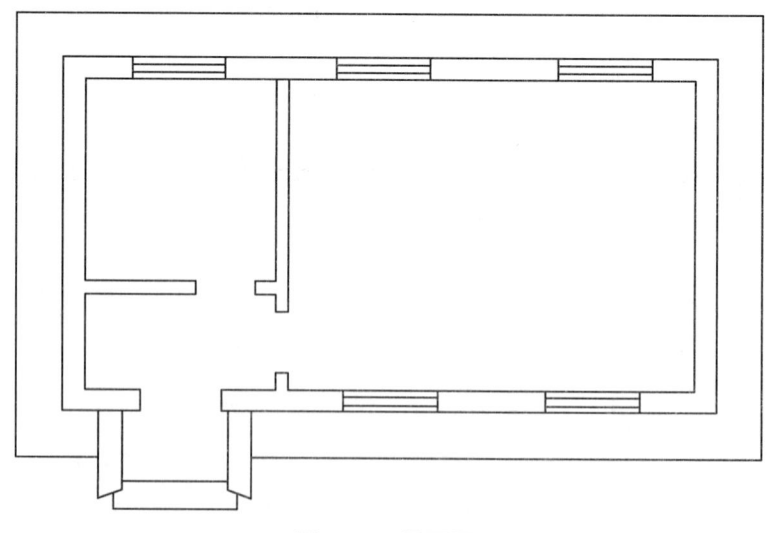

图 7-52　平面图

二、建筑平面图的分类

建筑平面图主要按楼层可分为首层平面图（或称底层平面图）、标准层平面图、顶层平面图、屋顶平面图。若设有地下室时，还应有地下室各层平面图。

三、建筑平面图各层平面图的主要内容

（1）建筑底层平面图，应注意定位轴线与墙、柱的尺寸关系，房屋的平面形状、大小、房间的布置，门窗的位置、编号及开启方向，还应注意主次出入口、室外台阶、明沟、散水等。

（2）标准层平面图是指中间层房间数量、大小形状布置等都一样时，可用一个平面图表示。

（3）顶层平面图是房屋最高层的平面图，若与标准层布置相同也可省略不画。识读标准层时应与底层平面图对照查看，注意不同之处，如取消了散水的表达。当底层门洞上设有雨篷、窗洞口上设有遮阳板或其他挑出构造时，绘出其投影轮廓线。

（4）屋顶平面图是由屋顶上方向下作屋顶外形的水平投影图，表示屋顶的形式、檐口的形式、屋面坡度、分水线、排水形式（有无天沟）及方向、落水口及突出屋面的电梯间、水箱、烟囱、通风道、检修孔等。

民用建筑中常用的屋顶形式是平屋顶和坡屋顶。平屋顶也设有排水坡度，一般为 2%～5%。排水坡度大于 10%的屋顶一般叫作坡屋顶。坡屋顶的常见形式有单坡、双坡屋顶等。檐口是指结构外墙体和屋面结构板交界处的屋面结构板顶，一般说的屋面的檐口是指大屋面的最外边缘处。檐口高度就是檐口标高处到室外设计地坪标高的距离。

屋顶排水形式有两种，有组织排水和无组织排水。有组织排水有内排水和外排水两种方式，具体看有无天沟。

（5）当有地下室平面图时，主要了解地下室与上部建筑在结构布置、垂直交通、建筑功能等方面的对应关系，按轴线对应的方式与一层平面图对照看图。

四、建筑平面图上的尺寸标注

（1）底层平面图一般应绘出指北针符号，以示房屋的朝向。

（2）尺寸标注的尺寸界线由细实线绘制，一般应与被标注的图样轮廓线垂直，其一端应离开图样轮廓不小于 2 mm，另一端宜超出尺寸线 2～3 mm。

（3）尺寸起止符号一般用中粗（0.5b）斜短线绘制，其斜度方向与尺寸界线成顺时针 45°，长度为 2～3 mm。半径、直径、角度与弧长的尺寸起止符号用箭头表示。

（4）互相平行的尺寸线，应从被标注的图样轮廓线由近及远整齐排列，应将大尺寸标在外侧，小尺寸标在内侧。尺寸线距离图样最外边的轮廓线之间的距离不小 10 mm。平行排列的尺寸线的间距为 7～10 mm，并且所有尺寸数字距离尺寸线约 1 mm。

（5）尺寸标注分外部尺寸和内部尺寸。

① 外部尺寸。

外部尺寸包括外墙三道尺寸（总尺寸、定位尺寸、细部尺寸）及局部尺寸。

总尺寸：最外一道尺寸，即两端外墙外侧之间的距离，也叫外包尺寸；

定位尺寸：中间一道尺寸，是两相邻轴线间的距离，也叫轴线尺寸；

细部尺寸：外墙上门窗洞口、墙段等位置大小尺寸；

局部尺寸：建筑外的台阶、花台、散水等位置大小尺寸。

② 内部尺寸。

内部尺寸包括室内净空、内墙上的门窗洞口、墙垛位置大小、内墙厚度、柱位置大小、室内固定设备位置大小等尺寸。

（6）底层平面图中应注写：室内地面标高±0.000、室外地坪相对标高。其他各层均标注楼地面的标高及有高度变化部位的标高。当楼层层高、房间分隔、走向等均相同时，可将相同楼层绘制成一张标准层，这时将标高层叠标注。

（7）屋顶平面图标注有屋顶标高和排水坡度。

（8）底层平面图中应标注出剖面图的剖切符号和编号，识读剖面图时会对应其符号的位置看立面剖切处的投影，看其竖向内部构造和分层情况。

（9）当套用标准图集或另有详图时，均需标注出详图的索引符号。

五、建筑平面图图名及比例

建筑平面图的常用比例是 1∶50、1∶100、1∶150、1∶200、1∶300。图样下方应标注图名和比例。图名下方还绘制一条短粗实线，标注的比例字高应比图名的字高小一号或二号。

六、建筑平面图的图线

图线的基本宽度 b 可从下列线宽系列中选取：0.18 mm、0.25 mm、0.35 mm、0.5 mm、0.7 mm、1.0 mm、1.4 mm、2.0 mm。

当用户选用 A2 图纸时，建议选用 b = 0.7 mm（粗线）、$0.5b$ = 0.35 mm（中线）、$0.25b$ = 0.18 mm（细线）这样的线宽组。

当用户选用 A3 图纸时，建议选用 b = 0.5 mm（粗线）、$0.5b$ = 0.25 mm（中线）、$0.25b$ = 0.13 mm（细线）这样的线宽组。

在绘制建筑平面图时，通过采用不同的线型、线宽来表示不同的对象。

（1）粗实线 b：被剖切的主要建筑构造（包括构配件），如承重墙、柱的断面轮廓线及剖切符号。

（2）中实线 $0.5b$：被剖切到的次要建筑构造（包括构配件）的轮廓线（如墙身、台阶、散水、门扇开启线）、建筑构配件的轮廓线及尺寸起止斜短线。

（3）中虚线 $0.5b$：建筑构配件不可见轮廓线。

（4）细实线 $0.25b$：其余可见轮廓线及图例、尺寸标注等线。绘制较简单的图样时可采用粗实线 b 和细实线 $0.25b$ 两种线宽。

七、建筑平面图的识读

（1）看图名、比例、指北针，了解图名、比例、朝向。

（2）分析建筑平面的形状及各层的平面布置情况，从图中房间的名称可以了解各房间的使用性质；从内部尺寸可以了解房间的净长、净宽（或面积），还有楼梯间的布置、楼梯段的踏步级数和楼梯的走向。

（3）读定位轴线及轴线间尺寸，了解各墙体的厚度、门、窗洞口的位置、代号及门的开启方向，门、窗的规格尺寸及数量。

（4）了解室外台阶、花池、散水、阳台、雨篷、雨水管等构造的位置及尺寸。

（5）阅读有关的符号及文字说明，查阅索引符号及其对应的详图或标准图集。

（6）从屋顶平面图中分析了解屋面构造及排水情况。

📖 **任务拓展**

【7-2-1】识读并绘制以下某小区别墅一层平面图（图 7-53）、二层平面图（图 7-54）。

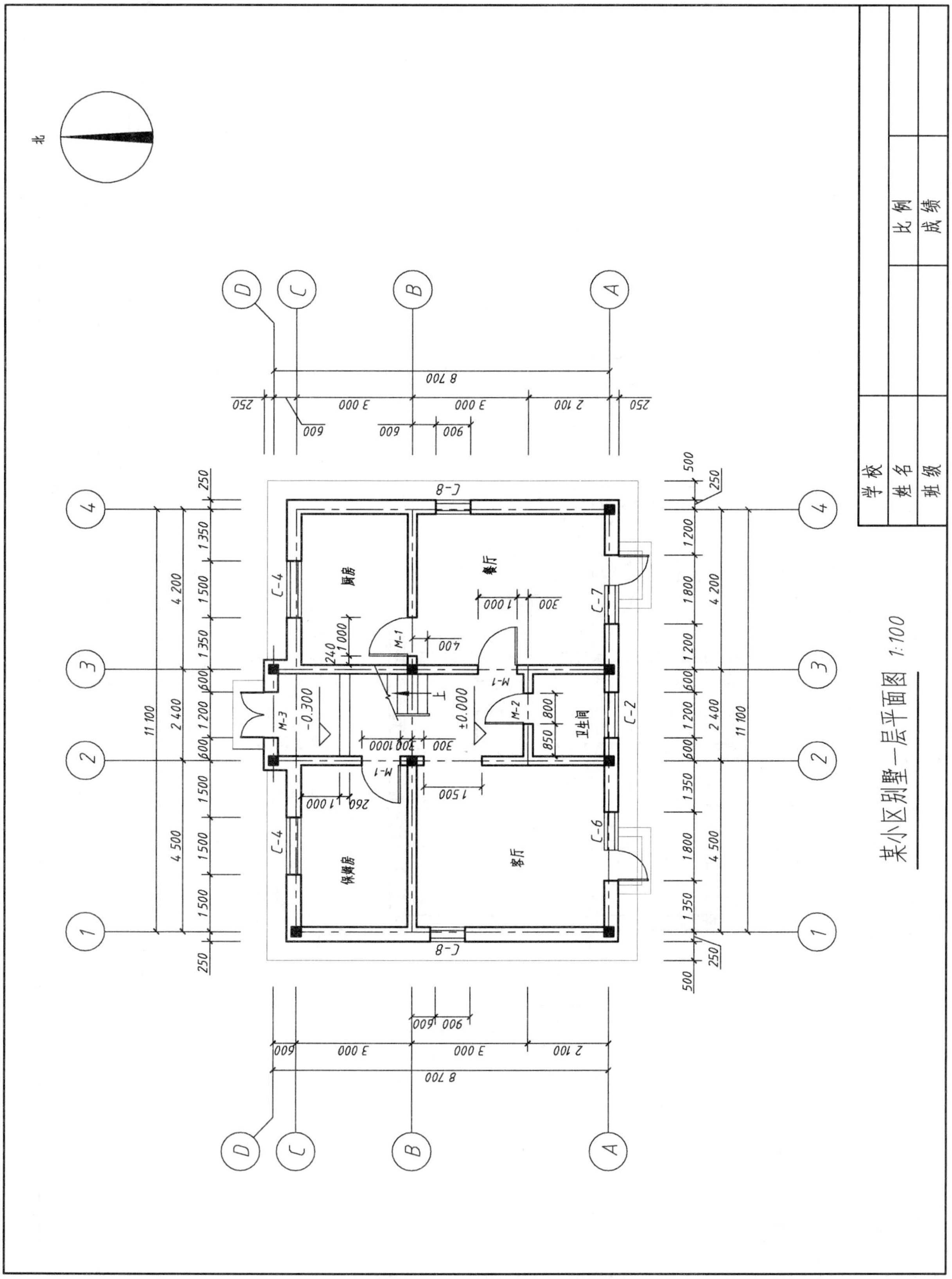

图 7-53 一层平面图

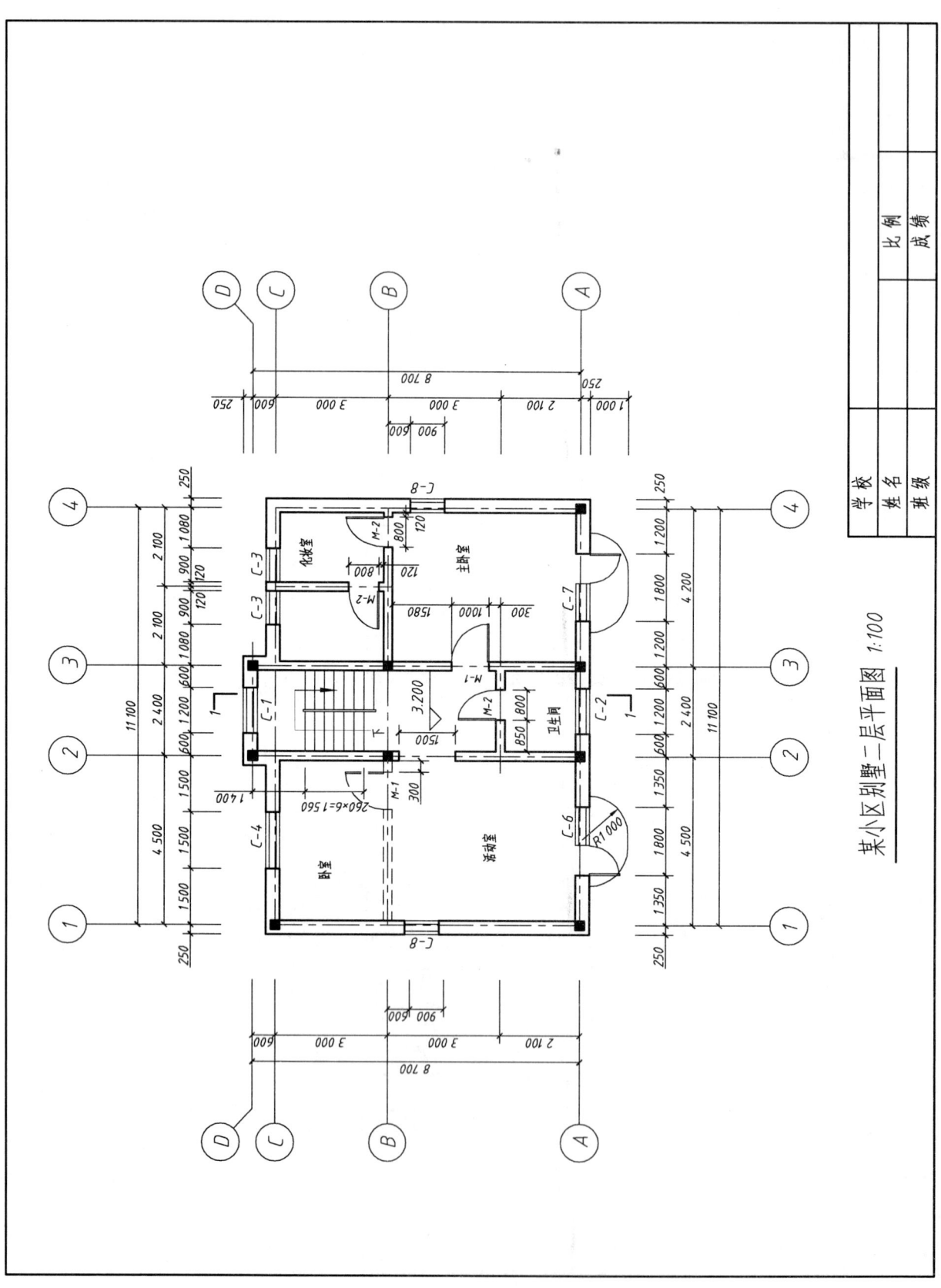

图 7-54 二层平面图

任务三 绘制建筑立面图

建筑立面图是平行于建筑物各方向外墙面的正投影图，也就是按不同的投影方向绘制的房屋侧面外形图。它主要表示房屋的外貌和立面装饰的情况，其中反映主要入口或比较显著地反映房屋外貌特征的立面图称为正立面图，其余立面图相应地称为背立面图、左侧立面图、右侧立面图。房屋有 4 个朝向，常根据房屋的朝向命名相应方向的立面图，如南立面图、北立面图、东立面图和西立面图。此外，也可根据建筑平面图中首尾轴线命名，如①～⑥立面图。轴线的顺序是：当观察者面向建筑物时，从左往右的轴线顺序。

任务目标

- 理解建筑立面图的含义。
- 识读建筑立面图的内容。
- 熟练应用 AutoCAD 绘制建筑立面图。
- 熟练应用 AutoCAD 对建筑立面图进行标注。
- 培养规范操作、耐心细致、严谨求实、互助协作的职业素质。

任务内容

绘制如图 7-55~图 7-58 所示的房屋建筑立面图。

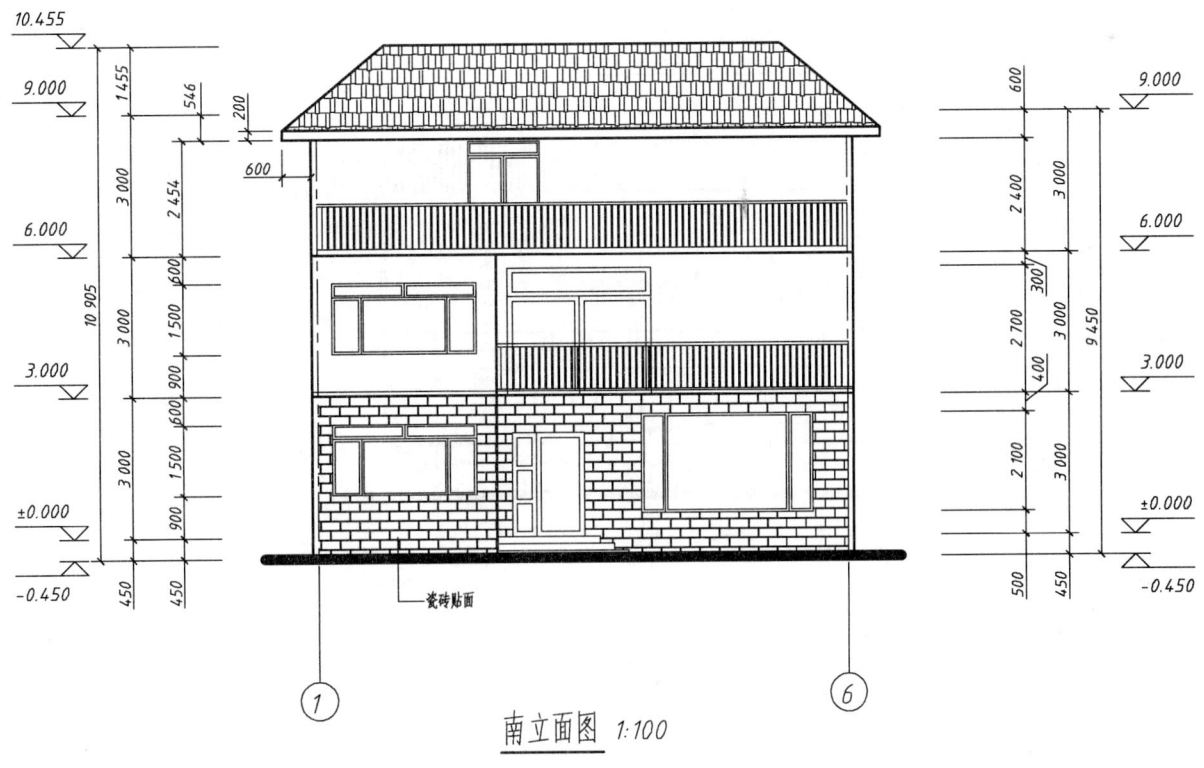

图 7-55 某别墅南立面图

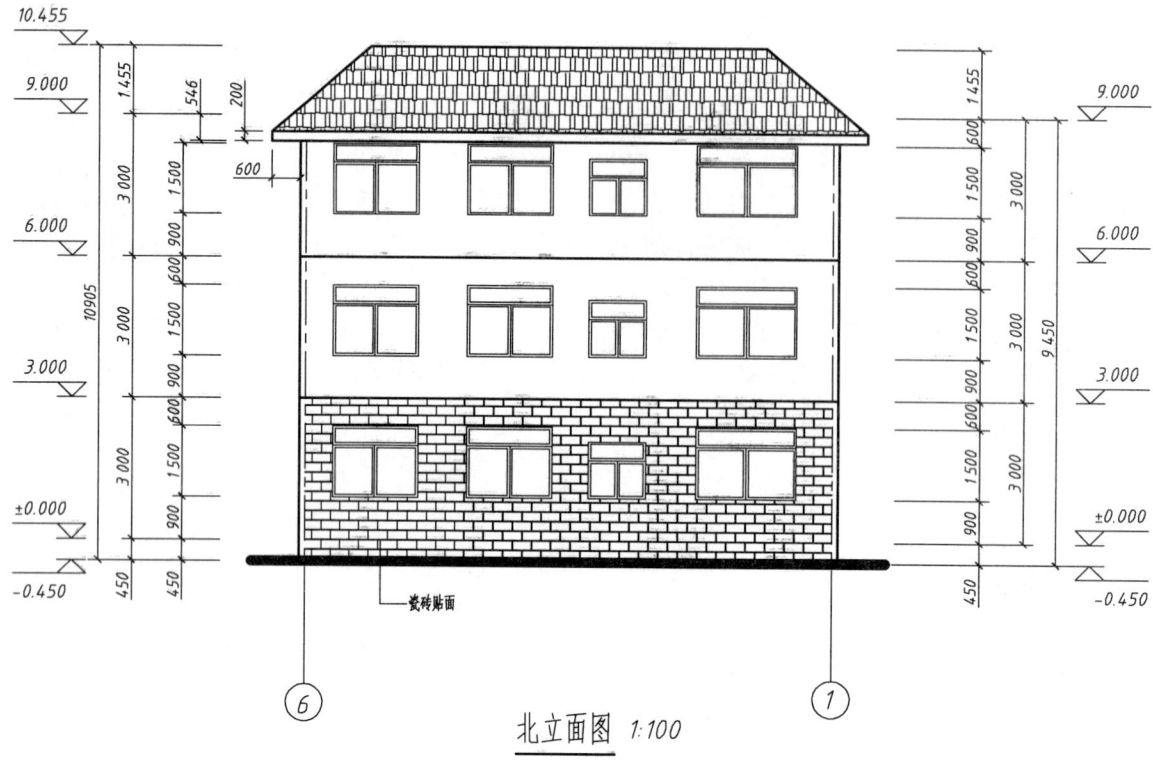

图 7-56 某别墅北立面图

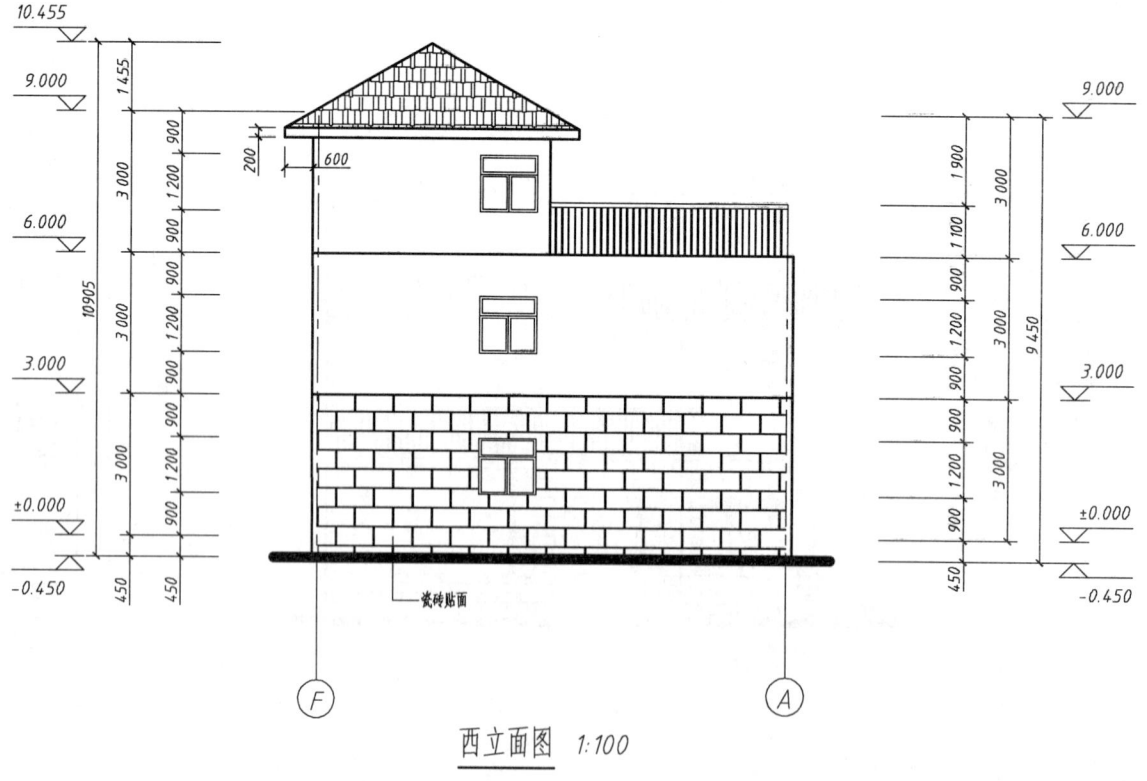

图 7-57 某别墅西立面图

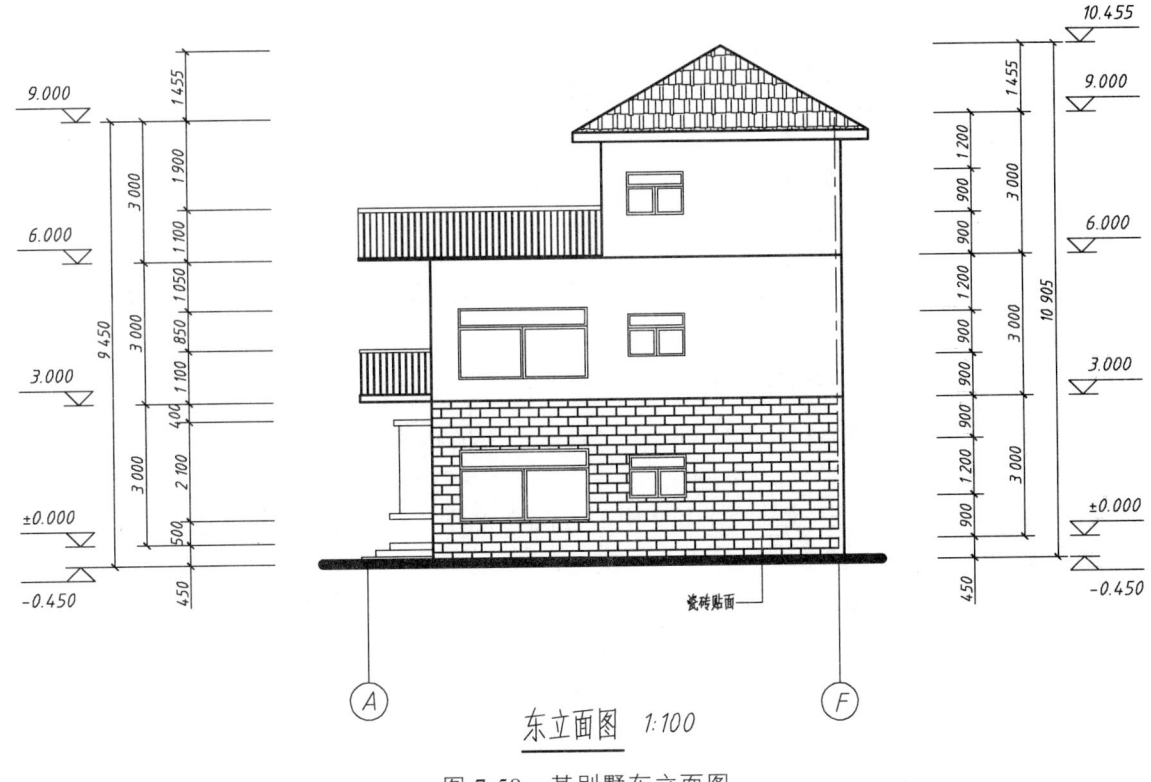

图 7-58 某别墅东立面图

任务分析

可将建筑平面图作为绘制立面图的辅助图形。先从平面图画竖直投影线将建筑物的主要特征投影到立面图上,然后绘制立面图的各部分细节。

绘制立面图的主要过程如下:

(1)打开建筑制图模板文件,通过外部引用方式将建筑平面图插入当前文件内;或者利用 Windows 的复制/粘贴功能从平面图中获取有用的信息;也可以打开已有建筑平面图,将其另存为一个文件,以此文件为基础绘制立面图。

(2)从平面图画建筑物轮廓的竖直投影线,再画地平线、屋顶线等,这些线条构成了立面图的主要布局线。

(3)利用投影线形成各层门窗洞口线。

(4)以布局线为作图基准线,绘制墙面细节,如阳台、窗台及壁柱等。

(5)插入标准图框,并以绘图比例的倒数缩放图框。

(6)标注尺寸,尺寸标注总体比例为绘图比例的倒数。

(7)书写文字,文字字高为图纸上的实际字高与绘图比例倒数的乘积。

(8)保存文件。

任务实施

步骤一 新建文件和设置绘图环境

1. 新建图形文件

打开软件 AutoCAD 2019,选择新建文件按钮 ,在弹出的"选择样板"对话框中,找到模板文件"建筑绘图 A3 模板.dwt",创建包含模板文件内所有内容的新文件"Drawing1.dwg"。

> 提示：当创建不同种类的对象时，应切换到相应图层。

2. 设置绘图区域大小

设定绘图区域大小为 40000×40000。

3. 设置辅助绘图功能，精确绘图

打开极轴追踪、对象捕捉及自动追踪功能，设置极轴追踪角度增量为 90°，设置对象捕捉方式为"端点""交点"。

步骤二　导入平面图方便辅助绘制立面图

将上一任务创建的文件"某别墅平面图.dwg"插入到当前新建的空文件中（见提示方法），再关闭"标注""文字"及"柱子"层。

将 CAD 的图形插入到另外一个 CAD 文件中的方法有 3 种：

（1）采用复制（Ctril+C）粘贴（Ctrl+V）的快捷键方法。

选择需要插入的图形，按下复制快捷键 Ctrl+C，打开另外一个需要插入图形的文件对话框，按下粘贴快捷键 Ctrl+V 即可。

（2）将文件以外部参照形式插入。在菜单中选择"插入"→"DWG 参照"，在如图 7-59 所示对话框中浏览找到需要插入的文件，图形将被引用到当前文件中，如图 7-59 所示。

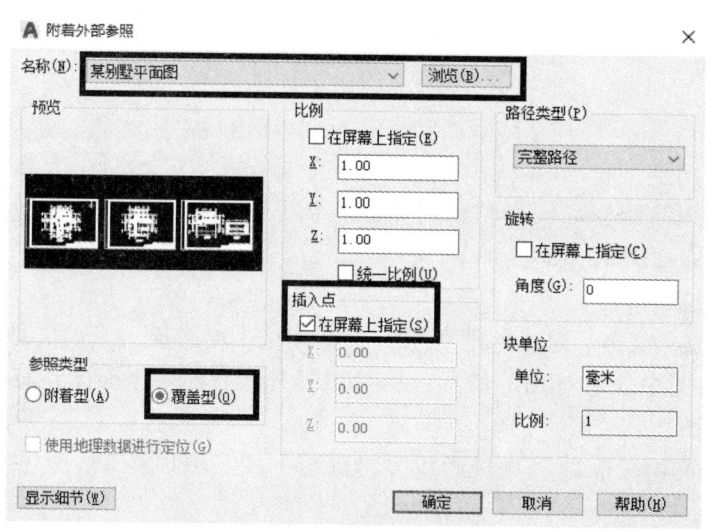

图 7-59　"附着外部参照"对话框

（3）将文件以图块形式插入。在菜单中选择"插入"→"块"，弹出如图 7-60 所示的对话框，可以将此文件作为图块插入到当前文件中。

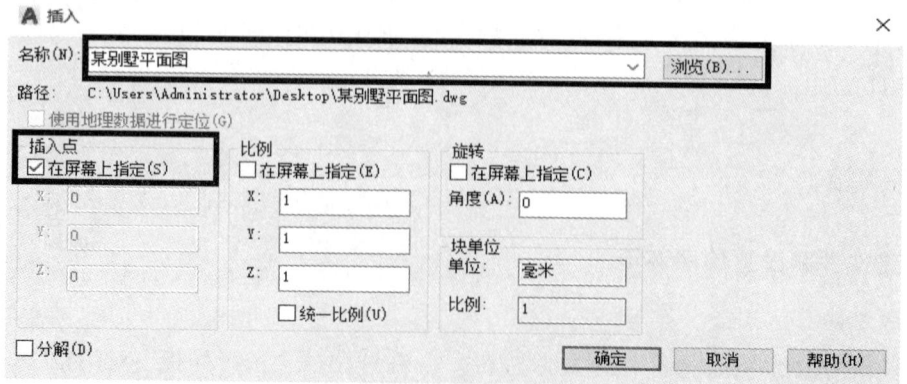

图 7-60　"插入"对话框

步骤三 绘制立面图投影线和外轮廓线

从一层平面图画竖直投影线，再用 LINE、OFFSET 及 TRIM 命令画屋顶线、墙线、室外地坪线和室内地坪线等，尺寸及结果如图 7-61 所示。

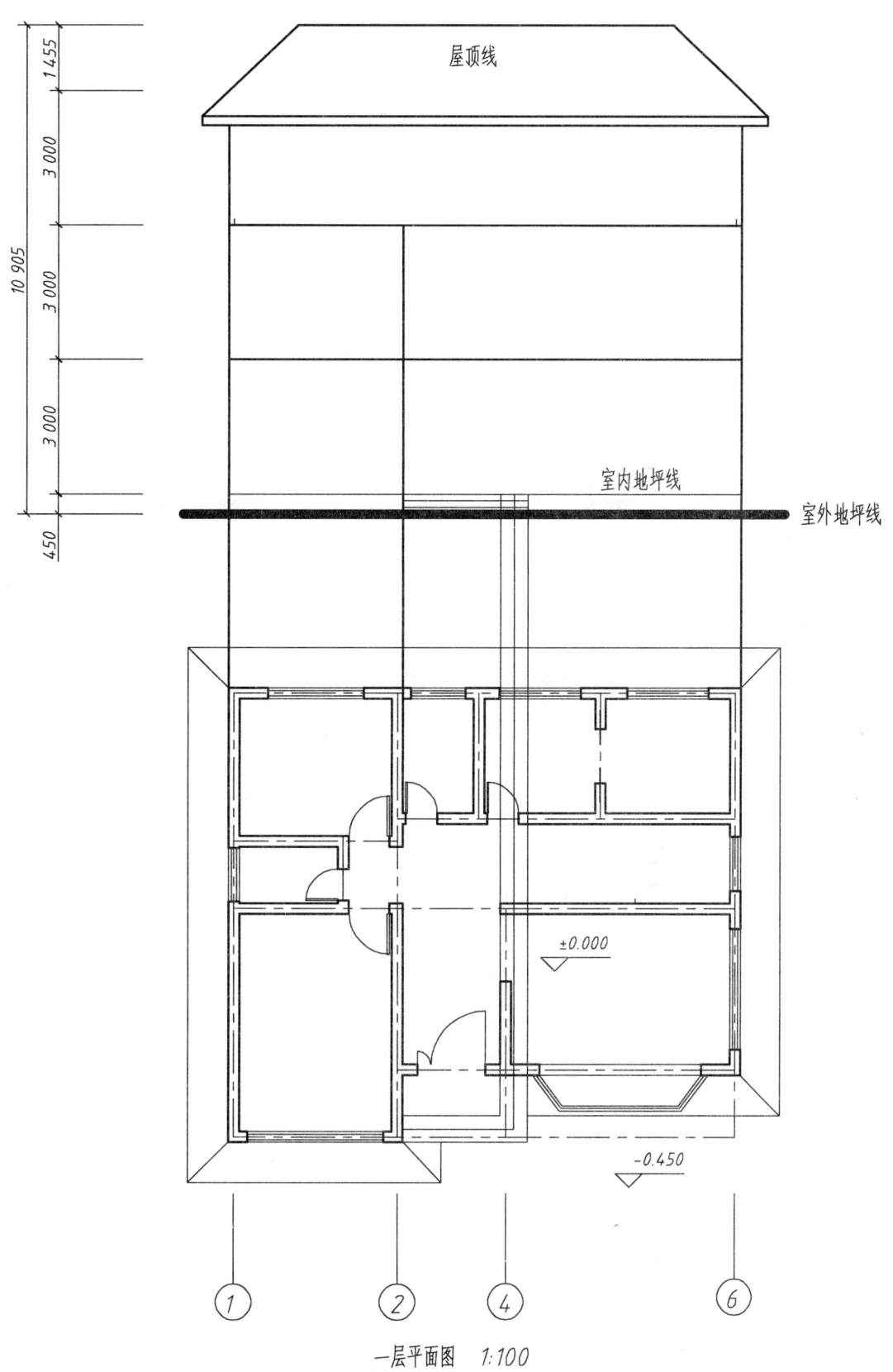

图 7-61 绘制投影线、建筑外轮廓线

步骤四 绘制立面窗

（1）从一层平面图绘制竖直投影线，再用 OFFSET 及 TRIM 命令形成一楼门窗洞线，如图 7-62 所示。绘制一楼门窗，门窗详细尺寸见建筑详图，结果如图 7-55 一楼立面所示。

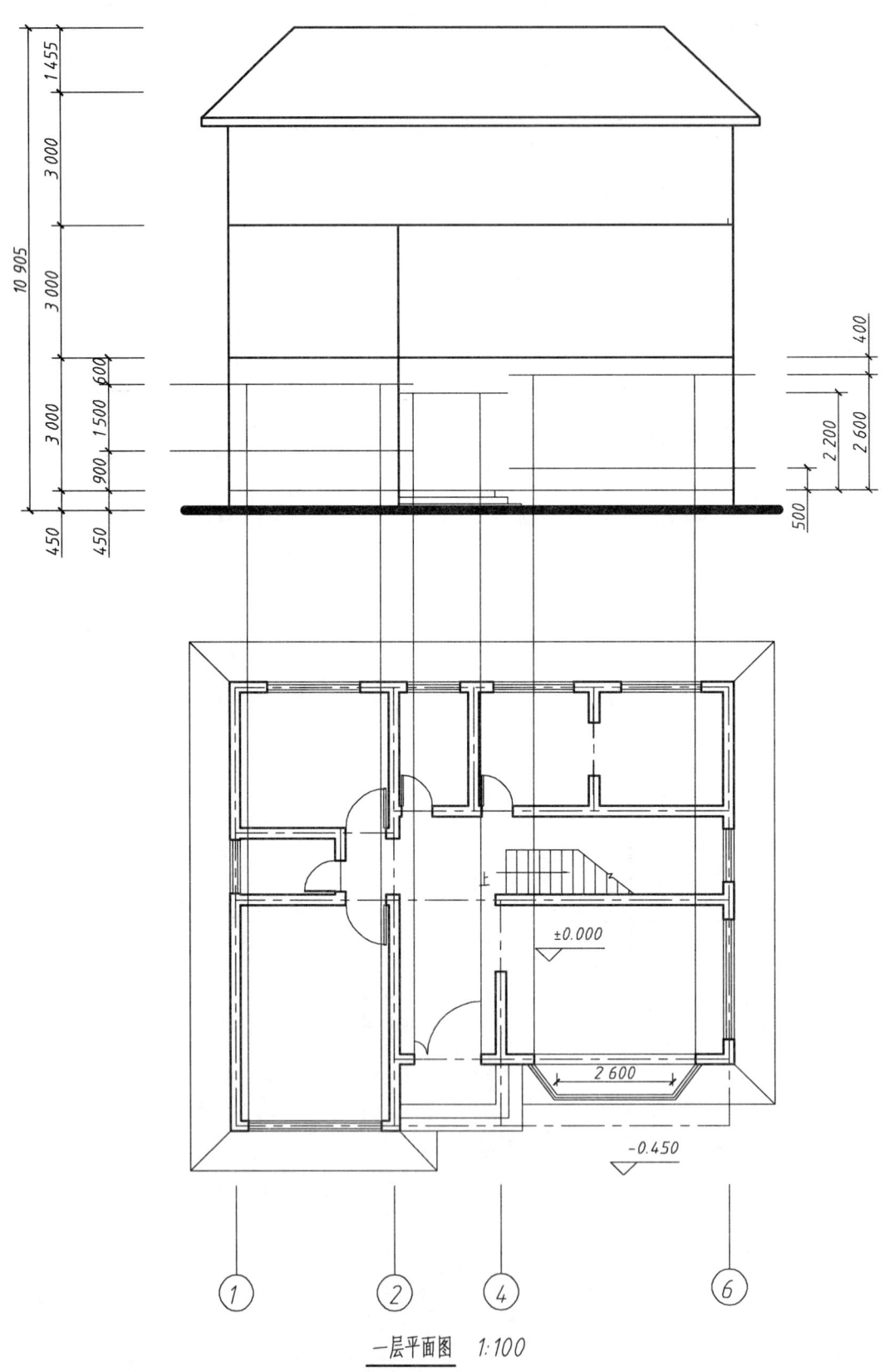

图 7-62　一楼立面门窗洞线

（2）将一层平面图替换为二层平面图，并绘制竖直投影线。用 OFFSET 及 TRIM 命令形成二楼门窗洞线，如图 7-63 所示。二楼门窗尺寸见建筑详图，结果如图 7-55 二楼立面所示。

注意：二层平面图与一层立面图的位置对正，并添加两根定位轴线。

（3）将二层平面图替换为三层平面图，并绘制竖直投影线。用 OFFSET 及 TRIM 命令形成三楼门线。三楼门的尺寸见建筑详图，结果如图 7-55 三楼立面所示。

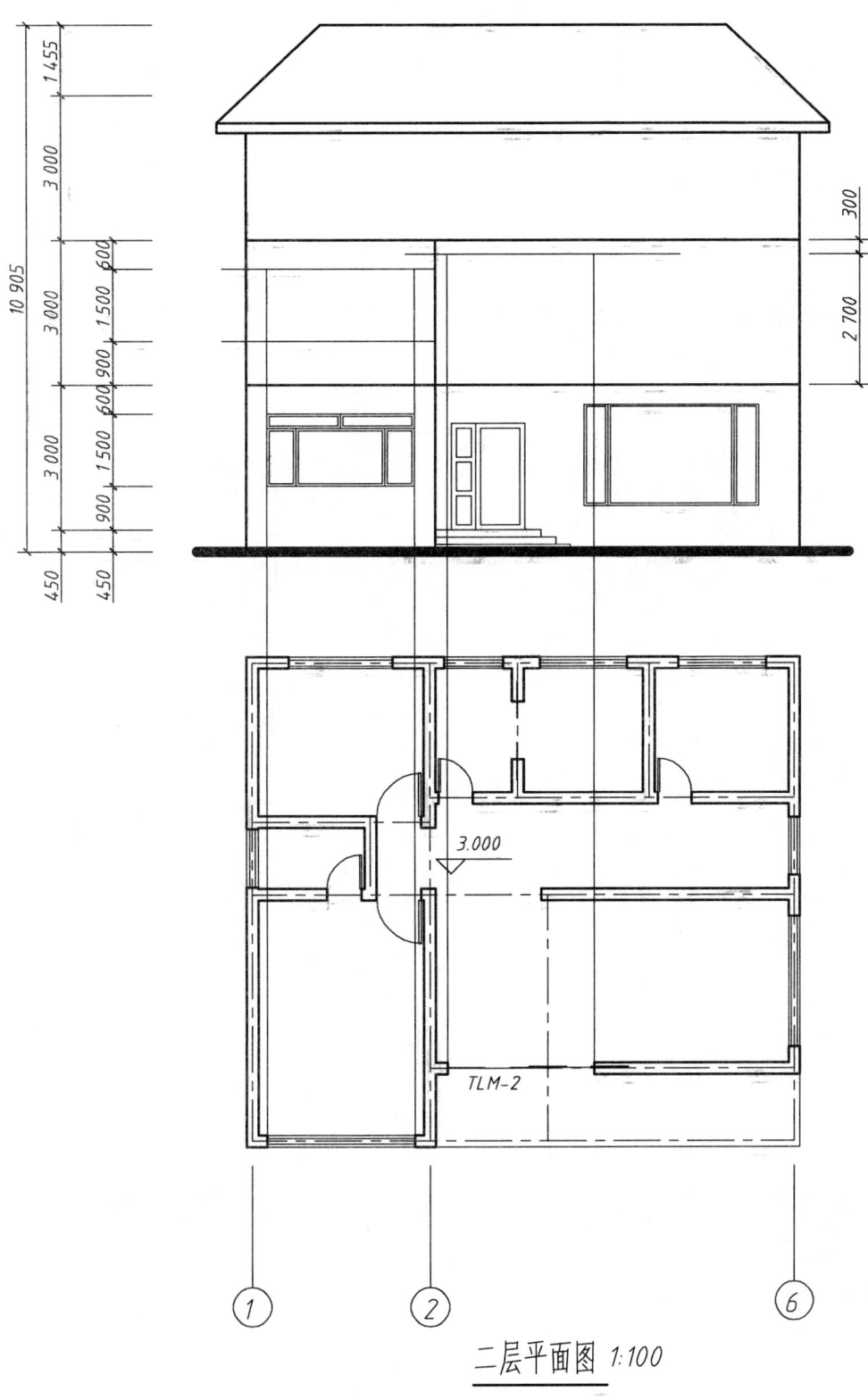

图 7-63　二楼立面门窗洞线

步骤五 绘制栏杆

绘制二楼、三楼栏杆立面，填充屋顶图案和一楼墙面图案，如图 7-64 所示。

注意：图案填充时，图案的选择要正确，且图案的填充比例要注意改写。

步骤六 标注尺寸并注写文字及符号

按规范注写文字、标高、轴线编号等，如图 7-64 所示。

步骤七 插入图框

使用缩放命令，将新文件中的原始图框放大 100 倍；使用移动命令，将平面图放置到图框内合适的位置；最后用"范围缩放"完成满屏显示，完成某别墅南立面图的绘制。如图 7-65 所示。

步骤八 绘制其他立面图

使用相同方法绘制某别墅的北立面图、西立面图和东立面图，如"任务内容"所示，并分别放入图框内。

步骤九 保存图形文件为"某别墅立面图.dwg"

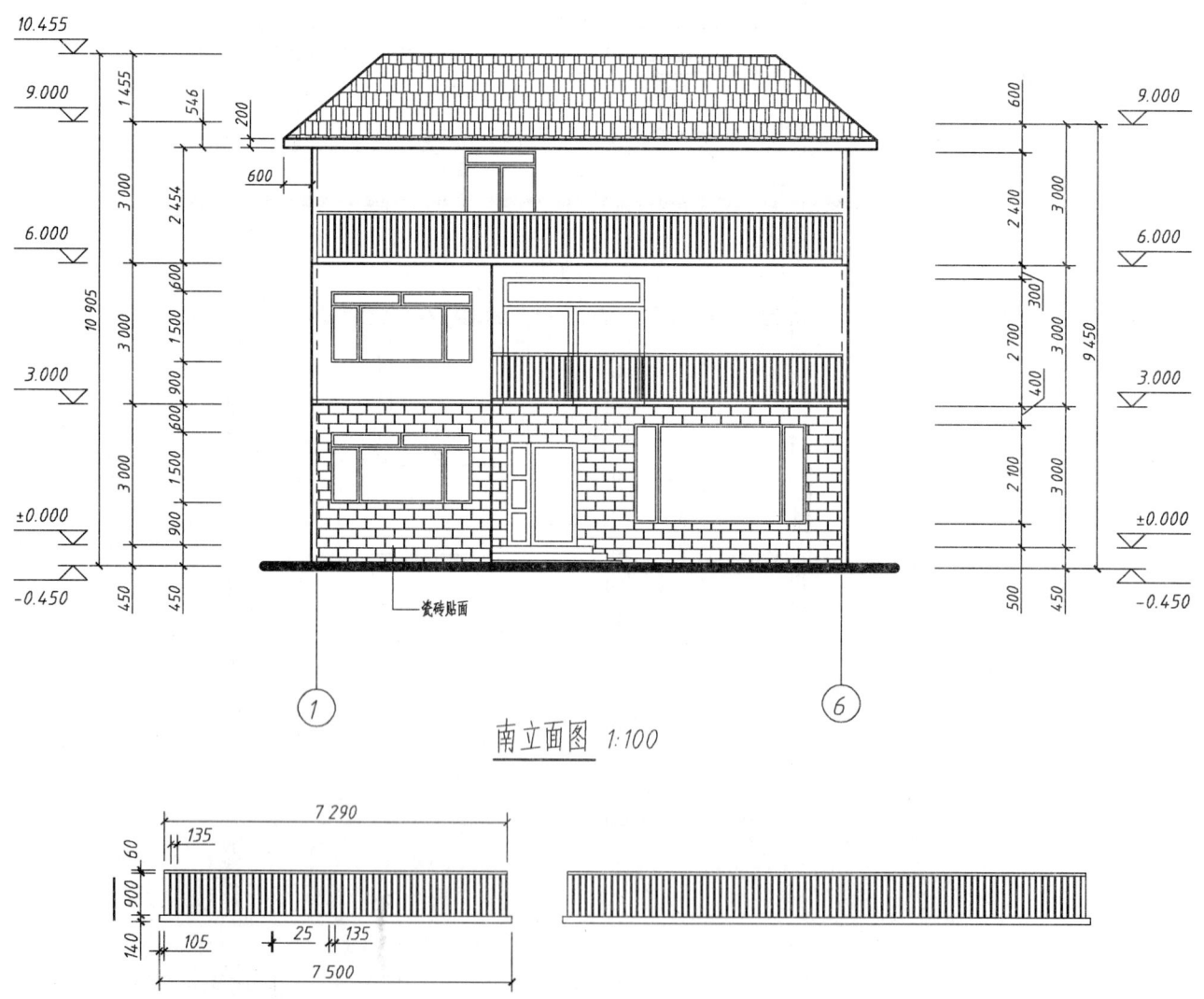

图 7-64 绘制栏杆及填充

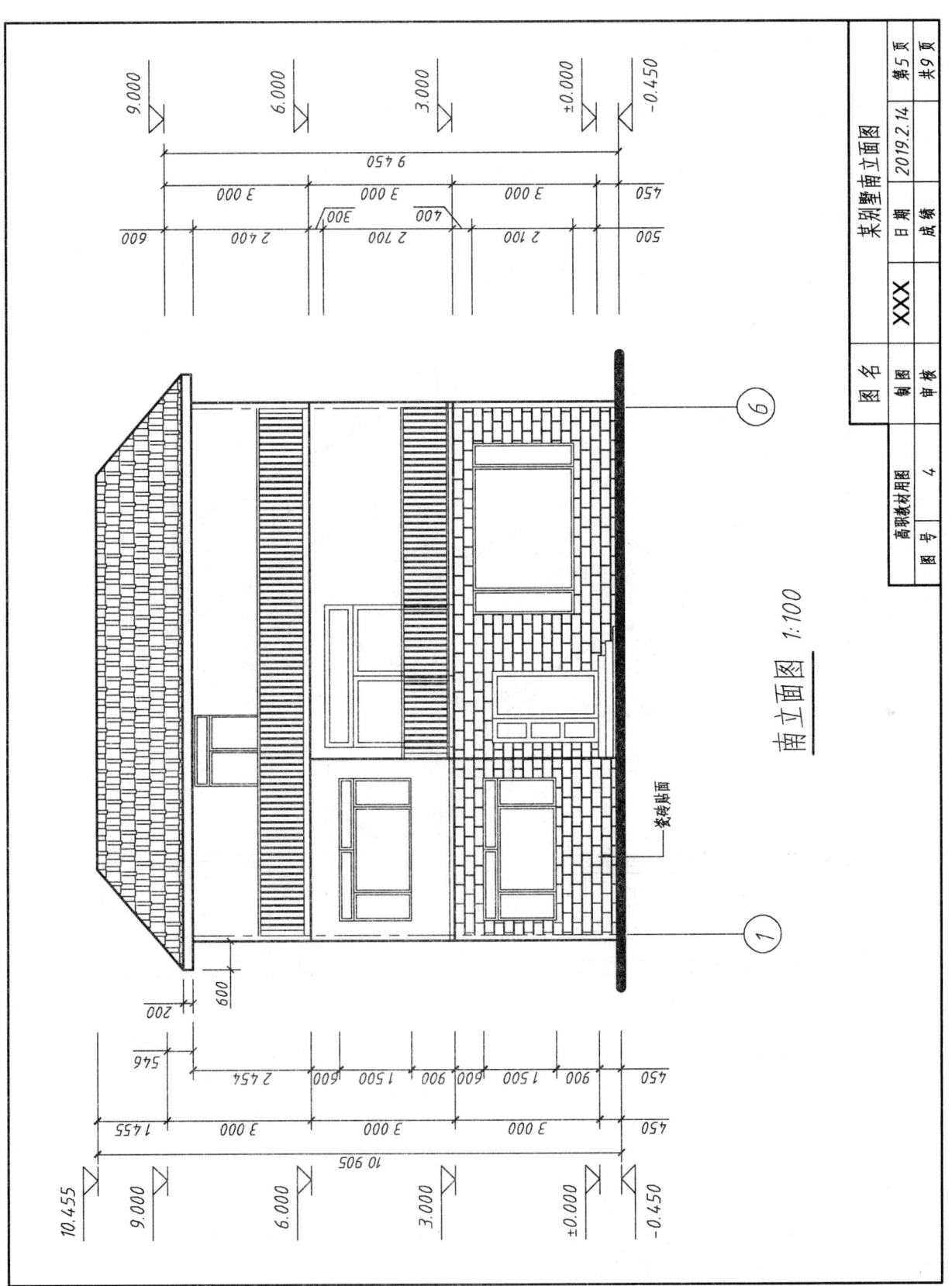

图 7-65 某别墅南立面图

📄 知识链接

一、建筑立面图的形成

建筑立面图是将房屋的各个侧面向与之平行的投影面作正投影所得的图样，简称立面图，如图 7-66 所示。

建筑立面图是用来表现房屋立面造型的艺术处理，表示房屋的外部造型和外墙面的装饰，同时反映外墙面上门窗位置、入口处和阳台的造型、外部台阶等构造以及各表面装饰的色彩和用料的图样。

立面图的数量视房屋各立面的复杂程度而定，一般为 4 个立面图。一般采用两端的定位轴线编号来确定，如①~④立面图等，便于阅读图样时与平面图对照。

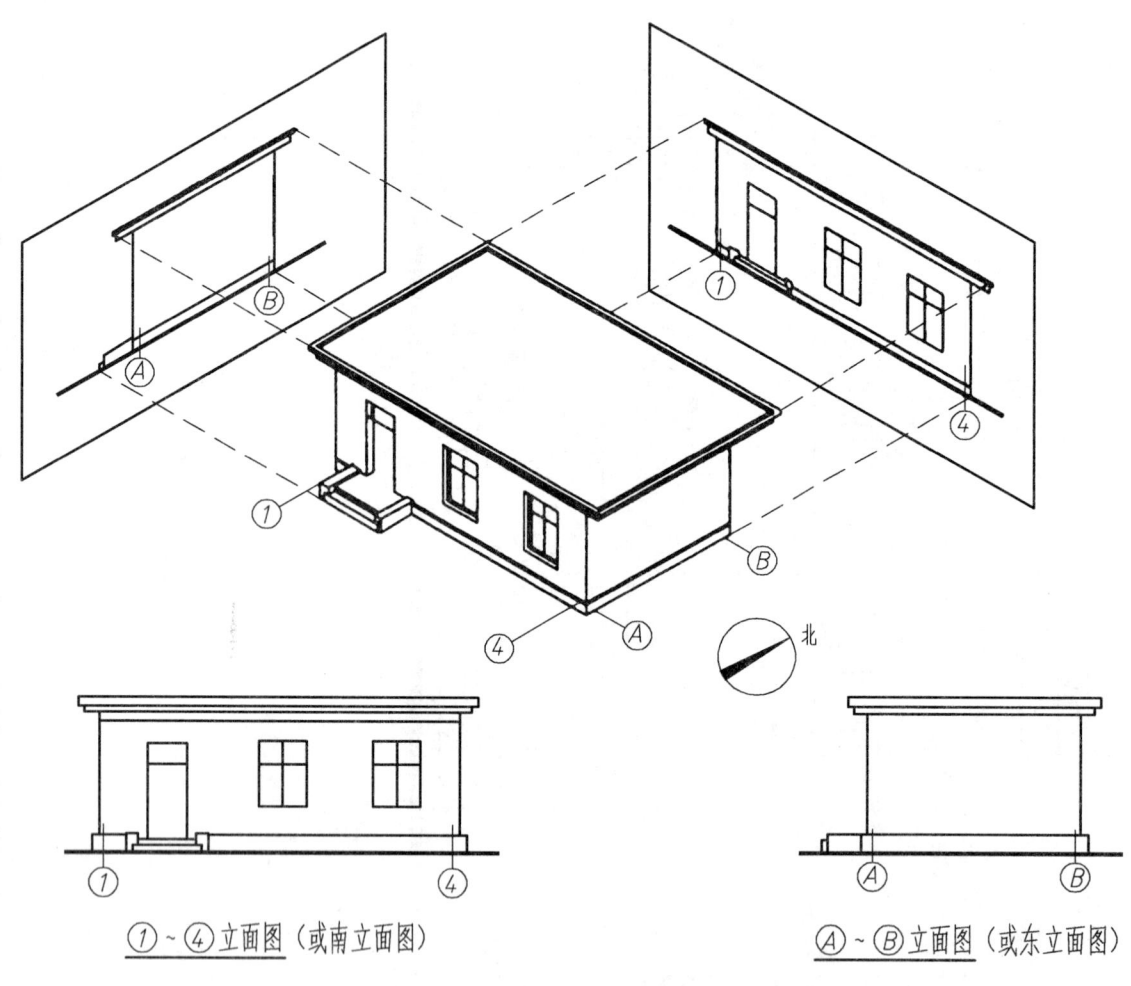

图 7-66 建筑立面图的形成

二、建筑立面图表达的主要内容

（1）画出从建筑物外可以看见的室外地坪线、房屋的勒脚、台阶、花池、门、窗、雨篷、阳台、室外楼梯、墙体外边线、檐口、屋顶、雨水管、墙面分格线等内容。

（2）建筑物立面上的主要标高，如室外地面的标高、台阶表面的标高、各层门窗洞口的标高和阳台、雨篷、女儿墙顶、屋顶水箱间、楼梯间屋顶的标高。

（3）建筑物两端的定位轴线及其编号。
（4）需要详图表示的索引符号。
（5）用文字说明外墙面装修的材料及其做法，如立面图局部需画详图时应标注详图的索引符号。

三、建筑立面图的标注

建筑立面图中不标注水平方向的尺寸，只画出两端轴线及编号。标注出外墙上各部位的相对标高，一般不标注高度方向的尺寸。标出室外地坪、入口处地面、室内地面、各层窗台、门窗顶、阳台、檐口、女儿墙等处的标高。具体做法可由标注出的索引符号索引到放大的局部详图中查看。

在立面图中还要说明外墙面的装修色彩和工程做法，一般用文字或分类符号表示。根据具体情况标注有关部位详图的索引符号。

四、绘制建筑立面图中图线的应用

房屋的主体外轮廓用粗实线；勒脚、门窗洞口、窗台、阳台、雨篷、檐口、柱、台阶、花池等轮廓用中粗实线；门窗扇分格、栏杆、雨水管、墙面分格线、文字说明引出线等用细实线；室外地平线用特粗实线（约 1.4b）。

在立面图中一般只要求绘出房屋外墙两端的定位轴线及编号，定位轴线画进墙内 10~15 mm。

五、建筑立面图的识读

（1）阅读图名或定位轴线的编号，了解某一立面图的投影方向，并对照平面图了解其朝向。
（2）分析和阅读房屋的外轮廓线，了解房屋立面的造型、层数和层高的变化。
（3）了解外墙面上门窗的类型、数量、布置以及水平高度的变化。
（4）了解房屋的屋顶、雨篷、阳台、台阶、花池及勒脚等细部构造的形式和位置。
（5）阅读标高，了解房屋室内、外高差及各层高度尺寸和总高度。
（6）阅读文字说明和符号，了解外墙面装饰的做法、材料、要求以及索引的详图。

📖 **任务拓展**

【7-3-1】识读并绘制如图 7-67 和图 7-68 所示的某小区别墅各方向立面图。

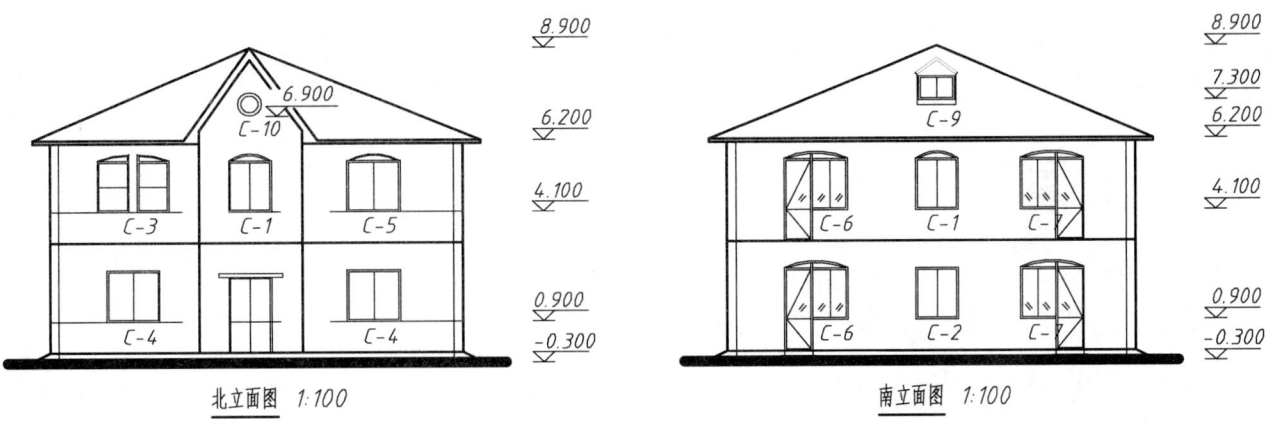

图 7-67　某小区别墅北立面图和南立面图

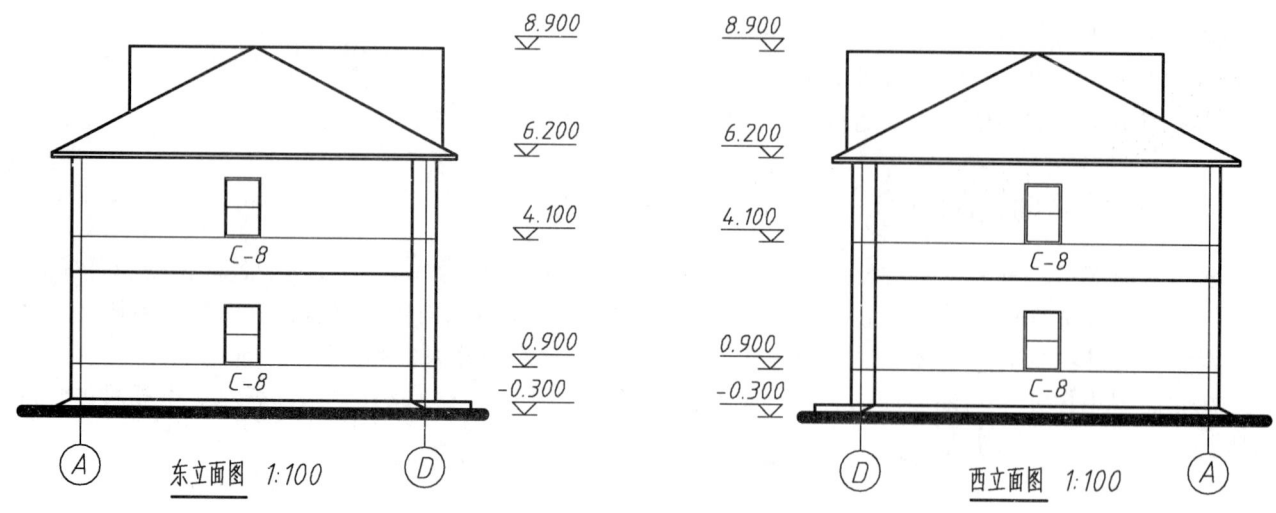

图 7-68 某小区别墅东立面图和西立面图

任务四　绘制建筑剖面图

剖面图主要用于表示房屋内部的结构形式、分层情况及各部分的联系等，它的绘制方法是假想一个铅垂的平面剖切房屋，移去挡住的部分，然后将剩余的部分按正投影原理绘制出来。

剖面图反映的主要内容如下：

（1）在垂直方向上房屋各部分的尺寸及组合。
（2）建筑物的层数、层高。
（3）房屋在剖面位置上的主要结构形式、构造方式等。

任务目标

- 理解建筑剖面图的含义。
- 识读建筑剖面图的内容。
- 熟练应用 AutoCAD 绘制建筑剖面图。
- 熟练应用 AutoCAD 对建筑剖面图进行标注。
- 培养规范操作、耐心细致、严谨求实、互助协作的职业素质。

任务内容

绘制如图 7-69 所示的房屋建筑剖面图。

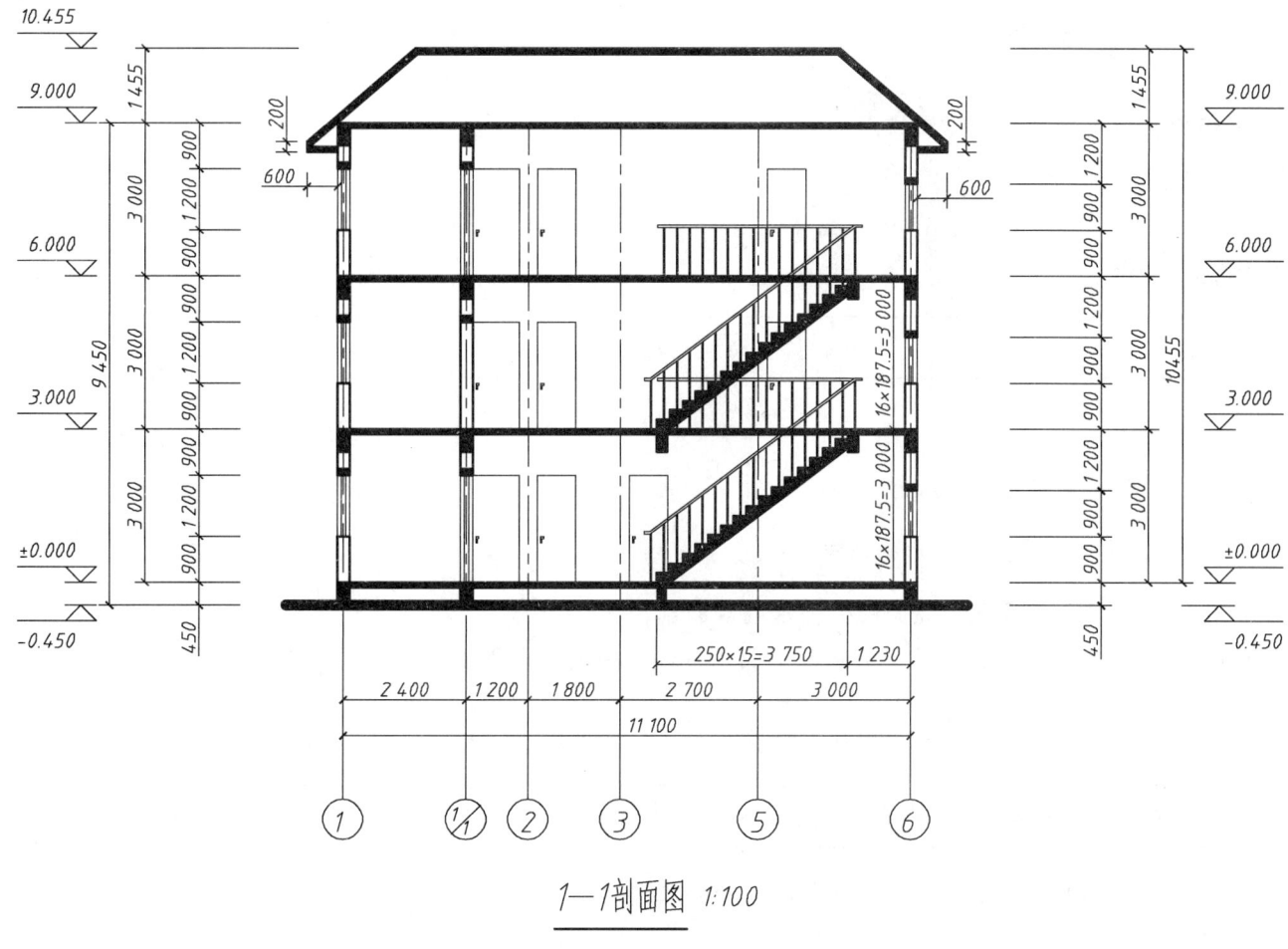

图 7-69　某别墅 1—1 剖面图

任务分析

可将平面图、立面图作为绘制剖面图的辅助图形，并把平面图（是否旋转平面图要根据剖切面的位置而定）和立面图布置在适当的位置。先从平面图绘制竖直投影线，再从立面图绘制竖直水平投影线，形成剖面图的主要特征，然后绘制立面图的各部分细节。绘制剖面图的主要过程如下：

（1）打开建筑绘图模板文件，通过外部引用方式将建筑平面图、立面图插入当前新建文件内；或者利用 Windows 的复制/粘贴功能将平面图和立面图拷贝到新建文件中。

（2）将平面图、立面图布置在一个图形中，以这两个图为基础绘制剖面图。

（3）从平面图、立面图绘制建筑物轮廓的投影线，修剪多余线条，形成剖面图的主要布局线。

（4）利用投影线形成门窗高度线、墙体厚度线及楼板厚度线等。

（5）以布局线为作图基准线，绘制未剖切到的墙面细节，如阳台、窗台及墙垛等。

（6）缩放标准图框，并以绘图比例的倒数缩放图框。

（7）标注尺寸，尺寸标注总体比例为绘图比例的倒数。

（8）书写文字，文字字高为图纸上的实际字高与绘图比例倒数的乘积。

（9）保存文件。

任务实施

步骤一　新建文件和设置绘图环境

1. 新建图形文件

打开软件 AutoCAD 2019，选择新建文件按钮，在弹出的"选择样板"对话框中，找到模板文件"建筑绘图 A3 模板.dwt"，创建包含模板文件内所有内容的新文件"Drawing1.dwg"。

> 提示：当创建不同种类的对象时，应切换到相应图层。

2. 设置绘图区域大小

设定绘图区域大小为 40000×40000。

3. 设置辅助绘图功能，精确绘图

步骤二　导入平面图、立面图方便辅助绘制剖面图

（1）将任务二绘制的文件"某别墅平面图.dwg"中的底层平面图、二层平面图插入当前新建的文件中。

（2）将任务三创建的文件"某别墅立面图.dwg"中的西立面图、东立面图插入当前新建的文件中。

> 提示：这 4 个图对绘制该剖面图分别有什么作用？

步骤三　绘制投影线，形成墙体和墙体中心线

从底层平面图绘制竖直投影线，形成墙体和墙体中心线，如图 7-70 所示。

步骤四　绘制室内外地平线、楼面线及屋顶线等

从西立面图绘制水平投影线，形成室外地坪线、室内地坪线、楼板线、屋顶线，如图 7-70 所示。

步骤五　绘制窗洞

（1）分别从西立面图和东立面图绘制水平投影线，形成窗户剖切位置上下界限线、门上界限线，如图 7-71 和图 7-72 所示。

（2）利用"修剪"命令，形成门洞、窗洞，并修剪多余的线条，如图 7-73 所示。

步骤六　绘制窗、楼板、门窗过梁等

绘制窗、楼板、门窗过梁、板下梁（具体尺寸见建筑详图），以及屋顶的剖面线条，如图 7-74 所示。

步骤七　绘制门、楼梯、梯梁等

利用各楼层平面图绘制各楼层剖面图中的门，绘制楼梯、梯梁，具体尺寸见任务五的建筑详图，如图 7-75 所示。

> 提示：绘制门的剖面线条就要分别一层平面图、二层平面图和三层平面图。

步骤八　尺寸标注和文字标注

进行尺寸标注和文字标注，如图 7-69 所示。

步骤九　插入图框

使用缩放命令，将新文件中的原始图框放大 100 倍；使用移动命令，将剖面图放置到图框内合适的位置，最后用"范围缩放"完成满屏显示。如图 7-76 所示。

步骤十　保存图形文件为"某别墅剖面图.dwg"

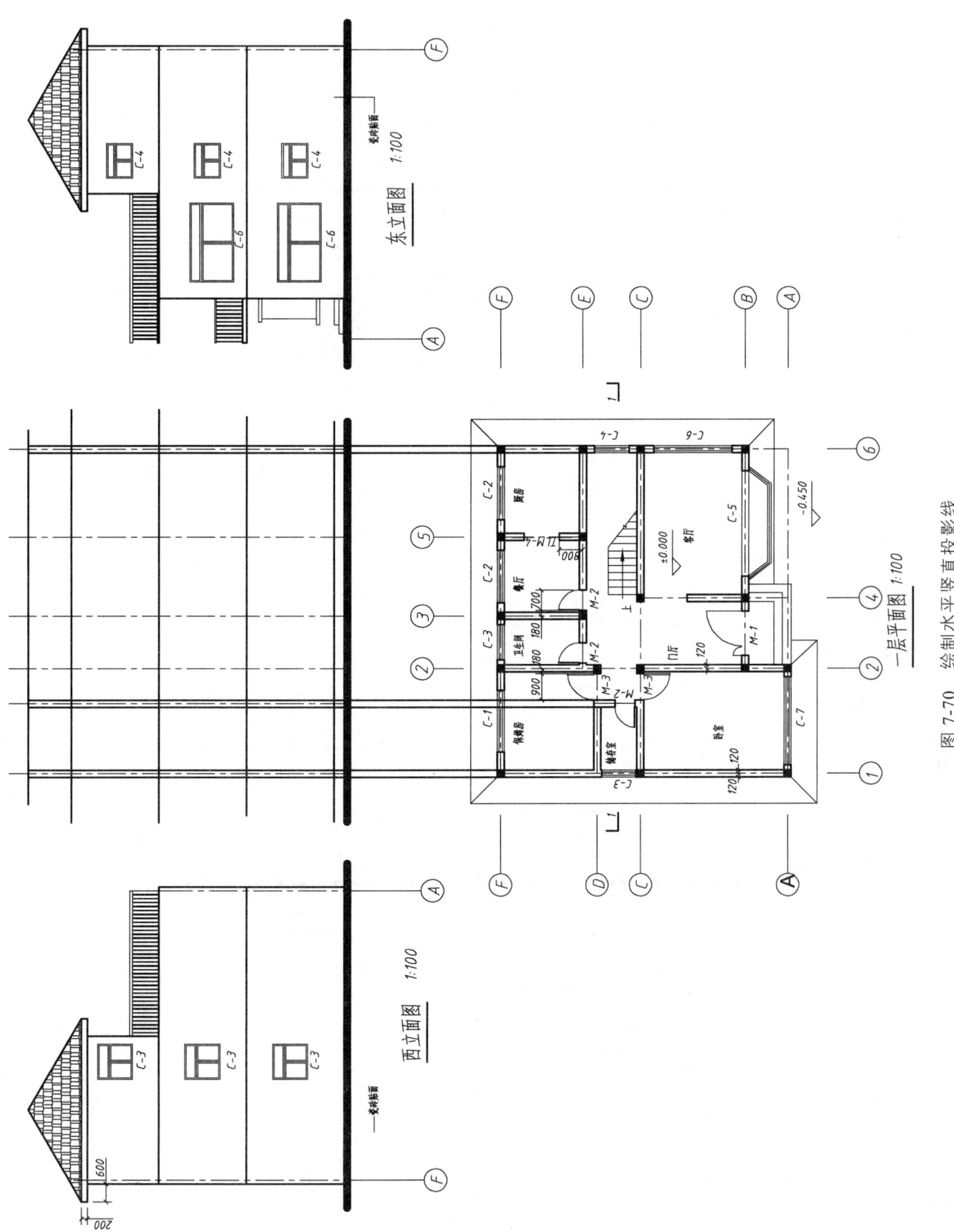

图 7-70 绘制水平竖直投影线

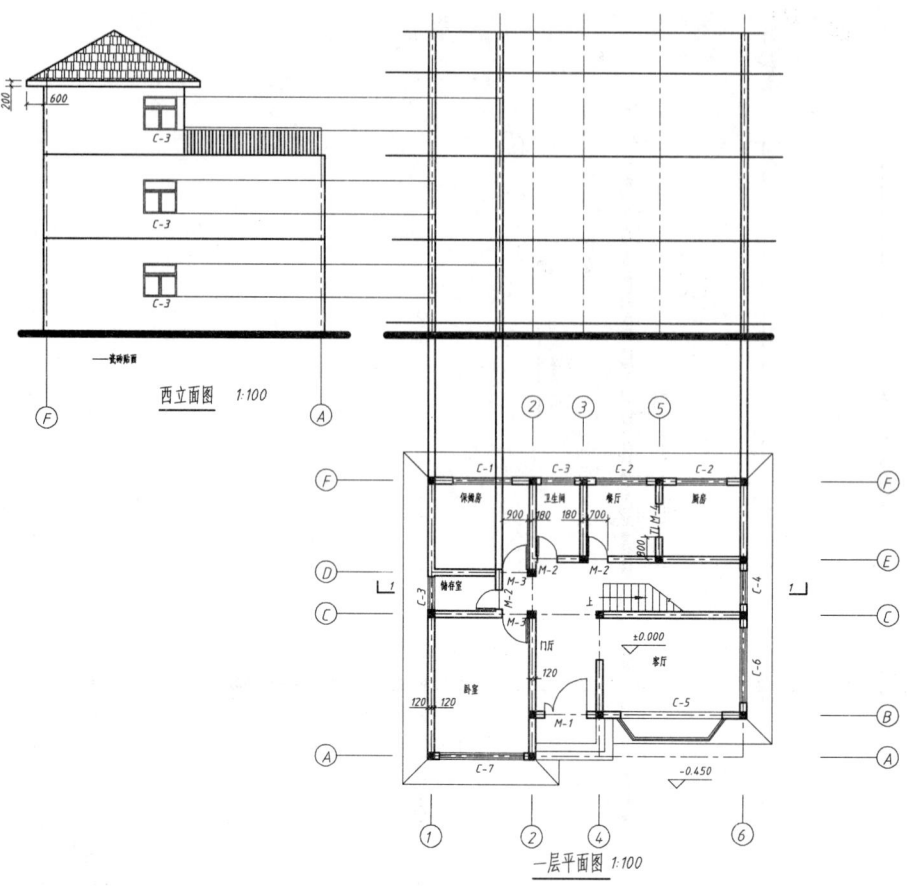

图 7-71 形成西立面图的窗户和门的水平投影线

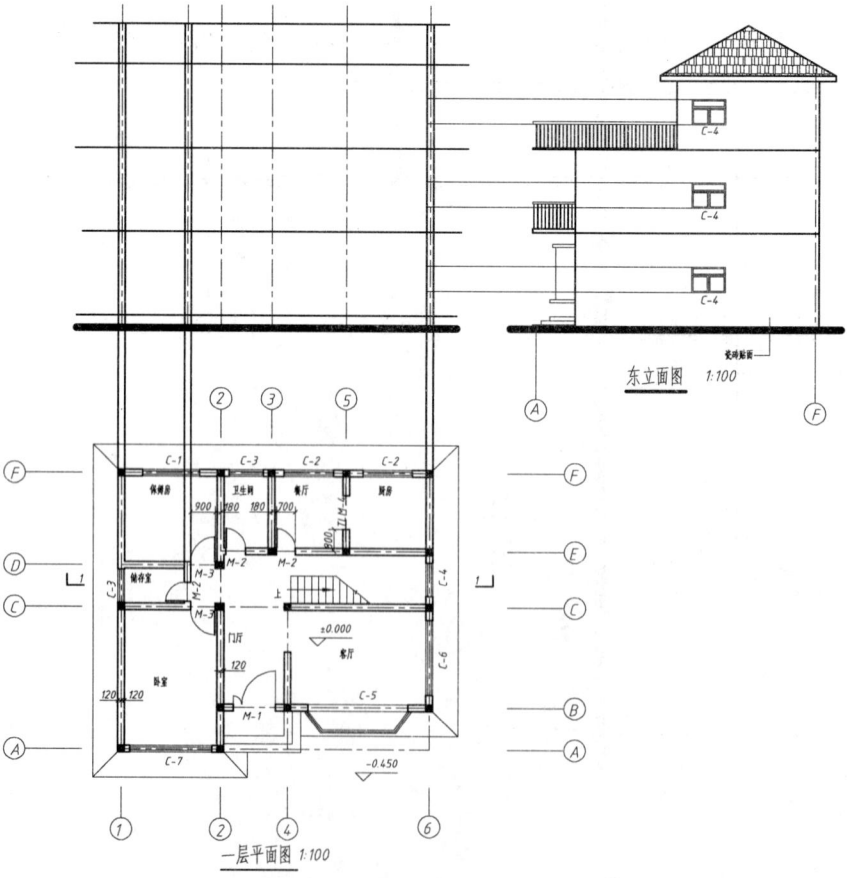

图 7-72 形成东立面图的窗户水平投影线

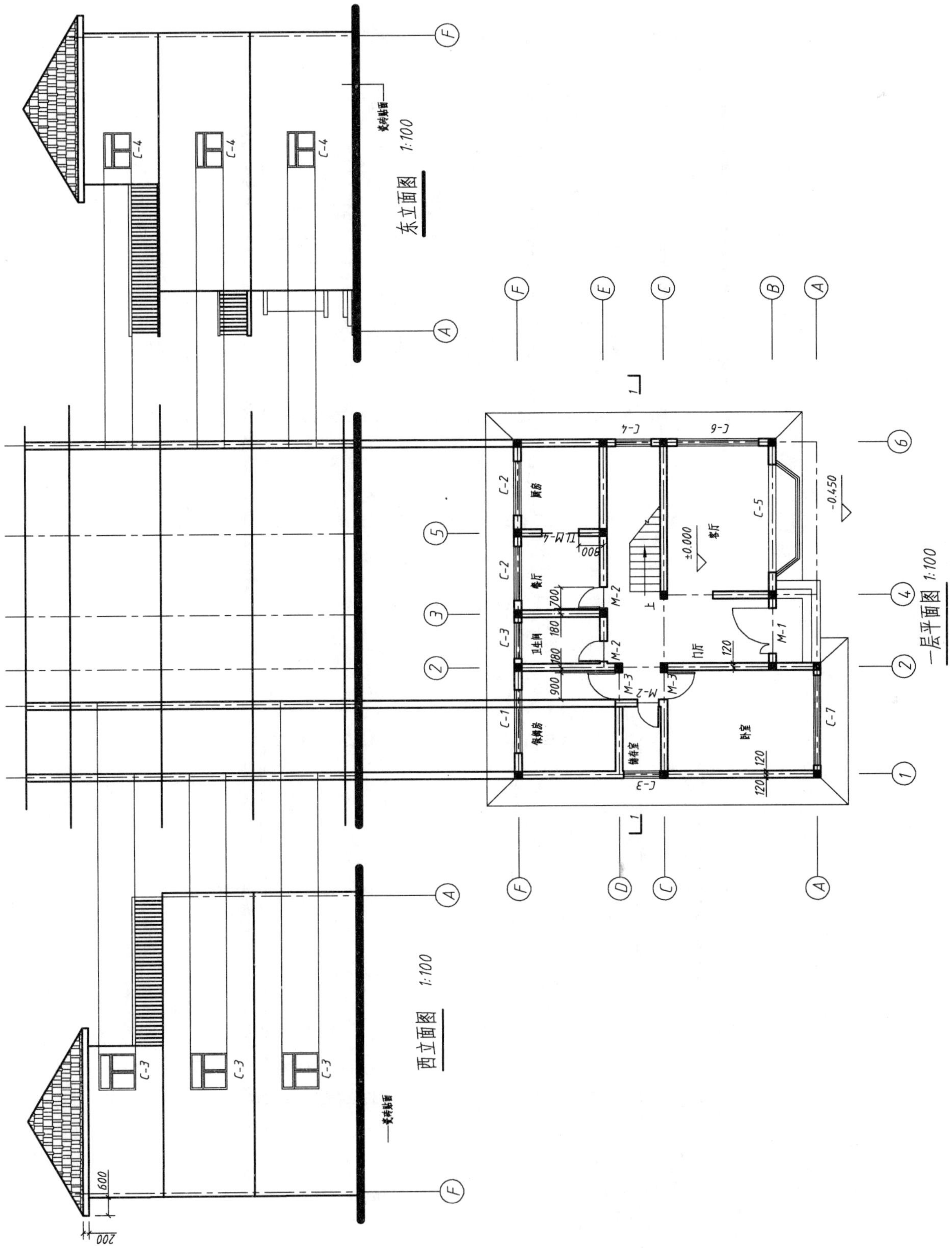
东立面图 1:100
西立面图 1:100
一层平面图 1:100
±0.000
-0.450
C-1
C-2
C-3
C-4
C-5
C-6
C-7
M-1
M-2
M-3
客厅
卧室
门厅
厨房
餐厅
卫生间
储藏室
保姆房

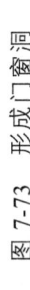

图 7-73　形成门窗洞

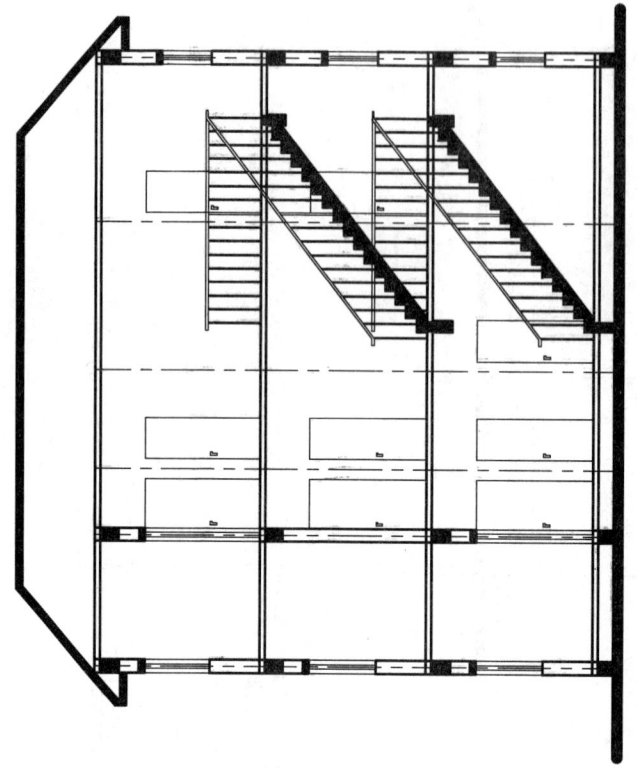

图 7-75 绘制楼梯、梯下梁、各楼层门剖面线条

图 7-74 绘制屋顶、楼板、门、窗、梁的剖面线条

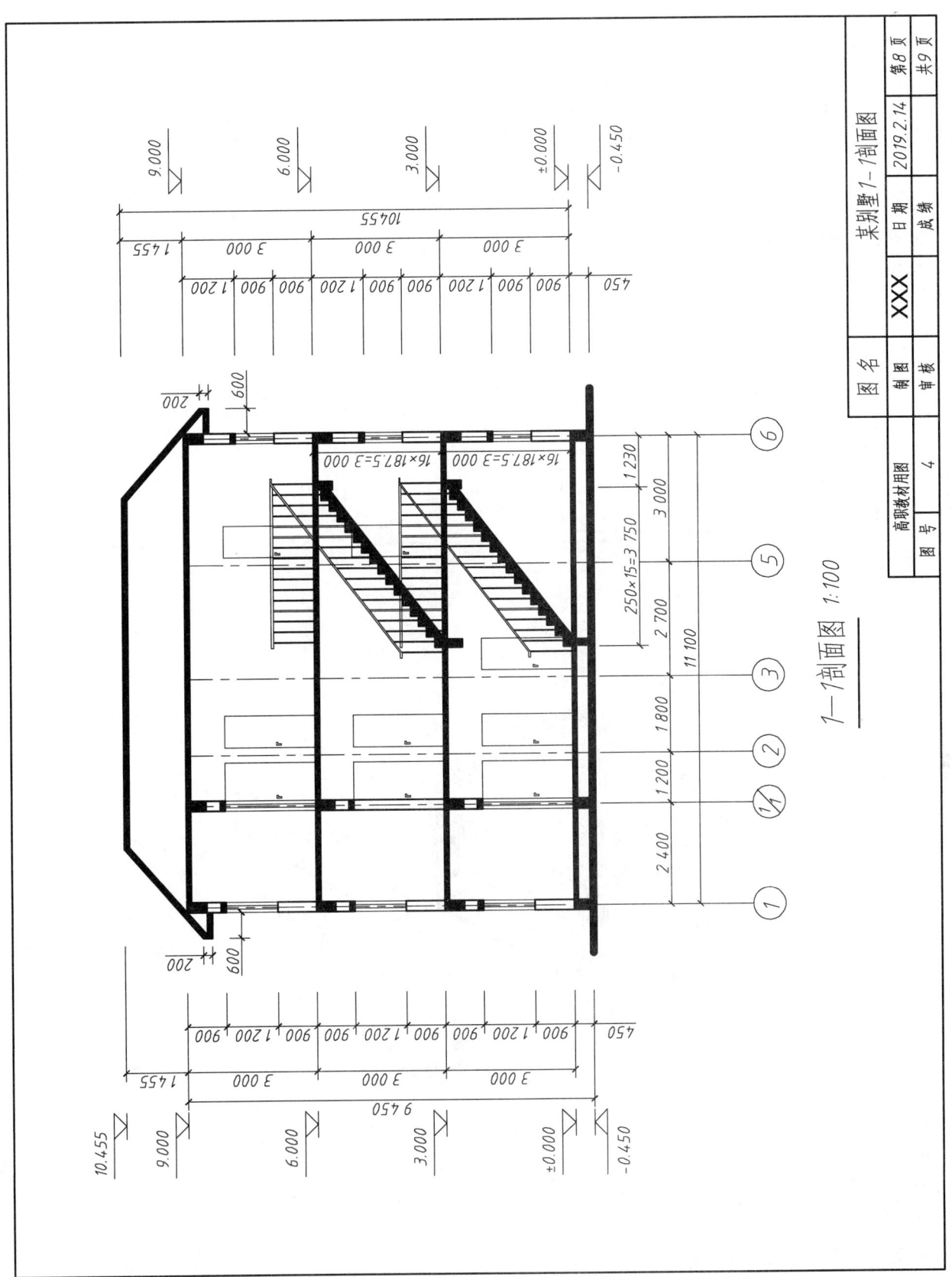

图 7-76 插入图框

知识链接

一、建筑剖面图

建筑剖面图是用一假想的竖直剖切平面,垂直于外墙,将房屋剖切后所得的某一方向的正投影图,简称剖面图。剖切的位置一般选择在内部结构和构造比较复杂或有代表性的部位。

建筑剖面图主要表示建筑内部在高度方向的结构形式、楼层分层、垂直方向的高度尺寸以及各部分的联系等情况。剖面图是与平面图、立面图相配合的不可缺少的三大基本图样之一。

剖面图的数量视房屋的具体结构和施工的实际需要而定。

建筑剖面图的形成如图 7-77 所示。

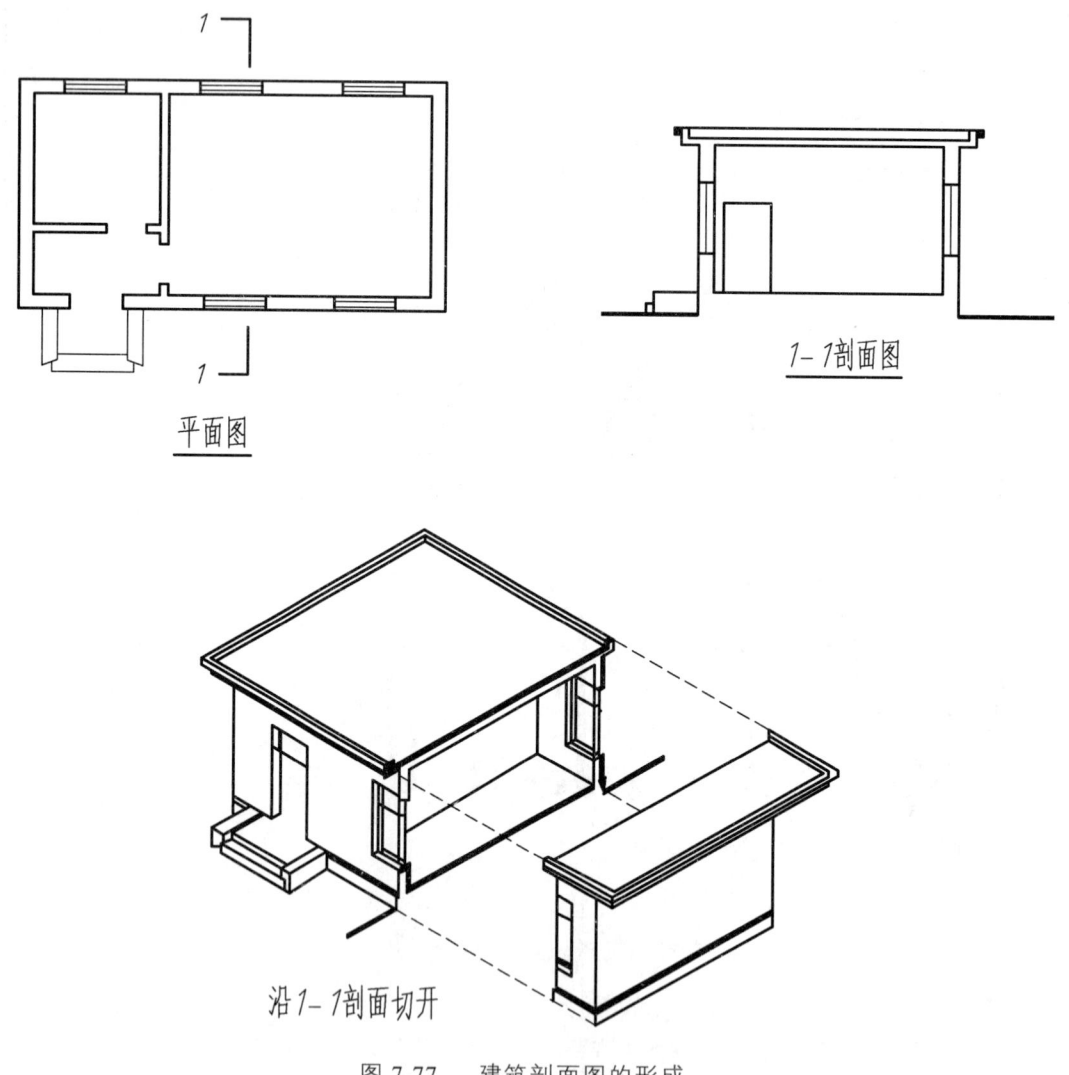

图 7-77　建筑剖面图的形成

二、建筑剖面图的主要内容

建筑剖面图主要表示建筑物内部的分层、垂直高度、结构形式、构造方式、材料做法等。通过不同的剖切位置看墙身与室外地面散水、室内地面、防潮层、各层楼面、梁的关系,门窗洞口的位置,屋顶的形式、梯间的布置及踢脚、墙裙等细部构造。除地下室外,一般不画出室外地坪以下部分,也可用折断线省略。

建筑剖面图一般选用与平面图相一致的比例。当结构或构造较为复杂时，为了更好看清房屋内部分层及构造情况，一般剖面也可放大比例。如平面图为 1∶100，剖面图可采用 1∶50。图名采用剖切编号，用阿拉伯数字或用英文字母，如 1—1、2—2 或 A—A、B—B 命名剖面图。

三、建筑剖面图的标注

建筑剖面图上一般画出两端及剖切到的墙身的轴线及编号，以便于与平面图、立面图对照看图。剖面图上应标注三层垂直尺寸，最外侧为室外地面以上的总尺寸，中间层为层高尺寸，内侧为门窗洞口及洞间墙的高度尺寸。另外还应标注某些局部尺寸，如室内门窗洞、窗台的高度等。图上应标出室外地坪标高、各层楼面标高、楼梯平台、门窗、檐口、屋面、烟囱、水箱等标高。

如果需要直接在剖面图上表示地面、楼面、屋面等构造做法，一般用引出线指向说明的构造部位，按照构造层次，逐层加以文字说明。

各节点构造的具体做法，应以较大比例绘制详图，并用索引符号表明详图的编号和所在图纸号及必要的文字说明。

四、建筑剖面图绘制时图线的应用

室外地坪线用特粗实线表示，剖切到的墙身、楼板、屋面板、楼梯段、楼梯平台等轮廓线用粗实线绘制，未剖切到的可见轮廓线用中粗实线表示，门窗扇、墙面分格线、雨水管等用细实线绘制。

剖切到的楼板、过梁、圈梁、梯板等结构构件均用材料图例填充表现（当绘图比例在 1∶100 时，可简化材料图例表现），具体尺寸不在建筑中标注，而在结构施工图中标注。

五、建筑剖面图的识读

（1）阅读图名、轴线编号、绘图比例，并与底层平面图对照，确定剖面图的剖切位置、投影方向。

（2）从图中了解房屋从室外地面到屋顶竖向各部位的构造做法和结构形式，了解墙体与楼面、地面、梁板、楼梯、屋面等构件之间的相互连接关系和材料做法等。

（3）看房屋各水平面的标高及尺寸标注，从而了解房屋的层高和总高、外墙各层窗（门）洞口和窗间墙的高度、室内门的高度、室内外高差、被剖切到的墙体的轴线间尺寸等。

（4）看图中的文字说明及索引符号，了解有关细部的构造及做法。在剖面图中表示楼地面、屋面的构造时，通常用一引出线并分别按构造层次顺序列出材料及构造做法。同时还要了解详图的引出位置和编号，以便查阅详图。

📖 **任务拓展**

【7-4-1】识读并绘制以下某小区别墅剖面图，如图 7-78 所示。

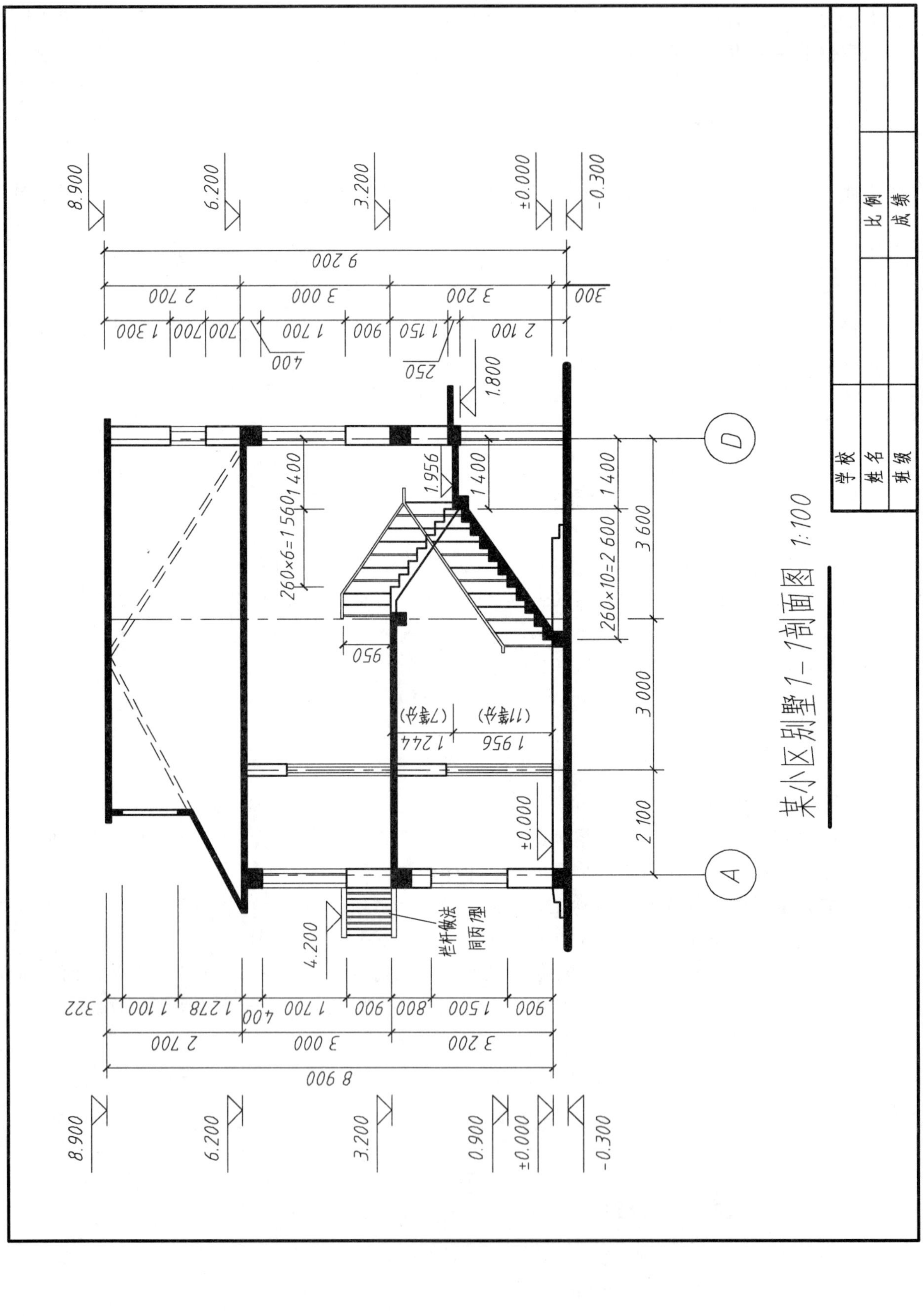

图 7-78 某小区别墅剖面图

任务五　绘制建筑详图

建筑平面图、立面图和剖面图主要表达了建筑物平面布置情况、外部形状和垂直方向的结构构造等。这些图样的绘图比例较小，而反映的内容范围却很广，因而建筑物的细部结构很难清晰地表示出来。为满足施工要求，常对楼梯、墙身、门、窗及阳台栏杆等局部结构采用较大的比例详细绘制，这样绘制出的图形称为建筑详图，也称大样图。

详图主要包括以下内容：
（1）某部分的详细构造及详细尺寸。
（2）使用的材料、规格及尺寸。
（3）有关施工要求及制作方法的文字说明。

任务目标

- 识读建筑详图的内容，理解建筑详图的含义。
- 理解建筑详图的绘图比例，并能在 AutoCAD 中应用。
- 熟练应用 AutoCAD 绘制各建筑详图。
- 熟练应用 AutoCAD 对建筑详图进行标注。
- 培养规范操作、耐心细致、严谨求实、互助协作的职业素质。

任务内容

绘制如图 7-79~图 7-81 所示的建筑详图，并均匀地布置在 A3 图框内。

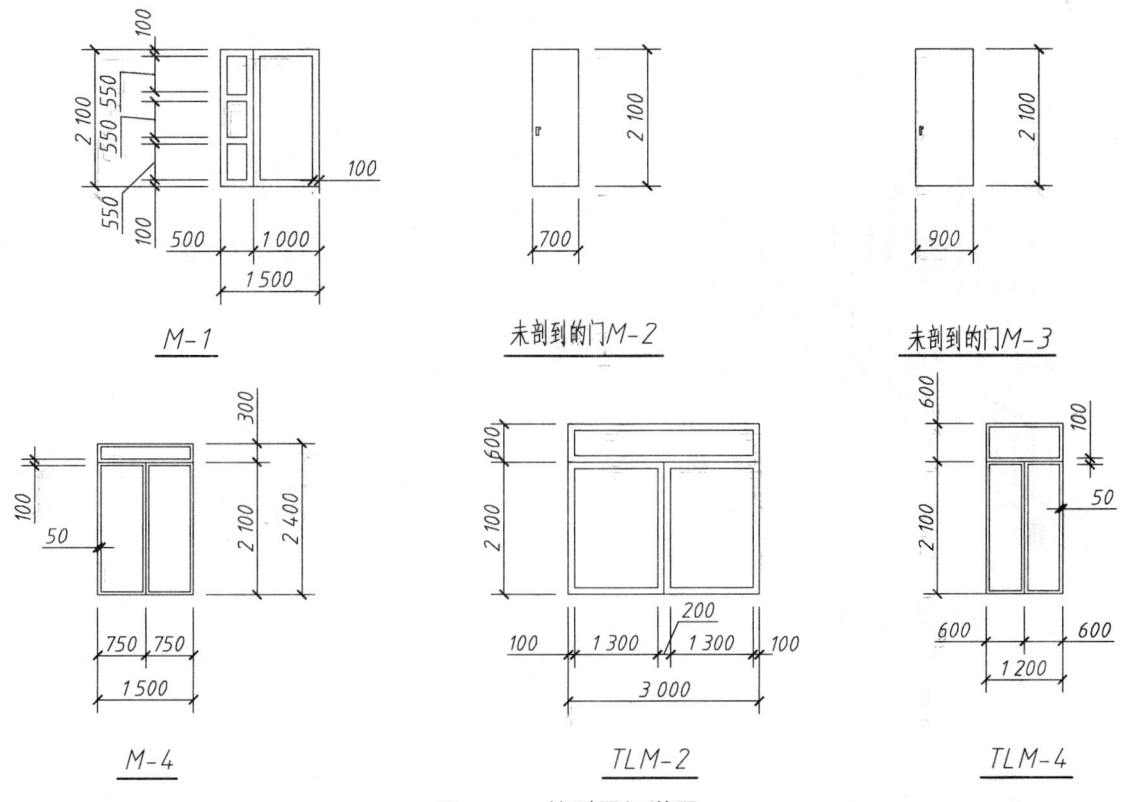

图 7-79　某别墅门详图

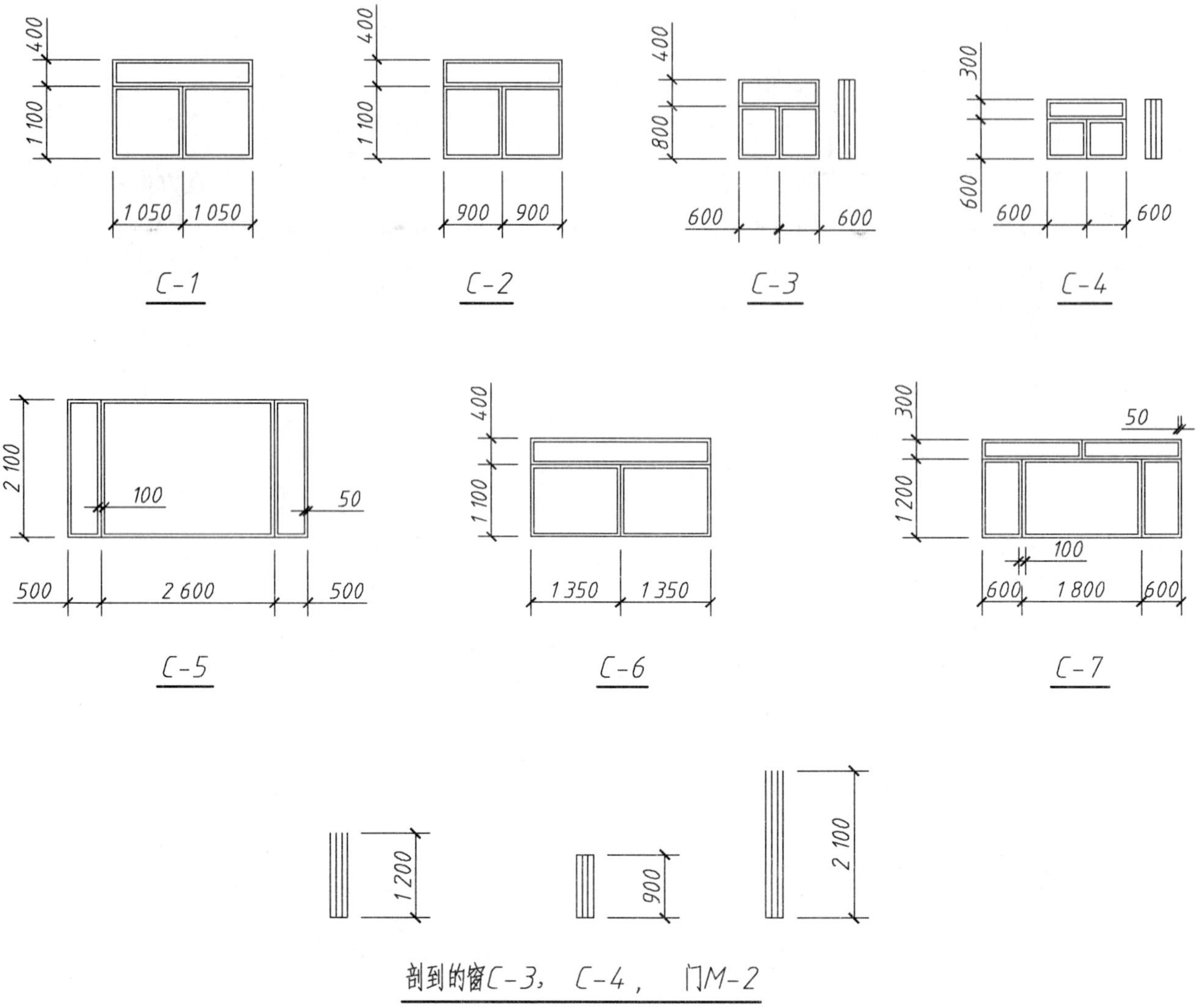

图 7-80 某别墅窗户详图

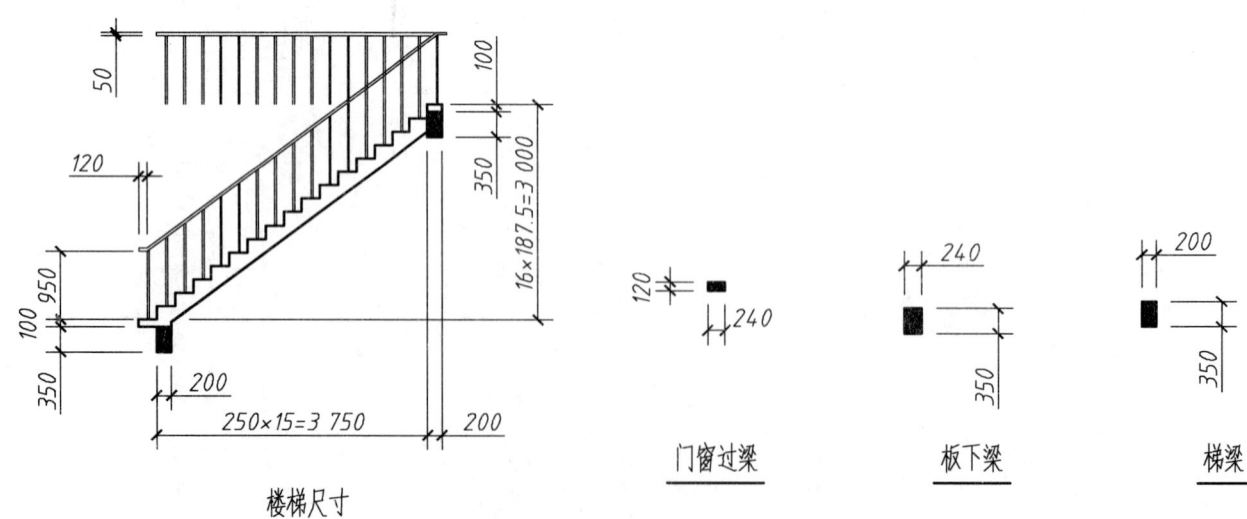

图 7-81 某别墅楼梯、梁详图

任务分析

绘制建筑详图的主要过程如下：

（1）打开建筑制图模板文件。

（2）将平面图、立面图或剖面图中的有用对象复制到当前图形中，以减少作图工作量。

（3）不同绘图比例的详图都按 1∶1 比例绘制。可先画出作图基准线，然后利用 OFFSET 及 TRIM 命令形成图样细节。

（4）缩放图框，并以出图比例的倒数放大图框。

（5）进行尺寸标注和文字标注。

（6）保存文件。

任务实施

步骤一　新建文件和设置绘图环境。

1. 新建图形文件

打开软件 AutoCAD 2019，选择新建文件按钮，在弹出的"选择样板"对话框中，找到模板文件"建筑绘图 A3 模板.dwt"，创建包含模板文件内所有内容的新文件"Drawing1.dwg"。

2. 设置绘图区域大小

设定绘图区域大小为 4000×4000。

3. 设置辅助绘图功能，精确绘图

打开极轴追踪、对象捕捉及自动追踪功能，设置极轴追踪角度增量为 90°，设置对象捕捉方式为端点、交点、范围。

步骤二　绘制各个窗户

利用直线命令、偏移命令、修剪命令形成各个窗户轮廓线，也可以应用矩形命令配合偏移命令绘制窗户，绘制更简单。

步骤三　用相同的方法绘制各个门和门把手

步骤四　利用直线命令，图案填充命令绘制楼梯、过梁

利用直线命令、偏移命令、阵列命令或复制命令、图案填充命令绘制楼梯、过梁，也可用矩形配合填充命令绘制梯梁和过梁。

步骤五　放大图框，将各图形用移动命令移到图框内

步骤六　对图形进行尺寸标注和文字注写

步骤七　保存图形文件为"某别墅门窗详图.dwg"

> 知识链接

一、建筑详图

建筑详图是建筑细部的施工图。

建筑详图以表达详细构造为主，主要有外墙、楼梯、阳台、雨篷、台阶、门、窗、厨房、卫生间等详图。建筑详图的图示方法有局部平面图、局部立面图、局部剖面图或节点详图。详图的表达范围及数量依房屋各部位的复杂程度而定，其图示方法也各不相同。如墙身详图用一个剖面即可，而楼梯详图则需要平面图、剖面图和节点详图。

> 提示：对于采用标准图集的建筑构配件和节点，则不必画出其详图，只需注明其所采用图集的名称、代号或页码即可。

（一）外墙详图

外墙节点详图是房屋墙身在竖直方向的节点剖面，主要表示房屋的屋面、檐口、楼地面、门、窗、勒脚、散水等节点的构造、细部尺寸和用料等。按实际位置自上而下排列，采用较大比例绘制时，中段相同的部分可用折断线省略。

外墙详图的主要内容：

（1）看外墙详图时，应从底层平面图中找出剖切符号的位置。

（2）看图时应按照由下到上或由上到下的顺序，一个节点一个节点地识读。

（3）了解屋面构造，了解檐口剖面、女儿墙、压顶、保温隔热层、泛水等构造做法，注意有无排水沟、排水坡度、雨水管的设置等。

（4）注意窗台的做法以及窗顶剖面节点处窗顶过梁的做法，若有窗台板会在外侧设置有一定的排水坡度，板下会设有滴水槽等。

（5）注意从室外地坪起设置的散水宽度、勒脚高度以及防潮层的做法等。

（6）各节点的构造层做法：一是可直接在构造层上逐层注写做法；二是引用标准图集的做法可直接注明索引，如"98ZJ001"；三是建筑总说明中已列出的做法，可直接写其编号，如"外墙1""踢脚线1"，对应查找详细的说明。

（二）楼梯详图

各层剖切的楼梯详图如图7-82所示。

1. 楼梯平面图

楼梯平面图是用一个假想的剖切平面，沿着水平方向剖开（剖切到梯间的门窗），然后向下投影所得的投影图。

楼梯平面图主要表达平面的详细布置情况，包括梯间尺寸、墙厚、梯段长度和宽度、楼梯上下行走向、踏步级数及宽度、休息平台尺寸、扶手的位置等。

楼梯平面分层绘制，剖切位置除顶层在安全栏板（栏杆）之上外，其余各层均设在上行的第一跑梯段的中间，不设剖切的具体高度。楼梯平面图原则上每层画一个，若中间层结构、尺寸均相同时，可只画底层、中间层（又称标准层）、顶层的平面图。

（1）在绘底层平面图时，只有一个被剖切的梯段及栏板，用45°的折断线表示，绘制长箭头并注写"上"及级数。

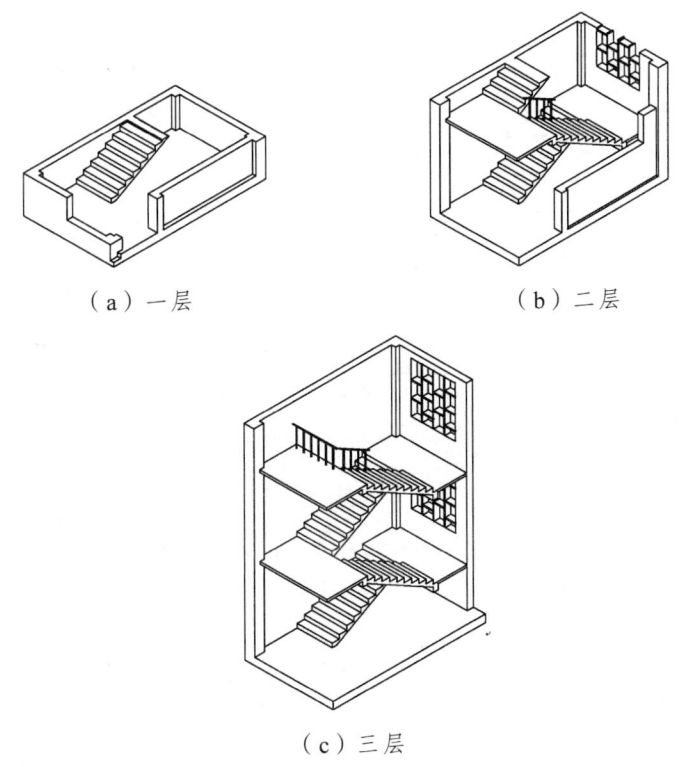

（a）一层　　　（b）二层

（c）三层

图 7-82　各层剖切示意图

（2）每层有两个梯段时，称为双跑式楼梯；有三个梯段时，称为三跑式楼梯。

（3）中间层平面图中，既要画出被剖切的往上行走的梯段，还要画出该层往下行的完整梯段、楼梯平台及平台往下的梯段。这部分梯段与被剖切的梯段投影重合，以 45°的折断线表示。绘制两个方向上行和下行箭头，注写级数。

（4）在绘制顶层平面图时，由于剖切位置在安全栏板之上，所以顶层平面图中的踏面是完整的，只注写下行，没有折断线。

（5）在楼梯各层平面图中绘制定位轴线，标注梯间的开间与进深、梯段尺寸、休息平台的尺寸、楼层与休息平台的标高。

（6）在底层平面图中还应注明楼梯剖面图的剖切位置和投影方向。

2. 楼梯剖面图

楼梯剖面图是用一个假想的铅垂平面，通过各层的一个梯段和门窗洞口将楼梯剖开所得的投影图。

楼梯剖面图主要表示楼梯梯段的长度、踏步级数、结构形式、屋面、楼面、地面、休息平台、栏杆、墙体等构造做法及各部分的标高和详图索引符号，以此找到更为详细的表达。

3. 楼梯节点详图

用更大的比例更清晰地表明如踏步、踢脚板、栏杆、扶手、防滑条等的尺寸、材料、构造做法。

📖 任务拓展

【7-5-1】绘制如图 7-83 所示的某小区别墅建筑详图。

门窗一览表 (mm)

编号	洞口尺寸 (宽×高)	选型或型式	数量	备注
木门 M-1	1 000×2 100	京95-J61 17M1甲		
木门 M-2	800×2100	京95-J61 第37M3		
木门 M-3	1 200×2 100	京95-J61 58M13		
C-1	1 200×1 700	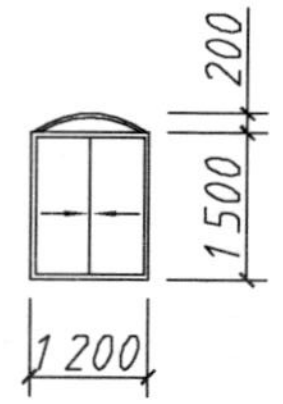 (1500/200, 1200)	2	混凝土过梁
C-2	1 200×1 500	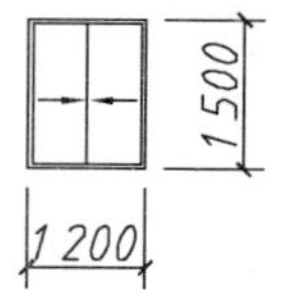 (1500, 1200)	1	
C-3	900×1 700 上下裂拉	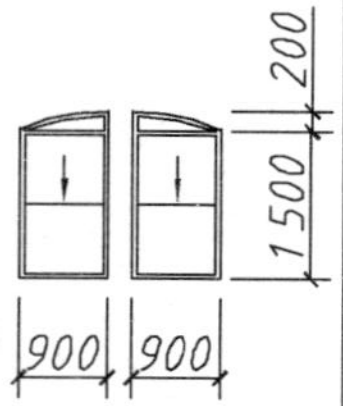 (1500/200, 900/900)	2	
C-4	1 500×1 500	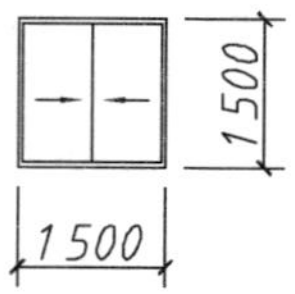 (1500, 1500)	2	

续表

编号	洞口尺寸 (宽×高)	选型或型式	数量	备注
C-5	1 500×1 700	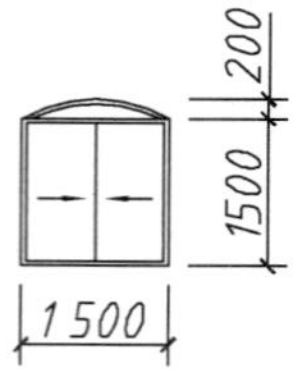 (1500/200, 1500)	1	过梁为C15混凝土，内配4ϕ12钢筋箍筋ϕ6@250过梁
铝门连窗 C-6	1 800×2 600 左开门	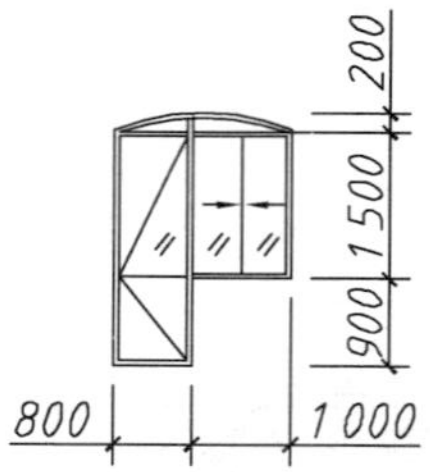 (900/1500/200, 1000/800)	2	
铝门连窗 C-7	1 800×2 600 右开门	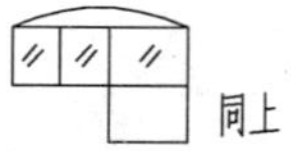 同上	2	
铝窗 C-8	900×1 500	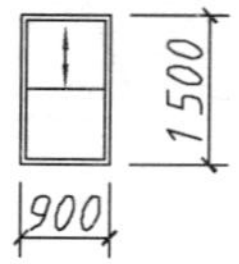 (1500, 900)	4	
铝窗 C-9	900×600	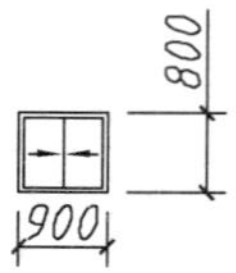 (800, 900)	1	见结构图
铝窗 C-10	ϕ700	 (700)	1	砖拱过梁

学校		比例	
姓名		成绩	
班级			

图 7-83 某小区别墅门窗建筑详图

项目八　绘制桥梁工程图

本项目通过以下任务来完成学习和使用 AutoCAD，以达到绘制桥梁工程图的目标。

项目八检测评价

【学习任务】

- 任务一　绘制桥梁总体布置图
- 任务二　绘制边跨 10 m 空心板构造图
- 任务三　绘制桥墩构造图
- 任务四　绘制桥台构造图
- 任务五　绘制 T 形梁钢筋结构图
- 任务六　绘制桥墩基桩钢筋构造图
- 任务七　绘制桥墩支座布置图

【项目目标】

- 了解桥涵绘图的一般规定。
- 掌握绘制桥梁工程图的基本方法和步骤。
- 能绘制桥梁总体布置图。
- 能绘制桥梁构件图。
- 培养规范操作、耐心细致、严谨求实、互助协作的职业素质。

任务一　绘制桥梁总体布置图

任务目标

- 能够建立桥梁工程图绘图模板文件，并运用模板文件建立图形文件。
- 会设置绘图环境并能通过设置对象捕捉精确绘制工程图形。
- 了解桥梁总体布置图的绘制内容和绘制要求。
- 能按制图规范绘制桥梁总体布置图。
- 能规范标注桥梁总体布置图，并注写文字。
- 能合理布置图形，图形整洁美观。
- 会查询制图规范，搜集资料，培养计算机信息处理能力。
- 培养规范操作、耐心细致、严谨求实、互助协作的职业素质。

任务内容

绘制如图 8-1 所示的白沙河桥总体布置图。

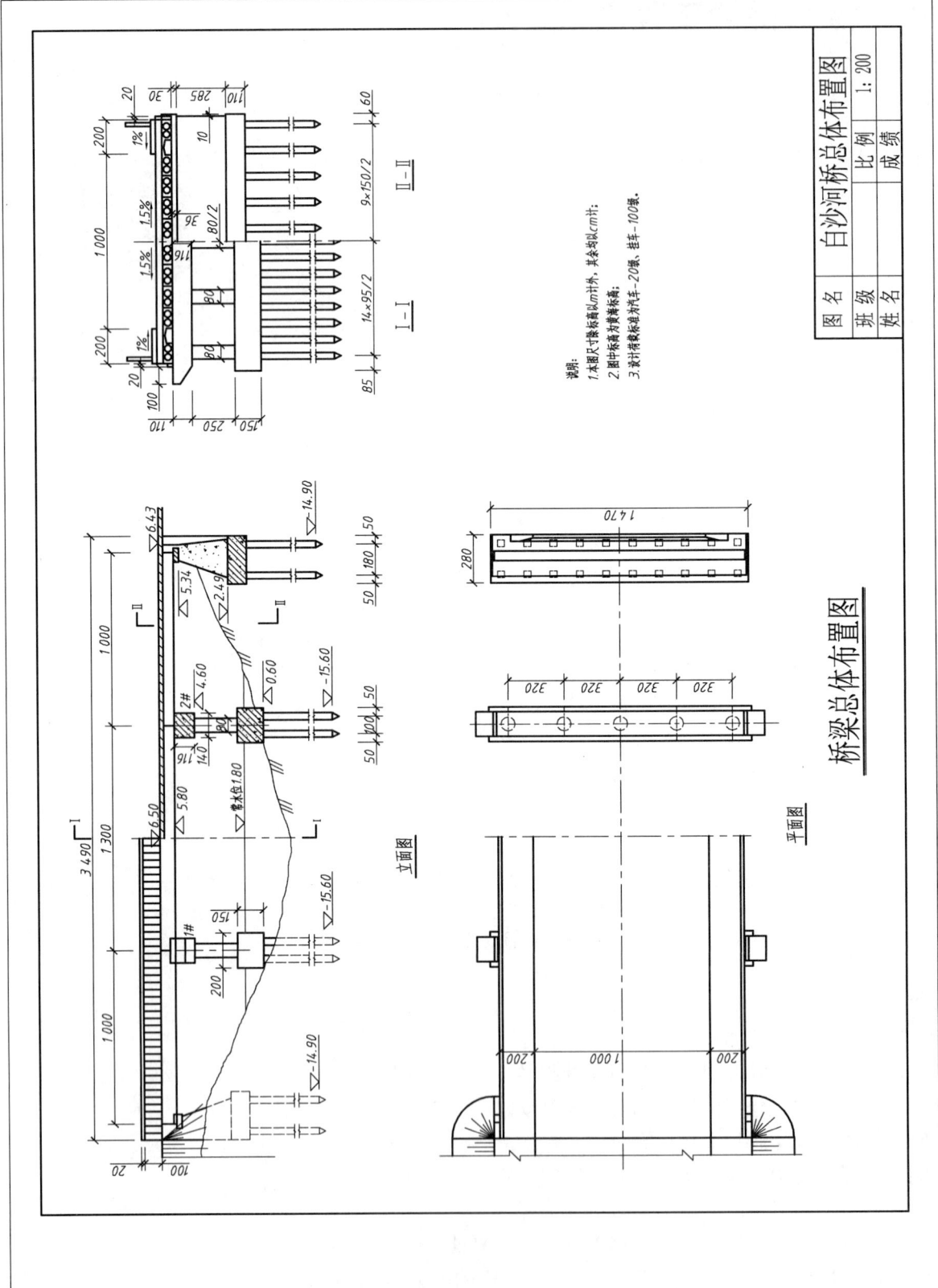

图 8-1 白沙河桥总体布置图

任务分析

图 8-1 为白沙河桥的总体布置图，绘图比例为 1 : 20，桥由立面图、平面图、横剖面图组成。该桥为三孔钢筋混凝土空心板简支梁桥，总长度为 34.90 m，总宽度为 14 m，中孔跨径为 13 m，两边孔跨径为 10 m。桥中设有两个柱式桥墩，两端为重力式混凝土桥台，桥台和桥墩的基础均采用钢筋混凝土预制打入桩。桥上部承重构件为钢筋混凝土空心板梁。

1. 立面图

桥梁一般是左右对称的，所以立面图常常是由半立面和半纵剖面合成的。左半立面图为左侧桥台、1 号桥墩、板梁、人行道栏杆等主要部分的外形视图。右半纵剖面图是沿桥梁中心线纵向剖开而得到的，2 号桥墩、右侧桥台、板梁和桥面均应按剖开绘制。图中还画出了河床的断面形状，在半立面图中，河床断面线以下的结构如桥台、桩等用虚线绘制，在半剖面图中地下的结构均画为实线。预制桩由于打入到地下较深的位置，不必全部画出，为了节省图幅，采用了断开画法。图中还注出了桥梁各重要部位如桥面、梁底、桥墩、桥台、桩尖等处的高程，以及常水位（即常年平均水位）。

2. 平面图

桥梁的平面图也常采用半剖的形式。左半平面图是从上向下投影得到的桥面俯视图，主要画出了车行道、人行道、栏杆等的位置。由所注尺寸可知，桥面车行道净宽为 10 m，两边人行道各 2 m。右半部采用的是剖切画法（或分层揭开画法），假想把上部结构移去后，画出了 2 号桥墩和右侧桥台的平面形状和位置。桥墩中的虚线圆是立柱的投影，桥台中的虚线正方形是下面方桩的投影。

3. 横剖面图

根据立面图中所标注的剖切位置可以看出，Ⅰ—Ⅰ剖面是在中跨位置剖切的，Ⅱ—Ⅱ剖面是在边跨位置剖切的，桥梁的横剖面图是左半部Ⅰ—Ⅰ剖面和右半部Ⅱ—Ⅱ剖面拼成的。桥梁中跨和边跨部分的上部结构相同，桥面总宽度为 14m，是由 10 块钢筋混凝土空心板拼装而成的，图中由于板的断面形状太小，没有画出其材料符号。在Ⅰ—Ⅰ剖面图中画出了桥墩各部分，包括墩帽、立柱、承台、桩等的投影。在Ⅱ—Ⅱ剖面图中画出了桥台各部分，包括台帽、台身、承台、桩等的投影。

绘图思路如下：

（1）新建文件并设置绘图环境。

由于桥梁工程图相对比较复杂，尺寸较大，要表现的内容也较多，所以在绘图之前，需要重新设置相应的绘图环境，包括对象捕捉等辅助功能、图形界限（42000×29700）、图层、文字样式、标注样式等。设置图形文件的图层、线型、线宽及颜色如下：

图层名称	图层颜色	线型	线宽
粗实线	白色	Continuous	0.35 mm
中心线	红色	Center	0.15 mm
标注	绿色	Continuous	0.15 mm
文字	青色	Continuous	0.15 mm
虚线	洋红色	ACAD_ISO02W100	默认
剖面线	蓝色	Continuous	默认
细实线	白色	Continuous	默认

（2）绘制立面图。

（3）绘制平面图。

（4）绘制横剖面图Ⅰ—Ⅰ和Ⅱ—Ⅱ。

（5）标注所有尺寸。

（6）注写所有文字。

（7）插入图框，均匀布置图形于图框内。

（8）保存图形文件并退出。

任务实施

步骤一　新建图形文件并设置绘图环境

1. 建立新的绘制桥梁工程图的模板文件

利用模板文件"acadiso.dwt"或"ACAD图层.dwt"创建新图形文件。设置图层、线型、线宽及颜色。

2. 设置图形界限

单击"格式"菜单→"图形界限"命令调整绘图区域的大小，绘图区域大小设置为42000×29700。

3. 设置辅助绘图功能，精确绘图

（1）打开极轴追踪、对象捕捉及捕捉追踪功能。

（2）打开"草图设置"对话框，单击"极轴追踪"选项卡，选中"启用极轴追踪"复选框，设置极轴追踪角度增量为90°，设置仅沿正交方向进行捕捉追踪。

（3）在"对象捕捉"选项卡中设定对象捕捉方式为"端点""中点""延长线""垂足"和"交点"。后期画图还需要根据实际情况添减此项设置。

4. 设置文字样式

（1）单击"格式"菜单→"文字样式"命令，弹出如图8-2所示的"新建文字样式"对话框。

（2）在"文字样式"对话框中，单击"新建"按钮，弹出"新建文字样式"对话框，在"样式名"文本框中输入新样式名"字高70"，再单击"确定"按钮（图8-2），返回到"文字样式"对话框。这时可以看到样式列表中有新建的文字样式名"字高70"。

（3）"文字样式"对话框如图8-3所示，在"样式"列表中，选中新建文字样式"字高70"，在"字体"下拉列表中选中字体"gbenor.shx"，勾选"使用大字体"复选框，在"大字体"下拉列表中选中"gbcbig.shx"，在"高度"文本框中输入70，单击"应用"按钮，再单击"关闭"按钮完成文字样式"字高70"的创建。

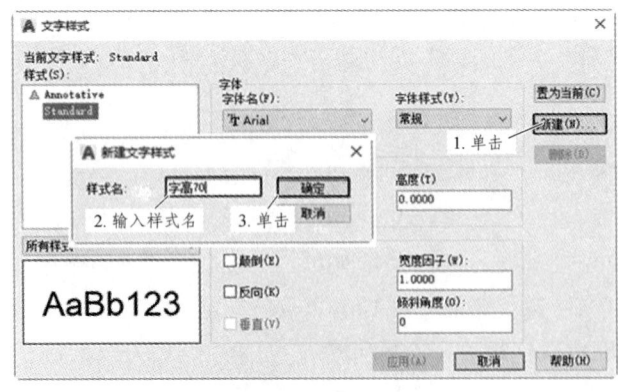
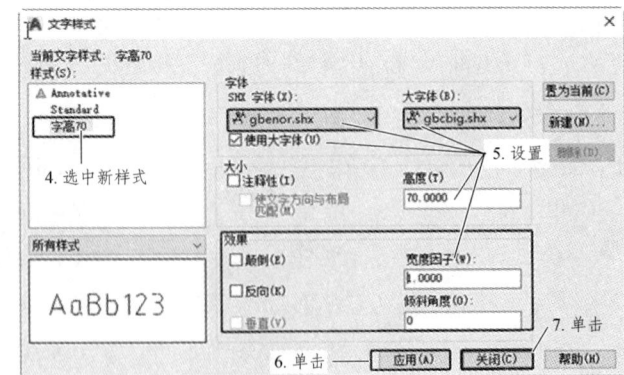

图8-2　新建文字样式名　　　　　　图8-3　设置新样式"字高70"

（4）按同样的步骤新建文字样式名"字高100"，字高设置为100，用于注写图名。

（5）按同样的步骤新建文字样式名"字高140"，字高设置为140，用于注写图框中图名。

（6）按同样的步骤新建文字样式名"字高0"，字高设置为0。

完成文字样式新建后的"文字样式"对话框如图8-4所示。

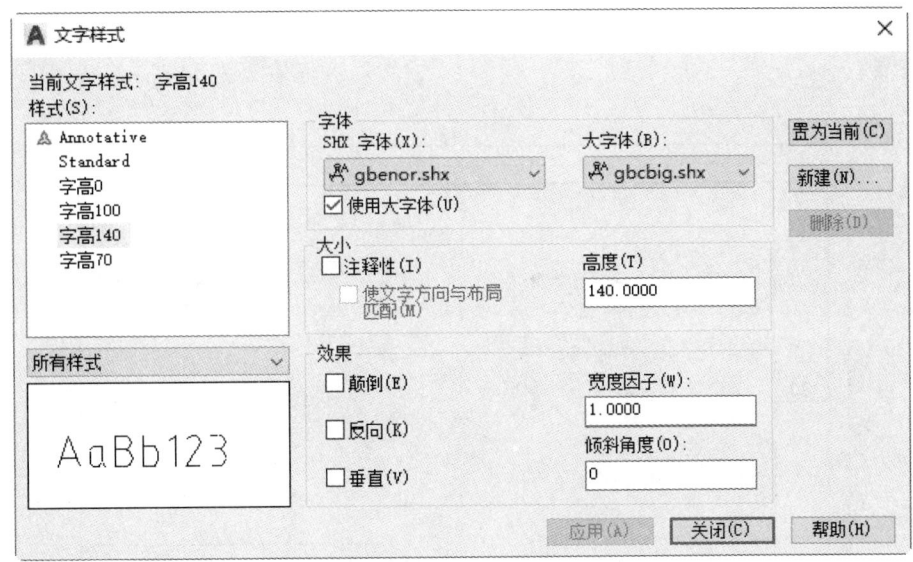

图 8-4 设置完成文字样式后的对话框

> 提示：图 8-4 中为了教学方便，字体选用的是"gbenor.shx"字体。实际工作中汉字经常选择"仿宋"，"宽度因子"设置为 0.7；数字经常选用"simplex.shx"，大字体选用"HZTXT.shx"。现场工作中也可以根据单位习惯选用单位常用字体。

5. 设置标注样式——新建标注样式 1-20

（1）新建本图形的标注样式"1-20"。单击"格式"菜单→"标注样式"命令，弹出"标注样式管理器"对话框。选中标准样式"ISO-25"，单击"新建"按钮。然后在弹出的"创建新标注样式"对话框中，输入新样式名"1-20"，单击"继续"按钮。

（2）在弹出的"新建标注样式 1-20"对话框中，单击"线"选项卡，设置"基线间距"值为 7，"超出尺寸线"值为 2，"起点偏移量"值为 2。

（3）在弹出的"新建标注样式 1-20"对话框中，单击"符号和箭头"选项卡，设置"箭头"为"建筑标记""箭头大小"值为 2。

（4）在弹出的"新建标注样式 1-20"对话框中，单击"文字"选项卡，选中"文字样式"为新建文字样式"字高 0"，在"文字高度"数值框中，将值改为 2.5。

（5）在弹出的"新建标注样式 1-20"对话框中，单击"调整"选项卡，选中"标注特征比例"组件中的"使用全局比例（S）"单选按钮，并设置数值框中的值为 20。

（6）在弹出的"新建标注样式 1-20"对话框中，单击"主单位"选项卡，设置"精度"为 0，设置"小数分隔符"为"句点"，并单击"确定"按钮。返回到"标注样式管理器"对话框中。这时可以看到样式表中有新建的标注样式"1-20"。

（7）在返回的"标注样式管理器"对话框中，选中新建标注样式"1-20"，单击"置为当前"按钮。再点击"关闭"按钮，关闭标注样式对话框。

6. 绘制图框并创建成块

（1）绘制图框。

用矩形和偏移命令绘制如图 8-5 所示的标准 A3 图幅和标题栏。

（2）把上述图框创建成图块，图块名为"A3 横向图框（桥梁用）"。

命令：_BLOCK　　　　　　　　　　　　//启动块命令

选择对象：指定对角点：找到 23 个　　　　//选中图框所有对象

选择对象： //按回车键确定选择对象
指定插入基点： //单击图框右下角角点

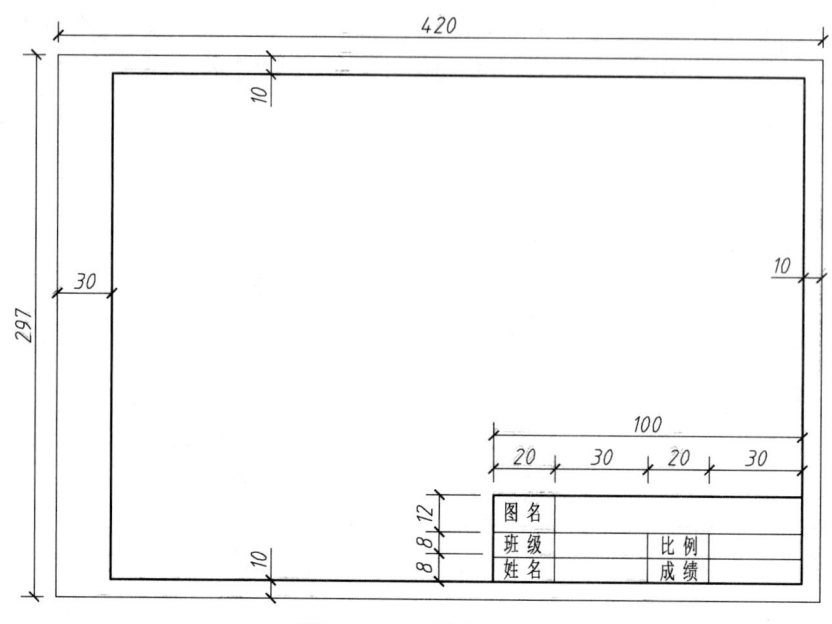

图 8-5　A3 横向图框

7. 另存为"桥梁工程图.dwt"模板文件

（1）将设置好图层、图形界限、文字样式和标注样式的图形文件另存为"桥梁工程图.dwt"模板文件。

（2）单击"文件"菜单→"另存为"命令，弹出"图形另存为"对话框，选择模板文件保存位置（如 E 盘），在"文件类型"下拉列表中，选中文件保存类型为"AutoCAD 图形样板（*.dwt）"，并在"文件名"文本框中输入"桥梁工程图.dwt"，如图 8-6 所示，单击"保存"按钮。

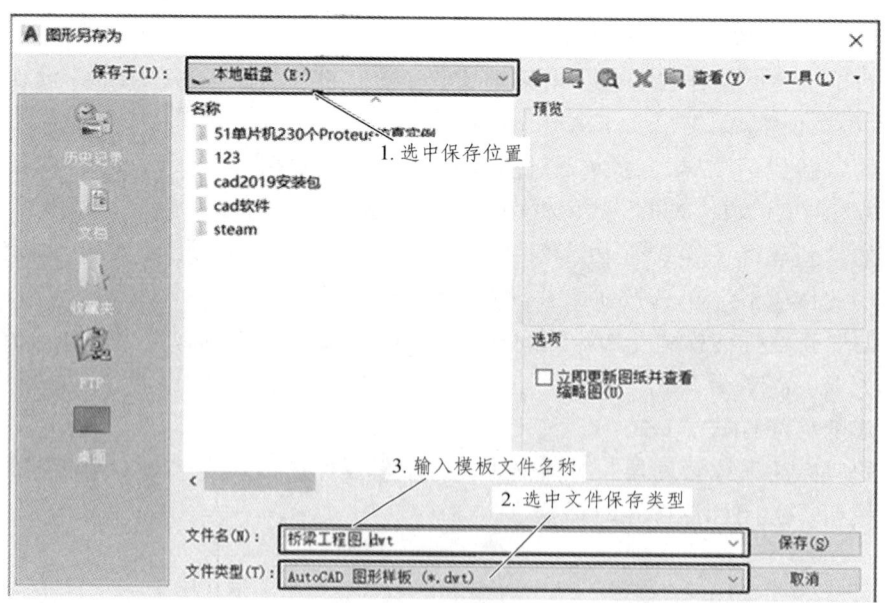

图 8-6　保存模板文件

8. 以"桥梁工程图.dwt"模板文件建立新的绘图文件

（1）单击"文件"菜单→"新建"命令，在"选择样板"对话框中，找到前面设置的模板文件"桥梁工程图.dwt"，并单击"打开"按钮，如图 8-7 所示。

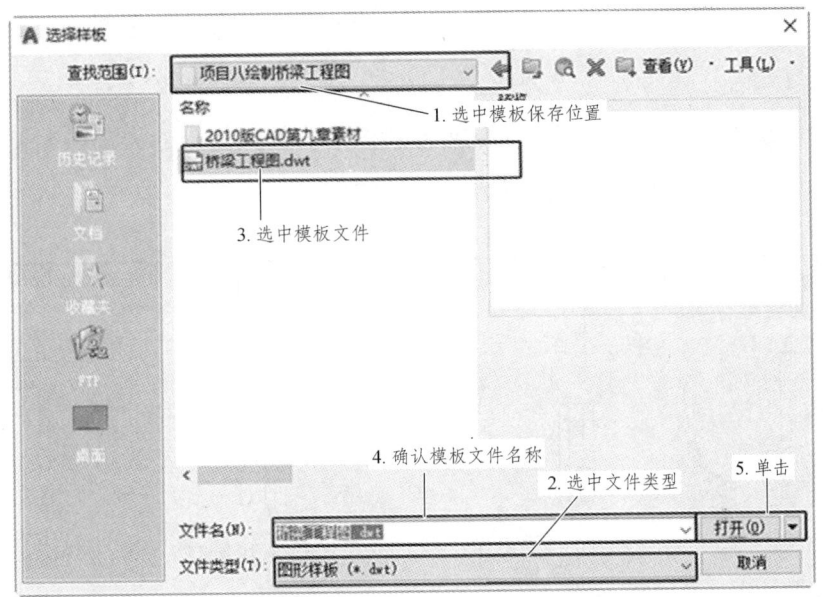

图 8-7 打开新建的模板文件

（2）将新图形文件另存为"桥梁总体布置图.dwg"。单击"文件"菜单→"另存为"命令，在弹出的"图形另存为"对话框中，选择文件的保存位置，输入文件名"桥梁总体布置图.dwg"。

> 提示：由于专业图绘制内容比较多，所以一般先把图层、标注样式、文字样式、标准图框等设置到模板文件中，后面绘制图形时，直接调用或修改即可。另外，先期进行保存设置，后面只需点击"保存"按钮就可完成图形的保存。

步骤二　绘制立面图

1. 绘制桥墩和桥台

（1）在桥墩构造图中查找到桥墩具体尺寸。在粗实线图层中，用 LINE 命令绘制桥墩（注意：承台内部的桩不用绘制）。

（2）在桥台构造图中查找到桥台具体尺寸。在粗实线图层中，用 LINE 命令绘制桥台轮廓（注意：承台内部的桩不用绘制）。

2. 绘制中心线和辅助线

（1）在中心线图层中先用直线命令绘制出桥梁中心线和水平辅助线，再用偏移命令向右偏移 650，定出桥墩中心线。由桥墩中心线向右偏移 1000 定出桥台位置线，如图 8-8 所示。

（2）用移动命令把桥墩和桥台移动到图 8-8 所示图中正确位置处，结果如图 8-9 所示。

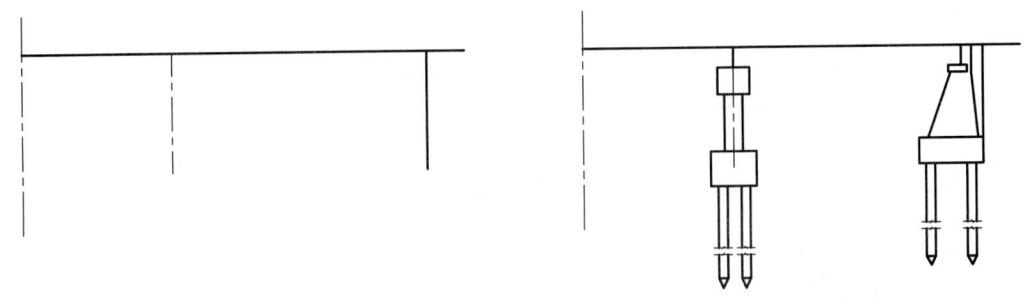

图 8-8　画中心线及辅助定位线　　　　图 8-9　画桥墩桥台

注：在绘制桥墩和桥台过程中，对于基桩可以只绘制一根，然后用复制命令来绘制其他基桩，并用拉伸 STRETCH 命令修改基桩长度。也可先绘制出桥墩和桥台，并分别创建成块，通过插入块的操作

来进行。

3. 用 MIRROR（镜像）命令生成左侧桥墩和桥台

用 MIRROR 命令绘制出左侧部分图形（如果左右图形有细微的尺寸差异还可使用 STRETCH 拉伸命令来进行修改）。结果如图 8-10 所示。

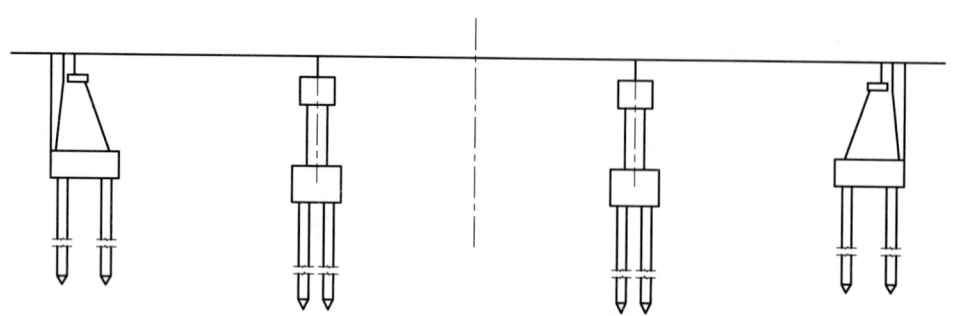

图 8-10　用镜像命令生成左侧桥墩和桥台

4. 绘制左侧部分栏杆

（1）先用直线命令绘制栏杆的外轮廓。

命令：_LINE　　　　　　　　　　　//启动直线命令
指定第一个点：　　　　　　　　　　//鼠标单击图 8-11 中的 A 点
指定下一点或 [放弃（U）]：120　　 //鼠标向上追踪，并输入追踪距离
指定下一点或 [放弃（U）]：
//鼠标向右水平追踪，移到桥中心线附近时，当出现捕捉到垂足标记时，单击鼠标左键，确定 C 点
指定下一点或[闭合（C）/放弃（U）]：　//按回车键结束命令
命令：_LINE　　　　　　　　　　　//启动直线命令
指定第一个点：　　　　　　　　　　//鼠标单击 A 点
指定下一点或 [放弃（U）]：100　　 //鼠标向上追踪，并输入追踪距离，画出 1 号护栏
指定下一点或 [放弃（U）]：　　　　//按回车键结束命令
命令：_OFFSET　　　　　　　　　　//启动偏移命令
当前设置：删除源=否　图层=源　OFFSETGAPTYPE=0
指定偏移距离或 [通过（T）/删除（E）/图层（L）] <20.0000>：20　　//输入偏移距离
选择要偏移的对象，或 [退出（E）/放弃（U）] <退出>：　　　//选中直线 BC
指定要偏移的那一侧上的点，或 [退出（E）/多个（M）/放弃（U）] <退出>：
　　　　　　　　　　　　　　　　　//在直线 BC 下方单击鼠标
选择要偏移的对象，或 [退出（E）/放弃（U）] <退出>：　　　//按回车键结束命令
结果如图 8-11 所示。

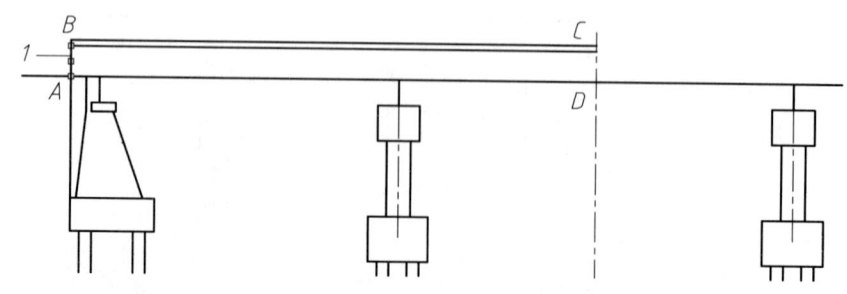

图 8-11　绘制栏杆外轮廓

（2）复制生成其他护栏。

命令：_CO　　　　　　　　　　　　//启动复制命令

COPY 找到 1 个　　　　　　　　　　　//选中 1 号直线
当前设置：复制模式 = 多个
指定基点或 [位移（D）/模式（O）] <位移>：　　//单击图 8-12（a）中 A 点作为基点
指定第二个点或 [阵列（A）] <使用第一个点作为位移>：A　　//输入阵列参数 A
输入要进行阵列的项目数：42　　　//输入护栏根数
指定第二个点或 [布满（F）]：F　　　//输入布满参数 F
指定第二个点或 [阵列（A）]：　　//单击图 8-12（b）桥面与桥中心线的交点 D 点作为第二个点
指定第二个点或 [阵列（A）/退出（E）/放弃（U）] <退出>：　　//按回车键结束命令
结果如图 8-12（b）所示。

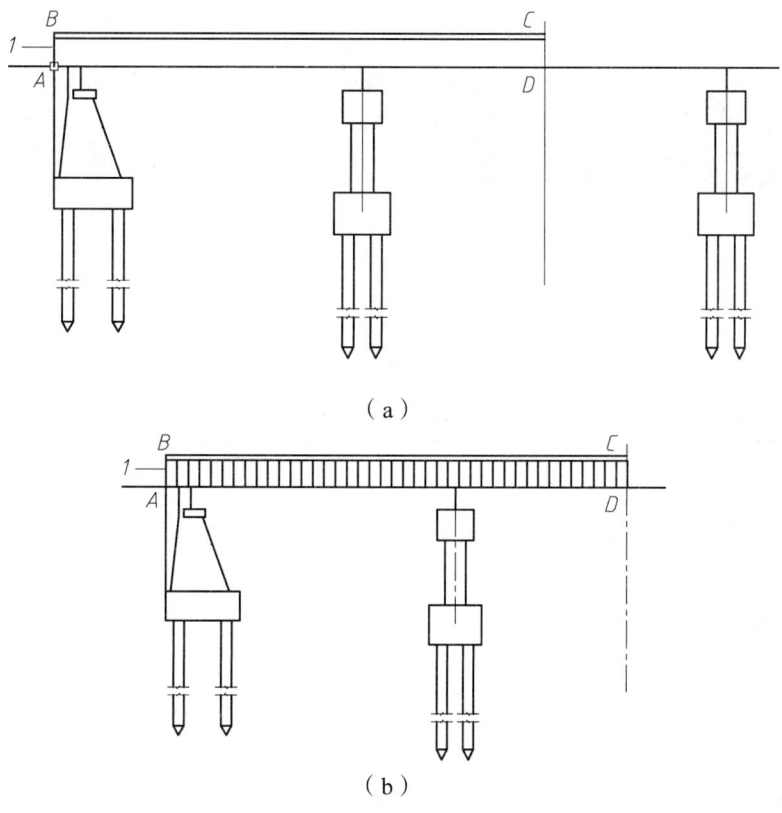

图 8-12 复制生成其他护栏

提示：本步骤中的护栏除了用复制命令绘制外，还可以用矩形阵列命令生成，也可用等分（块）命令快速绘制，也可以用偏移命令完成，请读者自行研究几种方法的优劣。

5. 绘制右部桥面图形，并用 BHATCH 命令填充

（1）选中直线 AB，向下偏移距离 24。
命令：_OFFSET
当前设置：删除源=否　图层=源　OFFSETGAPTYPE=0
指定偏移距离或 [通过（T）/删除（E）/图层（L）] <100.0000>：24
选择要偏移的对象，或 [退出（E）/放弃（U）] <退出>：　　　　//选中直线 AB
指定要偏移的那一侧上的点，或 [退出（E）/多个（M）/放弃（U）] <退出>：　　//在直线 AB 下方单击鼠标左键
选择要偏移的对象，或 [退出（E）/放弃（U）] <退出>：　　　　//按回车键结束命令
修剪两线中间的线段，同时把直线 AB 和偏移的直线两端连接起来，结果如图 8-13 所示。

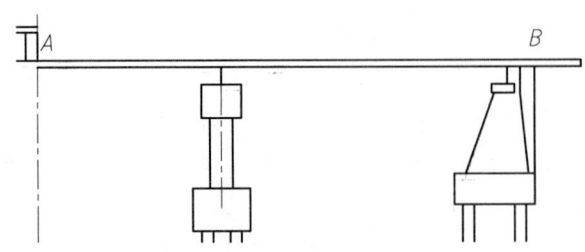

图 8-13　绘制右部桥面图形

（2）填充两线中间的区域。

启动 BHATCH（填充）命令，弹出"图案填充创建"选项卡，在选项卡中，设置"图案"为"ANSI31" "比例"为"300"（注：比例值根据不同的环境，可能有变化，自己根据情况设置为合适的比例值），如图 8-14 所示。

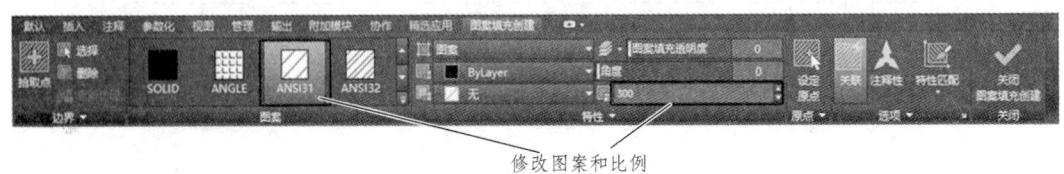

图 8-14　填充选项卡

（3）删除两端增加的直线。

填充完成后，把直线 AB 与偏移直线两端的连线删除，结果如图 8-15 所示。

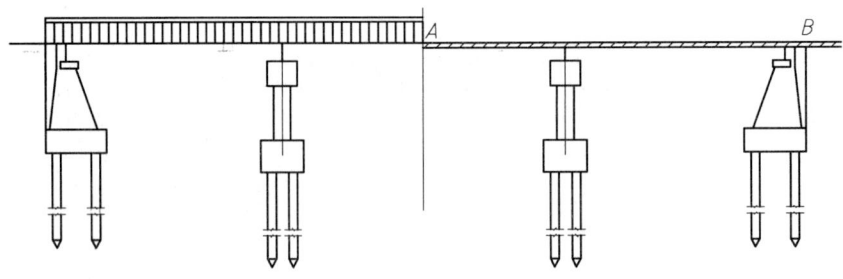

图 8-15　桥梁右侧桥面填充效果

6. 用 BHATCH 命令填充右侧桥墩和桥台

（1）用 BHATCH 命令填充右侧桥墩和桥台，其中"图案类型"为"预定义"的"AR-CONC"样例，比例为 20（注：比例值也可根据实际调整到合适的值）。

（2）点取"添加：拾取点"命令按钮，在绘图窗口中选择右侧桥台的锥坡区域，进行填充。

（3）其他部分的填充操作与此类似。

（4）墩台承台处和墩帽处，还应再次填充斜线，其中"图案类型"为"预定义"的"ANSI31"样例，比例为 200（注：比例值也可根据实际调整到合适的值）。（注：有的 CAD 中有填充样例库，就可直接选择相应图案进行填充，不用操作两次。）

填充图案完成后的图形效果如图 8-16 所示。

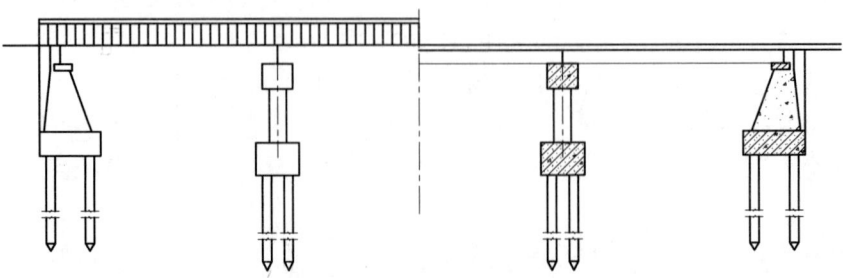

图 8-16　BHATCH 命令填充右侧墩和台

7. 绘制河床地质断面线

（1）用 LINE 命令绘制多段直线（根据坐标绘制）；也可通过 SPLINE 样条曲线命令来绘制。

（2）用 BREAK 命令把桥墩、桥台与地面线的交线处线段打断。

（3）选中桥梁左侧地面线以下部分图形，并修改左侧桥墩、桥台的地面线以下部分的线型为虚线，结果如图 8-17 所示。

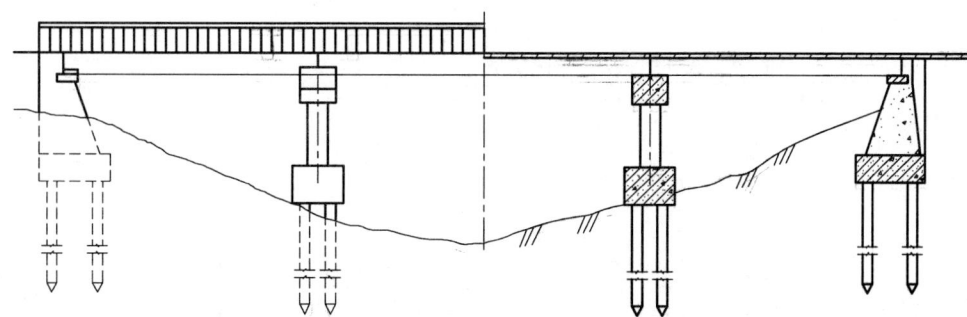

图 8-17　画地面线及修改左侧墩台地面线下图形线型

8. 绘制左侧锥坡示坡线

用 LINE 命令绘制左侧锥坡示坡线等，结果如图 8-18 所示。

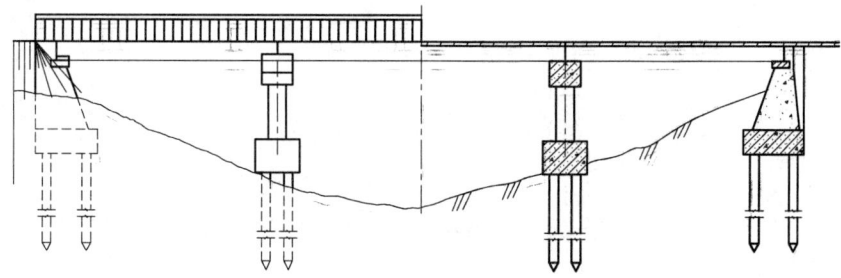

图 8-18　画锥坡示坡线

步骤三　绘制平面图

1. 绘制全桥中轴线和构造辅助线

用 LINE（直线）命令或 XLINE（构造线）命令绘制平面图的中轴线和构造辅助线。根据立面图中的定位来确定全桥的中心线和构造辅助线。根据长对正的原则，如图 8-19 所示，以立面图中左右桥台的最外侧线作为辅助定位线，立面图桥梁中心线和右侧桥墩中心线作为平面图中心定位线。

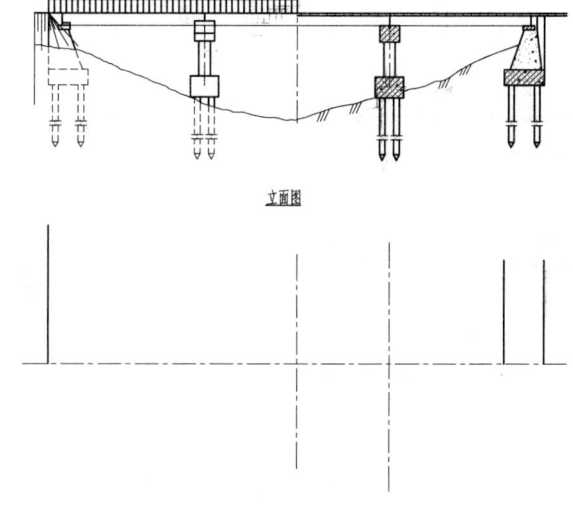

图 8-19　绘制平面图的定位线和辅助线

2. 绘制左侧平面图上半部分

（1）半平面图只反映桥面、锥坡、道路边坡的情况，用 LINE 命令绘制并配合 OFFSET 偏移命令画出半平面图的一部分。

（2）用圆弧命令和直线命令画出桥台的平面锥坡示线（有些用椭圆弧来绘制）。

（3）绘制露出桥面的桥墩部分。

结果如图 8-20 所示。

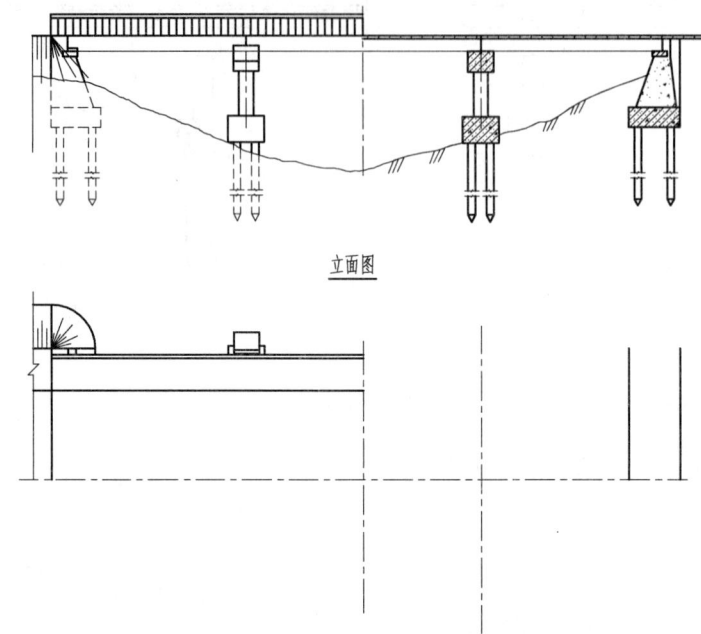

图 8-20　绘制左侧平面图上半部分

3. 绘制左侧平面图下半部分

用 MIRROR（镜像）命令，绘制左侧平面图的下半部分，结果如图 8-21 所示。

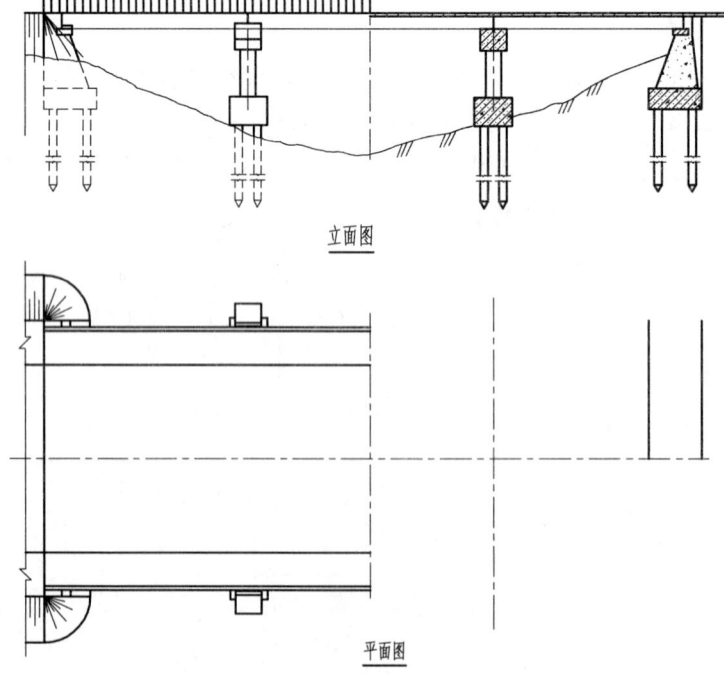

图 8-21　绘制左侧平面图的下半部分

4. 绘制右侧平面图的墩台平面图

（1）用 LINE 命令和 CIRCLE 命令绘制桥墩平面图，可以配合使用 OFFSET 和 MIRROR 命令绘制图形。

（2）用直线命令和正多边形命令绘制桥台平面图。同样可以配合使用 OFFSET、MIRROR 和 ARRAY（阵列）命令绘制图形。

结果如图 8-22 所示。

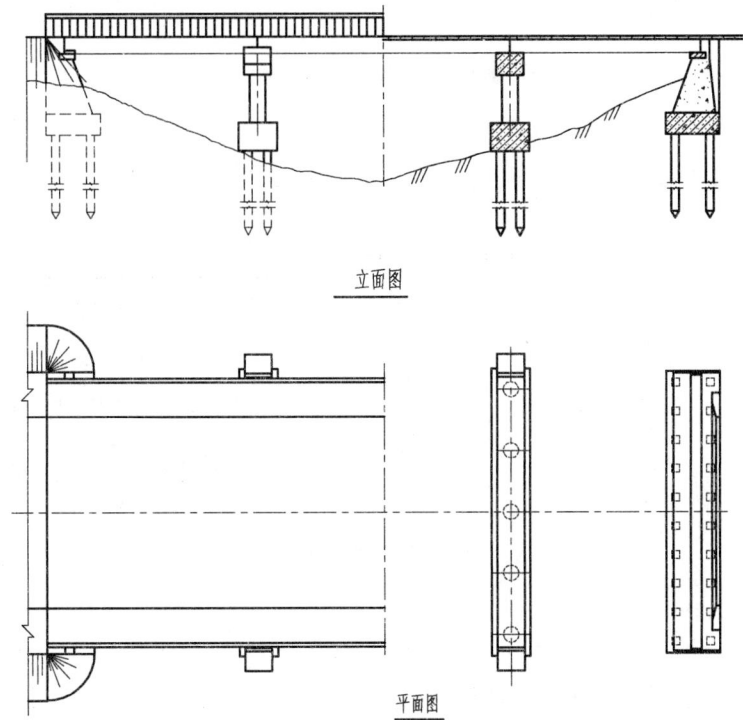

图 8-22　绘制墩台平面图

步骤四　绘制横剖面图 I—I、II—II

1. 绘制桥墩基础、墩柱、盖梁及墩柱的中轴线，构造辅助线

在绘制过程中，注意根据各投影面之间的相互关系及基本原理来识读尺寸。用 XLINE（构造线）命令从立面图中的桥墩引出辅助线。确定横剖面图 I—I 中墩帽、承台的位置，如图 8-23 所示。

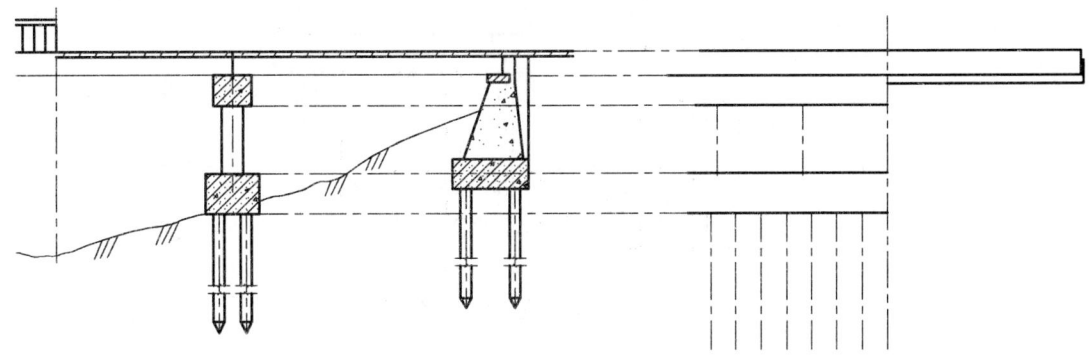

图 8-23　绘制横剖面图辅助线

2. 绘制桥墩的墩帽、立柱、承台

（1）用 LINE 命令结合 OFFSET（偏移）命令绘出桥墩的墩帽、立柱、承台。

（2）用 COPY 复制命令中的多重复制绘出桥墩的基桩，并用 WBLOCK 命令定义名为桥墩的块，为后面绘制提供方便。结果如图 8-24 所示。

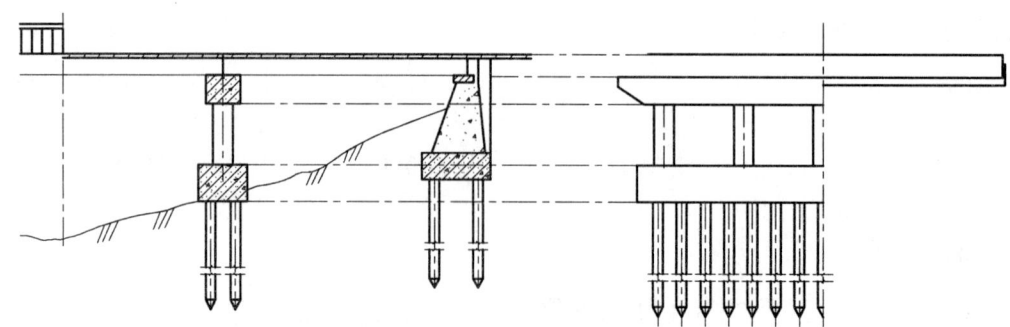

图 8-24 绘制桥墩横剖面图

3. 绘制桥台基础、承台、台身、台帽

采用与绘制桥墩类似的方法绘制出桥台。结果如图 8-25 所示。

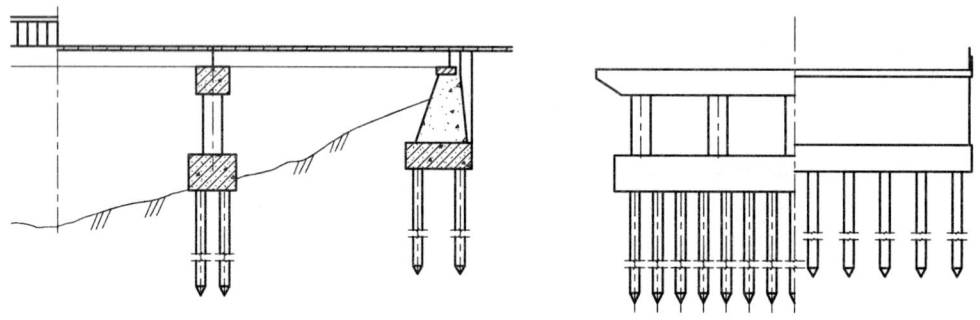

图 8-25 绘制桥台横剖面图

4. 绘制边梁、中梁

（1）用直线命令和圆命令绘制边梁、中梁，尺寸参照"边跨 10 m 空心板构造图"尺寸。

（2）用 BLOCK（定义块）命令把边梁和中梁定义为块（命名为边梁、中梁）。

（3）用 MIRROR（镜像）命令绘制最外侧边梁，对中梁用 COPY 命令中的多重复制或 ARRAY 命令绘制。结果如图 8-26 所示。

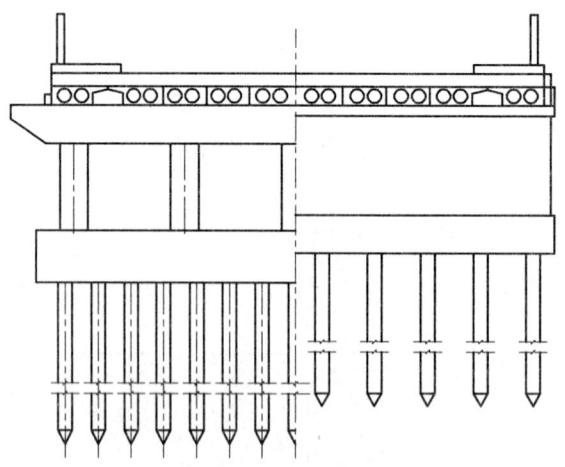

图 8-26 绘制横剖面图中的梁

5. 绘制栏杆和桥面

用 LINE 命令绘制栏杆和桥面，并对桥面绘制剖面线。

步骤五 标注尺寸

在标注工具栏中选择标注样式"1-20"，在标注图层内进行标注。在标注时注意使用"连续标注""基线标注""标注更新"和"编辑标注文字"。

例如：使用"编辑标注文字"标注出横剖面图Ⅰ—Ⅰ中的"14×95/2"有两种方法。

方法一　操作过程如下：

（1）选中横剖面图Ⅰ—Ⅰ中已标注出的数字665，单击"修改"菜单→"对象"→"文字"→"编辑"命令。也可以直接双击尺寸线上的数字"665"，尺寸数字会出现如图8-27所示的文字编辑区。

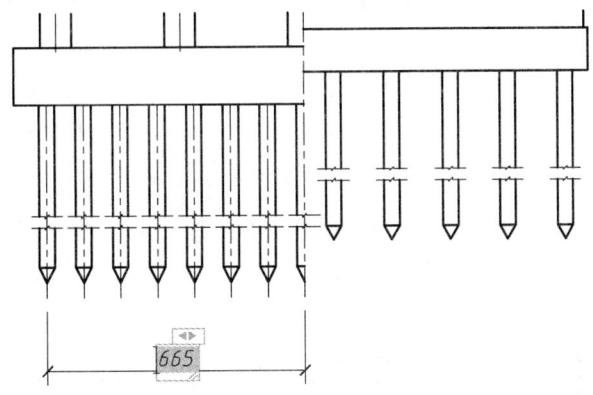

图8-27　修改编辑尺寸数字文字

（2）在文字编辑区内输入"14×95/2"即可，最后结果如图8-28所示。

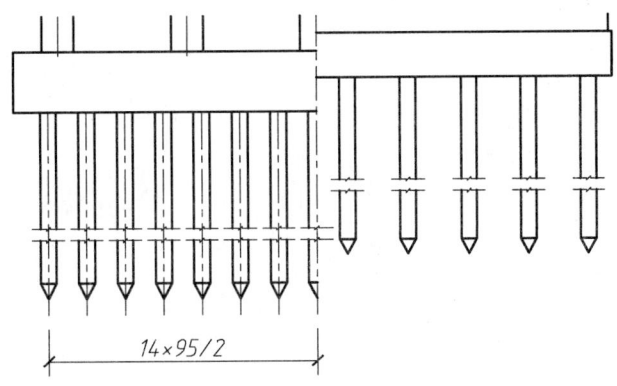

图8-28　修改后的标注尺寸

方法二　操作过程如下：

（1）选中横剖面图Ⅰ—Ⅰ中已标注出的尺寸数字665。单击鼠标右键打开快捷菜单，并点击特性命令，打开标注特性对话框，如图8-29所示。

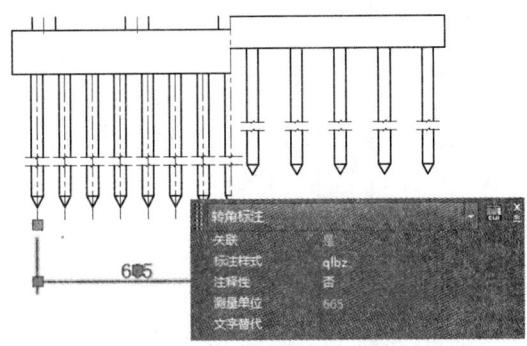

图8-29　标注特性对话框

（2）在特性对话框中，在"文字替代"后面的文本框中输入"14×95/2"，关闭特性对话框。

> 提示：如在总体布置图的立面图上方进行标注，为了保证所有的选择点都在同一高度上，可以先作一条辅助水平直线，然后打开对象捕捉中的"延伸"复选框，将选择点都落在辅助线上。在绘图及标注图形时，可结合使用视图缩放功能，如实时缩放、平移、鸟瞰视图等。

步骤六 注写文字和符号

1. 选择文字样式

从设置好的"文字式样"中选择需要的式样，用 MTEXT 命令输入即可。文字的大小分别为：说明文字采用"字高 70"式样，立面图、平面图等图名文字采用"字高 100"式样，而"桥梁总体布置图"采用"字高 140"式样。

2. 注写水位符号和标高符号

水位符号是用直线命令画一高为 2～3 mm 的等腰直角三角形，并创建成块，或直接用多段线命令绘制，在需要注写水位符号的地方插入即可，注写水位文字采用"字高 70"式样。

在文字注写过程中可以采用 COPY 命令中的多重复制命令来加快注写速度。

（1）绘制水位符号。

命令：_PLINE　　　　　//启动多段线命令

指定起点：　　　　　　//在屏幕上单击一点

当前线宽为 0.0000

指定下一个点或 [圆弧（A）/半宽（H）/长度（L）/放弃（U）/宽度（W）]：120
　　　　//鼠标向左追踪，输入追踪距离

指定下一点或 [圆弧（A）/闭合（C）/半宽（H）/长度（L）/放弃（U）/宽度（W）]：@60，-60　//输入相对坐标

指定下一点或 [圆弧（A）/闭合（C）/半宽（H）/长度（L）/放弃（U）/宽度（W）]：　　//捕捉起点单击鼠标

指定下一点或 [圆弧（A）/闭合（C）/半宽（H）/长度（L）/放弃（U）/宽度（W）]：　　//按回车键结束命令

（2）输入水位数字。

命令：_MTEXT　　　　　//启动多行文字命令

当前文字样式："字高 50" 文字高度：50 注释性：否

指定第一角点：

指定对角点或 [高度（H）/对正（J）/行距（L）/旋转（R）/样式（S）/宽度（W）/栏（C）]：6.50
//输入数字

（3）把数字移动到水位符号的合适位置。

用 MOVE（移动）命令把刚输入的数字移动到水位符号的合适位置。

结果如图 8-30（a）所示。

图 8-30　绘制水位符号和标高符号

（4）用 COPY（复制）命令把水位符号复制到合适的地方，再根据图形修改数字。

（5）绘制标高符号。

命令：_PLINE　　　　　//启动多段线命令

指定起点：　　　　　　//在屏幕上单击一点

当前线宽为 0.0000

指定下一个点或 [圆弧（A）/半宽（H）/长度（L）/放弃（U）/宽度（W）]：320
　　　　//鼠标向左追踪，输入追踪距离

指定下一点或 [圆弧（A）/闭合（C）/半宽（H）/长度（L）/放弃（U）/宽度（W）]：@60，-60　//输入相对坐标

指定下一点或 [圆弧（A）/闭合（C）/半宽（H）/长度（L）/放弃（U）/宽度（W）]：@60，60　//输入相对坐标

指定下一点或 [圆弧（A）/闭合（C）/半宽（H）/长度（L）/放弃（U）/宽度（W）]：//按回车键

结束命令

用 MTEXT 命令输入文字，并移至标高符号上面。

结果如图 8-30（b）所示。

> 提示：水位符号和标高符号是画一高为 2~3 mm 的等腰直角三角形，并创建成块，然后在需要的地方按比例插入块。也可直接用多段线命令绘制（步骤六中数值均按比例放大了 20 倍），在需要注写水位符号的地方插入即可。请读者自行研究用块命令绘制水位符号和标高符号的方法。

3. 注写剖切符号

以立面图桥面中心线处的剖切符号为例，操作步骤如下：

（1）用多段线绘制剖切符号。

命令：_PLINE　　　　//启动多段线命令

指定起点：　　　　　//屏幕上任意指定一点

当前线宽为 0.0000

指定下一个点或 [圆弧（A）/半宽（H）/长度（L）/放弃（U）/宽度（W）]：140 //鼠标向上追踪，输入追踪距离

指定下一点或 [圆弧（A）/闭合（C）/半宽（H）/长度（L）/放弃（U）/宽度（W）]：80 //鼠标向右追踪，输入追踪距离

指定下一点或 [圆弧（A）/闭合（C）/半宽（H）/长度（L）/放弃（U）/宽度（W）]：//按回车键结束命令

（2）选中文字样式"字高 70"，用 MT 或 DT 命令输入文字，并移至剖视方向线边上。

（3）选中剖切符号和文字，移至桥梁中心线上部桥面合适位置。

结果如图 8-31 所示。

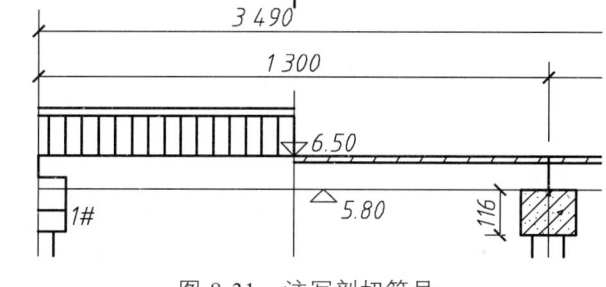

图 8-31　注写剖切符号

其他位置处的剖切符号，可运用 COPY（复制）和 MIRROR（镜像）方法生成，修改相应文字，并移至合适位置。

步骤七　插入图框

（1）启动 INSERT（插入块）命令，弹出"插入"对话框（图 8-32），在"名称"栏后面的下拉列表中，选中步骤一中建立的图框块名称；选中"在屏幕上指定（S）"复选框；在"比例"组件中，选中"统一比例"复选框，并在 X 后面的数字框中输入比例因子 20，单击"确定"按钮。

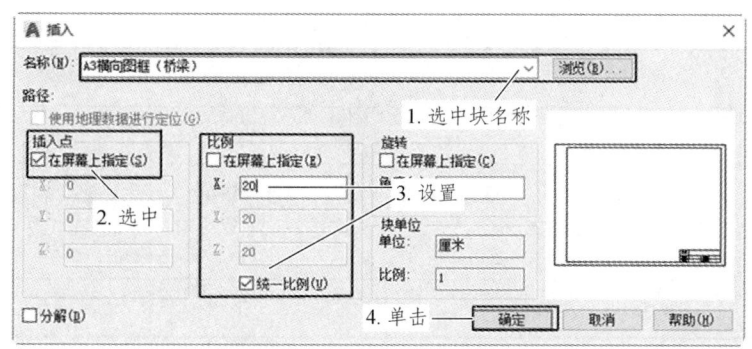

图 8-32　插入 A3 横向图框

（2）在屏幕上图形附近，单击一点，插入图框。再把图形都移入图框内，调整图形到合适的位置，布置好图形。

注：如果没有创建图框块，也可直接把图框放大 20 倍，然后把图形放入图框内。

（3）选用"字高 100"和字高 140 的文字样式注写标题栏中的文字。

步骤八　检查图形

最后检查整张图，删除不用保留的辅助线，并对保留的辅助线进行调整，检查图纸的内容，确保图中所示内容完整和正确。

步骤九　保存图形文件

保存图形文件，文件名为"白沙河桥总体布置图.dwg"。

知识链接

一、设置图形界限

设置图形界限就是设置 AutoCAD 中图纸的幅面，也就是绘图的界限，相当于手工绘图时选择适当的图纸。

例如设置一张 A3（420×297）横幅面的图纸界限操作步骤如下：

（1）单击"格式"菜单→"图形界限"命令或者在命令提示行输入 LIMITS（图形界限）命令并按回车键确认（相关命令参数提示如下）。

命令：_LIMITS

重新设置模型空间界限：

指定左下角点或 [开（ON）/关（OFF）] <0.0000，0.0000>：0，0　　//输入坐标值（0，0）并按回车键确认。

指定右上角点 <420.0000，297.0000>：@420，297　　//输入坐标（@420，297）并按回车键确认。

（2）将设置的图形界限（A3 幅面）放大至全屏显示，这样有利于用户的绘图工作。在命令提示行输入 ZOOM（缩放）命令并按回车键，输入"A"后按回车键。

二、道路桥涵工程制图的一般规定

（一）图纸要求

1. 图　幅

图幅是指图纸的幅面大小。国家标准对道路桥涵图纸幅面进行了规定，如表 8-1 所示。

表 8-1　图幅及图框尺寸　　　　　　　　　　　　　　　　　　　　单位：mm

尺寸代号	图幅代号				
	A_0	A_1	A_2	A_3	A_4
$b×l$	841×1189	594×841	420×594	297×420	210×297
a	35	35	35	30	25
c	10	10	10	10	10

注：图幅的短边不得加长。

2. 图框及图标

图框及图标位置如图 8-33 所示。

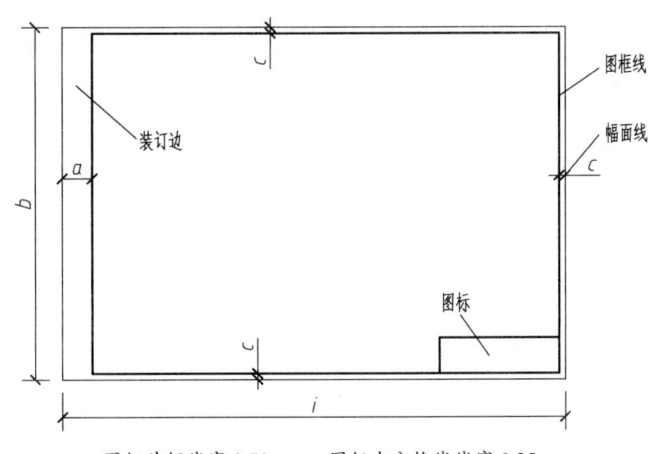

图标外框线宽 0.70 mm；图标内分格线线宽 0.25 mm。

图 8-33　图框及图标位置

3. 标题栏样式

图框内右下角应绘图纸标题栏，国标规定的格式有 3 种，如图 8-34 所示。

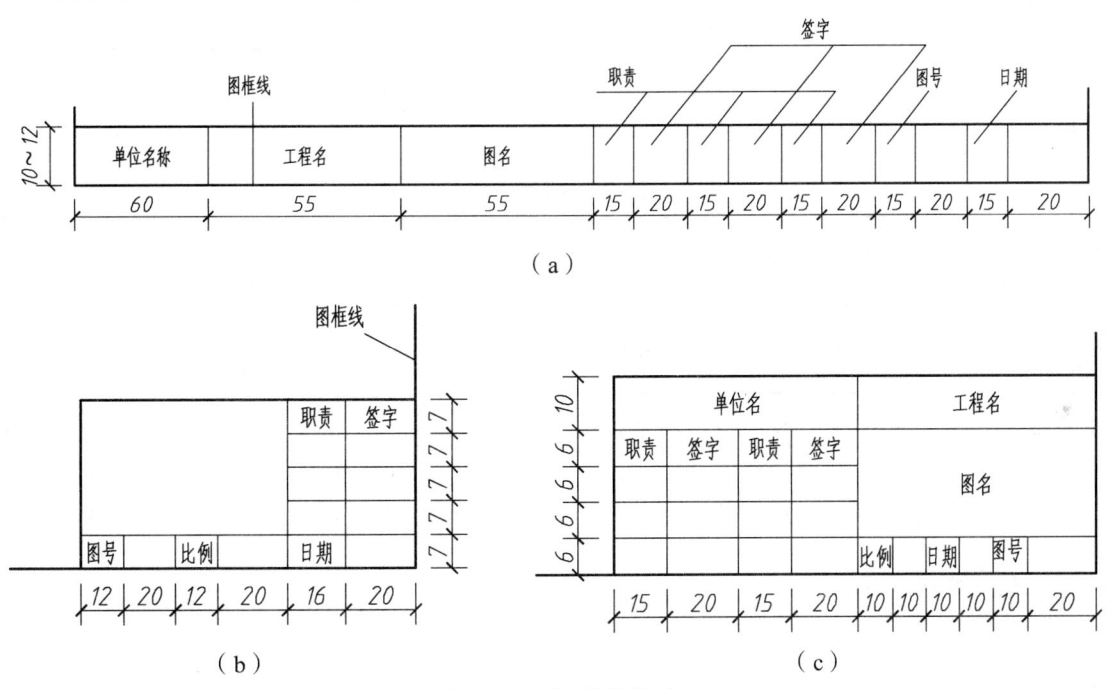

图 8-34　标题栏样式

（二）图线要求

1. 图　层

绘图前应统一设置图层，一般设置以下几个图层：中心线、虚线、粗实线、细实线、文字、填充、尺寸标注层（尺寸线、尺寸界线、尺寸起止符、尺寸数字均为统一颜色）、轮廓线，其他可根据需要按规范要求添加。

2. 图　线

每张图上线宽一般不超过 3 种，即粗实线 0.35 mm、中粗线 0.25 mm 与细实线 0.13（0.15）mm。图中除构造图的轮廓线、钢筋线用粗线外，其他一律用细线。在钢筋图中钢筋线用粗线 0.35 mm，轮廓线用粗线 0.25 mm。

中心线/点画线及折断线应注意设置比例。

图线的线型、线宽、用途及其画法如表 8-2 所示。

表 8-2　图线的线型、线宽、用途及其画法

名称	线型	线宽	一般用途
粗实线	————	b	可见轮廓线、钢筋线
细实线	————	$0.25b$	尺寸线、剖面线、引出线、图例线、原地面线
中粗实线	————	$0.5b$	较细的可见轮廓线、钢筋线
加粗实线	————	$(1.4\sim2.0)b$	图框线、路线设计线
粗虚线	- - - - - -	b	地下管道或建筑物
中粗虚线	- - - - - -	$0.5b$	不可见轮廓线
细虚线	- - - - - -	$0.25b$	道路纵断面图中竖曲线的切线
细点画线	— · — · — ·	$0.25b$	中心线、对称线、轴线
中粗点画线	— · — · — ·	$0.5b$	用地界线
双点画线	— ·· — ·· —	$0.25b$	假想轮廓线、规划道路中线、地下水位线
粗双点画线	— ·· — ·· —	b	规划红线
波浪线	∽∽∽	$0.25b$	断开界线
折断线	—⩘—	$0.25b$	断开界线

3. 线　宽

国标规定的线宽组系列如表 8-3 所示。

表 8-3　线宽系列

线宽类别	线宽系列（mm）				
b	1.4	1.0	0.7	0.5	0.35
$0.5b$	0.7	0.5	0.35	0.25	0.25
$0.25b$	0.35	0.25	0.18（0.2）	0.13（0.15）	0.13（0.15）

图线的基本宽度 b 可从下列线宽系列中选取：0.35 mm、0.5 mm、0.7 mm、1.0 mm、1.4 mm。
当用户选用 A2 图纸时，建议选用 b=0.7 mm（粗线）、$0.5b$=0.35 mm（中线）、$0.25b$=0.18 mm（细线）；
当用户选用 A3 图纸时，建议选用 b=0.5 mm（粗线）、$0.5b$=0.25 mm（中线）、$0.25b$=0.13 mm（细线）。

（三）字体及书写方法

1. 字　体

每张图纸中尽量用同一种字体，一般不超过两种字体。

汉字字形优先考虑采用仿宋、hztxt.shx 和 hzst.shx；西文优先考虑 romans.shx 和 simplex 或 txt.shx。如果采用宋体或仿宋，其宽度因子为 0.7。在 AutoCAD 环境中通过设置文字样式来设置字体、字高等文字属性。

2. 字　高

文字高度系列为 2 mm、2.5 mm、3.5 mm、5 mm、7 mm、10 mm、14 mm、20 mm。建议 A3 图纸中"立面图""侧面图""大样图"等视图名称字高设置为 5 mm。若视图比例不同，其比例可标注在视图图名的右侧，底部与图名底部平齐，比例字高为 3 mm 或 3.5 mm。视图名下画双画线：上线为粗实线，距图名底部 1 mm；下线为细实线，距上线 1 mm。图中工程数量表及其他表格的表名称字高为 5 mm，表中文字高度为 3 mm 或 3.5 mm。表名称下部双画线同视图名称双画线。附注中"附注"二字为 5 mm，正文文字为 3 mm 或 3.5 mm，如图 8-35 所示。

图 8-35　图名注写示例

（四）尺寸标注

尺寸界线与尺寸线均应用细实线绘制，一般应与被标注的长度线垂直，其一端建议离开图样轮廓不小于 2 mm（注：国标中规定的是靠近轮廓线），另一端宜超出尺寸线 2~3 mm（注：国标中规定是 1~3 mm）。

尺寸起止符号一般用中粗（0.5b）斜短线绘制，其斜度方向与尺寸界线成顺时针 45°，建议长度宜为 2~3 mm。半径、直径、角度与弧长的尺寸起止符号，宜用箭头表示。

互相平行的尺寸线，应从被注写的图样轮廓线由近向远整齐排列，应将大尺寸标在外侧，小尺寸标在内侧。建议尺寸线距图样最外轮廓之间的距离不宜小于 10 mm。建议平行排列的尺寸线的间距宜为 7~10 mm（注：国标中规定平行尺寸线间距可在 5~15 mm），所有注写的尺寸数字应离开尺寸线约 1 mm。

（五）坡度标注

当坡度值较小时，用百分率表示并标注坡度符号。当坡度值较大时，应用比例形式标出，如图 8-36 所示。

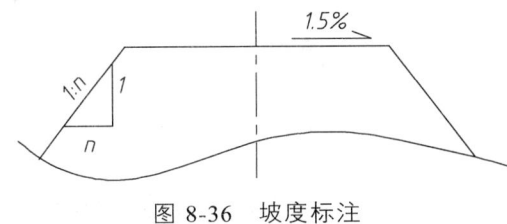

图 8-36 坡度标注

（六）标高和水位符号

（1）标高符号应以直角等腰三角形表示，按图 8-37（a）所示形式用细实线绘制。水位符号按图 8-37（b）所示形式用细实线绘制。

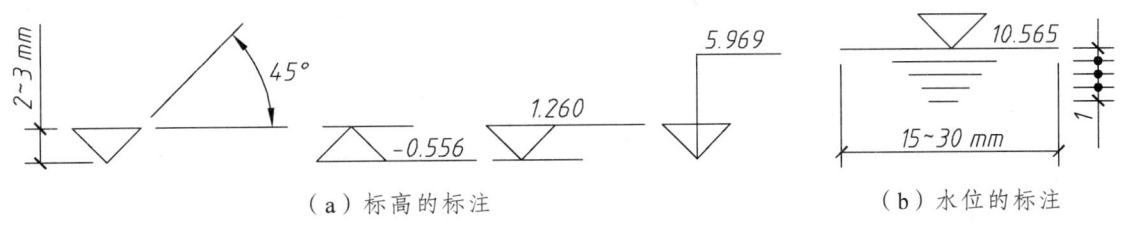

（a）标高的标注　　　　　　　　　　（b）水位的标注

图 8-37 标高和水位符号

（2）标高符号的尖端就指至被注高度的位置。尖端宜向下，也可向上。标高数字应注写在标高符号的上侧或下侧，如图 8-38 所示。

（3）标高数字应以米为单位，注写到小数点以后第三位。在总平面图中，可注写到小数点后第二位。零点标高应注写成±0.000，正数标高不注"+"，负数标高应注"-"，例如 3.000、-0.600。

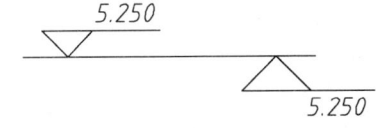

图 8-38 标高符号的指向

（4）水位符号的标注同标高相似，数字注写在水位符号的尖端。

（七）剖切符号

1. 剖视的剖切符号

剖视的剖切符号应由剖切位置线及剖视方向线组成，以粗实线绘制。剖视的剖切符号建议按下列规定绘制：

（1）可按道路国标规定的样式绘制[图 8-39（a）]，也可按图 8-39（b）所示样式绘制。剖切位置线的长度宜为 6~10 mm，剖视方向线应垂直于剖切位置线，长度应短于剖切位置线，宜为 4~6 mm。绘制时，剖视剖切符号不应与其他图线相接触。

（2）剖视剖切符号的编号宜采用粗阿拉伯数字，按剖切顺序由左至右、由下向上连续编排，并应注写在剖视方向线的端部。

（3）需要转折的剖切位置线，应在转角的外侧加注写该符号相同的编号。

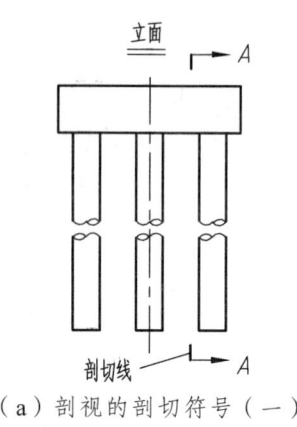
（a）剖视的剖切符号（一）

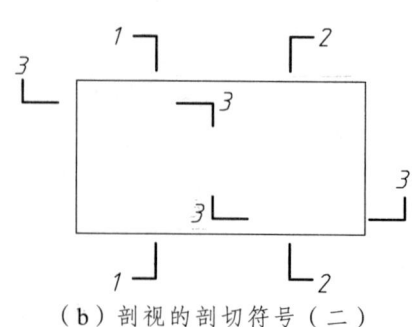
（b）剖视的剖切符号（二）

图 8-39 剖切符号

2. 断面的剖切符号

断面的剖切符号应符合下列规定：

（1）断面的剖切符号应只用剖切位置线表示，并应以粗实线绘制，长度宜为 6～10 mm。

（2）断面剖切符号的编号宜采用阿拉伯数字，按顺序连续编排，并应注写在剖切位置线的一侧；编号所在的一侧应为该断面的剖视方向，如图 8-40 所示。

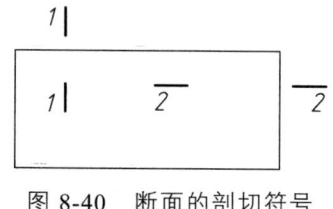
图 8-40 断面的剖切符号

（八）指北针

指北针是用来指明建筑物朝向的。圆的直径宜为 24 mm，用细实线绘制，指针尾部的宽度宜为 3 mm，指针头部应标示"北"或"N"。需要较大直径绘制指北针时，指针尾部宽度宜为直径的 1/8。

（九）详图索引符号

图样中的某一局部或构件，如需另见详图，应以索引符号标出。索引符号由直径为 10 mm 的圆和水平直径组成，圆及水平直径均以细实线绘制。详图的位置和编号，应以详图符号表示。详图符号的圆应以直径为 14 mm 的粗实线绘制。

（十）引出线

引出线应以细实线绘制，宜采用水平方向的直线，或与水平方向成 30°、45°、60°、90°的直线，或经上述角度再折为水平线。文字说明宜注写在水平线的上方，也可以注写在水平线的端部。

三、图形中的字高、符号等与制图规定中的对应关系

我们在用 AutoCAD 画图时一般是画全比例的图（即 1:1 的图）。也就是说，显示的距离值即为物体的实际尺寸。当要绘制这张图时，再告诉 AutoCAD 要用什么比例绘出，由程序来相应地缩放这张图。这样就可以自由地按全比例的尺寸进行输入，而不用担心在输入距离时都要按不同的比例进行转换。但是，在向图中输入文字与尺寸标注时这种功能也会引发一些问题。例如，假如你希望在最终的图纸上文字的高度为 5 mm，若在绘图时将文字绘成 5 mm 高，则在出图时图纸上的文字将会小得像个点一样。所以必须在绘图时将文字高度按比例放大到适当的高度，在出图时才会写出 5 mm 高的文字。当绘图比例为 1:100 时，须将 5 mm 乘以比例因子 100，等于 500 mm。即在 CAD 图中 500 mm 高的文字，才能在最终出图时写成 5 mm 高的文字。

对于使用米制的比例，可直接将绘图比例的倒数用作比例因子，例如绘图比例为 1:10 时，其比例因子就等于 10，绘图比例为 1:50 时，其比例因子就等于 50，以此类推。

图纸中对应的符号如标高符号、水位符号、剖切符号等,为了保证出图后的尺寸符合规定,也必须在标注时进行相应的比例变换,以此类推。

四、桥涵视图的相关规定

(一)桥梁工程图的图纸组成(以钢筋混凝土梁桥为例)

建造一座桥梁需要设计绘制很多图纸。一套完整的桥梁工程图一般应包括下述图纸:

1. 桥位平面图

桥位平面图表示的主要内容有桥梁与路线连接的平面位置,桥位中心里程桩,水准点,工程钻孔,以及桥梁附近的地形、地物等,作为桥梁设计和施工定位的依据。绘制桥位平面图时,一般常采用的比例为1:500、1:1000、1:2000等。有时,也可以用一段路线平面图来代替桥位平面图,但在路线平面图上需标注出桥的名称。

2. 桥位地质断面图

桥位地质断面图表示的主要内容有:河床断面线(用粗实线绘制),最高水位、常水位、最低水位,钻孔的位置、间距、孔口标高和钻孔深度,土壤的分层(用细实线绘制)、标高和各层的物理力学性质等。有时为了突出显示地质和河床深度变化情况,特意将纵向比例比横向比例放大数倍画出。纵向比例采用1:200,横向比例采用1:500。桥位地质断面图主要用作设计桥梁、桥墩、桥台和计算土石方工程量的依据。

3. 桥梁总体布置图

桥梁总体布置图一般由立面图、平面图和横剖视图三部分组成,表达的主要内容有桥梁的形式、孔数、跨度、桥长、桥高、各部位标高、各主要构件的相互位置关系、桥面和桥头引道的坡度、桥宽、桥跨横截面布置、桥梁线形及其与公路的衔接、桥梁与河流或与桥下路线的相交状况以及技术说明等。它作为施工时确定墩台位置、构件安装和标高控制的依据。

4. 构件图

组成桥梁的各个构件,在桥梁总体布置图中是无法详细表达清楚的,因此,单凭总体布置图无法进行施工。为了满足施工和工程监理的需要,还必须根据总体布置图采用较大的比例绘制能完整清晰表达各个构件的形状、大小以及钢筋布置情况的构件图,称为构件结构图或构件构造图;而仅画构件形状、大小,不画钢筋的构件图称为构件的一般构造图。构件图的常用比例为1:10~1:50。若构件的某些局部在构件图中仍不能清晰完整地表达时,可采用更大的比例,如采用1:3~1:10,画出局部放大图,这种图样称为大样图或详图。

(二)桥涵工程图的相关规定

1. 砖石、混凝土结构

(1)砖石、混凝土结构图中的材料标注,可在图形中适当位置,用图例表示(图8-41)。当材料图例不便绘制时,可采用引出线标注材料名称及配合比。

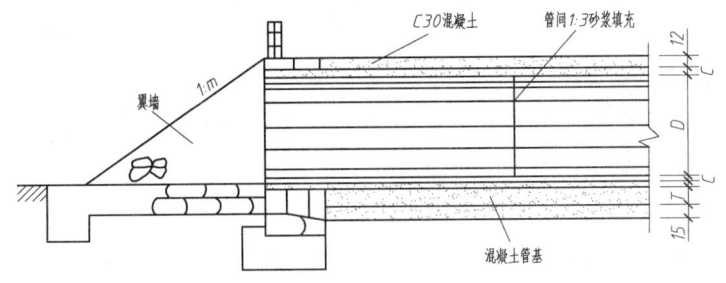

图8-41 砖石、混凝土结构的材料标注

（2）边坡和锥坡的长短线引出端，应为边坡和锥坡的高端。坡度用比例标注，其标注应符合相关制图规定（图 8-42）。

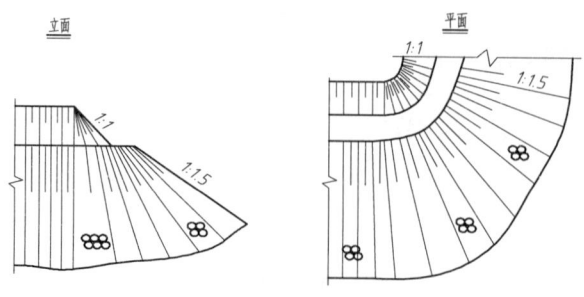

图 8-42　边坡和锥坡的标注

2. 钢筋混凝土结构

钢筋构造图应置于一般构造图之后。当结构外形简单时，二者可绘于同一视图中。

在一般构造图中，外轮廓线应以粗实线表示，钢筋构造图中的轮廓线应以细实线表示，钢筋应以粗实线的单线条或实心黑圆点表示。

在钢筋构造图中，各种钢筋应标注数量、直径、长度、间距、编号，其编号应采用阿拉伯数字表示。当给钢筋编号时，宜先编主、次部位的主筋，后编主、次部位的构造筋。在桥梁构件中，钢筋编号及尺寸标注格式应符合下列规定：

（1）编号宜标注在引出线右侧的圆圈内，圆圈的直径为 4~8 mm[图 8-43（a）]。

（2）编号可标注在与钢筋断面图对应的方格内[图 8-43（b）]。

（3）可将冠以 N 字的编号，标注在钢筋的侧面，根数应标注在 N 字之前[图 8-43（c）]。

钢筋大样应布置在钢筋构造图的同一张图纸上。当钢筋加工形状简单时，也可将钢筋大样绘制在钢筋明细表内。

（4）尺寸单位：在路桥工程图中，钢筋直径的尺寸单位符号采用 mm，其余尺寸单位均采用 cm，图中无须注出单位。在建筑制图中，钢筋图中所有尺寸单位符号为 mm。采用如下格式标注：

$$\frac{n\phi d}{l@s}m$$

其中：m—钢筋编号，圆圈直径为 4~8 mm；

n—钢筋根数；

ϕ—钢筋直径符号，也表示钢筋的等级；

d—钢筋直径，mm；

l—钢筋总长度，cm；

@—钢筋中心间距符号；

s—钢筋间距，cm。

如：② $\frac{11\phi 6}{l=64@12}$，其中"②"表示 2 号钢筋，"$11\phi 6$"表示直径为 6 mm 的 2 号钢筋（Ⅰ级筋）共 11 根，"$l=64$"表示每根钢筋的断料长度为 64 cm，"@12"表示钢筋轴线之间的距离为 12 cm。

图 8-43（c）中的"20N12"表示编号为 12 的钢筋有 20 根。

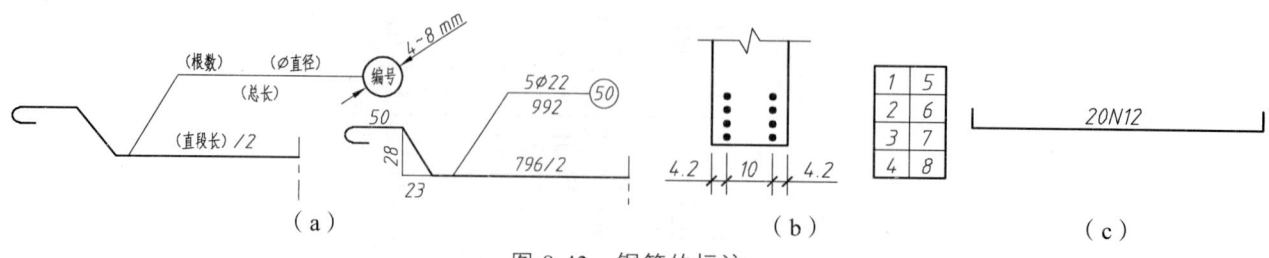

图 8-43　钢筋的标注

3. 预应力混凝土结构

预应力钢筋应采用粗实线或 2 mm 直径以上的黑圆点"●"表示，图形轮廓线应采用细实线表示。当预应力钢筋与普通钢筋在同一视图中出现时，普通钢筋应采用中粗实线表示。一般构造图中的图形轮廓线应采用中粗实线表示。

（1）在预应力钢筋布置图中，应标注预应力钢筋的数量、型号、长度、间距、编号。

编号应以阿拉伯数字表示。编号格式应符合下列规定：

- 在横断面图中，宜将编号标注在与预应力钢筋断面对应的方格内[图 8-44（a）]。
- 在横断面图中，当标注位置足够时，可将编号标注在直径为 4~8 mm 的圆圈内[图 8-44（b）]。
- 在纵断面图中，当结构简单时，可将冠以 N 字的编号标注在预应力钢筋的上方；当预应力钢筋的根数大于 1 时，也可将数量标注在 N 字之前。当结构复杂时，也可自拟代号，但应在图中说明。

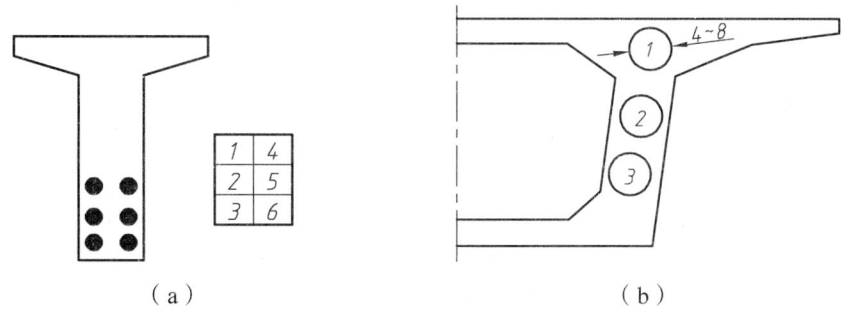

图 8-44 预应力钢筋的标注

（2）在预应力钢筋的纵断面图中，可采用表格的形式，以每隔 0.5~1 m 的间距，标出纵、横、竖三维坐标值。

预应力钢筋在图中的几种表示方法应符合下列规定：

- 预应力钢筋的管道断面：○；
- 预应力钢筋的锚固断面：⊕；
- 预应力钢筋断面：┼；
- 预应力钢筋的锚固侧面：┠；
- 预应力钢筋连接器侧面：≡；
- 预应力钢筋连接器断面：⊙。

对弯起的预应力钢筋应列表或直接在预应力钢筋大样图中标出弯起角度、弯曲半径切点的坐标（包括纵弯或既纵弯又平弯的钢筋）及预留的张拉长度（图 8-45）。

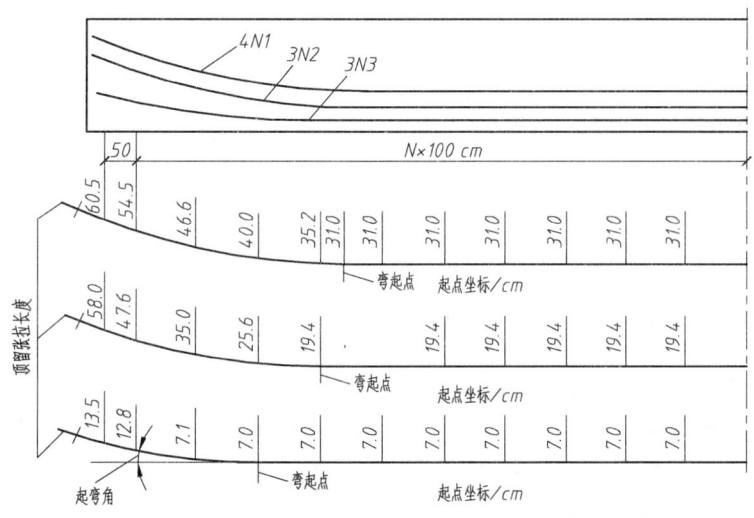

图 8-45 预应力钢筋大样

五、桥梁总体布置图的比例及字高的估算

在 AutoCAD 软件中，每一个图形都是在一定的工作环境下绘制的。工作环境包括工作区的大小、文字类型、尺寸标注、线型比例、系统变量等。

（一）图纸的选择

首先根据所绘图形的大小及图形的复杂程度选定图纸号，进而确定图形的工作区大小。目前路桥工程图纸大多数使用 A3 幅面图纸出图，图纸大小是 420 mm×297 mm，绘图区范围是 380 mm×277 mm。在 AutoCAD 中绘图和在图纸上绘图的一个最大区别就是，在图纸上绘制 1:100 的图形，是将实物缩小为 1%画在图纸上。而在 AutoCAD 中是以所见即所得为原则，按 1:1 来绘制图形，这样在绘制图形时无须比例变换，非常方便直观。这就要求将图纸范围扩大 100 倍，出图的时候直接缩小为 1%打印即可。

（二）比例尺的选择

在绘制 CAD 图形时，比例尺的选择一般有以下几种情况：

（1）最常用的是按 1:1 的比例进行绘图，但出图比例要根据选用图幅大小和图形尺寸来确定。如一座桥梁的估算总长度为 120 m，桥梁总宽度为 30 m，若以厘米为单位绘制图形，实际绘图长度为（120+30）×100 = 15 000 个绘图单位，选用 A3 图纸的话，其出图比例为 15 000/380≈39.5，取最接近的较大的整十或百倍数 40。考虑出图比例时的字高可按下面公式估算：

$$图中字高=实际图纸中要求的字高×出图比例$$

如果要求实际图纸中的字高为 2.5，出图比例为 1:40，则定义字高为 2.5×40=100，所有文字标注和尺寸标注均可参照该字高。在加图框出图时，较好的方法是利用 AutoCAD 的图纸布局功能进行出图。

（2）也可以按 1:1 的比例进行绘图，完成后再按一定的比例进行缩放（在标注之前），缩放后再进行标注。在一张图纸中有多个绘图比例的情况下采用这种方法比较方便。

（3）在规定的绘图空间中按比例尺直接绘制，然后进行标注等工作。对于实际尺寸和所采用比例比较好计算时采用这种方法，但对于实际工程图来说此方法太麻烦和容易出错，一般不采用。

采用（2）和（3）这两种方法时，文字标注和尺寸标注的字高就是实际出图的字高，不用变换比例。

（三）文本大小的选择

根据用户确定的图形比例以及文本在图纸上的尺寸大小后，只要用文本大小乘以绘图比例，所得数字即为用"文字样式"命令设置的字体大小。如比例尺选择中（1）所述，在此不再赘述。

注：由于 CAD 绘图并没有完全的国家标准，特别是在字体文本的选择上更是如此，所以有的单位是自己设置了一套自用的标准，有的是在遵守相关绘图规范的前提下作了一些微调，用户可参考实际情况灵活使用。

（四）本图比例尺和字高的选择

在本图中按 1:1 的比例进行绘图，若以厘米为单位绘制桥梁总体布置图，选用 A3 图纸的话，比例的计算方式为（34.90+14）×100/370≈13.22，按取最接近的较大的整十或百倍数原则，则比例选取为 20。

出图时的字高分别按前面讲过的公式估算得出：

如果要求实际图纸中的文字标注字高为 3.5，出图比例为 1:20，则定义字高为 3.5×20=70，同理，标题栏中设计、复核等项的字高定义为 100，图名、表名定义为 100，图形中的文字标注或说明及表格中的文字、数字定义为 70，尺寸标注字高 70。

六、桥梁总体布置图的视图表达及主要绘制内容

（一）桥梁总体布置图主要用立面图、侧面图、平面图、剖面图来进行表达。

1. 立面图

立面图常常是由半立面图和半纵剖面图合成的，包括墩、台、梁和附属设施的外形轮廓。右半纵剖面图是沿桥梁中心线纵向剖开而得到的，右部墩、台、板梁和桥面均应按剖开绘制。图中还可画出河床的断面形状，在半立面图中，河床断面线以下的结构如桥台、桩等用虚线绘制，在半剖面图中地下的结构均画为实线。由于预制桩打入到地下较深的位置，不必全部画出，为了节省图幅，可采用断开画法。立面图中还应注出桥梁各重要部位如桥面、梁底、桥墩、桥台、桩尖等处的高程，以及常水位（即常年平均水位）。

2. 平面图

桥梁的平面图也常采用半剖的形式。左半平面图是从上向下投影得到的桥面俯视图，主要画出了车行道、人行道、栏杆等的位置。右半部采用的是剖切画法（或分层揭开画法），假想把上部结构移去后，画出桥墩和右侧桥台的平面形状和位置。

3. 横剖面图

根据立面图中所标注的剖切位置可以看出墩、桥、梁、附属设施的投影。

📖 任务拓展

【8-1-1】绘制如图 8-46 所示的清河大桥全桥布置图。

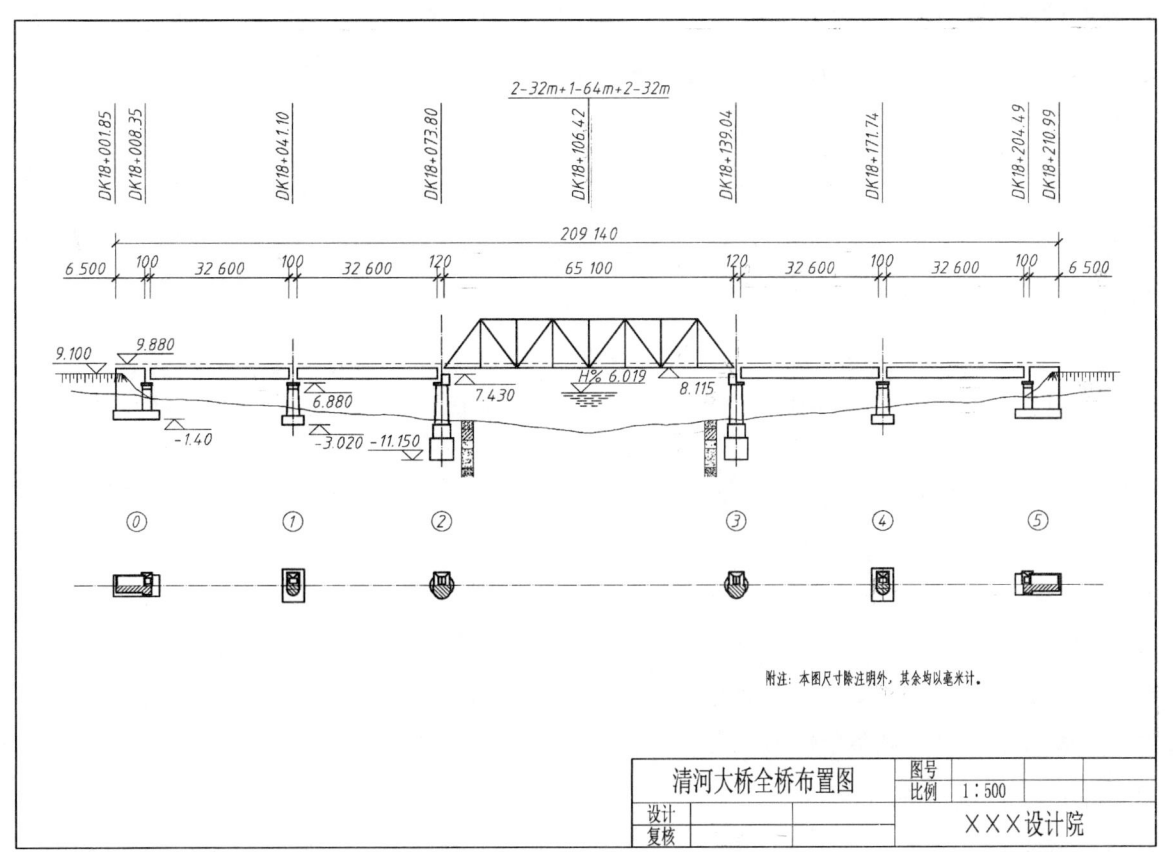

图 8-46　清河大桥全桥布置图

提示：

1. 全桥布置图的图示法

图 8-46 所示的全桥布置图，是简化了的全桥主要轮廓的投影图，它由立面图和平面图组成。立面图是沿桥线垂直方向，向桥跨投影而得到的正面投影图，它反映了全桥的概貌。平面图是假想将上部结构全部拆除后所得到的水平投影图。平面图中采用了半平面和半基顶剖面的表达方法，表达墩台的断面形状。

2. 全桥布置图立面图

从立面图中可知，该桥是 5 孔，中间孔是跨度为 64 m 的钢梁，两侧的 4 孔是跨度为 32 m 的预应力钢筋混凝土梁。图中标出了全桥中心里程 DK18+106.42、各墩台中心里程以及起点里程 DK18+001.85 和终点里程 DK18+210.99。顺桥线方向标出了桥全长、梁长、梁缝、桥台长度。图中还标出了全桥各主要部位的标高。6.019 m 是按平均百年一遇的最高水位而定的设计水位。

桥的全长是指两桥台背间距离，立面图上所标的 209.140 m 即是桥长。也可根据梁长、孔数、梁缝、桥台长度进行换算：桥全长 = 4×32 600 mm+4×100 mm+2×120 mm+65 100 mm+2×6 500 mm = 209 140 mm；还可用终点里程 DK18+210.99 减去起点里程 DK18+001.85 得到。

桥梁中墩、台位置的命名，通常按顺序进行编号，如图 8-46 所示的⓪号台、①号墩等。桥台也可按其位置命名，如北台、津台等。

立面图中还画出了河床横断面。"地质柱状图"表示出该地层的土质情况及每层的深度，在线路中心里程 DK18+077（即②号墩位附近）及 DK18+135（即③号墩位附近）钻孔，画出该孔的"地质柱状图"。

3. 全桥布置图平面图

从平面图可知桥墩、桥台的位置及类型。桥台为"T"形桥台，桥墩为圆端形。墩台的基础分别采用了扩大基础及沉井基础。

【8-1-2】绘制图 8-47 所示的斜拉桥总体布置图（此图为方案比较图，许多细部尺寸和详图均没有画出）。

提示：如图 8-47 所示为一座双塔单索面钢筋混凝土斜拉桥总体布置图，主跨为 165 m，两旁边跨各为 80 m，两边引桥部分断开不画。

1. 立面图

由于采用较小的比例（1∶2000），故仅画桥梁的外形不画剖面。梁高仍用两条粗实线表示，最上面加一条细线表示桥面高度，横隔梁、人行道和栏杆均省略不画。

桥墩是由承台和钻孔灌注桩所组成的，它和上面的塔柱固定成一整体，使荷载能稳妥地传递到地基上。立面图还反映了河床起伏及水文情况，根据标高尺寸可知桩和桥台基础的埋置深度、梁底、桥面中心和通航水位的标高尺寸。

2. 平面图

以中心线为界，左半边画外形，显示了人行道和桥面的宽度，并显示了塔柱断面和拉索。右半边是把桥的上部分揭去后，显示桩位的平面布置图。

3. 横剖面图

采用较大比例（1∶60）画出，从图中可以看出梁的上部结构，桥面总宽度为 29 m，两边人行道包括栏杆为 1.75 m，车道为 11.25 m，中央分隔带为 3 m，塔柱高为 58 m，同时还显示了拉索在塔柱上的分布尺寸、基础标高和灌注桩的埋置深度等。

对箱梁剖面，另用更大的比例 1:20 画出，显示单箱三室钢筋混凝土梁的各主要部分尺寸。

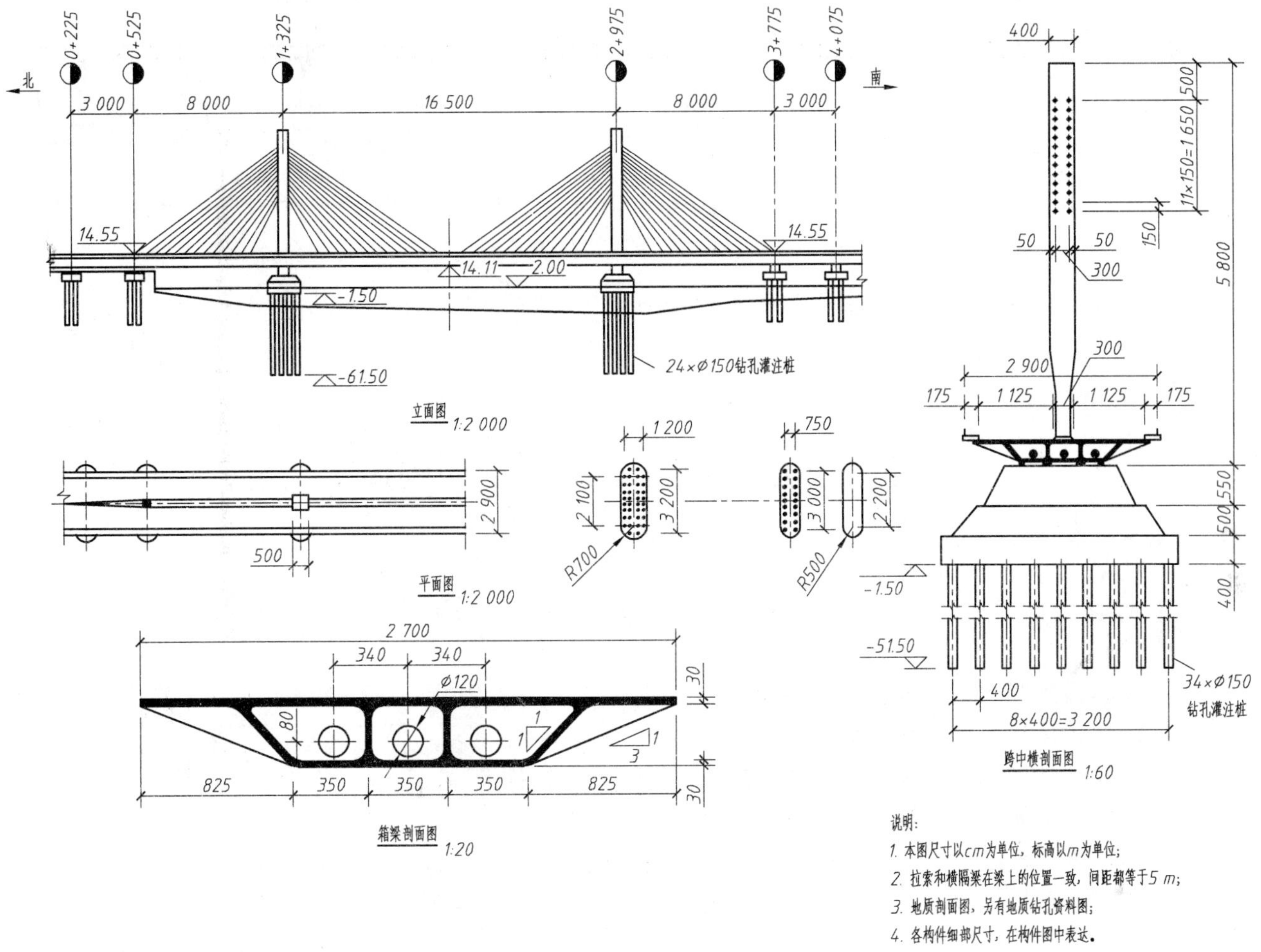

图 8-47 斜拉桥总体布置图

【8-1-3】绘制图 8-48 所示的永定××桥桥式布置图。

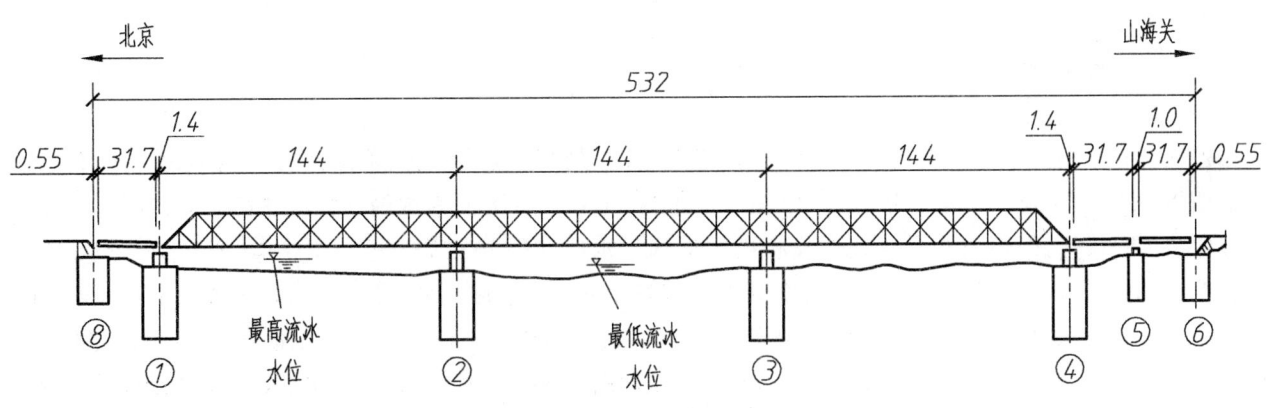

图 8-48 永定××桥桥式布置图（单位：m）

【8-1-4】绘制如图 8-49 所示渭河五号桥桥式布置图。

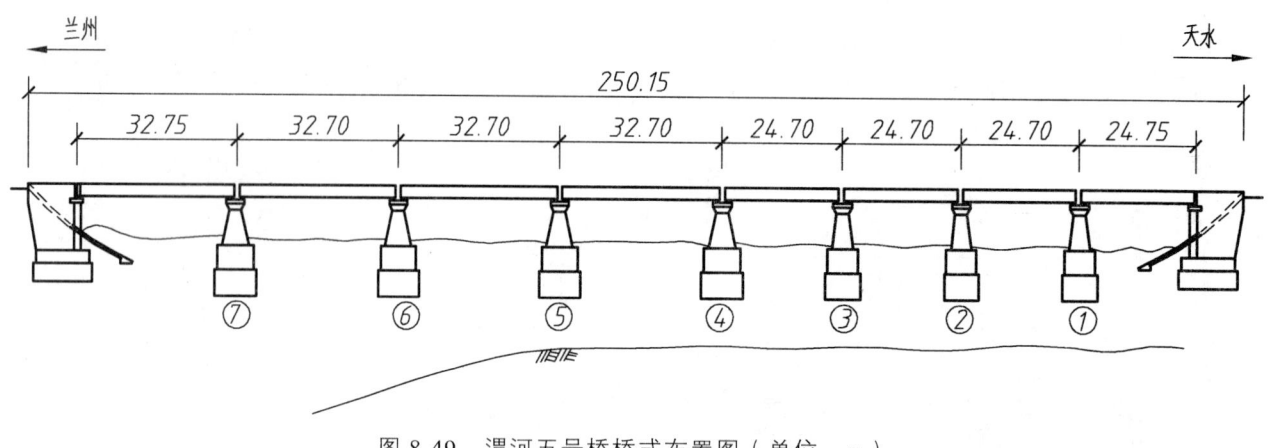

图 8-49 渭河五号桥桥式布置图（单位：m）

任务二　绘制边跨 10 m 空心板构造图

任务目标

- 能够按照制图规范设置绘图环境。
- 能够识读简单的桥梁上部结构图。
- 能够综合运用绘图命令及绘图方法绘制桥梁上部结构图。
- 能够按照制图标准绘制、编辑和修改简单工程图样。
- 能够创建标注样式和文字样式，并能够规范地标注尺寸及注写文字。
- 培养规范操作、耐心细致、严谨求实、互助协作的职业素质。

任务内容

绘制如图 8-50 所示的白沙河桥边跨 10 m 空心板构造图。

任务分析

图 8-50 所示图形属于钢筋混凝土空心板梁构造图，它是该桥梁上部结构中最主要的受力构件，两端搁置在桥墩和桥台上。此桥中跨为 13 m，边跨为 10 m。本图形为边跨 10 m 空心板构造图，由立面图、平面图和断面图组成，主要表达空心板的形状、构造和尺寸。整个桥宽由 10 块板拼成，按不同位置分为 3 种：中板（中间共 6 块）、次边板（两侧各 1 块）、边板（两边各 1 块）。三种板的厚度相同，均为 55 cm，故只画出了中板立面图。由于三种板的宽度和构造不同，故分别绘制了中板、次边板和边板的平面图，中板宽 124 cm，次边板宽 162 cm，纵向是对称的，所以立面图和平面图均只画出了一半，边跨板长名义尺寸为 10 m，但减去板接头缝后实际上板长为 996 cm。3 种板均分别绘制了跨中断面图，可以看出它们不同的断面形状和详细尺寸。另外还画出了板和板之间拼接的铰缝大样图，说明文字中有具体施工做法。

一块空心板混凝土数量表

封头	中板		边板		次边板	
C20混凝土/m³	C25混凝土/m³	安装质量/t	C25混凝土/m³	安装质量/t	C20混凝土/m³	安装质量/t
0.119	3.874	9.762	4.081	13.3	4.523	11.44

说明：

1. 本图尺寸除钢筋直径以mm计外，其余均以cm计；
2. 浇筑铰缝混凝土前先用M10水泥砂浆填底缝，待砂浆强度达50%后方可浇筑铰缝；
3. 铰缝钢筋①②号先绑扎好再放入铰缝内，并与预制板中伸出的箍筋绑扎在一起，②号钢筋每隔15 cm扎一根。

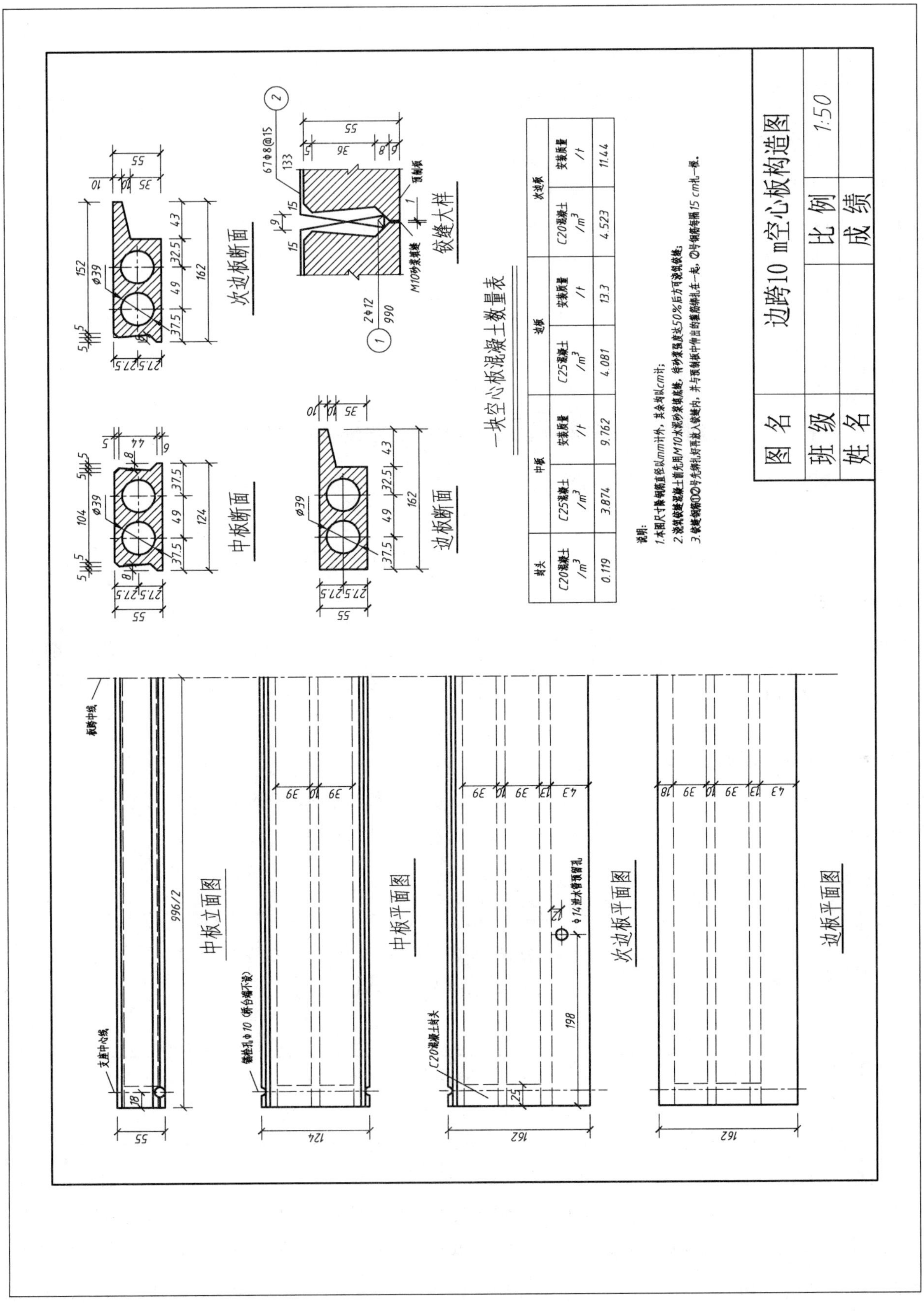

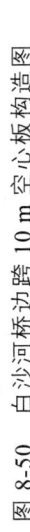

图 8-50　白沙河桥边跨 10 m 空心板构造图

要完成图 8-50 所示图形的绘制，可通过以下思路来完成：
（1）新建文件和设置绘图环境。
（2）选用图幅 A4 横向图框并确定绘图比例为 1∶5。
（3）绘制中板立面图，中板、次边板和边板平面图；
（4）绘制中板、次边板和边板断面图，绘制铰缝大样图。
（5）设置标注样式，并标注尺寸。
（6）设置文本样式，并注写文字和绘制填写表格。
（7）插入 A4 横向图框，填写标题栏。
（8）检查图形，调整定位线的长度，合理布局图形。
（9）保存图形文件并退出。

任务实施

步骤一　新建文件并设置图层、图形界限和辅助绘图功能等绘图环境

步骤二　选用图纸，确定绘图比例及文本

1. 选用图纸并确定绘图比例

选用 A4 图纸出图，若以厘米为单位绘制 10 m 空心板构造图的话，估算出应该选用的绘图比例为 1∶5。

2. 确定文本

根据绘图比例，出图时的字高分别设置为：文字标注字高为 12.5，标题栏中图名、班级、比例等的字高定义为 25，图形中的文字标注或说明及表格中的文字、数字定义为 17.5（均以标准字高乘以绘图比例）。

步骤三　绘制钢筋混凝土 10 m 空心板梁

上部结构图包括主梁（边梁和内梁）的立面图、平面图、横断面图三部分。这里以边跨绘制的过程为例进行讲述。由于立面图和平面图均为对称图形，故只画出图形的一半。

1. 绘制立面图

（1）用直线 LINE 或构造线 XLINE 命令在中心线图层内绘制板跨中心线、支座中心线。
（2）用直线 LINE 命令在粗实线图层中绘制边跨空心板。可从板跨中心线端开始绘制长为 498、高为 55 的直线。用 OFFSET 命令偏移出支座中心线，结果如图 8-51 所示。

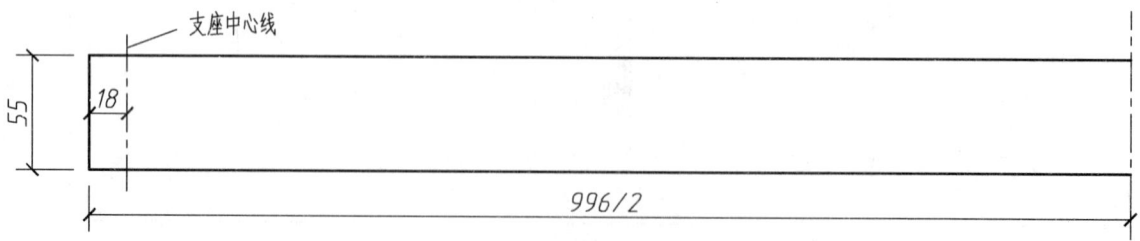

图 8-51　边跨空心板立面图步骤 1

（3）用偏移 OFFSET 命令画出其他线。
注意考虑用辅助线、OFFSET 等命令组合。在应用辅助线时，最好将辅助线绘在"辅助线"图层内，完成后采用"冻结"辅助线图层即可。细部尺寸可结合中板断面图看出。并改变不可见线的线型为虚线，结果如图 8-52 所示。

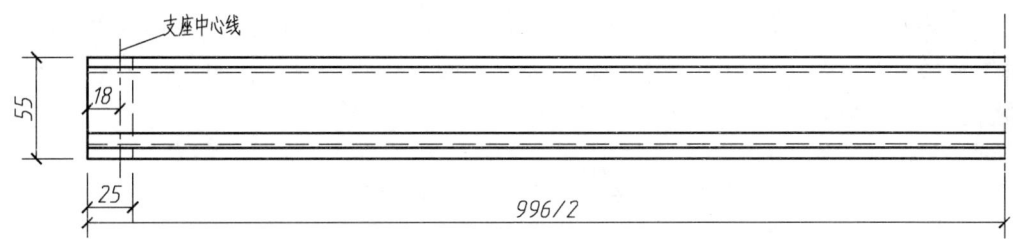

图 8-52　边跨空心板立面图步骤 2

（4）用 CIRCLE 命令画出左端孔，结果如图 8-53 所示。

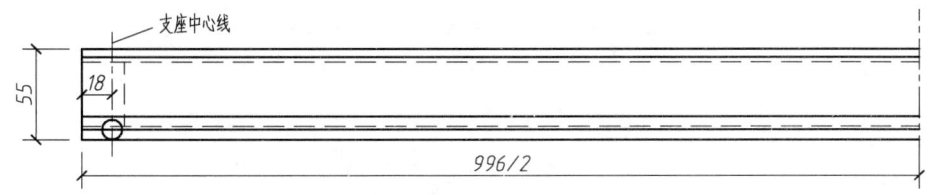

图 8-53　边跨空心板立面图步骤 3

（5）用修剪 TRIM 命令修剪圆中的线段，并用关键点编辑命令调整相关线段到合适的长度，结果如图 8-54 所示。

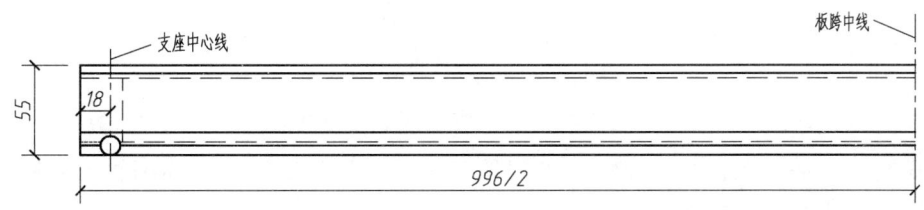

图 8-54　边跨空心板立面图步骤 4

2．绘制平面图

（1）用直线 LINE 命令绘制各片主梁平面图中心线、支座中心线及辅助线（根据个人的习惯也可不用辅助线），也可直接延长立面图中心线。

（2）在绘制平面图的时候，应充分利用立面图与平面图和断面图之间的投影关系（立面图断面图和平面图在尺寸上是相关的），进行绘制。

（3）按照立面图绘制过程（2）、（3）步骤，画出中板平面图，结果如图 8-55 所示。

（4）同理，按照立面图绘制过程（2）、（3）步骤画出边板平面图。运用 COPY 命令复制边板平面图，得到次边板平面图，结果如图 8-56 所示。

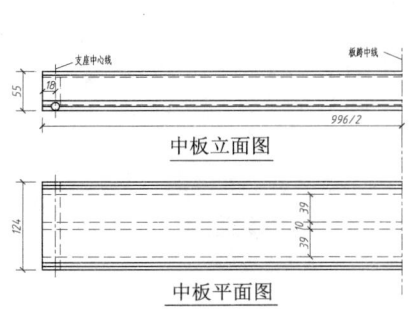

图 8-55　空心板平面图步骤 1

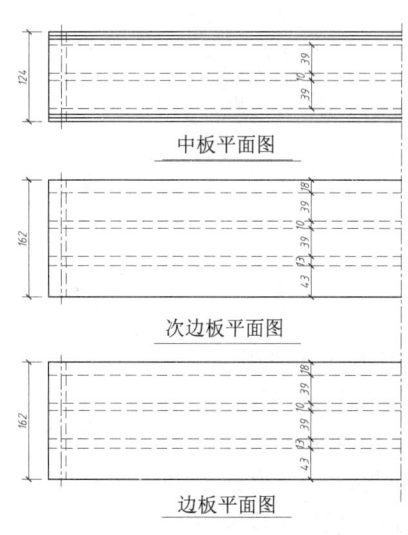

图 8-56　空心板平面图步骤 2

（5）用 OFFSET 命令偏移出次边板锚栓孔处的两条直线。其偏移值根据次边板断面图得到。修改次边板平面图其他线条。用 CIRCLE 命令绘制锚栓孔和泄水管预留孔，并用 TRIM 命令进行相应修改。用关键点编辑方法修改其他线条到合适的位置，结果如图 8-57 所示。

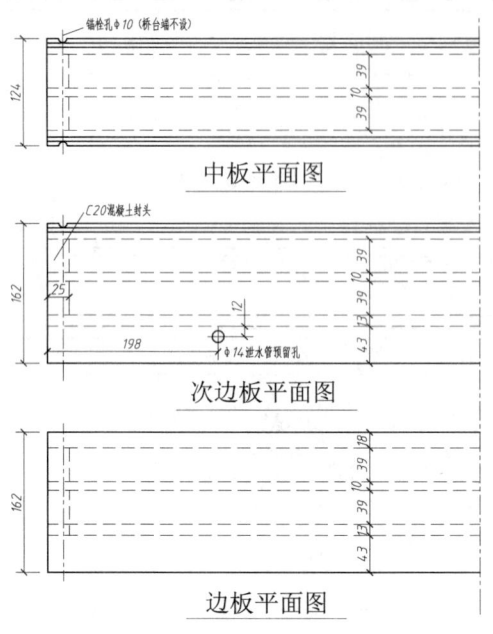

图 8-57　空心板平面图步骤 3

注：也可复制中板平面图，并修改相应的线段和尺寸，得到次边板平面图；再复制次边板平面图，并修改相应的尺寸和线段，得到边板平面图。

3. 绘制横断面图

横断面图包括中板断面、次边板断面、边板断面。绘制过程如下：

（1）绘制中板外轮廓。

命令：_LINE　　　　　　　　　　　　　　　//启动直线命令
指定第一个点：　　　　　　　　　　　　　 //在屏幕上单击一点，作为起始点 A
指定下一点或 [放弃（U）]：55　　　　　　 //鼠标垂直向下追踪，输入追踪距离
指定下一点或 [放弃（U）]：62　　　　　　 //鼠标水平向左追踪，输入追踪距离
指定下一点或 [闭合（C）/放弃（U）]：6　　//鼠标垂直向上追踪，输入追踪距离
指定下一点或 [闭合（C）/放弃（U）]：@8，8 //输入 E 点相对于 D 点的相对坐标
指定下一点或 [闭合（C）/放弃（U）]：　　 //按回车键结束命令
命令：_LINE　　　　　　　　　　　　　　　//启动直线命令
指定第一个点：　　　　　　　　　　　　　 //单击 A 点
指定下一点或 [放弃（U）]：52　　　　　　 //鼠标水平向左追踪，输入追踪距离
指定下一点或 [放弃（U）]：@-5，-5　　　　//输入 F 点相对于 G 点的相对坐标
指定下一点或 [闭合（C）/放弃（U）]：　　 //单击 E 点
指定下一点或 [闭合（C）/放弃（U）]：　　 //按回车键结束命令

结果如图 8-58 所示。

（2）绘制孔中心线。

用偏移 OFFSET 命令，AB 向左偏移 24.5，BC 向上偏移 27.5，结果如图 8-59 所示。

（3）绘制孔，结果如图 8-60（a）所示。

（4）修改孔中心线为点划线。结果如图 8-60（b）所示。

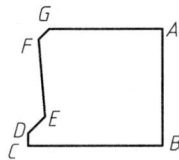
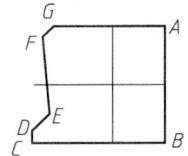

图 8-58　中板左半部绘制步骤 1　　　　图 8-59　中板左半部绘制步骤 2

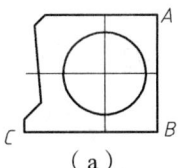
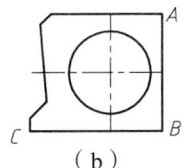

（a）　　　　　　　　　　　　　　　（b）

图 8-60　中板左半部绘制步骤 3

（5）删除直线 AB，结果如图 8-61 所示。

（6）通过 MIRROR 镜像命令画出右半部分图形，结果如图 8-62 所示。

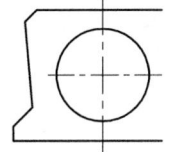
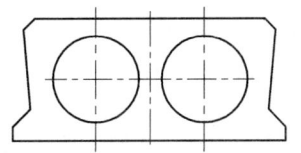

图 8-61　中板断面图左半部分　　　　　　　图 8-62　中板断面图

（7）复制中板断面图，删除右端轮廓线，结果如图 8-63 所示。并修改右端轮廓线尺寸，结果如图 8-64 所示。

（8）用 COPY 命令复制次边板断面图得到边板断面图，并修改左侧轮廓线，结果如图 8-65 所示。

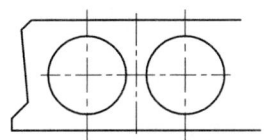
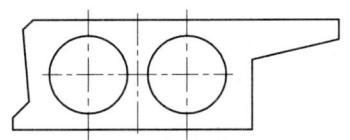
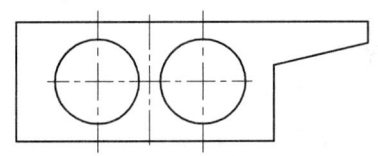

图 8-63　复制次边板断面图　　　　图 8-64　次边板断面图　　　　图 8-65　边板断面图

思考：本步骤中如果先绘制横断面图，再绘制平面图，绘图速度是不是可以更快，更方便？可用什么命令辅助绘图？

4. 绘制铰缝大样图

（1）运用 COPY 命令复制次边板断面图左半部分，画出折断线，通过 TRIM 修改得到铰缝大样图的右半部分，如图 8-66 所示。

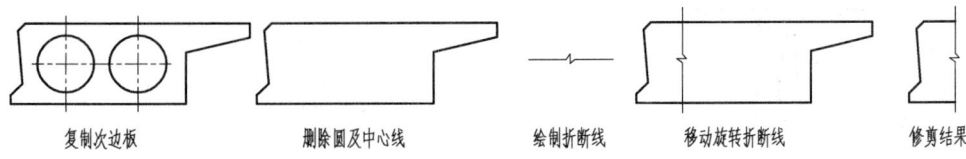

图 8-66　绘制右部铰缝大样图形

折断线可用直线命令绘制，也可用多段线绘制。用多段线命令绘制，比较方便，命令提示如下：

```
命令：_PLINE                           //启动多段线命令
指定起点：                             //屏幕上单击一点
当前线宽为 0.0000
指定下一个点或 [圆弧（A）/半宽（H）/长度（L）/放弃（U）/宽度（W）]：25
           //鼠标水平向右追踪，输入追踪距离
指定下一点或 [圆弧（A）/闭合（C）/半宽（H）/长度（L）/放弃（U）/宽度（W）]：@3,3
           //输入相对坐标
指定下一点或 [圆弧（A）/闭合（C）/半宽（H）/长度（L）/放弃（U）/宽度（W）]：6
           //鼠标垂直向下追踪，输入追踪距离
指定下一点或 [圆弧（A）/闭合（C）/半宽（H）/长度（L）/放弃（U）/宽度（W）]：@3,3
           //输入相对坐标
指定下一点或 [圆弧（A）/闭合（C）/半宽（H）/长度（L）/放弃（U）/宽度（W）]：25
           //鼠标水平向右追踪，输入追踪距离
指定下一点或 [圆弧（A）/闭合（C）/半宽（H）/长度（L）/放弃（U）/宽度（W）]：//按回车键结束命令
```

（2）运用 MIRROR 镜像命令画出铰缝大样图的左半部分（提示：镜像轴要设置在铰缝中间，距离两边预制板为 0.5 单位处），如图 8-67 所示。

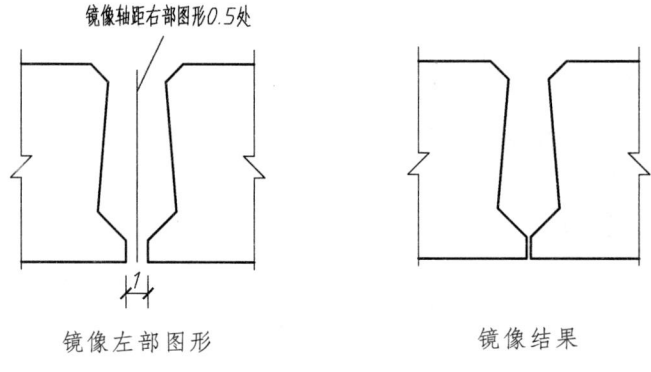

图 8-67　镜像铰缝大样图左部图形

（3）用 LINE 或 PLINE 命令画出①②号钢筋。

制图标准中规定，钢筋编号的直径为 4~8 mm。此处要考虑打印出图的比例 5，所以绘制时，圆直径可设置为 20~40 mm。

（4）运用 SCALE 缩放命令放大铰缝大样图，比例为 2 倍，结果如图 8-68 所示。

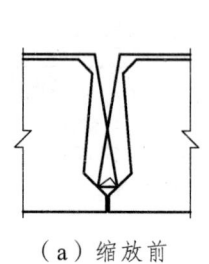　　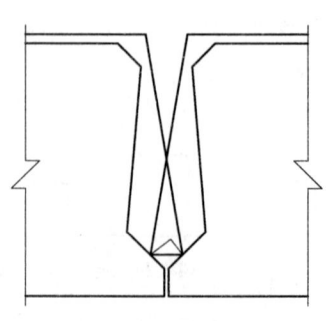

（a）缩放前　　　　　　　　（b）缩放 2 倍后结果

图 8-68　缩放铰缝大样图

5. 填充断面图

用BHATCH命令或工具栏上的 按钮来进行填充。其中数值设置可参考如下："图案"下拉列表选择ANS31，"角度（L）"设置参考值为90，"比例"设置参考值为50，如图8-69所示。

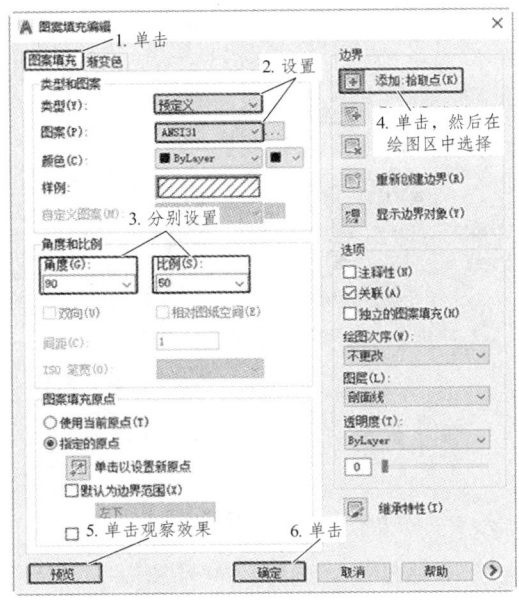

图 8-69　填充断面图

步骤四　尺寸标注

1. 设置标注样式

（1）执行"格式"菜单中的"标注样式"命令或单击"注释"选项卡→"标注"功能区边上的 按钮或单击"样式"工具栏的 图标，打开"标注样式管理器"对话框，先在"样式（S）"列表中选中"ISO-25"，再单击"新建"按钮，打开"创建新标注样式"对话框，如图8-70所示。

注：如果是用如本项目任务一所建立的模板文件新建的图形文件，那么此时标注样式中已经存在"1-20"标注样式，此时的基础样式可以直接选择"1-20"，"1-20"中设置好的参数会保留，只需修改要调整的参数即可。

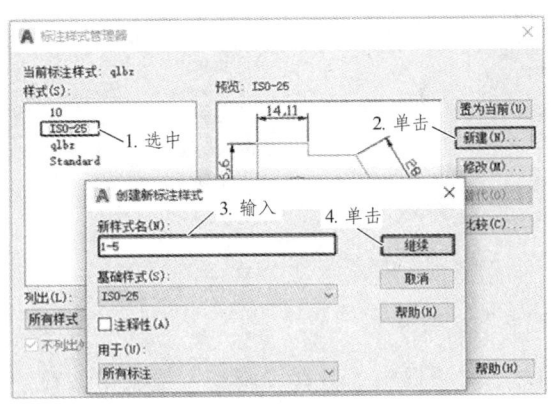

图 8-70　创建新标注样式"1-5"

（2）在该对话框的"新样式名"文本框中输入"1-5"，"基础样式"和"用于"文本框使用默认值，则新样式"1-5"将包含基础样式ISO-25的所有设置，也将控制所有类型尺寸。再按"继续"按钮，弹出"新建标注样式：1-5"对话框，如图8-70所示。

（3）在弹出的"新建标注样式：1-5"对话框中，选择"线"选项卡，设置"基线间距"值为7，"超出尺寸线"值为2，"起点偏移量"值为2，如图8-71所示。

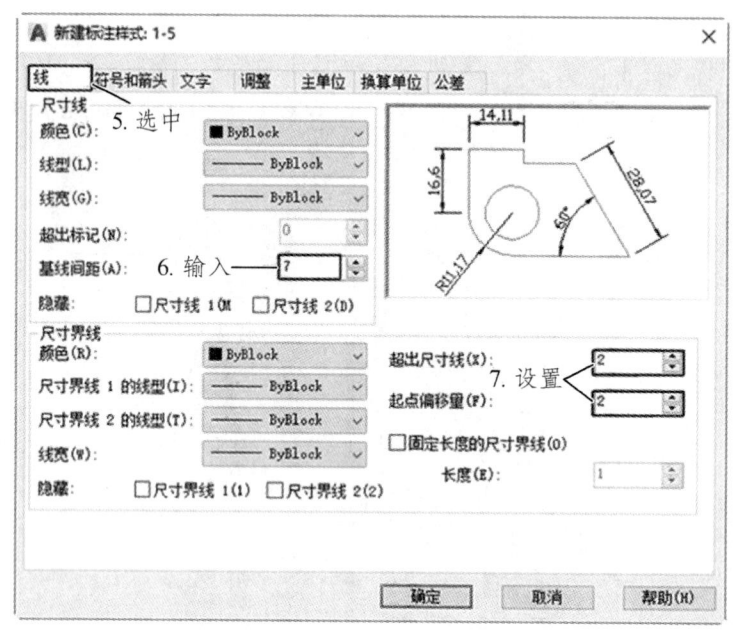

图 8-71 设置"线"选项卡

（4）在"新建标注样式：1-5"对话框中，选择"符号和箭头"选项卡，设置"箭头"为"建筑标记""箭头大小"值为1.5，其他为默认值，如图8-72所示。

（5）在"新建标注样式：1-5"对话框中，选择"文字"选项卡，选择"文字样式"为设置好的专门用于尺寸标注的文字样式"字高0""文字高度"设置为2.5，"文字位置"与"文字对齐"使用默认值，如图8-73所示。

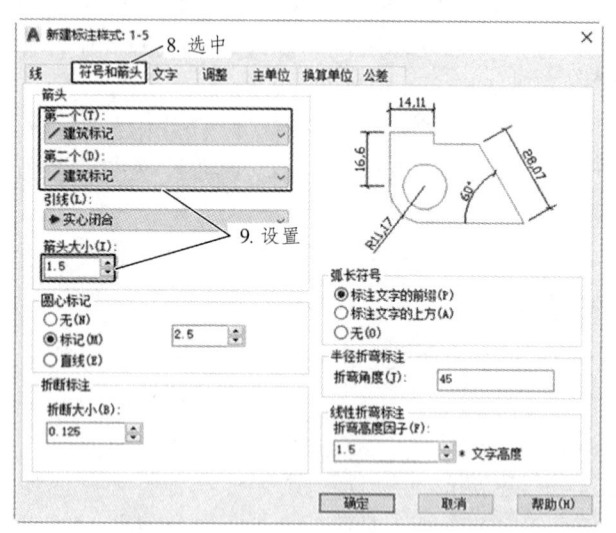

图 8-72 设置"符号和箭头"选项卡

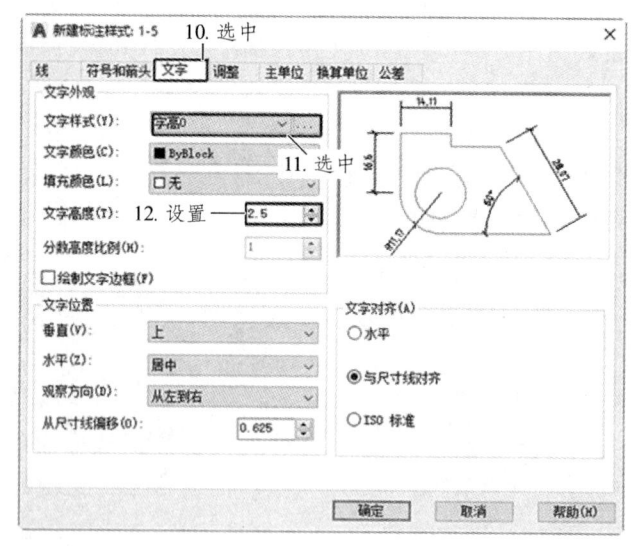

图 8-73 "文字"选项卡

（6）在"新建标注样式：1-5"对话框中，选择"调整"选项卡，在"标注特征比例"项中选中"使用全局比例"单选按钮，并设置全局比例因子为5，如图8-74所示。

（7）在"新建标注样式：1-5"对话框中，选择"主单位"选项卡，设置"单位格式"为小数，"精度"为0.0，"小数分隔符"为""."（句点）"。测量单位比例的"比例因子"为1，如图8-75所示。

（8）设置完成后，单击"确定"按钮，完成新建标注样式"1-5"的设置，返回"标注样式管理器"对话框，在此对话框中的"样式"列表中将出现新标注样式"1-5"，选中"1-5"，并单击"置为当前"按钮，把"1-5"标注样式置为当前。

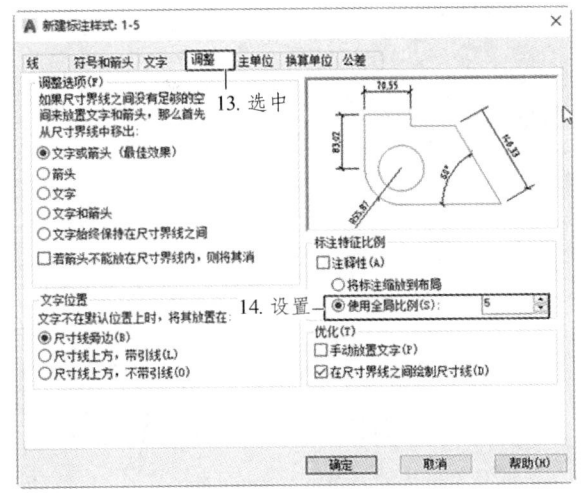

图 8-74 "调整"选项卡

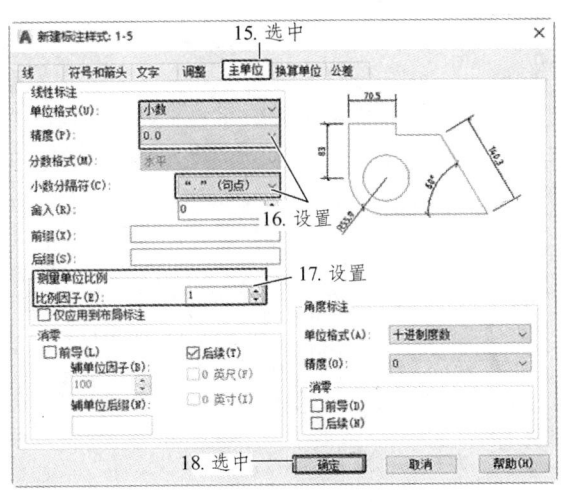

图 8-75 "主单位"选项卡

2. 设置直径标注子样式

以标注样式"1-5"为父样式,设置直径标注子样式用于直径标注,步骤如下:

(1) 打开"标注样式管理器"对话框,选中要建立子样式的标注样式"1-5",单击"新建"按钮,打开"创建新标注样式"对话框,在"用于"下拉列表中选择"直径标注",此时"新样式名"自动变成"1-5:直径"。

(2) 单击"继续"按钮,打开"新建标注样式"对话框,在以下选项卡中进行如下设置:

"符号和箭头":在"箭头"组件中的"第一项"和"第二项"下拉列表中选择"实心闭合"。

"文字":在"文字对齐"组件中选择"水平",这样直径标注文字就始终保持水平状态。

(3) 单击"确定"按钮,"1-5"下面出现一个标注样式"直径",专门用于对图样中的直径进行标注。此时,"1-5"成为父样式,而"直径"成为子样式。

3. 设置标注样式"1-10"用于铰缝大样图的标注

选中标注样式"1-5",新建标注样式"1-10",其中"线""符号和箭头""文字""调整"等选项卡的设置值与"1-5"的设置值完全相同,只需在如图 8-75 所示的"主单位"选项卡中,把测量单位比例因子设置为"0.5",最后单击"关闭"按钮完成标注样式"1-10"的设定。

4. 标注尺寸

(1) 选择需要的标注样式"1-5",在标注图层内进行标注。

使用"连续标注""基线标注""标注更新"和"编辑标注文字"等完成对立面图、平面图、断面图的标注。

例如使用"编辑标注文字"标注出立面图中的"996/2"过程如下:

选中立面图中已标注出的 498 尺寸标注,单击"修改"→"对象"→"文字"→"编辑"命令,弹出"多行文字"编辑对话框,在其中输入"996/2";还可通过在"特性"对话框中的"文字替代"栏中输入"996/2"完成。此操作也可通过命令 DDEDIT 完成,也可双击尺寸数字,在弹出的编辑框中修改相应的尺寸数字。其他类似,此处不再赘述。

(2) 选择标注样式"1-10",在标注图层内对"铰缝大样图"进行标注。

(3) 用引线标注方式标注钢筋,也可直接用 LINE 命令画线并注写出文字。国标中钢筋编号的圆圈直径设置为 4~8 mm。本例中设置编号直径为 30。

步骤五 设置文字样式,并注写文字,绘制表格

1. 设置文字样式

(1) 执行"格式"菜单→"文字样式"命令或单击样式工具栏上的 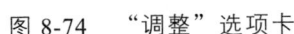 按钮或直接输入 ST 命令。

（2）启动命令后，弹出"文字样式"对话框。在"样式（S）"列表中选中"Standard"，单击"新建"按钮，如图8-76所示。

（3）在弹出的"新建文字样式"对话框中，在"样式名"后输入新样式名，如"字高0"，然后单击"确定"按钮，如图8-77所示。系统返回到"文字样式对话框"中。

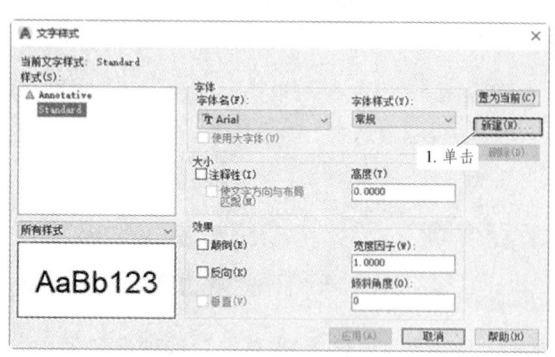

图8-76 "文字样式"对话框

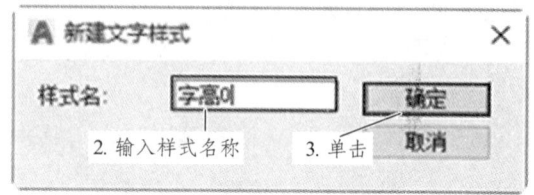

图8-77 "新建文字样式"对话框

（4）在"文字样式"对话框中，先在"样式（S）"列表中选中"字高0"样式名；其次在"字体"组件中设置所需的字体，如SHX字体设置为"gbenor.shx"，选中"使用大字体"复选框，"大字体"设置为"gbcbig.shx"；"高度"数值设置为默认值0（原因是设置为0后，在标注样式中可灵活设置标注文字高度），"宽度因子"设置为1；最后单击"应用"按钮，完成新样式的设置。还可继续单击"新建"按钮，再新建其他文字样式。完成所有新样式创建后，单击"关闭"按钮，结束设置文字样式，如图8-78所示。

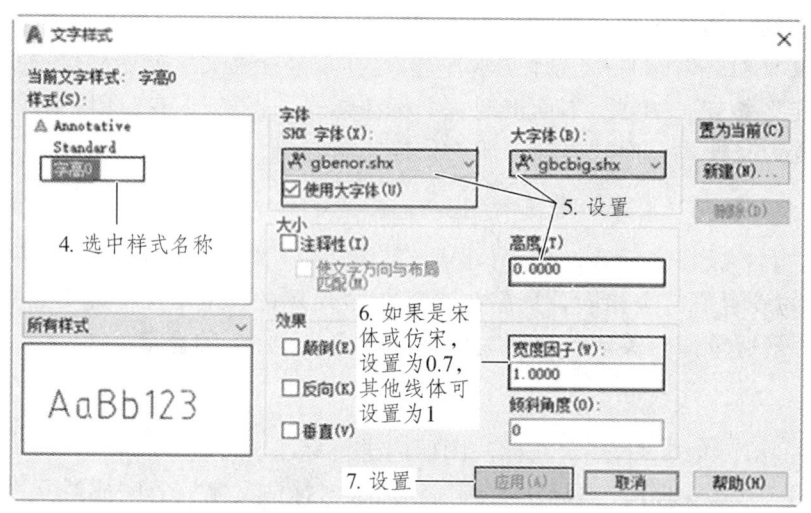

图8-78 在"文字样式"对话框中设置新文字样式的属性

（5）在"文字样式"对话框中，再次新建文字样式"字高3.5""字高5""字高7"等文字样式，字体同前，文字高度分别为17.5、25、35（考虑打印出图，分别放大5倍）。

2. 注写文字

（1）从设置好的"文字式样"中选择需要的式样，用DTEXT或MTEXT命令输入即可，文字的大小分别为：说明文字采用文字样式"字高3.5"，图名表名采用文字样式"字高5"等。

（2）在注写文字过程中可以采用COPY命令中的多重复制命令加快注写速度。

3. 绘制表格

有三种方法绘制此表格，具体参见项目4知识链接。本例中用命令LINE或PLINE绘制出表格，然后在表格中填写文字；表格尺寸设置值可参考图8-79所示值。

一块空心板混凝土数量表

封头	中板		边板		次边板	
C20混凝土 /m³	C25混凝土 /m³	安装质量 /t	C25混凝土 /m³	安装质量 /t	C20混凝土 /m³	安装质量 /t
0.119	3.874	9.762	4.081	13.3	4.523	11.44

图 8-79 一块空心板混凝土数量表

（1）用直线 LINE 命令画出长度为 700、宽度为 100 的直线。

（2）用 OFFSET 命令偏移出其他表格线，水平方向偏移距离为 25，垂直方向偏移距离为 100。

（3）删除从上往下的第三条线，让两格合并为一格，并用关键点编辑方法或修剪命令调整表头。

（4）用 MTEXT 命令，或点击工具栏 A 命令输入文字。

考虑文字格式的统一，可以用 COPY 命令的多重复制功能，将所有需要输入相同格式文字的单元格粘贴上相同文字，然后再统一修改（用鼠标在文字上双击即可打开"文字编辑"命令），这样可以保证每个输入的文字具有相同的格式。

步骤六 插入图框，填写标题栏

1. 绘制 A4 图框（297×210）

（1）用矩形、直线或偏移、拉伸命令绘制 A4（297×210）图框，并创建成图块，图块名称为"A4横向图框"，如图 8-80 所示。

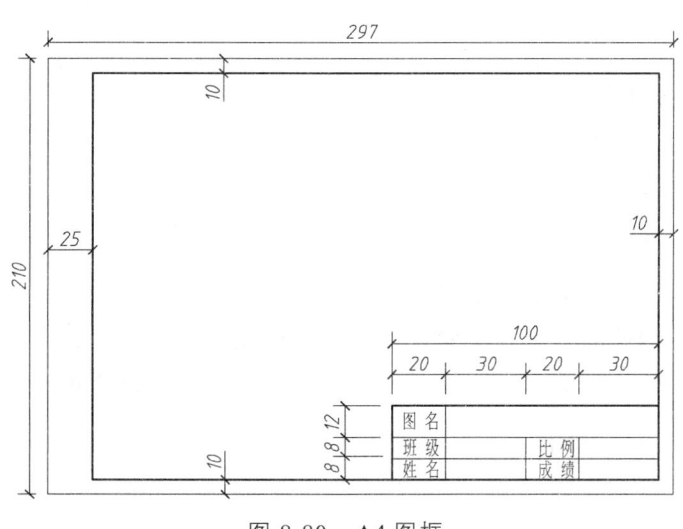

图 8-80 A4 图框

（2）用 BLOCK 命令或执行"绘图"菜单→"创建块"命令把图框创建成块，供以后插入图框使用。

（3）用 INSERT 命令或执行"插入"菜单→"块"命令插入图框，插入图框中的参数设置如图 8-81 所示。

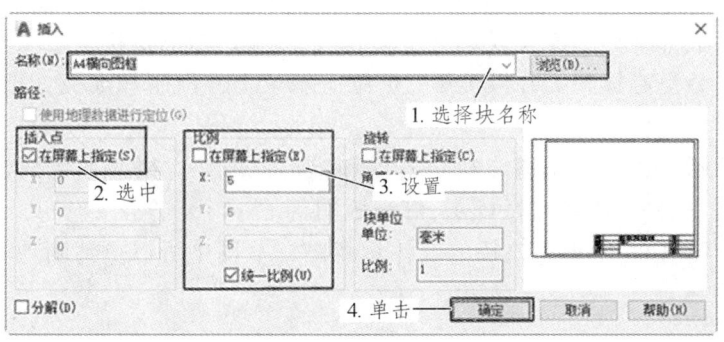

图 8-81 插入"A4 横向图框"

2. 用单行文字或多行文字命令填写标题栏文字

选用"字高 5"的文字样式,用 DT 或 MT 命令注写标题栏中的文字。

步骤七 检查图形,调整定位线长度,合理布局图形

1. 合理布局图形

用移动命令等调整各个图形在图框中的位置,让图形在图框中的布局更合理。

2. 调整定位线、辅助线及标注位置

对图形对象的各辅助线、定位线、标注等都可通过打断命令或拉长命令及夹点编辑命令调整到合适的位置,以使图形看起来更合理,更协调,更美观。

3. 检查整张图纸并完善

检查整张图纸,删除不用保留的辅助线,检查核实图纸的内容,确保图中所示内容完整、正确。

步骤八 保存图形文件并退出

图形绘制过程中或完成后,都必须保存图形文件。图形文件保存名称为"边跨 10 m 空心板构造图.dwg"。

知识链接

一、桥梁结构构件图

(一)桥梁构件图概念及绘图比例

1. 概 念

在桥梁总体布置图中,由于采用的比例较小,桥梁的各部分构件不能详细表达出来。为了详细地表达构件的形状、大小、钢筋的布置以及构件之间的连接关系,需采用较大比例画出大样图,这种图称为结构构件图,如主梁图、桥墩图、桥台图和栏杆图等。桥梁构件图包括构件构造图(模板图)和(钢筋)结构图两种。

2. 绘图比例

构件常用的比例尺为 1∶10~1∶50,某些局部详图可采用更大的比例,如 1∶2~1∶5。

(二)桥梁各主要构件

桥梁由上部结构、下部结构、支座系统和附属设施 4 个基本部分组成。上部结构通常又称为桥跨结构,是在线路中断时跨越障碍的主要承重结构,是支座以上(无铰拱起拱线或刚架主梁底线以上)跨越桥孔的总称。桥梁上部结构主要有板梁、箱梁和 T 形梁,指的是桥梁主梁断面形式。梁式桥梁横断面形式一般有:板(分空心板和实心板)梁、T 梁、箱梁(分预制和现浇、小箱梁和箱梁)等。

下部结构包括桥墩、桥台和基础。

桥梁附属设施包括桥面系、伸缩缝、桥头搭板和锥形护坡等。桥面系包括桥面铺装(或称行车道铺装)、排水防水系统、栏杆(或防撞栏杆)、灯光照明等。

以白沙河桥为例,图 8-82 给出了该桥的立体示意图,从图中可以更清晰地了解白沙河桥的各主要构件。

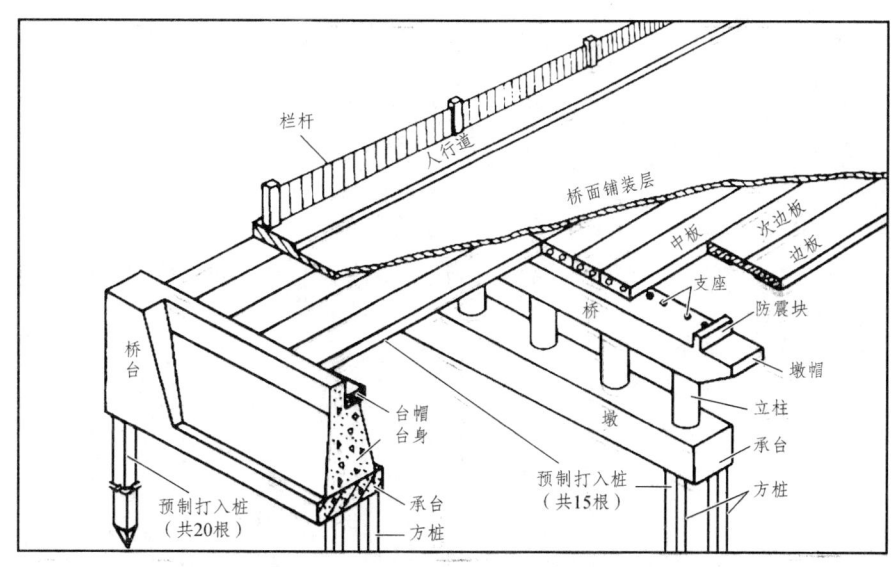

图 8-82 白沙河桥各部分组成示意图

(三) 桥梁构件图的内容与特点

(1) 构件构造图只画构件形状，不画内部钢筋。

(2) 钢筋结构图主要表示钢筋布置情况，通常又称为构件钢筋构造图。钢筋结构图一般应包括表示钢筋布置情况的投影图（立面图、平面图、断面图）、钢筋详图（即钢筋成型图）、钢筋数量表等内容，如图 8-83 所示。

(3) 为突出构件中钢筋配置情况，把混凝土假设为透明体，结构外形轮廓画成粗实线，尺寸线等用细实线表示。

(4) 受力钢筋画成粗实线，构造钢筋比受力钢筋在作图时要略细一些，钢筋断面用黑圆点表示。

(5) 钢筋直径的尺寸单位采用毫米，其余尺寸单位均采用厘米，图中无须注出单位。

二、识读钢筋混凝土梁构件图

(一) 识读钢筋混凝土箱梁轮廓图

1. 识读标题栏及附注

如图 8-84 所示，由标题栏可知，该梁为单线单箱单室简支箱梁，图中标明绘图比例为 1∶50。附注中，明确了尺寸标注单位为厘米。

2. 识读钢筋混凝土箱梁轮廓图

沿箱梁中心线竖直剖切，垂直于梁线的方向确定为箱梁正面图的投影方向。

如图 8-84 所示的单线单箱单室简支箱梁轮廓图，采用纵向竖直剖切的 1/2 单箱梁中心纵剖面图，纵向水平剖切的 1/4 Ⅰ—Ⅰ 截面图和 1/4 Ⅱ—Ⅱ 截面图，梁端截面图、跨中截面图，以及梁端伸缩缝槽口 A 大样图来表达。

1/2 单箱梁中心纵剖面图是沿箱梁中心线竖直剖切后画出的全剖面图。表达箱梁的总长、总高，顶板、底板的厚度，顶板、底板在梁端加厚，还表达出底板上泄水孔、进人洞和腹板上通风孔的形状和尺寸，以及梁端伸缩缝槽口的形状和位置。

1/4 Ⅰ—Ⅰ 截面图和 1/4 Ⅱ—Ⅱ 截面图。沿箱梁中部水平剖切，向梁顶方向投影画出 1/4 Ⅰ—Ⅰ 截面图，向梁底方向投影画出 1/4 Ⅱ—Ⅱ 截面图。1/4 Ⅰ—Ⅰ 截面图和 1/4 Ⅱ—Ⅱ 截面图表达箱梁的总长、总宽，腹板的厚度，腹板在梁端加厚，还表达出底板上泄水孔、进人洞的形状和尺寸。

梁端截面图、跨中截面图分别表达出顶板、翼缘板、挡砟墙、腹板、底板在梁端和跨中的截面形状和尺寸。由图 8-84 可知，箱梁腹板采用 $R160\,\mathrm{cm}$ 弧形截面，梯形截面箱室在梁端和跨中分别带有

10 cm×10 cm 和 20 cm×20 cm、20 cm×60 cm 倒角，顶板、底板和腹板在梁端加厚，顶板桥面有 V 字形排水坡（坡度为 1.5%）。

梁端伸缩缝槽口 A 大样图，放大详细表示梁端伸缩缝槽口的形状和尺寸。

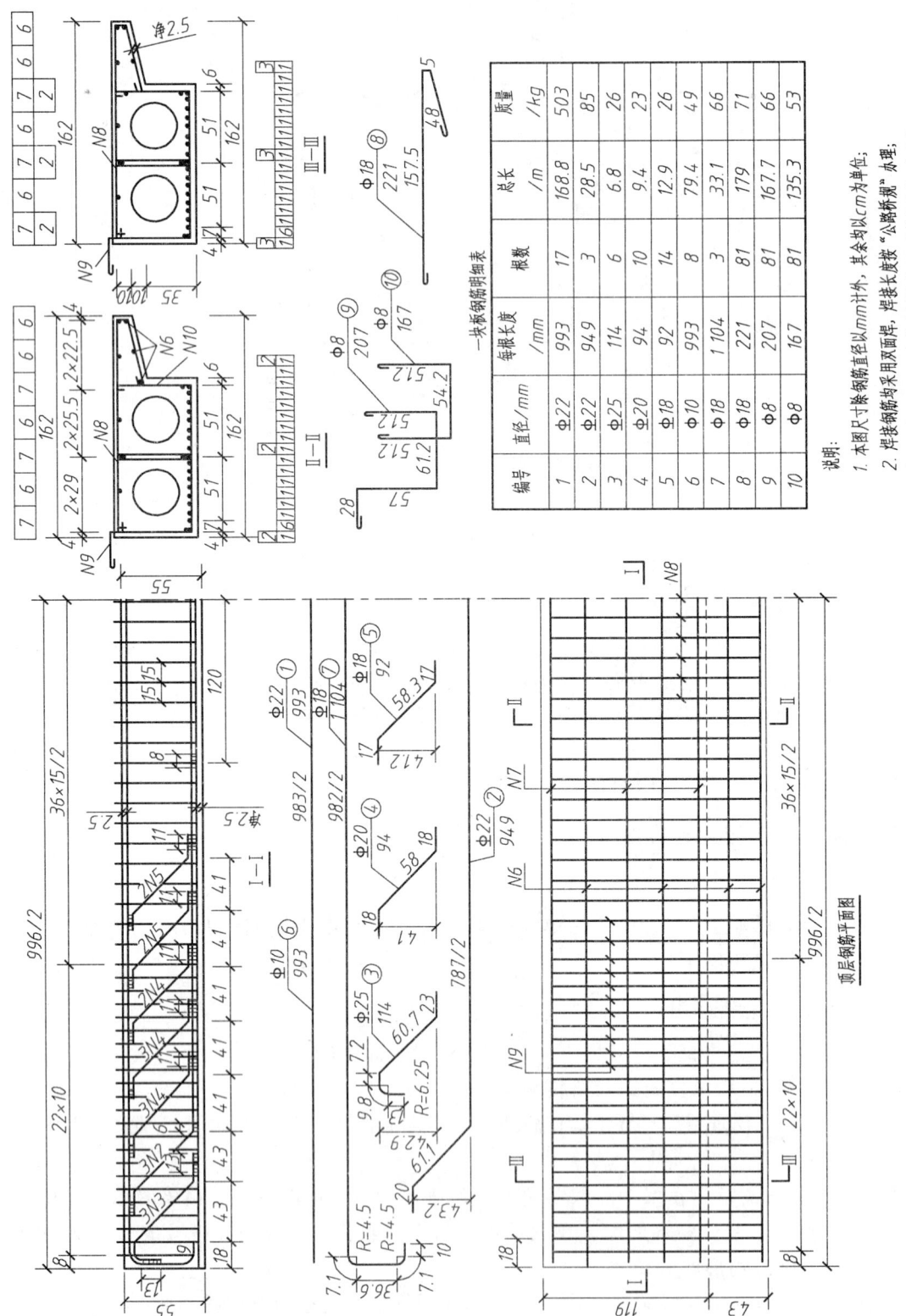

图 8-83　10 m 边板配筋图

（二）识读钢筋混凝土"T"梁轮廓图

1. 识读标题栏及附注

如图 8-85 所示，由标题栏可知，该梁为预应力混凝土 T 梁，图中标明绘图比例为 1∶40。附注中，明确了尺寸标注单位为毫米。

2. 识读钢筋混凝土"T"梁轮廓图

从梁边垂直于梁线的方向确定为 T 梁正面图的投影方向。

图 8-85 所示的预应力混凝土 T 梁轮廓图，采用正面图和线路中心纵剖面图（Ⅳ—Ⅳ 剖面），平面图和水平剖面图（Ⅴ—Ⅴ 剖面），3 个横向剖面图（Ⅰ—Ⅰ 剖面、Ⅱ—Ⅱ 剖面、Ⅲ—Ⅲ 剖面），以及梁端大样和隔板大样来表达。

半正面图表达 T 梁正面的形状和尺寸。Ⅳ—Ⅳ 剖面图是沿 T 梁线路中心竖直剖切后，向梁边投影得到的半剖面图。正面图和 Ⅳ—Ⅳ 剖面图表达 T 梁的总长为 32 600 mm、总高为（2500+410）mm，并分别从正面和线路中心方向表达出隔板的厚度、高度和排列情况，以及端隔板和中间隔板上预应力钢索孔道的形状大小。腹板在梁端加厚。

半平面图表达 T 梁顶板的形状和尺寸，以及顶板上泄水孔的形状大小。Ⅴ—Ⅴ 剖面图是沿 T 梁腹板水平剖切后，向梁底投影得到的半剖面图。它主要表达腹板的厚度，以及隔板的断面形状、尺寸和排列情况，还表达出端隔板和中间隔板上预应力钢索孔道的形状大小。

Ⅰ—Ⅰ 剖面图、Ⅱ—Ⅱ 剖面图、Ⅲ—Ⅲ 剖面图，分别表达 T 梁顶板、挡砟墙、腹板在跨中、中间、梁端位置的断面形状和尺寸，以及端隔板和中间隔板及其上预应力钢索孔道的形状大小。

梁端大样放大详细表示出端墙的形状和尺寸，留有 110 mm 小平台，是伸缩缝安装位置。跨中隔板大样图、中间隔板大样图和梁端隔板大样图，放大详细表示隔板在跨中、中间、梁端位置的形状和尺寸。

（三）识读钢筋混凝土板梁轮廓图

1. 识读标题栏及附注

如图 8-50 所示，由标题栏可知，该图为白沙河桥边跨 10 m 梁，梁为钢筋混凝土空心板，图中标明绘图比例为 1∶5（实际相当于绘图比例为 1∶50）。附注中，明确了尺寸标注单位为厘米。

2. 识读钢筋混凝土空心板梁轮廓图

图 8-50 所示图形属于钢筋混凝土空心板梁构造图，为桥梁边跨 10 m 空心板构造图，采用立面图、平面图和断面图及铰缝大样图来表达，主要表达空心板的形状、构造和尺寸。

整个桥宽由 10 块板拼成，按不同位置分为三种：中板（中间共 6 块）、次边板（两侧各 1 块）、边板（两边各 1 块）。三种板的厚度相同，均为 55 cm，故只画出了中板立面图，表达中板立面图的长度、高度。由于三种板的宽度和构造不同，故分别绘制了中板、次边板和边板的平面图，中板宽 124 cm，次边板宽 162 cm，纵向是对称的，所以立面图和平面图均只画出了一半，边跨板长名义尺寸为 10 m，但减去板接头缝后实际上板长为 996 cm。

三种板的形状不同，故均分别绘制了跨中断面图，表达出它们不同的断面形状和详细尺寸。另外还画出了板和板之间拼接的铰缝大样图，说明文字中有具体施工做法。

（四）识读钢筋混凝土梁钢筋布置图

每种钢筋混凝土板都必须绘制钢筋布置图，现以白沙河桥边板为例介绍边板的配筋图。图 8-83 为 10 m 板边板配筋图。立面图是用 Ⅰ—Ⅰ 纵剖面表示的（既然假定混凝土是透明的，立面图和剖面图已无多少区别，这里主要是为了避免钢筋过多的重叠，才这样处理）。由于板中有弯起钢筋，所以绘制了跨中横断面 Ⅱ—Ⅱ 和跨端横断面 Ⅲ—Ⅲ，可以看出②号钢筋在中部时是位于板的底部，在端部时则位于板的顶部。为了更清楚地表示钢筋的布置情况，还画出了板的顶层钢筋平面图。整块板共有 10 种钢筋，每种钢筋都绘出了钢筋详图。这样几种图互相配合，对照阅读，再结合列出的钢筋明细表，就可以清楚地了解该板中所有钢筋的位置、形状、尺寸、规格、直径、数量等内容，以及几种弯筋、斜筋与整个钢筋骨架的焊接位置和长度。

关于钢筋的基本知识详见本项目任务五知识链接，箱梁和 T 梁钢筋图请读者查阅相关资料，此处不详述。

任务拓展

【8-2-1】绘制如图 8-84 所示的单线单箱单室简支箱梁轮廓图。

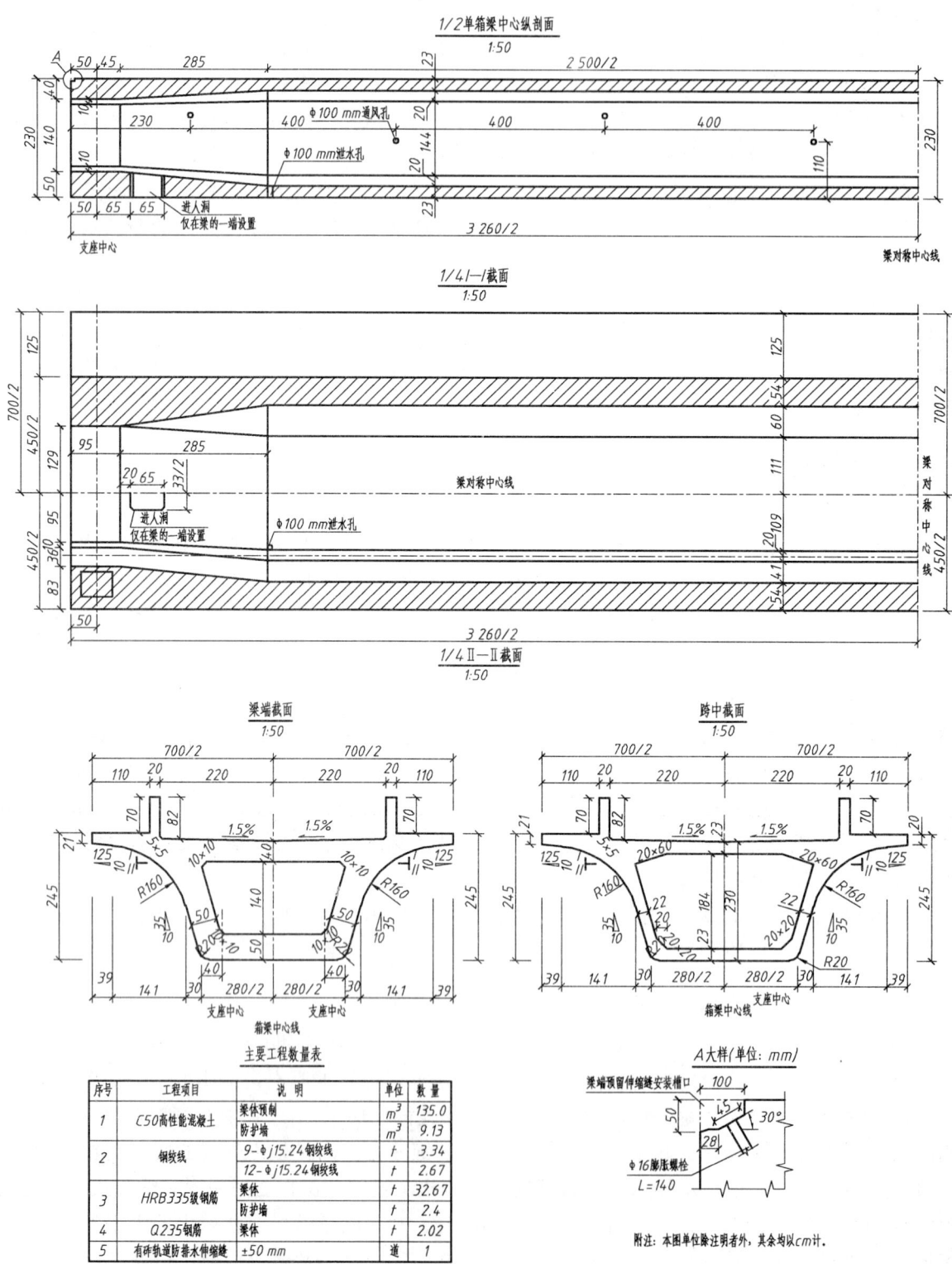

图 8-84　单线单箱单室简支箱梁轮廓图

【8-2-2】绘制如图 8-85 所示的预应力混凝土 T 梁轮廓图。

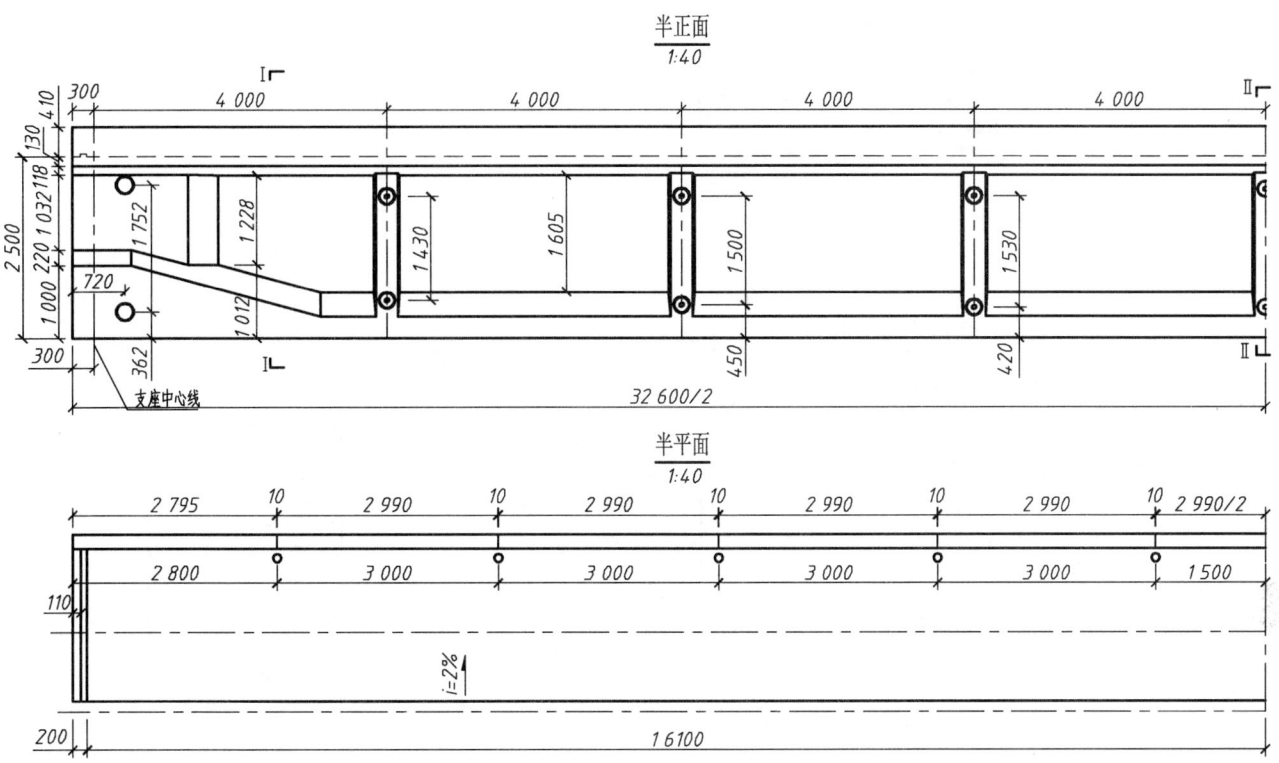

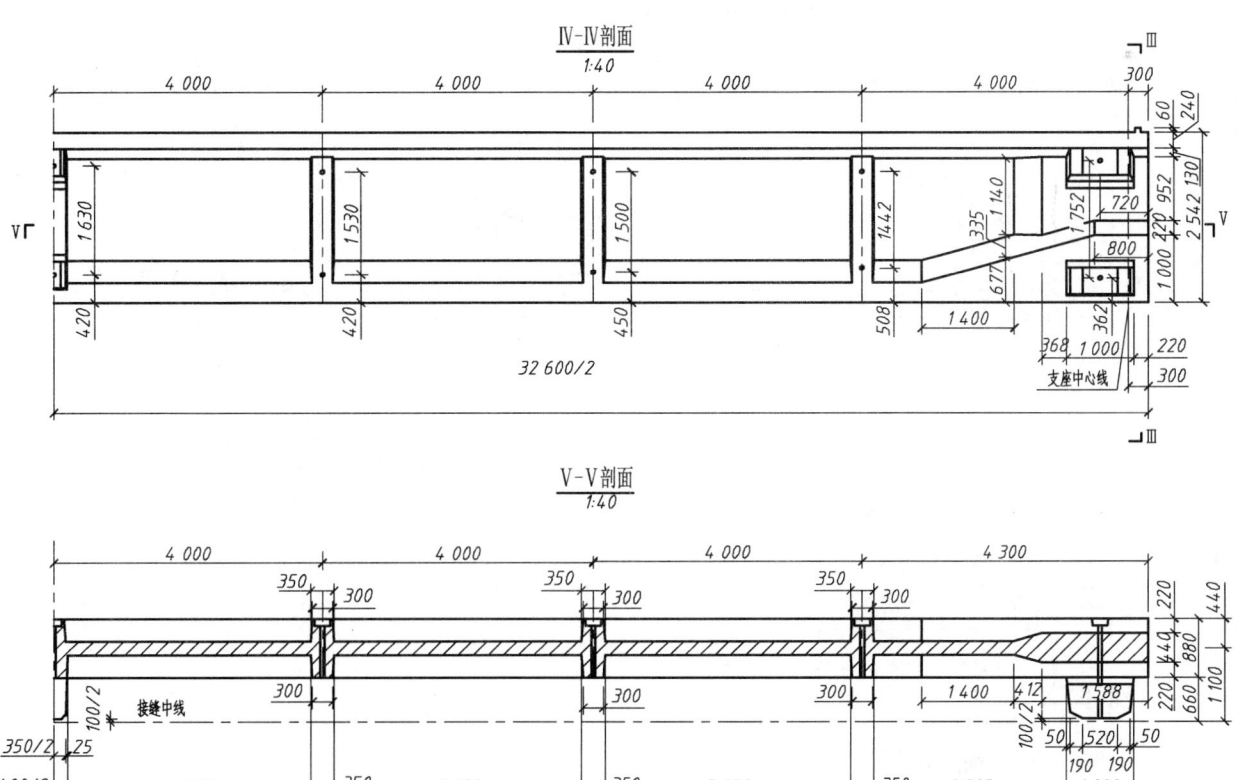

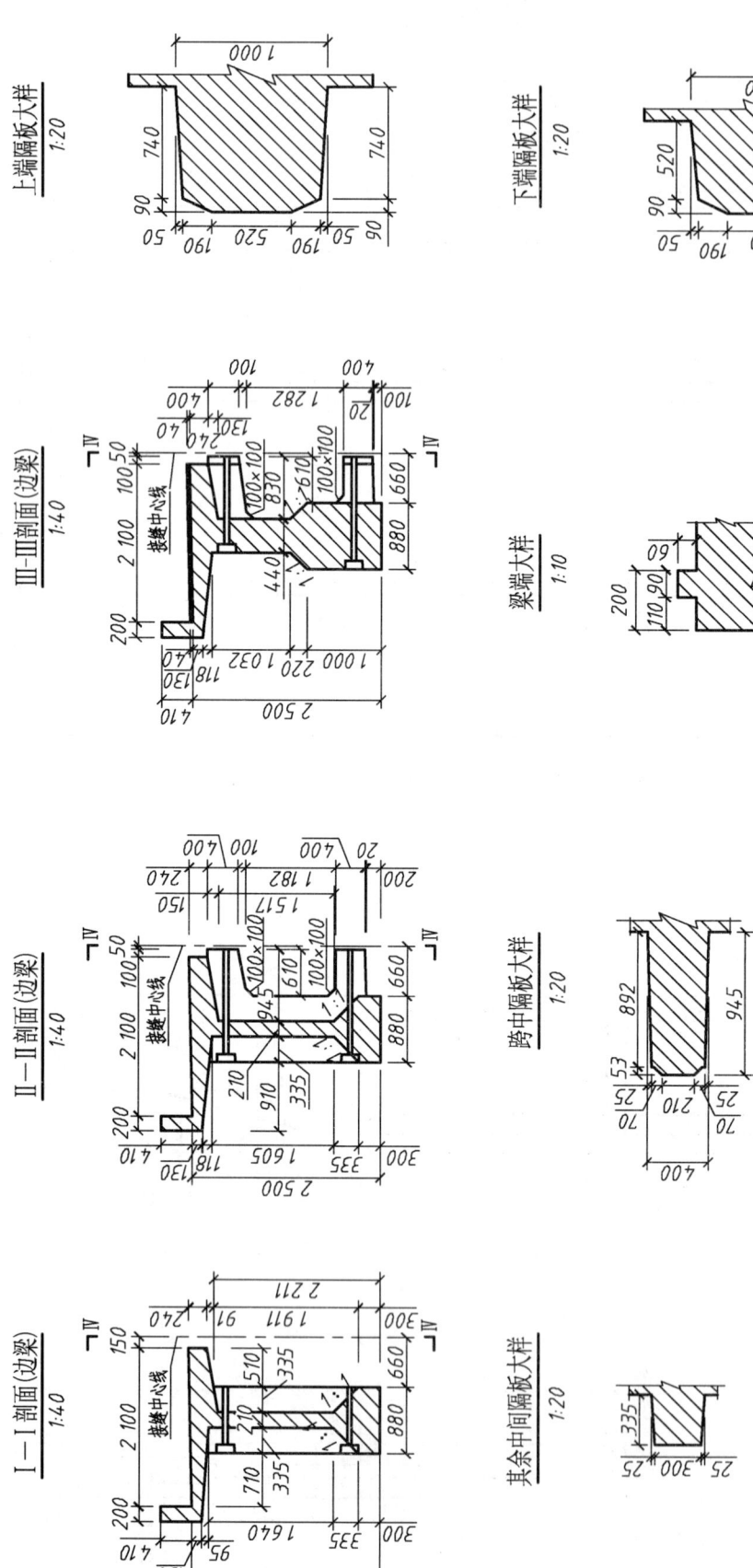

图 8-85 预应力混凝土 T 梁轮廓图

任务三　绘制桥墩构造图

任务目标

- 能够按照制图规范设置绘图环境。
- 能够识读简单的桥墩图。
- 能够综合运用绘图命令及绘图方法绘制桥墩图。
- 能够按照制图规范绘制桥墩工程图样。
- 能够创建标注样式和文字样式，并能够规范地标注尺寸及注写文字。
- 培养规范操作、耐心细致、严谨求实、互助协作的职业素质。

任务内容

绘制如图 8-86 所示的桥墩构造图。

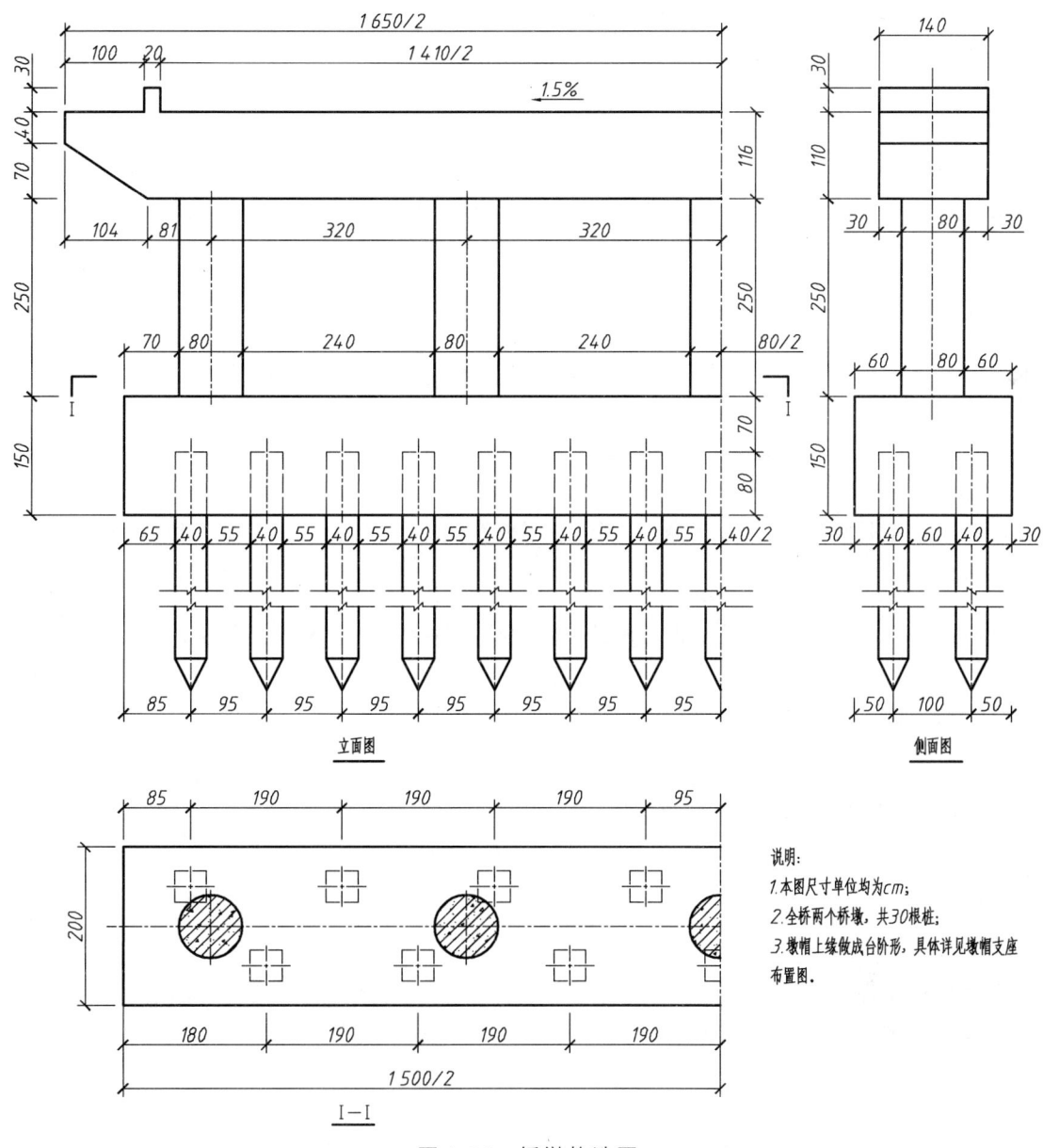

图 8-86　桥墩构造图

任务分析

图 8-86 为白沙河桥桥墩构造图,主要表达桥墩各部分的形状和尺寸。此图绘制了桥墩的立面图、侧面图和Ⅰ—Ⅰ剖面图。由于桥墩是左右对称的,故立面图和剖面图均只画出一半。该桥墩由墩帽、立柱、承台和基桩组成。根据所标注的剖切位置可以看出,Ⅰ—Ⅰ剖面图实质上为承台平面图,承台基本为长方体,长 1 500 cm、宽 200 cm、高 150 cm。承台下的基桩分两排交错(呈梅花形)布置,施工时先将预制桩打入地基,下端到达设计深度(标高)后,再浇筑承台,桩的上端伸入承台内部 80 cm,在立面图中这一段用虚线绘制。承台上有 5 根圆形立柱,直径为 80 cm,高为 250 cm。立柱上面是墩帽,墩帽的全长为 1650 cm,宽为 140 cm,高度在中部为 116 cm,在两端为 110 cm,有一定的坡度,为的是使桥面形成 1.5%的横坡。墩帽的两端各有一个 20 cm×30 cm 的抗震挡块,是为防止空心板移动而设计的。墩帽上的支座,详见支座布置图。

要绘制图 8-86 所示桥墩构造图,可通过以下思路来完成:
(1)新建文件和设置绘图环境。
(2)选用图幅并确定绘图比例。
(3)绘制桥墩立面图、侧面图、Ⅰ—Ⅰ剖面图。
(4)设置标注样式,并标注尺寸。
(5)设置文本样式,并注写文字。
(6)插入图框,填写标题栏。
(7)检查图形,调整定位线的长度,合理布局图形。
(8)保存图形文件并退出。

任务实施

步骤一 新建文件并设置图层、图形界限和辅助绘图功能等绘图环境

步骤二 选用图纸,确定绘图比例及文本

1. 选用图纸并确定绘图比例

根据前面任务讲述的方法,若以厘米为单位绘制桥墩图,选用 A3 纵向图纸,则绘图比例选用 1∶5。

2. 确定文本

根据绘图比例,出图时的字高分别设置为:文字标注字高为 17.5,标题栏中图名、班级、比例等字高定义为 25,图形中的文字标注或说明文字、数字定义为 17.5(均以标准字高乘以绘图比例)。

步骤三 绘制桥墩

桥墩属于桥梁下部结构,包括立面图、侧面图、平面图、Ⅰ—Ⅰ剖面图四部分。由于立面图和Ⅰ—Ⅰ剖面图均为对称图形,故只画出图形的一半。

1. 绘制立面图

立面图包括:墩帽、立柱、承台和基桩。
(1)绘制桥墩中心线。
在中心线及辅助线图层内用 LINE(直线)和 OFFSET(偏移)命令结合 TRIM(修剪)命令绘制出桥墩、立柱及基桩中心线和构造辅助线。构造辅助线可根据情况灵活使用,本例先只画出桥墩中心线,立柱及基桩中心线后面添加。
(2)绘制墩帽。
在粗实线图层内用 LINE(直线)命令(也可结合使用 PLINE 命令)从桥墩中心线端开始绘制墩帽、

防震挡块，结果如图 8-87 所示。

（3）绘制承台和立柱。

先在粗实线层内，用 LINE（直线）命令绘制承台。在中心线图层内绘制立柱中心线[图 8-88（a）]。在粗实线图层内用 LINE（直线）命令并结合 OFFSET（偏移）命令绘制立柱[图 8-88（b）]。完成一根立柱的绘制后，再用 COPY（复制）命令复制生成其他立柱[图 8-88（c）]。最后删除桥位中心线处的多余线段，结果如图 8-88（d）所示。

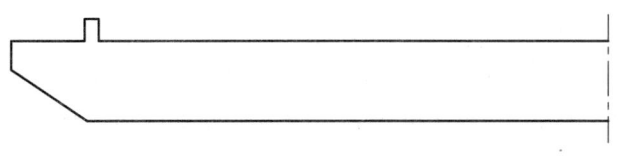

图 8-87 绘制墩帽

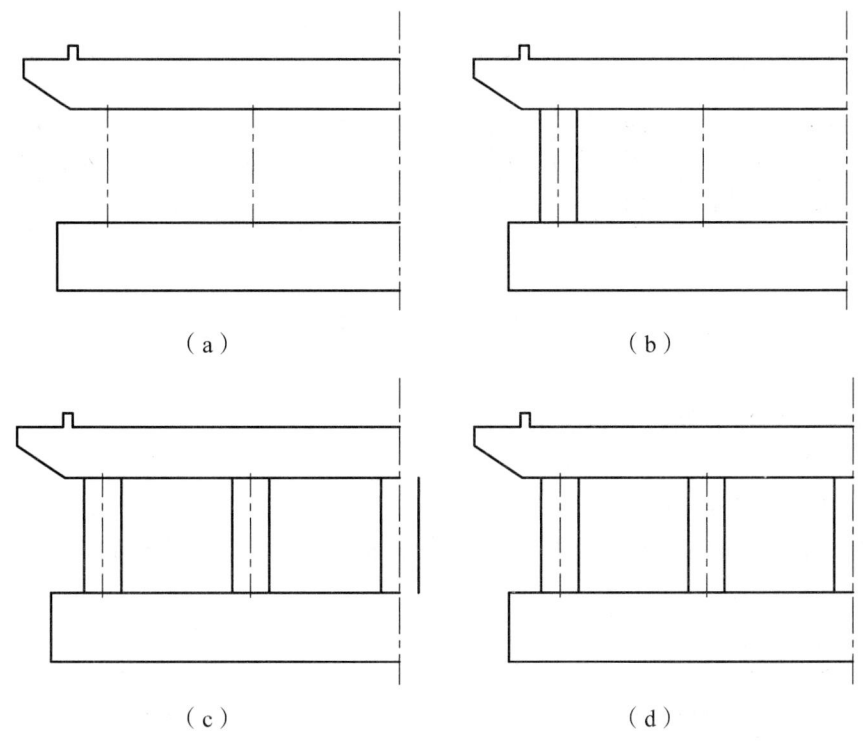

图 8-88 绘制承台和立柱

（4）绘制基桩。

在中心线图层内绘制基桩中心线，如图 8-89（a）所示。[注：如果用以前版本的 COPY（复制）命令绘制基桩，可以把基桩定位线全部用偏移命令画出，到时复制比较方便。]在粗实线图层内用 LINE（直线）命令并结合 OFFSET（偏移）命令绘制基桩，基桩长度自定。再用 PLINE（多段线）命令绘制折断线，并用 MOVE（移动）命令移动到基桩合适位置，复制相同的折断线到合适位置，用 TRIM（修剪）命令修剪两折断线之间的部分线段。把伸入承台内部的基桩修改为虚线（也可直接在虚线层绘制）。最后用拉伸命令调整基桩长度到合适位置，结果如图 8-89（b）所示。

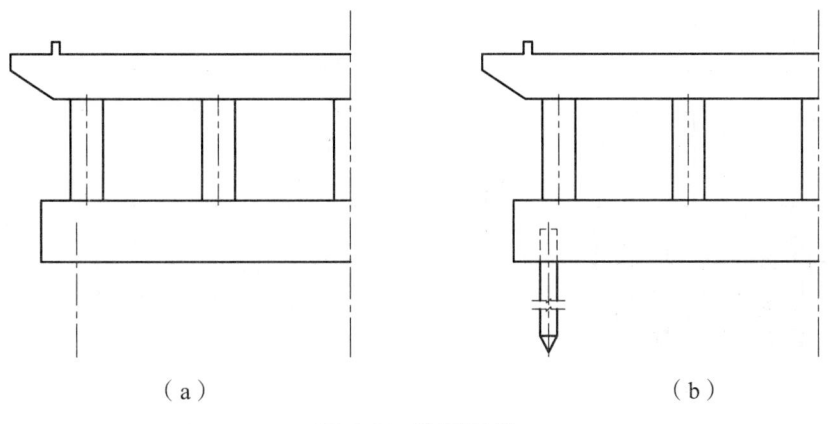

图 8-89 绘制基桩

（5）复制生成其他基桩。

在绘制时可画出其中一根基桩，然后运用 COPY（复制）命令中的多重复制或是阵列参数将其他基桩绘制出，如图 8-90（a）所示。再用删除命令删除桥位中心线处多余的基桩部分，如图 8-90（b）所示。

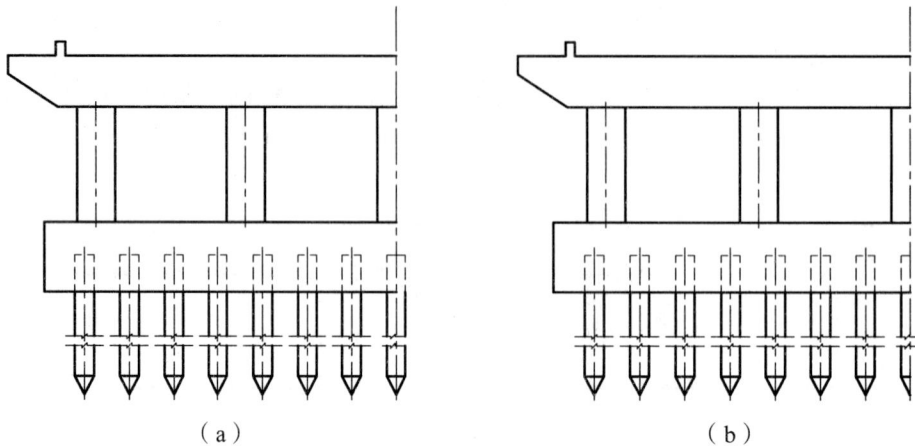

图 8-90　复制生成其他基桩

2. 绘制侧面图

侧面图包括盖梁、桥墩、钻孔桩、挡块。

（1）绘制侧面图中心线，并根据"高平齐"的原则，用 XLINE（构造线）命令从立面图中相应位置引出辅助线，如图 8-91（a）所示。

（2）用 LINE（直线）并结合 OFFSET（偏移）和 TRIM（修剪）命令绘制相关线段。

结果如图 8-91（b）所示。

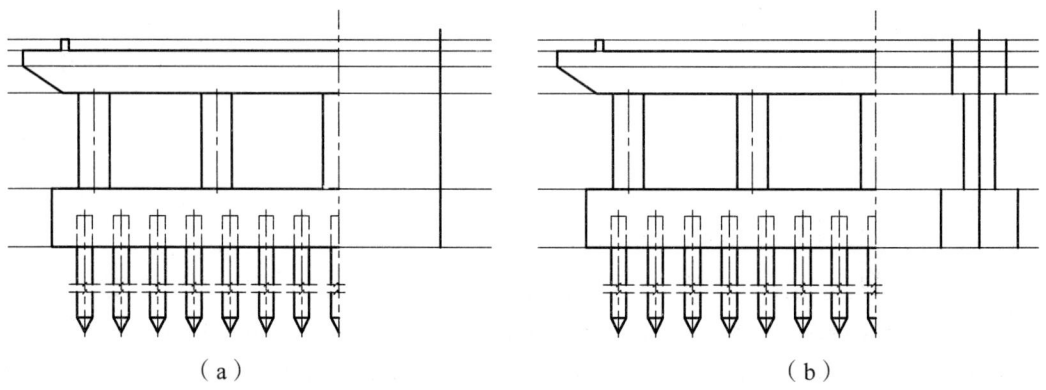

图 8-91　绘制桥墩侧面图中心线并偏移

（3）用 TRIM（修剪）命令修剪辅助线，结果如图 8-92（a）所示。

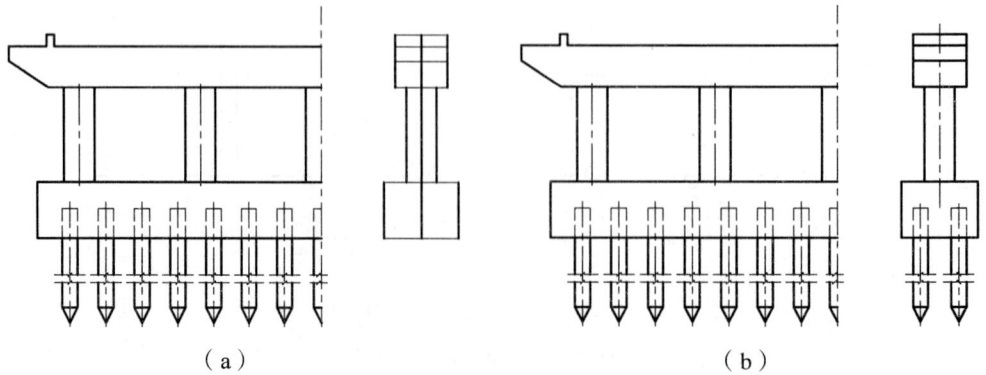

图 8-92　修剪辅助线并调整线型

（4）调整挡块、墩帽和承台的线型为粗实线，调整桥墩中线为点画线，结果如图 8-92（b）所示。

（5）由于是方桩，侧面图的基桩和立面图完整相同。所以用 COPY（复制）命令复制立面图上的基桩到侧面图上的正确位置，结果如图 8-93（a）所示。

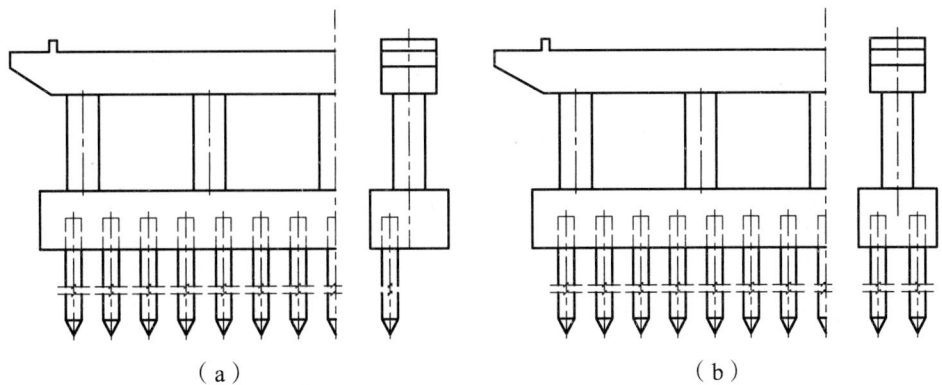

图 8-93　绘制桥墩侧面图基桩

（6）用 MIRROR（镜像）命令生成另一半基桩，结果如图 8-93（b）所示。

3. 绘制 I—I 剖面图

I—I 剖面图包括承台、承台上的立柱、承台下的基桩及其对应的中心线。

（1）用 LINE（直线）命令配合 OFFSET 命令绘制承台轮廓线，如图 8-94（a）所示。

（2）承台上部线段分别向下偏移 50，得到 3 条水平中心线，如图 8-94（b）所示。

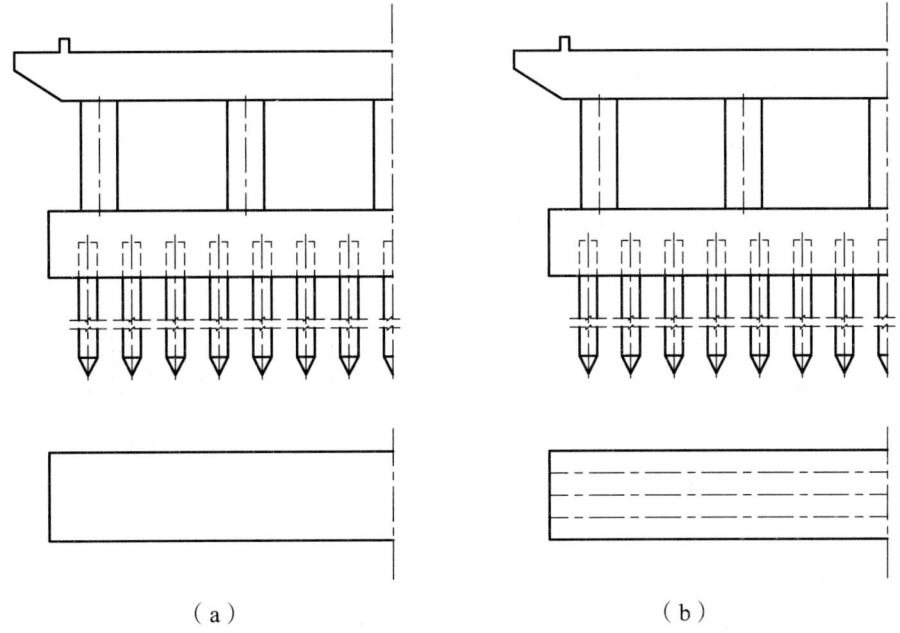

图 8-94　绘制承台轮廓

注：（1）和（2）过程也可调换，先画出中心线，再通过 OFFSET 命令绘制轮廓线，并修改其图层。读者可根据自己的习惯灵活把握。

（3）用 XLINE（构造线）命令，根据立面图和平面图"长对正"的绘图原则，绘制立柱、方桩垂直中心线，如图 8-95 所示。

（4）用 RECTANG（矩形）命令和 LINE（直线）命令绘制基桩及基桩定位线，如图 8-96 所示。

（5）用 COPY（复制）命令把如图 8-96（以中心点为基点）所示基桩复制到图 8-95 所示的对应基桩位置处，并删除基桩辅助线，结果如图 8-97 所示。

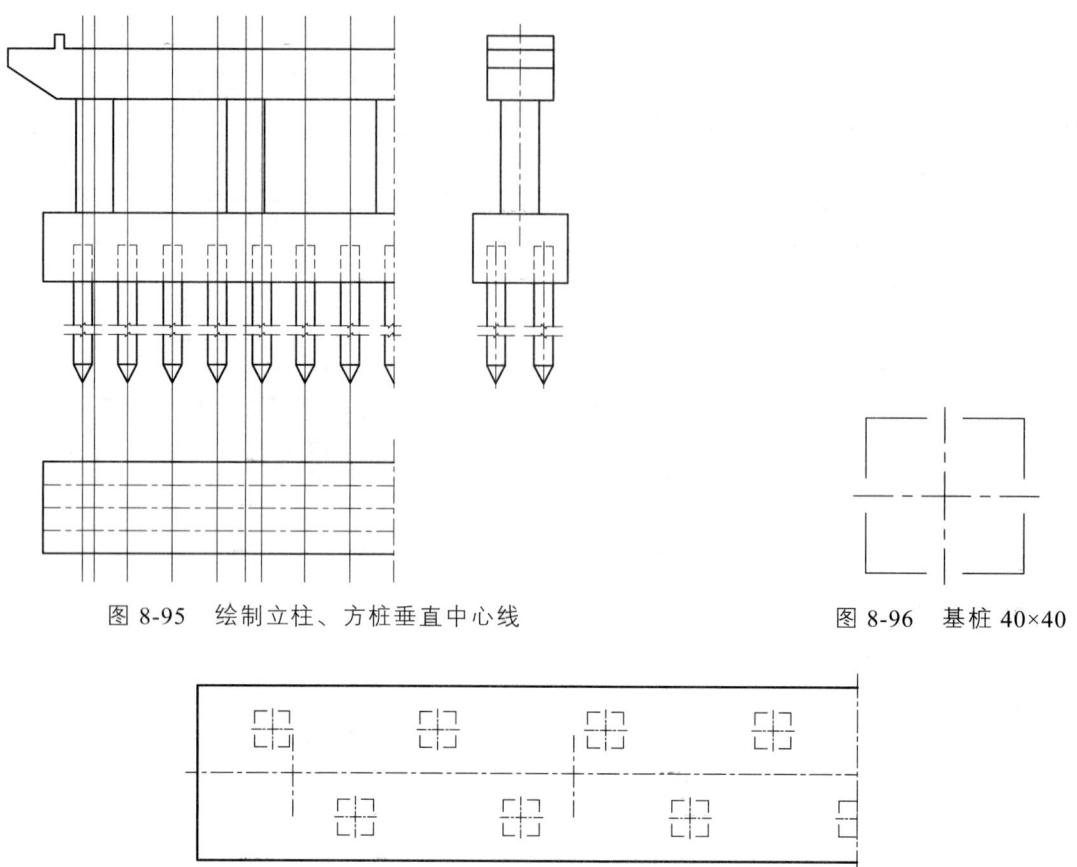

图 8-95　绘制立柱、方桩垂直中心线　　　　图 8-96　基桩 40×40

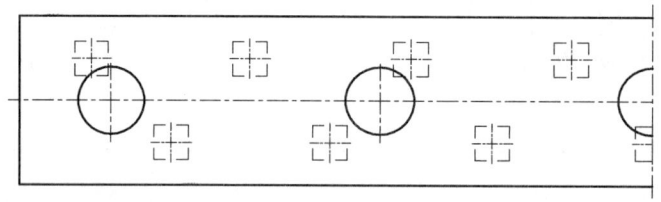

图 8-97　绘制承台基桩

注：(4) 和 (5) 也可直接在承台上用 LINE（直线）和 OFFSET（偏移）命令画出一根方桩，然后运用 COPY（复制）命令中的多重复制将其他基桩绘制出[还可结合 ARRAY（阵列）命令绘制，并用 TRIM（修剪）命令修剪方桩]。

（6）用 CIRCLE（圆）命令画出立柱并结合 COPY（复制）命令及 TRIM（修剪）命令画出其他立柱，结果如图 8-98 所示。

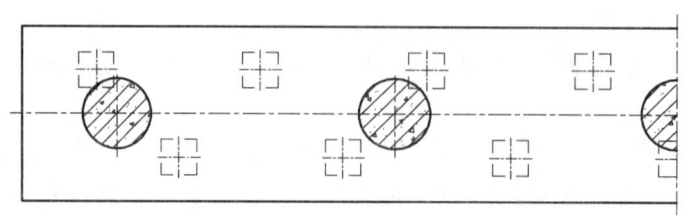

图 8-98　绘制立柱

（7）用 BHATCH（填充）命令或工具栏上的 图标来进行填充，具体参见前面任务。图案采用 ANS31 和 AR-CONC 相结合的图案。其中数值设置可参考如下：先在"图案"在下拉列表中选择"ANS31"，"角度"设置为 0，"比例"设置为 80。再在"图案"下拉列表中选择"AR-CONC"，"角度"设置为 0，"比例"设置为 5。结果如图 8-99 所示（注：比例需读者根据自己的图形调整到合适的值）。

图 8-99　填充立柱

步骤四 尺寸标注

（1）在先设置好的"标注式样"中选择需要的式样 1-5，文字高度设置为 3.5（所选文字样式的文字高度设置为 0），标注特征比例因子的全局比例因子设置为 5。在标注图层内进行尺寸标注。在标注时注意使用"连续标注""基线标注""标注更新"和"编辑标注文字"命令。

（2）用引线标注或多段线命令绘制箭头，并注写坡度，字高设置为 17.5。

步骤五 输入文字

（1）从设置好的"文字式样"中选择需要的式样，用 MTEXT 输入相应的标注文字。图名字高设置为 25，注释文字字高设置为 17.5。

（2）用粗实线绘制剖切符号，剖切位置线的长度为 30~50 mm（注：根据标准规定值 6~10 mm，按比例放大 5 倍）；剖视方向线应垂直于剖切位置线，长度为 20~30 mm（根据标准规定值 4~6 mm，按比例放大 5 倍）

步骤六 插入图框，填写标题栏

1. 绘制 A3 纵向图框

（1）用矩形、直线或偏移、拉伸命令绘制 A3（420×297）纵向图框，并创建成图块，图块名称为"A3 纵向图框"。

（2）用 BLOCK 命令或执行"绘图"菜单→"创建块"命令把图框创建成块，供以后插入图框使用。

（3）用 INSERT 命令或执行"插入"菜单→"块"命令插入图框，比例因子设为 5。

2. 注写标题栏中文字

用单行文字或多行文字命令填写标题栏文字，标题栏文字字高设为 25。

步骤七 检查图形，调整定位线长度，合理布局图形

步骤八 保存图形文件并退出

保存图形文件，文件名称为"白沙河桥桥墩构造图.dwg"。

知识链接

一、桥墩图的表达内容与图示特点

桥墩图用来表达桥墩的整体情况，包括墩帽、墩身、基础的形状、尺寸和材料。桥墩工程图由一般构造图和钢筋结构图两部分组成。

（一）桥墩一般构造图

桥墩一般构造图由立面图、平面图和侧面图构成，如图 8-100 所示；也可以由立面图、剖面图和侧面图组成，如图 8-86 所示。

1. 立 面

采用剖切法，表示桥墩形状、长度与高度方向的位置、尺寸和高程。

2. 平 面

采用掀开法，表达桥墩各部分相对位置、形状、长度与宽度方向尺寸。

3. 侧 面

表达桥墩各部分相对位置、形状、高度与宽度方向尺寸。

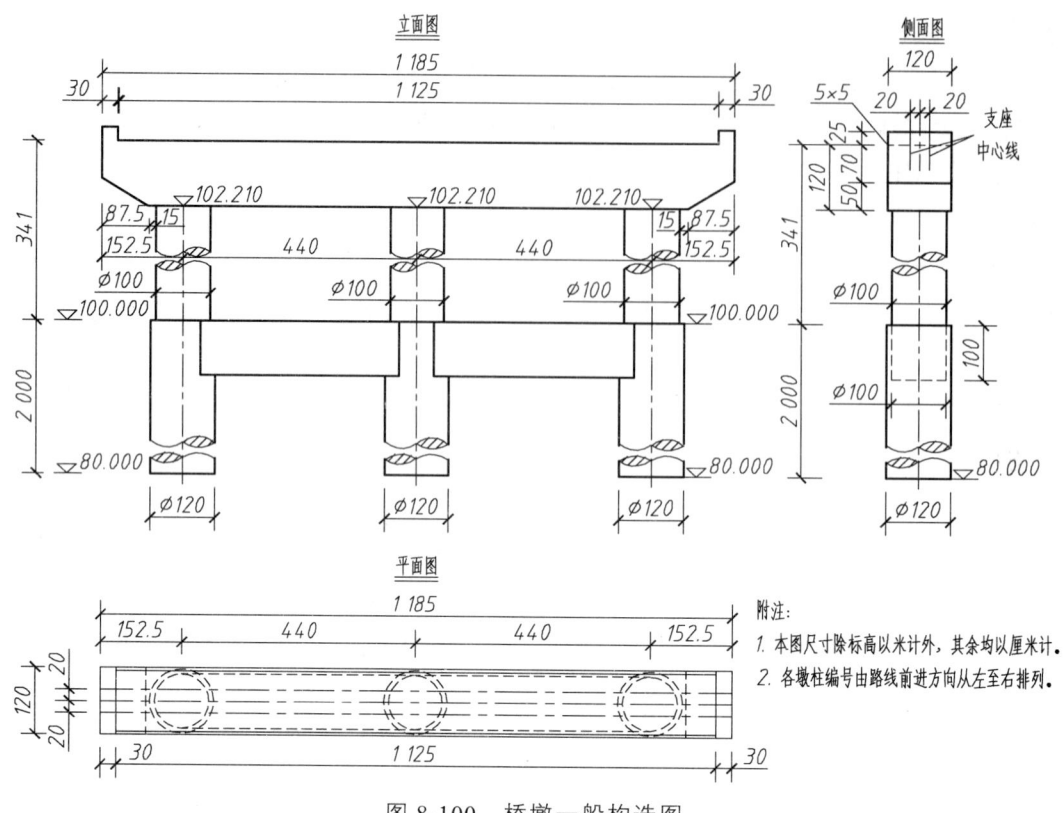

图 8-100 桥墩一般构造图

(二) 桥墩配筋图

桥墩各部分均为钢筋混凝土结构。绘图时都应绘出其钢筋结构图，如桥墩盖梁钢筋结构图、系梁钢筋结构图、桥墩桩柱钢筋结构图、桥墩挡块钢筋结构图，表达出各构件的钢筋种类、样式、钢筋规格、数量及布置情况。由于篇幅所限，此处不详述。

二、识读桥墩图

桥墩图用来表达桥墩的整体情况，包括墩帽、墩身、基础的形状、尺寸和材料。桥墩工程图由一般构造图和钢筋结构图两部分组成。

(一) 桥墩图的识读方法

桥墩图的一般识读方法如下：
（1）阅读标题栏和说明，了解桥墩的名称、尺寸单位以及有关施工、材料等方面的技术要求。
（2）阅读各视图的名称，弄清获得各视图的投射方向以及各视图间的对应关系。
（3）用形体分析法，找出桥墩各组成部分的投影，弄清它们的形状和大小。
（4）综合各部分的形状和大小，以及它们之间的相对位置，可以想象出桥墩的总体形状和大小。

(二) 识读白沙河桥桥墩轮廓图

1. 识读标题栏及附注

以图 8-86 为例，由标题栏可知，该桥墩为柱式桥墩，绘图比例为 1∶50。附注中，明确了尺寸标注单位为厘米，整座桥有 2 个桥墩，桥墩的桩共有 30 根，并对墩帽的做法提出了要求。

2. 柱式桥墩轮廓图的图示法

顺着桥线的方向，如图 8-101 所示箭头方向，确定为桥墩正面图的投影方向。
图 8-86 所示的桥墩轮廓图，采用半立面图、半Ⅰ—Ⅰ剖面图、侧面图来表达。

半立面图主要表达桥墩正面外形和尺寸。

侧面图主要表达桥墩侧面外形和尺寸。

半Ⅰ—Ⅰ剖面图中，主要表达承台平面外形和尺寸，桩和立柱的数量及布置情况。

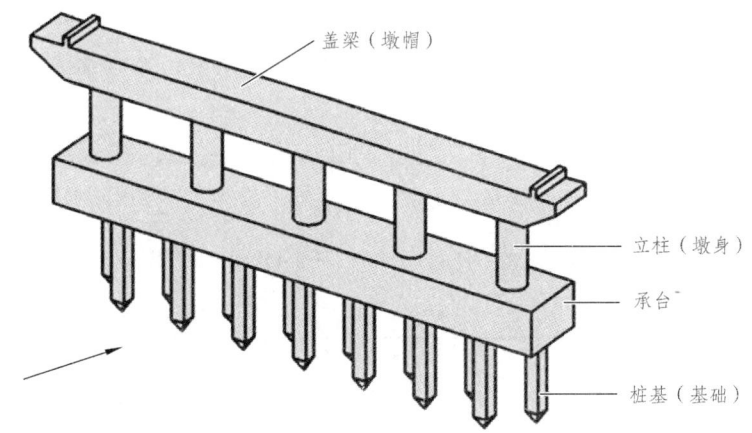

图 8-101　柱式轻型桥墩构造

3. 形体分析法识读桩柱式桥墩轮廓图

根据半立面图、半Ⅰ—Ⅰ剖面图和侧面图可以看出此桥墩由墩帽、立柱、承台和基桩组成。

（1）识读基桩。

由图 8-86 桥墩轮廓图的半立面图、半Ⅰ—Ⅰ剖面图和侧面图可知，桥墩基础为基桩，截面形状为 40 cm×40 cm 的正方形。基桩分两排交错（呈梅花形）布置，施工时先将预制桩打入地基，下端到达设计深度（标高）后，再浇筑承台，桩的上端伸入承台内部 80 cm，在立面图中这一段用虚线绘制。基桩构造如图 8-102 所示。

（2）识读承台。

由桥墩轮廓图的半立面图、半Ⅰ—Ⅰ剖面图和侧面图可知，桥墩承台基本为 1500 cm×200 cm×150 cm 的长方体。承台下的基桩分两排交错布置，承台上有 5 根圆形立柱。承台构造如图 8-103 所示。

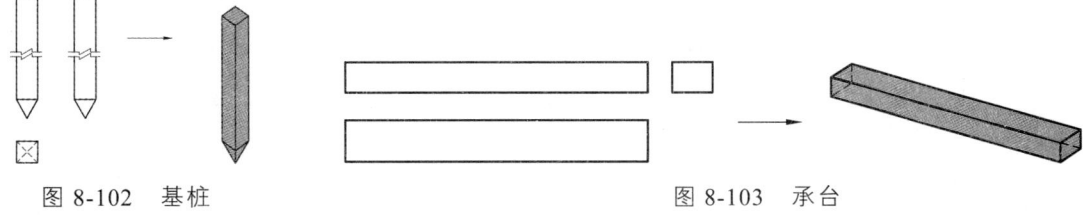

图 8-102　基桩　　　　　　　　图 8-103　承台

（3）识读立柱。

由桥墩轮廓图的半立面图、半Ⅰ—Ⅰ剖面图和侧面图可知，承台上面是桥墩立柱，立柱为圆柱体，直径为 80 cm，高为 250 cm。立柱构造如图 8-104 所示。

（4）识读墩帽（盖梁）。

由桥墩轮廓图的半立面图、半Ⅰ—Ⅰ剖面图和侧面图可知，立柱上面是墩帽，墩帽的全长为 1650 cm，宽为 140 cm，高度在中部为 116 cm，在两端为 110 cm，有一定的坡度，为的是使桥面形成 1.5%的横坡。墩帽的两端各有一个 20 cm×30 cm 的抗震挡块，是为防止空心板移动而设计的。墩帽构造如图 8-105 所示。

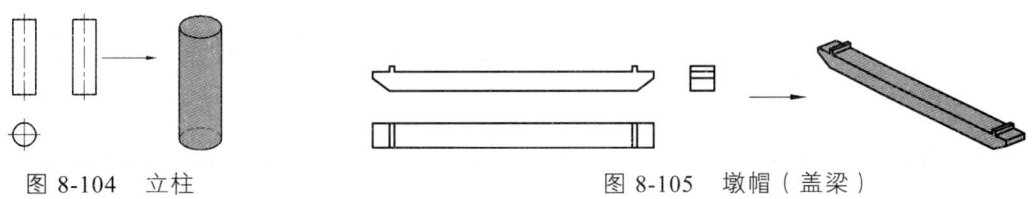

图 8-104　立柱　　　　　　　　图 8-105　墩帽（盖梁）

根据这四部分，我们可以想象出此桥墩的立体示意图如图 8-101 所示。

(三) 识读圆端形桥墩轮廓图

1. 识读标题栏及附注

由标题栏可知，该桥墩为单线圆端形实体桥墩，绘图比例为 1∶100。附注中明确了尺寸标注单位为厘米，并对桥墩各部分提出了材料要求。

2. 圆端形桥墩轮廓图的图示法

顺着桥线的方向，确定为圆端形桥墩正面图的投影方向。

图 8-106 所示的圆端形桥墩轮廓图，采用正面图、半平面图和半 2—2 剖面图、侧面图、1—1 断面图来表达。

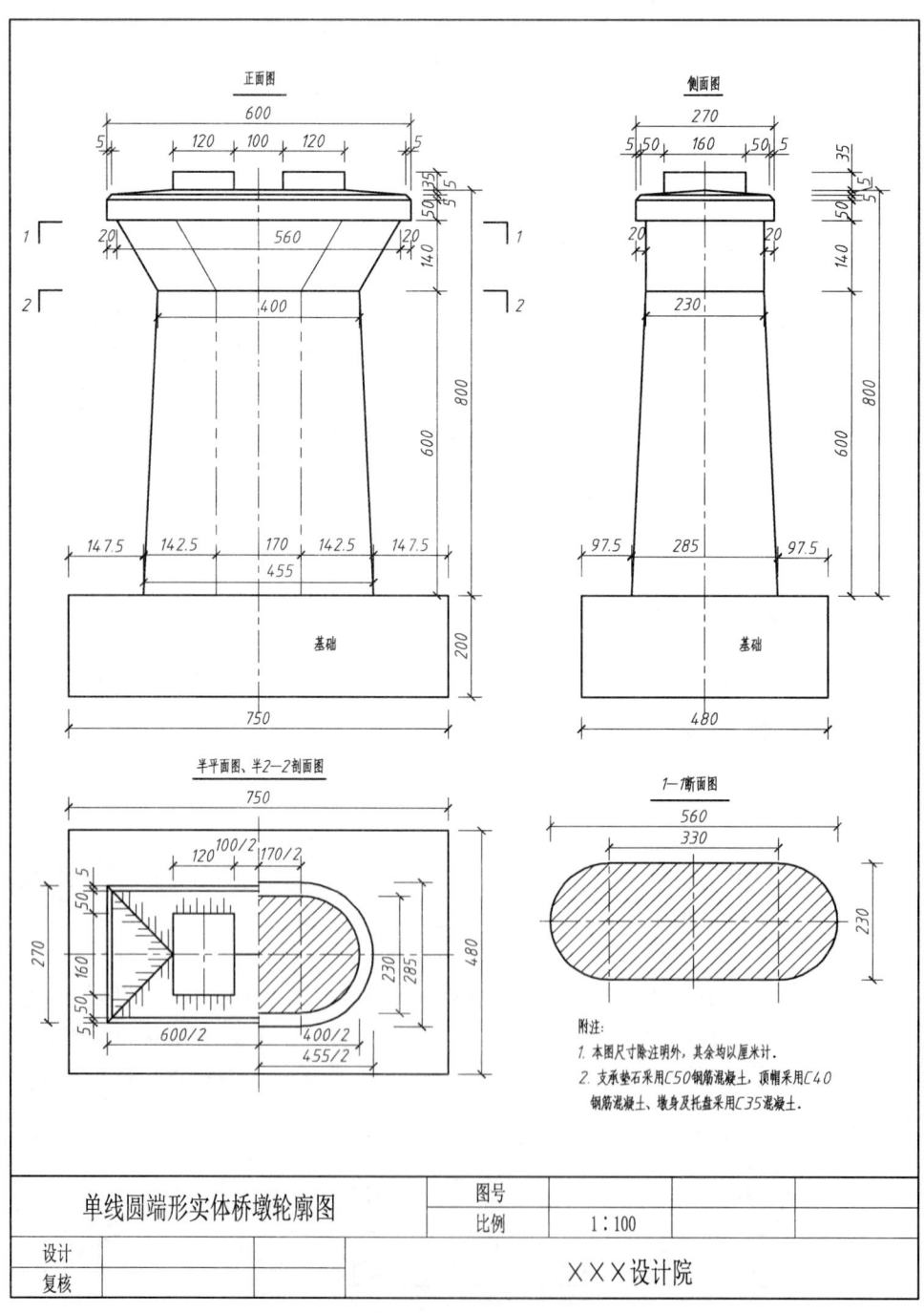

图 8-106　圆端形桥墩轮廓图

正面图中，主要表达桥墩正面外形和尺寸。

侧面图中，主要表达桥墩侧面外形和尺寸。

平面图中，左半部分半平面图表达桥墩平面外形和尺寸。墩帽部分的排水坡斜面，采用由高向低、一长一短的细实线（示坡线）表示。右半部分半 2—2 剖面图表达墩身的顶面、底面的形状和基础的平面外形及尺寸。

1—1 断面图表达托盘顶面形状和尺寸。

3. 形体分析法识读圆端形桥墩轮廓图

（1）识读基础。由图 8-106 圆端形桥墩轮廓图的正面图、半平面图和半 2—2 剖面图可知，桥墩扩大基础为 750 cm×480 cm×200 cm 的长方体。基础构造如图 8-107 所示。

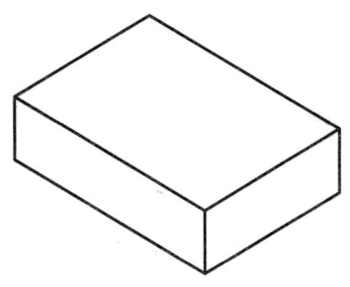

图 8-107　基础

（2）识读墩身。由图 8-106 圆端形桥墩轮廓图的半 2—2 剖面图可知，墩身顶面和底面的右（左）端都是半圆形，是右（左）半圆台的投影。对应墩身的正面图和侧面图分析，半圆台顶面直径为 230 cm，底面直径为 285 cm，高为 600 cm。墩身中部是四棱柱，右左两个等腰梯形侧面为棱柱底面，梯形上底边长为 230 cm，下底边长为 285 cm。右左两个半圆台的距离（即棱柱的高）是 170 cm。圆台与棱柱相切，用细双点画线表示分界线。墩身构造如图 8-108 所示。

（3）识读墩帽托盘。

墩帽分下部的托盘和上部的顶帽、垫石三部分。在图 8-106 圆端形桥墩轮廓图中，由半 2—2 剖面图和 1-1 断面图可知托盘顶面和底面的形状及大小。两端半圆的直径均为 230 cm，顶面两半圆的距离为 330 cm，底面两半圆的距离为 170 cm。对应托盘的正面图和侧面图分析，托盘两端是两个倾斜的半圆柱，中部是四棱柱，前后两等腰梯形侧面为棱柱底面，梯形上底边长为 330 cm，梯形下底边长为 170 cm。托盘的高为 140 cm。托盘构造如图 8-109 所示。

（4）识读墩帽顶帽和垫石。

在图 8-106 圆端形桥墩轮廓图中，由正面图、半平面图、侧面图可知，顶帽下部为 600 cm×270 cm×50 cm 的长方体，长方体顶部有 5 cm 倒角。顶帽上面有向四面倾斜的排水坡，高为 5 cm。排水坡顶有两块 120 cm×160 cm 的矩形支承垫石，垫石顶面距离排水坡脊高 35 cm。顶帽构造如图 8-110 所示。

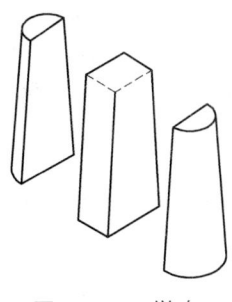

图 8-108　墩身

图 8-109　墩帽托盘

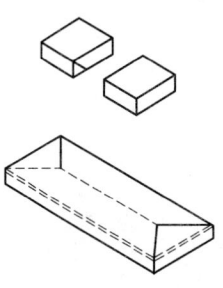

图 8-110　墩帽顶帽

三、桥涵工程图中的习惯画法及尺寸标注特点

（一）桥涵工程图的习惯画法

（1）在桥涵工程图中，常常由于工程施工需要进行模板的制造、安装和测量工作，将形体的平面与曲面连接处用双点画线（标准图中用粗实线）画出，如图 8-106 所示。

（2）为了帮助读图，常常将斜面和圆锥面，用由高到低、一长一短的示坡线表示，以增加直观感，如图 8-111 所示。

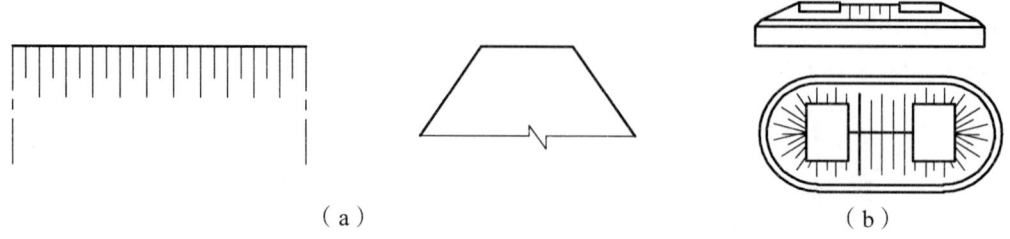

图 8-111　斜面、锥面的表示方法

（3）在桥涵工程图中，对于需要另画详图的部位，一般采用附注说明或详图索引符号表示。

（4）在桥涵工程中，大体积混凝土断面的材料图例习惯用 45°细实线代替。

（二）桥涵工程图中的尺寸标注特点

在桥涵工程图中的尺寸标注，除了应遵守在组合体尺寸标注中所规定的基本要求外，由于工程的特点，还有一些特殊要求。

1. 重复尺寸

为了施工时看图方便，图中各部分尺寸都希望不通过计算而直接读出，同时也要求在一个投影图上，将物体的尺寸尽量标注齐全，这样就出现了重复尺寸，如桥墩图中的长和宽均标注了两次。

2. 施工测量需要的尺寸

考虑到圬工模板的制造及测量定位放线的需要，对工程的细部尺寸一般都直接注出。如图中桥墩平面与曲面的分界线尺寸、襟边尺寸（两层基础形成的台阶宽度称襟边尺寸）、桥墩顶帽悬出墩身部分的尺寸等。

3. 特殊要求尺寸

所谓特殊要求尺寸即建筑物与外界联系的尺寸。这类尺寸在铁路建筑中一般要求比较高，常以标高形式出现，如全桥布置图中的路肩标高、轨底标高、梁底标高等。

4. 对称尺寸

在桥涵工程图中，对于对称部分图形往往只画出一半，如半立面图、半平面图、半剖面图等。为了将尺寸全部表达清楚，常用 $\frac{B}{2}$ 的形式注出，如 $\frac{4180}{2}$、$\frac{500}{2}$ 等，说明其全部尺寸为 4180、1500。

任务拓展

【8-3-1】绘制如图 8-112、图 8-113 所示的圆端形桥墩图。

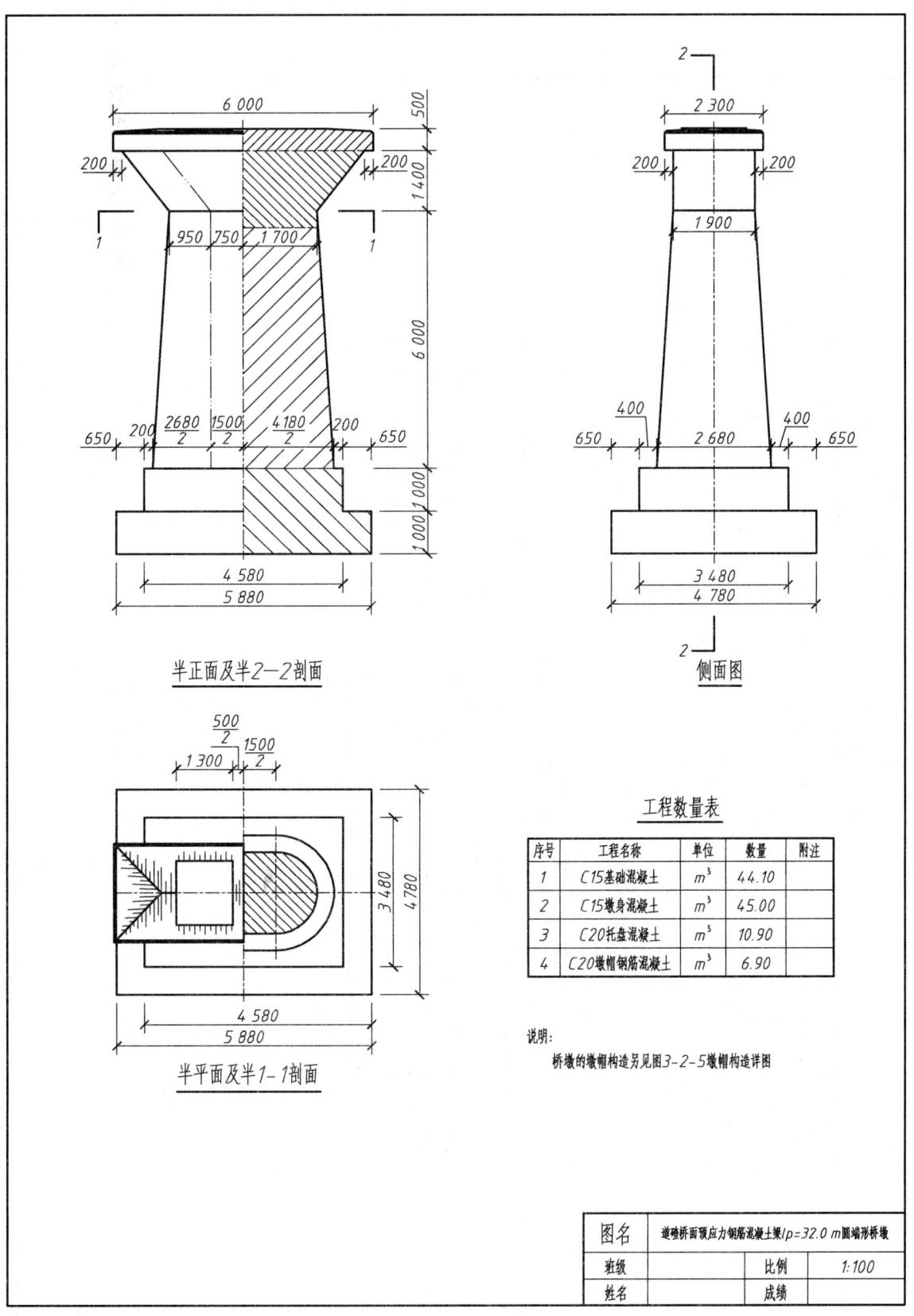

图 8-112 某圆端形桥墩构造图

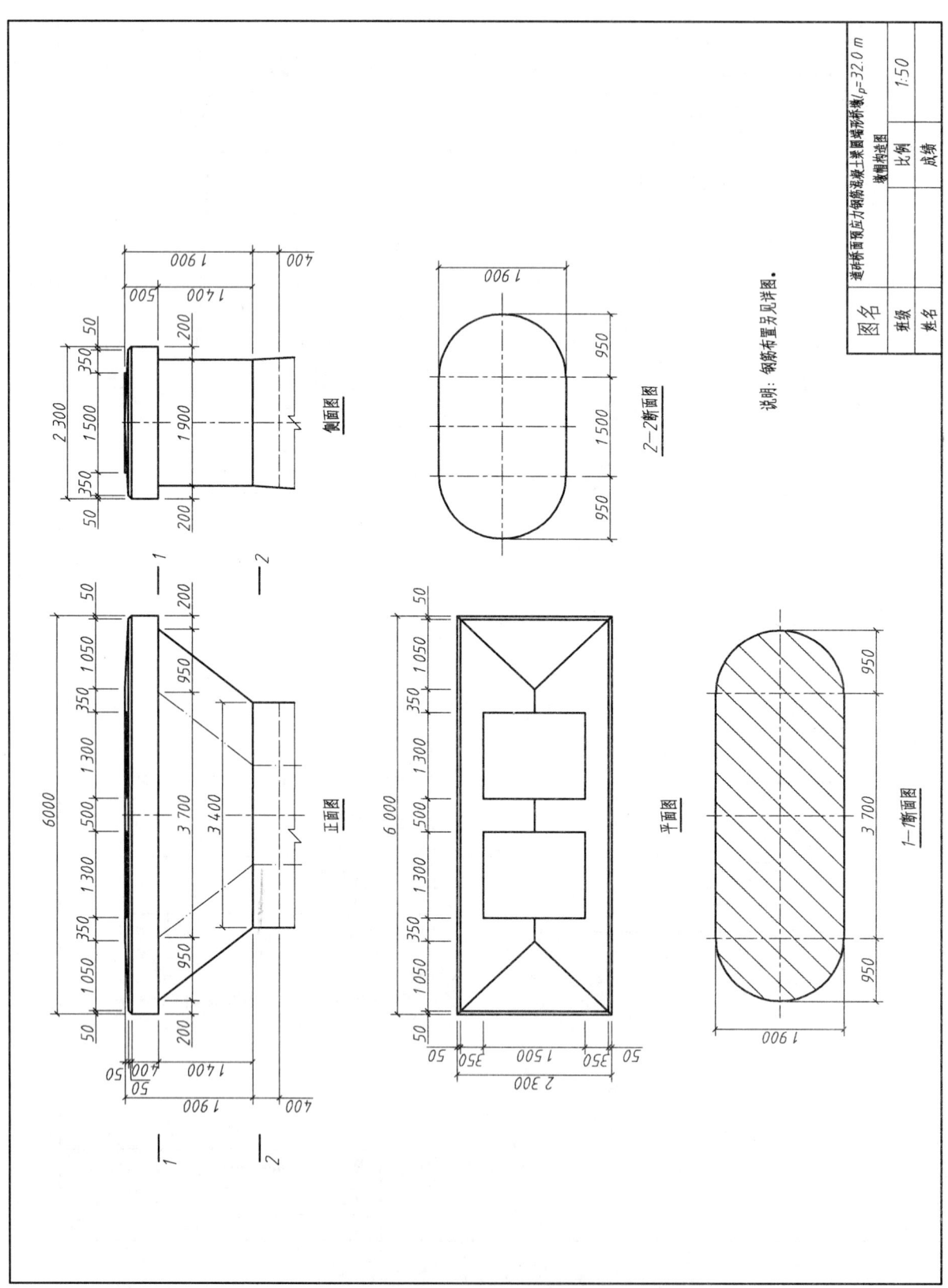

图 8-113 某圆端形桥墩构造详图

【8-3-2】 绘制如图 8-114 所示的桥墩一般构造图。

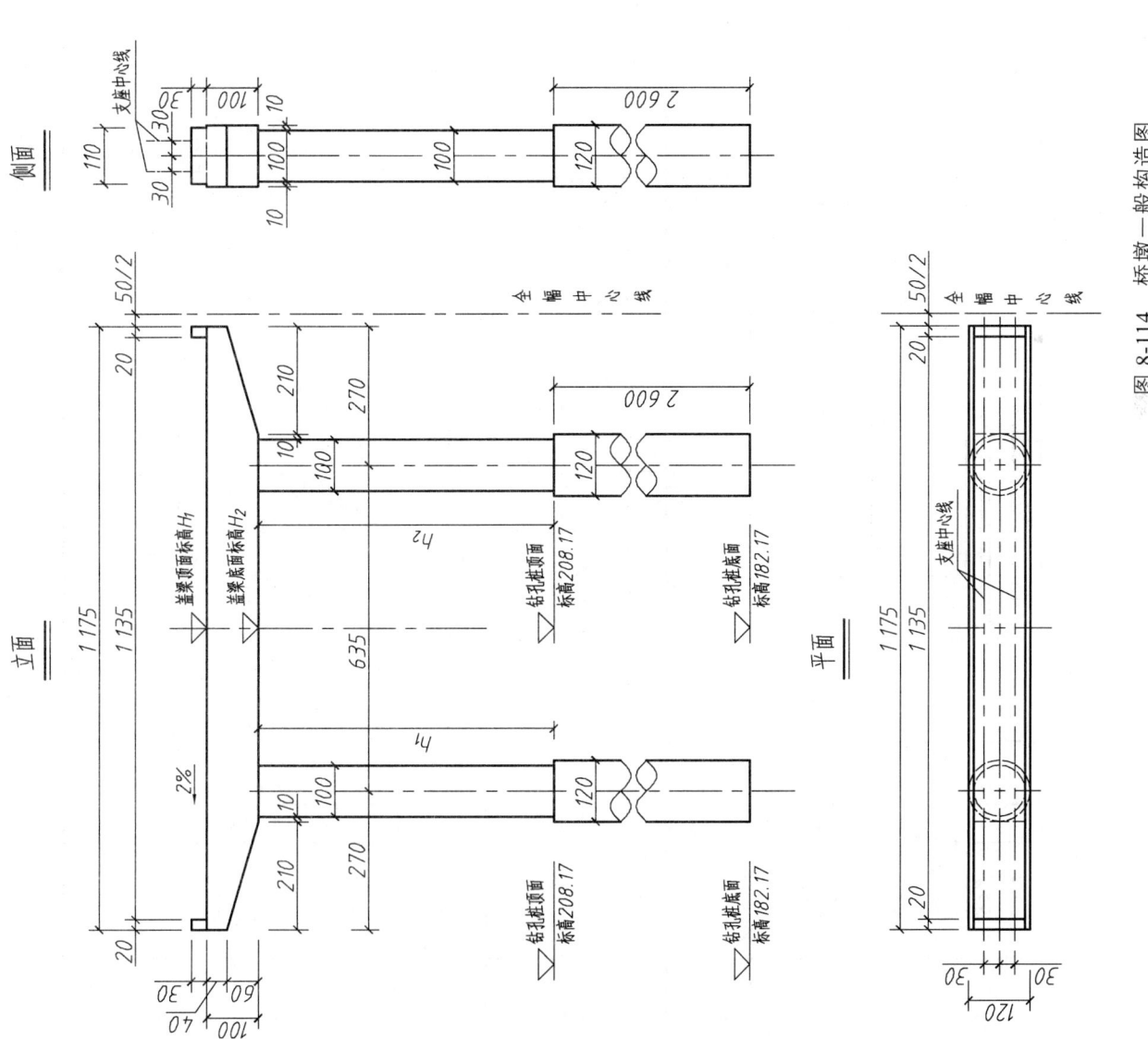

图 8-114 桥墩一般构造图

任务四　绘制桥台构造图

任务目标

- 能够按照制图规范设置绘图环境。
- 能够识读简单的桥梁下部结构中的桥台构造图。
- 能够综合运用绘图命令及绘图方法绘制桥梁下部结构中的桥台构造图。
- 会按照制图规范绘制其他桥台工程图样。
- 能够创建标注样式和文字样式,并能够规范地标注尺寸及注写文字。
- 培养规范操作、耐心细致、严谨求实、互助协作的职业素质。

任务内容

绘制如图 8-115 所示的白沙河桥桥台构造图。

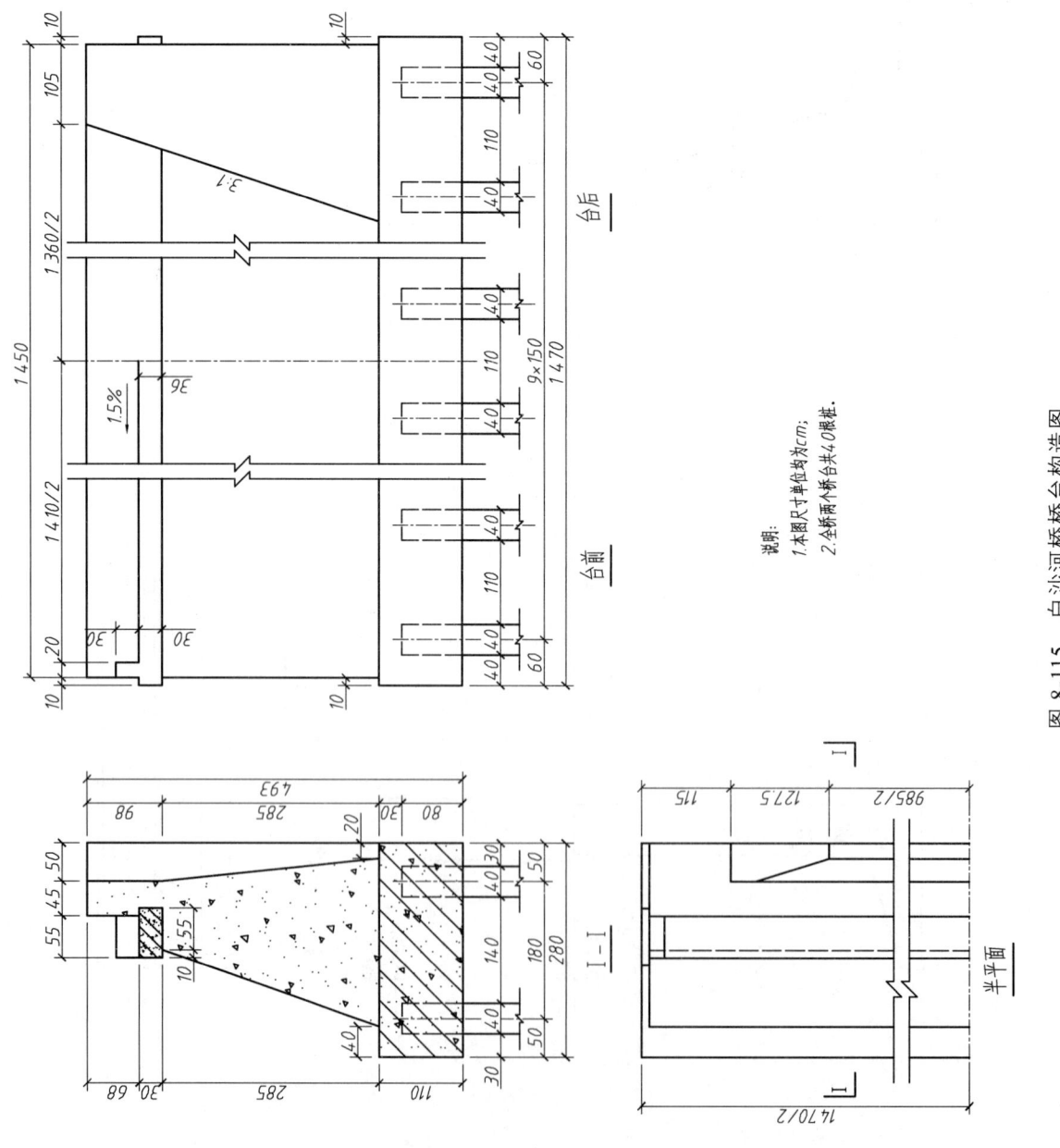

图 8-115　白沙河桥桥台构造图

任务分析

图 8-115 为重力式混凝土桥台的构造图，用剖面图、平面图和侧面图表示。该桥台由台帽、台身、侧墙、承台和基桩组成。这里桥台的立面图用Ⅰ—Ⅰ剖面图代替，既可表示出桥台的内部构造，又可画出材料符号。该桥台的台身和侧墙均用 C30 混凝土浇筑而成，台帽和承台的材料为钢筋混凝土。桥台的长为 280 cm，高为 493 cm，宽为 1470 cm。由于宽度尺寸较大且对称，所以平面图只画出了一半。侧面图由台前和台后两个方向视图各取一半拼成。台前是指桥台面对河流的一侧，台后则是桥台面对路堤填土的一侧。为了节省图幅，平面图和侧面图都采用了断开画法。桥台下的基桩分两排对齐布置，排距为 180 cm，桩距为 150 cm，每个桥台有 20 根桩。桥台的承台等处的配筋图略。

要完成图 8-115 所示工程图样的绘制，可通过以下思路来完成：
（1）新建文件和设置绘图环境。
（2）选用图幅并确定绘图比例。
（3）绘制Ⅰ—Ⅰ剖面图，绘制台前台后拼接的侧面图，绘制半平面图。
（4）设置标注样式，并标注尺寸。
（5）设置文本样式，并注写文字。
（6）插入图框，填写标题栏。
（7）检查图形，调整定位线的长度，合理布局图形。
（8）保存图形文件并退出。

任务实施

步骤一　新建文件并设置图层、图形界限和辅助绘图功能等绘图环境

步骤二　选用图纸，确定绘图比例及文本

1. 选用图纸并确定绘图比例

根据前面任务讲述的方法，若以厘米为单位绘制此桥台图，选用 A3 横向图纸，则绘图比例选用 1∶5。

2. 确定文本

根据绘图比例，出图时的字高分别设置为：标题栏中所有文字字高定义为 25，图形中尺寸标注数字字高为 17.5，图形中的文字标注和说明文字及表格中的文字、数字定义为 17.5，图形中的图名字高定义为 25（均以标准字高乘以绘图比例）。

步骤三　绘制桥台

桥台属于桥梁下部结构，包括立面图（此图用Ⅰ—Ⅰ剖面图代替立面图）、侧面图（此桥台侧面图用台前和台后拼接成）、平面图三部分。

1. 绘制Ⅰ—Ⅰ剖面图（立面图）

Ⅰ—Ⅰ剖面图包括：台帽、台身、承台和基桩。

（1）在粗实线图层内用直线 LINE 命令并结合"对象捕捉"中的"延伸"捕捉绘制台帽、台身、承台等的轮廓线。根据图形特点，可以先从 A 点开始向 BCDEF 方向绘制，再绘制台帽和台身，结果如图 8-116 所示。

（2）绘制基桩。

用 LINE（直线）命令结合偏移命令绘制基桩，或复制桥墩中基桩折断线及以上部分，并以 F 点为基准点，移动到桥台承台正确位置，如图 8-117（a）和（b）所示。再用 MIRROR（镜像）命令生成另一根基桩，结果如图 8-117（c）所示。

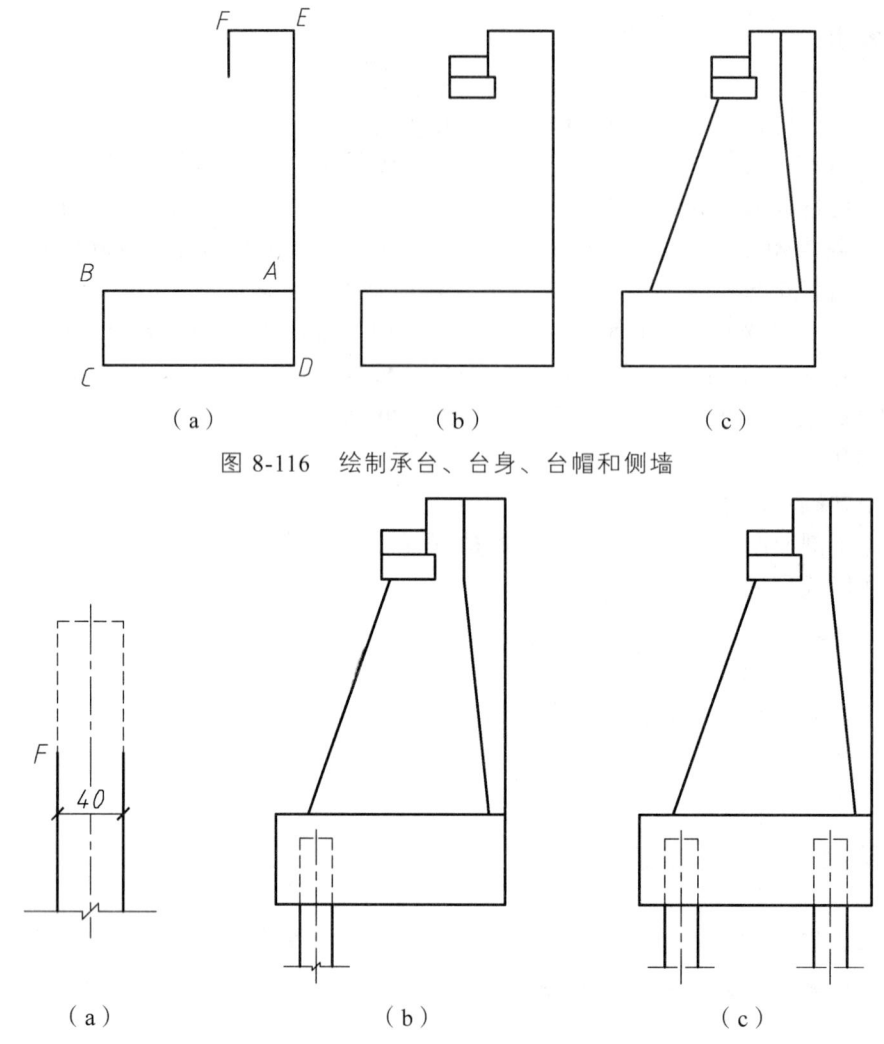

图 8-116 绘制承台、台身、台帽和侧墙

图 8-117 绘制桥台基桩

（3）填充台身图案。

启动 BHATCH 命令或单击"默认"选项卡→"绘图"功能区上的工具按钮，在"图案填充"对话框中或在"图案填充编辑器"中填充相应的图案。台身处填充时数值设置可参考如下：在"图案"下拉列表中选择 AR-CONC，"角度（L）"设置为 0，"比例"设置为 10，如图 8-118 所示。

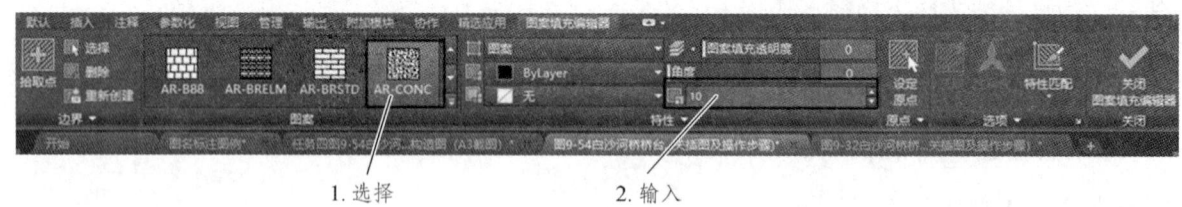

1. 选择　　　　2. 输入

图 8-118 填充台身图案

（4）填充承台和台帽处图案。

AutoCAD 中暂时没有承台处的钢筋混凝土的图案，此处需要用 ANSI31 和 AR-CONC 两种图案组成。先在承台处填充 ANSI31 时数值设置可参考如下：先在"图案"下拉列表选择 ANSI31，"角度（L）"设置为 0，"比例"设置为 300，填充完成后，再次在"图案"下拉列表选择 AR-CONC，"角度（L）"设置为 0，"比例"设置为 10。

台帽处填充时数值设置可参考如下："图案"下拉列表选择 ANSI31，"角度（L）"设置为 0，"比例"设置为 100；"图案"下拉列表选择 AR-CONC，"角度（L）"设置为 0，"比例"设置为 3。

填充图案后的效果如图 8-119 所示。

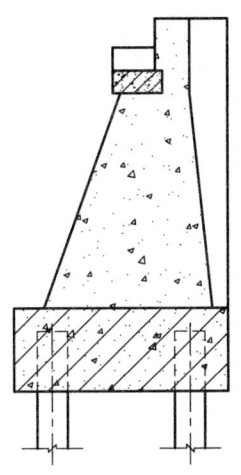

图 8-119　填充图案后的 I—I 剖面图

2. 绘制侧面图

侧面图由台前、台后两部分组成，分别包括台帽、台身、承台、基桩及其对应的中心线，采用了断开画法。

（1）在中心线图层内绘制台前、台后中心线。在细实线层内用 XLINE（构造线）命令绘制出和 I—I 剖面图高平齐的辅助线，如图 8-120 所示。

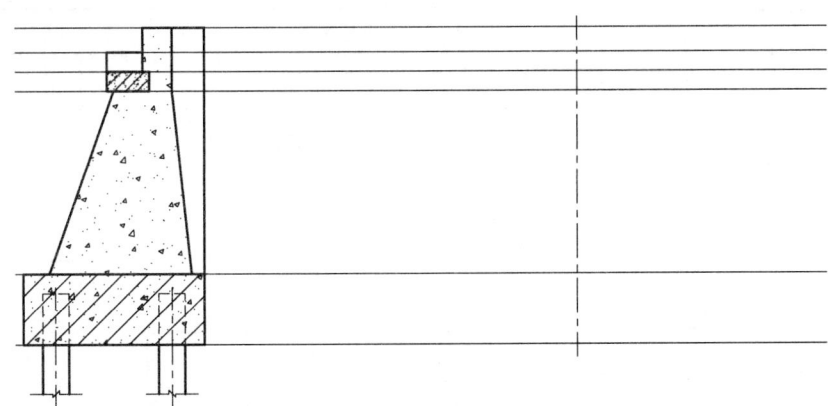

图 8-120　绘制台前台后辅助线

（2）用 LINE 和 OFFSET 命令画出台前的部分（考虑图形布局需要，台前的承台线段长度可参考长度为 425～500）。画出承台、台身、台帽等的轮廓线，结果如图 8-121 所示。

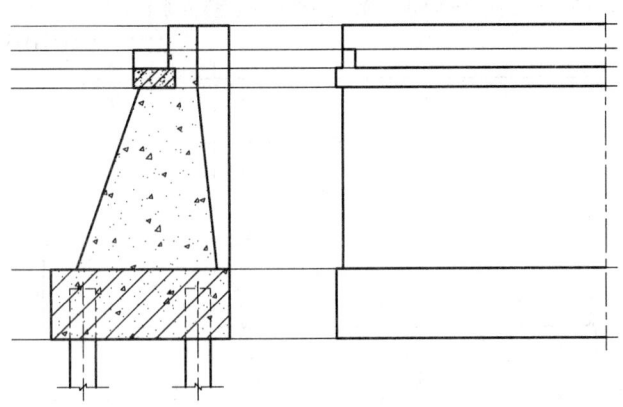

图 8-121　绘制承台、台身、台帽轮廓线

（3）用 LINE（直线）和 OFFSET（偏移）命令绘制一根方桩，基桩伸入承台部分用虚线绘制（在

绘制时可在虚线层内直接绘制；也可绘制完后，调整其图层）或者直接把 I—I 剖面图中的一根基桩复制到台前的承台正确位置处。结果如图 8-122 所示。

（4）运用 COPY（复制）命令中的多重复制将其他方桩绘制出。结果如图 8-123 所示。

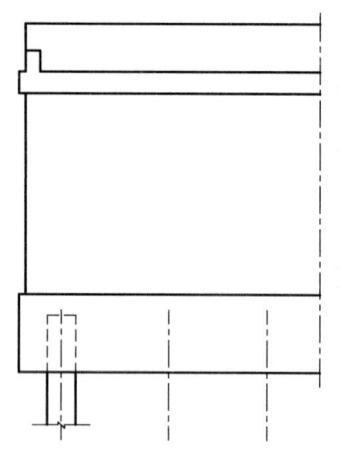 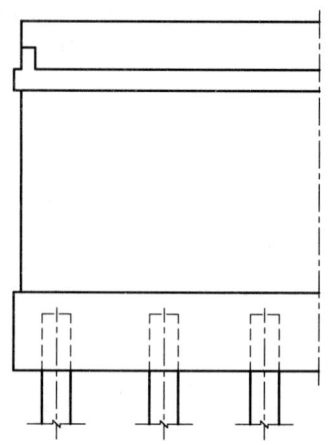

图 8-122　复制生成台前第一根基桩　　　　图 8-123　复制生成剩余基桩

（5）用 LINE 或 PLINE 命令画出折断线，并用 COPY 命令复制出一根折断线，把两根折断线置于台前适当位置，结果如图 8-124 所示。

（6）用 MIRROR（镜像）命令镜像出台后部分。结果如图 8-125 所示。

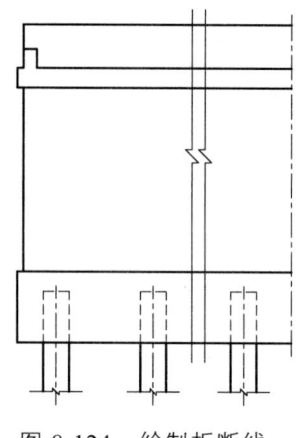 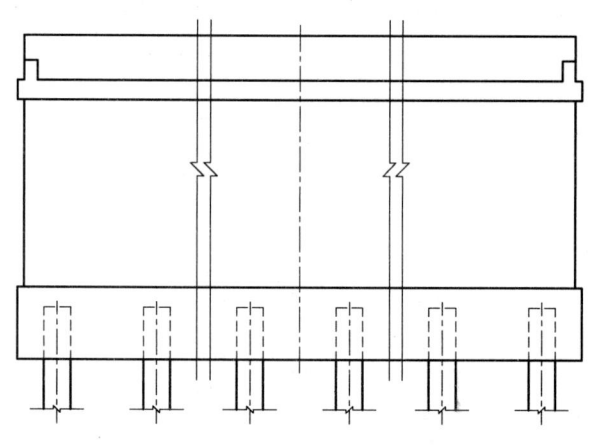

图 8-124　绘制折断线　　　　图 8-125　镜像生成台后部分

（7）画出 3∶1 的斜线

用 LINE（直线）命令先从 A 点向左延伸捕捉到距离为 105 的点绘制一个如图 8-126 所示尺寸的直角三角形，连接斜边，再用 EXTEND（延伸）命令把斜线延伸到承台处。结果如图 8-126 所示。

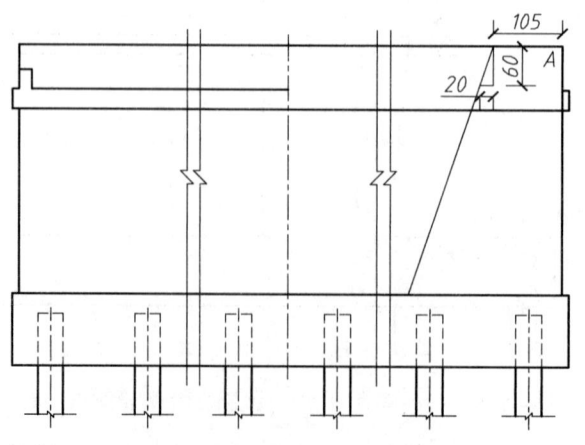

图 8-126　绘制 3∶1 的斜线

（8）删除不用的辅助线，并用 TRIM 命令修剪折断线中间的部分，再对图形作相应修改，得到台后部分。结果如图 8-127 所示。

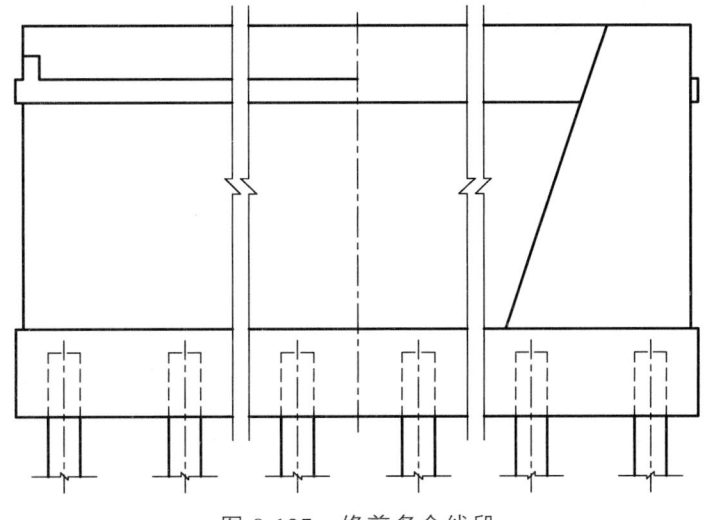

图 8-127　修剪多余线段

3. 绘制半平面图

（1）可直接根据Ⅰ—Ⅰ剖面图（立面图）与平面图和侧面图之间的投影关系（长对正、高平齐、宽相等）得到相关尺寸，然后直接用 LINE 命令并结合 OFFSET 命令绘制相关的线段。也可以复制台后部分图形，并旋转 90°，然后用 XLINE 命令从Ⅰ—Ⅰ剖面图和台后侧面图向平面图引投影辅助线，如图 8-128 所示。

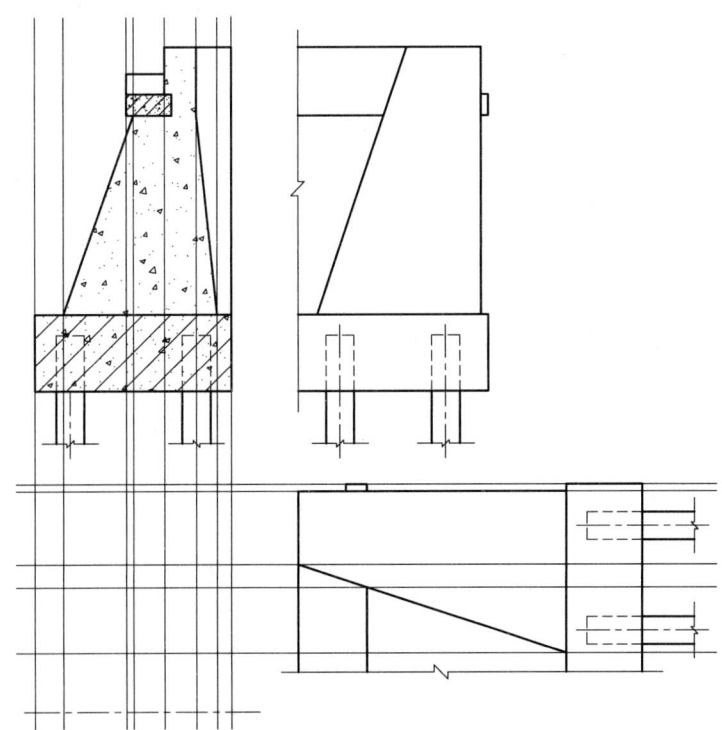

图 8-128　绘制平面图形中心线和投影辅助线

（2）用 LINE 命令直接绘制出承台平面投影轮廓线，如图 8-129 所示。
（3）用 LINE 命令配合 TRIM 命令、ERASE 命令绘制台身、台帽的平面投影，结果如图 8-130 所示。
（4）用 COPY 命令复制台前台后侧面图中的折断线，并旋转 90°，移动到半平面图中的合适位置，再用 TRIM 命令修剪折断线之间的线段，结果如图 8-131 所示。

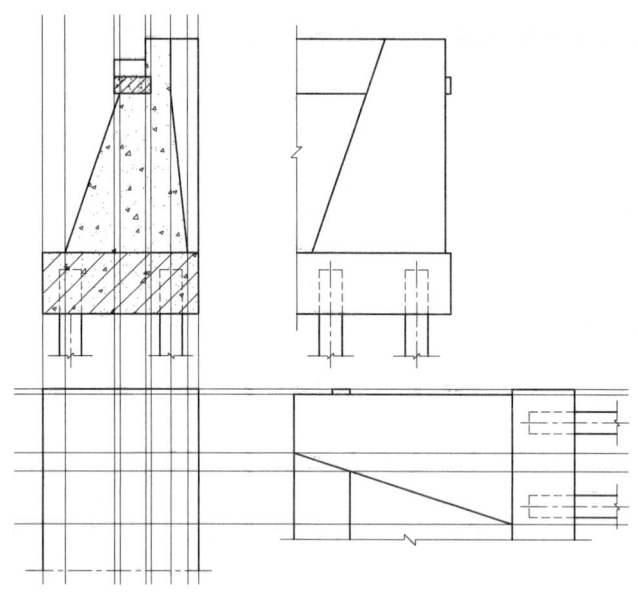

图 8-129 绘制承台平面投影轮廓线

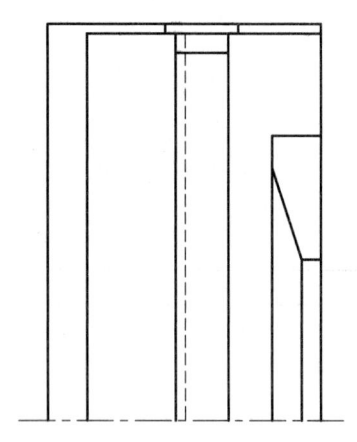

图 8-130 绘制台身、台帽投影轮廓线

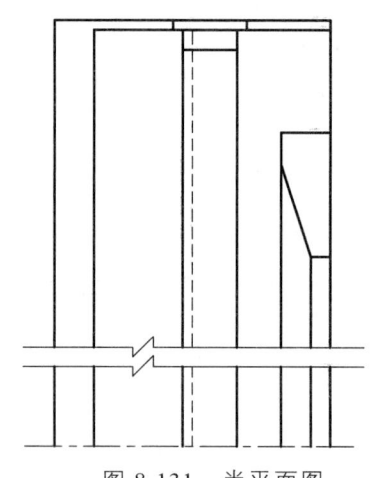

图 8-131 半平面图

步骤四 标注尺寸和坡度

（1）在先设置好的标注样式中选择需要的式样 1-5，在标注图层内进行尺寸标注。

（2）在标注时注意使用"连续标注""基线标注""标注更新"和"编辑标注文字"命令。

（3）注写坡度符号"1.5%"，字高设置为 17.5。用多段线命令或引线标注绘制箭头符号。

步骤五 注写文字

（1）从设置好的"文字式样"中选择需要的"式样"，用 MTEXT 输入即可，图名文字字高设置为 25，说明文字字高设置为 17.5。注意用 COPY 命令来加快注写速度。

（2）用 MTEXT 命令或 TEXT 命令注写文字"3∶1"，字高设置为 17.5，再用 ROTATE（旋转）命令旋转到和斜线对齐的位置。

步骤六 插入图框，填写标题栏

1. 用 INSERT 插入命令插入 A3 图框（420×297）

用 INSERT 命令或执行"插入"菜单→"块"命令插入 A3 图框，名称栏内选择"A3 横向图框（桥梁用）"，比例栏勾选"统一比例"，"X:"后的数值框内输入 5。

2. 注写标题栏文字

用单行文字和多行文字命令填写标题栏文字，字高设置为 25。

步骤七　检查图形，调整定位线长度，合理布局图形

步骤八　保存图形文件并退出

保存图形文件，文件保存名称为"白沙河桥桥台构造图.dwg"。

知识链接

一、桥台图的表达内容与图示特点

桥台图用来表达桥台的整体情况，包括台帽、台身、基础的形状、尺寸和材料。桥台工程图由一般构造图和钢筋结构图两部分组成。

（一）桥台一般构造图

桥台一般构造图由立面图、平面图和侧面图构成，如图 8-132 所示。

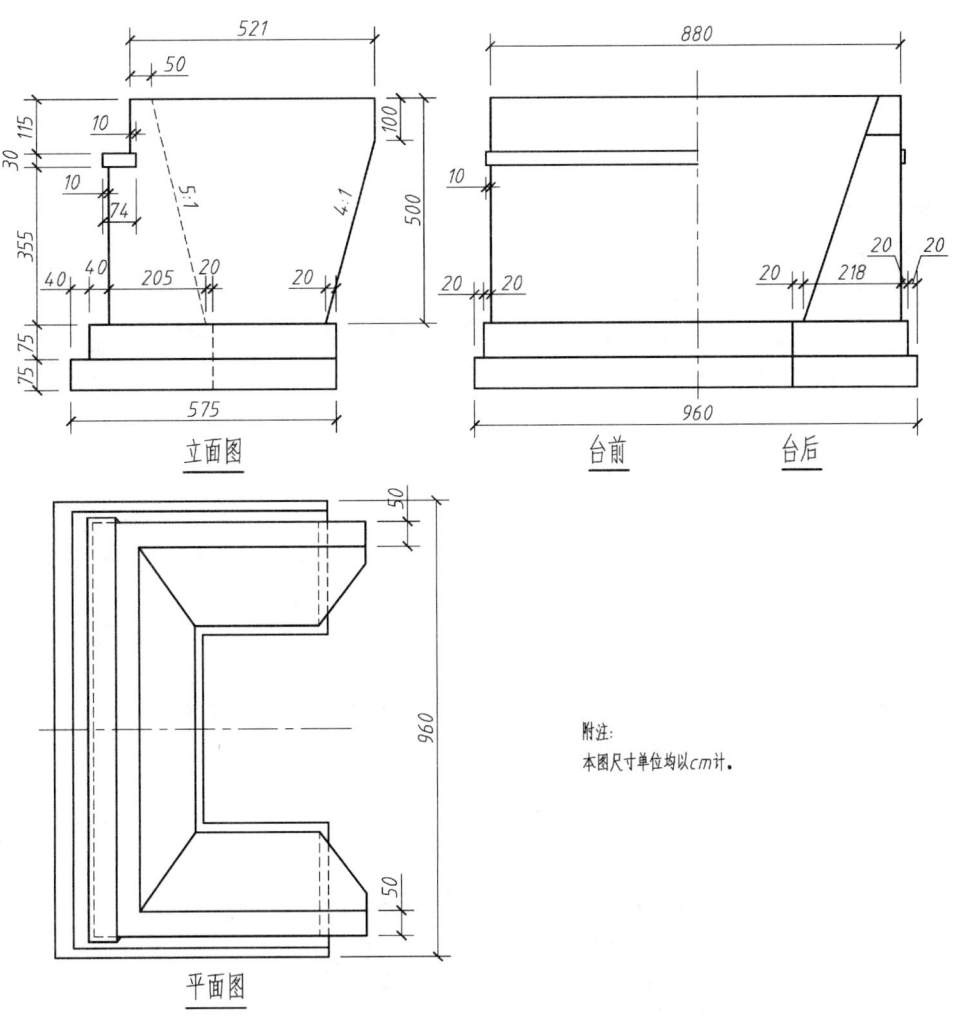

图 8-132　重力式 U 形桥台

1. 立　面

桥台立面图采用剖切法绘制，表示桥台形状、长度与高度方向的位置、尺寸和高程。

2. 平　面

桥台平面图采用掀开法绘制，表达桥台各部分相对位置、形状、长度与宽度方向尺寸。

3. 侧　面

桥台侧面图由台前图和台后图各取一半合并而成，表达桥台各部分相对位置、形状、长度与宽度方向尺寸。

注：桥台工程图也可以由Ⅰ—Ⅰ剖面图代替立面图、半面图代替平面图和台前台后两个方向视图各取一半拼成侧面图，如图 8-115 所示。其中Ⅰ—Ⅰ剖面图是沿桥台对称面剖切得到的全剖视图，主要用来表明桥台内部的形状和尺寸，以及各组成部分所使用的材料；半平面图因宽度较大且前后对称只画了一半，主要用以表明桥台的平面形状和尺寸。台前、台后合成视图是由桥台的半正面、半背面组合而成的，用以表明桥台的正面和背面的形状和大小。

（二）桥台钢筋结构图

桥台钢筋结构图主要表达桥台钢筋的种类和样式以及钢筋数量表。由于篇幅所限，桥台各部分钢筋图略。

二、识读桥台图

（一）桥台图的识读方法

桥台图的一般识读原则如下：
（1）阅读桥台图时应同时阅读桥台总图和台顶构造图，并按从整体到局部的顺序进行。
（2）首先要了解桥台的类型，它在线路中的位置及与路基、地面、轨道的关系。
（3）进而弄清各主体部分的形状、材料、尺寸等。
（4）再进一步看懂台顶各部分的形状、构造和细部尺寸。
（5）若要知道顶帽和道砟槽的钢筋布置情况，还要再阅读这些部分的钢筋布置图。
（6）综合各部分的形状和大小，以及它们之间的相对位置，可以想象出桥台的总体形状和大小。

（二）识读白沙河桥桥台轮廓图

1. 识读标题栏及附注

以图 8-115 为例，该桥台为重力式混凝土桥台。下部基础为桩基础，绘图比例为 1∶50。附注中，明确了尺寸标注单位为厘米，整座桥有 2 个桥台，桥台的桩共有 40 根。

2. 桩基 U 形桥台轮廓图的图示法

顺着桥线的方向，如图 8-133 所示箭头方向，确定为桥台正面图的投影方向。

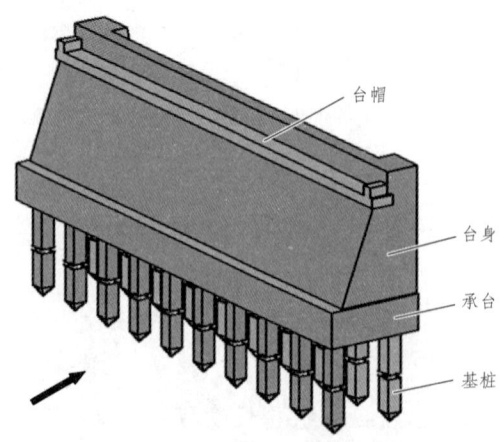

图 8-133　桩基 U 形桥台

图 8-115 所示的桥台轮廓图，采用Ⅰ—Ⅰ剖面图、半平面图、台前台后合成视图来表达。

这里用Ⅰ—Ⅰ剖面图代替正面图，主要表达桥台的外形和尺寸，以及内部构造和材料，从图中可以看出，台身和侧墙均用C30混凝土浇筑而成。台帽和承台的材料为钢筋混凝土。

侧面图是由台前和台后各取一半构成的合成视图，主要表达桥台的正面和背面的形状和大小。

半平面图中，主要表达台身各部分相对位置、形状、长度与宽度方向尺寸。

3. 形体分析法识读桩基U形桥台图

根据Ⅰ—Ⅰ剖面图和半平面图及台前台后图可以看出此桥台由台帽、台身、侧墙、承台和基桩组成。

（1）识读基桩。

由图8-115桥台轮廓图的Ⅰ—Ⅰ剖面图和台前台后视图以及桥梁总体布置图可知，桥台基础为基桩，截面形状为40 cm×40 cm的正方形。一个桥台的基桩分两排布置，每排10根桩，共20根桩。施工时先将预制桩打入地基，下端到达设计深度（标高）后，再浇筑承台，桩的上端伸入承台内部80 cm，在Ⅰ—Ⅰ剖面图中这一段用虚线绘制。基桩构造如图8-134所示。

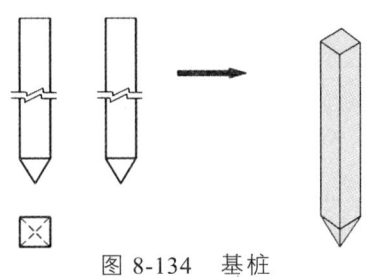

图8-134　基桩

（2）识读承台。

由桥台轮廓图的Ⅰ—Ⅰ剖面图和台前台后视图可知，桥台承台基本为1470 cm×280 cm×110 cm的长方体。承台下的基桩分两排平行布置，承台上是台身。承台构造如图8-135所示。

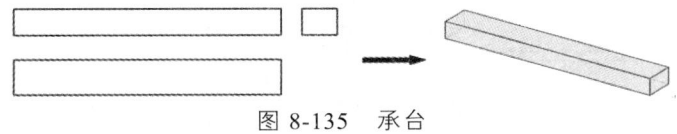

图8-135　承台

（3）识读台身。

由桥台轮廓图的Ⅰ—Ⅰ剖面图和台前台后视图及半平面图可知，承台上面是桥台台身，为U形，其构造如图8-136所示。

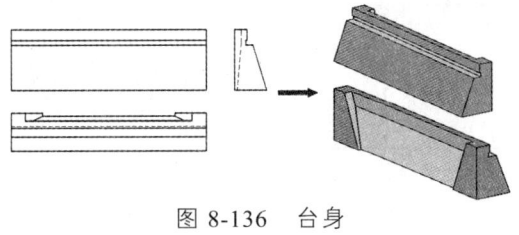

图8-136　台身

（4）识读台帽。

由桥台轮廓图的Ⅰ—Ⅰ剖面图和台前台后视图及半平面图可知，台帽构造如图8-137所示。

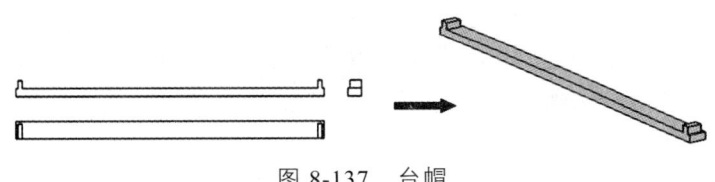

图8-137　台帽

根据这四部分，可以想象出此桥台的立体示意图如图8-133所示。

(三)识读T形桥台轮廓图

T形桥台轮廓图是表达T形桥台外形和尺寸的图样,如图8-138所示。

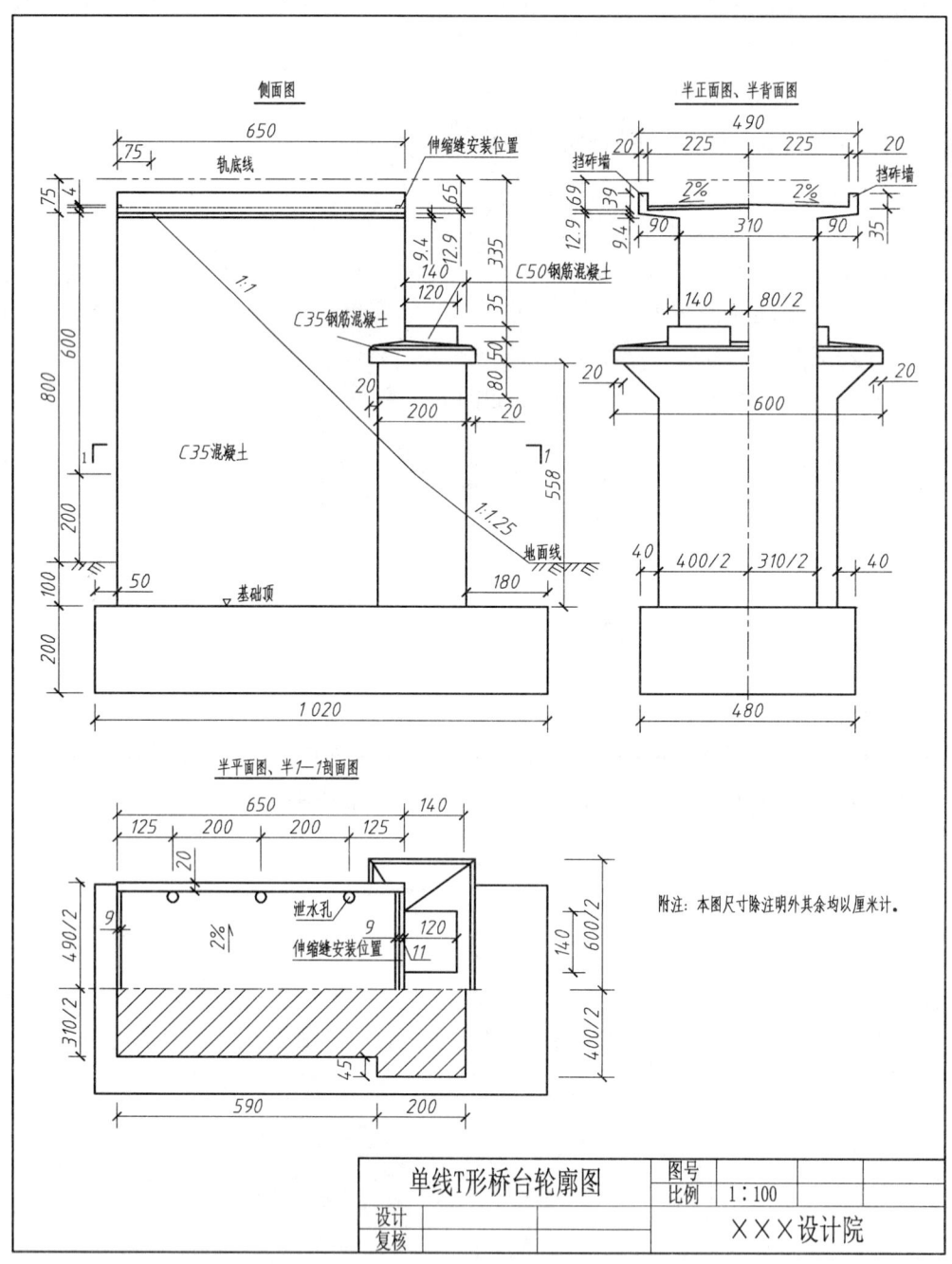

图8-138 T形桥台轮廓图

1. 识读标题栏及附注

由标题栏可知,该桥台为单线T形桥台,绘图比例为1∶100。附注中,明确了尺寸标注单位为厘米。

2. T形桥台轮廓图的图示法

从桥跨顺着桥线的方向,如图8-139所示箭头方向,确定为T形桥台正面图的投影方向。

图8-138所示的T形桥台轮廓图,采用侧面图、半正面图和半背面图、半平面图和半基顶剖面图来表达。

侧面图表达桥台侧面外形和尺寸。图中用细实线画出地面线,画出地面地质图例。用细双点画线表示轨底。桥台两侧锥体护坡与台身的交线用细实线表示,并标注其坡度分别为1∶1、1∶1.25。

半正面图、半背面图沿对称线分界，主要表达桥台正面和背面的形状和尺寸。

半平面图、半基顶剖面图沿对称线分界。半平面图主要表达道砟槽和顶帽、垫石的平面形状和尺寸，半基顶剖面图主要表达台身断面和基础的平面形状和尺寸。

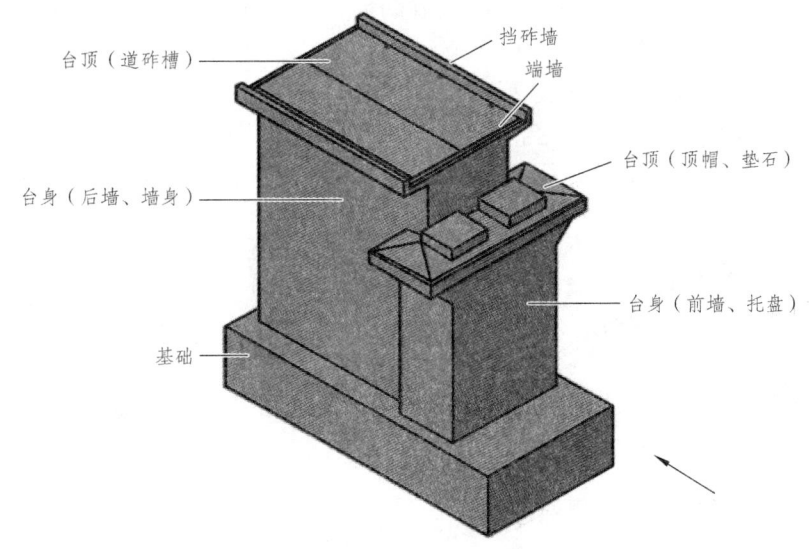

图 8-139　T 形桥台模型

3. 形体分析法识读 T 形桥台轮廓图

（1）识读基础。由图 8-138 的侧面图和半平面图、半基顶剖面图可知，桥台扩大基础为 1020 cm×480 cm×200 cm 的长方体。基础构造如图 8-140（a）所示。

（2）识读台身—后墙和墙身。由图 8-138 的侧面图和半背面图可知，后墙和墙身连为一体，为棱柱体，左右两侧面为棱柱底面，图 8-138 的侧面图表达出棱柱底面形状。墙身的上方为台顶，墙厚 310 cm。后墙和墙身构造如图 8-140（b）所示。

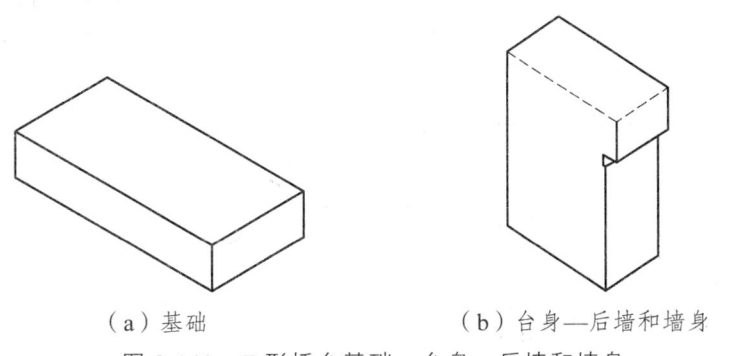

（a）基础　　　　　　（b）台身—后墙和墙身

图 8-140　T 形桥台基础、台身—后墙和墙身

（3）识读台身—前墙和托盘。由图 8-138 的侧面图和半正面图可知，前墙为 200 cm×400 cm×(558-80)cm 的长方体。由图 8-138 的侧面图和半正面图可知，前墙的上端为四棱柱托盘，前后两等腰梯形侧面为棱柱底面，上底宽（600-2×20）cm，下底宽 400 cm，高 80 cm，托盘厚 200 cm。前墙和托盘构造如图 8-141 所示。

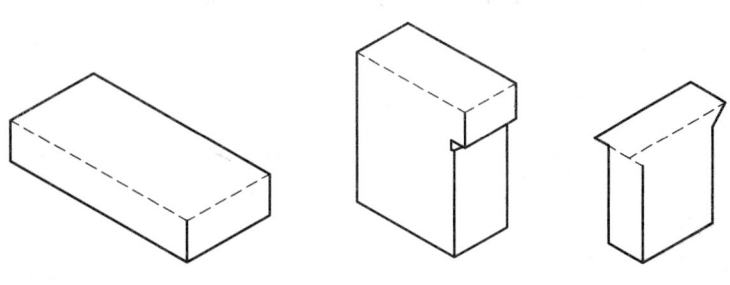

图 8-141　台身—前墙和托盘

（4）识读台顶—道砟槽。由图 8-138 的半平面图、侧面图和半正面图、半背面图可知，道砟槽长 650 cm，宽 490 cm，总高（9.4+12.9+35）cm。道砟槽顺台线方向两边最高的是挡砟墙，墙厚 20 cm，半平面图、侧面图和半正面图、半背面图表示出挡砟墙的形状和尺寸。垂直台线方向两端是较低的端墙，墙厚 9 cm，半平面图、侧面图虚线表示出端墙的形状和尺寸。道砟槽前端墙的前面留有 11 cm 的小平台，是伸缩缝安装位置。槽底有向两侧倾斜（坡度为 2%）的排水坡。挡砟墙内侧设有排水管，排水管距两端各为 125 cm，中间排水管按等距离布置。道砟槽构造如图 8-142 所示。

（5）识读台顶—顶帽和垫石。图 8-138 的半平面图和半正面图，清楚表达了顶帽的形状和尺寸。顶帽高 50 cm，长 600 cm，宽（200+2×20）cm。顶帽顶面做有倒角、排水坡，并有两块支承垫石。顶帽构造如图 8-143 所示。

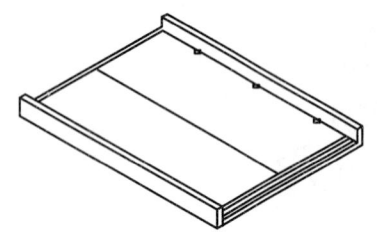

图 8-142 台顶—道砟槽

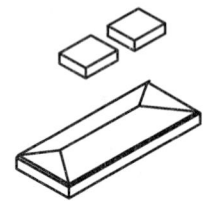

图 8-143 台顶—顶帽、垫石

任务拓展

【8-4-1】绘制如图 8-144 所示的桥台一般构造图。

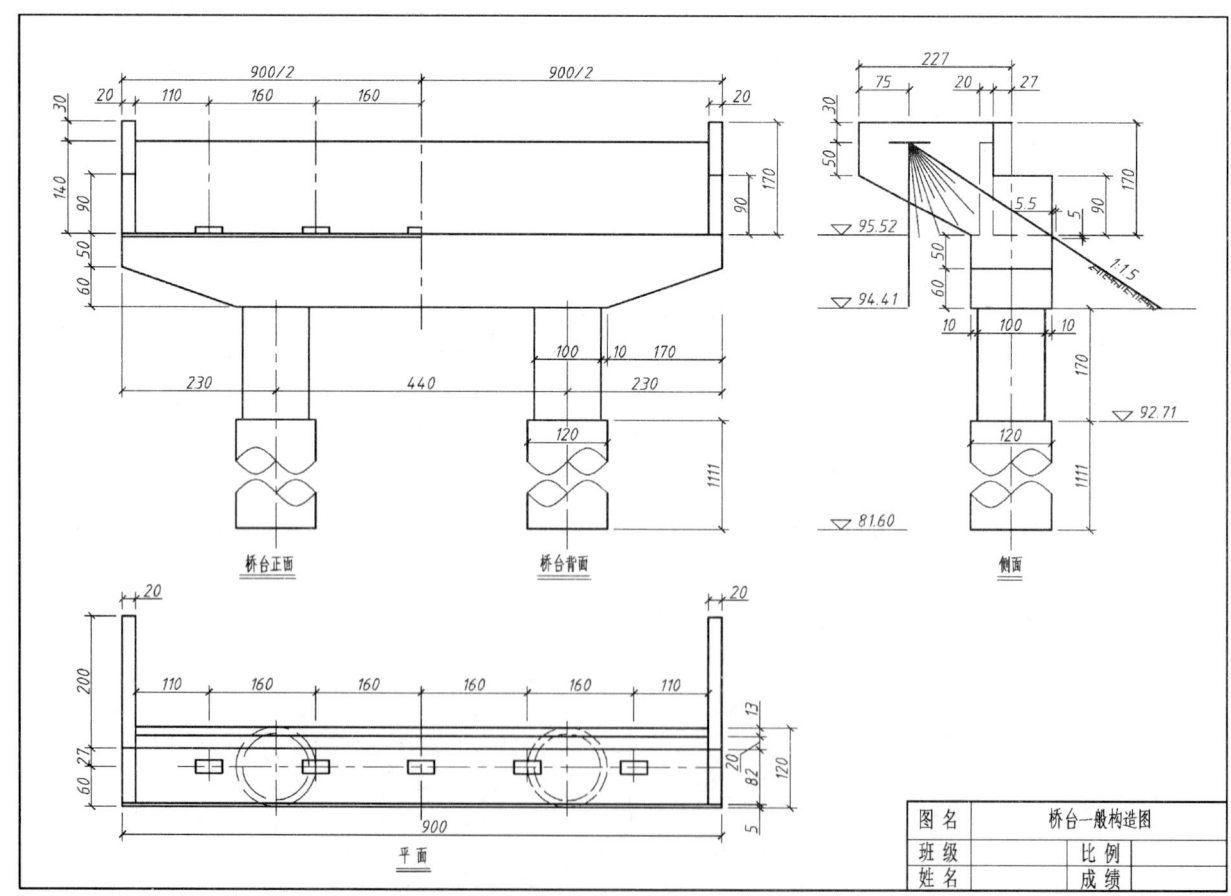

图 8-144 桥台一般构造图

【8-4-2】绘制如图 8-138 所示的单线 T 形桥台轮廓图。

【8-4-3】绘制如图 8-145、图 8-146 所示的 T 形桥台总图及 T 形桥台台顶构造图。

【8-4-4】绘制图 8-147 所示的某板桥桥台一般构造图。

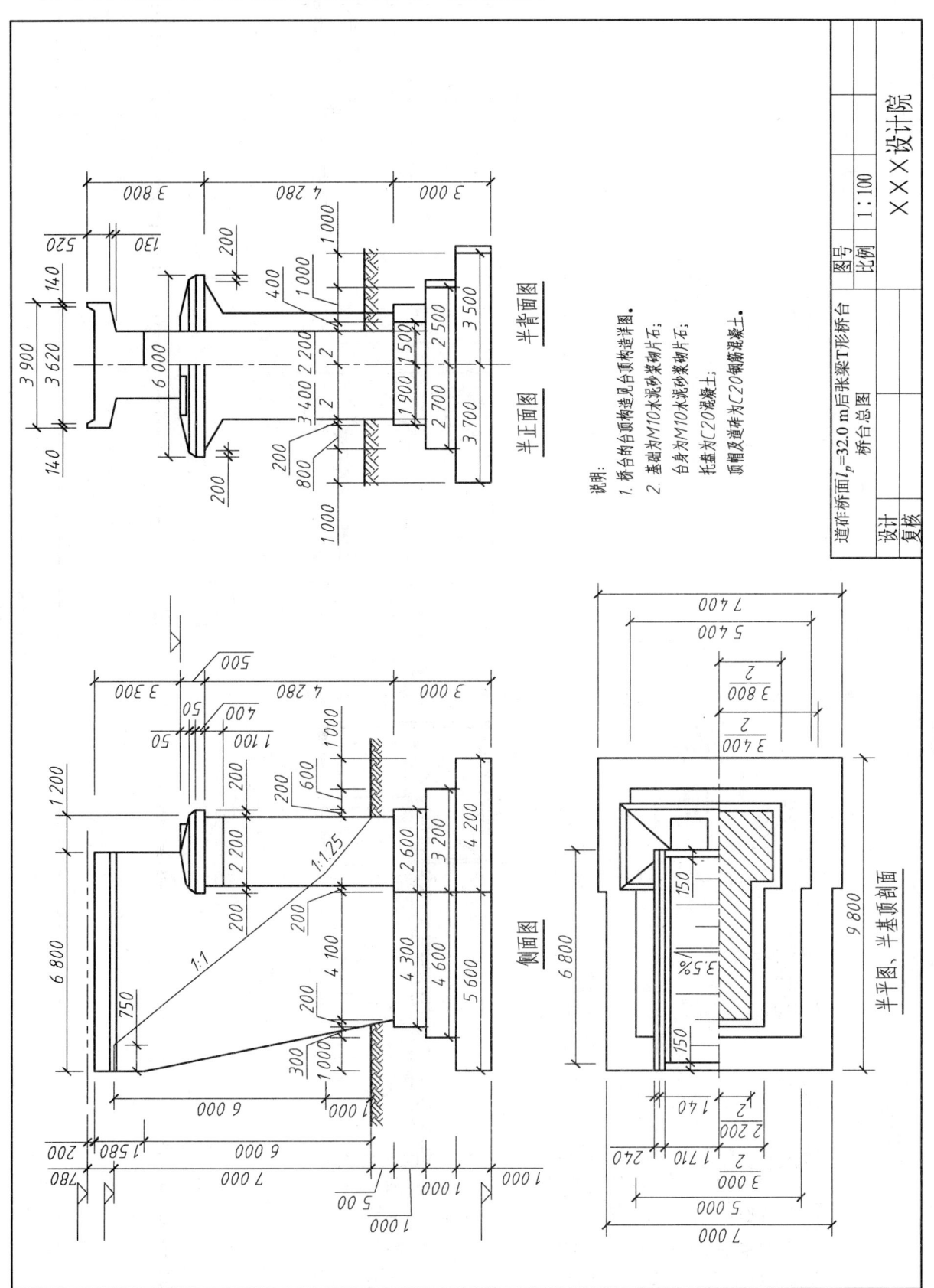

图 8-145 T 形桥台总图

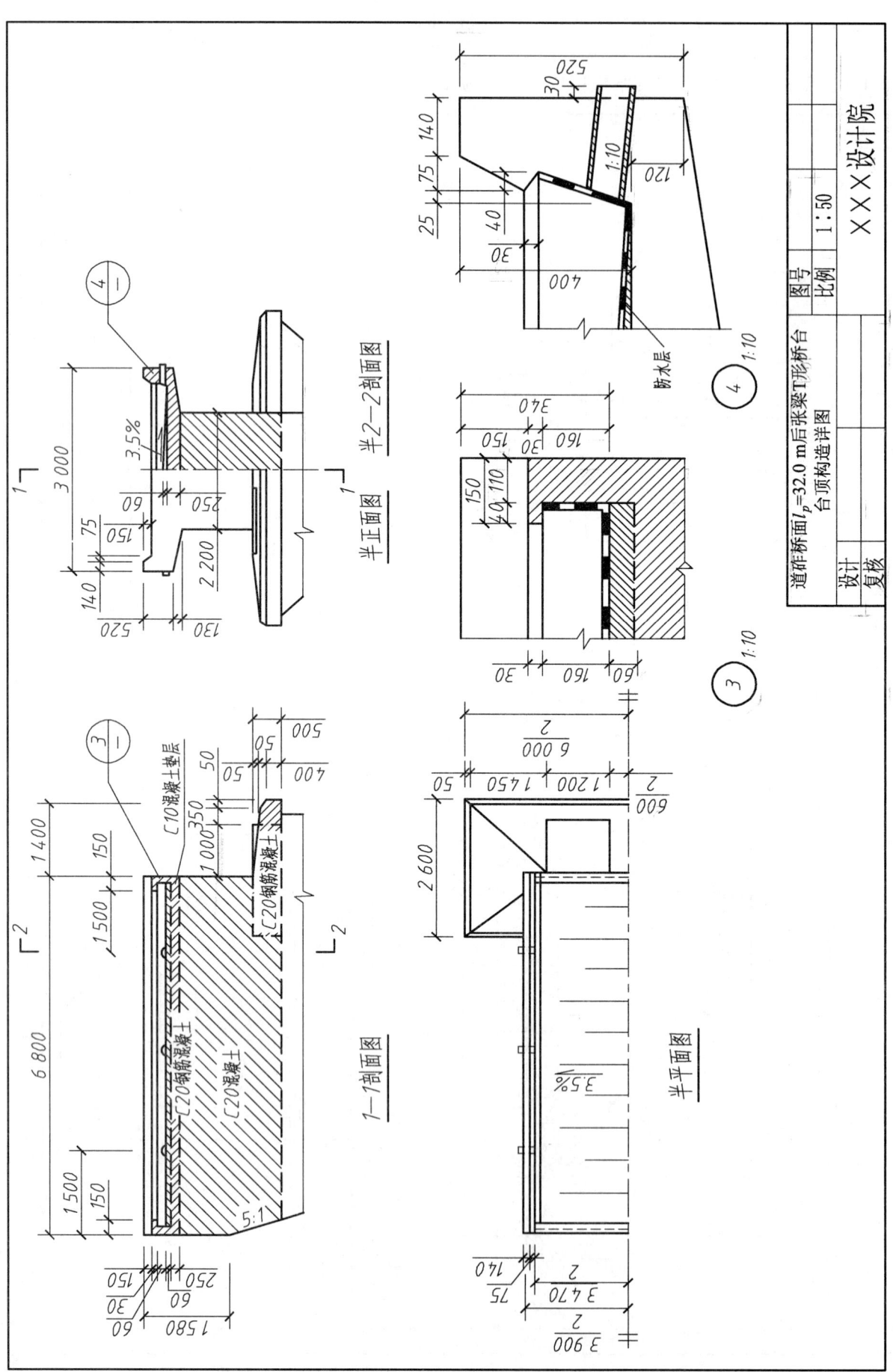

图 8-146 T形桥台台顶构造图

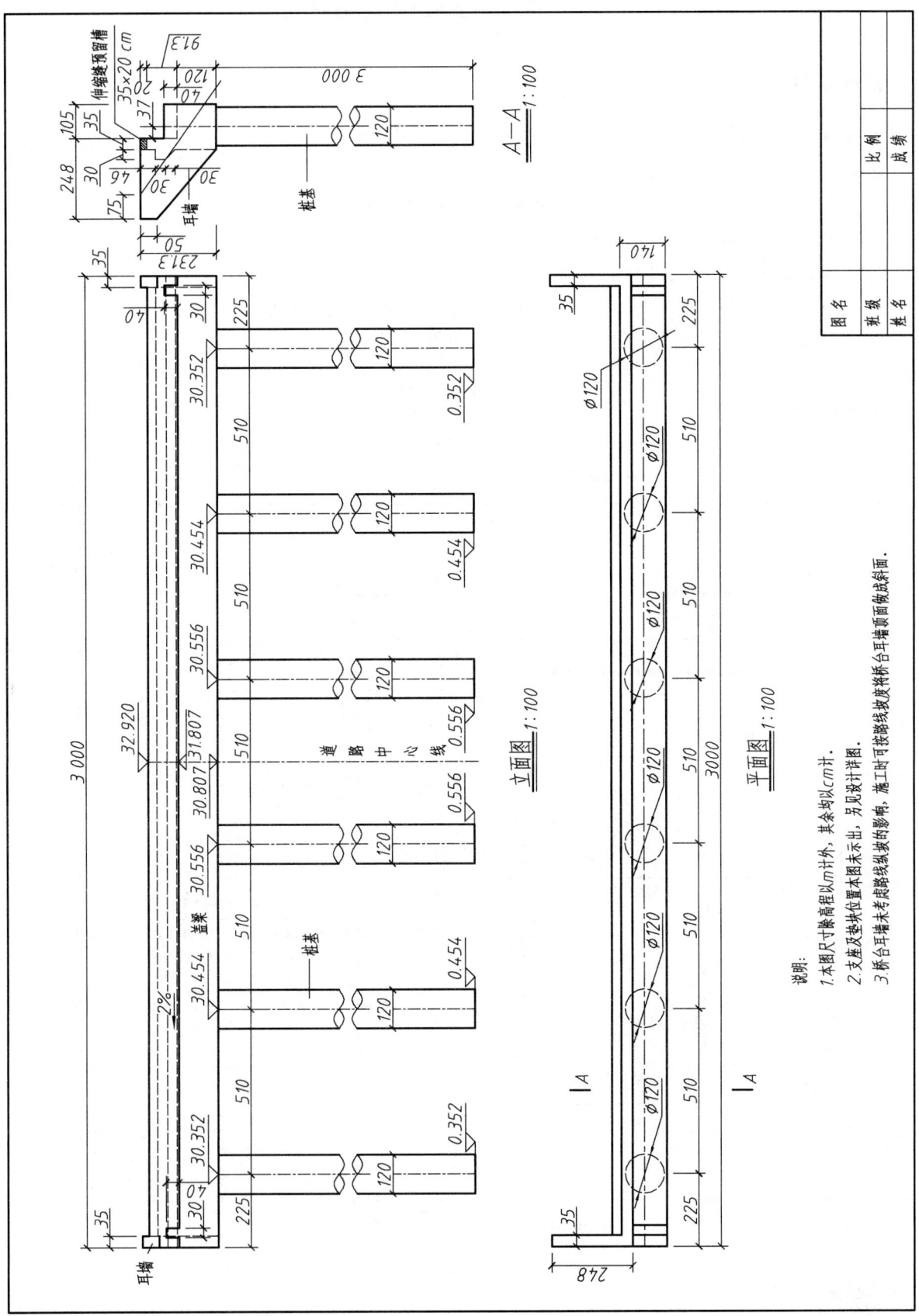

图 8-147 某板桥桥台一般构造图

任务五 绘制 T 形梁钢筋结构图

任务目标

- 会按照制图规范设置绘图环境。
- 能够识读简单的钢筋结构图。
- 会综合运用绘图命令及绘图方法绘制简单的钢筋结构图。
- 能够按照制图标准绘制钢筋结构图工程图样。
- 能够对简单钢筋结构图进行编辑修改。
- 能够创建标注样式和文字样式,并能够规范地标注尺寸及注写文字。
- 培养规范操作、耐心细致、严谨求实、互助协作的职业素质。

任务内容

绘制如图 8-148 所示的 T 形梁钢筋结构图。

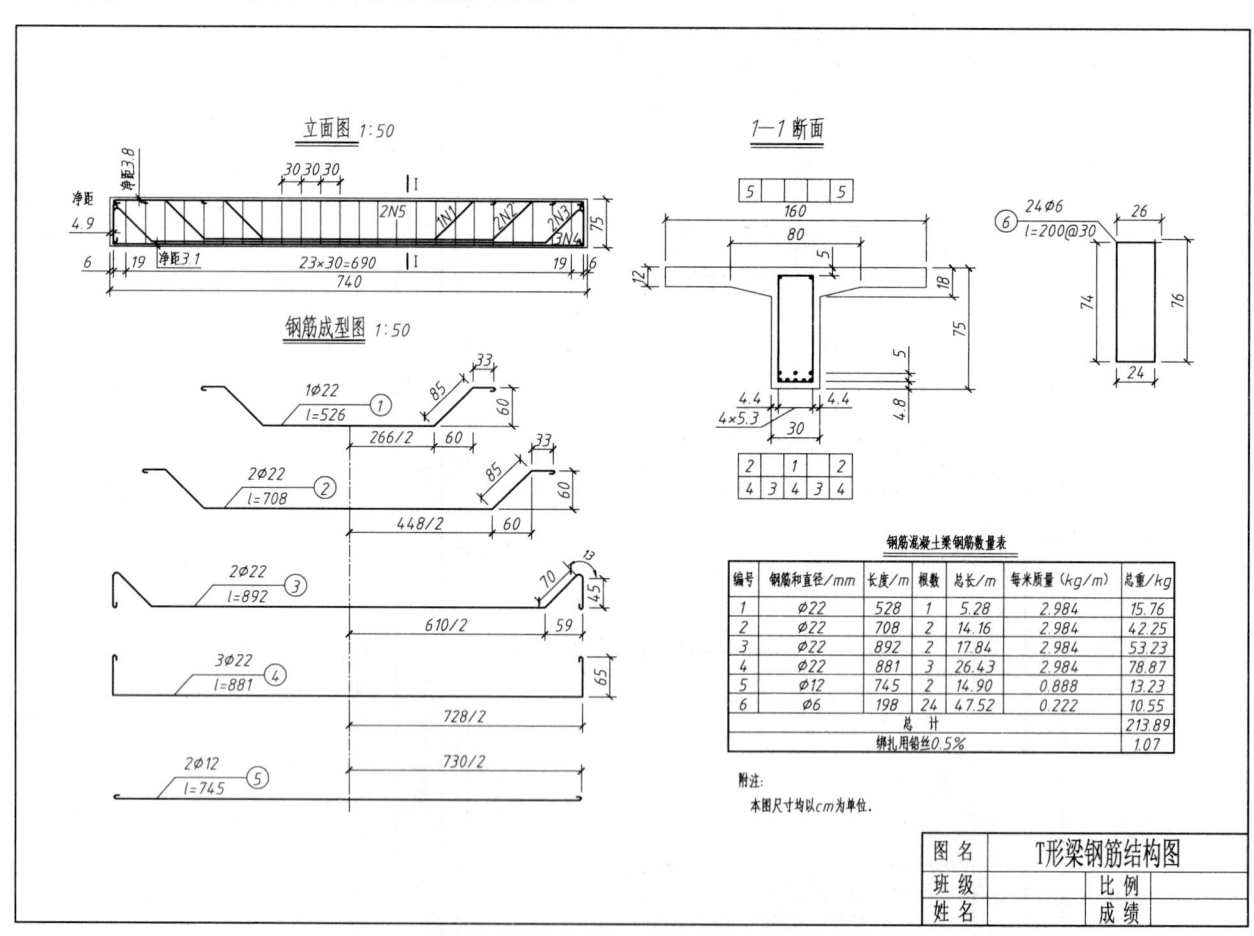

图 8-148 T 形梁钢筋结构图

任务分析

图 8-148 所示图形是一根钢筋混凝土梁的钢筋结构图,从 I—I 断面图可以看出梁的断面为 T 形,

称为 T 形梁，梁内有 6 种钢筋，它的形状和尺寸在钢筋成型图上均已表达清楚。

从立面图及 I—I 断面图中可以看出钢筋排列的位置及数量。I—I 断面图的上方和下方画有小方格，格内注有数字，用以表明钢筋在梁内的位置及其编号。如立面图中的 2N5 是表示有两根 5 号钢筋，安置在梁内的上部，对应在 I—I 断面图中则可以看出两根 5 号钢筋在梁内的上部对称排列。

要完成上图所示钢筋结构图的绘制，可通过以下思路来完成：

（1）新建文件和设置绘图环境。
（2）选用图幅并确定绘图比例。
（3）绘制梁立面图，绘制钢筋大样图，绘制 I—I 断面图。
（4）设置标注样式，并标注尺寸。
（5）设置文本样式，并注写文字和钢筋位置表。
（6）设置表格样式，并绘制钢筋数量表。
（7）插入图框，填写标题栏。
（8）检查图形，调整定位线的长度，合理布局图形。
（9）保存图形文件并退出。

任务实施

步骤一　新建文件和设置绘图环境

1. 新建图形文件

利用前面任务建立的模板文件"桥梁工程图.dwt"或"ACAD 图层.dwt"新建图形文件，添加图层、图块、修改文字式样、标注式样等内容，建立新的绘图环境，并设置图层如下（注：虚线和剖面线本任务不用，为方便后面任务绘图，本任务仍然保留）：

图层名称	图层颜色	线型	线宽
粗实线	白色	Continuous	0.35 mm
钢筋	白色	Continuous	0.5 mm
中心线	红色	CENTER	0.15 mm
标注	绿色	Continuous	0.15 mm
文字	青色	Continuous	0.15 mm
虚线	洋红色	ACAD_ISO02W100	默认
剖面线	蓝色	Continuous	默认
中粗线	白色	Continuous	0.25 mm
细实线	白色	Continuous	默认

2. 设置图形界限

设置图形界限为 42000×29700。

3. 设置辅助绘图功能，精确绘图

步骤二　选用图纸，确定绘图比例及文本

1. 选用图纸并确定绘图比例

选用 A3 图纸出图，绘图比例为 1∶5。

2. 确定文本

根据绘图比例，出图时的字高分别设置为：标题栏中文字的字高定义为 25；尺寸数字、说明文字的字高设置为 17.5，表格中的文字、数字定义为 17.5；图形中的图名、表名字高设置为 25（均以标准字高乘以绘图比例)。

步骤三 绘制 T 梁钢筋结构图

1. 绘制立面图

立面图包括主钢筋、架立钢筋、箍筋等。

(1) 在中心线图层内绘制中梁跨中中心线。

(2) 用 LINE 直线命令结合 OFFSET 偏移命令在细实线层绘制构件外形轮廓线,并进行相应修改,结果如图 8-149 所示。

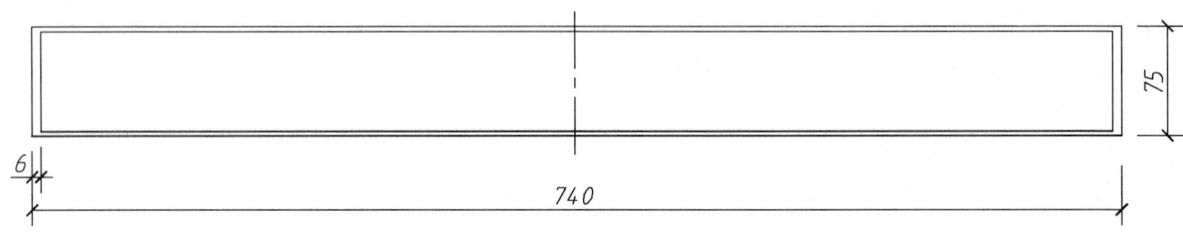

图 8-149 绘制 T 梁轮廓

(3) 用中实线(或粗实线)绘制箍筋,先用 LINE 或 OFFSET 偏移命令绘出左端第一根箍筋(图 8-150),然后用 ARRAY 阵列命令绘制其他箍筋,其中行设为 1 行,列设为 24 列,列间距设为 30。或用复制命令画出其他 23 根箍筋。结果如图 8-151 所示。

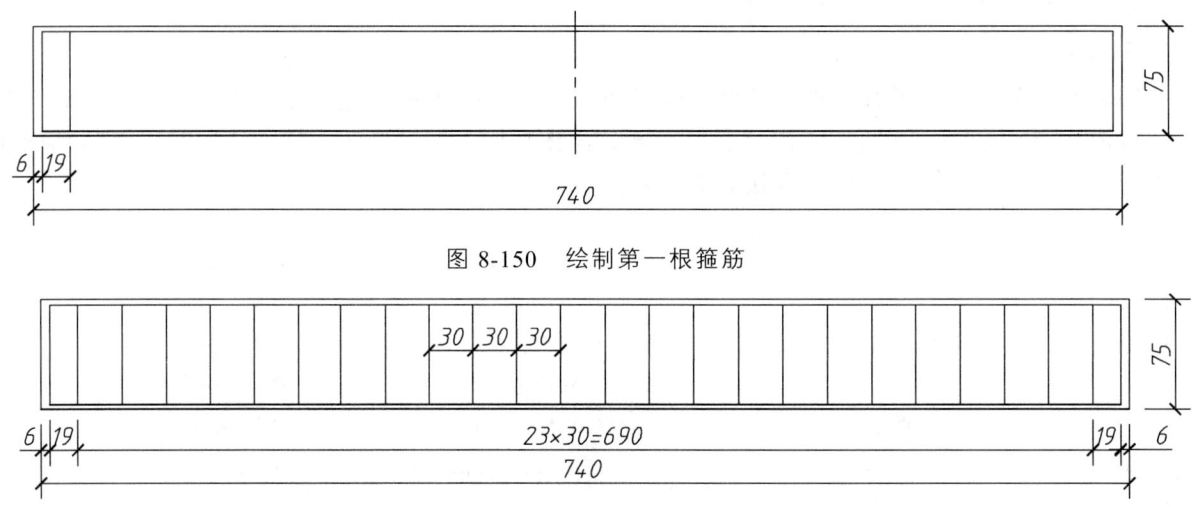

图 8-150 绘制第一根箍筋

图 8-151 绘制其他箍筋

(4) 通过 LINE 或 PLINE 命令绘制内部钢筋。在绘制时结合使用 OFFSET 和 ARRAY 命令来提高绘图速度。(注:绘制①~⑤钢筋有多种方法,根据情况可以在立面图中直接绘制①~⑤钢筋,也可根据图形特点先绘制钢筋大样图,然后把钢筋大样图复制到立面图中或是把钢筋大样图中的每根钢筋创建成块,然后用 INSERT 插入命令插入到立面图中)。本图中,绘制①~⑤钢筋采用第二种方法。

2. 绘制钢筋大样图

(1) 将每根钢筋单独画出来,并详细注明加工尺寸。

下面以①号钢筋为例介绍其操作方法。

方法一:用 PLINE 命令从左往右画钢筋:

命令:_PLINE

指定起点:

当前线宽为 0.0000   //当前线宽

指定下一个点或 [圆弧(A)/半宽(H)/长度(L)/放弃(U)/宽度(W)]:5   //弯钩的长度

指定下一点或 [圆弧（A）/闭合（C）/半宽（H）/长度（L）/放弃（U）/宽度（W）]：A   //用圆弧（A）方式
指定圆弧的端点或
[角度（A）/圆心（CE）/闭合（CL）/方向（D）/半宽（H）/直线（L）/半径（R）/第二个点（S）/放弃（U）/宽度（W）]：5
　　　　//指定半圆弧直径5
指定圆弧的端点或
[角度（A）/圆心（CE）/闭合（CL）/方向（D）/半宽（H）/直线（L）/半径（R）/第二个点（S）/放弃（U）/宽度（W）]：l
　　　　//用直线（L）方式画直线
指定下一点或 [圆弧（A）/闭合（C）/半宽（H）/长度（L）/放弃（U）/宽度（W）]：33
指定下一点或 [圆弧（A）/闭合（C）/半宽（H）/长度（L）/放弃（U）/宽度（W）]：@85<-45
指定下一点或 [圆弧（A）/闭合（C）/半宽（H）/长度（L）/放弃（U）/宽度（W）]：266
指定下一点或 [圆弧（A）/闭合（C）/半宽（H）/长度（L）/放弃（U）/宽度（W）]：@85<45
指定下一点或 [圆弧（A）/闭合（C）/半宽（H）/长度（L）/放弃（U）/宽度（W）]：33
指定下一点或 [圆弧（A）/闭合（C）/半宽（H）/长度（L）/放弃（U）/宽度（W）]：A
指定圆弧的端点或
[角度（A）/圆心（CE）/闭合（CL）/方向（D）/半宽（H）/直线（L）/半径（R）/第二个点（S）/放弃（U）/宽度（W）]：5
指定圆弧的端点或
[角度（A）/圆心（CE）/闭合（CL）/方向（D）/半宽（H）/直线（L）/半径（R）/第二个点（S）/放弃（U）/宽度（W）]：L
指定下一点或 [圆弧（A）/闭合（C）/半宽（H）/长度（L）/放弃（U）/宽度（W）]：5
指定下一点或 [圆弧（A）/闭合（C）/半宽（H）/长度（L）/放弃（U）/宽度（W）]：
结果如图8-152所示。

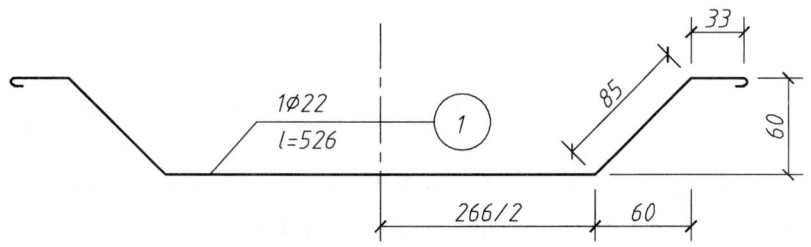

图8-152 绘制①号钢筋大样

方法二：用LINE直线命令从左往右画①号钢筋（也可从中间画出一半，然后用MIRROR镜像生成另一半）。
命令：_LINE 指定第一点：
指定下一点或 [放弃（U）]：5　　//鼠标水平向左追踪，输入距离，画弯钩增长水平段的长度
指定下一点或 [放弃（U）]：5　　//鼠标垂直向上追踪，输入距离（即半圆弯钩的直径）
指定下一点或 [闭合（C）/放弃（U）]：33　　　//鼠标水平向右追踪，输入距离
指定下一点或 [闭合（C）/放弃（U）]：@85<-45
指定下一点或 [闭合（C）/放弃（U）]：133
指定下一点或 [闭合（C）/放弃（U）]：//按Enter键结束命令
命令：_FILLET　　　　//用圆角命令画弯钩
当前设置：模式 = 修剪，半径 = 10.0000

选择第一个对象或 [放弃（U）/多段线（P）/半径（R）/修剪（T）/多个（M）]:
//选择第一条水平直线的左端

选择第二个对象，或按住 Shift 键选择要应用角点的对象: //选择第二条水平直线的左端

命令:

命令: _ERASE 找到 1 个   //删除不用的直线

命令: _MIRROR   //用 MIRROR 镜像命令生成右半部分图形

选择对象: 指定对角点: 找到 5 个

选择对象:

指定镜像线的第一点: 指定镜像线的第二点: //以中线作为镜像线

要删除源对象吗？[是（Y）/否（N）] <N>:   //按 Enter 键结束命令

命令: _PEDIT   //用 PEDIT 多段线编辑命令把直线绘成的线段合并成多段线

选择多段线或 [多条（M）]: M   //输入参数 M

选择对象: 指定对角点: 找到 10 个   //选择所有直线

选择对象: //按 Enter 键确认选择

是否将直线、圆弧和样条曲线转换为多段线？[是（Y）/否（N）]? <Y>

输入选项 [闭合（C）/打开（O）/合并（J）/宽度（W）/拟合（F）/样条曲线（S）/非曲线化（D）/线型生成（L）/反转（R）/放弃（U）]: J   //输入参数 J

合并类型 = 延伸

输入模糊距离或 [合并类型（J）] <0.0000>:

多段线已增加 9 条线段

输入选项 [闭合（C）/打开（O）/合并（J）/宽度（W）/拟合（F）/样条曲线（S）/非曲线化（D）/线型生成（L）/反转（R）/放弃（U）]:
                      //按 Enter 键结束命令

方法三：用 PLINE 的方法从左往右画钢筋:

命令: _PLINE

指定起点:

当前线宽为 0.0000

指定下一个点或 [圆弧（A）/半宽（H）/长度（L）/放弃（U）/宽度（W）]: 133

指定下一点或 [圆弧（A）/闭合（C）/半宽（H）/长度（L）/放弃（U）/宽度（W）]: @60, 60

指定下一点或 [圆弧（A）/闭合（C）/半宽（H）/长度（L）/放弃（U）/宽度（W）]: 33

指定下一点或 [圆弧（A）/闭合（C）/半宽（H）/长度（L）/放弃（U）/宽度（W）]: A

指定圆弧的端点（按住 Ctrl 键以切换方向）或

[角度（A）/圆心（CE）/闭合（CL）/方向（D）/半宽（H）/直线（L）/半径（R）/第二个点（S）/放弃（U）/宽度（W）]: 5

指定圆弧的端点（按住 Ctrl 键以切换方向）或

[角度（A）/圆心（CE）/闭合（CL）/方向（D）/半宽（H）/直线（L）/半径（R）/第二个点（S）/放弃（U）/宽度（W）]: L

指定下一点或 [圆弧（A）/闭合（C）/半宽（H）/长度（L）/放弃（U）/宽度（W）]: 5

指定下一点或 [圆弧（A）/闭合（C）/半宽（H）/长度（L）/放弃（U）/宽度（W）]:

再用镜像命令生成左部钢筋，最后用 PEDIT 命令把两段钢筋合并成一条多段线。

方法四：用方法二中的直线绘制钢筋大样，然后用 BLOCK 命令把用直线画好的钢筋生成块。

结果如图 8-152 所示。

（2）绘制其他钢筋大样。

其他几根钢筋画法与此相似，此处不再赘述。

钢筋的大样图如图 8-148 所示。

（3）用 COPY（复制）命令或 INSERT（插入块）命令把钢筋大样图中的每根钢筋布置在立面图中。（提示：复制或插入钢筋时最好以钢筋中点作为基点，这样便于定位）。结果如图 8-153 所示。

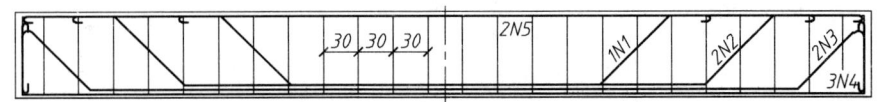

图 8-153　绘制立面图中的钢筋

3. 绘制 I—I 断面图

（1）用 Line（直线）命令在细实线图层内绘制构造辅助线和构件轮廓线，再用 MIRROR 镜像命令生成另一半，如图 8-154 所示。

（2）用 LINE（直线）命令在钢筋层绘制断面箍筋。用 CIRCLE（圆）命令或 DONUT（圆环）命令绘制主钢筋断面。

实心圆点的绘制方法如下：

方法一：用 CIRCLE 画圆，并用 Solid 图案进行填充得到实心圆点。

方法二：用 DONUT 圆环命令绘制实心圆点。

命令：_DONUT

指定圆环的内径 <0.0000>：　　//内径值设为 0

指定圆环的外径 <6.0000>：5　　//外径值设为 5

指定圆环的中心点或 <退出>：//按 Enter 键结束命令

最后结果如图 8-155（a）所示。

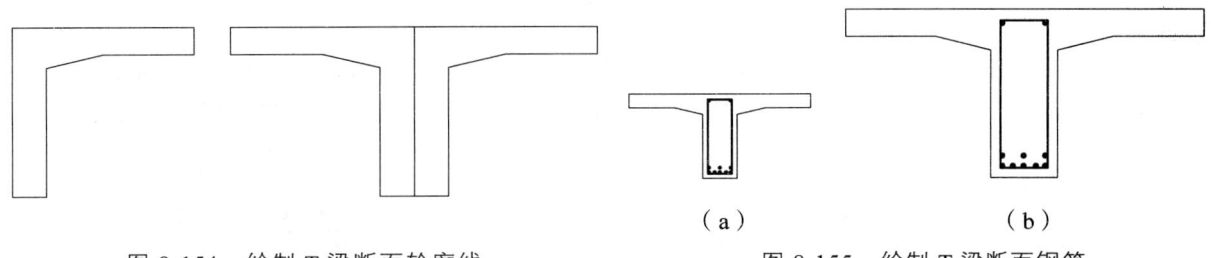

图 8-154　绘制 T 梁断面轮廓线　　　　图 8-155　绘制 T 梁断面钢筋

（3）用 SCALE（缩放）命令，把如图 8-155（a）所示的 I—I 断面图进行缩放，放大 2.5 倍，如图 8-155（b）所示。

步骤四　尺寸标注

（1）设置标注样式 1-5，或选择已设置好的标注样式 1-5，在标注图层内对立面图和钢筋大样图进行尺寸标注。

（2）设置断面图标注样式 1-2，其中的"主单位"选项卡中的"测量单位比例因子"设置为 0.4，其他参数和标注样式 1-5 完全相同，对 I—I 断面图进行标注。

（3）在标注时注意使用"连续标注""基线标注""标注更新"和"编辑标注文字"命令。

步骤五　注写文字和表格

1. 注写立面图中的文字及附注文字

（1）从设置好的"文字式样"中选择需要的"式样"，用 MTEXT（多行文字）命令注写相应文字，图名文字字高设置为 25，说明文字字高设置为 17.5。注意用 COPY 命令来加快注写速度。

（2）用 MTEXT 命令或 TEXT 命令注写立面图中钢筋编号如"1N1"等，字高设置为 17.5，再用 ROTATE（旋转）命令旋转到和弯起钢筋对齐的位置。

2. 注写大样图钢筋编号

（1）先用 LINE（直线）命令在①号钢筋大样图上引出折线，如图 8-156（a）所示。

（2）用 MTEXT（多行文字）命令或 DT 单行文字命令写出"1ϕ22"和"l=526"，并移动到折线合适位置，如图 8-156（b）所示。

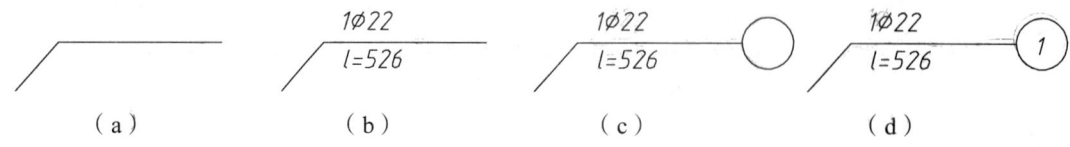

图 8-156 注写钢筋编号

（3）用 CIRCLE（圆）命令绘制直径为 35 的圆，再用 MOVE（移动）命令，以圆左边的象限点为基准点，把圆移动到折线的端点处，如图 8-156（c）所示。

（4）用 MTEXT（多行文字）命令写出数字编号"1"，文字对齐方式设置为正中，然后用 MOVE（移动）命令，以文字中心点为基准点，把编号 1 移动到圆心处，如图 8-156（d）所示。

（5）用 COPY（复制）命令复制已经注写好的①号钢筋编号到其他钢筋合适位置处，修改相应的文字和编号，完成所有钢筋大样的编号注写。

3. I—I 断面图钢筋位置表

（1）用 RECTANG（矩形）命令或 POLYGON（正多边形）命令绘制边长为 35 的正方形。

（2）用 MTEXT（多行文字）命令写出数字编号"4"，字高为 17.5，文字对齐方式设置为正中，然后用 MOVE（移动）命令，以文字中心点为基准点，把编号 4 移动到正方形中心处，如图 8-157（a）所示。

（3）用 COPY（复制）命令中的阵列（A）参数复制正方形及数字 4，项目数为 5 个，如图 8-157（b）所示。

（4）再用 COPY（复制）命令如图 8-157（b）所示的所有正方形，如图 8-157（c）所示。

（5）修改方格中的数字编号，如图 8-157（d）所示，并把两行方格移动到图中合适位置。

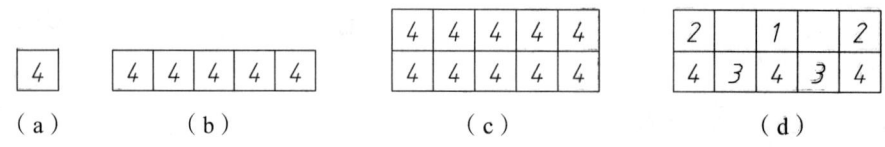

图 8-157 注写断面钢筋位置表

（6）再用 COPY（复制）命令复制如图 8-157（b）所示的所有正方形到断面图顶部合适位置，并修改其中的数字，最后结果如图 8-158 所示。

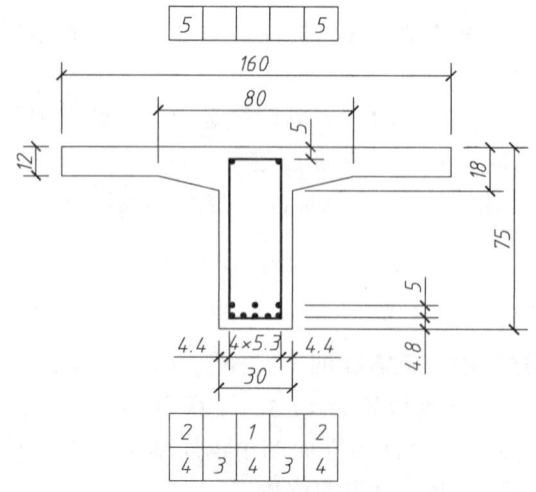

图 8-158 注写断面钢筋位置表

4. 绘制钢筋数量表

（1）创建一个名为"钢筋数量表"的表格样式，表格样式中的字高设置为 17.5，单元格式为"小数"，单元格对齐方式为"正中"，不包含标题行和表头。

（2）切换到细实线层，执行"默认"选项卡→"注释"功能区→"表格"命令插入表格。合并相应单元格。

（3）切换到文字层，输入文字，并调整单元格列宽和行高到合适大小，设置小数精度到正确位数。结果如图 8-148 所示。

步骤六　插入图框，填写标题栏

1. 插入 A3 横向图框（420×297），图框放大 5 倍

2. 填写标题栏文字

用 DT（单行文字）命令和 MT（多行文字）命令填写标题栏文字，字高设置为 25。

步骤七　检查图形，调整定位线长度，合理布局图形

步骤八　保存图形文件并退出

保存图形文件，文件保存名称为"T 形梁钢筋结构图.dwg"。

知识链接

一、钢筋混凝土基本知识

混凝土是由水泥、砂、石子和水按一定的比例拌和硬化而成的一种人造石料。把它灌入定型模板中，经振捣密实和养护凝固后，就形成坚硬如石的混凝土构件。混凝土的抗压强度较高，抗拉强度较低，容易因受拉而断裂，为了提高混凝土构件的抗拉能力，常在混凝土构件的受拉区内加入一定数量的钢筋，使两种材料黏结成一个整体，共同承受外力，这种配有钢筋的混凝土称为钢筋混凝土。钢筋混凝土是最常用的建筑材料，桥梁工程中的许多构件都是用它来制作的，如梁、板、柱、桩、桥墩等。

钢筋按其在整个构件中所起的作用不同，可分为受力钢筋（主筋）、箍筋、架立钢筋、分布钢筋、构造筋几种。

二、钢筋结构图的表达内容

钢筋混凝土结构图包括两类图样：一类称为构件构造图（或模板图），即对于钢筋混凝土结构，只画出构件的形状和大小，不表示内部钢筋的布置情况；另一类称为钢筋结构图（或钢筋构造图或钢筋布置图），即主要表示构件内部钢筋的布置情况。

钢筋构造图应置于一般构造图之后。当构件结构外形简单时，二者可绘于同一视图中。在一般构造图中，外轮廓线应以粗实线表示，钢筋构造图中的轮廓线应以细实线表示，钢筋应以粗实线的单线条或实心黑圆点表示。

（一）钢筋结构图的图示特点

（1）绘制配筋图时，可假设混凝土是透明的，能够看清楚构件内部的钢筋。图中构件的外形轮廓用细线表示，钢筋用粗实线表示。若箍筋和分布筋数量较多，也可画为中实线。钢筋的断面用实心小圆点表示。

（2）对钢筋的类别、数量、直径、长度及间距等要加以标注。

（3）通常在配筋图中不画出混凝土的材料符号。当钢筋间距和净距太小时，若严格按比例画则线条会重叠不清，这时可适当夸大绘制。同理，在立面图中遇到钢筋重叠时，亦要放宽尺寸使图面清晰。

（4）钢筋结构图，不一定三个投影图都画出来，而是根据需要来决定，例如画钢筋混凝土梁的钢筋图，一般不画平面图，只用立面图和断面图来表示。

（5）在绘制钢筋的时候，钢筋宽度一般可采用定义线宽的方法实现，也可用 OFFSET 命令绘制平行线的方法加粗线宽，为保证效果在出图时至少达到 0.25 mm。此外，钢筋线的宽度还要注意图形的比例，如果图中钢筋比较密集，此时可改变绘图的比例尺，也可将钢筋线的宽度变小。

（6）箍筋大样可不绘出弯钩[图 8-159（a）]。当为扭转或抗震箍筋时，应在大样图的右上角，增绘两条倾斜 45°的斜短线，如图 8-159（b）所示。

（7）在钢筋构造图中，当有指向阅图者弯折的钢筋时，应采用黑圆点"•"表示；当有背向阅图者弯折的钢筋时，应采用"×"表示，如图 8-160 所示。

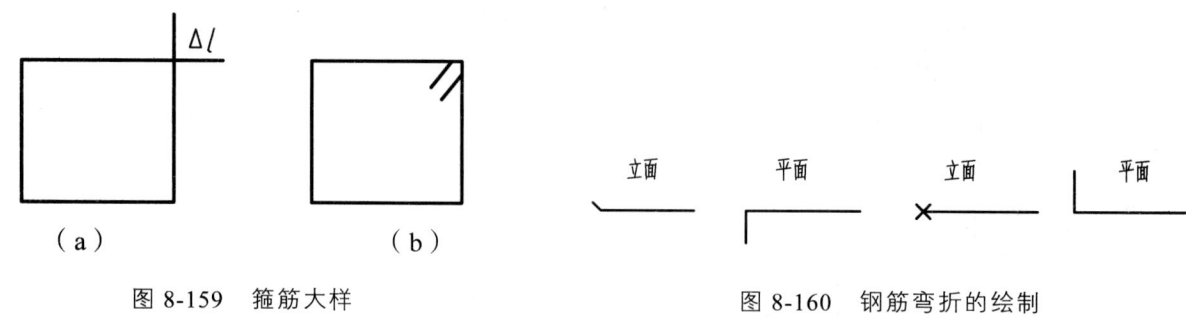

图 8-159　箍筋大样　　　　　　　图 8-160　钢筋弯折的绘制

（二）钢筋的编号和尺寸标注方式

在钢筋结构图中为了区分不同直径、不同长度、不同形状、不同型号的钢筋，要求对不同类型的钢筋加以编号并在引出线上注明其规格和间距，编号用阿拉伯数字表示。具体参见本项目任务一知识链接，此处不再赘述。

（三）钢筋成型图

在钢筋结构图中，为了能充分表明钢筋的形状以便于配料和施工，还必须画出每种钢筋加工成型图（钢筋详图），在钢筋详图中尺寸可直接注写在各段钢筋旁。图上应注明钢筋的符号、直径、根数、弯曲尺寸和断料长度等，如图 8-161 所示。有时为了节省图幅，可把钢筋成型图画成示意略图放在钢筋数量表内，如图 8-162 下图所示。

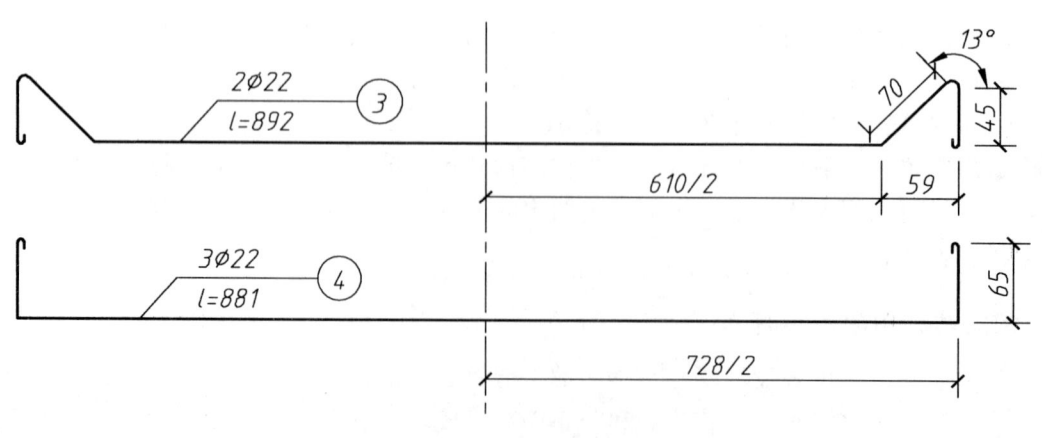

图 8-161　钢筋成型图

(四)钢筋数量表

在钢筋结构图中,一般还附有钢筋数量表,内容包括钢筋的编号、直径、每根长度、根数、总长及质量等,必要时可加画略图,如图 8-162 所示。

钢筋混凝土梁钢筋数量表

编号	钢号和直径/mm	长度/m	根数	总长/m	每米质量/(kg/m)	总重/kg
1	Ø22	528	1	5.28	2.984	15.76
2	Ø22	708	2	14.16	2.984	42.25
3	Ø22	892	2	17.84	2.984	53.23
4	Ø22	881	3	26.43	2.984	78.87
5	Ø12	745	2	14.90	0.888	13.23
6	Ø6	198	24	47.52	0.222	10.55
总 计						213.89
绑扎用铅丝0.5%						1.07

钢筋数量表

编号	示意图	直径/mm	长度/mm	根数	总长/m	钢筋重/kg
1	───	φ16	5 640	2	11.28	
2	⌐──⌐	φ16	6 440	2	12.88	
3	⌐─⌐	φ16	6 440	1	6.44	
4	───	φ10	5 265	2	10.53	
5	▯	φ6	1 450	16	23.20	

图 8-162 钢筋数量表

三、识读构件钢筋构造图的方法

(一)识读构件钢筋构造图的方法

识读钢筋混凝土构件钢筋构造图,首先要概括了解它采用了哪些基本的表达方法,各剖面图、断面图的剖切位置和投影方向,然后要根据各投影中给出的轮廓线确定混凝土构件的外部形状。

其次,再分析钢筋详图及钢筋数量表确定钢筋的种类及各种钢筋的直径、等级、数量。根据钢筋的直径和等级、形状等可以大致确定它是主筋、架立钢筋还是箍筋(主筋的直径较大、钢筋等级高,架立钢筋与主筋的分布方向一致,而箍筋的分布方向与主筋的分布方向垂直)。

(二)钢筋图的读图步骤

钢筋图的读图步骤一般如下:
(1)看标题栏和说明,了解构件的名称和有关技术要求。
(2)看基本投影图(立面图、断面图),弄清构件的形状和尺寸。
(3)读钢筋表、成型图,了解各种钢筋的形状、尺寸、品种、直径、根数。
(4)从投影图中找出各号钢筋在构件中的位置。
一面图能看到钢筋的形状,另一面图能看到钢筋的根数,两面图结合确定钢筋的位置。

（三）识读构件钢筋构造图举例

下面以梁的配筋图为例介绍识读方法。如图 8-163 所示，梁的钢筋布置情况是用立面图和断面图以及钢筋详图表示的。由图可看出该梁断面为矩形，宽 38 cm、高 45 cm、长 420 cm。梁内共有 5 种钢筋，其中①、②、③号是受力筋，均为Ⅱ级钢筋，直径为 16 mm。①号是直筋，有两根，布置在梁的底部两侧。②号是弯筋，也是两根，在跨中是位于梁的底部，两端弯起后位于梁的上部。③号也是弯筋，只有一根，弯起部位与②号钢筋稍有不同。④号是架立筋，为Ⅰ级钢筋，直径为 10 mm，有两根，位于梁的上部两侧。⑤号是箍筋，为Ⅰ级钢筋，直径 6 mm，沿梁的长度每隔 30 cm 布置一根，共有 15 根。在立面图中箍筋可不全画出，只示意性画出四五根即可。立面图中各钢筋的编号和数量可用简略形式标注，如"1N3"表示 1 根③号钢筋，"2N1"表示 2 根①号钢筋，Ⅱ—Ⅱ是梁的端部断面图。在断面图中钢筋的编号就标注在对应的小方格内，这样就清楚地表示出②号和③号钢筋在跨中是位于梁的底部，在两端是位于梁的顶部。该梁上下及侧面的保护层厚度（净距）均为 3 cm。

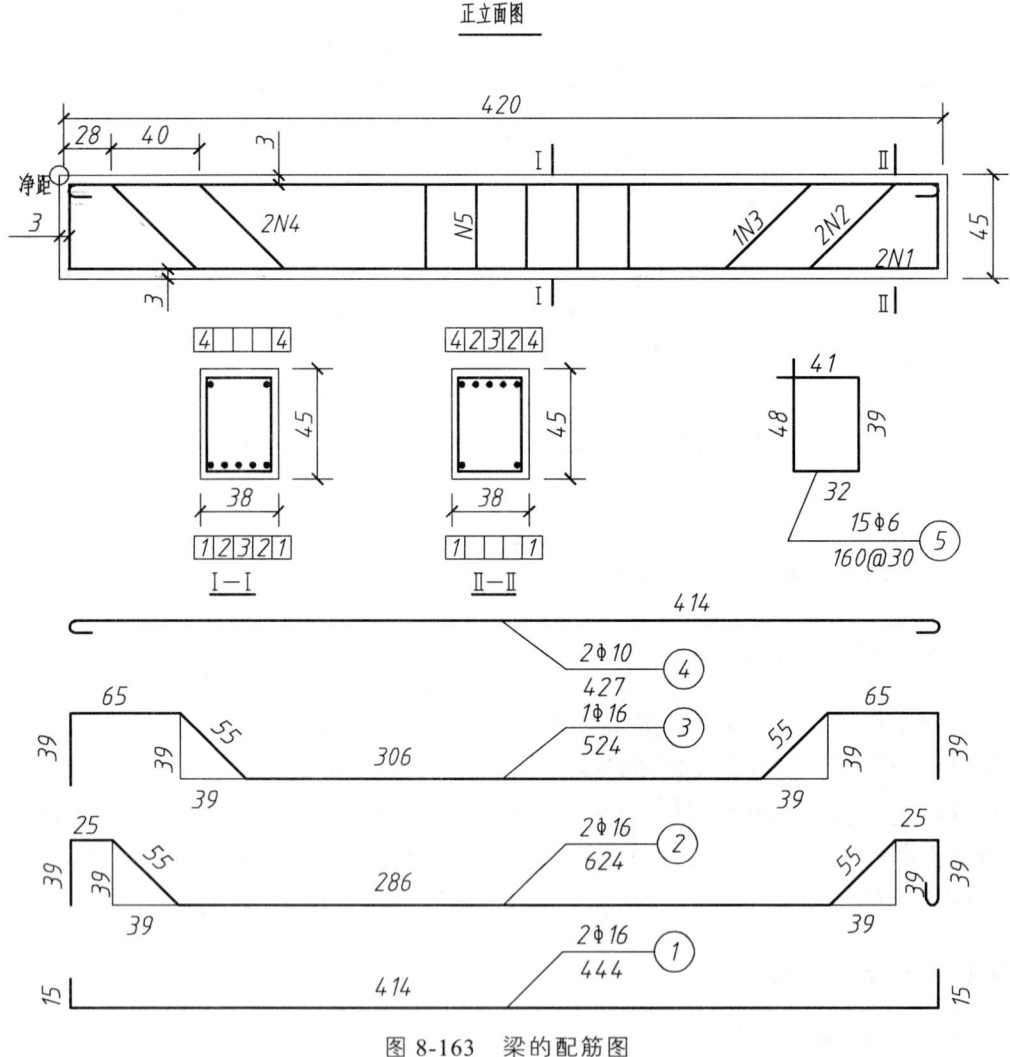

图 8-163 梁的配筋图

📖 任务拓展

【8-5-1】绘制如图 8-164 所示的钢筋混凝土梁钢筋布置图。
【8-5-2】绘制如图 8-165 所示的某梁配筋图。

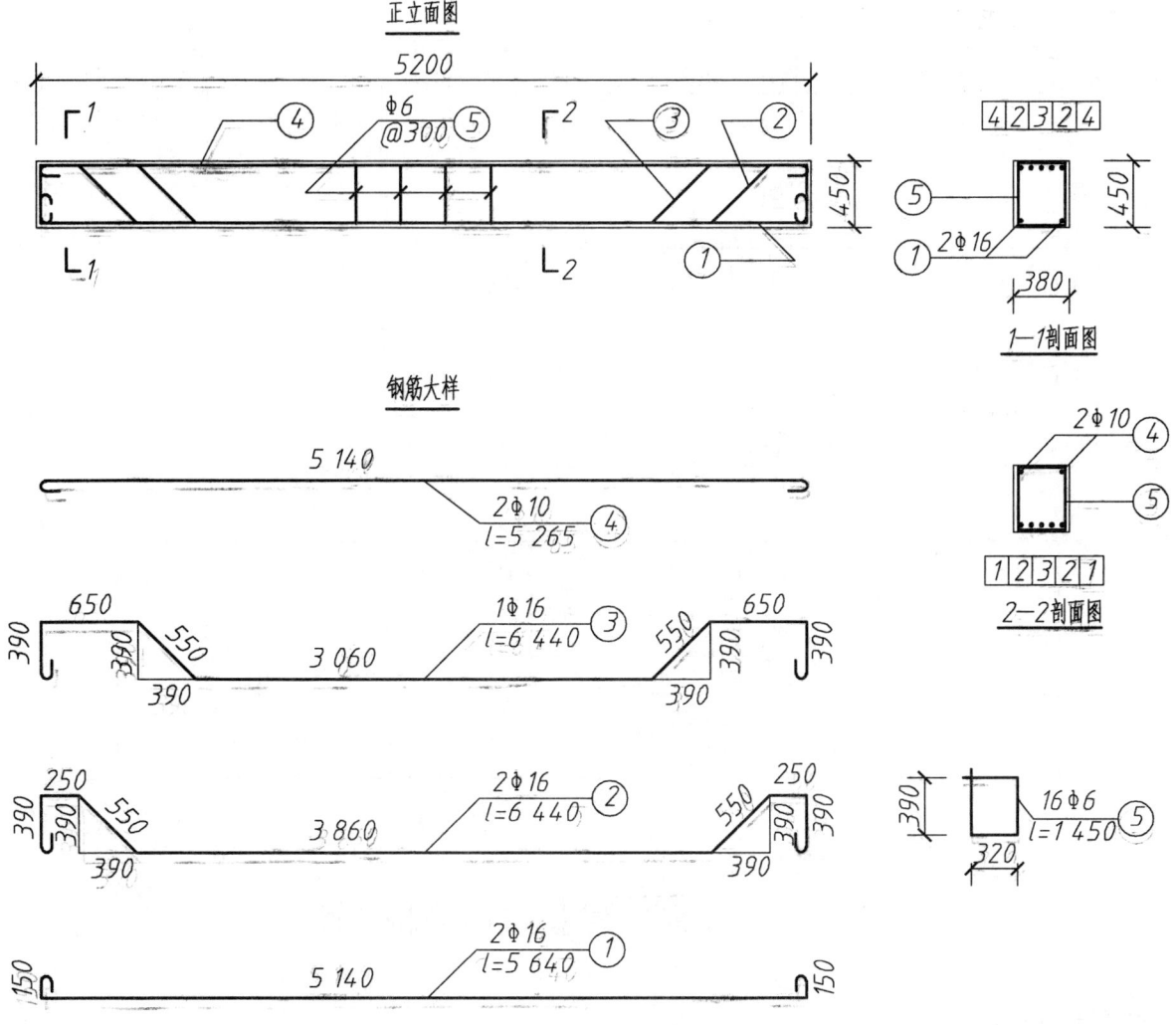

图 8-164 钢筋混凝土梁钢筋布置图

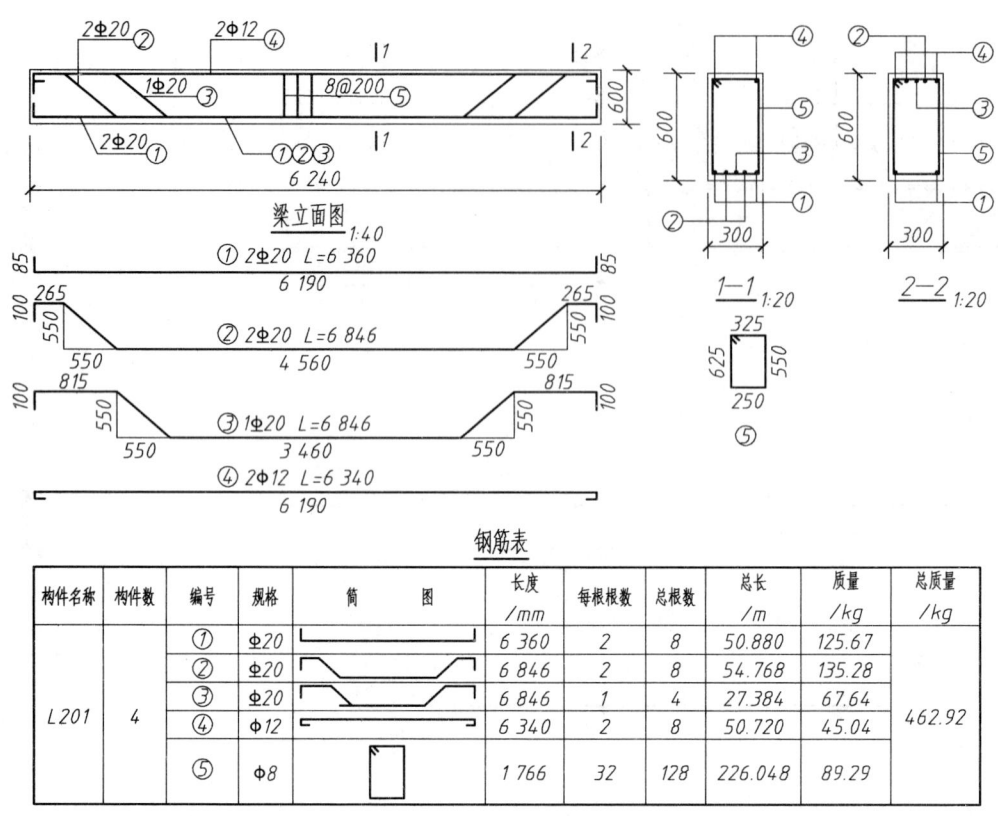

图 8-165 某梁配筋图

任务六 绘制桥墩基桩钢筋构造图

任务目标

- 能够按照制图规范设置绘图环境。
- 能够识读简单的桥梁基桩钢筋构造图。
- 能够综合运用绘图命令及绘图方法绘制桥梁基桩钢筋构造图。
- 能够创建标注样式和文字样式,并能够规范地标注尺寸及注写文字。
- 培养规范操作、耐心细致、严谨求实、互助协作的职业素质。

任务内容

绘制如图 8-166 所示的桥墩基桩钢筋构造图。

任务分析

图 8-166 为预制桩的配筋图,主要用立面图和断面图以及钢筋详图来表达。由于桩的长度尺寸较大,为了布图的方便常将桩水平放置,断面图可画成中断断面或移出断面。由图可以看出该桩的截面为正方形(40 cm×40 cm),桩的总长为 17 m,分为上下两节,上节桩长为 8 m,下节桩长为 9 m。上节桩内布置的主筋为 8 根①号钢筋,桩顶端有钢筋网 1 和钢筋网 2 共三层,在接头端预埋 4 根⑩号钢筋。下节桩内的主筋为 4 根②号钢筋和 4 根③号钢筋,一直通过桩尖部位。⑥号钢筋为桩尖部位的螺旋形钢筋。④和⑤号为大小两种方形箍筋,套叠在一起放置,每种箍筋沿桩长度方向有三种间距,④号箍筋

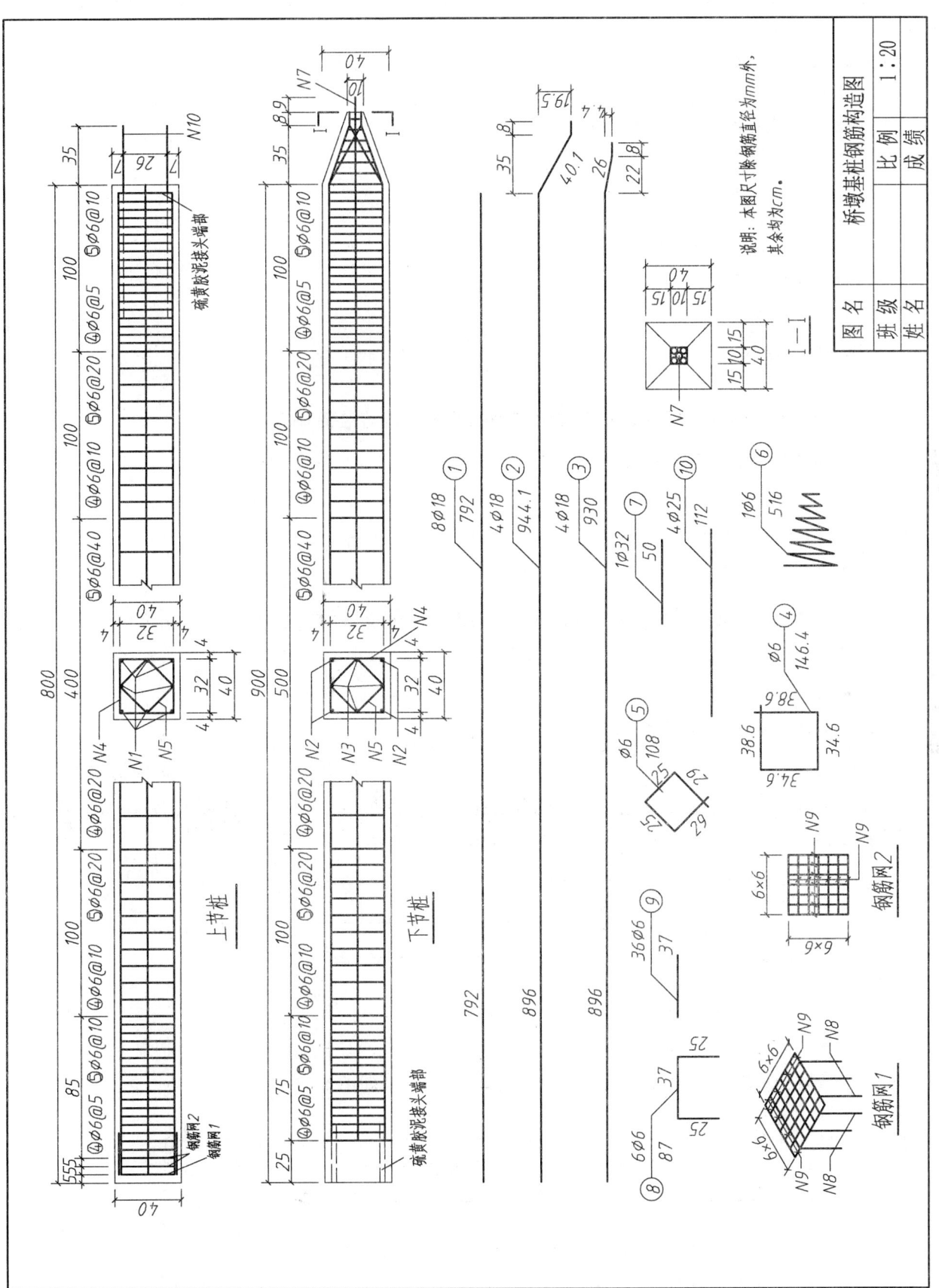

图 8-166 桥墩基桩钢筋构造图

从两端到中央的间距依次为 5 cm、10 cm、20 cm，⑤号箍筋从两端到中央的间距分别为 10 cm、20 cm、40 cm，具体位置详见标注。画出的 I—I 剖面图实际上是桩尖视图，主要表示桩尖部的形状及⑦号钢筋与②号钢筋的位置。桩接头处的构造另有详图，这里未示出。要完成上图所示工程图样的绘制，可通过以下思路来完成：

（1）新建文件和设置绘图环境。
（2）选用图幅并确定绘图比例。
（3）绘制上节桩轮廓及钢筋和钢筋断面。
（4）绘制下节桩轮廓及钢筋和钢筋断面。
（5）绘制钢筋大样图、钢筋网及 I—I 剖面图。
（6）设置文字样式和标注样式，标注尺寸并注写文字。
（7）插入图框，填写标题栏。
（8）检查无误后，保存图形文件并退出。

任务实施

步骤一　新建文件并设置图层、图形界限和辅助绘图功能等绘图环境

步骤二　选用图纸，确定绘图比例及文本

1. 选用图纸并确定绘图比例

选用 A3 图纸出图，绘图比例设置为 1∶2。

2. 确定文本

根据绘图比例，出图时的字高分别设置为：标题栏中所有文字字高定义为 10，图形中尺寸标注数字字高为 7，图形中的文字标注和说明文字及表格中的文字、数字定义为 7，图形中的图名字高定义为 10（均以标准字高乘以绘图比例）。

步骤三　绘制基桩钢筋结构图

1. 绘制上节桩

（1）用 RECTANG 矩形命令或 LINE 直线命令在细实线图层内绘制上节桩轮廓线 800×40，再用偏移命令偏移出内部钢筋轮廓线，并改为粗实线，如图 8-167 所示。

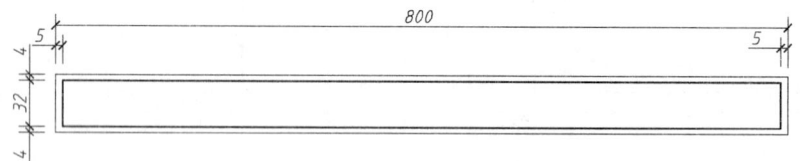

图 8-167　上节桩轮廓线

（2）用 LINE 直线命令结合 OFFSET 偏移命令在钢筋图层内绘制钢筋网 1 和钢筋网 2，再用偏移 OFFSET 命令画出④和⑤号钢筋（间隔如图 8-168 所示）。结果如图 8-168 所示。

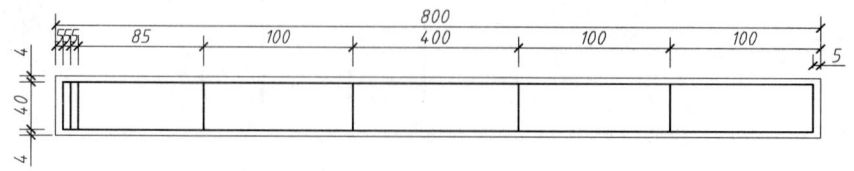

图 8-168　绘制钢筋网 1 和 2 及④和⑤号钢筋

（3）用中实线（或粗实线）绘制④和⑤箍筋，用 COPY 复制命令（用其中的阵列 A 选项，阵列数为 18，距离为 5）或 OFFSET 偏移命令（偏移距离为 5）绘出左端第一段间距为 85 距离内的④和⑤箍筋。结果如图 8-169 所示。

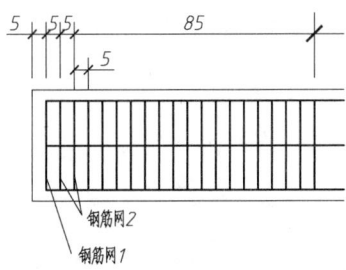

图 8-169　绘制距离为 85 间隔内的④和⑤号箍筋

（4）用与步骤（3）中相同的方法绘制其他几段内的④和⑤箍筋，各段内箍筋间距如图 8-170 所示。

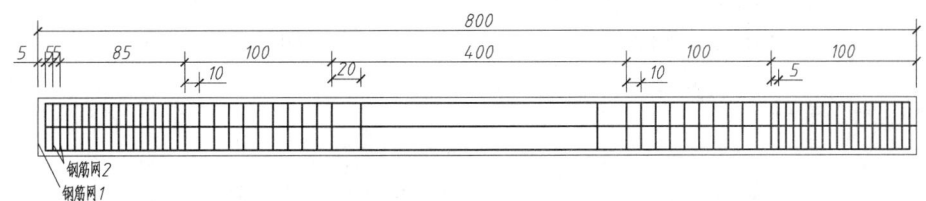

图 8-170　绘制其他间距内的④和⑤号箍筋

（5）用 PLINE 多段线命令绘制间距 400 内的两根折断线，再用 LINE 直线命令绘制右部的 N10 号钢筋，并把轮廓线内的部分改为虚线，如图 8-171 所示。

（6）用 RECTANG 矩形命令绘制边长为 40 的正方形，并向内偏移距离 4，得到④号箍筋，再用 DONUT 圆环命令绘制 N1 钢筋。最后把 N4 钢筋的中点连接起来，画出 N5 号钢筋。结果如图 8-172 所示。

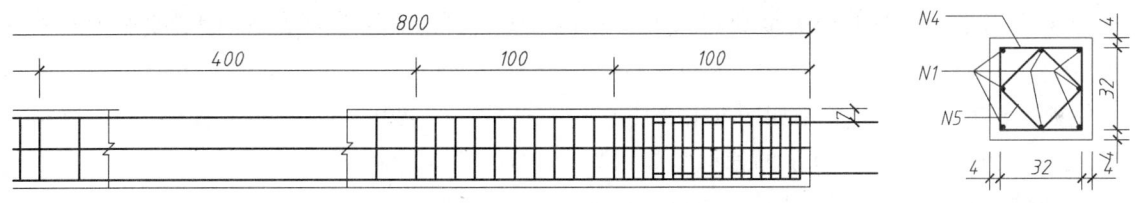

图 8-171　绘制折断线和右部 N10 钢筋　　图 8-172　绘制钢筋断面

（7）用 MOVE 移动命令把上述步骤中绘制的钢筋断面移到上节桩的 400 间距内，并用 TRIM 修剪命令修剪多余线条。结果如图 8-173 所示。

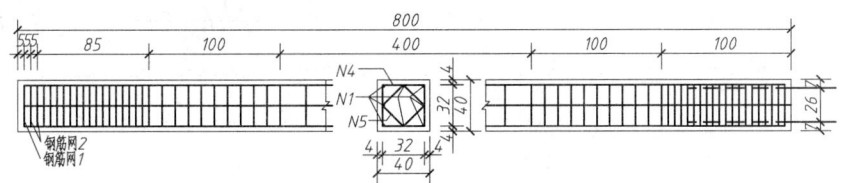

图 8-173　移动钢筋断面到上节桩折断线中间

2. 绘制下节桩

（1）用 COPY 复制命令复制上节桩，然后先修改左部接头处端部图形，结果如图 8-174 所示。

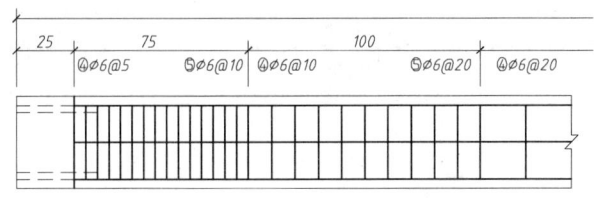

图 8-174　修改下节桩左部接头端部

（2）先修改下节桩的总尺寸为900，然后修改断面处的尺寸数字为500，最后修改断面钢筋的编号。结果如图8-175所示。

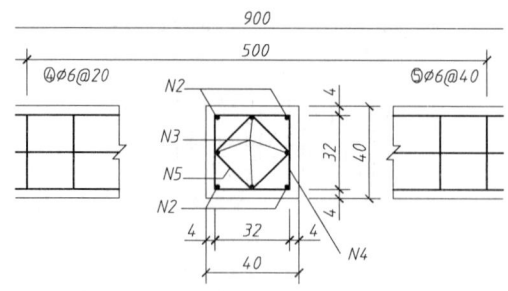

图8-175　修改下节桩中部断面钢筋

（3）修改下节桩的右部图形，如图8-176所示。

（4）修改下节桩的右部图形中的钢筋N2、N3及箍筋，结果如图8-177所示。

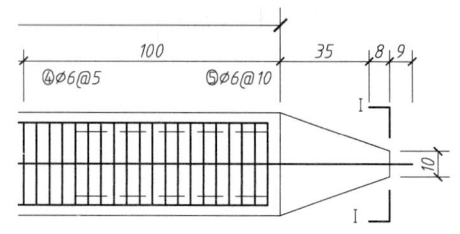 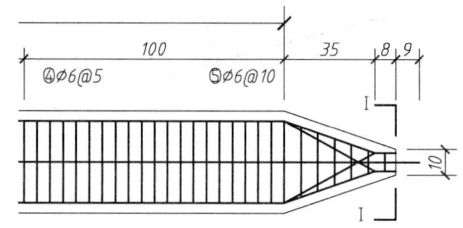

图8-176　修改下节桩右部桩轮廓线　　　　图8-177　修改下节桩右部桩钢筋

3. 绘制钢筋大样

（1）用LINE直线命令或PLINE多段线命令绘制N1～N10钢筋大样图，绘制方法参见任务五。此处不再赘述。

（2）绘制N6螺旋筋。先绘制如图8-178（a）所示的梯形，再用COPY中的阵列（A）参数和布满（F）参数绘制如图8-178（b）所示的辅助线，再用PLINE多段线命令连接如图8-178（c）所示辅助线的交点，最后删除辅助线。结果如图8-178（d）所示。

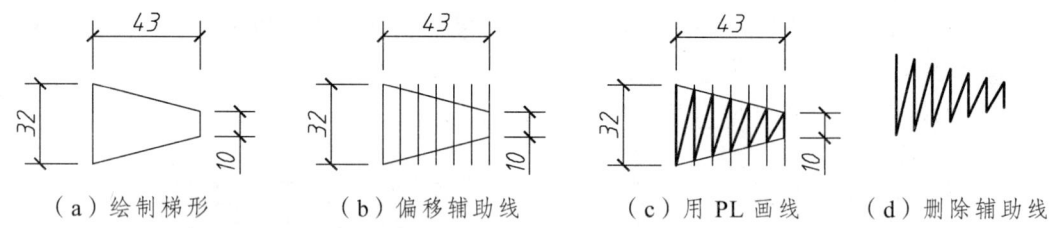

图8-178　绘制N6钢筋

（3）绘制钢筋网1。先绘制两条长度为36的直线，再用OFFSET偏移命令或COPY复制命令绘制出其他钢筋，最后用直线命令和COPY复制命令绘制N8钢筋，如图8-179所示。

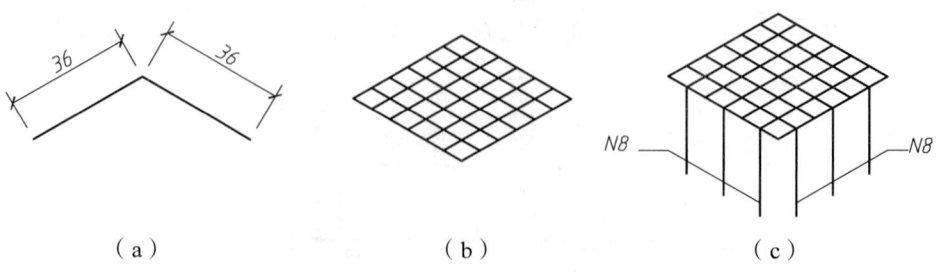

图8-179　绘制钢筋网1

（4）绘制钢筋网 2。先绘制边长为 36 的矩形，再用偏移命令绘制出其他钢筋，如图 8-180 所示。

4. 绘制上节桩端头部分钢筋网 1 和钢筋网 2

用 LINE 直线命令示意绘出上节桩端头部分钢筋网 1 和钢筋网 2，此处不再赘述。

5. 绘制 I—I 剖面图

用 RECTANG 矩形命令和 LINE 直线命令绘制 I—I 剖面图，用 CIRCLE 命令绘出钢筋断面。结果如图 8-181 所示。

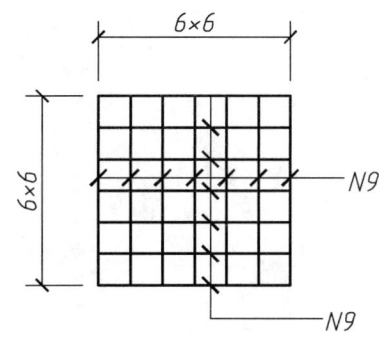

图 8-180 绘制钢筋网 2

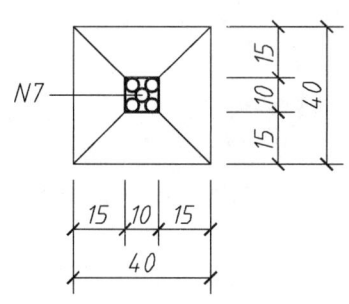

图 8-181 I—I 剖面图

步骤四　尺寸标注

1. 标注立面图

（1）设置标注样式 1-2，在标注图层内对上节桩和下节桩及钢筋大样图进行尺寸标注。

（2）在标注时注意使用"连续标注""基线标注""标注更新"和"编辑标注文字"命令。

2. 标注钢筋断面图

用标注样式 1-2 对钢筋断面进行标注。

步骤五　注写文字

1. 注写文字及说明文字

（1）从设置好的"文字式样"中选择需要的式样，用 MTEXT（多行文字）命令或单行文字命令注写相应文字，图名文字字高设置为 10，说明文字字高设置为 7。

（2）钢筋大样图中的数字用 MTEXT 命令或 TEXT 命令注写，再用 ROTATE（旋转）命令旋转到和弯起钢筋对齐的位置。

2. 注写大样图钢筋编号

用与任务五中相似的方法注写大样图钢筋编号，钢筋编号圆直径为 14 mm。

步骤六　插入图框，填写标题栏

1. 插入 A3 横向图框（420×297），图框放大 2 倍

2. 填写标题栏文字

用 DT（单行文字）命令或 MT（多行文字）命令填写标题栏文字，字高设置为 10。

步骤七　检查图形，调整定位线长度，合理布局图形

步骤八　保存图形文件并退出

保存图形文件。图形文件保存名称为"桥墩基桩钢筋构造图.dwg"。

知识链接

一、桥梁基础常识

基础指桥梁结构物直接与地基接触的部分，是桥梁下部结构的重要组成部分。由于篇幅限制，本任务介绍涉及的钻孔灌注桩基础。

图 8-182 为预制桩和灌注桩实物图片。

图 8-182 常见桩实物图片

二、桩基础的构造

1. 钢筋混凝土桩构造

普通钢筋混凝土桩有空心和实心的（少数为矩形桩），桩长现场制作 25~30 m，工厂预制≤12 m；接桩方法采用钢板角钢焊接、法兰盘螺栓和硫黄胶泥锚固等如图 8-183 所示；断面尺寸为 200 mm×200 mm ~ 600 mm×600 mm。桩顶处，为了承受直接的锤击，应设钢筋网加固。

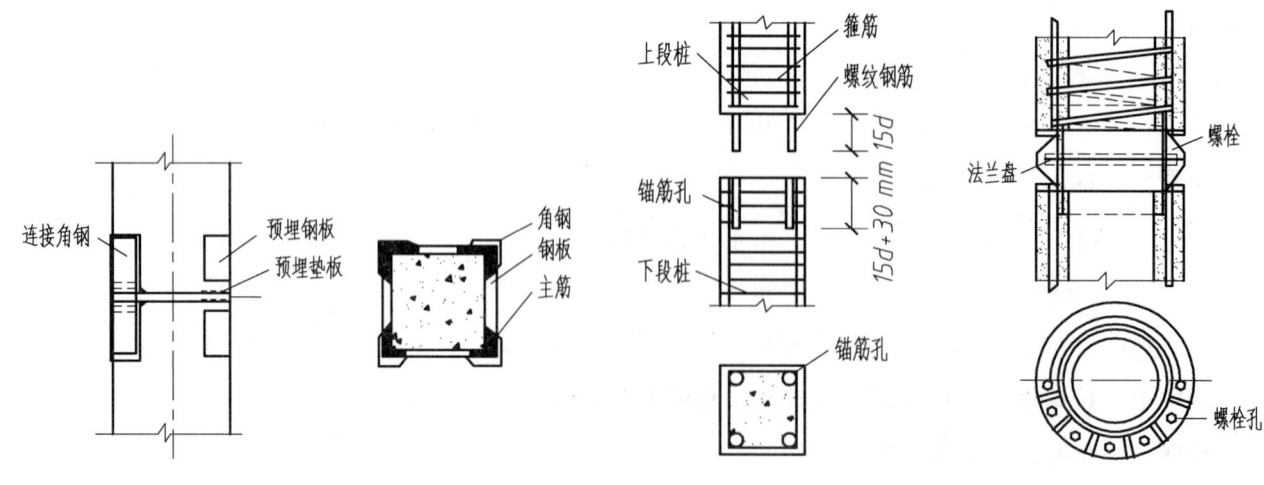

（a）焊接接桩节点　　（b）硫磺胶泥锚接桩节点　（c）管桩法兰接桩节点

图 8-183 钢筋混凝土桩接桩方法

2. 灌注桩的构造

桩的直径应根据受力大小、桩基形式和施工条件确定。公路、铁路、建筑等桩基础也有不同的规范要求。工程中需根据设计荷载计算桩基长度、配筋、混凝土等级等等。

（1）灌注桩典型断面示意图如图 8-184 所示。

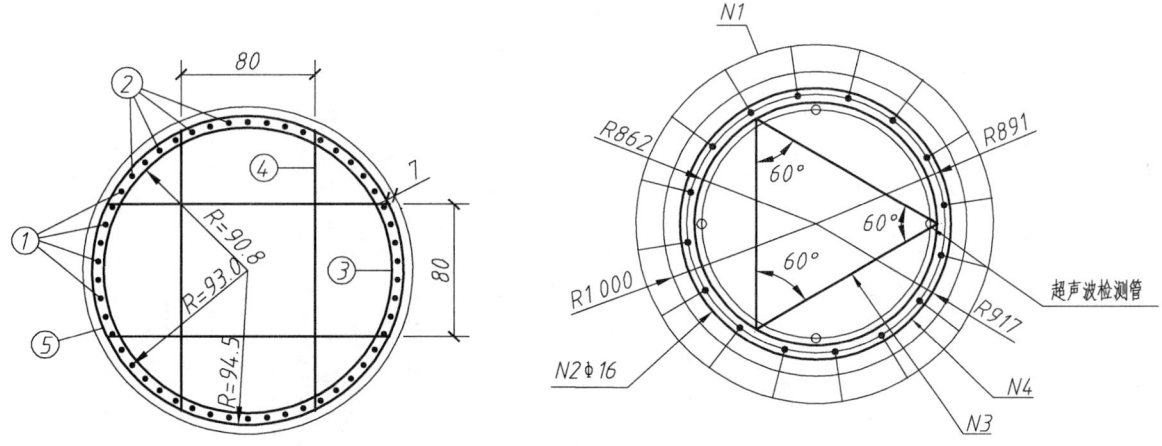

图 8-184　灌注桩断面示意图

（2）灌注桩钢筋布置实物照片如图 8-185 所示。

图 8-185　灌注桩钢筋布置实物图片

三、桩基础图示特点

从施工平面图可以了解桩位布置。从桩基立面图可以了解桩基标高、桩径及桩长的数据。桩基础钢筋布置图包含立面图、断面图、钢筋数量表等，从桩基钢筋图中可以了解桩基钢筋笼的条数、长度及位置等。

关于钢筋的相关知识，可参见任务五中的知识链接。

任务拓展

【8-6-1】绘制如图 8-186 所示的某公路立交桥桥墩钢筋构造图。

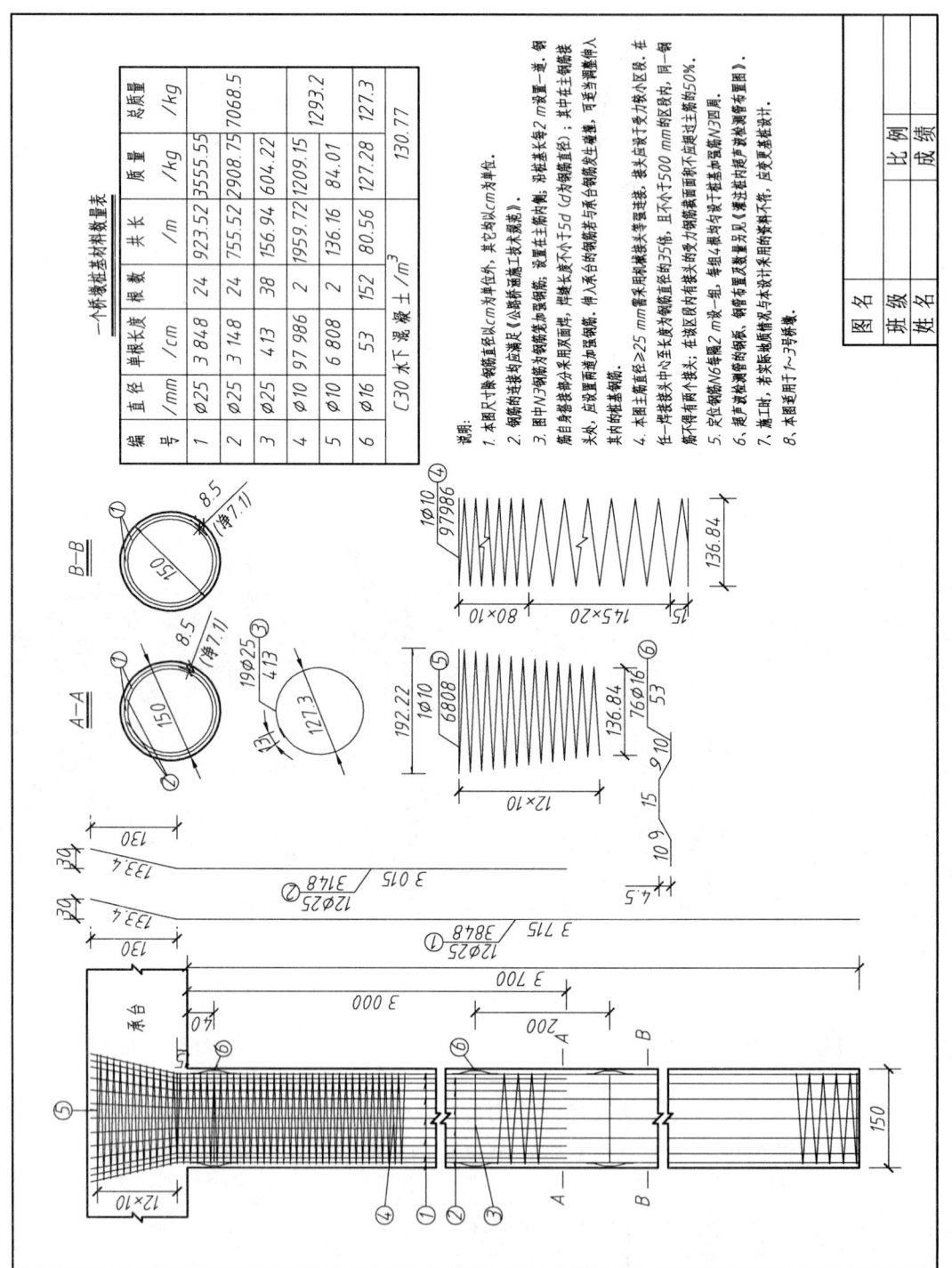

图 8-186 某公路立交桥桥墩钢筋构造图

【8-6-2】绘制如图 8-187 所示的铁路桥墩基桩钢筋构造图。

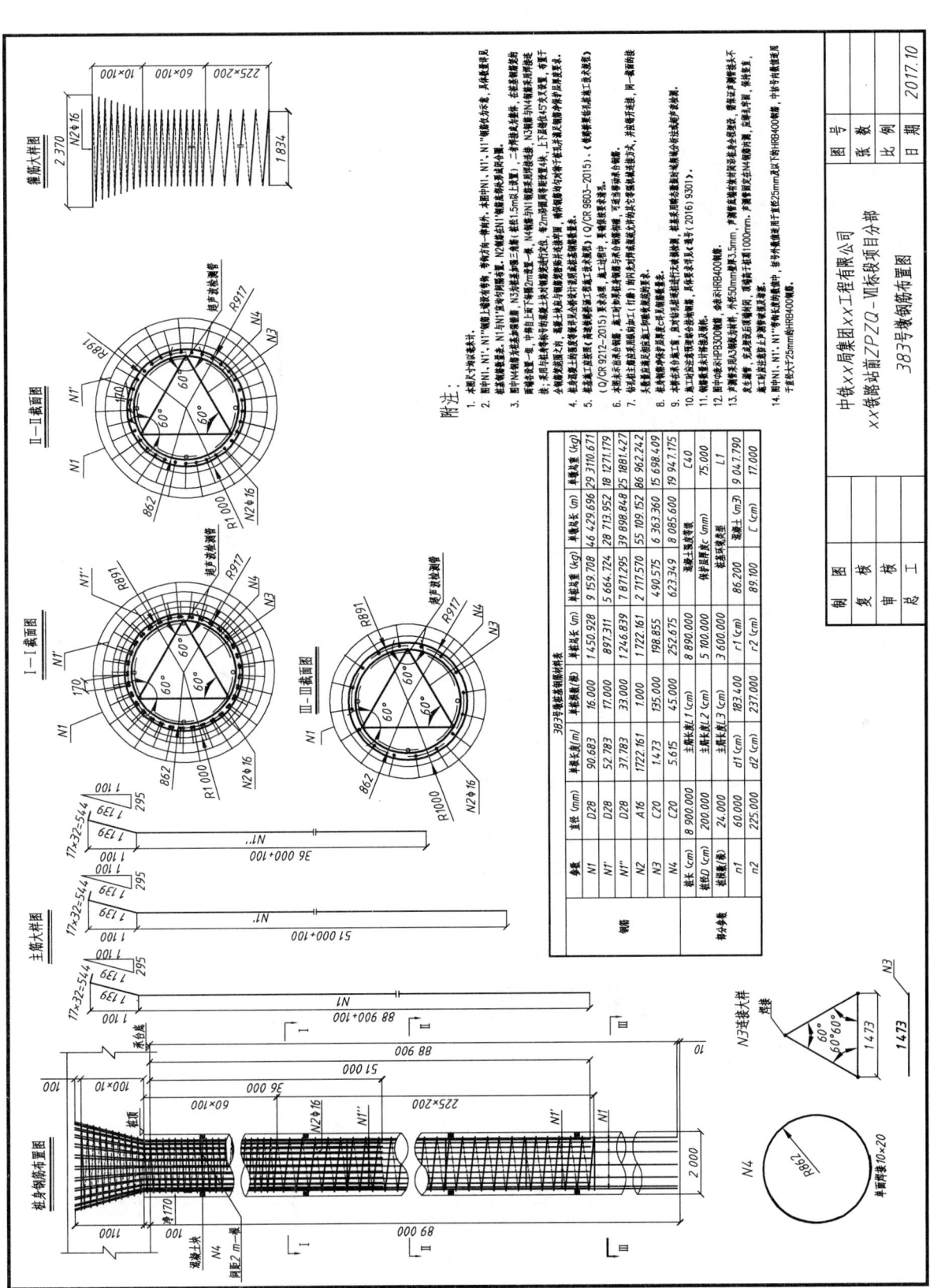

图 8-187　某铁路桥墩桩身钢筋构造图

【8-6-3】绘制如图 8-188 所示的灌注桩钢筋构造图。

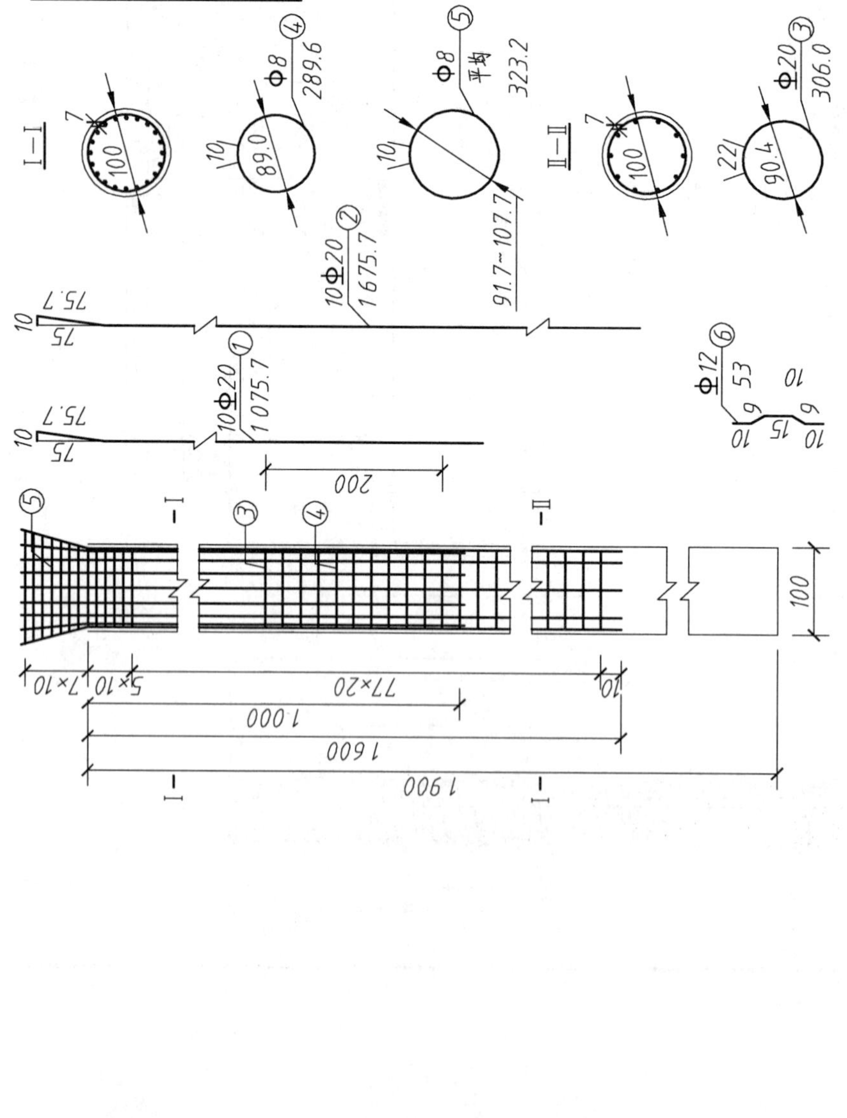

一根钻孔桩钢筋明细表

编号	直径/mm	长度/cm	搭接长度/cm	数量	共长/m
1	Φ20	1075.7	20	10	109.57
2	Φ20	1675.7	50	10	171.57
3	Φ20	306.0	0	8	24.48
4	Φ8	289.6	0	75	217.20
5	Φ8	323.2	0	7	22.62
6	Φ12	53	0	32	16.96

一根钻孔桩材料数量表

直径/mm	总长度/m	总质量/kg
Φ20	305.62	753.66
Φ8	239.82	94.73
Φ12	16.96	15.06
合计	钢筋/kg	863.43
	25号混凝土/m³	14.92

注：
1. 本图尺寸除钢筋直径以mm计外，其余均以cm为单位；
2. 加强钢筋N3，每隔2 m设置一根；
3. 一根加强箍筋N3对应4根定位筋N6，等距离焊接在钢筋骨架上；
4. 主筋搭接采用单面帮焊接，焊缝的长度不小于10d；
5. 本图比例为1:40。

图 8-188　灌注桩钢筋构造图

【8-6-4】绘制如图 8-189 所示的某钢板桩围堰总布置图。

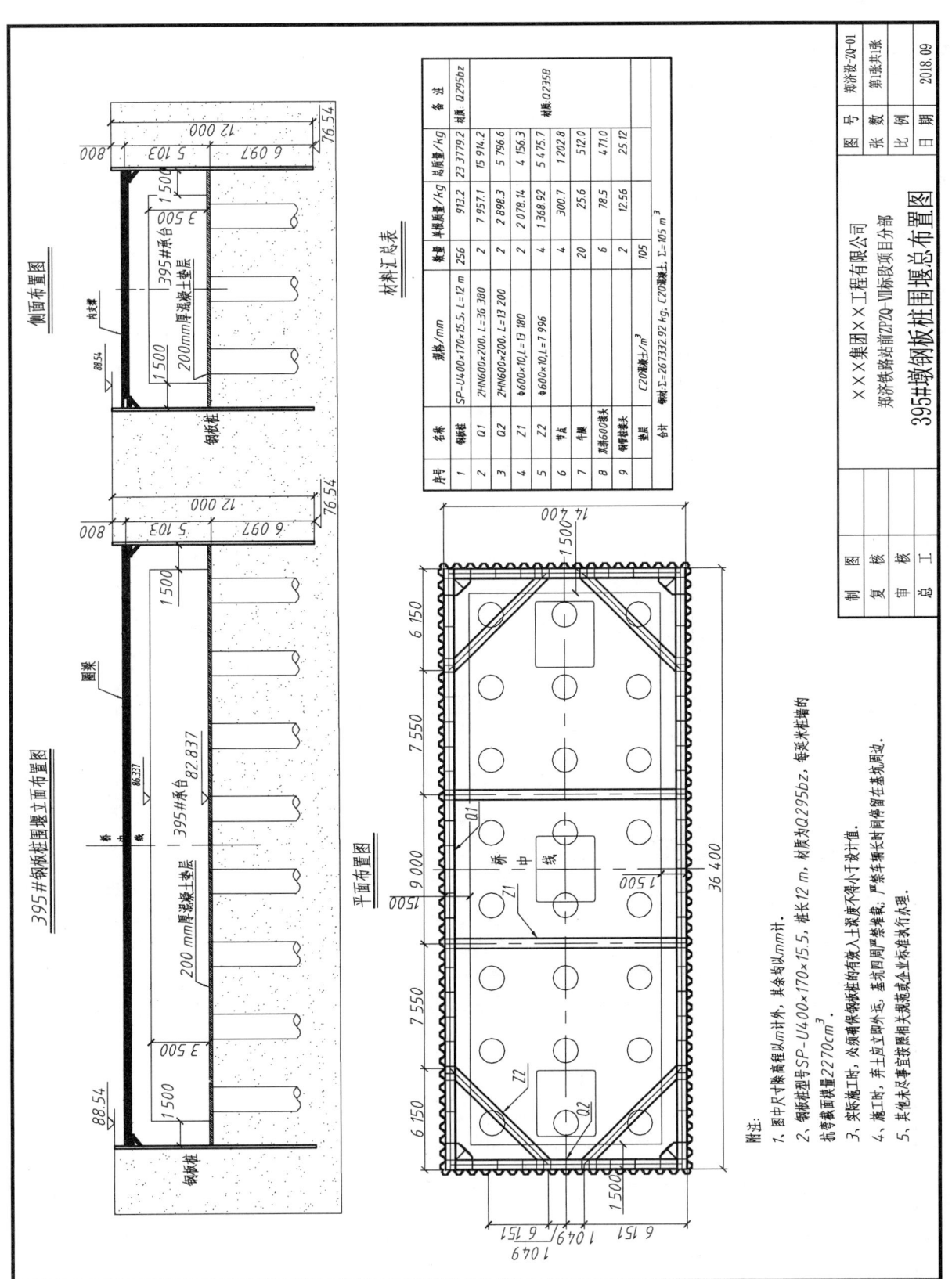

图 8-189 某钢板桩围堰总布置图

任务七　绘制桥墩支座布置图

任务目标

- 能够按照制图规范设置绘图环境。
- 能够识读简单的桥梁支座布置图。
- 能够综合运用绘图命令及绘图方法绘制桥梁支座布置图。
- 能够创建标注样式和文字样式，并能够规范地标注尺寸及注写文字。
- 培养规范操作、耐心细致、严谨求实、互助协作的职业素质。

任务内容

绘制如图 8-190 所示的白沙河桥桥墩支座布置图。

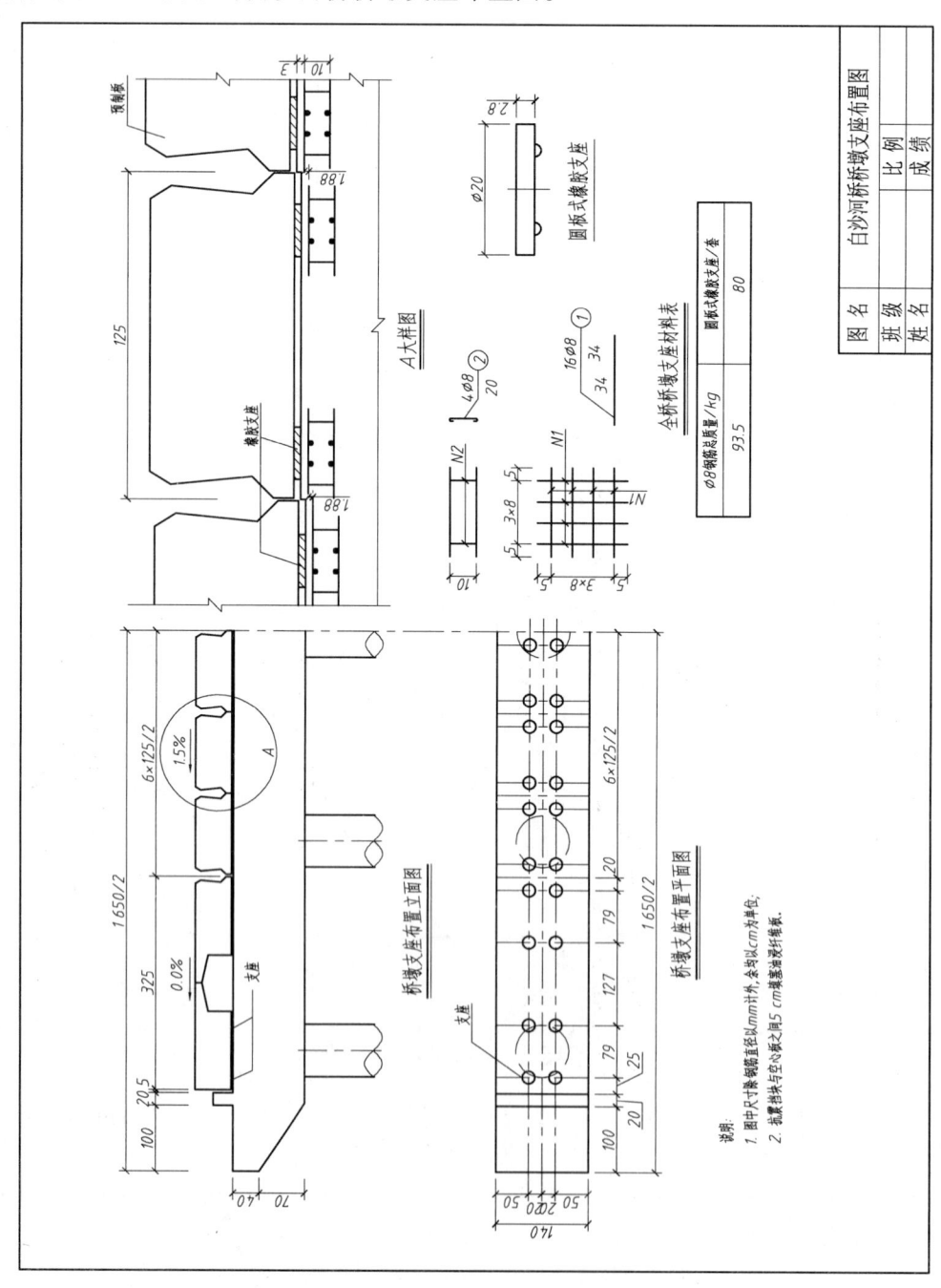

图 8-190　白沙河桥桥墩支座布置图

任务分析

支座位于桥梁上部结构与下部结构的连接处，桥墩的墩帽和桥台的台帽上均设有支座，板梁搁置在支座上。上部荷载由板梁传给支座，再由支座传给桥墩或桥台，可见支座虽小但很重要。

图 8-190 为桥墩支座布置图，用立面图、平面图及详图表示。在立面图上详细绘制了预制板的拼接情况，为了使桥面形成 1.5%的横坡，墩帽上缘做成台阶形，以安放支座。立面图上画得不是很清楚，故用更大比例画出了局部放大详图，即 A 大样图，图中注出台阶宽 1.88 cm。在墩帽的支座处受压较大，为此在支座下增设有钢筋垫，由①号和②号钢筋焊接而成，以加强混凝土的局部承压能力。平面图是将上部预制板移去后画出的，可以看出支座在墩帽上是对称布置的，并注有详细的定位尺寸。安装时，预制板端部的地支座中心线应与桥墩的支座中心线对准。支座是工业制成品，本桥采用的是圆板式橡胶支座，直径为 20 cm，厚度为 2.8 cm。

要完成上图所示工程图样的绘制，可通过以下思路来完成：

（1）新建文件和设置绘图环境。
（2）选用图幅并确定绘图比例。
（3）绘制桥墩支座布置立面图、桥墩支座布置平面图、A 大样图、支座及钢筋图。
（4）设置标注样式，并标注尺寸。
（5）设置文本样式，并注写文字和绘制填写表格。
（6）插入图框，填写标题栏。
（7）检查图形，调整定位线的长度，合理布局图形。
（8）保存图形文件并退出。

任务实施

步骤一　新建文件并设置图层、图形界限和辅助绘图功能等绘图环境

步骤二　选用图纸，确定绘图比例及文本

1. 选用图纸并确定绘图比例

选用 A3 图纸出图，绘图比例设置为 1∶5。

2. 确定文本

根据绘图比例，出图时的字高分别设置为：标题栏中所有文字字高定义为 25，图形中尺寸标注数字字高为 17.5，图形中的文字标注和说明文字及表格中的文字、数字定义为 17.5，图形中的图名字高定义为 25（均以标准字高乘以绘图比例）。

步骤三　绘制桥墩支座布置图

桥墩支座布置图包括立面图、平面图和详图（A 大样图）三部分。

1. 绘制立面图

立面图包括板梁、立柱、盖梁、挡块。

（1）用 LINE 命令在中心线图层内绘制桥墩、盖梁和立柱的中心线和构造辅助线。

（2）在粗实线图层内用 LINE 命令绘制盖梁、挡块、立柱的轮廓线。立柱可以使用折断线来表达柱长。（注：也可直接把"白沙河桥桥墩构造图"中盖梁、挡块、立柱部分直接复制过来即可，还可创建成块，在此处直接插入相应的块），结果如图 8-191 所示。

（3）先在粗实线图层内用 LINE 命令绘制板梁的轮廓线和支座，然后用 HATCH 命令填充支座[支座尺寸如图 8-192（b）所示]。再用 COPY 命令中多重复制的方法绘制出其他的支座。（注：对于板梁的绘制也可直接把任务二中 10 m 空心板中边板、次边板、中板创建成图块插入此图，或直接用 COPY 命令复制后修改得到。支座定位尺寸参见"桥墩支座布置平面图"。）结果如图 8-192（a）所示。

图 8-191　桥墩盖梁、挡块和立柱

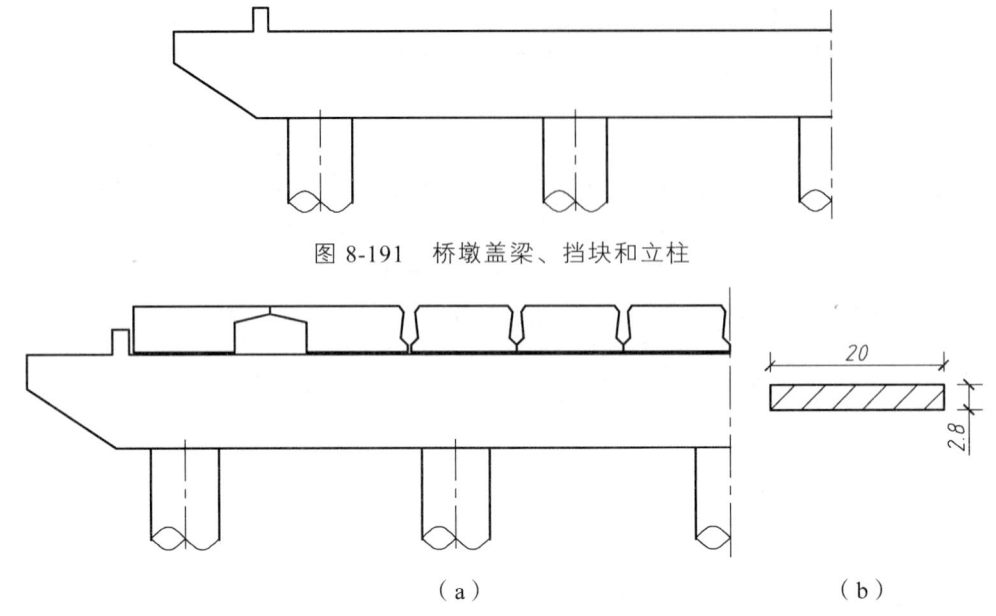

图 8-192　绘制板梁和支座

2. 绘制平面图

平面图包括盖梁、挡块、立柱、支座及支座中心线等。

（1）用 LINE 命令在中心线图层内绘制盖梁、立柱、支座的中心线。

（2）用 LINE 和 PLINE 命令以及 CIRCLE 命令并结合 OFFSET 和 COPY 命令绘制桥墩盖梁、挡块、立柱、支座。立柱为不可见图形，用虚线绘制。结果如图 8-193 所示。

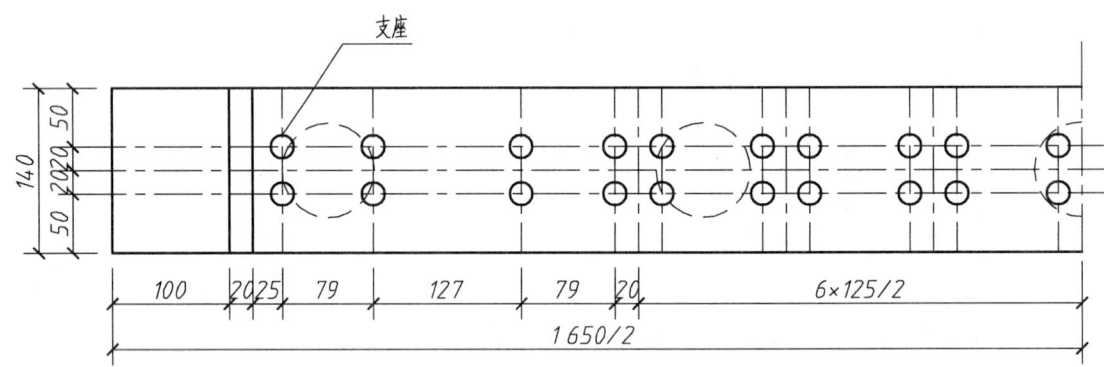

图 8-193　桥墩支座布置平面图

3. 绘制 A 大样图

A 大样图包括中板、橡胶支座、钢筋垫。

（1）先用 COPY（复制）命令把桥墩支座布置立面图中的中板和橡胶支座复制过来，并进行相应修改，得到如图 8-194 所示图形。

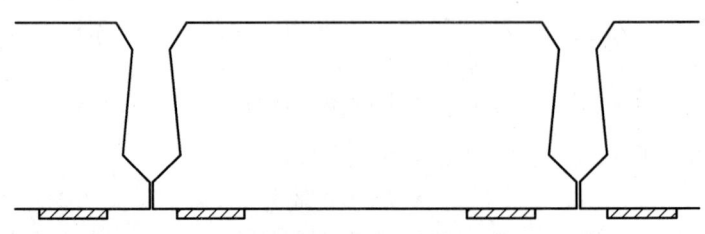

图 8-194　桥墩支座 A 大样图步骤 1

（2）用 MOVE（移动）命令调整左边中板和右边中板位置：先把左边的中板和橡胶支座向下移动 1.88 个单位，再把右边的中板和橡胶支座向上移动 1.88 个单位，最后用 SCALE（缩放）命令缩放图形，缩放比例为 4。结果如图 8-195 所示。

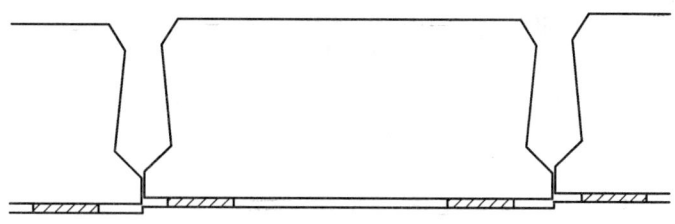

图 8-195　桥墩支座 A 大样图步骤 2

（3）用 LINE（直线）命令或 PLINE（多段线）命令并结合 OFFSET（偏移）命令及 FILLET（圆角）命令绘制出钢筋垫的①号和②钢筋图，及圆板式橡胶支座，并用 SCALE（缩放）命令放大钢筋垫的①号和②钢筋图，缩放比例为 4；圆板式橡胶支座的缩放比例为 10。具体尺寸及结果如图 8-196 所示。

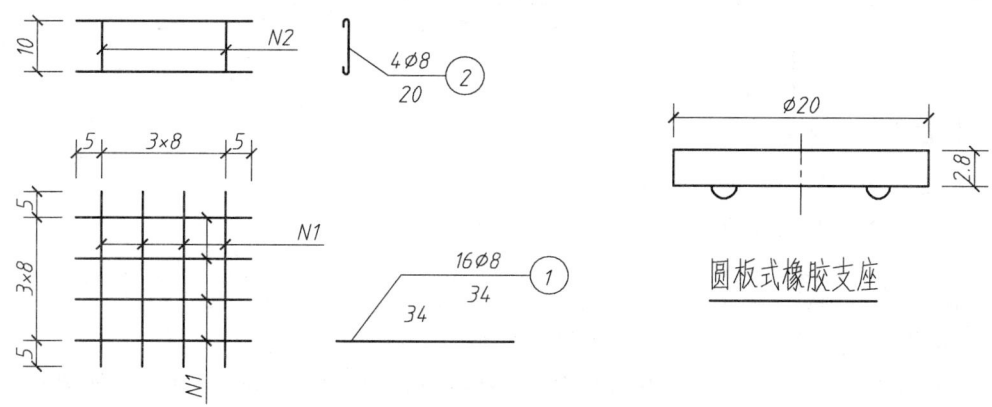

图 8-196　桥墩支座 A 大样图步骤 3

（4）先用 COPY 命令复制图 8-196 中左上角图形，再用 CIRCLE 命令画直径为 4 的圆，并用 Solid 图案进行填充，绘制出用实心小圆点表示的钢筋断面（也可用 DONUT 命令绘制出实心圆点）。结果如图 8-197 所示。

（5）用 COPY 命令复制图 8-197 所示图形到图 8-195 所示的 A 大样图中，并放置到正确位置；同时添加折断线。结果如图 8-198 所示。

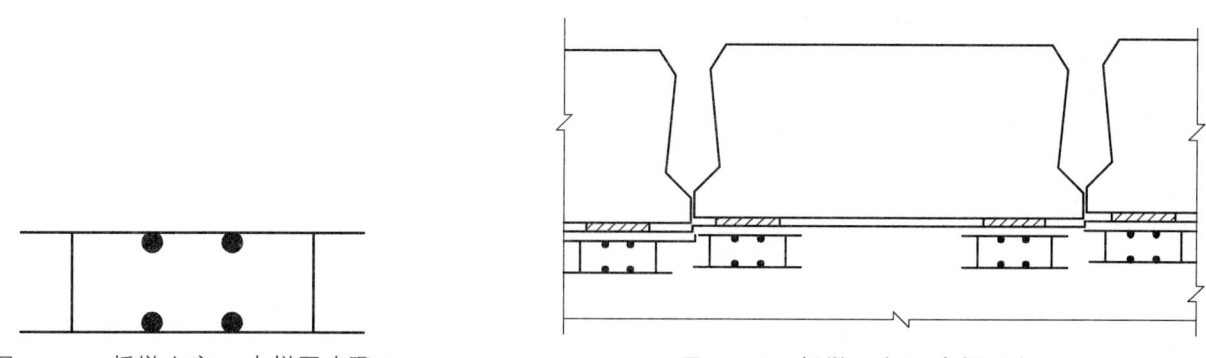

图 8-197　桥墩支座 A 大样图步骤 4　　　　图 8-198　桥墩支座 A 大样图步骤 5

步骤四　尺寸标注和坡度的标注

（1）在先设置好的标注样式中选择需要的式样 1-5，在标注图层内进行尺寸标注。

（2）设置大样图标注样式，其中的"主单位"选项卡中的"测量单位比例因子"设置为 0.25（图 8-199），其他参数和标注样式 1-5 完全相同，对大样图进行标注。

（3）在标注时注意使用"连续标注""基线标注""标注更新"和"编辑标注文字"命令。

（4）注写钢筋及钢筋编号，字高 17.5，钢筋编号直径为 30。

（5）注写坡度符号。用多段线命令或引线标注符号注写坡度符号。

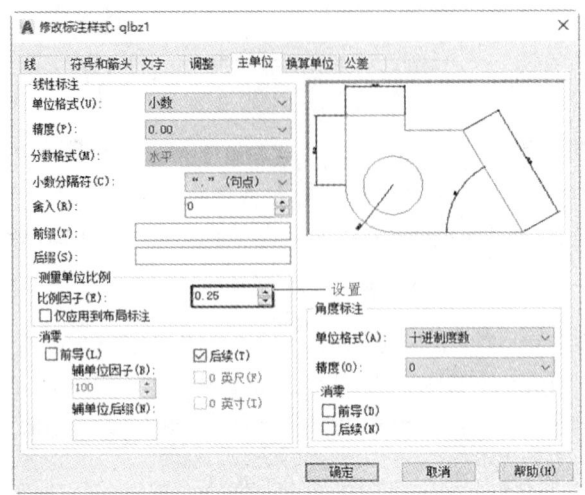

图 8-199　设置大样图尺寸标注中的测量比例因子

步骤五　标注文字及绘制表格

从设置好的"文字式样"中选择需要的标注样式，用 MTEXT 输入即可。绘制表格的方法参见前面任务，此处不赘述。注意用 COPY 命令来加快注写速度。

步骤六　插入图框，填写标题栏

1. 插入标准 A3 横向图框（420×297）

用 INSERT 命令或执行"插入"菜单→"块"命令插入图框，比例设置为统一比例 5。

2. 填写标题栏文字

用单行文字和多行文字命令填写标题栏文字，字高设置为 25。

步骤七　检查图形，调整定位线长度，合理布局图形

1. 合理布局图形

用移动命令等调整各个图形在图框中的位置，注意支座、钢筋及 A 大样图的合理布局。

2. 调整定位线、辅助线及标注

对图形对象的各辅助线、定位线、标注等都可通过打断命令或拉长命令及夹点编辑命令调整到合适的位置，以使图形看起来更合理，更协调，更美观。

3. 检查整张图纸并完善

检查整张图纸，删除不用保留的辅助线，检查核实图纸的内容，确保图中所示内容完整、正确。

步骤八　保存图形文件并退出

保存图形，图形文件保存名称为"桥墩支座布置图.dwg"。

知识链接

一、支座基础知识

支座通常设置在梁端底面与墩台顶面之间，与上、下部结构牢固连接。它的作用是把上部结构的各种荷载传递到墩台上，适应活载、温度变化、混凝土收缩和徐变等因素所产生的位移，并使桥梁的实际受力情况符合结构计算图式。

图 8-200 为几种常见橡胶支座实物图片。

板式橡胶支座

四氟板式橡胶支座

盆式橡胶支座

高阻尼隔震支座

球形支座

铅芯隔震橡胶支座

四孔网架橡胶支座

图 8-200　常见橡胶支座图片

二、支座的图示特点

（一）支座平面图示

支座平面图示如图 8-201 所示。

　　　　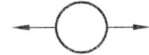　　　　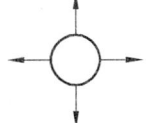

（a）固定支座　　　　（b）单向活动支座　　　　（c）多向活动支座

图 8-201　支座平面图示

（二）支座立面图示

支座立面图示如图 8-202 所示。

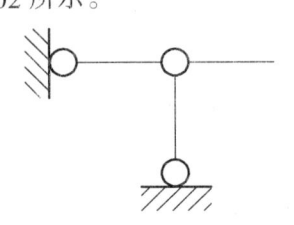　　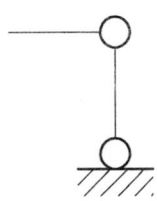

（a）固定支座　　　（b）活动支座

图 8-202　支座立面图示

任务拓展

【8-7-1】绘制如图 8-203 所示的桥墩支座布置图。

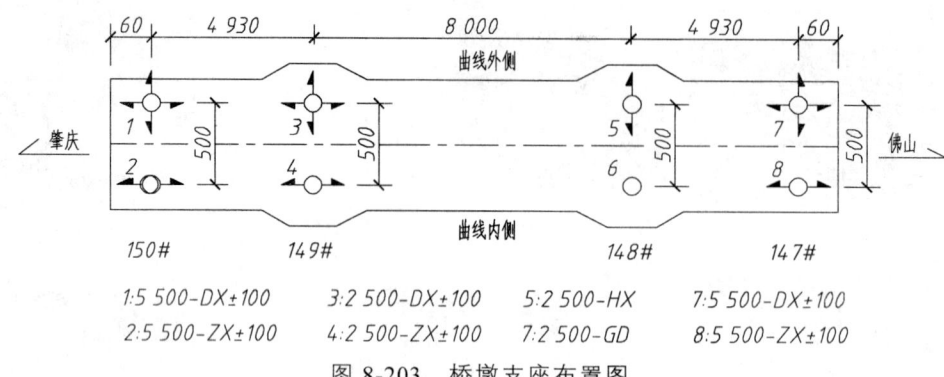

图 8-203　桥墩支座布置图

项目九　绘制隧道洞门图、洞身衬砌图

本项目通过以下任务,学习用 AutoCAD 绘制隧道洞门图、洞身衬砌图。

项目九检测评价

【学习任务】
- 任务一　绘制翼墙式隧道洞门图
- 任务二　绘制直墙式隧道衬砌断面图

【项目目标】
- 能够按照制图规范设置绘图环境。
- 能够识读隧道洞门图、洞身衬砌图。
- 能够按照制图规范绘制隧道洞门图、洞身衬砌图。
- 能够规范标注尺寸及注写文字。
- 培养规范操作、耐心细致、严谨求实、互助协作的职业素质。

任务一　绘制翼墙式隧道洞门图

任务目标

- 能够按照制图规范设置绘图环境。
- 能够识读翼墙式隧道洞门图。
- 能够按照制图标准绘制翼墙式隧道洞门图。
- 能够创建标注样式和文字样式,并能够规范地标注尺寸及注写文字。
- 培养规范操作、耐心细致、严谨求实、互助协作的职业素质。

任务内容

绘制如图 9-1 所示的翼墙式隧道洞门图。图 9-1 中 A 详图、4—4 剖面图及 5—5 断面图参见图 9-2 洞门内外侧沟连接图和图 9-3 洞门外侧沟图。衬砌断面图的各部分尺寸参见本项目任务二。

任务分析

图 9-1 所示的翼墙式直边墙隧道洞门图,包括两个基本投影图正面图、平面图,沿隧道中心线竖直

剖切的 1—1 剖面图，两个翼墙断面图 2—2 和 3—3，表达了隧道洞门各部分（端墙、翼墙和排水系统）的结构形状和大小。

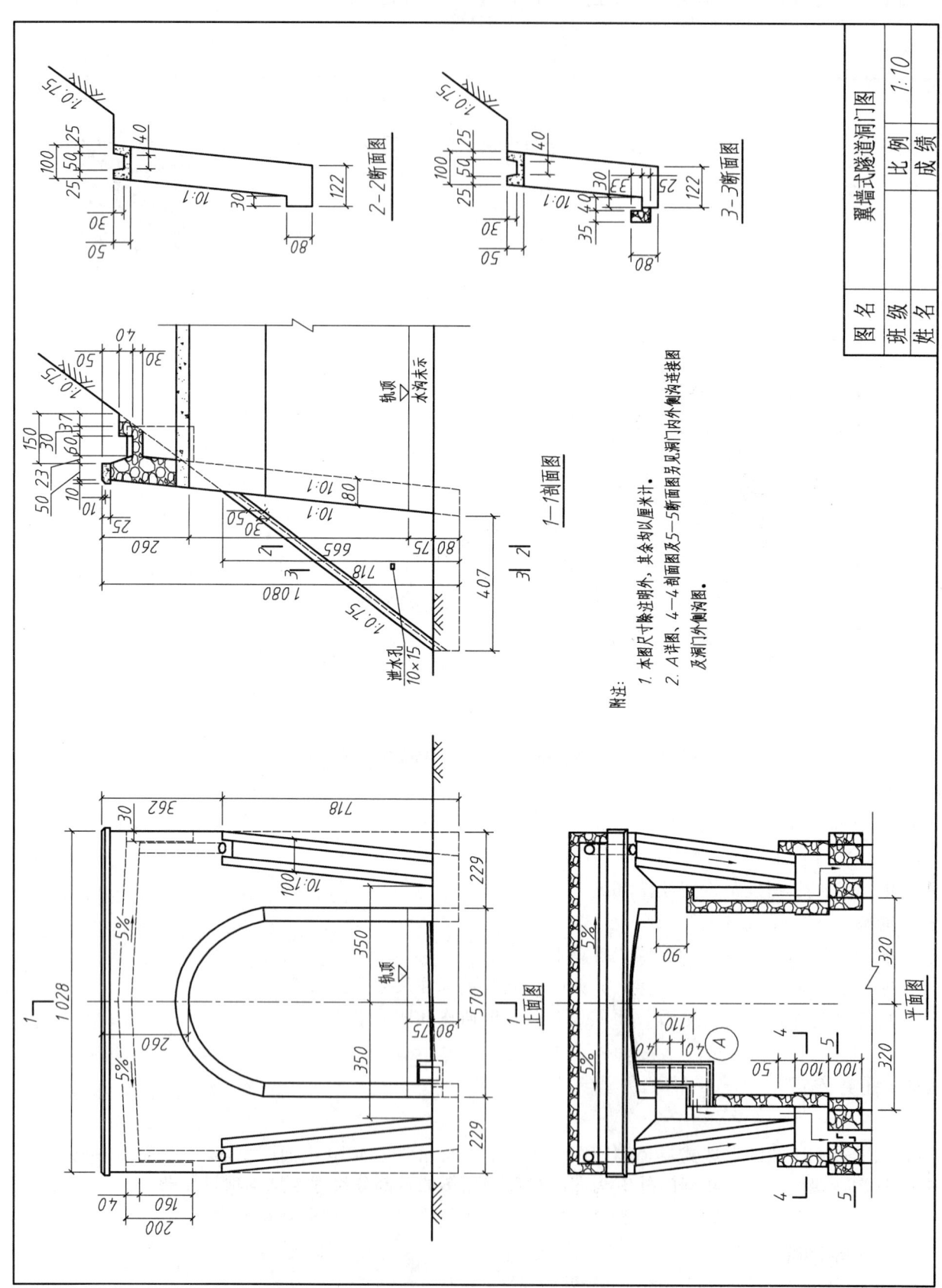

图 9-1　翼墙式隧道洞门图

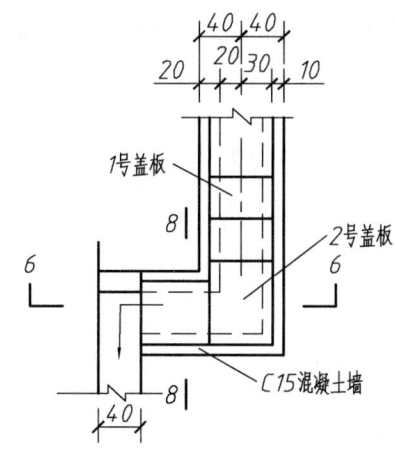
（a）A详图（比例1:5）

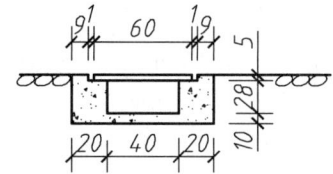
（b）8—8剖面图（比例1:5）

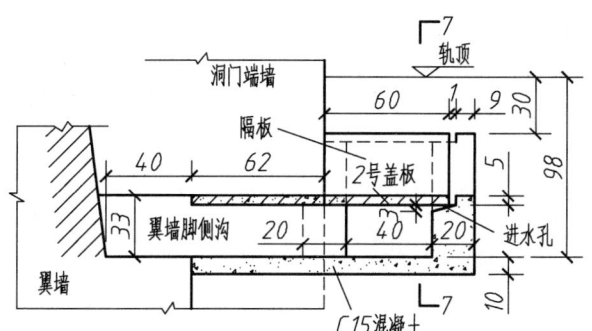
（c）6—6剖面图（比例1:2）

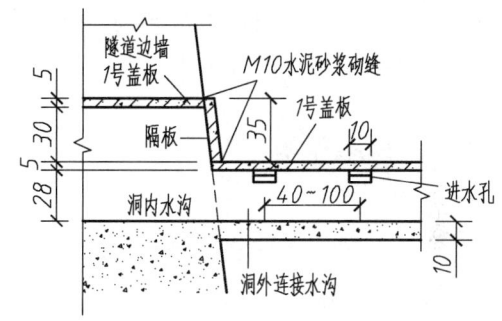
（d）7—7剖面图（比例1:2）

图 9-2　洞门内外侧沟连接图

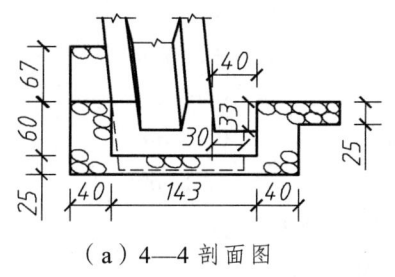
（a）4—4剖面图　　（b）5—5断面图

图 9-3　洞门外侧沟图

正面图所表达的内容有：端墙的长度为1028 cm，高度为718 cm+362 cm=1 080 cm；端墙顶上设有顶帽，顶帽形状为带有倒角的长方体；端墙背后有排水沟（虚线表示），从洞顶向两旁倾斜，坡度为5%，沟深40 cm；端墙顶排水沟两端均有挡水的短墙（虚线表示），短墙厚为30 cm，高为200 cm；端墙两边各有一堵翼墙，墙顶设有排水沟，翼墙垂直高度为718 cm，厚度为100 cm，坡度为10:1；端墙顶排水沟和翼墙顶排水沟是相连的，汇集于端墙顶排水沟里的水可以通过水管流入翼墙顶排水沟；洞门衬砌为长方形直边墙加圆弧拱圈，总宽570 cm，内侧拱顶距离端墙顶帽上端为260 cm，直边墙外缘距离端墙外缘为229 cm，另外，左侧直边墙底部设有排水沟；端墙、翼墙基础的高度为80 cm，轨顶距离地平线的高度为75 cm。

平面图所表达的内容有：端墙及其顶帽、排水沟、挡水端墙，翼墙及其排水沟，洞门衬砌的平面形状和位置，以及洞门处排水沟走向及连接情况。

1—1剖面图所表达的内容有：端墙的水平厚度为80 cm，倾斜度10:1；端墙顶帽厚度为25 cm，宽度为50 cm+10 cm，顶帽上部除后边外，其余三边均做成10 cm×10 cm的倒角；端墙顶排水沟的沟底宽度为60 cm，深度为40 cm；翼墙形状大致为一个三棱柱，垂直高度为718 cm，翼墙面的中下部有一个10 cm×15 cm的泄水孔，用来排除翼墙背面的积水；翼墙顶排水沟深度为30 cm，仰坡的坡度为1:

0.75，与端墙顶面仰坡的坡度一致；洞门衬砌内侧拱顶距离轨顶 665 cm，距离端墙顶帽上端 260 cm；端墙、翼墙基础的高度为 80 cm，轨顶距离地平线的高度为 75 cm。

2—2 断面图和 3—3 断面图所表达的内容有：翼墙的厚度 100 cm，倾斜度 10∶1；翼墙顶部排水沟的沟槽断面形状为梯形，槽顶宽度为 50 cm，槽底宽度为 40 cm，深度为 30 cm；翼墙基础高度为 80 cm，厚度为 122 cm；3—3 断面图中，基础在前方加厚，墙角处有一个宽 40 cm、深 33 cm 的水沟。

要完成图 9-1~图 9-3 所示图形的绘制，可通过以下思路来完成：

（1）新建文件和设置绘图环境。
（2）选用图幅 A3 横向图框并确定绘图比例为 1∶10。
（3）绘制正面图、1—1 剖面图、2—2 断面图、3—3 断面图及平面图。
（4）设置标注样式，并标注尺寸。
（5）设置文本样式，并注写文字。
（6）插入图框，填写标题栏。
（7）检查图形，调整定位线的长度，合理布局图形。
（8）保存图形文件并退出。

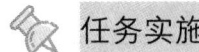 任务实施

步骤一　新建文件和设置绘图环境

1. 新建图形文件

利用前面任务建立的模板文件"ACAD 图层.dwt"新建图形文件，添加图层、图块、修改文字样式、标注样式等内容，建立新的绘图环境。设置图层如下：

图层名称	图层颜色	线型	线宽
粗实线	白色	Continuous	0.35 mm
中心线	红色	CENTER	0.15 mm
标注	绿色	Continuous	0.15 mm
文字	青色	Continuous	0.15 mm
虚线	洋红色	ACAD_ISO02W100	默认
剖面线	蓝色	Continuous	默认
细实线	白色	Continuous	默认

2. 设置图形界限

设置图形界限为 4 200×2 970。

步骤二　选用图纸，确定绘图比例及文本

1. 选用图纸并确定绘图比例

选用 A3 图纸出图，若以厘米为单位绘制翼墙式隧道洞门图，估算出应该选用的绘图比例为 1∶10。

2. 确定文本

根据绘图比例，出图时的字高分别设置为：文字标注字高为 35，标题栏中图名、班级、比例等的字高定义为 50，图形中的文字标注或说明及表格中的文字、数字定义为 35（均以标准字高乘以绘图比例）。

步骤三　绘制翼墙式隧道洞门图

1. 绘制正面图

（1）切换到中心线层，用直线命令 LINE 绘制隧道中心线。切换到粗实线层，从中心线下端点向上追踪 80 绘制地面线。中心线绘制 1080 即可。

（2）用直线命令 LINE 绘制端墙顶帽左半边和线段 FH，如图 9-4 所示。

提示：可从隧道中心线上端点开始绘制，顶帽高度、倒角尺寸及线段 FH 长度可由 1—1 剖面图读出。

（3）用直线命令 LINE 和复制命令 COPY 绘制翼墙左半边，如图 9-4 所示。细部尺寸可由 2—2 断面图或 3—3 断面图读出。

命令：_LINE	//启动直线命令
指定第一个点：718	//从 H 点开始追踪 718，作为起始点 E
指定下一点或 [放弃（U）]：@63.8，-638	//输入 A 点相对于 E 点的相对坐标
指定下一点或 [闭合（C）/放弃（U）]：	//按回车键，结束命令
命令：_COPY	//启动复制命令
选择对象：	//选择线段 EA
指定基点或 [位移（D）/模式（O）]<位移>：	//单击 E 点
指定第二个点或 [阵列（A）]<使用第一个点作为位移>：25	//向右拖动鼠标，输入复制距离
指定第二个点或 [阵列（A）/退出（E）/放弃（U）]<退出>：75	//向右拖动鼠标，输入复制距离
指定第二个点或 [阵列（A）/退出（E）/放弃（U）]<退出>：100	//向右拖动鼠标，输入复制距离
指定第二个点或 [阵列（A）/退出（E）/放弃（U）]<退出>：	//按回车键结束命令

（4）用直线命令 LINE 和关键点拉伸命令绘制线段 ED、CB、KL，如图 9-4 所示。

提示：绘制线段 KL 时，K 点和 D 点垂直距离可由 2—2 断面图或 3—3 断面图读出。另外，由于翼墙顶部排水沟沟槽的槽顶和槽底宽度接近，为取得清晰的绘图效果，沟槽可进行简化绘制，图中线段 KL 尺寸画成槽顶宽度 50 即可。

（5）用打断于点命令 BREAK 打断线段 FH，打断点为 E 点，将线段 EH 设置为虚线，如图 9-4 所示。

（6）切换到虚线层，用直线命令 LINE、复制命令 COPY 绘制端墙顶排水沟和挡水短墙，如图 9-5 所示。

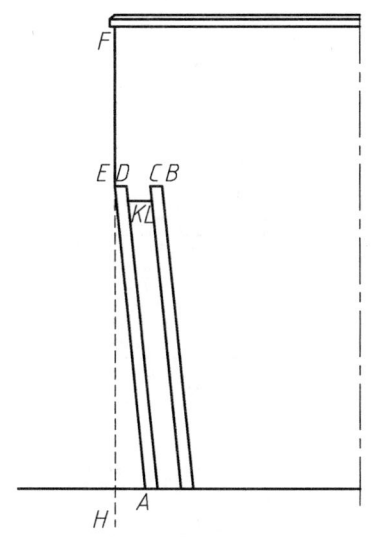

图 9-4　洞门正面图步骤（1~5）绘制效果

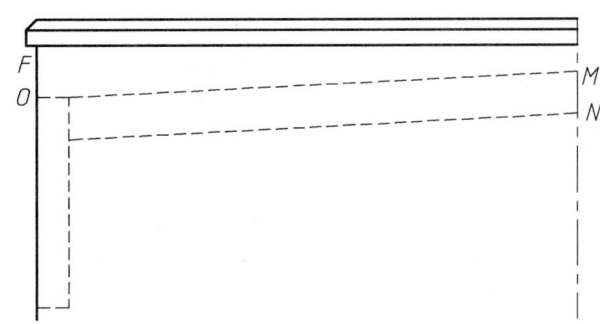

图 9-5　洞门正面图步骤 6 绘制效果

提示：排水沟位于洞顶的位置可由 1—1 剖面图读出，挡水短墙起始位置可由坡度 5%及相关尺寸计算得出。

命令：_LINE	//启动直线命令
指定第一个点：50	//从隧道中心线上端点向下追踪 50，作为起始点 M
指定下一点或 [放弃（U）]：@-514，-25.7	//输入 O 点相对于 M 点的相对坐标
指定下一点或 [闭合（C）/放弃（U）]：	//按回车键，结束命令

```
命令：_COPY                                              //启动复制命令
选择对象：                                                //选择线段 MO
指定基点或 [位移（D）/模式（O）]<位移>：                  //单击 M 点
指定第二个点或 [阵列（A）/退出（E）/放弃（U）]<退出>：40  //向下拖动鼠标，输入复制距离
指定第二个点或 [阵列（A）/退出（E）/放弃（U）]<退出>：    //按回车键结束命令
命令：_LINE                                              //启动直线命令
指定第一个点：1.5                                        //从 O 点向上追踪 1.5，作为挡水短墙位置起始点
指定下一点或 [放弃（U）]：30                             //向右拖动鼠标，输入挡水短墙厚度
指定下一点或 [闭合（C）/放弃（U）]：200                  //向下拖动鼠标，输入挡水短墙高度
指定下一点或 [放弃（U）]：30                             //向左拖动鼠标，输入挡水短墙厚度
指定下一点或 [闭合（C）/放弃（U）]：                    //按回车键结束命令
```

（7）用关键点拉伸命令调整端墙顶排水沟长度，用直线命令 LINE 和椭圆命令 ELLIPSE 绘制排水管示意图，如图 9-6 所示。

（8）切换到粗实线层，用直线命令 LINE、圆弧命令 ARC、偏移命令 OFFSET、延伸命令 EXTEND 绘制洞门衬砌断面图，如图 9-6 所示。绘制方法参见本项目任务二任务实施步骤。

（9）切换到虚线层，用直线命令 LINE、延伸命令 EXTEND、打断于点命令 BREAK、关键点拉伸命令绘制地面线以下虚线部分，如图 9-7 所示。

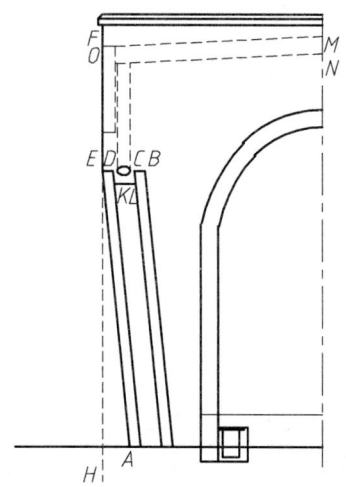 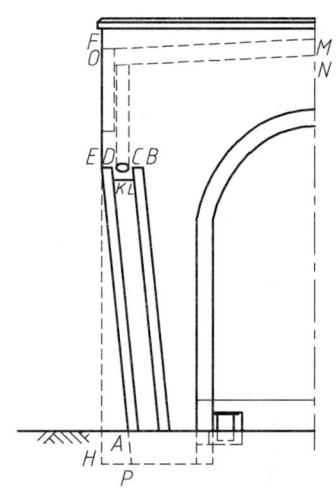

图 9-6　洞门正面图步骤（7）~（8）绘制效果　　图 9-7　洞门正面图步骤（9）~（10）绘制效果

> 提示：线段 EA 先延伸到 P 点，然后在 A 点打断，最后将线段 AP 设置为虚线。打断直边墙和墙角排水沟线段时，打断点均选择线段与地平线的交点。

（10）切换到剖面线层，用图案填充命令 HATCH 绘制土壤图例，如图 9-7 所示。

提示：绘制土壤图例时，可用直线命令 LINE 先画出三条辅助线，和地平线形成一个闭合区域，再进行填充，然后删除辅助线。填充图案选择 AR-PARQ1，角度设置为 45，比例设置为 0.3。

（11）用镜像命令 MIRROR 绘制洞门正面图右半边，用关键点拉伸命令调整中心线长度，如图 9-8 所示。

（12）切换到粗实线图层，用直线命令 LINE、复制命令 COPY 和打断于点命令 BREAK 绘制线路道床铺底的两条斜线，如图 9-8 所示。绘制方法参见本项目任务二任务实施步骤。

> 提示：将两条斜线中的下方斜线打断，打断点为该斜线与地平线交点，并将地平线以下的线段设置为虚线。

2. 绘制 1—1 剖面图

（1）切换到粗实线层，用直线命令 LINE 绘制地面线，如图 9-9 所示。

> 提示：为满足三视图"高平齐"原则，注意要从正面图地面线右端点追踪合适距离开始画。

（2）用直线命令 LINE、复制命令 COPY 和关键点拉伸命令绘制端墙、顶帽、端墙顶部排水沟，如图 9-9 所示。

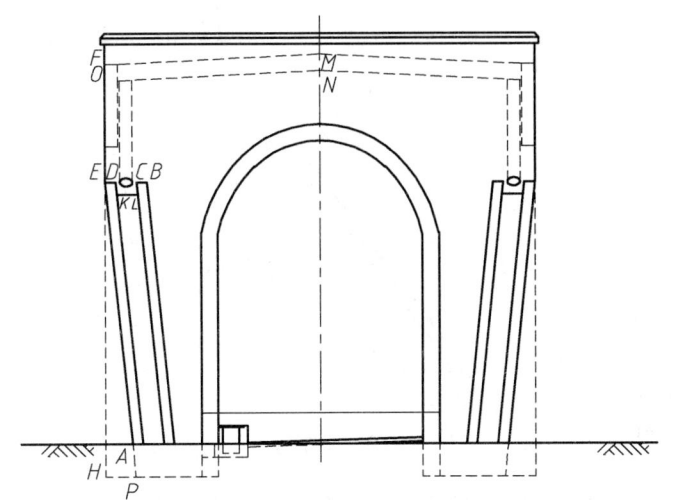

图 9-8　洞门正面图步骤（11）~（12）绘制效果

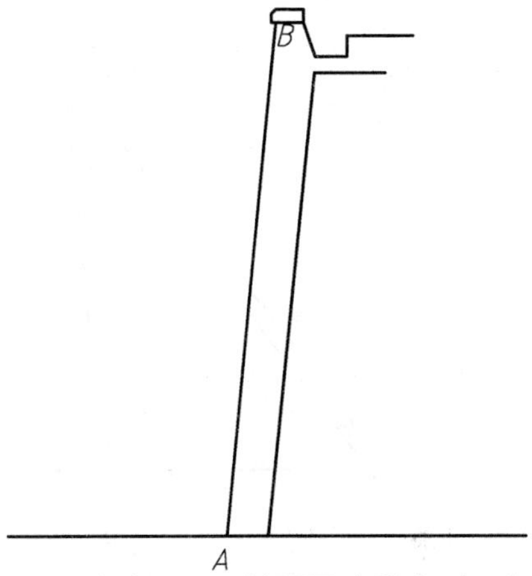

图 9-9　洞门 1—1 剖面图步骤（1）~（2）绘制效果

绘制线段 AB 方法如下，其余略。

命令：_LINE	//启动直线命令
指定第一个点：415	//从地平线左端点开始追踪 415，作为端墙起始点 A
指定下一点或 [放弃（U）]：@97.5，975	//输入 B 点相对于 A 点的相对坐标
指定下一点或 [闭合（C）/放弃（U）]：	//按回车键结束命令

（3）切换到 0 层，用构造线命令 XLINE 绘制水平投影线，如图 9-10 所示。

> 提示：5 条水平投影线分别通过正面图挡水短墙 X1 点，拱圈 X2、X3 点，翼墙 X4 点，直边墙内侧 X5 点。由于直边墙内、外侧上端点投影线几乎重合，为取得清晰的绘图效果，只画出内侧投影线即可。

（4）切换到粗实线层，用直线命令 LINE 绘制 FH、TW、MN、LP、RS 线段。切换到虚线层，绘制挡水短墙虚线部分，如图 9-10 所示。

提示：建议将 MN、LP、RS 线段绘制成等长。挡水短墙高度可由正面图读出。

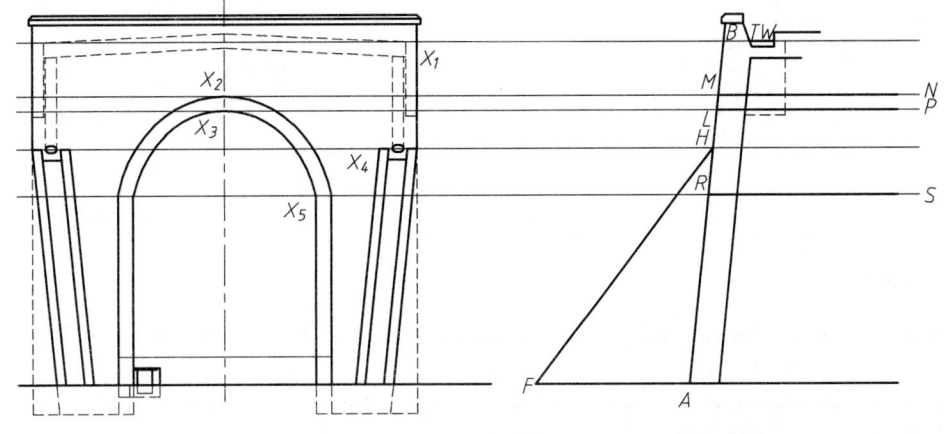

图 9-10　洞门 1—1 剖面图步骤（3）~（4）绘制效果

（5）用偏移命令 OFFSET 和复制命令 COPY 绘制翼墙顶排水沟另外两条线，并将中间那条线设置为虚线,如图 9-11 所示。

(6)切换到虚线层,用直线命令 LINE、延伸命令 EXTEND、打断于点命令 BREAK 和关键点拉伸命令绘制地面线以下部分,如图 9-12 所示。

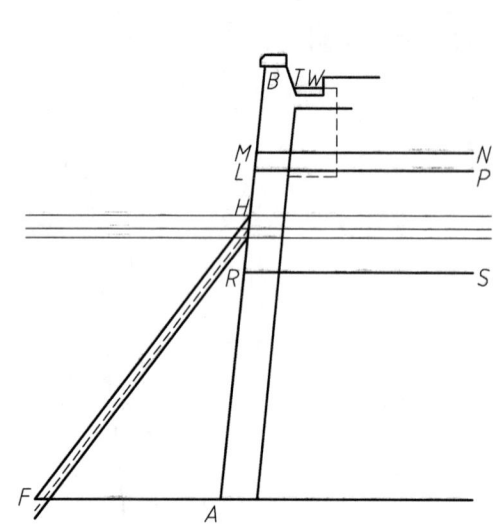

图 9-11 洞门 1—1 剖面图步骤 5 绘制效果

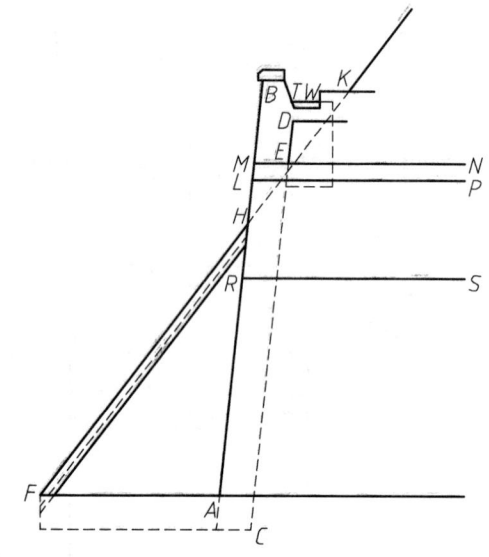

图 9-12 洞门 1—1 剖面图步骤(6)~(7)绘制效果

(7)用延伸命令 EXTEND 和打断于点命令 BREAK 绘制线段 HK,用打断于点命令 BREAK 将线段 CD 在 E 点打断,将 EC 线段设置为虚线,如图 9-12 所示。

> 提示:将线段 FH 延伸到适当位置,再将线段 FK 在 H 点和 K 点打断,将线段 HK 设置为虚线。

(8)切换到粗实线层,用直线命令 LINE 绘制泄水孔。切换到细实线层,用直线命令 LINE 绘制折断线。切换到剖切线层,用图案填充命令 HATCH 绘制剖面图案。如图 9-13 所示。

> 提示:三个填充图案和比例分别为:图案 AR-CONC,比例 0.15;图案 GRAVEL,比例 3;图案 AR-CONC,比例 0.4。

(9)用复制命令 COPY 和旋转命令 ROTATE 绘制土壤图例。用关键点拉伸命令调整相应线段长度。如图 9-13 所示。

> 提示:可将正面图中土壤图例复制到 F 点和 K 点,再将 K 点处的土壤图例进行旋转,旋转基点为 K 点,指定旋转角度时,捕捉 X 点即可。

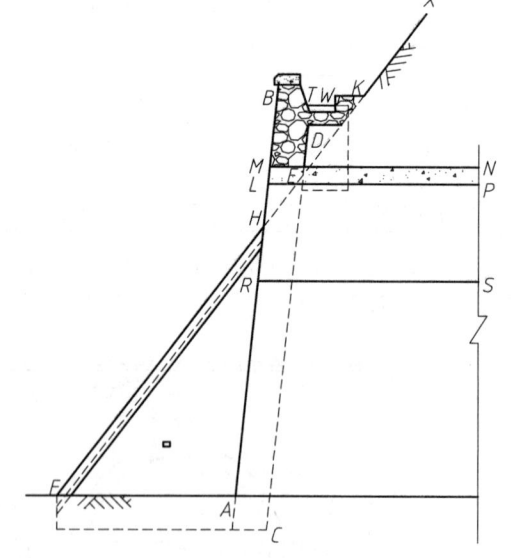

图 9-13 洞门 1—1 剖面图步骤(8)~(9)绘制效果

3. 绘制平面图

(1)用复制命令 COPY 复制 1—1 剖面图到适当位置,用旋转命令 ROTATE 将其旋转 90°,如图 9-14 所示。

> 提示:复制和旋转后,可用移动命令 MOVE 调整到合适位置。

(2)切换到 0 层,用构造线命令 XLINE 绘制水平和垂直辅助线,如图 9-14 所示。

提示：水平辅助线通过旋转的 1—1 剖面图中端墙顶帽的 A 点。为满足三视图"长对正"原则，注意垂直辅助线要通过正面图中心线上的点。

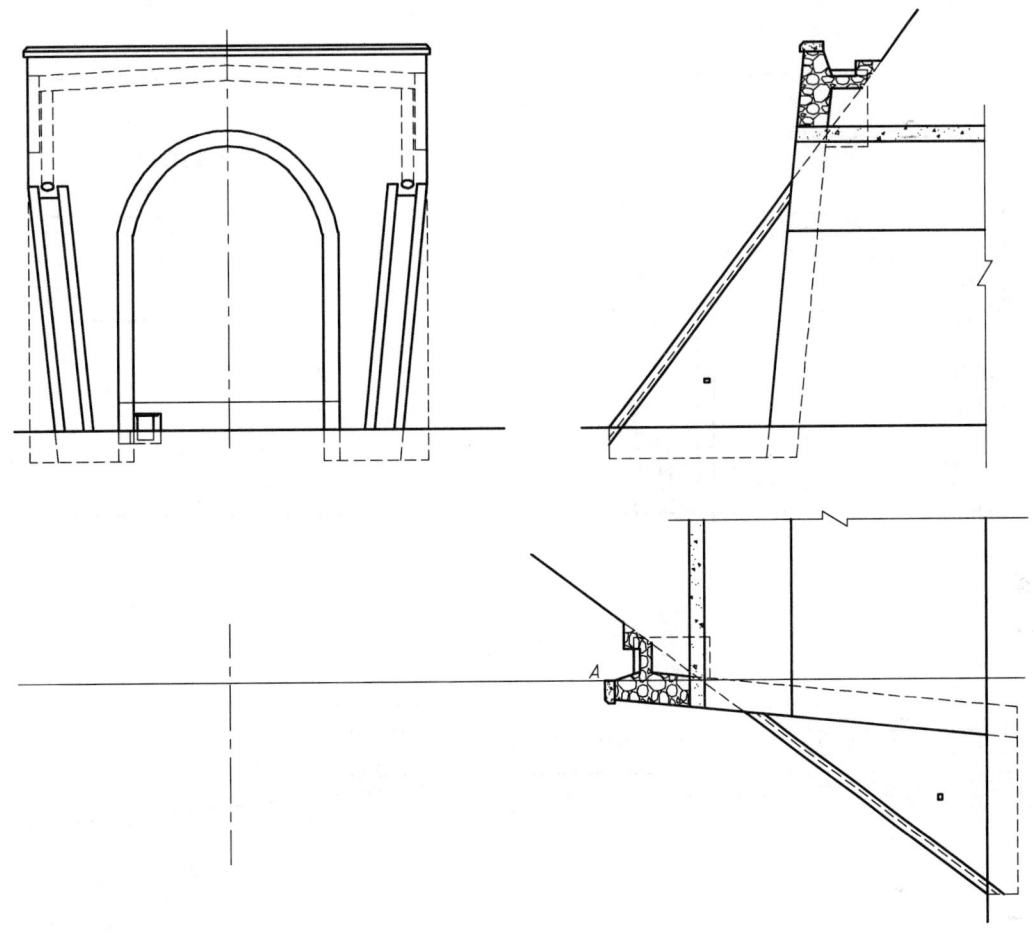

图 9-14　洞门平面图步骤（1）~（2）绘制效果

（3）切换到粗实线层，从两条辅助线交点处开始，用直线命令 LINE、偏移命令 OFFSET 和关键点拉伸命令绘制端墙顶帽、排水沟、挡水端墙的平面图形左半边，如图 9-15 所示。

提示：各部分的长度尺寸可由正面图读出，宽度尺寸可由 1—1 剖面图读出。

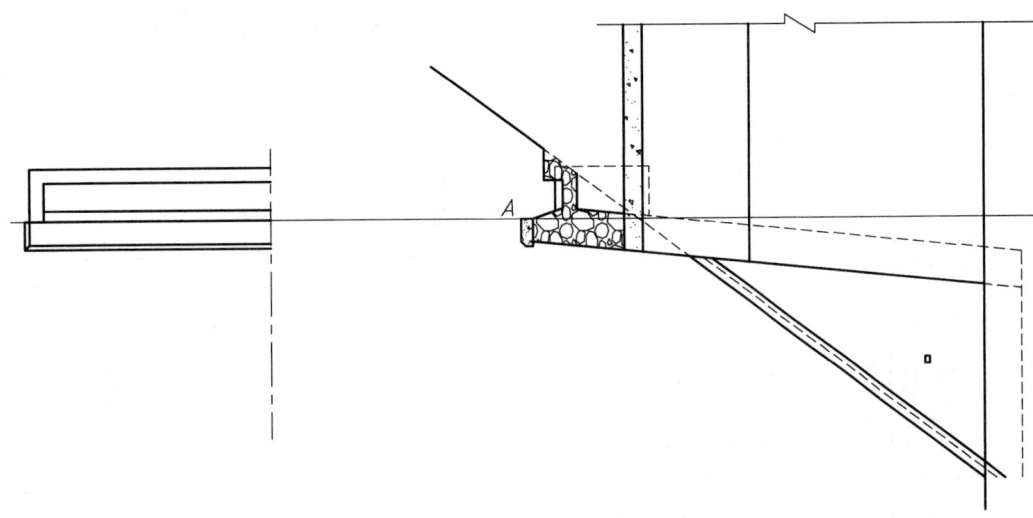

图 9-15　洞门平面图步骤 3 绘制效果

（4）删除上一步骤中的辅助线。切换到中心线层，用直线命令 LINE 绘制平面图中心线。切换到 0 层，用构造线命令 XLINE 绘制水平和垂直辅助线，如图 9-16 所示。

提示：四条水平辅助线分别通过旋转的 1—1 剖面图中翼墙的 B 点、C 点和 F 点，以及端墙的 E 点，垂直辅助线通过正面图中翼墙的 D 点。

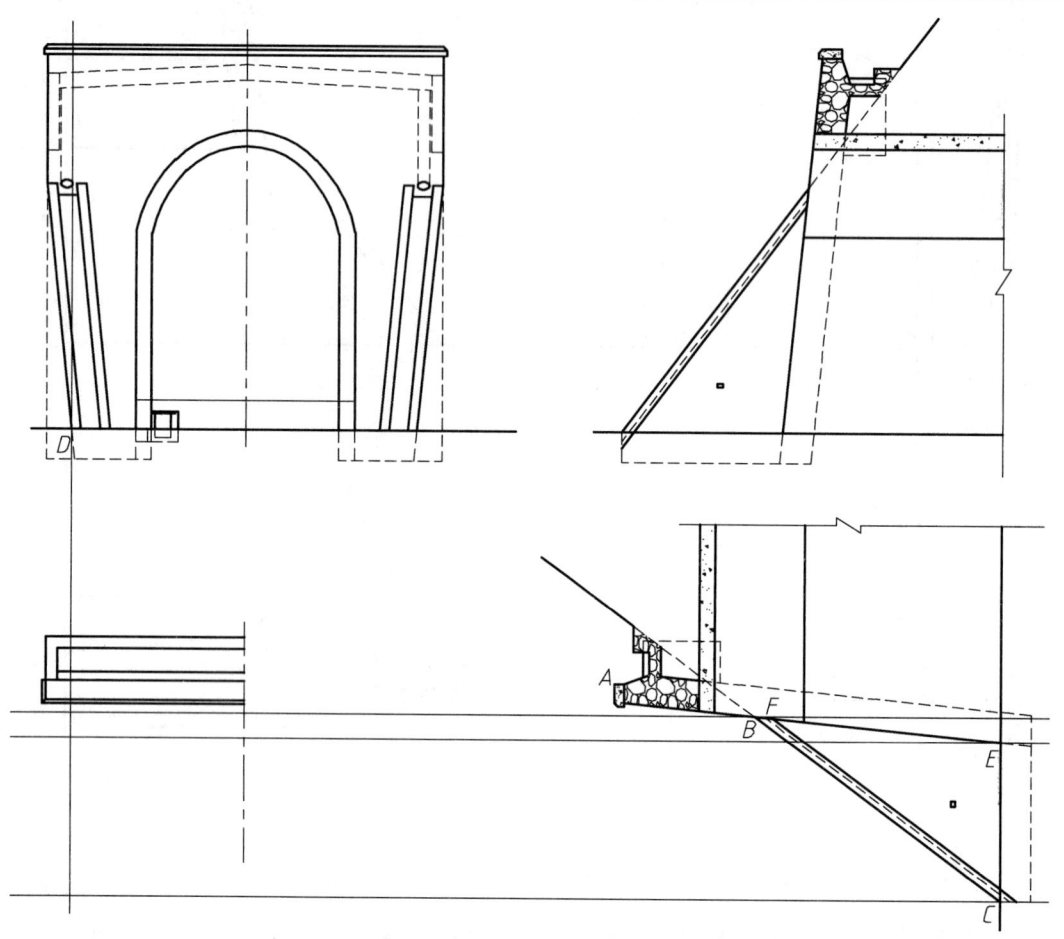

图 9-16　洞门平面图步骤 4 绘制效果

（5）切换到粗实线层，用直线命令 LINE、复制命令 COPY 绘制翼墙的平面图形左半边，如图 9-17 所示。

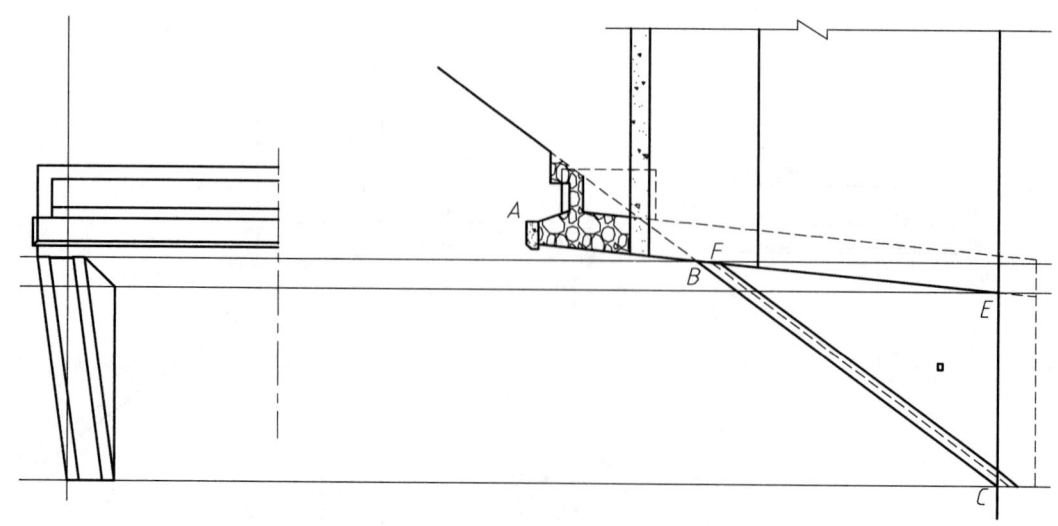

图 9-17　洞门平面图步骤 5 绘制效果

（6）删除上一步骤中的辅助线。切换到 0 层，用构造线命令 XLINE 绘制水平和垂直辅助线。如图 9-18 所示。

> 提示：两条垂直辅助线分别通过正面图中直边墙的 M 点和 N 点，水平辅助线通过旋转的 1—1 剖面图中的 H 点。

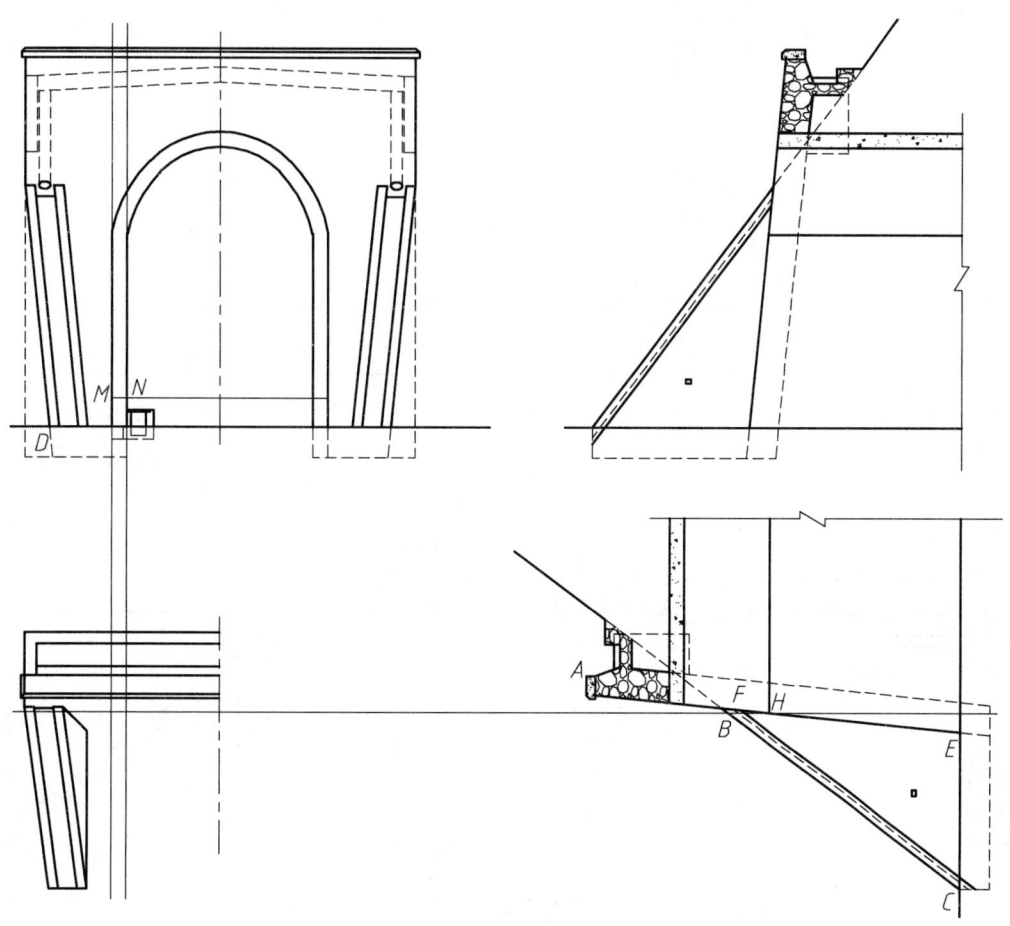

图 9-18　洞门平面图步骤 6 绘制效果

（7）切换到粗实线层，用直线命令 LINE 绘制线段 KL、ST 和 LP。切换到粗实线和虚线层，用直线命令 LINE、圆命令 CIRCLE 和椭圆命令 ELLIPSE 绘制排水管示意图的平面图形。如图 9-19 所示。

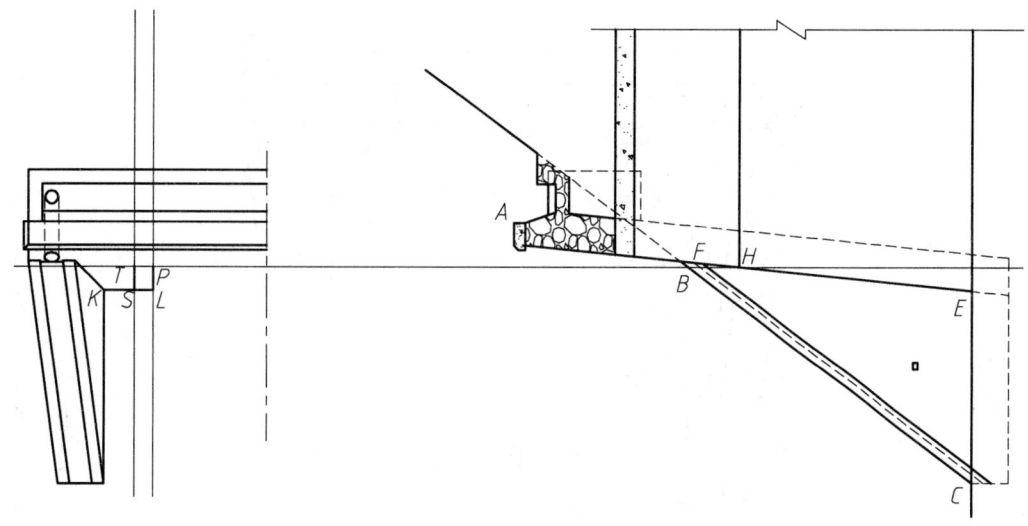

图 9-19　洞门平面图步骤 7 绘制效果

（8）删除上一步骤中的辅助线。用镜像命令 MIRROR 绘制平面图右半边，如图 9-20 所示。

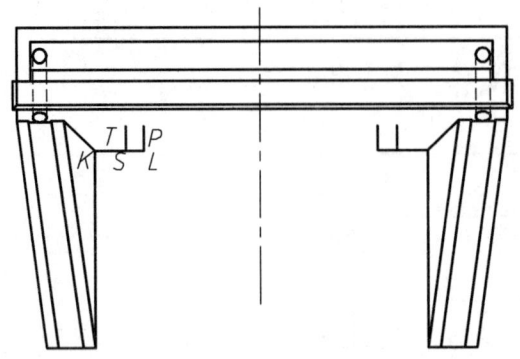

图 9-20　洞门平面图步骤 8 绘制效果

（9）切换到 0 层，用构造线命令 XLINE 绘制水平投影线，如图 9-21 所示。

提示：两条水平投影线分别通过旋转的 1—1 剖面图中的 R 点和 W 点。

（10）切换到粗实线层，用圆弧命令 ARC 绘制拱圈的平面图形，如图 9-21 所示。

提示：用指定起点、第二点、端点方法绘制两个圆弧，第二点为投影线与中心线的交点。

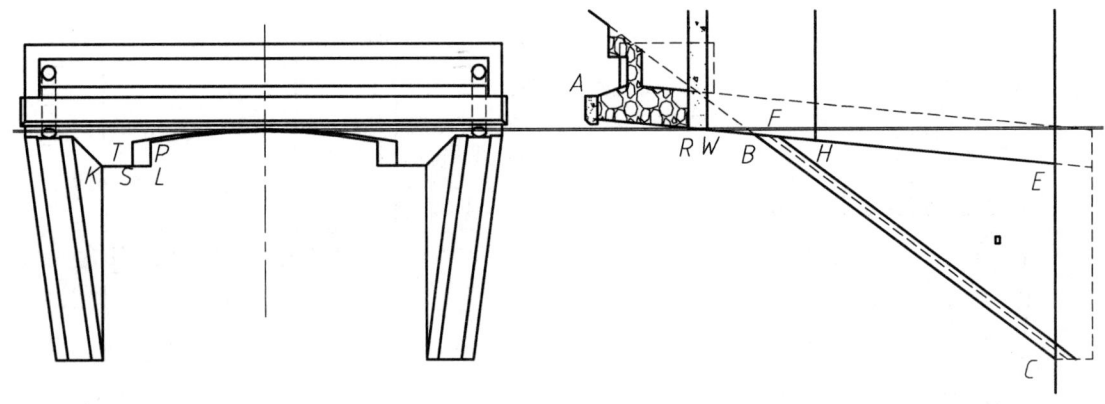

图 9-21　洞门平面图步骤（9）~（10）绘制效果

（11）删除上一步骤中的辅助线。切换到粗实线层，用直线命令 LINE、偏移命令 OFFSET、镜像命令 MIRROR、关键点拉伸命令绘制洞门内外侧排水沟、汇水沟及路堑侧沟的平面图形，如图 9-22 所示。细部尺寸可从图 9-2（a）A 详图、图 9-3 及 3—3 断面图读出。

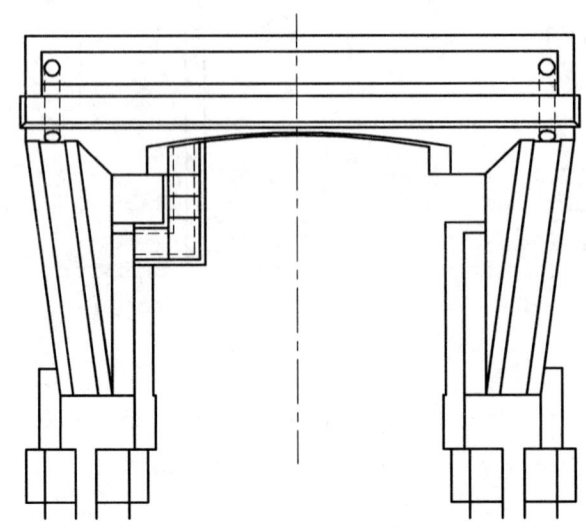

图 9-22　洞门平面图步骤 11 绘制效果

（12）切换到细实线层，用直线命令 LINE 绘制折断线，用快速引线命令 QLEADER 或多重引线命令 MLEADER 绘制带箭头直线。切换到剖切线层，用图案填充命令 HATCH 绘制剖面图案。如图 9-23 所示。

> 提示：用快速引线命令 QLEADER 绘制箭头，箭头大小由当前标注样式控制。用多重引线命令 MLEADER 绘制箭头，需先设置多重引线样式中箭头大小。

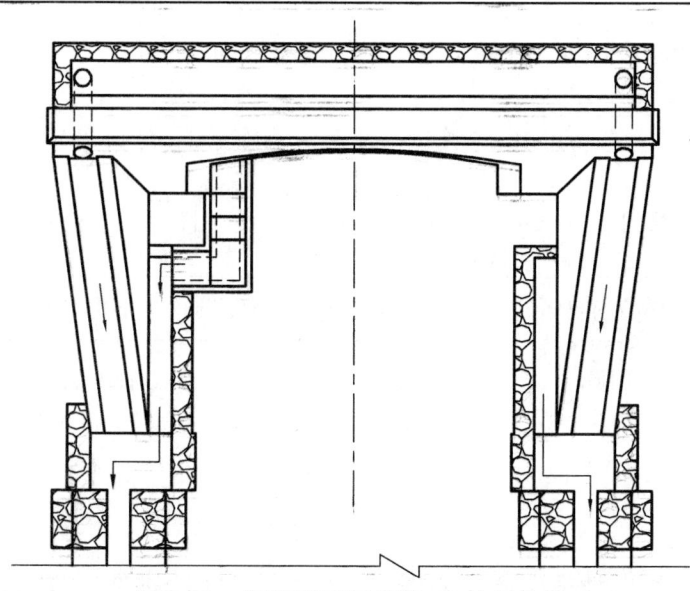

图 9-23　洞门平面图步骤 12 绘制效果

4. 绘制 2—2 断面图和 3—3 断面图

（1）切换到粗实线层，用直线命令 LINE、复制命令 COPY、图案填充命令 HATCH 和关键点拉伸命令绘制 2—2 断面图和 3—3 断面图，如图 9-24 所示。

（2）用复制命令 COPY 绘制 1：0.75 斜线，如图 9-25 所示。

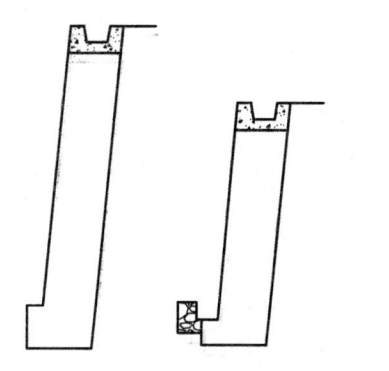
图 9-24　洞门断面图步骤 1 绘制效果

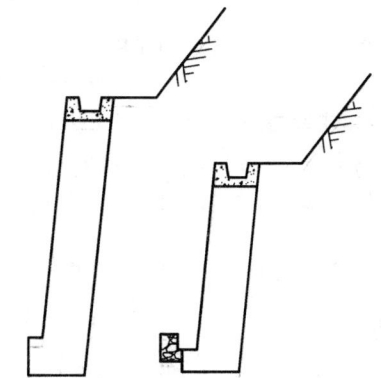
图 9-25　洞门断面图步骤 2 绘制效果

> 提示：可将 1—1 剖面图中端墙顶仰坡线复制过来。

步骤四　尺寸标注

1. 设置标注文字样式

（1）执行"格式"菜单→"文字样式"命令或单击样式工具栏上的 A 按钮或直接输入 ST 命令。

（2）在"Standard"样式基础上新建用于标注文字的样式，样式名为"标注文字"，此样式也可用于注写文字。

（3）"标注文字"样式字体设置：SHX 字体设置为"gbenor"，选中"使用大字体"复选框，"大字体"设置为"gbcbig",其余默认。

(4)将"标注文字"样式设置为当前样式。

2. 设置标注样式

(1)执行"格式"菜单中的"标注样式"命令或单击"注释"选项卡→"标注"功能区边上的 按钮或单击"样式"工具栏的 图标,打开"标注样式管理器"对话框,在"ISO-25"基础上新建标注样式,新样式名为"洞门1-10"。

(2)修改标注样式"洞门1-10"的"线"选项卡:"基线间距"值为7,"超出尺寸线"值为2,"起点偏移量"值为2。

(3)修改标注样式"洞门1-10"的"符号和箭头"选项卡:"箭头"为"建筑标记""箭头大小"值为1.5。

(4)修改标注样式"洞门1-10"的"文字"选项卡:"文字样式"为设置好的专门用于尺寸标注的文字样式"标注文字""文字"高度设置为3.5。

(5)修改标注样式"洞门1-10"的"调整"选项卡:在"标注特征比例"项中选中"使用全局比例"单选按钮,并设置全局比例因子为10。

(6)修改标注样式"洞门1-10"的"主单位"选项卡:设置"线性标注""单位格式"为小数,"精度"为0。

(7)把"洞门1-10"标注样式置为当前。

3. 标注尺寸

(1)切换到标注层,用线性标注命令DIMLINEAR、连续标注命令DIMCONTINUE、基线标注命令DIMBASELINE等对正面图、1—1剖面图、平面图、2—2断面图和3—3断面图的线性尺寸进行标注。

(2)用直线命令LINE和复制命令COPY绘制正面图和1-1剖面图中的两个标高符号。

(3)用快速引线命令QLEADER或多重引线命令MLEADER标注4个坡度。

> 提示:用快速引线命令QLEADER标注坡度,箭头大小和文字样式、文字高度均受当前标注样式控制。用多重引线命令MLEADER标注坡度,需先设置多重引线样式中箭头大小、文字样式及文字高度。

步骤五 注写文字

切换到文字层,使用当前文字样式"标注文字",用单行文字命令DTEXT或多行文字命令MTEXT注写文字,文字高度为35。

步骤六 插入图框,填写标题栏

1. 插入A3图框

插入A3图框(420×297)。图框放大10倍,方法同项目八。

2. 设置标题栏文字样式

新建文字样式"标题栏文字",字体名为"宋体",宽度因子为0.7。

3. 注写标题栏文字

使用文字样式"标题栏文字",用DT或MT命令注写标题栏中的文字,文字高度为50。在文字注写过程中可以采用COPY命令来提高注写速度。

步骤七 检查图形,调整定位线长度,合理布局图形。

步骤八 保存图形文件并退出

图形绘制过程中或完成后，都必须保存文件，文件名为"翼墙式隧道洞门图.dwg"。

📄 知识链接

一、概　述

当在山岭地区修建铁路（公路）时，为了减少土石方工程，保证车辆的平稳行驶和缩短里程，可考虑修筑隧道。隧道主要由洞门和洞身（衬砌）组成，此外还有避车洞、防水、排水及通风设备等。洞门位于隧道洞身的两端，是隧道的外露部分。隧道洞门的形式主要有端墙式、柱式、翼墙式和凸出式，如图9-26所示。

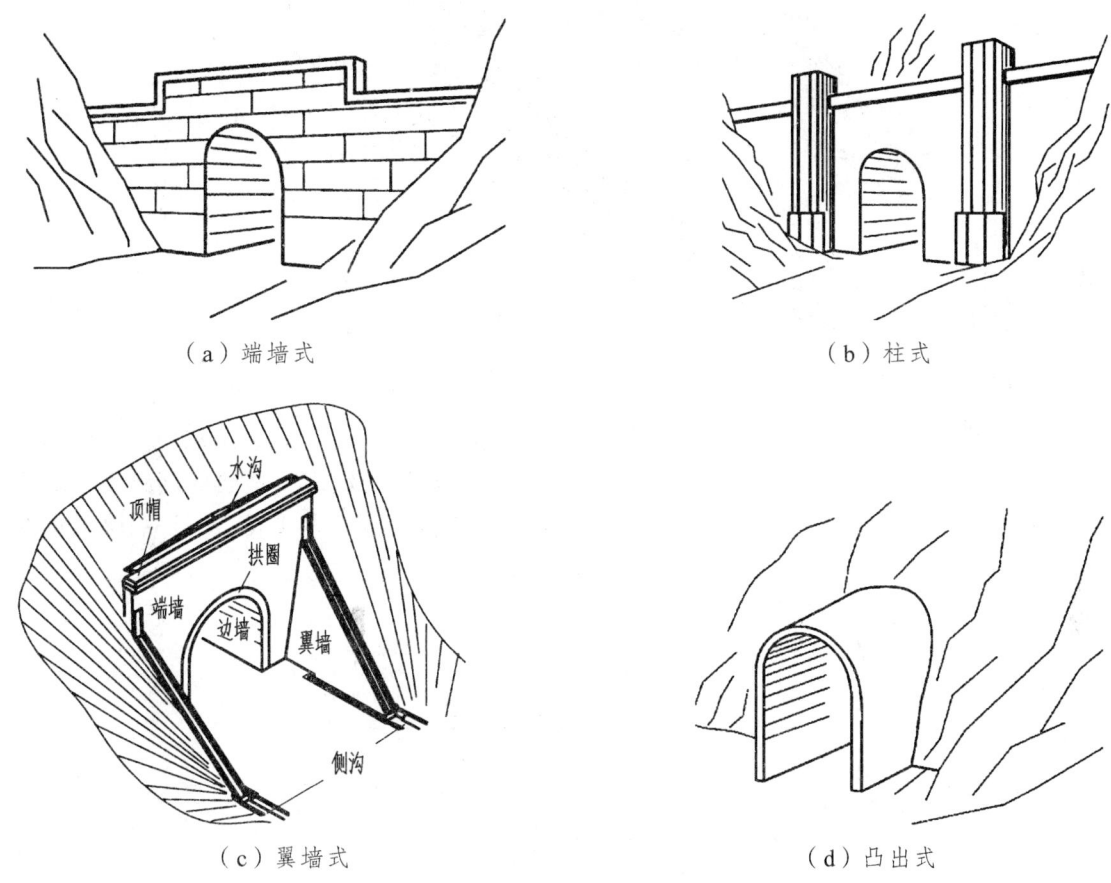

图 9-26　隧道洞门的形式

翼墙式隧道洞门，主要由端墙和翼墙组成。端墙用来保证仰坡稳定，并使仰坡上的雨水和落石不致掉到线路上。在端墙顶的后面，有端墙顶水沟，其两端有挡水短墙。在端墙上设有顶帽、在靠近洞身处有洞口衬砌，包括拱圈和边墙。在翼墙上设有排除墙后地下水的泄水孔，墙顶有排水沟。

洞门处的排水系统构造比较复杂，隧道内的地下水通过排水沟流入路堑侧沟内，洞顶地表水则通过端墙顶水沟、翼墙排水沟流入路堑侧沟。

二、隧道洞门的图示方法

隧道洞门各部分的结构形状和大小，是通过隧道洞门图来表达的。图9-1为某翼墙式隧道洞门图，共采用了两个基本投影图（正面图和平面图）、一个剖面图（1—1 剖面图）和两个断面图（2—2 断面和3—3 断面）。该图绘图比例为1∶10，绘图单位为厘米。图9-27为其构造示意图。

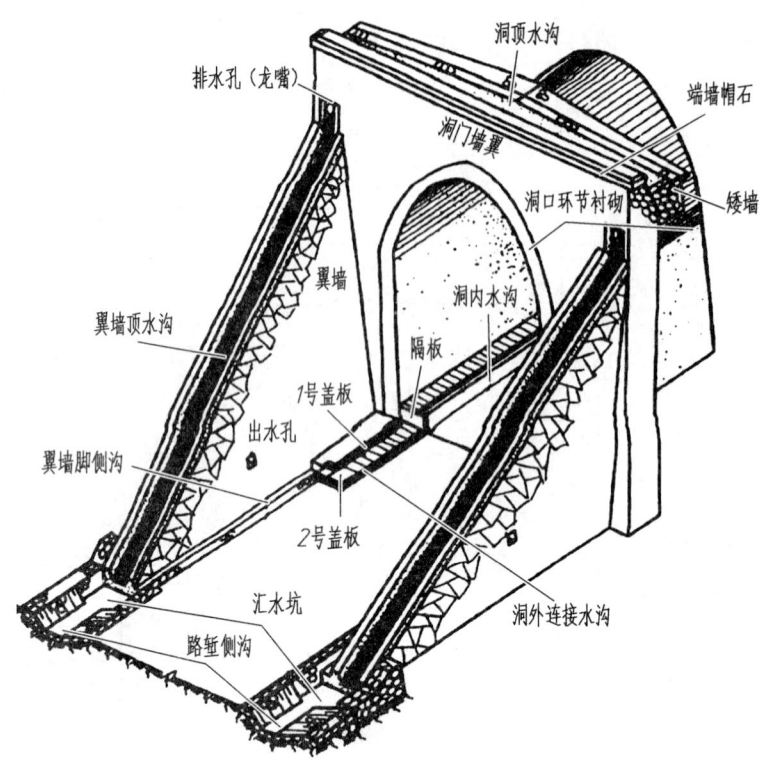

图 9-27　翼墙式隧道洞门的构造示意图

（一）正面图

正面图是顺着线路方向对隧道洞门进行投影形成，如图 9-28 所示。它表示洞门衬砌的形状和主要尺寸、端墙的高度和长度、端墙与衬砌的相对位置、端墙顶水沟的坡度、翼墙的倾斜度、端墙顶水沟与翼墙顶水沟的连接情况、洞内排水沟的位置及形状等。端墙上边用虚线表示的是端墙顶水沟和两端的短墙。

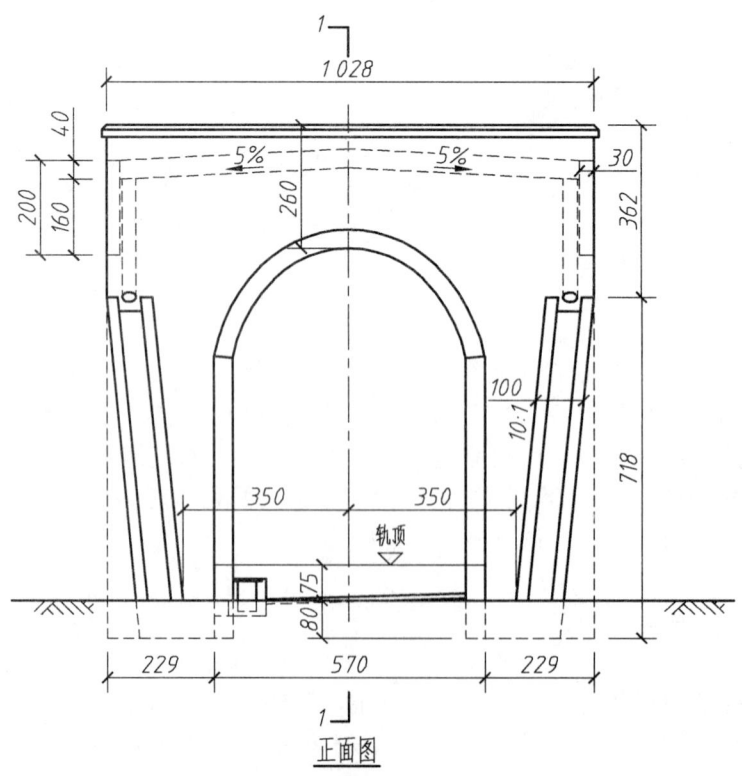

图 9-28　翼墙式洞门正面图

（二）平面图

平面图主要表示洞口平面的形状，端墙顶帽的形状和位置，洞顶及洞门处排水的布设及连接，如图 9-29 所示。排水系统的详细情况参见图 9-2 和图 9-3。

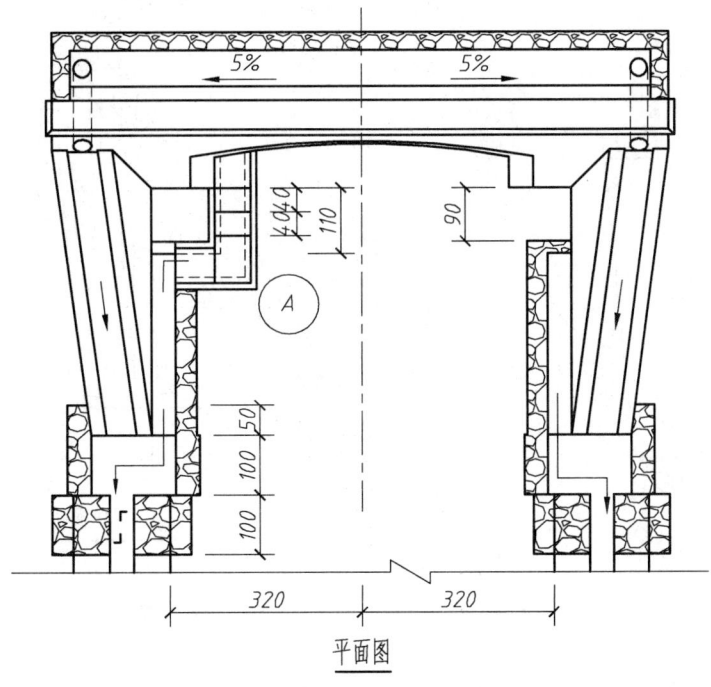

图 9-29 翼墙式洞门平面图

（三）1—1 剖面图

1—1 剖面图是沿隧道中心线剖切而得，剖切位置如图 9-28 所示。它表示了端墙的厚度和倾斜度、端墙顶水沟的断面形状和尺寸、翼墙顶排水沟及仰坡的坡度等，如图 9-30 所示。

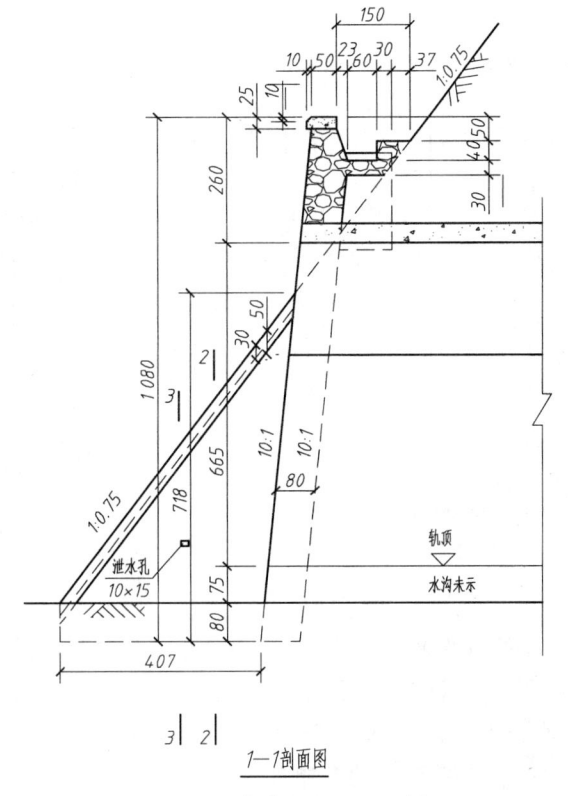

图 9-30 翼墙式洞门 1—1 剖面图

（四）2—2 断面图和 3—3 断面图

2—2 断面图和 3—3 断面图的剖切位置如图 9-30 所示。这两个断面图表示了翼墙的厚度、翼墙顶排水沟的断面形状和尺寸、翼墙的倾斜度、翼墙的基础以及底部水沟的形状和尺寸，如图 9-31 所示。

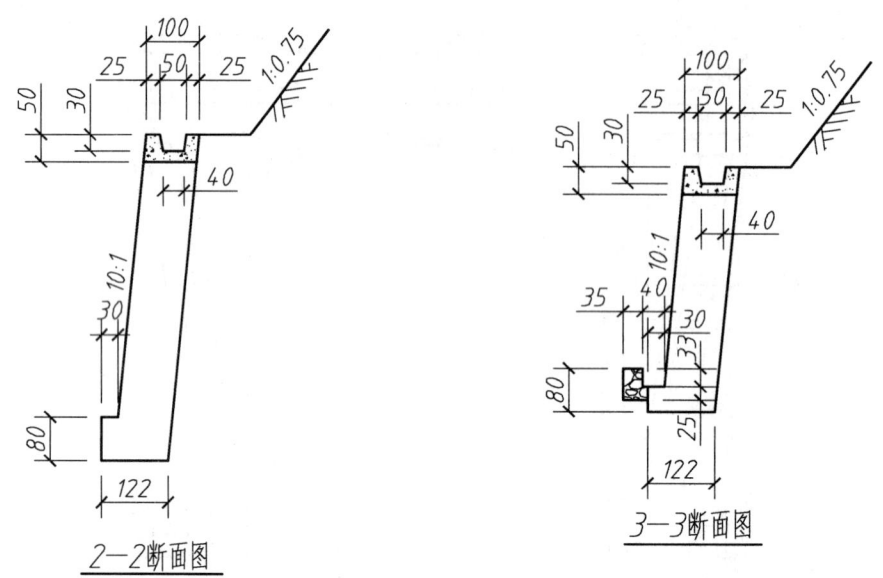

图 9-31　翼墙式洞门 2—2、3—3 断面图

三、隧道洞门各组成部分的识读

（一）端　墙

从正面图和 1—1 剖面图可知，端墙是一堵靠山倾斜的墙。端墙长度为 1 028 cm，墙厚水平方向为 80 cm，坡度为 10∶1。端墙顶上设有顶帽，顶帽上部除后边外，其余三边均做成高 10 cm×10 cm 的倒角。端墙投影及立体示意图如图 9-32 所示。

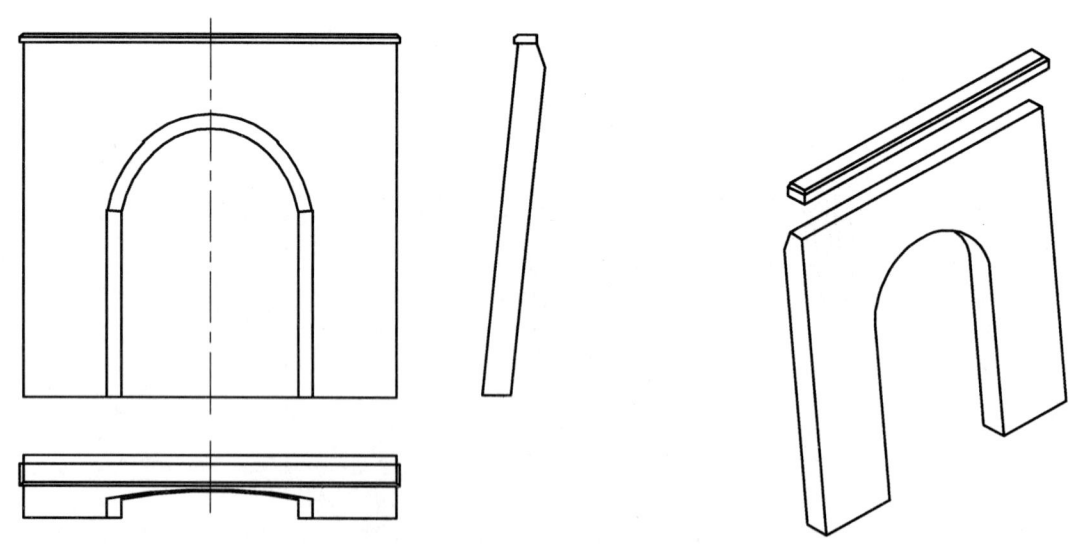

图 9-32　端墙投影及立体示意图

端墙顶背后有水沟，从正面图中的虚线可知，水沟是从洞顶向两旁倾斜的，坡度为 5%，沟的深度为 40 cm。从 1—1 剖面图可知水沟的断面形状，以及沟底宽度为 60 cm。端墙顶水沟的两端有厚为 30 cm、高为 200 cm 的短墙，用来挡水，其形状用虚线表示在正面图和 1—1 剖面图中。端墙顶水沟中的水通过埋设在墙体内的水管，流到端墙外墙面上的凹槽里，再流入翼墙顶部的排水沟内。端墙顶水沟、挡

水短墙的投影及立体示意图如图 9-33 所示。

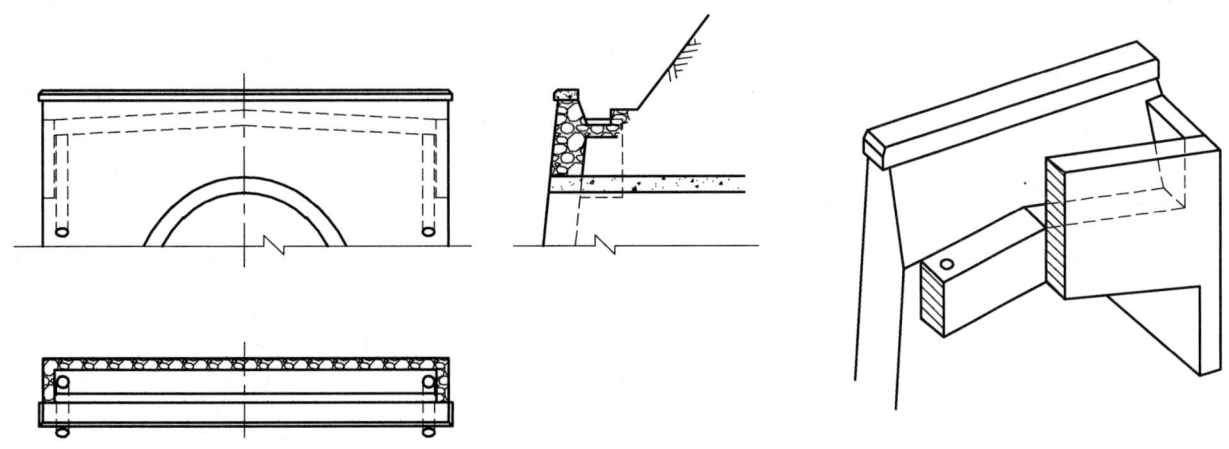

图 9-33　端墙顶水沟、挡水短墙投影及立体示意图

（二）翼　墙

由正面图和平面图可知，端墙两边各有一堵翼墙，它们分别向路堑两边的山坡倾斜，坡度为 10∶1。结合 1—1 剖面图可知，翼墙的形状大体上是一个三棱柱。从 2-2 断面图中可以了解到翼墙的厚度、基础的厚度和高度，以及墙顶排水沟的断面形状和尺寸。从 3—3 断面图可以看出，此处的基础厚度有所改变，墙角处有一个宽 40 cm、深 33 cm 的水沟。在 1—1 剖面图上，还表示翼墙的中下部有一个 10 cm×15 cm 的泄水孔，用来排出翼墙背面的积水。翼墙投影、剖切及立体示意图如图 9-34 所示。

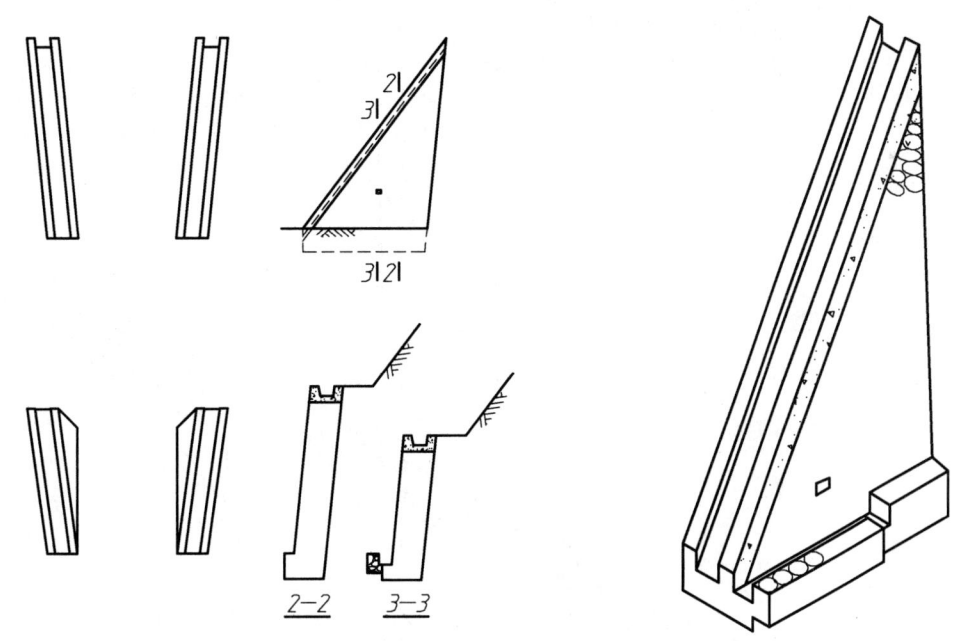

图 9-34　翼墙投影、剖切及立体示意图

（三）侧　沟

从洞门图中只能了解排水系统的大概情况，其详细形状和尺寸、连接情况等，由图 9-1 附注说明可知，需另见图 9-2 和图 9-3。

图 9-2 是隧道内外侧沟连接图，图 9-3 是隧道洞门外侧沟的剖面图和断面图。

图 9-2 中详图 A，是图 9-1 平面图中 A 处的放大图，该详图虽然采用了较大的比例（1∶5），但由于某些细部的形状、尺寸和连接关系仍未表达清楚，故又在详图 A 上作出 6—6、8—8 剖面图，并用更

大的比例（1：2）画出。

从图9-2中详图A可知,洞内侧沟的水经过两次直角转弯才流入翼墙墙角处的排水沟。从6—6、7—7剖面图可知,洞内外侧沟的断面形状均为矩形的混凝土沟槽,洞内、外侧沟的底面是平的,但洞内侧沟边墙较高,洞外侧沟边墙较低。内外侧沟沟宽都是40 cm,洞内沟深为98 cm-30 cm=68 cm,洞外沟深为28 cm+5 cm=33 cm。内外侧沟顶上均有盖板覆盖。在洞口处边墙高度变化的地方,为了防止道砟掉入沟内,用隔板封住,这在7—7剖面图中表示得最为清楚。在洞外侧沟的边墙上开有进水孔,进水孔的间距为40~100 cm。8—8剖面图表明了洞外水沟横断面的形状和尺寸。

图9-3中各图的剖切位置,在图9-1平面图中已示出。图9-3中4—4剖面图表明了左侧翼墙前端部各水沟和汇水池的连接情况和尺寸。从图9-1平面图和4—4剖面图可知,翼墙顶排水沟排下的水和翼墙脚处侧沟的水,先流入汇水坑,然后再从路堑侧沟排走。图9-3中5—5断面图表明了路堑侧沟的断面形状和尺寸。由5—5断面图的剖切位置可知,其右边一半表明靠近汇水池处的铺砌情况,左边一半则表明离汇水池较远处的铺砌情况。

连接水沟立体示意图如图9-35所示,汇水池及路堑侧沟立体示意图如图9-36所示。

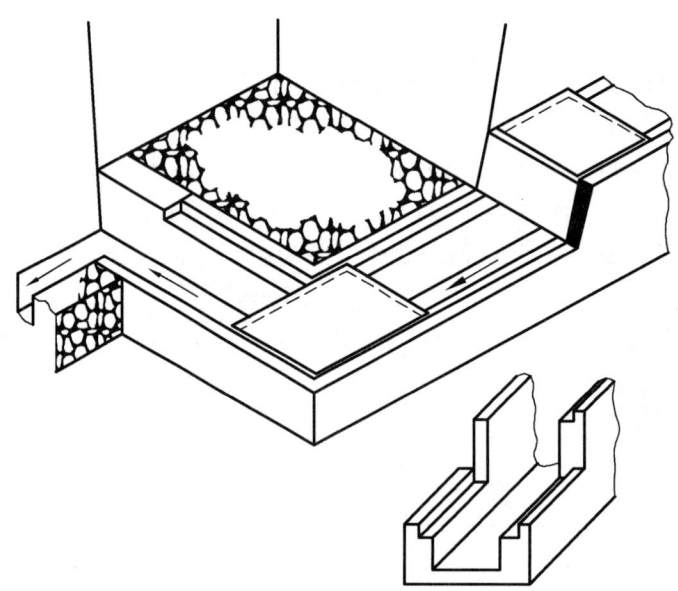

图9-35 连接水沟立体示意图

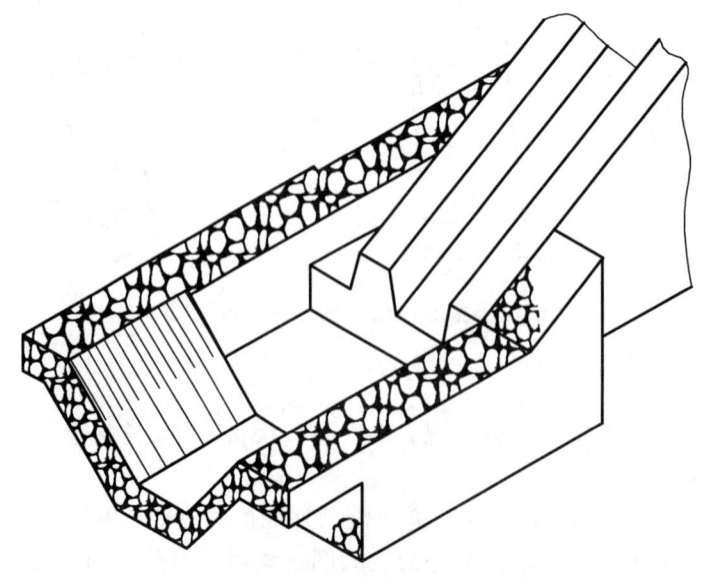

图9-36 汇水池及路堑侧沟立体示意图

📖 **任务拓展**

【9-1-1】绘制如图 9-37 所示的端墙式隧道洞门图。

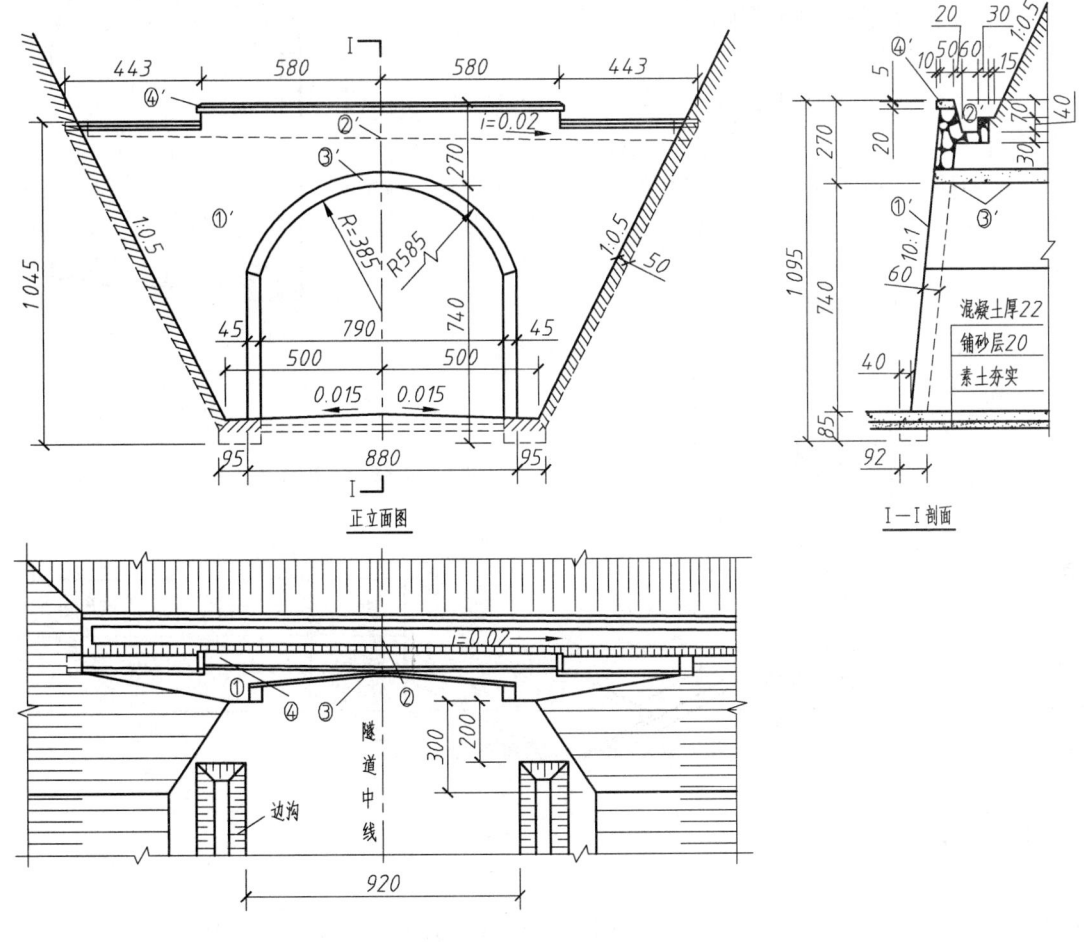

图 9-37 端墙式隧道洞门图

任务二　绘制直墙式隧道衬砌断面图

🖥 **任务目标**

- 能够按照制图规范设置绘图环境。
- 能够识读直墙式隧道衬砌断面图。
- 能够按照制图标准绘制直墙式隧道衬砌断面图。
- 能够创建标注样式和文字样式，并能够规范地标注尺寸及注写文字。
- 培养规范操作、耐心细致、严谨求实、互助协作的职业素质。

🔍 **任务内容**

绘制如图 9-38 所示的直墙式隧道衬砌断面图。

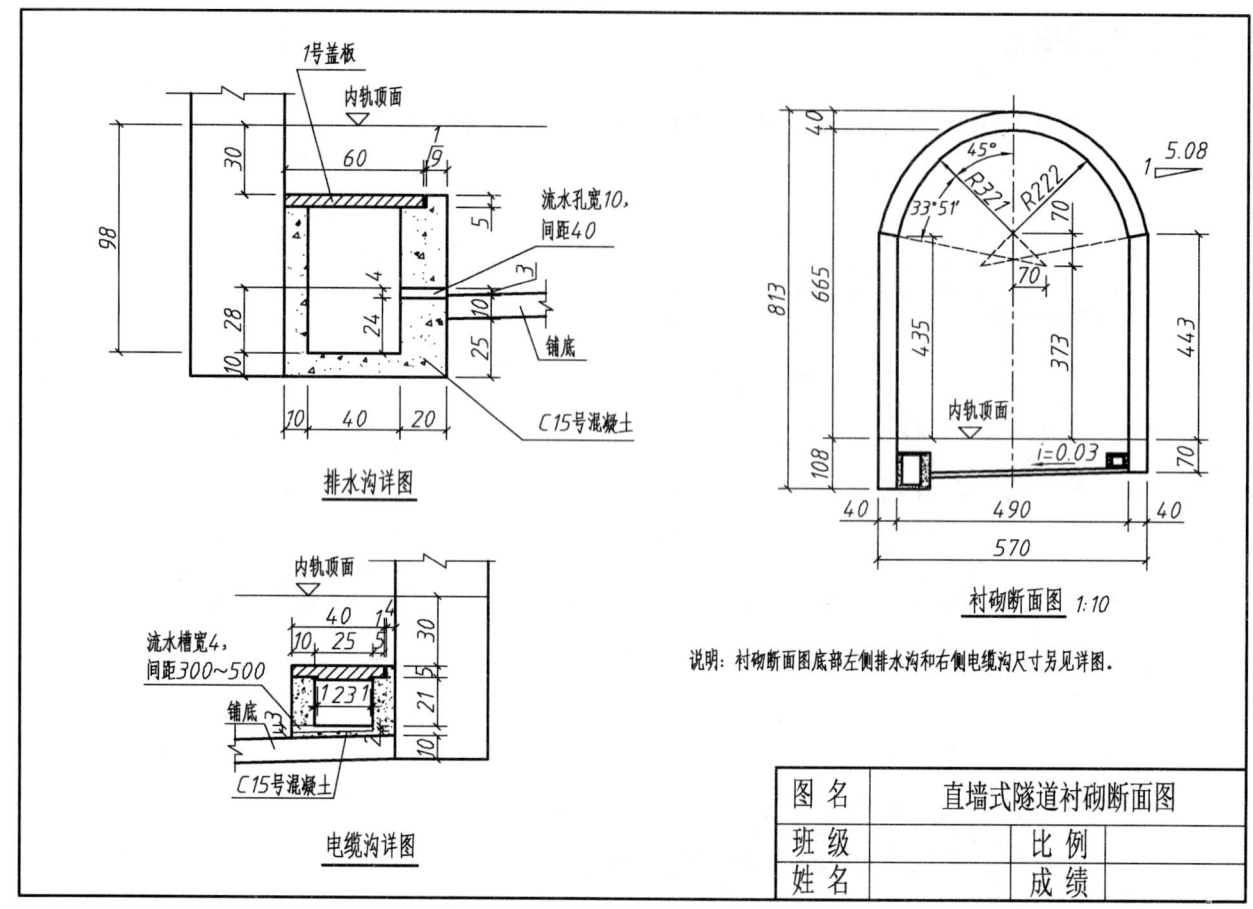

图 9-38 直墙式隧道衬砌断面图

任务分析

图 9-38 为某直墙式隧道衬砌断面图，包括一个衬砌断面图和排水沟、电缆沟两个详图，表达了隧道洞身衬砌、排水沟和电缆沟的断面形状和尺寸。

衬砌断面图所表达的主要内容有：隧道衬砌断面为直墙式衬砌，总宽 570 cm，总高为 813 cm，包括两边的直边墙、顶上的拱圈及底部的铺底；直边墙厚为 40 cm，左边内侧墙高为 108 cm+435 cm=543 cm，右边外侧墙高为 70 cm+443 cm=513 cm，起拱线坡度为 1∶5.08；拱圈由 3 段圆弧组成，顶部一段在 90°范围内，半径为 222 cm，其他两段在圆心角度为 33°51′范围内，半径为 321 cm；在衬砌下部左右两侧分别设有排水沟和电缆沟；钢轨以下部分为线路道床，底面铺底坡度为 3%。

排水沟和电缆沟详图所表达的主要内容有：衬砌断面图底部左侧排水沟的断面形状及尺寸、衬砌断面图底部右侧电缆沟的断面形状及尺寸。

要完成图 9-38 所示图形的绘制，可通过以下思路来完成：
（1）新建文件和设置绘图环境。
（2）选用图幅 A4 横向图框并确定绘图比例为 1∶10。
（3）绘制衬砌断面图及排水沟、电缆沟详图。
（4）设置标注样式，并标注尺寸。
（5）设置文本样式，并注写文字。
（6）插入图框，填写标题栏。
（7）检查图形，调整定位线的长度，合理布局图形。
（8）保存图形文件并退出。

任务实施

步骤一　新建文件并设置图层、图形界限和辅助绘图功能等绘图环境

步骤二　选用图纸，确定绘图比例及文本

1. 选用图纸并确定绘图比例

选用 A4 图纸出图，若以厘米为单位绘制直墙式隧道衬砌断面图，估算出应该选用的绘图比例为 1∶10。

2. 确定文本

根据绘图比例，出图时的字高分别设置为：文字标注字高为 35，标题栏中图名、班级、比例等的字高定义为 50，图形中的文字标注或说明及表格中的文字、数字定义为 35（均以标准字高乘以绘图比例）。

步骤三　绘制直墙式隧道衬砌断面图

1. 绘制衬砌断面图

（1）切换到细实线层，用直线命令 LINE 绘制内轨顶面线 *AC*；切换到中心线层，用直线命令 LINE 绘制隧道中心线 *EF*；切换到粗实线层，从 *A* 点向右追踪 40 绘制边墙内侧直线 *KB*。如图 9-39 所示。

> 提示：中心线绘制 665 即可。

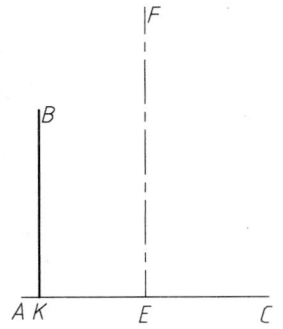
图 9-39　衬砌断面图步骤 1 绘制效果

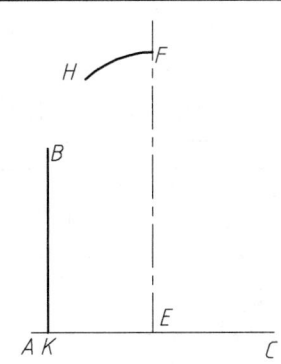
图 9-40　衬砌断面图步骤 2 绘制效果

（2）用圆弧命令 ARC 绘制拱圈左上段半径为 222 的圆弧 *FH*，如图 9-40 所示。

> 提示：可以用"圆心、起点、角度"方法绘制圆弧，圆心从 *F* 点向下追踪 222 得到，起点为 *F* 点，角度为 45。

（3）用圆弧命令 ARC 绘制拱圈左下段半径为 321 的圆弧 *HB*，如图 9-41 所示。

> 提示：可以用"起点、端点、半径"方法绘制圆弧，起点为 *H* 点，端点为 *B* 点，半径为 321。

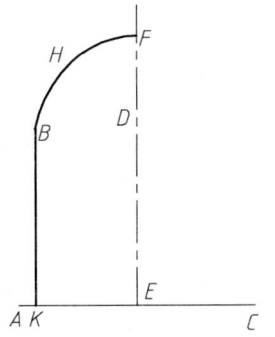
图 9-41　衬砌断面图步骤 3 绘制效果

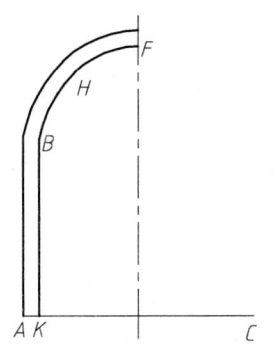
图 9-42　衬砌断面图步骤 4 绘制效果

（4）用偏移命令 OFFSET 和延伸命令 EXTEND 绘制拱圈外侧圆弧和边墙外侧直线，用关键点拉伸命令拉伸中心线，如图 9-42 所示。

> 提示：拱圈和边墙偏移后，需要用延伸命令 EXTEND 将边墙外侧直线和半径为 361 的外侧拱圈连接起来。

（5）用镜像命令 MIRROR 绘制边墙和拱圈右半边图形，如图 9-43 所示。

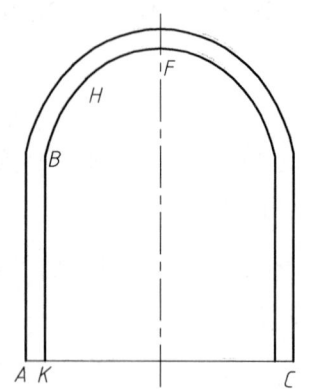
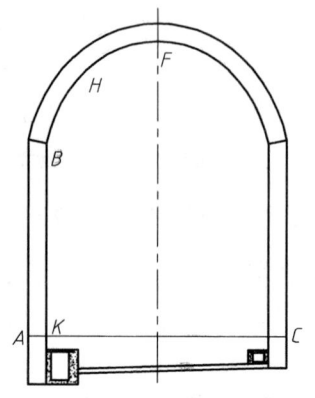

图 9-43　衬砌断面图步骤 5 绘制效果　　　　图 9-44　衬砌断面图步骤 6 绘制效果

（6）用直线命令 LINE、复制命令 COPY 和关键点拉伸命令绘制边墙其余部分、排水沟、电缆沟和线路道床铺底，如图 9-44 所示。

（7）切换到剖面线图层，用填充命令 HATCH 绘制排水沟及电缆沟剖切图例，如图 9-45 所示。

> 提示：排水沟第一个填充图案选择 ANSI31、比例 1，第二个填充图案选择 AR-CONC、比例 0.1；电缆沟第一个填充图案选择 ANSI31、比例 1，第二个填充图案选择 AR-CONC、比例 0.05。

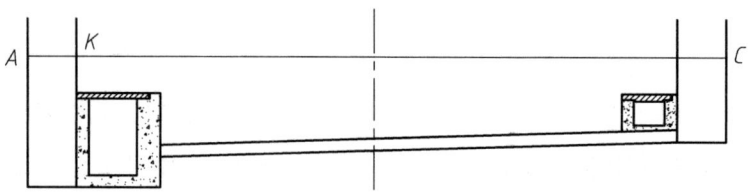

图 9-45　衬砌断面图步骤 7 绘制效果

2. 绘制排水沟、电缆沟详图

（1）用复制命令 COPY 复制衬砌断面图中内轨顶面下方的左侧边墙、排水沟和铺底，画出折断线，通过修剪命令 TRIM 和关键点拉伸命令，得到如图 9-46 所示的排水沟图。

（2）用缩放命令 SCALE 放大排水沟图，缩放比例为 5，缩放前后结果对比如图 9-47 所示。

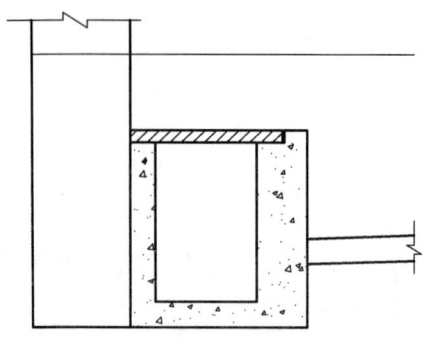
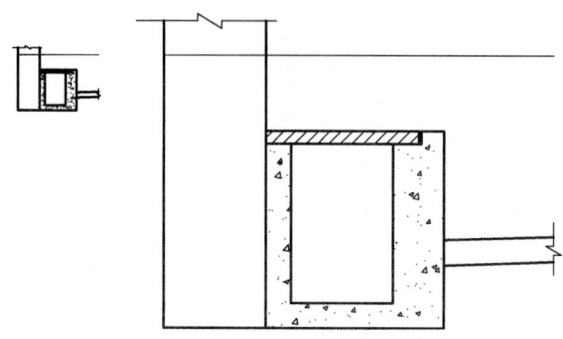

图 9-46　排水沟详图步骤 1 绘制效果　　　　图 9-47　排水沟详图步骤 2 绘制效果

（3）用复制命令 COPY 复制衬砌断面图中内轨顶面下方部分的右侧边墙、电缆沟和铺底，画出折断线，通过修剪命令 TRIM 和关键点拉伸命令，得到如图 9-48 所示的电缆沟图。

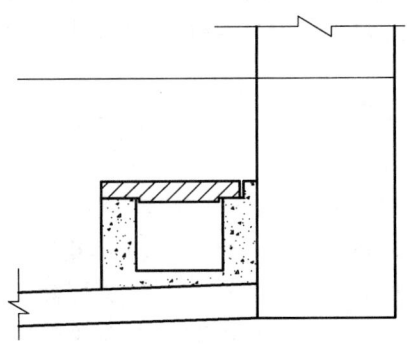

图 9-48　衬砌断面图步骤 3 绘制效果

（4）用缩放命令 SCALE 放大电缆沟图，缩放比例为 5，缩放前后结果对比如图 9-49 所示。

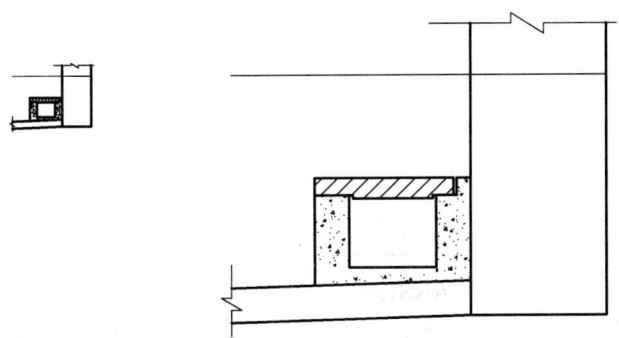

图 9-49　衬砌断面图步骤 4 绘制效果

步骤四　尺寸标注

1. 设置标注文字样式

参见本项目任务一【任务实施】步骤四。

2. 设置标注样式

新建标注样式，新样式名为"直墙衬砌 1-10"，尺寸标注的"文字"高度设置为 3.5，"标注特征比例"项中勾选"使用全局比例"单选按钮，并设置全局比例因子为 10，其他参数按规范设置。

3. 设置标注半径、角度的标注子样式

（1）以"直墙衬砌 1-10"标注样式为基础样式，新建"半径标注"子样式，"符号和箭头"选项中选择"实心闭合"的箭头。

（2）以"直墙衬砌 1-10"标注样式为基础样式，新建"角度标注"子样式，"符号和箭头"选项中选择"实心闭合"的箭头，在"文字对齐"组件中选择"水平"。

4. 设置标注排水沟、电缆沟详图的标注样式

选中标注样式"直墙衬砌 1-10"，新建标注样式"排水沟电缆沟详图"，其中"线""符号和箭头""文字""调整"选项卡的设置值与"直墙衬砌 1-10"的设置值完全相同，只需在"主单位"选项卡中，把"测量单位比例因子"设置为"0.2"，最后单击"关闭"按钮。

5. 标注尺寸

（1）切换到标注层，将"直墙衬砌 1-10"标注样式置为当前，用线性标注命令 DIMLINEAR、连续标注命令 DIMCONTINUE、基线标注命令 DIMBASELINE，半径标注命令 DIMRADIUS、角度标注命令 DIMANGULAR 等对衬砌断面图进行标注。

注意：有两个标注尺寸需要修改标注文字，一是"372"修改成"373"，二是"34°"修改成"33°51′"。

（2）用直线命令 LINE 和复制命令 COPY 绘制衬砌断面图、排水沟详图和电缆沟详图中的三个标高符号。也可以将标高符号及文字"内轨顶面"定义成块，用插入块的方法绘制。

（3）用快速引线命令 QLEADER 或多重引线命令 MLEADER 标注坡度。

（4）将"排水沟电缆沟详图"标注样式置为当前，用线性标注命令 DIMLINEAR、连续标注命令 DIMCONTINUE、基线标注命令 DIMBASELINE 等对排水沟和电缆沟详图进行标注。

步骤五　注写文字

切换到文字层，使用当前文字样式"标注文字"，用单行文字命令 DTEXT 或多行文字命令 MTEXT 注写文字，文字高度 35。

步骤六　插入图框，填写标题栏

1. 插入 A4 图框

插入 A4 图框（297×210）。图框放大 10 倍，方法同项目八。

2. 设置标题栏文字样式和注写标题栏文字

新建文字样式"标题栏文字"，字体名为"宋体"，宽度因子为 0.7。使用文字样式"标题栏文字"，用 DT 或 MT 命令注写标题栏中的文字，文字高度为 50。在文字注写过程中可以采用 COPY 命令来提高注写速度。

步骤七　检查图形，调整定位线长度，合理布局图形。

步骤八　保存图形文件并退出

图形绘制过程中或完成后，都必须保存文件，文件名为"直墙式隧道衬砌断面图.dwg"。

知识链接

一、概　述

隧道是地下建筑物，当隧道被开挖成洞体以后，一般都要用混凝土进行衬砌。衬砌主要承受围岩的压力，因此衬砌根据围岩的不同而结构类型不同。用横断面图表示衬砌的图，称为隧道衬砌断面图。它包括两边的边墙和顶上的拱圈。边墙是直线型的叫直墙式衬砌，边墙是曲线型的叫曲墙式衬砌。

衬砌断面图表达的内容有：边墙的形状、尺寸，拱圈各段圆拱的中心及半径大小、厚度，洞内排水沟及电缆沟的位置及尺寸，混凝土垫层的厚度及坡度。

二、直墙式隧道衬砌断面图

直墙式衬砌由上部拱圈、两侧竖直边墙和下部铺底三部分组合而成，如图 9-50 所示。由图 9-50 可知，衬砌断面总宽为 570 cm，总高为 813 cm。

（一）拱　圈

图 9-50 所示的直墙式衬砌的拱圈由三段圆弧组成，顶部一段圆弧的半径为 222 cm，圆弧角度为 90°，圆心位于中心线上，距离内轨顶面 70 cm+373 cm=443 cm。另外两段圆弧分别位于顶部圆弧左右两侧，关于中心线对称。这两段圆弧与顶部圆弧光滑连接，半径为 321 cm，圆心角度均为 33°51′，圆心分别在离中心线两侧 70 cm、高度离内轨顶面为 373 cm 处。

（二）直边墙

图 9-50 所示的直墙式衬砌的边墙基本上是长方体，墙厚度为 40 cm。内轨顶面以上部分，左右两侧边墙高度相同，内侧均为 435 cm，外侧为 443 cm。内轨顶面以下部分，左侧边墙高 108 cm，右侧边墙高 70 cm。两侧墙顶面有 1∶5.08 的坡度，此坡面称为拱圈的起拱线，应通过相应的圆心。

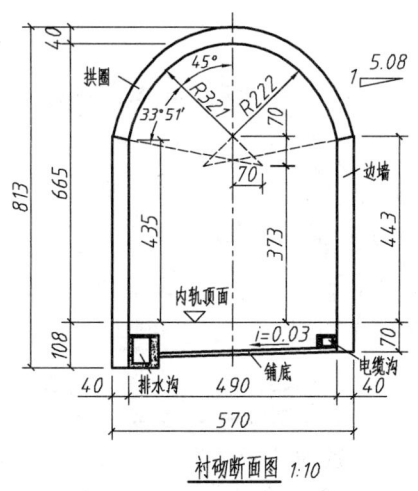

图 9-50　直墙式衬砌断面图

（三）铺底、排水沟和电缆沟

衬砌底部左侧是洞内排水沟，右侧为电缆沟，位置如图 9-50 所示，详图如图 9-51 所示。由图中可知，排水沟和电缆沟的上端距离内轨顶面均为 30 cm，均包括盖板、沟槽、边墙、流水孔（槽）等部分。钢轨以下部分为线路道床，其最下部为混凝土铺底，铺底的厚度为 10 cm，以 $i=0.03$ 的坡度倾斜向侧沟一边，以便排水。

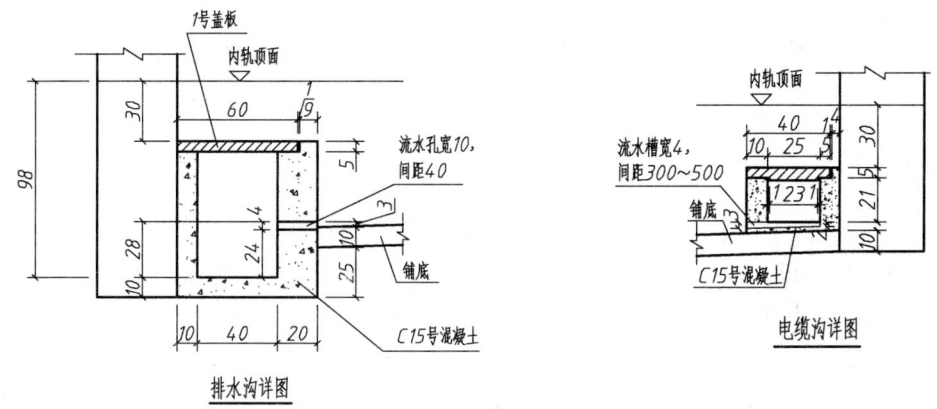

图 9-51　排水沟和电缆沟详图

三、曲墙式隧道衬砌断面图

曲墙式衬砌由顶部拱圈、侧面曲边墙和底部仰拱（或铺底）组成，如图 9-52 所示。由图 9-52 可知，衬砌断面总宽为 1 220 cm，总高为 975 cm。其内部轮廓线由三心圆曲线和仰拱曲线组成，外部轮廓线由单心圆曲线、两段直线和仰拱曲线组成。

（一）拱　圈

图 9-52 所示曲墙式衬砌，其拱圈内、外轮廓各包含一段圆弧，圆心均位于中心线上，距离内轨顶面 160 cm。内轮廓圆弧半径为 550 cm，外轮廓圆弧半径为 550 cm+60 cm=610 cm。内轮廓圆弧左半边和右半边的圆心角度均为 108°14′33″。

（二）曲边墙

图 9-52 所示曲墙式衬砌，其曲边墙内轮廓包含两段圆弧，这两段圆弧关于中心线对称，圆心所在直线与中心线夹角均为 108°14′33″，半径均为 120 cm，圆心角度均为 57°41′19″。曲边墙外轮廓两侧均为直线。

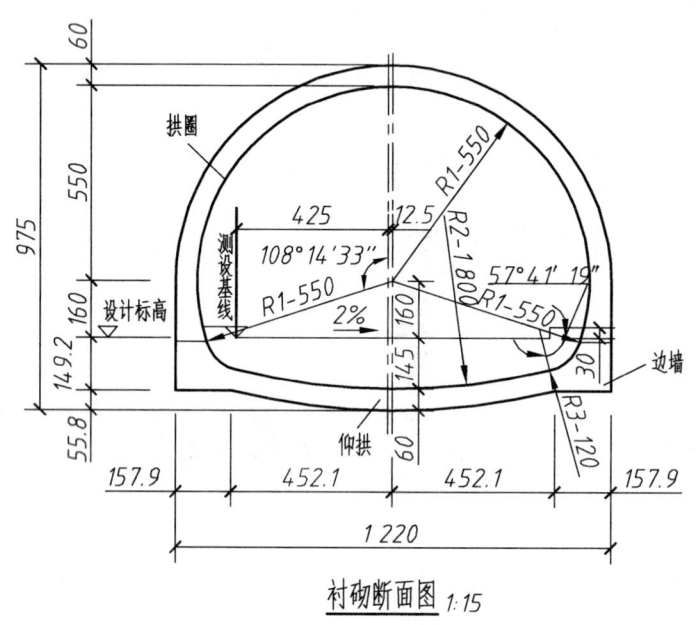

图 9-52　曲墙式衬砌断面图

（三）仰　拱

图 9-52 所示曲墙式衬砌，在衬砌下部设有仰拱，内轮廓圆弧半径为 1800 cm。

📖 任务拓展

【9-2-1】绘制如图 9-53 所示的某曲墙式隧道衬砌断面设计图。

提示：图 9-53 所示图形为曲墙式隧道衬砌断面设计图，包括一个衬砌断面图和一个防水层示意图，表达了隧道洞身衬砌的断面形状和尺寸，以及衬砌防水层的结构和材料。另外，图中还包含了延米工程数量表及附注文字，对衬砌各组成部分的材料以及施工提出了具体要求。

衬砌断面图所表达的主要内容有：隧道衬砌断面为曲墙式衬砌，总宽 1 220 cm，总高为 975 cm，包括两边的曲边墙、顶上的拱圈和底部的仰拱；拱圈圆弧半径为 550 cm，圆心角度为 108.242 5°+108.242 5°=216.485°；曲边墙圆弧半径为 120 cm，圆心角度为 57°41′19″；仰拱圆弧半径为 1 800 cm。

SFma衬砌断面图

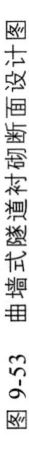

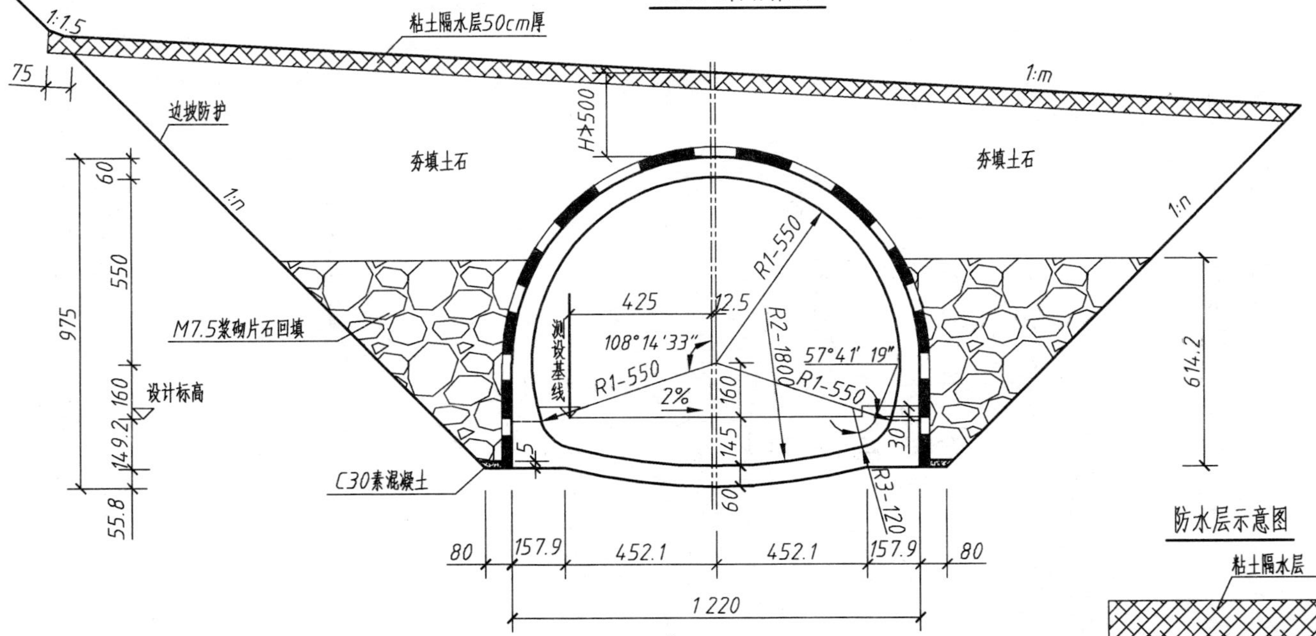

防水层示意图

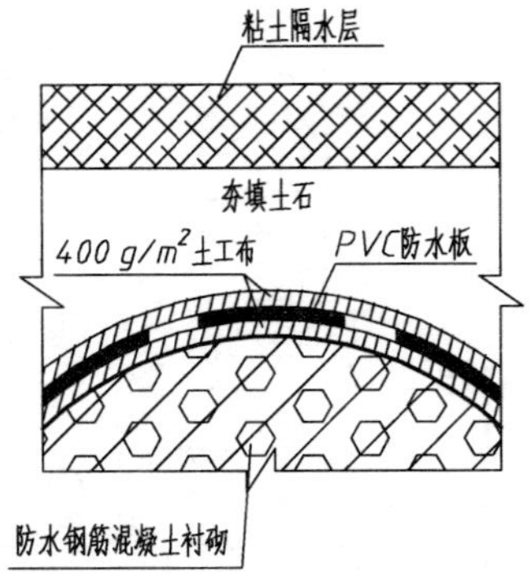

注:

1. 本图尺寸均以厘米计.
2. SFma型明洞为一般的对称式明洞结构.
3. 拱顶中心处填土高度不得大于5.0 m，回填土应对称、分层夯填密实，压实度应不小于90%.
4. 明洞衬砌强度达到设计强度的70%后方可拆架，明洞结构全部施工结束并达到设计强度后方可进行拱顶回填.
5. 明洞外沿铺设防水板加土工布，采用两布一板的方法铺设，即底层为土工布，中间为防水板，面层为土工布.
6. 明洞衬砌基础地基承载力需不小于300 kPa，当承载力不足时，基底根据实际情况采用加固措施.

延米工程数量表

名称 / 项目	防水层		二次衬砌	仰拱	
	土工布	防水层		拱圈	填充
规格	400g/m²	厚1.5 mmPVC板	C30防水钢筋混凝土	C30钢筋混凝土	C15混凝土
单位	m^2	m^2	m^3	m^3	m^3
数量	53.24	26.62	13.55	9.13	7.61

图名	SFma型曲墙式衬砌断面设计图		
班级		比例	1∶150
姓名		成绩	

图 9-53　曲墙式隧道衬砌断面设计图

参考文献

[1] 姜勇. AutoCAD 建筑绘图基础教程. 北京：人民邮电出版社，2006.
[2] 姜勇，李长义. 计算机辅助设计 AutoCAD2002. 北京：人民邮电出版社，2004.
[3] 张保善. 建筑工程 CAD. 武汉：武汉理工大学出版社，2004.
[4] 许金良，黄安录. 道路与桥梁工程计算机绘图. 北京：人民交通出版社，2004.
[5] 刘松雪，樊琳娟. 道路工程制图. 北京：人民交通出版社，2003.
[6] 刘秀芩. 工程制图.2. 北京：中国铁道出版社，2005.
[7] 韩晓玲，于鹏祖. 建筑 CAD 软件实训. 武汉：武汉大学出版社，2015.
[8] 李树志. 工程识图与 CAD. 成都：西南交通大学出版社，2015.
[9] 尹宗军. 市政工程施工图快速识读·桥梁. 合肥：安徽科学技术出版社，2016.
[10] 郑益民，赵永平. 桥梁工程 CAD. 北京：清华大学出版社，北京交通大学出版社，2006.
[11] 陆叔华. 土木建筑制图. 北京：高等教育出版社，2001.
[12] 中国铁路桥梁史编辑委员会. 中国铁路桥梁史. 北京：中国铁道出版社，1987.
[13] 郑国权. 道路工程制图. 北京：人民交通出版社，2001
[14] 和丕壮，王鲁宁. 交通土建工程制图. 北京：人民交通出版社，2001
[15] 张立明，闫志刚. AutoCAD2008 道桥制图. 北京：人民交通出版社，2008
[16] 沈庆均. 铁路桥梁墩台基础. 北京：中国铁道出版社，2003.
[17] 李宣敏. AutoCAD 工程制图. 成都：西南交通大学出版社，2010.
[18] 李亚东. 桥梁工程概论. 成都：西南交通大学出版社，2001.